Ley Orgánica de la Administración Pública Federal y Leyes Complementarias

***ACCESO GRATIS** a la Lectura en la Nube + Actualizaciones*

Para visualizar el libro electrónico en la nube de lectura envíe junto a su nombre y apellidos una fotografía del código de barras situado en la contraportada del libro y otra del ticket de compra a la dirección:

ebooktirant@tirant.com

En un máximo de 72 horas laborables le enviaremos el código de acceso con sus instrucciones.

La visualización del libro en **NUBE DE LECTURA** excluye los usos bibliotecarios y públicos que puedan poner el archivo electrónico a disposición de una comunidad de lectores. Se permite tan solo un uso individual y privado.

Ley Orgánica de la Administración Pública Federal y Leyes Complementarias

6ª Edición

MIGUEL CARBONELL

tirant lo blanch
Ciudad de México, 2025

© EDITA: TIRANT LO BLANCH
DISTRIBUYE: TIRANT LO BLANCH MÉXICO
Av. Tamaulipas 150, Oficina 502
Hipódromo, Cuauhtémoc, 06100, Ciudad de México
Telf: +52 1 55 65502317
infomex@tirant.com
www.tirant.com/mex/
www.tirant.es
ISBN: 978-84-1095-663-6

ÍNDICE

LEY ORGÁNICA DE LA ADMINISTRACIÓN PÚBLICA FEDERAL

LEY FEDERAL DE PROCEDIMIENTO ADMINISTRATIVO

LEY FEDERAL DE PROCEDIMIENTO CONTENCIOSO ADMINISTRATIVO

LEY FEDERAL DE LAS ENTIDADES PARAESTATALES

LEY GENERAL DE RESPONSABILIDADES ADMINISTRATIVAS

LEY DE ADQUISICIONES, ARRENDAMIENTOS Y SERVICIOS DEL SECTOR PÚBLICO

LEY GENERAL DE BIENES NACIONALES

LEY FEDERAL PARA LA ADMINISTRACIÓN Y ENAJENACIÓN DE BIENES DEL SECTOR PÚBLICO

Ley Orgánica de la Administración Pública Federal

ÚLTIMA REFORMA PUBLICADA EN EL DIARIO OFICIAL DE LA FEDERACIÓN: 28 DE NOVIEMBRE DE 2024.

Ley publicada en el Diario Oficial de la Federación, el miércoles 29 de diciembre de 1976.

Al margen un sello con el Escudo Nacional, que dice: Estados Unidos Mexicanos.- Presidencia de la República.

JOSÉ LÓPEZ PORTILLO, Presidente Constitucional de los Estados Unidos Mexicanos, a sus habitantes, sabed:

Que el H. Congreso de la Unión se ha servido dirigirme el siguiente

DECRETO

"El Congreso de los Estados Unidos Mexicanos, decreta:

LEY ORGÁNICA DE LA ADMINISTRACIÓN PÚBLICA FEDERAL

TÍTULO PRIMERO
DE LA ADMINISTRACIÓN PÚBLICA FEDERAL

CAPÍTULO ÚNICO
DE LA ADMINISTRACIÓN PÚBLICA FEDERAL

Artículo 1o. La presente Ley establece las bases de organización de la Administración Pública Federal, centralizada y paraestatal.

(REFORMADO, D.O.F. 11 DE AGOSTO DE 2014)

La Oficina de la Presidencia de la República, las Secretarías de Estado, la Consejería Jurídica del Ejecutivo Federal y los Órganos Reguladores Coordinados integran la Administración Pública Centralizada.

Los organismos descentralizados, las empresas de participación estatal, las instituciones nacionales de crédito, las organizaciones auxiliares nacionales de crédito, las instituciones nacionales de seguros y de fianzas y los fideicomisos, componen la administración pública paraestatal.

(REFORMADO, D.O.F. 15 DE MAYO DE 1996)

Artículo 2o. En el ejercicio de sus atribuciones y para el despacho de los negocios del orden administrativo encomendados al Poder Ejecutivo de la Unión, habrá las siguientes dependencias de la Administración Pública Centralizada:

(REFORMADA, D.O.F. 11 DE AGOSTO DE 2014)

I. Secretarías de Estado;

(REFORMADA [N. DE E. ADICIONADA], D.O.F. 11 DE AGOSTO DE 2014)

II. Consejería Jurídica, y

(REFORMADA, D.O.F. 11 DE AGOSTO DE 2014)

III. Órganos Reguladores Coordinados en Materia Energética a que hace referencia el artículo 28, párrafo octavo, de la Constitución.

Artículo 3o. El Poder Ejecutivo de la Unión se auxiliará en los términos de las disposiciones legales correspondientes, de las siguientes entidades de la administración pública paraestatal:

I. Organismos descentralizados;

II. Empresas de participación estatal, instituciones nacionales de crédito, organizaciones auxiliares nacionales de crédito e instituciones nacionales de seguros y de fianzas, y

III. Fideicomisos.

(REFORMADO PRIMER PÁRRAFO, D.O.F. 30 DE NOVIEMBRE DE 2018)

Artículo 4o. La función de Consejero Jurídico, prevista en el artículo 90 de la Constitución Política de los Estados Unidos Mexicanos, estará a cargo de la Consejería Jurídica del Ejecutivo Federal. Al frente de la Consejería Jurídica habrá un Consejero que dependerá directamente del Presidente de la República, y será nombrado y removido libremente por éste.

(REFORMADO, D.O.F. 30 DE NOVIEMBRE DE 2018)

Para ser Consejero Jurídico se deben cumplir los mismos requisitos que para ser Fiscal General de la República.

(ADICIONADO, D.O.F. 15 DE MAYO DE 1996)

A la Consejería Jurídica del Ejecutivo Federal le serán aplicables las disposiciones sobre presupuesto, contabilidad y gasto público federal, así como las demás que rigen a las dependencias del Ejecutivo Federal. En el reglamento interior de la Consejería se determinarán las atribuciones de las unidades administrativas, así como la forma de cubrir las ausencias y delegar facultades.

Artículo 5o. (DEROGADO, D.O.F. 4 DE DICIEMBRE DE 1997)

(REFORMADO, D.O.F. 30 DE NOVIEMBRE DE 2018)

Artículo 6o. Para los efectos del artículo 29 de la Constitución Política de los Estados Unidos Mexicanos, el Presidente de la República acordará con todos los Secretarios de Estado y el Fiscal General de la República.

(REFORMADO, D.O.F. 2 DE ENERO DE 2013)

Artículo 7o. El Presidente de la República podrá convocar, directamente o a través del Secretario de Gobernación, a reuniones de gabinete con los Secretarios de Estado y funcionarios de la Administración Pública Federal que el Presidente determine, a fin de definir o evaluar la política del Gobierno Federal en asuntos prioritarios de la administración; cuando las circunstancias políticas, administrativas o estratégicas del gobierno lo ameriten; o para atender asuntos que sean de la competencia concurrente de varias dependencias o entidades de la Administración Pública Federal. Estas reuniones serán presididas por el Presidente o, si éste así lo determina, por el Titular de la Secretaría de Gobernación.

El Jefe de la Oficina de la Presidencia de la República podrá ser convocado a las reuniones de gabinete, por acuerdo del Presidente.

(REFORMADO PRIMER PÁRRAFO, D.O.F. 28 DE NOVIEMBRE DE 2024)

Artículo 8o. La persona titular del Ejecutivo Federal contará con el apoyo directo de la Oficina de la Presidencia de la República para sus tareas y para el seguimiento permanente de las políticas públicas y su evaluación periódica, con el objeto de aportar elementos para la toma de decisiones, sin perjuicio de las atribuciones que ejercen las dependencias y entidades de la Administración

Pública Federal en el ámbito de sus respectivas competencias. La persona titular del Ejecutivo Federal designará a la Jefa o Jefe de dicha Oficina.

(REFORMADO, D.O.F. 28 DE NOVIEMBRE DE 2024)

La persona titular del Ejecutivo Federal contará con las unidades de apoyo técnico y estructura que determine, de acuerdo con el presupuesto asignado a dicha Oficina.

(ADICIONADO [N. DE E. CON SUS FRACCIONES], D.O.F. 30 DE NOVIEMBRE DE 2018)

Las unidades señaladas en el párrafo anterior podrán estar adscritas de manera directa a la Presidencia o a través de la Oficina referida y desarrollarán, en otras funciones, las siguientes:

I. (DEROGADA, D.O.F. 28 DE NOVIEMBRE DE 2024)

II. Formular y conducir la política de comunicación social del Gobierno Federal con la intervención que corresponda a la Secretaría de Gobernación conforme a la presente ley. Para tal efecto establecerá, mediante disposiciones de carácter general, el modelo organizacional y de operación de las unidades administrativas que realicen actividades en esta materia, y

III. (DEROGADA, D.O.F. 5 DE ABRIL DE 2022)

(REFORMADO, D.O.F. 29 DE DICIEMBRE DE 1982)

Artículo 9o. Las dependencias y entidades de la Administración Pública Centralizada y Paraestatal conducirán sus actividades en forma programada, con base en las políticas que para el logro de los objetivos y prioridades de la planeación nacional del desarrollo, establezca el Ejecutivo Federal.

TÍTULO SEGUNDO
DE LA ADMINISTRACIÓN PÚBLICA CENTRALIZADA

(REFORMADA SU DENOMINACIÓN, D.O.F. 9 DE ABRIL DE 2012)

CAPÍTULO I
DE LAS SECRETARÍAS DE ESTADO

(REFORMADO, D.O.F. 2 DE ENERO DE 2013)

Artículo 10. Las Secretarías de Estado tendrán igual rango y entre ellas no habrá, por lo tanto, preeminencia alguna. Sin perjuicio de lo anterior, por acuerdo del Presidente de la República, la Secretaría de Gobernación coordinará las acciones de la Administración Pública Federal para cumplir sus acuerdos y órdenes.

(REFORMADO, D.O.F. 9 DE ABRIL DE 2012)

Artículo 11. Los titulares de las Secretarías de Estado ejercerán las funciones de su competencia por acuerdo del Presidente de la República.

(REFORMADO, D.O.F. 9 DE ABRIL DE 2012)

Artículo 12. Cada Secretaría de Estado formulará, respecto de los asuntos de su competencia; los proyectos de leyes, reglamentos, decretos, acuerdos, y órdenes del Presidente de la República.

(REFORMADO PRIMER PÁRRAFO, D.O.F. 2 DE ENERO DE 2013)

Artículo 13. Los reglamentos, decretos y acuerdos expedidos por el Presidente de la República deberán, para su validez y observancia constitucionales, ir firmados por el Secretario de Estado respectivo y, cuando se refieran a asuntos de la competencia de dos o más Secretarías, deberán ser refrendados por todos los titulares de las mismas.

(ADICIONADO, D.O.F. 26 DE DICIEMBRE DE 1985)

Tratándose de los decretos promulgatorios de las leyes o decretos expedidos por el Congreso de la Unión, sólo se requerirá el refrendo del titular de la Secretaría de Gobernación.

(REFORMADO, D.O.F. 3 DE MAYO DE 2023)

Artículo 14. Al frente de cada Secretaría de Estado habrá una persona titular, quien, para el despacho de los asuntos de su competencia, se auxiliará de las personas titulares de las subsecretarías, de las Unidades de Administración y Finanzas, de las jefaturas de unidad, de las direcciones, de las subdirecciones, de las jefaturas de departamento, y demás personas funcionarias, en los términos que establezca el reglamento interior respectivo y las disposiciones legales aplicables.

Las Secretarías de la Defensa Nacional y de Marina contarán cada una con una Oficialía Mayor, que tendrá las funciones establecidas en el artículo 20 de esta Ley y las que determinen sus reglamentos interiores.

En los juicios de amparo, el Presidente de la República podrá ser representado por el titular de la dependencia a que corresponde el asunto, según la distribución de competencias. Los recursos administrativos promovidos contra actos de los Secretarios de Estado serán resueltos dentro del ámbito de su Secretaría en los términos de los ordenamientos legales aplicables.

(ADICIONADO, D.O.F. 3 DE MAYO DE 2023)

Artículo 14 Bis. Las Unidades de Administración y Finanzas o áreas que realicen funciones equivalentes en las dependencias y entidades paraestatales, se ajustarán a lo siguiente:

(REFORMADA, D.O.F. 28 DE NOVIEMBRE DE 2024)

I. Dependen jerárquicamente de la dependencia o entidad paraestatal a la que se encuentren adscritas en los términos que establezca el reglamento interior respectivo o los ordenamientos correspondientes;

II. Serán consideradas en la estructura y presupuesto de la dependencia o entidad paraestatal a la que se encuentren adscritas;

(REFORMADA, D.O.F. 28 DE NOVIEMBRE DE 2024)

III. Actúan, en el ámbito de su competencia, en nombre y representación de las dependencias o entidades paraestatales, para el ejercicio de las atribuciones y funciones previstas en las leyes y demás ordenamientos jurídicos aplicables, observando los lineamientos, disposiciones, directrices y políticas que emitan las Secretarías de Hacienda y Crédito Público y Anticorrupción y Buen Gobierno para su conducción y coordinación, en el ámbito de sus competencias, y

(REFORMADA, D.O.F. 28 DE NOVIEMBRE DE 2024)

IV. Se organizan y operan conforme a lo señalado en los artículos 20 y 31, fracción XXXII de esta Ley.

(REFORMADO, D.O.F. 28 DE NOVIEMBRE DE 2024)

A los órganos administrativos desconcentrados que cuenten con Unidades de Administración y Finanzas o áreas que realicen funciones equivalentes les es aplicable lo previsto en este artículo.

Artículo 15. (DEROGADO, D.O.F. 9 DE ABRIL DE 2012)

(REFORMADO PRIMER PÁRRAFO, D.O.F. 2 DE ENERO DE 2013)

Artículo 16. Corresponde originalmente a los titulares de las Secretarías de Estado el trámite y resolución de los asuntos de su competencia, pero para la mejor organización del trabajo podrán delegar en los funcionarios a que se refiere el artículo 14 de esta Ley, cualesquiera de sus facultades, excepto aquéllas que por disposición de ley o del reglamento interior respectivo, deban ser ejercidas precisamente por dichos titulares.

(REFORMADO, D.O.F. 30 DE NOVIEMBRE DE 2018)

Los propios titulares de las Secretarías de Estado también podrán adscribir orgánicamente las unidades administrativas establecidas en el reglamento interior respectivo, a las Subsecretarías y a las otras unidades de nivel administrativo equivalente que se precisen en el mismo reglamento interior.

(ADICIONADO, D.O.F. 30 DE DICIEMBRE DE 1983)

Los acuerdos por los cuales se deleguen facultades o se adscriban unidades administrativas se publicarán en el Diario Oficial de la Federación.

(REFORMADO, D.O.F. 9 DE ABRIL DE 2012)

Artículo 17. Para la más eficaz atención y eficiente despacho de los asuntos de su competencia, las Secretarías de Estado podrán contar con órganos administrativos desconcentrados que les estarán jerárquicamente subordinados y tendrán facultades específicas para resolver sobre la materia y dentro del ámbito territorial que se determine en cada caso, de conformidad con las disposiciones legales aplicables.

(REFORMADO PRIMER PÁRRAFO, D.O.F. 30 DE NOVIEMBRE DE 2018)

Artículo 17 Bis. Las dependencias y entidades de la Administración Pública Federal, conforme a lo previsto en los reglamentos interiores o sus ordenamientos legales de creación, respectivamente, podrán contar con oficinas de representación en las entidades federativas o, en su caso, en regiones geográficas que abarquen más de una entidad federativa, siempre y cuando sea indispensable para prestar servicios o realizar trámites en cumplimiento de los programas a su cargo y cuenten con recursos aprobados para dichos fines en sus respectivos presupuestos, dichas oficinas se coordinarán con las Delegaciones de Programas para el Desarrollo, debiéndose observar lo siguiente:

(REFORMADA, D.O.F. 30 DE NOVIEMBRE DE 2018)

I. Los funcionarios públicos adscritos a las oficinas de representación, serán designados de conformidad con lo establecido por el reglamento interior o los ordenamientos legales de las dependencias y entidades;

(REFORMADA, D.O.F. 30 DE NOVIEMBRE DE 2018)

II. Los servidores públicos adscritos a las oficinas de representación se sujetarán a las disposiciones establecidas en la Ley del Servicio Profesional de Carrera en la Administración Pública Federal para efectos de su ingreso, desarrollo profesional, capacitación y certificación de capacidades; evaluación del desempeño; separación, y a las demás disposiciones previstas en dicha ley, y

(REFORMADO [N. DE E. ESTE PÁRRAFO], D.O.F. 30 DE NOVIEMBRE DE 2018)

III. Las dependencias o entidades responsables de la ejecución de programas para entregar un beneficio social directo a la población, deberán sujetarse a lo siguiente:

(ADICIONADO, D.O.F. 1 DE OCTUBRE DE 2007)

a) Ejecutar el programa con estricto apego a las reglas de operación;

(ADICIONADO, D.O.F. 30 DE NOVIEMBRE DE 2018)

b) Informar, respecto de los programas atinentes a la respectiva Delegación de Programas para el Desarrollo;

(REFORMADO [N. DE E. CON SUS SUBINCISOS], D.O.F. 30 DE NOVIEMBRE DE 2018)

c) Dar a conocer, en términos de la legislación aplicable, lo siguiente:

i) Las altas y bajas en sus padrones de beneficiarios, así como los resultados de su evaluación;

ii) La relación de municipios y localidades en las que opera el programa;

iii) El padrón de beneficiarios de la entidad federativa correspondiente, por municipio y localidad;

iv) El calendario de entrega de apoyos, por entidad federativa, municipio y localidad, con anterioridad de al menos 60 días a la entrega de los mismos;

v) Los ajustes presupuestarios que, en su caso, le sean autorizados;

(REFORMADO, D.O.F. 30 DE NOVIEMBRE DE 2018)

d) Incluir, en todo caso, en la difusión de cada programa la leyenda siguiente: "Este programa es público, ajeno a cualquier partido político. Queda prohibido el uso para fines distintos a los establecidos en el programa";

(REFORMADO, D.O.F. 30 DE NOVIEMBRE DE 2018)

e) Realizar acciones de orientación y difusión con los beneficiarios para garantizar su transparencia y evitar cualquier uso ilegal del programa, y

(ADICIONADO, D.O.F. 30 DE NOVIEMBRE DE 2018)

f) Realizar las designaciones referidas en la fracción I de este artículo a propuesta del Delegado Estatal de Programas para el Desarrollo de la entidad respectiva.

(ADICIONADO, D.O.F. 30 DE NOVIEMBRE DE 2018)

Artículo 17 Ter. El Poder Ejecutivo Federal contará en las entidades federativas con las Delegaciones de Programas para el Desarrollo que tendrán a su cargo la coordinación e implementación de planes, programas y acciones para el desarrollo integral, funciones de atención ciudadana, la supervisión de los servicios y los programas a cargo de las dependencias y entidades, así como la supervisión de los programas que ejercen algún beneficio directo a la población, de conformidad con los lineamientos que emitan la Secretaría de Bienestar y la Coordinación General de Programas para el Desarrollo.

Para la coordinación de las Delegaciones de Programas para el Desarrollo en la implementación de las funciones descritas en este artículo, el titular del Poder Ejecutivo Federal contará con la Coordinación General de Programas para el Desarrollo, bajo el mando directo del Presidente de la República.

Las Delegaciones de Programas para el Desarrollo estarán adscritas, jerárquica y orgánicamente a la Secretaría de Bienestar y sus titulares serán designados por el titular de la Secretaría a propuesta de la Coordinación General de Programas para el Desarrollo.

(ADICIONADO, D.O.F. 3 DE MAYO DE 2023)

Artículo 17 Quater. Las dependencias, incluyendo sus órganos administrativos desconcentrados, y entidades paraestatales de la Administración Pública Federal, así como las empresas productivas del Estado, proporcionarán los espacios y servicios dentro de sus instalaciones para la ejecución de las actividades de los órganos internos de control y de las unidades de responsabilidades equivalentes, respectivamente, así como a las áreas que les están adscritas.

(REFORMADO, D.O.F. 9 DE ABRIL DE 2012)

Artículo 18. En el reglamento interior de cada una de las Secretarías de Estado que será expedido por el Presidente de la República, se determinarán las atribuciones de sus unidades administrativas, así como la forma en que los titulares podrán ser suplidos en sus ausencias.

(REFORMADO, D.O.F. 28 DE NOVIEMBRE DE 2024)

Artículo 19. La persona titular de cada Secretaría de Estado expedirá los manuales de organización, de procedimientos y de servicios al público necesarios para su funcionamiento, los que deberán contener información de la estructura orgánica de la dependencia y las funciones de sus unidades administrativas, de los sistemas de comunicación y coordinación, y de los principales procedimientos administrativos que se establezcan. Los manuales y demás instrumentos de apoyo administrativo interno, deberán mantenerse permanentemente actualizados. Los manuales de organización general deberán publicarse en el Diario Oficial de la Federación, mientras que los manuales de procedimientos y de servicios al público deberán estar disponibles para consulta de las personas usuarias y de las propias personas servidoras públicas, a través del registro electrónico que opera la Secretaría Anticorrupción y Buen Gobierno. En cada una de las dependencias y entidades de la Administración Pública Federal, se mantendrán al corriente los escalafones de las personas trabajadoras y se establecerán los sistemas de estímulos y recompensas que determinen la ley y las condiciones generales de trabajo respectivas.

(REFORMADO, D.O.F. 3 DE MAYO DE 2023)

Artículo 20. Las dependencias y las entidades paraestatales de la Administración Pública Federal contarán con una Unidad de Administración y Finanzas o equivalente, encargada de ejecutar, en los términos de las disposiciones aplicables, los servicios de apoyo administrativo en materia de planeación, programación, presupuesto, tecnologías de la información, recursos humanos, recursos materiales, contabilidad, archivos, y los demás que sean necesarios, en los términos que establezca el Ejecutivo Federal. En los casos de las Secretarías de la Defensa Nacional y de Marina, dichos servicios se llevarán a cabo por sus respectivas oficialías mayores.

(REFORMADO, D.O.F. 28 DE NOVIEMBRE DE 2024)

La persona titular del Ejecutivo Federal, por conducto de la Secretaría de Hacienda y Crédito Público, establecerá mediante disposiciones de carácter general, el modelo organizacional y de operación de las Unidades de Administración y Finanzas de la Administración Pública Centralizada y Paraestatal, el cual deberá ser observado por las dependencias y entidades paraestatales, al momento de emitir o modificar las disposiciones que regulen la organización y operación de las Unidades de Administración y Finanzas o equivalentes. Los movimientos a las estructuras organizacionales y ocupacionales estarán sujetos a las autorizaciones que emitan las Secretarías de Hacienda y Crédito Público y Anticorrupción y Buen Gobierno, en el ámbito de sus respectivas competencias, conforme a las disposiciones jurídicas aplicables.

(REFORMADO, D.O.F. 28 DE NOVIEMBRE DE 2024)

La Secretaría de Hacienda y Crédito Público conducirá y coordinará la operación de las Unidades de Administración y Finanzas o equivalentes de las dependencias y de las entidades paraestatales, en los términos de las disposiciones legales y reglamentarias aplicables, y con base en los lineamientos, disposiciones, directrices y políticas que al efecto emita la propia Secretaría.

(REFORMADO, D.O.F. 28 DE NOVIEMBRE DE 2024)

Las personas titulares de las Unidades de Administración y Finanzas o equivalentes nombrarán y removerán, en los términos de las disposiciones jurídicas aplicables, al personal de su adscripción; ello sin perjuicio de lo previsto en el artículo 31, fracción XXXII, de esta Ley.

(REFORMADO, D.O.F. 28 DE NOVIEMBRE DE 2024)

Los puestos correspondientes a las personas titulares de las Unidades de Administración y Finanzas o equivalentes en las dependencias y entidades paraestatales, así como de los dos niveles jerárquicos inmediatos inferiores, son de libre designación, en términos de las disposiciones jurídicas aplicables.

(REFORMADO, D.O.F. 28 DE NOVIEMBRE DE 2024)

A los órganos administrativos desconcentrados que cuenten con Unidades de Administración y Finanzas o áreas que realicen funciones equivalentes les es aplicable lo previsto en este artículo.

Las disposiciones de este artículo no serán aplicables a las Secretarías de Marina y de la Defensa Nacional, ni a las empresas productivas del Estado, las que se regirán conforme a las disposiciones legales que les sean aplicables.

(REFORMADO PRIMER PÁRRAFO, D.O.F. 30 DE NOVIEMBRE DE 2018)

Artículo 21. El Presidente de la República, para el mejor despacho de los asuntos a su cargo, podrá constituir comisiones intersecretariales, consultivas y presidenciales a través de decretos.

(REFORMADO, D.O.F. 30 DE NOVIEMBRE DE 2018)

Las comisiones intersecretariales serán aquellas creadas por el Presidente de la República para el despacho de asuntos en que deban intervenir varias Secretarías de Estado. Estarán integradas por los Secretarios de Estado o aquellos funcionarios de la Administración Pública Federal. Las entidades de la Administración Pública Paraestatal podrán integrarse a las comisiones intersecretariales, cuando se trate de asuntos relacionados con su objeto.

(ADICIONADO, D.O.F. 30 DE NOVIEMBRE DE 2018)

Serán comisiones consultivas aquellas conformadas por profesionales, especialistas o representantes de la sociedad civil, de reconocida capacidad o experiencia, designados por el Presidente de la República con la finalidad de resolver una consulta determinada o emitir una opinión sobre algún tema especificado en el objeto de su Decreto de creación. Estas comisiones podrán ser ubicadas dentro de la estructura de una dependencia del Ejecutivo. Sus conclusiones no serán vinculantes.

(ADICIONADO, D.O.F. 30 DE NOVIEMBRE DE 2018)

Las comisiones presidenciales podrán ser conformadas por integrantes descritos en cualquiera de los párrafos anteriores así como ex servidores públicos y servidores públicos de otros poderes u órdenes de gobierno. Estas comisiones se constituyen como grupos de trabajo especial para cumplir con las funciones de investigación, seguimiento, fiscalización, propuesta o emisión de informes que deberán servir como base para la toma de decisiones o el objeto que determine su Decreto de creación, en los términos previstos por el presente artículo.

Las comisiones podrán ser transitorias o permanentes y serán presididas por quien determine el Presidente de la República.

(ADICIONADO [N. DE E. CON SUS FRACCIONES], D.O.F. 30 DE NOVIEMBRE DE 2018)

El Decreto de creación de las comisiones descritas en este artículo deberá contener al menos las siguientes disposiciones:

I. Su denominación;

II. El nombre de sus integrantes y sus respectivos cargos, así como la definición de quien la presidirá;

III. Su objeto y las funciones que se les asignan;

IV. Su ubicación dentro de la estructura de la Administración Pública Federal, precisando si dependen directamente del Presidente de la República o de alguna Secretaría de Estado;

V. El período de su existencia, mismo que podrá ser prolongado por acuerdo del Presidente de la República, y

VI. Cuando sea necesario, la dotación de recursos para su funcionamiento, los cuales provendrán de la entidad pública de la cual dependen.

(ADICIONADO, D.O.F. 30 DE NOVIEMBRE DE 2018)

El cargo de miembro de cualquiera de las comisiones será honorífico y de confianza, por lo que no inhabilitará la posibilidad de desempeñar ninguna otra función pública o actividad privada.

(REFORMADO, D.O.F. 29 DE DICIEMBRE DE 1982)

Artículo 22. El Presidente de los Estados Unidos Mexicanos podrá celebrar convenios de coordinación de acciones con los Gobiernos Estatales, y con su participación, en los casos necesarios, con los Municipios, satisfaciendo las formalidades legales que en cada caso procedan, a fin de favorecer el desarrollo integral de las propias entidades federativas.

(REFORMADO, D.O.F. 9 DE ABRIL DE 2012)

Artículo 23. Los Secretarios de Estado, una vez abierto el período de sesiones ordinarias, darán cuenta al Congreso de la Unión del estado que guarden sus respectivos ramos y deberán informar, además, cuando cualquiera de las Cámaras los cite en los casos en que se discuta una ley o se estudie un negocio concerniente a sus actividades. Esta última obligación será extensiva a los directores de los organismos descentralizados y de las empresas de participación estatal mayoritaria.

(REFORMADO, D.O.F. 9 DE ABRIL DE 2012)

Artículo 24. En casos extraordinarios o cuando exista duda sobre la competencia de alguna Secretaría de Estado para conocer de un asunto determinado, el presidente de la República resolverá, por conducto de la Secretaría de Gobernación, a qué dependencia corresponde el despacho del mismo.

(REFORMADO, D.O.F. 28 DE NOVIEMBRE DE 2024)

Artículo 25. Cuando alguna Secretaría de Estado o la Oficina de la Presidencia de la República necesiten informes, datos o la cooperación técnica de cualquier otra dependencia para el cumplimiento de sus atribuciones, ésta tendrá la obligación de proporcionarlos, en los términos de las disposiciones jurídicas aplicables.

(REFORMADA SU DENOMINACIÓN, D.O.F. 9 DE ABRIL DE 2012)

CAPÍTULO II
DE LA COMPETENCIA DE LAS SECRETARÍAS DE ESTADO Y CONSEJERÍA JURÍDICA DEL EJECUTIVO FEDERAL

(REFORMADO, D.O.F. 28 DE NOVIEMBRE DE 2024)

Artículo 26. Para el despacho de los asuntos del orden administrativo, el Poder Ejecutivo de la Unión contará con las siguientes Secretarías:

I. Secretaría de Gobernación;

II. Secretaría de Relaciones Exteriores;

III. Secretaría de la Defensa Nacional;

IV. Secretaría de Marina;

V. Secretaría de Seguridad y Protección Ciudadana;

VI. Secretaría de Hacienda y Crédito Público;

VII. Secretaría de Bienestar;

VIII. Secretaría de Medio Ambiente y Recursos Naturales;

IX. Secretaría de Energía;

X. Secretaría de Economía;

XI. Secretaría de Agricultura y Desarrollo Rural;

XII. Secretaría de Infraestructura, Comunicaciones y Transportes;

XIII. Secretaría Anticorrupción y Buen Gobierno;

XIV. Secretaría de Educación Pública;

XV. Secretaría de Ciencia, Humanidades, Tecnología e Innovación;

XVI. Secretaría de Salud;

XVII. Secretaría del Trabajo y Previsión Social;
XVIII. Secretaría de Desarrollo Agrario, Territorial y Urbano;
XIX. Secretaría de Cultura;
XX. Secretaría de Turismo;
XXI. Secretaría de las Mujeres, y
XXII. Agencia de Transformación Digital y Telecomunicaciones.

(REFORMADO PRIMER PÁRRAFO, D.O.F. 28 DE NOVIEMBRE DE 2024)

Artículo 27. A la Secretaría de Gobernación le corresponde el despacho de los siguientes asuntos:

(REFORMADA, D.O.F. 30 DE NOVIEMBRE DE 2018)

I. Formular y conducir la política interior que competa al Ejecutivo Federal y no se atribuya expresamente a otra dependencia; fomentar el desarrollo político; contribuir al fortalecimiento de las instituciones democráticas; promover la formación cívica y la participación ciudadana, salvo en materia electoral; facilitar acuerdos políticos y consensos sociales para que, en los términos de la Constitución y las leyes, se mantengan las condiciones de unidad nacional, cohesión social, fortalecimiento de las instituciones de gobierno y gobernabilidad democrática;

(REFORMADA, D.O.F. 30 DE NOVIEMBRE DE 2018)

II. Coordinar a los Secretarios de Estado y demás funcionarios de la Administración Pública Federal para garantizar el cumplimiento de las órdenes y acuerdos del titular del Ejecutivo Federal y por acuerdo de éste, convocar a las reuniones de gabinete; acordar con los titulares de las Secretarías de Estado, órganos desconcentrados y entidades paraestatales las acciones necesarias para dicho cumplimiento, y requerir a los mismos los informes correspondientes;

(REFORMADA, D.O.F. 30 DE NOVIEMBRE DE 2018)

III. Conducir, siempre que no esté conferida esta facultad a otra Secretaría, las relaciones del Poder Ejecutivo con los demás Poderes de la Unión, con los órganos constitucionales autónomos, con los gobiernos de las entidades federativas y de los municipios y con las demás autoridades federales y locales, así como rendir las informaciones oficiales del Ejecutivo Federal. Asimismo, conducir, en el ámbito de su competencia, las relaciones del Poder Ejecutivo con los partidos políticos, organizaciones sociales y demás instituciones de la sociedad civil. Los titulares de las unidades de enlace legislativo de las demás dependencias y entidades de la Administración Pública Federal serán designados por el Secretario de Gobernación y estarán adscritos administrativa y presupuestalmente a la Secretaría o dependencia respectiva;

(REFORMADA, D.O.F. 30 DE NOVIEMBRE DE 2018)

IV. Garantizar el carácter laico del Estado mexicano; conducir las relaciones entre el Estado y las iglesias o agrupaciones religiosas, así como vigilar y hacer cumplir las disposiciones constitucionales y legales en esta materia;

(REFORMADA, D.O.F. 30 DE NOVIEMBRE DE 2018)

V. Formular y conducir la política migratoria y de movilidad humana, así como vigilar las fronteras del país y los puntos de entrada al mismo por tierra, mar o aire, garantizando, en términos de ley, la libertad de tránsito, en coordinación con las demás autoridades competentes;

(REFORMADA, D.O.F. 28 DE NOVIEMBRE DE 2024)

VI. Formular y conducir la política de población e interculturalidad, operar la Secretaría Técnica del Consejo Nacional de Población, por conducto de la unidad administrativa que determine su reglamento interior, y el servicio nacional de identificación personal, así como compartir la información de dicho sistema con las autoridades competentes, en términos de las disposiciones jurídicas aplicables;

(REFORMADA, D.O.F. 30 DE NOVIEMBRE DE 2018)

VII. Vigilar el cumplimiento de los preceptos constitucionales por parte de las autoridades del país; coordinar, en vinculación con las organizaciones de la sociedad civil, la promoción y defensa de los derechos humanos y dar seguimiento a la atención de las recomendaciones que emitan los organismos competentes en dicha materia, así como dictar las medidas administrativas necesarias para tal efecto;

(REFORMADA, D.O.F. 30 DE NOVIEMBRE DE 2018)

VII Bis. Formular y coordinar la política de prevención social del delito, cultura de paz y de legalidad, mediante programas que refuercen la inclusión social y la igualdad, estrategias y acciones que contribuyan a prevenir y eliminar la discriminación o vulnerabilidad de grupos sociales, así como diseñar e instrumentar programas para la atención integral a víctimas y coadyuvar en la celebración de acuerdos de colaboración con otras instituciones del sector público y privado;

(REFORMADA, D.O.F. 30 DE NOVIEMBRE DE 2018)

VII Ter. Crear e implementar en forma permanente una página electrónica de consulta pública en la cual se registren los datos de las personas reportadas como desaparecidas en todo el país, así como establecer otra para los casos de mujeres y niñas; ambas plataformas tendrán como fin que la población en general contribuya con información sobre la localización de las personas desaparecidas;

(REFORMADA, D.O.F. 30 DE NOVIEMBRE DE 2018)

VII Quáter. Elaborar y ejecutar los programas de reinserción social y apoyo a las personas que hayan cumplido con su sentencia y sean puestas en libertad;

(ADICIONADA, D.O.F. 28 DE NOVIEMBRE DE 2024)

VII Quinquies. Proponer y ejecutar las acciones tendientes a asegurar la coordinación nacional entre la Federación, la Ciudad de México, los estados y los municipios, en el ámbito del Consejo Nacional de Seguridad Pública, para diseñar e instrumentar la política orientada a la construcción de la paz en el país;

(REFORMADA, D.O.F. 30 DE NOVIEMBRE DE 2018)

VIII. En el ámbito de su competencia, elaborar e instrumentar la normatividad aplicable, conforme a la Constitución y las leyes, en materia de comunicación social del Gobierno Federal y las relaciones con los medios masivos de información; administrar, salvo lo establecido en las leyes electorales, el tiempo de que dispone el Estado en radio y televisión; así como autorizar, supervisar y evaluar los programas de comunicación social y publicidad de las dependencias y entidades de la Administración Pública Federal;

(ADICIONADA, D.O.F. 28 DE NOVIEMBRE DE 2024)

VIII Bis. Coordinar al órgano administrativo desconcentrado encargado de documentar las actividades públicas de la persona titular del Ejecutivo Federal, mediante la producción de programas informativos y especiales, para su difusión en los medios electrónicos de comunicación, así como atender las solicitudes de la Oficina de la Presidencia de la República y de la Secretaría de Gobernación;

(REFORMADA, D.O.F. 30 DE NOVIEMBRE DE 2018)

IX. Vigilar que las publicaciones impresas y las transmisiones de radio y televisión, así como las películas cinematográficas y los videojuegos, se mantengan dentro de los límites del respeto a la vida privada, a la paz y moral pública y a la dignidad personal, y no ataquen los derechos de terceros, ni provoquen la comisión de algún delito, perturben el orden público o sean contrarios al interés superior de la niñez;

(REFORMADA, D.O.F. 30 DE NOVIEMBRE DE 2018)

X. Tramitar lo relativo a la aplicación del artículo 33 de la Constitución;

(REFORMADA, D.O.F. 30 DE NOVIEMBRE DE 2018)

XI. Administrar las islas de jurisdicción federal, salvo aquellas cuya administración corresponda, por disposición de ley, a otra dependencia o entidad de la Administración Pública Federal. En las islas a que se refiere esta fracción regirán las leyes federales y los tratados, y serán competentes para conocer de las controversias que en ellas se susciten los tribunales federales con mayor cercanía geográfica;

(REFORMADA, D.O.F. 30 DE NOVIEMBRE DE 2018)

XII. Diseñar e instrumentar programas anuales, previo diagnóstico a los ayuntamientos, para la asesoría, capacitación y formación de sus integrantes, así como de los funcionarios municipales, con el fin de contribuir a su profesionalización y al desarrollo institucional de los municipios;

(REFORMADA, D.O.F. 30 DE NOVIEMBRE DE 2018)

XIII. Auxiliar al Poder Judicial de la Federación, a la Fiscalía General de la República y a las correspondientes de las entidades federativas, cuando así lo requieran, para el debido ejercicio de sus funciones, así como a otras dependencias, entes públicos, entidades federativas, municipios y órganos constitucionales autónomos;

(REFORMADA, D.O.F. 30 DE NOVIEMBRE DE 2018)

XIV. Regular, autorizar y vigilar el juego, las apuestas, las loterías y rifas, en los términos de las leyes relativas;

(REFORMADA, D.O.F. 30 DE NOVIEMBRE DE 2018)

XV. Presentar ante el Congreso de la Unión las iniciativas de ley o decreto del Ejecutivo y, en su caso, comunicar el señalamiento formal del Presidente de la República del carácter preferente de hasta dos de las iniciativas, conforme a lo dispuesto por el artículo 71 de la Constitución;

(REFORMADA, D.O.F. 30 DE NOVIEMBRE DE 2018)

XVI. Administrar el Diario Oficial de la Federación y publicar las leyes y decretos del Congreso de la Unión, de alguna de las dos Cámaras o de la Comisión Permanente y los reglamentos que expida el Presidente de la República, en términos de lo dispuesto en la fracción I del artículo 89 constitucional y el artículo 72 constitucional, así como las resoluciones y disposiciones que por ley deban publicarse en dicho medio de difusión oficial;

(REFORMADA, D.O.F. 30 DE NOVIEMBRE DE 2018)

XVII. Coordinar a los Talleres Gráficos de México para que proporcionen los servicios editoriales y de impresión que requieran las dependencias de la Administración Pública Federal y otros entes, públicos o privados, que lo soliciten, recibiendo las contraprestaciones respectivas por tales servicios;

(REFORMADA, D.O.F. 30 DE NOVIEMBRE DE 2018)

XVIII. Compilar y sistematizar las leyes, tratados internacionales, reglamentos, decretos, acuerdos y disposiciones federales, estatales y municipales, así como establecer el banco de datos correspondiente, con objeto de proporcionar información a través de los sistemas electrónicos de datos;

(REFORMADA, D.O.F. 30 DE NOVIEMBRE DE 2018)

XIX. Conducir las relaciones del Gobierno Federal con el Tribunal Federal de Conciliación y Arbitraje de los Trabajadores al Servicio del Estado;

(REFORMADA, D.O.F. 30 DE NOVIEMBRE DE 2018)

XX. Intervenir en los nombramientos, aprobaciones, designaciones, destituciones, renuncias y jubilaciones de servidores públicos que no se atribuyan expresamente por la ley a otras dependencias del Ejecutivo;

(REFORMADA, D.O.F. 28 DE NOVIEMBRE DE 2024)

XXI. Asistir en lo relativo al ejercicio de las facultades que otorgan a la persona titular del Ejecutivo Federal los artículos 96 y 100 de la Constitución Política de los Estados Unidos Mexicanos, respecto de la elección de las personas integrantes del Poder Judicial;

(REFORMADA, D.O.F. 30 DE NOVIEMBRE DE 2018)

XXII. Llevar el registro de autógrafos de los funcionarios federales, de los Gobernadores de los Estados y del jefe de gobierno de la Ciudad de México y legalizar las firmas de los mismos;

(REFORMADA, D.O.F. 28 DE NOVIEMBRE DE 2024)

XXIII. Fijar los calendarios oficial y cívico, y

XXIV. Los demás que le atribuyan expresamente las leyes y reglamentos.

(REFORMADO PRIMER PÁRRAFO, D.O.F. 28 DE NOVIEMBRE DE 2024)

Artículo 28. A la Secretaría de Relaciones Exteriores le corresponde el despacho de los siguientes asuntos:

(REFORMADA, D.O.F. 29 DE DICIEMBRE DE 1982)

I. Promover, propiciar y asegurar la coordinación de acciones en el exterior de las dependencias y entidades de la Administración Pública Federal; y sin afectar el ejercicio de las atribuciones que a cada una de ellas corresponda, conducir la política exterior, para lo cual intervendrá en toda clase de tratados, acuerdos y convenciones en los que el país sea parte;

(REFORMADA, D.O.F. 28 DE NOVIEMBRE DE 2024)

II. Dirigir el servicio exterior en sus aspectos diplomático y consular en los términos de la Ley del Servicio Exterior Mexicano y, por conducto de los agentes de este servicio, velar en el extranjero por el buen nombre de México; garantizar la revalorización del fenómeno migratorio y el trato digno de mexicanas y mexicanos que viven en el exterior; impartir protección a las mexicanas y mexicanos; cobrar derechos consulares y otros impuestos; ejercer funciones notariales, de Registro Civil, de auxilio judicial, y las demás funciones federales que señalan las leyes, así como adquirir, administrar y conservar las propiedades de la Nación en el extranjero;

(REFORMADA, D.O.F. 28 DE NOVIEMBRE DE 2024)

II A. Coadyuvar a la promoción económica, comercial, turística y cultural del país por conducto de sus embajadas y consulados;

(REFORMADA, D.O.F. 28 DE NOVIEMBRE DE 2024)

II B. Capacitar al personal del Servicio Exterior Mexicano en las áreas económica, comercial, turística y cultural para que puedan cumplir con las responsabilidades que deriven de la fracción anterior;

(REFORMADA, D.O.F. 28 DE NOVIEMBRE DE 2024)

III. Intervenir en lo relativo a comisiones, congresos, conferencias y exposiciones internacionales, y representar a México ante organismos e institutos internacionales sin perjuicio de la competencia de otras dependencias de la Administración Pública Federal;

IV. Intervenir en las cuestiones relacionadas con los límites territoriales del país y aguas internacionales;

(REFORMADA, D.O.F. 15 DE DICIEMBRE DE 2011)

V. Conceder a los extranjeros las licencias y autorizaciones que requieran conforme a las Leyes para adquirir el dominio de las Tierras, aguas y sus accesiones en la República Mexicana; obtener concesiones y celebrar contratos, intervenir en la explotación de Recursos Naturales o los permisos para adquirir bienes inmuebles o derechos sobre ellos;

VI. Llevar el registro de las operaciones realizadas conforme a la fracción anterior;

VII. Intervenir en todas las cuestiones relacionadas con nacionalidad y naturalización;

VIII. Guardar y usar el Gran Sello de la Nación;

IX. Coleccionar los autógrafos de toda clase de documentos diplomáticos;

X. Legalizar las firmas de los documentos que deban producir efectos en el extranjero, y de los documentos extranjeros que deban producirlos en la República;

(REFORMADA, D.O.F. 30 DE NOVIEMBRE DE 2018)

XI. Colaborar con el Fiscal General de la República, en la extradición conforme a la ley o tratados y en los exhortos internacionales o comisiones rogatorias para hacerlos llegar a su destino, previo examen de que llenen los requisitos de forma para su diligenciación y de su procedencia o improcedencia, para hacerlo del conocimiento de las autoridades judiciales competentes, y

XII. Los demás que le atribuyan expresamente las leyes y reglamentos.

Artículo 29. A la Secretaría de la Defensa Nacional, corresponde el despacho de los siguientes asuntos:

I. Organizar, administrar y preparar al Ejército y la Fuerza Aérea;

II. Organizar y preparar el servicio militar nacional;

III. Organizar las reservas del Ejército y de la Fuerza Aérea, e impartirles la instrucción técnica militar correspondiente;

(NOTA: EL 20 DE ABRIL DE 2023, EL PLENO DE LA SUPREMA CORTE DE JUSTICIA DE LA NACIÓN, EN LOS APARTADOS VII Y VIII, ASÍ COMO EN LOS RESOLUTIVOS CUARTO Y QUINTO DE LA SENTENCIA DICTADA AL RESOLVER LA ACCIÓN DE INCONSTITUCIONALIDAD 137/2022, DECLARÓ LA INVALIDEZ DE LA PORCIÓN NORMATIVA DE LA FRACCIÓN IV DE ESTE ARTÍCULO INDICADA CON MAYÚSCULAS, LA CUAL SURTIRÁ SUS EFECTOS EL 1 DE ENERO DE 2024, DE ACUERDO A LAS CONSTANCIAS QUE OBRAN EN LA SECRETARÍA GENERAL DE ACUERDOS DE LA SUPREMA CORTE DE JUSTICIA DE LA NACIÓN. DICHA SENTENCIA PUEDE SER CONSULTADA EN LA DIRECCIÓN ELECTRÓNICA http://www.scjn.gob.mx/).

(REFORMADA, D.O.F. 9 DE SEPTIEMBRE DE 2022)

IV. Manejar el activo del Ejército y la Fuerza Aérea, Y EJERCER EL CONTROL OPERATIVO Y ADMINISTRATIVO DE LA GUARDIA NACIONAL, CONFORME A LA ESTRATEGIA NACIONAL DE SEGURIDAD PÚBLICA QUE DEFINA LA SECRETARÍA DE SEGURIDAD Y PROTECCIÓN CIUDADANA;

V. Conceder licencias y retiros, e intervenir en las pensiones de los miembros del Ejército y de la Fuerza Aérea;

VI. Planear, dirigir y manejar la movilización del país en caso de guerra; formular y ejecutar, en su caso, los planes y órdenes necesarios para la defensa del país y dirigir y asesorar la defensa civil;

VII. Construir y preparar las fortificaciones, fortalezas y toda clase de recintos militares para uso del Ejército y de la Fuerza Aérea, así como la administración y conservación de cuarteles y hospitales y demás establecimientos militares;

VIII. Asesorar militarmente la construcción de toda clase de vías de comunicación terrestres y aéreas;

(ADICIONADA, D.O.F. 3 DE MAYO DE 2023)

VIII Bis. Salvaguardar la soberanía y defender la integridad del territorio nacional, incluyendo su espacio aéreo, en coordinación con la Secretaría de Marina en lo correspondiente a la protección del espacio situado sobre el mar territorial;

(ADICIONADA, D.O.F. 3 DE MAYO DE 2023)

VIII Ter. Establecer acciones para garantizar que las operaciones aéreas en el territorio nacional no se realicen con fines ilícitos o atenten contra la seguridad nacional;

(ADICIONADA, D.O.F. 3 DE MAYO DE 2023)

VIII Quáter. Participar, con la Secretaría de Infraestructura, Comunicaciones y Transportes, en las operaciones de búsqueda y salvamento aéreo, en términos de artículo 80 de la Ley de Aviación Civil;

(ADICIONADA, D.O.F. 3 DE MAYO DE 2023)

VIII Quinquies. Establecer, en coordinación con la Secretaría de Infraestructura, Comunicaciones y Transportes, las zonas de vigilancia y protección del espacio aéreo;

IX. Manejar los almacenes del Ejército y de la Fuerza Aérea;

X. Administrar la Justicia Militar;

XI. Intervenir en los indultos de delitos del orden militar;

XII. Organizar y prestar los servicios de sanidad militar;

XIII. Dirigir la educación profesional de los miembros del Ejército y de la Fuerza Aérea, y coordinar, en su caso, la instrucción militar de la población civil;

XIV. Adquirir y fabricar armamento, municiones, vestuario y toda clase de materiales y elementos destinados al Ejército y a la Fuerza Aérea;

XV. Inspeccionar los servicios del Ejército y de la Fuerza Aérea;

(REFORMADA, D.O.F. 9 DE SEPTIEMBRE DE 2022)

XVI. Intervenir en la expedición de licencias para la portación de armas de fuego, con objeto de que no se incluya las armas prohibidas expresamente por la ley y aquellas que la Nación reserve para el uso exclusivo del Ejército, Fuerza Aérea y Armada Mexicanos, así como vigilar y expedir permisos para el comercio, transporte y almacenamiento de armas de fuego, municiones, explosivos, agresivos químicos, artificios y material estratégico;

XVII. Intervenir en la importación y exportación de toda clase de armas de fuego, municiones, explosivos, agresivos químicos, artificios y material estratégico;

XVIII. Intervenir en el otorgamiento de permisos para expediciones o exploraciones científicas extranjeras o internacionales en el territorio nacional;

(REFORMADA, D.O.F. 11 DE ENERO DE 2021)

XIX. Prestar los servicios auxiliares que requieran el Ejército y la Fuerza Aérea, así como los servicios civiles que a dichas fuerzas señale el Ejecutivo Federal;

(ADICIONADA, D.O.F. 11 DE ENERO DE 2021)

XX. Establecer acuerdos de colaboración con las instituciones ambientales a efecto de capacitar a los integrantes del servicio militar para la ejecución de actividades tendientes a proteger el medio ambiente, y

XXI. Los demás que le atribuyan expresamente las leyes y reglamentos.

Artículo 30. A la Secretaría de Marina corresponde el despacho de los siguientes asuntos:

I. Organizar, administrar y preparar la Armada;

II. Manejar el activo y las reservas de la Armada en todos sus aspectos;

III. Conceder licencias y retiros, e intervenir en las pensiones de los miembros de la Armada;

(REFORMADA, D.O.F. 4 DE MAYO DE 2006)

IV. Ejercer:

a. La soberanía en el mar territorial, su espacio aéreo y costas del territorio;

(REFORMADO, D.O.F. 19 DE MAYO DE 2017)

b. Vigilancia, visita, inspección u otras acciones previstas en las disposiciones jurídicas aplicables en las zonas marinas mexicanas, costas y recintos portuarios, sin perjuicio de las atribuciones que correspondan a otras dependencias.

(ADICIONADO, D.O.F. 19 DE MAYO DE 2017)

Cuando en ejercicio de estas funciones, se presente la posible comisión de un hecho que la ley señale como delito, se pondrá a disposición ante la autoridad competente a las personas, objetos, instrumentos y productos relacionados al mismo, y

c. Las medidas y competencias que le otorguen los ordenamientos legales y los instrumentos internacionales de los que México sea parte, en la Zona Contigua y en la Zona Económica Exclusiva;

(REFORMADO [N. DE E. ESTE PÁRRAFO], D.O.F. 7 DE DICIEMBRE DE 2020)

V. Ejercer la Autoridad Marítima Nacional en las zonas marinas mexicanas, costas, puertos, recintos portuarios, terminales, marinas e instalaciones portuarias nacionales; así como, en su caso, aguas nacionales donde se realicen actividades de su competencia, en las materias siguientes:

(REFORMADA, D.O.F. 19 DE DICIEMBRE DE 2016)

a) Cumplimiento del orden jurídico nacional en las materias de su competencia;

(REFORMADA, D.O.F. 19 DE DICIEMBRE DE 2016)

b) Seguridad marítima, salvamento en caso de accidentes o incidentes de embarcaciones y búsqueda y rescate para salvaguardar la vida humana en la mar y el control de tráfico marítimo;

(REFORMADO, D.O.F. 7 DE DICIEMBRE DE 2020)

c) Prevención de la contaminación marina originada por embarcaciones o artefactos navales, así como el vertimiento de desechos y otras materias al mar distintas al de aguas residuales, y

(REFORMADO, D.O.F. 7 DE DICIEMBRE DE 2020)

d) Protección marítima y portuaria, en los términos que fijan los tratados internacionales de los que el Estado mexicano es parte y la normatividad nacional en la materia, sin perjuicio de las atribuciones que correspondan a otras dependencias de la Administración Pública Federal;

(ADICIONADA, D.O.F. 7 DE DICIEMBRE DE 2020)

V Bis. Regular las comunicaciones y transportes por agua, así como formular y conducir las políticas y programas para su desarrollo, de acuerdo a las necesidades del país;

(REFORMADA, D.O.F. 7 DE DICIEMBRE DE 2020)

VI. Dirigir la educación naval militar y la educación náutica mercante;

(ADICIONADA, D.O.F. 7 DE DICIEMBRE DE 2020)

VI Bis. Regular, promover y organizar a la marina mercante, así como establecer los requisitos que deba satisfacer el personal técnico de la marina mercante y conceder las licencias y autorizaciones respectivas;

(REFORMADA, D.O.F. 19 DE MAYO DE 2017)

VII. Mantener el estado de derecho en las zonas marinas mexicanas, costas y recintos portuarios, ejerciendo funciones de guardia costera a través de la Armada;

(REFORMADA, D.O.F. 26 DE DICIEMBRE DE 2013)

VII Bis. Establecer y dirigir el Servicio de Búsqueda y Rescate para la salvaguarda de la vida humana en la mar;

(ADICIONADA, D.O.F. 19 DE DICIEMBRE DE 2016)

VII Ter. Regular, vigilar la seguridad de la navegación y la vida humana en el mar y supervisar a la marina mercante;

(ADICIONADA, D.O.F. 19 DE DICIEMBRE DE 2016)

VII Quáter. Administrar y operar el señalamiento marítimo, así como proporcionar los servicios de información y seguridad para la navegación marítima;

VIII. Inspeccionar los servicios de la Armada;

(REFORMADA, D.O.F. 1 DE DICIEMBRE DE 2023)

IX. Construir, reconstruir y conservar las obras portuarias que requiera la Armada y la Secretaría de Marina; las obras marítimas, portuarias y de dragado que requiera el país y, en su caso, autorizarlas cuando sobrepasen sus capacidades técnicas y operativas, así como aquellas que requiera el interés nacional en áreas estratégicas y prioritarias vinculadas al desarrollo marítimo;

X. Establecer y administrar los almacenes y estaciones de combustibles y lubricantes de la Armada;

(REFORMADA, D.O.F. 4 DE MAYO DE 2006)

XI. Ejecutar los trabajos hidrográficos de las costas, islas, puertos y vías navegables, así como organizar el archivo de cartas marítimas y las estadísticas relativas;

XII. Intervenir en el otorgamiento de permisos para expediciones o exploraciones científicas extranjeras o internacionales en aguas nacionales;

(ADICIONADA, D.O.F. 7 DE DICIEMBRE DE 2020)

XII Bis. Adjudicar y otorgar contratos, concesiones y permisos para el establecimiento y explotación de servicios relacionados con las comunicaciones y transportes por agua con embarcaciones o artefactos navales;

(ADICIONADA, D.O.F. 7 DE DICIEMBRE DE 2020)

XII Ter. Coordinar la implementación de las acciones necesarias con las demás dependencias de la Administración Pública Federal, para el cumplimiento de las disposiciones nacionales e internacionales en materia marítima, en el ámbito de su competencia;

XIII. Intervenir en la administración de la justicia militar;

(REFORMADA, D.O.F. 20 DE OCTUBRE DE 2021)

XIV. Construir, mantener y operar astilleros, diques, varaderos, dragas, unidades y establecimientos navales y aeronavales, para el cumplimiento de la misión de la Armada de México, así como prestar servicios en el ámbito de su competencia que coadyuven al desarrollo marítimo nacional, de conformidad con las disposiciones aplicables y en concordancia con las políticas y programas que para dicho desarrollo determine la Secretaría de Infraestructura, Comunicaciones y Transportes y las demás dependencias que tengan relación con el mismo;

(ADICIONADA, D.O.F. 7 DE DICIEMBRE DE 2020)

XIV Bis. Coordinar en los puertos marítimos y fluviales las actividades y servicios marítimos y portuarios, los medios de transporte que operen en ellos y los servicios principales, auxiliares y conexos de las vías generales de comunicación para su eficiente operación y funcionamiento;

(ADICIONADA, D.O.F. 7 DE DICIEMBRE DE 2020)

XIV Ter. Administrar los puertos centralizados y coordinar los de la administración paraestatal, y otorgar concesiones y permisos para la ocupación de las zonas federales dentro de los recintos portuarios;

(ADICIONADA, D.O.F. 7 DE DICIEMBRE DE 2020)

XIV Quáter. Fijar las normas técnicas del funcionamiento y operación de los servicios públicos de comunicaciones y transportes por agua y las tarifas para el cobro de los mismos; otorgar concesiones y permisos, y fijar las tarifas y reglas de aplicación de todas las maniobras y servicios marítimos, portuarios, auxiliares y conexos relacionados con las comunicaciones y transportes por agua; así como participar con la Secretaría de Hacienda y Crédito Público en el establecimiento de las tarifas de los servicios que presta la Administración Pública Federal de comunicaciones y transportes por agua;

(REFORMADA, D.O.F. 4 DE MAYO DE 2006)

XV. Emitir opinión con fines de seguridad nacional en los proyectos de construcción de toda clase de vías generales de comunicación por agua y sus partes, relacionados con la ingeniería portuaria marítima y señalamiento marino;

XVI. Organizar y prestar los servicios de sanidad naval;

(REFORMADA, D.O.F. 4 DE MAYO DE 2006)

XVII. Programar, fomentar, desarrollar y ejecutar, sin perjuicio de las atribuciones que correspondan a otras dependencias, los trabajos de investigación científica y tecnológica en las ciencias marítimas, creando los institutos de investigación necesarios;

XVIII. Integrar el archivo de información oceanográfica nacional, y

(ADICIONADA, D.O.F. 4 DE MAYO DE 2006)

XIX. Celebrar acuerdos en el ámbito de su competencia con otras dependencias e instituciones nacionales o extranjeras, en los términos de los tratados internacionales y conforme a la legislación vigente;

(REFORMADA, D.O.F. 19 DE DICIEMBRE DE 2016)

XX. Ejercer acciones para llevar a cabo la defensa y seguridad nacionales en el ámbito de su responsabilidad, en términos de las disposiciones jurídicas aplicables;

(ADICIONADA, D.O.F. 4 DE MAYO DE 2006)

XXI. Participar y llevar a cabo las acciones que le corresponden dentro del marco del sistema nacional de protección civil para la prevención, auxilio, recuperación y apoyo a la población en situaciones de desastre;

(ADICIONADA, D.O.F. 4 DE MAYO DE 2006)

XXII. Adquirir, diseñar y fabricar armamento, municiones, vestuario, y toda clase de medios navales e ingenios materiales, así como intervenir en la importación y exportación de éstos, cuando, sean de uso exclusivo de la Secretaría de Marina-Armada de México;

(ADICIONADA, D.O.F. 4 DE MAYO DE 2006)

XXIII. Prestar los servicios auxiliares que requiera la Armada, así como los servicios de apoyo a otras dependencias federales, de las entidades federativas y de los municipios que lo soliciten o cuando así lo señale el titular del Ejecutivo Federal;

(ADICIONADA, D.O.F. 4 DE MAYO DE 2006)

XXIV. Intervenir, en el ámbito de su responsabilidad, en la protección y conservación del medio ambiente marino sin perjuicio de las atribuciones que correspondan a otras dependencias;

(REFORMADA, D.O.F. 1 DE DICIEMBRE DE 2023)

XXV. Inspeccionar, patrullar y llevar a cabo labores de reconocimiento y vigilancia para preservar, las Áreas Naturales Protegidas, en coordinación con las autoridades competentes y de conformidad con las disposiciones aplicables;

(ADICIONADA, D.O.F. 1 DE DICIEMBRE DE 2023)

XXVI. Coadyuvar en la vigilancia y protección de las instalaciones estratégicas y prioritarias del país, vinculadas al desarrollo nacional, y

(REFORMADA, D.O.F. 4 DE MAYO DE 2006)

XXVII. Las demás que le atribuyan expresamente las leyes y reglamentos.

(REFORMADO PRIMER PÁRRAFO, D.O.F. 28 DE NOVIEMBRE DE 2024)

Artículo 30 Bis. A la Secretaría de Seguridad y Protección Ciudadana le corresponde el despacho de los asuntos siguientes:

(REFORMADO [N. DE E. ESTE PÁRRAFO], D.O.F. 28 DE NOVIEMBRE DE 2024)

I. Formular la Estrategia Nacional de Seguridad Pública y la propuesta de Programa Nacional de Seguridad Pública, dirigir la política de prevención social de las violencias y ejecutar, en el marco de sus atribuciones, las políticas, programas y acciones, así como el programa sectorial correspondiente, con el fin de coordinar la prevención del delito; proteger a la población ante todo tipo de amenazas y riesgos, con plena sujeción a los derechos humanos y libertades fundamentales; salvaguardar la integridad y los derechos de las personas, así como preservar las libertades, el orden y la paz públicos.

(ADICIONADO, D.O.F. 9 DE SEPTIEMBRE DE 2022)

Asimismo, proponer al Ejecutivo Federal la política criminal y las medidas que garanticen la congruencia de ésta entre las dependencias de la Administración Pública Federal;

(REFORMADA, D.O.F. 28 DE NOVIEMBRE DE 2024)

II. Coordinar el gabinete de seguridad del Gobierno Federal, las acciones para la vigilancia y protección de las instalaciones estratégicas, en términos de ley, así como, en el marco del Sistema Nacional de Seguridad Pública, proponer acciones tendientes a asegurar la coordinación entre la Federación, la Ciudad de México, los estados y los municipios.

El Secretariado Ejecutivo del Sistema Nacional de Seguridad Pública tiene la atribución de proponer al Consejo Nacional de Seguridad Pública y, en su caso, coordinar las políticas, los estándares, lineamientos y protocolos en materia de arquitectura, infraestructura, desarrollo y equipamiento institucional, carrera policial y régimen de seguridad social; los criterios de distribución para la asignación de recursos federales y los esquemas de control y verificación respectivos; los programas rectores y las políticas para la profesionalización y certificación de las instituciones de seguridad y justicia, y de las personas que laboran en ellas; los lineamientos y criterios para establecer, fortalecer y homologar los planes y programas para la formación y actualización policial, ministerial, pericial y penitenciaria, a través de las academias e institutos especializados; los lineamientos para la aplicación de los procedimientos en materia del régimen disciplinario policial, y las demás que le atribuyan expresamente otros ordenamientos, reglamentos y acuerdos;

(REFORMADA, D.O.F. 28 DE NOVIEMBRE DE 2024)

III. Realizar, de acuerdo con lo establecido en el artículo 21 constitucional, funciones de seguridad a cargo de la Federación, para cuyo fin deberá organizar, dirigir y supervisar las instituciones bajo su adscripción para realizar la investigación y persecución de delitos basada en inteligencia, información estratégica, análisis, colaboración, práctica de operaciones especiales y aprovechamiento de la tecnología informática, para generar y aportar mayores elementos de prueba que originen y fortalezcan carpetas de investigación ministerial, con la finalidad de que los indicios, datos y pruebas que se recaben sean admisibles en juicio con plena sujeción a los derechos humanos y libertades fundamentales, en coordinación con la Fiscalía General de la República y las dependencias competentes conforme a las disposiciones jurídicas aplicables;

(ADICIONADO, D.O.F. 30 DE NOVIEMBRE DE 2018)

IV. Proponer, en el seno del Consejo Nacional de Seguridad Pública, políticas, acciones y estrategias de coordinación en materia de prevención del delito y política criminal para todo el territorio nacional; efectuar, en coordinación con la Fiscalía General de la República, estudios sobre los actos delictivos no denunciados e incorporar esta variable en el diseño de las políticas en materia de prevención del delito;

(REFORMADA, D.O.F. 28 DE NOVIEMBRE DE 2024)

V. Realizar funciones de coordinación, cuando así se requiera, a consideración de la Secretaría, de las policías estatales, con el objeto de dar cumplimiento a lo establecido en el artículo 21 constitucional, con fines de investigación y persecución de los delitos, en términos de lo previsto en la fracción III de este artículo; promover la celebración de convenios entre las autoridades federales, y de éstas, con las estatales, municipales y de la Ciudad de México para la coordinación y funcionamiento del Sistema Nacional de Seguridad Pública y el combate a la delincuencia, así como establecer acuerdos de colaboración con instituciones similares, en los términos de los tratados internacionales, conforme a la legislación;

(REFORMADA, D.O.F. 28 DE NOVIEMBRE DE 2024)

VI. Auxiliar y coordinarse con el Poder Judicial de la Federación y los poderes judiciales de las entidades federativas, así como con la Fiscalía General de la República y las fiscalías estatales, cuando así se requiera, en la investigación y persecución de los delitos bajo el mando y conducción técnica del Ministerio Público, de conformidad con las disposiciones jurídicas aplicables, así como coadyuvar en diligencias ministeriales y judiciales;

(ADICIONADO, D.O.F. 30 DE NOVIEMBRE DE 2018)

VII. Proponer al Consejo Nacional de Seguridad Pública el desarrollo de políticas orientadas a prevenir los delitos federales y, por conducto del Sistema Nacional de Seguridad Pública, en los delitos del fuero común; promover y facilitar la participación social para el desarrollo de actividades de vigilancia sobre el ejercicio de sus atribuciones en materia de seguridad pública, y atender de manera expedita las denuncias y quejas ciudadanas con relación al ejercicio de estas atribuciones;

(ADICIONADO, D.O.F. 30 DE NOVIEMBRE DE 2018)

VIII. Proporcionar a la Secretaría de Gobernación la información para que ésta publique y actualice una página electrónica específica en la cual se registren los datos generales de las personas reportadas como desaparecidas en todo el país. La información deberá ser pública y permitir que la población en general pueda aportar información sobre el paradero de las mismas;

(REFORMADO [N. DE E. ESTE PÁRRAFO], D.O.F. 28 DE NOVIEMBRE DE 2024)

IX. Ejecutar las penas por delitos del orden federal y administrar el sistema penitenciario federal y de justicia para adolescentes, en términos de la política especial correspondiente y con estricto apego a los derechos humanos.

(ADICIONADO, D.O.F. 28 DE NOVIEMBRE DE 2024)

Para prevenir y desactivar escenarios de riesgo y actos delictivos dentro y en relación con los centros penitenciarios, contará con sistemas y herramientas de investigación, monitoreo e inteligencia criminal y penitenciaria, pudiendo coordinarse de manera directa con el Centro Nacional de Inteligencia y autoridades competentes para la generación de inteligencia operable;

(REFORMADA, D.O.F. 28 DE NOVIEMBRE DE 2024)

X. Organizar y dirigir actividades de reinserción social y supervisión de la libertad condicional, de acuerdo con los programas y las acciones que el órgano respectivo determine, así como las relativas a la supervisión de medidas cautelares y suspensión condicional al proceso de conformidad con la normatividad aplicable en la materia y en coordinación con las autoridades competentes;

(REFORMADA, D.O.F. 28 DE NOVIEMBRE DE 2024)

XI. Participar, en el ámbito de su competencia, conforme a los tratados respectivos, en el traslado de las personas privadas de su libertad a que se refiere el párrafo séptimo del artículo 18 constitucional;

(REFORMADA, D.O.F. 28 DE NOVIEMBRE DE 2024)

XII. Coordinar, operar e impulsar la mejora continua del sistema de información, reportes y registro de datos en materia criminal; desarrollar las políticas, normas y sistemas, y llevar a cabo acciones para requerir, tener acceso, recibir e intercambiar información que pueda revelar o esclarecer hechos, aportar indicios y pruebas durante las investigaciones, por parte de las instituciones y autoridades que dispongan de ella, así como establecer un sistema destinado a obtener, analizar, estudiar y procesar información para la prevención de delitos, mediante métodos que garanticen el estricto respeto a los derechos humanos;

(ADICIONADO, D.O.F. 30 DE NOVIEMBRE DE 2018)

XIII. Establecer mecanismos e instancias para la coordinación integral de las tareas y cuerpos de seguridad pública y policial, así como para el análisis y sistematización integral de la investigación e información de seguridad pública en el marco del Sistema Nacional de Seguridad Pública;

(ADICIONADO, D.O.F. 30 DE NOVIEMBRE DE 2018)

XIV. Establecer mecanismos e instancias para la coordinación integral de las tareas, así como para el análisis y sistematización integral de la investigación e información de seguridad nacional;

(ADICIONADO, D.O.F. 30 DE NOVIEMBRE DE 2018)

XV. Otorgar las autorizaciones a empresas que presten servicios privados de seguridad en dos o más entidades federativas, supervisar su funcionamiento e informar periódicamente al Sistema Nacional de Seguridad Pública sobre el ejercicio de esta atribución;

(REFORMADA, D.O.F. 28 DE NOVIEMBRE DE 2024)

XVI. Coordinar y establecer mecanismos para contar oportunamente con la información de seguridad pública y seguridad nacional, así como del ámbito criminal y preventivo que esta Secretaría requiera de dependencias y organismos competentes en dichas materias, para el adecuado cumplimiento de las atribuciones que las leyes le establecen;

(REFORMADA, D.O.F. 28 DE NOVIEMBRE DE 2024)

XVII. Organizar, dirigir y supervisar bajo su adscripción al Centro Nacional de Inteligencia, el cual operará tareas de inteligencia en términos de la Ley de Seguridad Nacional, con el fin de preservar la integridad, estabilidad y permanencia del Estado mexicano, alcanzar la paz social, así como contribuir, en lo que corresponda al Ejecutivo de la Unión, a dar sustento a la unidad nacional, a preservar la cohesión social y a fortalecer las instituciones de gobierno;

(REFORMADA, D.O.F. 28 DE NOVIEMBRE DE 2024)

XVIII. Impulsar la efectiva coordinación del Consejo de Seguridad Nacional, así como la celebración de convenios y bases de colaboración que dicho Consejo acuerde;

(ADICIONADO, D.O.F. 30 DE NOVIEMBRE DE 2018)

XIX. Informar al Poder Legislativo Federal sobre los asuntos de su competencia en materia de seguridad nacional;

(ADICIONADO, D.O.F. 30 DE NOVIEMBRE DE 2018)

XX. Conducir y poner en ejecución, en coordinación con las autoridades de los Gobiernos de los Estados y la Ciudad de México, con los gobiernos municipales y con las dependencias y entidades de la Administración Pública Federal, las políticas y programas de protección civil del Ejecutivo, en el marco del Sistema Nacional de Protección Civil, para la prevención, auxilio, recuperación y apoyo a la población en situaciones de desastre y concertar con instituciones y organismos de los sectores privado y social las acciones conducentes al mismo objetivo;

(REFORMADA, D.O.F. 28 DE NOVIEMBRE DE 2024)

XXI. Presidir el Consejo Nacional de Seguridad Pública y el de Seguridad Nacional en ausencia de la persona titular del Ejecutivo Federal, así como coadyuvar y coordinar, en el ámbito de su competencia, a las autoridades que tienen atribuciones en materia de seguridad nacional;

(ADICIONADO, D.O.F. 30 DE NOVIEMBRE DE 2018)

XXII. Presidir la Conferencia Nacional de Secretarios de Seguridad Pública, nombrar y remover a su secretario técnico y designar tanto a quien presidirá, como a quien fungirá como secretario técnico de la Conferencia Nacional del Sistema Penitenciario, en el marco del Sistema Nacional de Seguridad Pública;

(REFORMADA, D.O.F. 28 DE NOVIEMBRE DE 2024)

XXIII. Proponer a la persona titular del Ejecutivo Federal el nombramiento de la persona titular del Secretariado Ejecutivo del Sistema Nacional de Seguridad Pública;

(REFORMADA, D.O.F. 9 DE SEPTIEMBRE DE 2022)

XXIV. Coordinar y supervisar la operación del Registro Público Vehicular, a través del Secretariado Ejecutivo del Sistema Nacional de Seguridad Pública;

(ADICIONADA, D.O.F. 9 DE SEPTIEMBRE DE 2022)

XXV. Recibir las solicitudes de indulto y amnistía formuladas en el ámbito de competencia del Ejecutivo Federal, con excepción de los delitos del orden militar. Asimismo, promover el reconocimiento de inocencia o anulación de sentencia en los casos previstos en el Título XIII del Código Nacional de Procedimientos Penales;

(REFORMADO [N. DE E. ESTE PÁRRAFO], D.O.F. 28 DE NOVIEMBRE DE 2024)

XXVI. Prestar servicios de protección, custodia, vigilancia y seguridad de personas, bienes e instalaciones, a las dependencias y entidades de la Administración Pública Federal, así como a los órganos de carácter federal de los Poderes Legislativo y Judicial, organismos constitucionalmente autónomos y demás instituciones públicas que así lo soliciten, y llevar a cabo operaciones especiales y estrategias de investigación e inteligencia derivado de su labor como policía complementaria;

(ADICIONADO, D.O.F. 9 DE SEPTIEMBRE DE 2022)

Asimismo, podrá prestar dichos servicios a personas físicas o morales cuando se requiera preservar la seguridad de bienes nacionales, de actividades concesionadas o permisionadas por el Estado, u otras que por su condición, relevancia o trascendencia contribuyan al desarrollo nacional, así como a representaciones de gobiernos extranjeros en territorio nacional.

(ADICIONADO, D.O.F. 9 DE SEPTIEMBRE DE 2022)

Los entes públicos o privados que soliciten los servicios deben cubrir el pago autorizado por la Secretaría de Hacienda y Crédito Público por concepto de contraprestación, y

(ADICIONADO, D.O.F. 30 DE NOVIEMBRE DE 2018)

XXVII. Las demás que le atribuyan expresamente las leyes y reglamentos.

[N. DE E. DE CONFORMIDAD CON EL DECRETO DE REFORMAS PUBLICADO EN EL D.O.F. DE 30 DE NOVIEMBRE DE 2018, SE MODIFICA LA ESTRUCTURA DEL PRESENTE ARTÍCULO PASANDO DE XXXIV FRACCIONES A XXXII.]

(REFORMADO PRIMER PÁRRAFO, D.O.F. 28 DE NOVIEMBRE DE 2024)

Artículo 31. A la Secretaría de Hacienda y Crédito Público le corresponde el despacho de los siguientes asuntos:

(REFORMADO, D.O.F. 21 DE FEBRERO DE 1992)

I. Proyectar y coordinar la planeación nacional del desarrollo y elaborar, con la participación de los grupos sociales interesados, el Plan Nacional correspondiente;

(REFORMADA, D.O.F. 30 DE NOVIEMBRE DE 2018)

II. Proyectar y calcular los ingresos de la Federación y de las entidades paraestatales, considerando las necesidades del gasto público federal, la utilización razonable del crédito público y la sanidad financiera de la Administración Pública Federal;

(REFORMADA, D.O.F. 30 DE NOVIEMBRE DE 2018)

III. Estudiar y formular los proyectos de leyes y disposiciones fiscales y de las leyes de ingresos de la Federación;

IV. (DEROGADA, D.O.F. 23 DE DICIEMBRE DE 1993)

(REFORMADA, D.O.F. 30 DE NOVIEMBRE DE 2018)

V. Manejar la deuda pública de la Federación;

VI. Realizar o autorizar todas las operaciones en que se haga uso del crédito público;

(REFORMADA, D.O.F. 30 DE NOVIEMBRE DE 2018)

VII. Planear, coordinar, evaluar y vigilar el sistema bancario del país, que comprende a la Banca Nacional de Desarrollo y las demás instituciones encargadas de prestar el servicio de banca y crédito;

(REFORMADA, D.O.F. 25 DE MAYO DE 1992)

VIII. Ejercer las atribuciones que le señalen las leyes en materia de seguros, fianzas, valores y de organizaciones y actividades auxiliares del crédito;

IX. Determinar los criterios y montos globales de los estímulos fiscales, escuchando para ello a las dependencias responsables de los sectores correspondientes y administrar su aplicación en los casos en que no competa a otra Secretaría;

(REFORMADA, D.O.F. 8 DE DICIEMBRE DE 2005)

X. Establecer y revisar los precios y tarifas de los bienes y servicios de la administración pública federal, o bien, las bases para fijarlos, escuchando a la Secretaría de Economía y con la participación de las dependencias que correspondan;

XI. Cobrar los impuestos, contribuciones de mejoras, derechos, productos y aprovechamientos federales en los términos de las leyes aplicables y vigilar y asegurar el cumplimiento de las disposiciones fiscales;

(REFORMADA, D.O.F. 18 DE JULIO DE 2016)

XII. Organizar y dirigir los servicios aduanales y de inspección;

XIII. Representar el interés de la Federación en controversias fiscales;

XIV. Proyectar y calcular los egresos del Gobierno Federal y de la administración pública paraestatal, haciéndolos compatibles con la disponibilidad de recursos y en atención a las necesidades y políticas del desarrollo nacional;

(REFORMADA, D.O.F. 28 DE NOVIEMBRE DE 2024)

XV. Formular el programa del gasto público federal y el proyecto de Presupuesto de Egresos de la Federación y presentarlos a la consideración de la persona titular del Ejecutivo Federal;

(REFORMADA, D.O.F. 1 DE OCTUBRE DE 2007)

XVI. Normar, autorizar y evaluar los programas de inversión pública de la administración pública federal;

(REFORMADA, D.O.F. 1 DE OCTUBRE DE 2007)

XVII. Llevar a cabo las tramitaciones y registros que requiera el control y la evaluación del ejercicio del gasto público federal y de los programas y presupuestos de egresos, así como presidir las instancias de coordinación que establezca el Ejecutivo Federal para dar seguimiento al gasto público y sus resultados;

(REFORMADO, D.O.F. 21 DE FEBRERO DE 1992)

XVIII. Formular la Cuenta Anual de la Hacienda Pública Federal;

[N. DE E. EN RELACIÓN CON LA ENTRADA EN VIGOR DE LA PRESENTE FRACCIÓN, VÉASE TRANSITORIO CUARTO DEL DECRETO POR EL QUE SE REFORMAN Y ADICIONAN DIVERSAS DISPOSICIONES DE LA LEY GENERAL DE CONTABILIDAD GUBERNAMENTAL Y DE LA LEY FEDERAL DE PRESUPUESTO Y RESPONSABILIDAD HACENDARIA QUE MODIFICA LA LEY,[D.O.F. 30 DE DICIEMBRE DE 2015.]

(REFORMADA, D.O.F. 2 DE ENERO DE 2013)

XIX. Coordinar la evaluación que permita conocer los resultados de la aplicación de los recursos públicos federales, así como concertar con las dependencias y entidades de la Administración Pública Federal la validación de los indicadores estratégicos, en los términos de las disposiciones aplicables;

(REFORMADO, D.O.F. 21 DE FEBRERO DE 1992)

XX. Fijar los lineamientos que se deben seguir en la elaboración de la documentación necesaria para la formulación del Informe Presidencial e integrar dicha documentación;

(REFORMADA, D.O.F. 18 DE JULIO DE 2016)

XXI. Establecer normas, políticas y lineamientos en materia de desincorporación de activos de la Administración Pública Federal;

XXII. (DEROGADA, D.O.F. 3 DE MAYO DE 2023)

(REFORMADO, D.O.F. 21 DE FEBRERO DE 1992)

XXIII. Vigilar el cumplimiento de las obligaciones derivadas de las disposiciones en materia de planeación nacional, así como de programación, presupuestación, contabilidad y evaluación;

(REFORMADA, D.O.F. 18 DE JULIO DE 2016)

XXIV. Ejercer el control presupuestario de los servicios personales y establecer normas y lineamientos en materia de control del gasto en ese rubro;

XXV. (DEROGADA, D.O.F. 3 DE MAYO DE 2023)

(REFORMADA, D.O.F. 3 DE MAYO DE 2023)

XXVI. Fungir como área consolidadora de los procedimientos de contratación de seguros en favor de las personas servidoras públicas de las dependencias. Las entidades paraestatales, así como los Poderes Legislativo y Judicial, y los entes autónomos sin perjuicio de su autonomía, podrán solicitar su incorporación a las contrataciones que se realicen para las dependencias, siempre y cuando no impliquen dualidad de beneficios para las personas servidoras públicas;

(REFORMADA, D.O.F. 3 DE MAYO DE 2023)

XXVII. Establecer normas y lineamientos en materia de control presupuestario;

XXVIII. (DEROGADA, D.O.F. 3 DE MAYO DE 2023)

(REFORMADA, D.O.F. 18 DE JULIO DE 2016)

XXIX. Conducir la política inmobiliaria de la Administración Pública Federal, salvo por lo que se refiere a las playas, zona federal marítimo terrestre, terrenos ganados al mar o cualquier depósito de aguas marítimas y demás zonas federales; administrar los inmuebles de propiedad federal cuando no estén asignados a alguna dependencia o entidad, así como llevar el registro público de la propiedad inmobiliaria federal y el inventario general correspondiente;

(REFORMADA, D.O.F. 18 DE JULIO DE 2016)

XXX. Regular la adquisición, arrendamiento, enajenación, destino o afectación de los bienes inmuebles de la Administración Pública Federal y, en su caso, representar el interés de la Federación; expedir las normas y procedimientos para la formulación de inventarios, para la realización y actualización de los avalúos sobre dichos bienes, así como expedir normas técnicas, autorizar y, en su caso, proyectar, construir, rehabilitar, conservar o administrar, directamente o a través de terceros, los edificios públicos y, en general, los bienes inmuebles de la Federación;

(REFORMADA, D.O.F. 18 DE JULIO DE 2016)

XXXI. Reivindicar los bienes propiedad de la Nación, en los términos de las disposiciones aplicables, y

(ADICIONADA, D.O.F. 28 DE NOVIEMBRE DE 2024)

XXXII. Nombrar y remover a las personas titulares de las Unidades de Administración y Finanzas o equivalentes, así como, en su caso, a las personas servidoras públicas de los dos niveles jerárquicos inmediatos inferiores adscritas a dichas unidades. Asimismo, proponer al órgano de gobierno de las entidades paraestatales de la Administración Pública Federal, el nombramiento y la remoción de las personas titulares de sus Unidades de Administración y Finanzas o equivalentes;

(ADICIONADA, D.O.F. 28 DE NOVIEMBRE DE 2024)

XXXIII. Fungir como área consolidadora de los procedimientos de compra de bienes y contratación de servicios que se determinen en términos de las disposiciones jurídicas aplicables.

Para tales efectos, llevará a cabo los actos de planeación, investigación de mercado y procedimientos de contratación correspondientes, y

(REFORMADA, D.O.F. 18 DE JULIO DE 2016)

XXXIV. Los demás que le atribuyan expresamente las leyes y reglamentos.

[N. DE E. DE CONFORMIDAD CON EL DECRETO DE REFORMAS PUBLICADO EN EL D.O.F. DE 30 DE NOVIEMBRE DE 2018, SE MODIFICA LA ESTRUCTURA DEL PRESENTE ARTÍCULO PASANDO DE XXXIII FRACCIONES A XXII.]

(REFORMADO PRIMER PÁRRAFO, D.O.F. 30 DE NOVIEMBRE DE 2018)

Artículo 32. A la Secretaría de Bienestar corresponde el despacho de los siguientes asuntos:

(REFORMADO [N. DE E. ESTE PÁRRAFO], D.O.F. 30 DE NOVIEMBRE DE 2018)

I. Fortalecer el bienestar, el desarrollo, la inclusión y la cohesión social en el país mediante la instrumentación, coordinación, supervisión y seguimiento, en términos de ley y con los organismos respectivos, de las políticas siguientes:

(ADICIONADO [N. DE E. REFORMADO], D.O.F. 25 DE MAYO DE 1992)

a) Combate efectivo a la pobreza;

(ADICIONADO [N. DE E. REFORMADO], D.O.F. 25 DE MAYO DE 1992)

b) Atención específica a las necesidades de los sectores sociales más desprotegidos, en especial de los pobladores de las zonas áridas de las áreas rurales, así como de los colonos y marginados de las áreas urbanas; y

(REFORMADO, D.O.F. 1 DE ABRIL DE 2024)

c) Atención preponderante a los derechos de la niñez, de la juventud, de los adultos mayores, de los pueblos y comunidades indígenas y afromexicanas y de las personas con discapacidad;

(REFORMADA, D.O.F. 2 DE ENERO DE 2013)

II. Formular, conducir y evaluar la política general de desarrollo social para el combate efectivo a la pobreza;

(REFORMADA, D.O.F. 30 DE NOVIEMBRE DE 2018)

III. Coordinar las acciones que incidan en el bienestar de la población, el combate a la pobreza y el desarrollo humano, fomentando un mejor nivel de vida;

(REFORMADA, D.O.F. 30 DE NOVIEMBRE DE 2018)

IV. Fomentar las actividades de las organizaciones de la sociedad civil en materia de bienestar, combate a la pobreza y desarrollo humano;

(REFORMADA, D.O.F. 2 DE ENERO DE 2013)

V. Evaluar la aplicación de las transferencias de fondos a entidades federativas y municipios, y de los sectores social y privado, que se deriven de las acciones e inversiones convenidas en los términos de este artículo;

(REFORMADA, D.O.F. 21 DE MAYO DE 2003)

VI. Coordinar, concretar y ejecutar programas especiales para la atención de los sectores sociales más desprotegidos, en especial de los pobladores de las zonas áridas de las áreas rurales, así como de los colonos de las áreas urbanas, para elevar el nivel de vida de la población, con la intervención de las dependencias y entidades de la Administración Pública Federal correspondientes y de los gobiernos estatales y municipales y, con la participación de los sectores social y privado;

(ADICIONADA, D.O.F. 2 DE ENERO DE 2013)

VII. Impulsar políticas y dar seguimiento a los programas de inclusión social y protección de los derechos de niñas, niños y adolescentes, en coordinación con las dependencias y entidades de la Administración Pública Federal, así como de los diferentes niveles de gobierno;

(ADICIONADA, D.O.F. 2 DE ENERO DE 2013)

VIII. Elaborar políticas públicas y dar seguimiento a los programas de apoyo e inclusión de los jóvenes a la vida social participativa y productiva;

(REFORMADA, D.O.F. 2 DE ENERO DE 2013)

IX. Impulsar las políticas públicas y dar seguimiento a los programas de inclusión y atención de los adultos mayores y sus derechos;

(REFORMADA, D.O.F. 2 DE ENERO DE 2013)

X. Fomentar las políticas públicas y dar seguimiento a los programas que garanticen la plenitud de los derechos de las personas con discapacidad;

(REFORMADA, D.O.F. 2 DE ENERO DE 2013)

XI. Impulsar a través del Sistema Nacional de Asistencia Social Pública y Privada políticas públicas en materia de asistencia social e integración familiar, en coordinación con el Sistema Nacional para el Desarrollo Integral de la Familia;

(REFORMADA, D.O.F. 2 DE ENERO DE 2013)

XII. Promover la construcción de obras de infraestructura y equipamiento para fortalecer el desarrollo e inclusión social, en coordinación con los gobiernos de las entidades federativas y municipales y con la participación de los sectores social y privado;

(REFORMADA, D.O.F. 1 DE ABRIL DE 2024)

XIII. Coadyuvar en las políticas públicas que garanticen el pleno ejercicio de los derechos y el desarrollo de los pueblos y comunidades indígenas y afromexicanas;

(ADICIONADA, D.O.F. 30 DE DICIEMBRE DE 2015)

XIV. Formular, conducir y evaluar la política de fomento y desarrollo del sector social de la economía;

(ADICIONADA, D.O.F. 30 DE DICIEMBRE DE 2015)

XV. Fomentar la organización y constitución de toda clase de sociedades cooperativas, cuyo objeto sea la producción industrial, la distribución o el consumo, y

(ADICIONADA, D.O.F. 30 DE NOVIEMBRE DE 2018)

XVI. Fomentar y apoyar a las unidades de producción familiar rural de subsistencia;

(ADICIONADA, D.O.F. 30 DE NOVIEMBRE DE 2018)

XVII. Participar en la coordinación e instrumentación de las políticas de desarrollo rural para elevar el nivel de bienestar de las familias, comunidades y ejidos;

(ADICIONADA, D.O.F. 30 DE NOVIEMBRE DE 2018)

XVIII. Coadyuvar en el diseño e implementación de políticas públicas orientadas a fomentar la agroforestería, la productividad, la economía social y el empleo en el ámbito rural y a evitar la migración de las áreas rurales;

(ADICIONADA, D.O.F. 30 DE NOVIEMBRE DE 2018)

XIX. Impulsar programas para promover la corresponsabilidad de manera equitativa entre las familias, el Estado y las instituciones de asistencia social y privada, para el cuidado de la niñez y de los grupos vulnerables;

(ADICIONADA, D.O.F. 30 DE NOVIEMBRE DE 2018)

XX. Coordinar, en conjunto con la Coordinación General de Programas para el Desarrollo, las Delegaciones Estatales de Programas para el Desarrollo de las Entidades Federativas, así como la planeación, ejecución y evaluación de los planes, programas y acciones que desarrollen;

(REFORMADA, D.O.F. 9 DE AGOSTO DE 2019)

XXI. Integrar, mantener y actualizar un sistema de información con los padrones de beneficiarios de programas sociales de la Administración Pública Federal, así como depurar sus duplicidades;

(ADICIONADA, D.O.F. 9 DE AGOSTO DE 2019)

XXII. Encabezar la Secretaría Ejecutiva del Gabinete Social de la Presidencia de la República en los términos de la Ley Nacional de Extinción de Dominio;

(ADICIONADA, D.O.F. 9 DE AGOSTO DE 2019)

XXIII. Ejecutar y dar seguimiento a los acuerdos tomados por el Gabinete Social de la Presidencia de la República, así como convocar a las personas titulares de las entidades que lo conforman a reuniones ordinarias;

(ADICIONADA, D.O.F. 9 DE AGOSTO DE 2019)

XXIV. Coordinarse con la persona Titular de la Secretaría Técnica para elaborar y entregar un informe anual al Congreso de la Unión sobre la transferencia, asignación y destino de los Bienes a los que se refiere la Ley Nacional de Extinción de Dominio, así como de las actividades y reuniones del Gabinete Social de la Presidencia de la República, y

(REUBICADA, D.O.F. 9 DE AGOSTO DE 2019)

XXV. Las demás que le encomienden expresamente las leyes y reglamentos.

(REFORMADO PRIMER PÁRRAFO, D.O.F. 28 DE NOVIEMBRE DE 2024)

Artículo 32 Bis. A la Secretaría de Medio Ambiente y Recursos Naturales le corresponde el despacho de los siguientes asuntos:

(REFORMADA, D.O.F. 30 DE NOVIEMBRE DE 2018)

I. Fomentar la protección, restauración, conservación, preservación y aprovechamiento sustentable de los ecosistemas, recursos naturales, bienes y servicios ambientales, con el fin de garantizar el derecho a un medio ambiente sano;

(REFORMADA, D.O.F. 30 DE NOVIEMBRE DE 2018)

II. Formular, conducir y evaluar la política en materia de recursos naturales, siempre que no estén encomendados expresamente a otra dependencia; así como en materia de ecología, saneamiento ambiental, agua, regulación ambiental del desarrollo urbano y de la actividad pesquera, con la participación que corresponda a otras dependencias y entidades;

(ADICIONADA, D.O.F. 28 DE NOVIEMBRE DE 2024)

II Bis. Ejercer acciones para realizar la defensa del derecho a un medio ambiente sano y demás derechos humanos relacionados con el medio ambiente, en términos de las disposiciones jurídicas aplicables;

(REFORMADA, D.O.F. 28 DE NOVIEMBRE DE 2024)

III. Regular el uso, así como administrar y promover el aprovechamiento sustentable de los recursos naturales que correspondan a la Federación, con excepción de los hidrocarburos, los minerales radioactivos y demás minerales o substancias competencia de otra dependencia o entidad de la Administración Pública Federal;

(REFORMADA, D.O.F. 28 DE NOVIEMBRE DE 2024)

IV. Establecer, con la participación que corresponda a otras dependencias y a las autoridades estatales y municipales, normas oficiales mexicanas sobre la preservación y restauración de la calidad del medio ambiente; sobre los ecosistemas naturales; sobre el aprovechamiento sustentable de los recursos naturales y de la flora y fauna silvestre, terrestre y acuática; sobre descargas y tratamiento de aguas residuales, y en materia minera; sobre materiales peligrosos y residuos sólidos y peligrosos; sobre desarrollo forestal sostenible, biodiversidad, emisiones a la atmósfera, cambio climático y ordenamiento ecológico; así como establecer otras disposiciones administrativas de carácter general en estas materias y otras de su competencia, para la interpretación y aplicación de las normas oficiales mexicanas;

(REFORMADA, D.O.F. 28 DE NOVIEMBRE DE 2024)

V. Vigilar, promover y estimular, en coordinación con las autoridades federales, estatales y municipales, el cumplimiento de las leyes, reglamentos, normas oficiales mexicanas y estándares, así como programas relacionados con recursos naturales, medio ambiente, aguas, bosques, la atmósfera, suelos, biodiversidad y demás materias competencia de la Secretaría;

(ADICIONADA, D.O.F. 28 DE NOVIEMBRE DE 2024)

V Bis. Identificar e inspeccionar lugares y zonas en materia ambiental en coordinación con las autoridades competentes y, en su caso, iniciar los procedimientos e imponer las sanciones y ordenar las medidas de seguridad y de urgente aplicación que resulten procedentes, de conformidad con las disposiciones aplicables;

(REFORMADA, D.O.F. 28 DE NOVIEMBRE DE 2024)

VI. Proponer al Ejecutivo Federal el establecimiento de áreas naturales protegidas en cualquiera de sus categorías de protección, y promover para su conservación, restauración, remediación, administración y vigilancia, la participación de autoridades federales o locales, de universidades, centros de investigación y particulares;

(REFORMADA, D.O.F. 28 DE NOVIEMBRE DE 2024)

VII. Organizar y administrar las áreas naturales protegidas y coadyuvar en labores de conservación, restauración, remediación, protección y vigilancia de dichas áreas, cuando su administración recaiga en gobiernos estatales, municipales o en personas físicas o morales;

(REFORMADA, D.O.F. 28 DE DICIEMBRE DE 1994)

VIII. Ejercer la posesión y propiedad de la nación en las playas, zona federal marítimo terrestre y terrenos ganados al mar;

(REFORMADA, D.O.F. 28 DE NOVIEMBRE DE 2024)

IX. Participar en foros internacionales respecto de las materias competencia de la Secretaría, con la participación que corresponda a la Secretaría de Relaciones Exteriores, así como proponer a ésta la celebración de tratados y acuerdos internacionales en la materia;

(REFORMADA, D.O.F. 28 DE DICIEMBRE DE 1994)

X. Promover el ordenamiento ecológico del territorio nacional, en coordinación con las autoridades federales, estatales y municipales, y con la participación de los particulares;

(REFORMADA, D.O.F. 28 DE NOVIEMBRE DE 2024)

XI. Evaluar y dictaminar las manifestaciones de impacto ambiental de proyectos de desarrollo que presenten los sectores público, social y privado; resolver sobre los estudios de riesgo ambiental, así como sobre los programas para la prevención de accidentes con incidencia ecológica;

(REFORMADA, D.O.F. 28 DE NOVIEMBRE DE 2024)

XII. Elaborar, promover y difundir las tecnologías y formas de uso requeridas para el aprovechamiento sustentable de los ecosistemas y sobre la calidad ambiental de los procesos productivos, de la infraestructura, de los servicios y del transporte, en coordinación con las autoridades competentes;

(REFORMADA, D.O.F. 28 DE NOVIEMBRE DE 2024)

XIII. Fomentar e instrumentar programas y obras de restauración y remediación ecológica, con la participación de las autoridades federales, estatales y municipales;

(REFORMADA, D.O.F. 28 DE NOVIEMBRE DE 2024)

XIV. Evaluar la calidad del ambiente, establecer y promover el sistema de información ambiental, que incluya los sistemas de monitoreo de la atmósfera, de cambio climático, de suelos y cuerpos de agua de jurisdicción federal, los inventarios de recursos naturales y de población de fauna silvestre, en coordinación con autoridades federales, estatales y municipales, instituciones de investigación y educación superior, así como las dependencias y entidades que correspondan;

(REFORMADA, D.O.F. 28 DE NOVIEMBRE DE 2024)

XV. Desarrollar y promover metodologías y procedimientos de valuación económica de los recursos naturales y de los bienes y servicios ambientales que éste presta, así como cooperar con dependencias y entidades federales, estatales y municipales, para desarrollar un sistema integrado de contabilidad ambiental y económica;

(REFORMADA, D.O.F. 30 DE NOVIEMBRE DE 2018)

XVI. Formular y conducir la política nacional sobre cambio climático y la capa de ozono;

(REFORMADA, D.O.F. 28 DE NOVIEMBRE DE 2024)

XVII. Promover la participación social y de la comunidad científica en la formulación, aplicación y vigilancia de la política ambiental, a efecto de concertar acciones e inversiones con los sectores social y privado para la protección y restauración del ambiente;

(REFORMADA, D.O.F. 25 DE FEBRERO DE 2003)

XVIII. Llevar el registro y cuidar la conservación de los árboles históricos y notables del país;

(REFORMADA, D.O.F. 28 DE NOVIEMBRE DE 2024)

XIX. Proponer, y en su caso resolver sobre el establecimiento y levantamiento de vedas forestales, de caza y pesca, de conformidad con la legislación aplicable, así como establecer el calendario cinegético y el de aves canoras y de ornato;

(REFORMADA, D.O.F. 28 DE NOVIEMBRE DE 2024)

XX. Conducir y coordinar con la participación de los gobiernos de las entidades federativas y de los municipios y con las demás autoridades federales y locales, las restricciones que establezcan las disposiciones aplicables sobre la circulación o tránsito por el territorio nacional de especies de la flora y fauna silvestres procedentes del o destinadas al extranjero, y promover ante la

Secretaría de Economía el establecimiento de medidas de regulación o restricción a su importación o exportación, cuando se requiera para su conservación y aprovechamiento; así como promover sistemas productivos sustentables de especies de flora y fauna silvestres;

(REFORMADA, D.O.F. 28 DE DICIEMBRE DE 1994)

XXI. Dirigir los estudios, trabajos y servicios meteorológicos, climatológicos, hidrológicos y geohidrológicos, así como el sistema meteorológico nacional, y participar en los convenios internacionales sobre la materia;

(REFORMADA, D.O.F. 28 DE NOVIEMBRE DE 2024)

XXII. Coordinar, concertar y ejecutar proyectos de formación, capacitación y actualización para mejorar la capacidad de gestión ambiental y el uso sustentable de recursos naturales; impulsar que las instituciones de educación superior y los centros de investigación formulen programas de formación de especialistas, basados en conocimientos ambientales e impulsen la investigación científica y tecnológica en la materia; promover que los organismos de promoción de la cultura y los medios de comunicación contribuyan a la formación de actitudes y valores de protección ambiental y de conservación de nuestro patrimonio natural; y en coordinación con la Secretaría de Educación Pública, fortalecer los contenidos ambientales de planes y programas de estudios, así como los materiales de enseñanza de los diversos niveles y modalidades de educación;

(REFORMADA, D.O.F. 28 DE DICIEMBRE DE 1994)

XXIII. Organizar, dirigir y reglamentar los trabajos de hidrología en cuencas, cauces y álveos de aguas nacionales, tanto superficiales como subterráneos, conforme a la ley de la materia;

(REFORMADA, D.O.F. 28 DE DICIEMBRE DE 1994)

XXIV. Administrar, controlar y reglamentar el aprovechamiento de cuencas hidráulicas, vasos, manantiales y aguas de propiedad nacional, y de las zonas federales correspondientes, con exclusión de los que se atribuya expresamente a otra dependencia; establecer y vigilar el cumplimiento de las condiciones particulares que deban satisfacer las descargas de aguas residuales, cuando sean de jurisdicción federal; autorizar, en su caso, el vertimiento de aguas residuales en el mar, en coordinación con la Secretaría de Marina, cuando provenga de fuentes móviles o plataformas fijas; en cuencas, cauces y demás depósitos de aguas de propiedad nacional; y promover y, en su caso, ejecutar y operar la infraestructura y los servicios necesarios para el mejoramiento de la calidad del agua en las cuencas;

(REFORMADA, D.O.F. 28 DE NOVIEMBRE DE 2024)

XXV. Estudiar, construir, conservar y evaluar, con la participación que corresponda a la Secretaría de Agricultura y Desarrollo Rural, las obras de riego, desecación, drenaje, defensa y mejoramiento de terrenos y las de pequeña irrigación, de acuerdo con los programas formulados y que competa realizar al Gobierno Federal, por sí o en coordinación con autoridades estatales y municipales o particulares;

(REFORMADA, D.O.F. 30 DE NOVIEMBRE DE 2018)

XXVI. Formular, dar seguimiento y evaluar la política hídrica nacional, así como regular y vigilar la conservación de las corrientes, lagos, esteros, lagunas y humedales de jurisdicción federal, en la protección de cuencas alimentadoras y las obras de corrección torrencial;

(REFORMADA, D.O.F. 28 DE DICIEMBRE DE 1994)

XXVII. Manejar el sistema hidrológico del Valle de México;

(REFORMADA, D.O.F. 28 DE DICIEMBRE DE 1994)

XXVIII. Controlar los ríos y demás corrientes y ejecutar las obras de defensa contra inundaciones;

(REFORMADA, D.O.F. 30 DE NOVIEMBRE DE 2018)

XXIX. Organizar y manejar la explotación de los sistemas nacionales de riego, con la intervención de los usuarios, en los términos que lo determinen las leyes, en coordinación, en su caso, con la Secretaría de Agricultura y Desarrollo Rural;

(REFORMADA, D.O.F. 28 DE DICIEMBRE DE 1994)

XXX. Ejecutar las obras hidráulicas que deriven de tratados internacionales;

(REFORMADA, D.O.F. 28 DE NOVIEMBRE DE 2024)

XXXI. Impulsar acciones para garantizar el acceso, disposición y saneamiento de agua para consumo personal y doméstico en forma suficiente, salubre, aceptable, asequible y preferente sobre cualquier otro uso; intervenir en el acceso al agua para el sector productivo y energético, a través de instrumentos establecidos en la normativa aplicable, siguiendo los principios y criterios de equidad y sustentabilidad; fomentar y apoyar los servicios de agua potable, drenaje, alcantarillado y tratamiento de aguas residuales que realicen las autoridades locales y las organizaciones comunitarias, así como programar, proyectar, construir, administrar, operar y conservar por sí, o mediante el otorgamiento de la asignación o concesión que en su caso se requiera, o en los términos del convenio que se celebre, las obras y servicios de captación, potabilización, tratamiento de aguas residuales o servidas, conducción y suministro de aguas de jurisdicción federal;

(REFORMADA [N. DE E. ADICIONADA], D.O.F. 11 DE AGOSTO DE 2014)

XXXII. Establecer los mecanismos necesarios para implementar la coordinación y colaboración con la Agencia Nacional de Seguridad Industrial y de Protección al Ambiente del Sector Hidrocarburos y solicitar a dicha Agencia el apoyo técnico que requiera;

(REFORMADA [N. DE E. ADICIONADA], D.O.F. 11 DE AGOSTO DE 2014)

XXXIII. Participar con la Secretaría de Hacienda y Crédito Público en la determinación de los criterios generales para el establecimiento de los estímulos fiscales y financieros necesarios para el aprovechamiento sustentable de los recursos naturales y el cuidado del medio ambiente;

(REFORMADA, D.O.F. 28 DE NOVIEMBRE DE 2024)

XXXIV. Elaborar y aplicar, en coordinación con las Secretarías de Agricultura y Desarrollo Rural; de Salud; de Infraestructura, Comunicaciones y Transportes; de Economía; de Turismo; de Bienestar; de Gobernación; de Marina; de Energía; de Educación Pública; de Hacienda y Crédito Público; de Desarrollo Agrario, Territorial y Urbano; de Relaciones Exteriores, y de la Defensa Nacional, las políticas públicas encaminadas al cumplimiento de las acciones de mitigación y adaptación que señala la Ley General de Cambio Climático;

(REFORMADA, D.O.F. 28 DE DICIEMBRE DE 1994)

XXXV. Participar con la Secretaría de Hacienda y Crédito Público, en la determinación de los criterios generales para el establecimiento de los estímulos fiscales y financieros necesarios para el aprovechamiento sustentable de los recursos naturales y el cuidado del medio ambiente;

(REFORMADA, D.O.F. 28 DE NOVIEMBRE DE 2024)

XXXVI. Establecer y operar un sistema de administración para autorizar, evaluar y monitorear a las personas físicas y morales que coadyuven en el cumplimiento de obligaciones y en los procesos de inspección y verificación en la materia;

XXXVII. (DEROGADA, D.O.F. 30 DE NOVIEMBRE DE 2000)

(REFORMADA, D.O.F. 28 DE NOVIEMBRE DE 2024)

XXXVIII. Formular y conducir la política nacional en materia de residuos y de economía circular, en coordinación con las instancias que correspondan, así como elaborar los programas nacionales correspondientes;

(REFORMADA, D.O.F. 28 DE NOVIEMBRE DE 2024)

XXXIX. Otorgar contratos, concesiones, licencias, permisos, autorizaciones, asignaciones, y reconocer derechos, según corresponda, en materia hídrica, forestal, ecológica, explotación de la flora y fauna silvestres; emisión de gases de efecto invernadero y otras sustancias a la atmósfera y sobre playas, zona federal marítimo terrestre y terrenos ganados al mar;

(REFORMADA, D.O.F. 28 DE NOVIEMBRE DE 2024)

XL. Diseñar y operar, con la participación que corresponda de los gobiernos de las entidades federativas y de los municipios y con las demás autoridades federales y locales, la adopción de instrumentos económicos para la protección, restauración y conservación del medio ambiente;

XLI. (DEROGADA, D.O.F. 11 DE AGOSTO DE 2014)

(ADICIONADA, D.O.F. 28 DE NOVIEMBRE DE 2024)

XLII. Coordinar y promover la investigación de la diversidad biológica, así como su conservación y uso sostenible con la participación de la Secretaría de Ciencia, Humanidades, Tecnología e Innovación;

(ADICIONADA, D.O.F. 28 DE NOVIEMBRE DE 2024)

XLIII. Regular, autorizar y vigilar las actividades forestales productivas, así como coordinar programas de conservación, aprovechamiento sostenible y restauración, de los suelos forestales y sus ecosistemas;

(ADICIONADA, D.O.F. 28 DE NOVIEMBRE DE 2024)

XLIV. Planear, ejecutar, supervisar, dirigir y contratar la realización de obras de infraestructura que tengan como finalidad la conservación, rehabilitación, mejoramiento, desarrollo y funcionamiento de las áreas naturales protegidas o áreas cercanas a ellas, en coordinación con las autoridades competentes y las comunidades que las habiten o cotidianamente las ocupen o las transiten, y

(REFORMADA, D.O.F. 5 DE DICIEMBRE DE 2013)

XLIV. Las demás que le atribuyan expresamente las leyes y reglamentos.

(REFORMADO PRIMER PÁRRAFO, D.O.F. 28 DE NOVIEMBRE DE 2024)

Artículo 33. A la Secretaría de Energía le corresponde el despacho de los siguientes asuntos:

(REFORMADA, D.O.F. 11 DE AGOSTO DE 2014)

I. Establecer, conducir y coordinar la política energética del país, así como supervisar su cumplimiento con prioridad en la seguridad y diversificación energéticas, el ahorro de energía y la protección del medio ambiente, para lo cual podrá, entre otras acciones y en términos de las disposiciones aplicables, coordinar, realizar y promover programas, proyectos, estudios e investigaciones sobre las materias de su competencia;

(REFORMADA, D.O.F. 11 DE AGOSTO DE 2014)

II. Ejercer los derechos de la Nación en materia de petróleo y todos los carburos de hidrógeno sólidos, líquidos y gaseosos; de minerales radioactivos; así como respecto del aprovechamiento de los bienes y recursos naturales que se requieran para generar, transmitir, distribuir, comercializar y abastecer energía eléctrica;

(REFORMADA, D.O.F. 11 DE AGOSTO DE 2014)

III. Conducir y supervisar la generación de energía nuclear;

(REFORMADO, D.O.F. 28 DE NOVIEMBRE DE 2008)

IV. Promover que la participación de los particulares en las actividades del sector sea en los términos de la legislación y de las disposiciones aplicables;

(REFORMADA, D.O.F. 11 DE AGOSTO DE 2014)

V. Llevar a cabo la planeación energética a mediano y largo plazos, así como fijar las directrices económicas y sociales para el sector energético nacional, conforme a las disposiciones aplicables.

(REFORMADO, D.O.F. 28 DE NOVIEMBRE DE 2024)

La planeación energética deberá atender los siguientes criterios: la soberanía y la seguridad energéticas, el mejoramiento de la productividad energética, la restitución de reservas de hidrocarburos, la diversificación de las fuentes de combustibles, la reducción progresiva de impactos ambientales de la producción y consumo de energía, la mayor participación de las energías renovables en el balance energético nacional, la satisfacción de las necesidades energéticas básicas de la población, el ahorro de energía y la mayor eficiencia de su producción y uso, el fortalecimiento de las empresas productivas del Estado del sector energético, y en coordinación con la Secretaría de Ciencia, Humanidades, Tecnología e Innovación, el apoyo a la investigación y el desarrollo tecnológico nacionales en materia energética;

(REFORMADA, D.O.F. 11 DE AGOSTO DE 2014)

VI. Elaborar y publicar anualmente un informe pormenorizado que permita conocer el desempeño y las tendencias del sector eléctrico nacional;

(REFORMADA, D.O.F. 11 DE AGOSTO DE 2014)

VII. En materia de la industria de hidrocarburos: otorgar y revocar asignaciones a que se refiere el artículo 27 Constitucional; establecer los lineamientos técnicos que deberán observarse en el proceso de licitación; el diseño técnico de los contratos; establecer las áreas que podrán ser objeto de asignaciones y contratos; así como adjudicar asignaciones y otorgar permisos para el tratamiento y refinación del petróleo, y procesamiento de gas natural;

(REFORMADA, D.O.F. 11 DE AGOSTO DE 2014)

VIII. Establecer mecanismos de coordinación con el Centro Nacional de Control de Energía y el Centro Nacional de Control del Gas Natural, que propicie que las acciones de estos organismos sean compatibles con los programas sectoriales;

(REFORMADA, D.O.F. 11 DE AGOSTO DE 2014)

IX. Otorgar, negar, modificar y revocar asignaciones y contratos para exploración y extracción de minerales radiactivos;

(REFORMADA, D.O.F. 30 DE NOVIEMBRE DE 2018)

X. Promover el ahorro de energía, regular y, en su caso, expedir normas oficiales mexicanas sobre eficiencia energética, así como realizar y apoyar estudios e investigaciones en materia energética y demás aspectos relacionados;

(REFORMADA, D.O.F. 11 DE AGOSTO DE 2014)

XI. Regular y promover el desarrollo y uso de fuentes de energía alternas a los hidrocarburos, así como energías renovables y proponer, en su caso, los estímulos correspondientes;

(REFORMADO, D.O.F. 28 DE NOVIEMBRE DE 2008)

XII. Regular y en su caso, expedir normas oficiales mexicanas sobre producción, comercialización, compraventa, condiciones de calidad, suministro de energía y demás aspectos que promuevan la modernización, eficiencia y desarrollo del sector, así como controlar y vigilar su debido cumplimiento;

(REFORMADA, D.O.F. 11 DE AGOSTO DE 2014)

XIII. Regular y, en su caso, expedir normas oficiales mexicanas en materia de seguridad nuclear y salvaguardias, incluyendo lo relativo al uso, producción, explotación, aprovechamiento, transportación, enajenación, importación y exportación de materiales radioactivos, así como controlar y vigilar su debido cumplimiento;

(REFORMADA, D.O.F. 11 DE AGOSTO DE 2014)

XIV. Llevar el registro geotérmico;

(REFORMADA, D.O.F. 11 DE AGOSTO DE 2014)

XV. Establecer la regulación en materia de registros de reconocimiento, permisos de exploración, o concesiones, según sea el caso para la explotación de áreas con potencial geotérmico, y supervisar su debido cumplimiento;

(REFORMADA, D.O.F. 11 DE AGOSTO DE 2014)

XVI. Proponer al Titular del Ejecutivo Federal el establecimiento de zonas de salvaguarda de hidrocarburos;

(REFORMADA, D.O.F. 30 DE NOVIEMBRE DE 2018)

XVII. Proponer al titular del Ejecutivo Federal la plataforma anual de producción de petróleo y de gas, con base en las reservas probadas y los recursos disponibles, que garantice el abasto y la seguridad energética del país;

(REFORMADA, D.O.F. 30 DE NOVIEMBRE DE 2018)

XVIII. Establecer la política de restitución de reservas de hidrocarburos y geotermia, así como para el estímulo y promoción al uso de energías renovables;

(REFORMADA, D.O.F. 11 DE AGOSTO DE 2014)

XIX. Regular y, en su caso, expedir normas oficiales mexicanas a través de la Comisión Nacional de Seguridad Nuclear y Salvaguardias, en lo correspondiente a sus facultades, así como supervisar su debido cumplimiento;

(REFORMADO, D.O.F. 28 DE NOVIEMBRE DE 2008)

XX. Registrar y dar a conocer, con base en la información proporcionada por la Comisión Nacional de Hidrocarburos, las reservas de hidrocarburos, conforme a los estudios de evaluación y de cuantificación, así como a las certificaciones correspondientes;

(REFORMADA, D.O.F. 30 DE NOVIEMBRE DE 2018)

XXI. Requerir la información necesaria para el desarrollo de sus funciones a órganos desconcentrados, órganos reguladores coordinados, entidades paraestatales y empresas productivas del Estado y en general, a toda persona física o moral que realice cualquiera de las actividades a que se refieren la Ley de Hidrocarburos, la Ley Reglamentaria del Artículo 27 Constitucional en Materia Nuclear y la Ley de la Industria Eléctrica.

La Secretaría de Energía coordinará con la Comisión Reguladora de Energía, la determinación de las tarifas reguladas de los servicios establecidos en la Ley de la Industria Eléctrica;

(REFORMADA, D.O.F. 11 DE AGOSTO DE 2014)

XXII. Realizar visitas de inspección y verificación a las instalaciones de las entidades paraestatales con actividades en el sector y, en general, a toda persona física o moral que realice cualquiera de las actividades principales, auxiliares o conexas, a que se refieren las leyes señaladas en la fracción anterior;

(REFORMADO, D.O.F. 28 DE NOVIEMBRE DE 2008)

XXIII. Participar en foros internacionales respecto de las materias competencia de la Secretaría, con la intervención que corresponda a la Secretaría de Relaciones Exteriores y proponer a ésta la celebración de convenios y tratados internacionales en tales materias; y, asimismo, participar en la concertación y el seguimiento de la ejecución de los acuerdos internacionales en materia de explotación de yacimientos transfronterizos de hidrocarburos de los que el Estado mexicano sea parte;

(REFORMADA, D.O.F. 11 DE AGOSTO DE 2014)

XXIV. Iniciar, tramitar y resolver procedimientos administrativos e imponer las sanciones que correspondan, en términos de las disposiciones aplicables;

(REFORMADA, D.O.F. 30 DE NOVIEMBRE DE 2018)

XXV. Asegurar, fomentar y vigilar el adecuado suministro de los combustibles en el territorio nacional;

(ADICIONADA, D.O.F. 11 DE AGOSTO DE 2014)

XXVI. Revisar y, en su caso, autorizar las reglas de operación del Mercado Eléctrico Mayorista y emitir disposiciones administrativas de carácter general que permitan su vigilancia;

(ADICIONADA, D.O.F. 11 DE AGOSTO DE 2014)

XXVII. Establecer los términos de estricta separación legal que se requieren para fomentar el acceso abierto y la operación eficiente del sector eléctrico y vigilar su cumplimiento;

(ADICIONADA, D.O.F. 11 DE AGOSTO DE 2014)

XXVIII. Verificar el cumplimiento de la regulación que emita para la industria eléctrica y demás disposiciones administrativas aplicables, realizar visitas de verificación y requerir a las personas físicas y morales con actividades en el sector, la información que permita conocer el desempeño de la industria eléctrica y dictar las medidas que resulten aplicables, conforme a la Ley de la Industria Eléctrica;

(ADICIONADA, D.O.F. 11 DE AGOSTO DE 2014)

XXIX. Fijar la política de eficiencia energética de la industria eléctrica y la política para establecer nuevas centrales eléctricas tendientes a satisfacer las necesidades del país y a dicha política de eficiencia energética de la industria eléctrica, así como establecer los requerimientos obligatorios en materia de energías limpias para la generación eléctrica;

(ADICIONADA, D.O.F. 11 DE AGOSTO DE 2014)

XXX. Establecer los términos y condiciones obligatorios de cobertura para el suministro eléctrico en las comunidades rurales y zonas urbanas marginadas, y proponer los mecanismos para dirigir recursos económicos a este fin, y

(ADICIONADA, D.O.F. 11 DE AGOSTO DE 2014)

XXXI. Los demás que le encomienden expresamente las leyes y reglamentos.

(REFORMADO PRIMER PÁRRAFO, D.O.F. 28 DE NOVIEMBRE DE 2024)

Artículo 34. A la Secretaría de Economía le corresponde el despacho de los siguientes asuntos:

(REFORMADA, D.O.F. 29 DE DICIEMBRE DE 1982)

I. Formular y conducir las políticas generales de industria, comercio exterior, interior, abasto y precios del país; con excepción de los precios de bienes y servicios de la Administración Pública Federal;

(REFORMADA, D.O.F. 29 DE DICIEMBRE DE 1982)

II. Regular, promover y vigilar la comercialización, distribución y consumo de los bienes y servicios;

(REFORMADA, D.O.F. 22 DE JULIO DE 1991)

III. Establecer la Política de industrialización, distribución y consumo de los productos agrícolas, ganaderos, forestales, minerales y pesqueros, en coordinación con las dependencias competentes;

(REFORMADA, D.O.F. 30 DE NOVIEMBRE DE 2018)

IV. Fomentar, en coordinación con la Secretaría de Relaciones Exteriores en el ámbito de su competencia, la política de comercio exterior y atracción de inversión extranjera;

(REFORMADA, D.O.F. 30 DE NOVIEMBRE DE 2018)

V. Estudiar, proyectar y determinar los aranceles escuchando la opinión de la Secretaría de Hacienda y Crédito Público; estudiar y determinar las restricciones para los artículos de importación y exportación, y participar con la mencionada Secretaría en la fijación de los criterios generales para el establecimiento de los estímulos al comercio exterior;

(REFORMADA, D.O.F. 30 DE DICIEMBRE DE 1983)

VI. Estudiar y determinar mediante reglas generales, conforme a los montos globales establecidos por la Secretaría de Hacienda y Crédito Público, los estímulos fiscales necesarios para el fomento industrial, el comercio interior y exterior y el abasto, incluyendo los subsidios sobre impuestos de importación, y administrar su aplicación, así como vigilar y evaluar sus resultados;

(REFORMADA, D.O.F. 30 DE NOVIEMBRE DE 2018)

VII. Establecer las tarifas para la prestación de aquellos servicios de interés público que considere necesarios, con la exclusión de los precios y tarifas de los bienes y servicios de la Administración Pública Federal; y definir el uso preferente que deba darse a determinadas mercancías;

(REFORMADA, D.O.F. 29 DE DICIEMBRE DE 1982)

VIII. Regular, orientar y estimular las medidas de protección al consumidor;

(REFORMADA, D.O.F. 30 DE NOVIEMBRE DE 2018)

IX. Participar con las Secretarías de Bienestar, de Agricultura y Desarrollo Rural y de Medio Ambiente y Recursos Naturales, en la distribución y comercialización de productos y el abastecimiento de los consumos básicos de la población; así como el fomento a la cadena de valor productiva agroalimentaria;

X. (DEROGADA, D.O.F. 30 DE DICIEMBRE DE 2015)

(ADICIONADA, D.O.F. 30 DE NOVIEMBRE DE 2000)

X bis. Coordinar y ejecutar la política nacional para crear y apoyar empresas que asocien a grupos de escasos recursos en áreas urbanas a través de las acciones de planeación, programación, concertación, coordinación, evaluación; de aplicación, recuperación y revolvencia de recursos para ser destinados a los mismos fines; así como de asistencia técnica y de otros medios que se requieran para ese propósito, previa calificación, con la intervención de las dependencias y entidades de la Administración Pública Federal correspondientes y de los gobiernos estatales y municipales, y con la participación de los sectores social y privado;

(REFORMADA, D.O.F. 30 DE NOVIEMBRE DE 2018)

XI. Coordinar y dirigir con la colaboración de la Secretaría de Agricultura y Desarrollo Rural, el Sistema Nacional para el Abasto, con el fin de asegurar la adecuada distribución y comercialización de productos y el abastecimiento de los consumos básicos de la población;

(REFORMADA, D.O.F. 29 DE DICIEMBRE DE 1982)

XII. Normar y registrar la propiedad industrial y mercantil; así como regular y orientar la inversión extranjera y la transferencia de tecnología;

(ADICIONADA, D.O.F. 15 DE DICIEMBRE DE 2011)

XII bis. Autorizar el uso o modificación de denominación o razón social de sociedades mercantiles o civiles;

(REFORMADA, D.O.F. 29 DE DICIEMBRE DE 1982)

XIII. Establecer y vigilar las normas de calidad, pesas y medidas necesarias para la actividad comercial; así como las normas y especificaciones industriales;

(REFORMADA, D.O.F. 28 DE DICIEMBRE DE 1994)

XIV. Regular y vigilar, de conformidad con las disposiciones aplicables, la prestación del servicio registral mercantil a nivel federal, así como promover y apoyar el adecuado funcionamiento de los registros públicos locales;

(REFORMADA, D.O.F. 30 DE NOVIEMBRE DE 2018)

XV. Fomentar el desarrollo del pequeño comercio rural y urbano, así como promover el desarrollo de lonjas, centros y sistemas comerciales de carácter regional o nacional en coordinación con la Secretaría de Agricultura y Desarrollo Rural;

(REFORMADA, D.O.F. 30 DE NOVIEMBRE DE 2018)

XVI. Impulsar, en coordinación con las dependencias o entidades de la Administración Pública Federal que tengan relación con las actividades específicas de que se trate, la producción de aquellos bienes y servicios que se consideren necesarios para garantizar el abasto y el funcionamiento eficiente de los mercados;

(REFORMADA, D.O.F. 29 DE DICIEMBRE DE 1982)

XVII. Organizar y patrocinar exposiciones, ferias y congresos de carácter industrial y comercial;

(REFORMADA, D.O.F. 29 DE DICIEMBRE DE 1982)

XVIII. Organizar la distribución y consumo a fin de evitar el acaparamiento y que las intermediaciones innecesarias o excesivas provoquen el encarecimiento de los productos y servicios;

(REFORMADA, D.O.F. 29 DE DICIEMBRE DE 1982)

XIX. Regular la producción industrial con exclusión de la que esté asignada a otras dependencias;

(REFORMADA, D.O.F. 29 DE DICIEMBRE DE 1982)

XX. Asesorar a la iniciativa privada en el establecimiento de nuevas industrias en el de (sic) las empresas que se dediquen a la exportación de manufacturas nacionales;

(REFORMADA, D.O.F. 30 DE NOVIEMBRE DE 2018)

XXI. Fomentar, regular y promover el desarrollo de la industria de transformación y definir las estrategias para el fomento industrial de cadenas productivas locales y para el fomento de la inversión directa en la industria eléctrica;

(REFORMADA, D.O.F. 29 DE DICIEMBRE DE 1982)

XXII. Fomentar, estimular y organizar la producción económica del artesanado, de las artes populares y de las industrias familiares;

(REFORMADA, D.O.F. 29 DE DICIEMBRE DE 1982)

XXIII. Promover, orientar, fomentar y estimular la industria nacional;

(REFORMADA, D.O.F. 30 DE NOVIEMBRE DE 2018)

XXIV. Promover, orientar, fomentar y estimular el desarrollo de la micro, pequeña y mediana empresa y la microindustria y actividad artesanal, así como regular la organización de productores industriales;

(REFORMADA, D.O.F. 28 DE NOVIEMBRE DE 2024)

XXIV Bis. Organizar, unificar e implementar, el sistema informático que establecerá expedientes electrónicos empresariales con la finalidad de simplificar los trámites que los interesados realizan ante la Administración Pública Federal centralizada y paraestatal, en coordinación con la Agencia de Transformación Digital y Telecomunicaciones;

(REFORMADA, D.O.F. 28 DE NOVIEMBRE DE 2024)

XXV. Promover y, en su caso, organizar, en coordinación con la Secretaría de Ciencia, Humanidades, Tecnología e Innovación, la investigación técnico-industrial;

XXVI. (DEROGADA, D.O.F. 30 DE NOVIEMBRE DE 2018)

(REFORMADA, D.O.F. 1 DE ABRIL DE 2024)

XXVII. Formular y conducir la política nacional en materia minera, así como promover en zonas de producción minera la construcción de obras de infraestructura social, en coordinación con los gobiernos estatales, municipales y con la participación de los pueblos y comunidades indígenas y afromexicanas, así como de los sectores social y privado, de acuerdo con el artículo 32, fracción XIII de esta ley;

(ADICIONADA, D.O.F. 28 DE DICIEMBRE DE 1994)

XXVIII. Fomentar el aprovechamiento de los recursos minerales y llevar el catastro minero, y regular la explotación de salinas ubicadas en terrenos de propiedad nacional y en las formadas directamente por las aguas del mar;

(ADICIONADA, D.O.F. 28 DE DICIEMBRE DE 1994)

XXIX. Otorgar contratos, concesiones, asignaciones, permisos, autorizaciones y asignaciones en materia minera, en los términos de la legislación correspondiente, y

(REFORMADA, D.O.F. 30 DE NOVIEMBRE DE 2018)

XXX. Impulsar la reubicación de la industria de zonas urbanas con graves problemas demográficos y ambientales en coordinación con las autoridades competentes, así como con las entidades federativas, para que se facilite su traslado con infraestructura industrial;

(ADICIONADA, D.O.F. 13 DE JUNIO DE 2014)

XXXI. Determinar y operar el sistema electrónico en el que deberán realizarse las publicaciones que establezcan las leyes mercantiles;

(ADICIONADA, D.O.F. 11 DE AGOSTO DE 2014)

XXXII. Establecer, junto con la Secretaría de Energía, la política nacional de fomento a las compras de proveedores nacionales en los sectores de hidrocarburos y electricidad,

XXXIII. Las demás que le atribuyan expresamente las leyes y reglamentos.

(REFORMADO PRIMER PÁRRAFO, D.O.F. 28 DE NOVIEMBRE DE 2024)

Artículo 35. A la Secretaría de Agricultura y Desarrollo Rural le corresponde el despacho de los siguientes asuntos:

(REFORMADA, D.O.F. 28 DE NOVIEMBRE DE 2024)

I. Formular, conducir y evaluar la política general de desarrollo rural sustentable, que atienda de manera integral, a la agricultura, ganadería, acuacultura y pesca para elevar la productividad agroalimentaria, ordene la comercialización de los productos y el buen funcionamiento de los mercados agroalimentarios, contribuya al bienestar de las personas que habitan en el sector rural y aporte a la seguridad alimentaria de toda la población, mediante el abasto oportuno y suficiente de alimentos, con el fin de fortalecer la soberanía alimentaria de la Nación;

(REFORMADA, D.O.F. 28 DE NOVIEMBRE DE 2024)

II. Promover la productividad, la producción, el empleo, el ingreso, la sustentabilidad, la resiliencia y la mitigación climáticas en el medio rural, en las actividades de agricultura, ganadería, acuacultura, pesca y desarrollo rural; establecer programas prioritariamente en beneficio de las unidades productivas agroalimentarias de pequeña y mediana escala y de las personas jornaleras en los sectores agrícola y pesquero;

(ADICIONADA, D.O.F. 28 DE NOVIEMBRE DE 2024)

II Bis. Promover el desarrollo rural del país, conforme a la Ley de Desarrollo Rural Sustentable;

(REFORMADA, D.O.F. 28 DE NOVIEMBRE DE 2024)

III. Evaluar, integrar e impulsar proyectos de inversión y financiamiento que permitan canalizar, productivamente, recursos públicos y privados al gasto social en el sector agroalimentario; coordinar y ejecutar la política nacional para fortalecer empresas sociales productivas del sector agropecuario, acuícola y pesquero a través de las acciones de planeación, programación, concertación, coordinación; de aplicación, recuperación y revolvencia de recursos, para ser destinados a los mismos fines; así como de asistencia técnica y de otros medios que se requieran para ese propósito, con la intervención de las dependencias y entidades de la Administración Pública Federal correspondientes y de los gobiernos estatales y municipales, y con la participación de los sectores social y privado;

(REFORMADA, D.O.F. 28 DE NOVIEMBRE DE 2024)

IV. Vigilar el cumplimiento y aplicar la normatividad en materia de sanidad vegetal, animal, acuícola y pesquera, inocuidad y calidad agroalimentaria, de la producción orgánica, y de bioseguridad de los organismos genéticamente modificados y derivados de la biotecnología; fomentar los programas en estas materias, así como otorgar las certificaciones relativas al ámbito de su competencia, de conformidad con lo dispuesto en la normativa aplicable;

(REFORMADA, D.O.F. 28 DE NOVIEMBRE DE 2024)

V. Procesar y difundir la información estadística y geográfica referente a la oferta, la demanda, los precios y los costos de insumos y productos relacionados con actividades del sector agropecuario, pesquero y acuícola;

(REFORMADA, D.O.F. 28 DE DICIEMBRE DE 1994)

VI. Apoyar, en coordinación con la Secretaría de Educación Pública, las actividades de los centros de educación agrícola media superior y superior; y establecer y dirigir escuelas técnicas de agricultura, ganadería, apicultura, avicultura y silvicultura, en los lugares que proceda;

(REFORMADA, D.O.F. 28 DE NOVIEMBRE DE 2024)

VII. Organizar y fomentar en coordinación con la Secretaría de Ciencia, Humanidades, Tecnología e Innovación las investigaciones agrícolas, ganaderas, avícolas, apícolas, silvícolas, de acuacultura y pesca, estableciendo institutos experimentales, laboratorios, estaciones de cría, semilleros y viveros, vinculándose a las instituciones de educación superior de las localidades que correspondan;

(REFORMADA, D.O.F. 28 DE NOVIEMBRE DE 2024)

VIII. Formular, dirigir y supervisar los programas y actividades relacionados con la asistencia técnica y la capacitación de los productores agropecuarios, acuícolas y pesqueros;

(REFORMADA, D.O.F. 28 DE NOVIEMBRE DE 2024)

IX. Promover el desarrollo de la infraestructura industrial y comercial de la producción agropecuaria, acuícola y pesquera, en coordinación con la Secretaría de Economía;

X. (DEROGADA, D.O.F. 28 DE NOVIEMBRE DE 2024)

XI. (DEROGADA, D.O.F. 28 DE NOVIEMBRE DE 2024)

(REFORMADA, D.O.F. 28 DE NOVIEMBRE DE 2024)

XII. Participar junto con la Secretaría de Medio Ambiente y Recursos Naturales, en la conservación de los suelos agrícolas, pastizales y bosques, mediante la aplicación de las técnicas y procedimientos conducentes;

(REFORMADA, D.O.F. 28 DE NOVIEMBRE DE 2024)

XIII. Fomentar y organizar la producción y comercialización en beneficio de las industrias familiares, micro, pequeñas y medianas empresas dedicadas a la provisión de bienes y servicios requeridos en el sector agropecuario, acuícola y pesquero, con la participación que corresponda a otras dependencias o entidades;

(REFORMADA, D.O.F. 28 DE NOVIEMBRE DE 2024)

XIV. Coordinar las acciones que el Ejecutivo Federal convenga con los gobiernos locales para el desarrollo agropecuario, acuícola y pesquero de las diversas regiones del país;

(REFORMADA, D.O.F. 28 DE NOVIEMBRE DE 2024)

XV. Proponer el establecimiento de políticas en materia de comercio exterior agropecuario, acuícola y pesquero; de asuntos internacionales derivados del intercambio tecnológico o aquellos que estén directamente vinculados con la producción agropecuaria, en los ámbitos económico, social y ambiental, de conformidad con las atribuciones conferidas por esta Ley y la normativa aplicable en la materia;

XVI. (DEROGADA, D.O.F. 28 DE NOVIEMBRE DE 2024)

(REFORMADA, D.O.F. 28 DE NOVIEMBRE DE 2024)

XVII. Organizar y patrocinar congresos, ferias, exposiciones y concursos agrícolas y pecuarios, así como de otras actividades que se desarrollen principalmente en el medio agropecuario, acuícola y pesquero;

(REFORMADA, D.O.F. 28 DE NOVIEMBRE DE 2024)

XVIII. Participar con la Secretaría de Hacienda y Crédito Público en la determinación de los criterios generales para el establecimiento de los estímulos fiscales y financieros necesarios para el fomento de la producción agropecuaria, acuícola y pesquera, así como evaluar sus resultados;

(REFORMADA, D.O.F. 30 DE NOVIEMBRE DE 2000)

XIX. Programar y proponer, con la participación que corresponde a la Secretaría de Medio Ambiente y Recursos Naturales, la construcción de pequeñas obras de irrigación; y proyectar, ejecutar y conservar bordos, canales, tajos, abrevaderos y jagüeyes que competa realizar al Gobierno Federal por sí o en cooperación con los gobiernos de los estados, los municipios o los particulares;

(REFORMADA, D.O.F. 28 DE NOVIEMBRE DE 2024)

XX. Participar con las dependencias correspondientes en la promoción de plantaciones agroforestales, de acuerdo con los programas formulados y que competa realizar al Gobierno Federal, por sí o en cooperación con los gobiernos de los estados, municipios o de particulares;

(REFORMADO [N. DE E. ESTE PÁRRAFO], D.O.F. 28 DE NOVIEMBRE DE 2024)

XXI. Fomentar las actividades de pesca y acuacultura a través de una entidad pública que tenga a su cargo las siguientes atribuciones:

(REFORMADO, D.O.F. 28 DE NOVIEMBRE DE 2024)

a) Realizar directamente y autorizar conforme a la ley, lo referente a la acuacultura y pesca; así como establecer viveros, criaderos y reservas de especies acuáticas;

(REFORMADO, D.O.F. 28 DE NOVIEMBRE DE 2024)

b) Promover, fomentar y asesorar técnicamente la producción, industrialización y comercialización de los productos acuícolas y pesqueros en todos sus aspectos, en coordinación con las dependencias competentes;

c) Estudiar, proyectar, construir y conservar las obras de infraestructura pesquera y de acuacultura que requiere el desarrollo del sector pesquero, con la participación de las autoridades estatales, municipales o de particulares;

d) (DEROGADO, D.O.F. 28 DE NOVIEMBRE DE 2024)

(REFORMADO, D.O.F. 28 DE NOVIEMBRE DE 2024)

e) Regular la formación y organización de la flota pesquera, así como las artes de pesca;

f) (DEROGADO, D.O.F. 28 DE NOVIEMBRE DE 2024)

(REFORMADO, D.O.F. 28 DE NOVIEMBRE DE 2024)

g) Promover, en coordinación con la Secretaría de Economía, el consumo humano de productos acuícolas y pesqueros, así como contribuir a asegurar el abasto y la distribución de dichos productos y de materia prima a la industria nacional;

(ADICIONADA, D.O.F. 30 DE NOVIEMBRE DE 2018)

XXII. Asegurar la adecuada distribución, comercialización y abastecimiento de los productos de consumo básico de la población de escasos recursos, con la intervención que corresponda a las Secretarías de Economía y de Bienestar bajo principios que eviten su uso o aprovechamiento indebido o ajeno a los objetivos institucionales;

(ADICIONADA, D.O.F. 30 DE NOVIEMBRE DE 2018)

XXIII. Contribuir a la seguridad alimentaria, garantizando el abasto de productos básicos, y

(ADICIONADA, D.O.F. 28 DE NOVIEMBRE DE 2024)

XXIV. Establecer y fomentar políticas, instrumentos y mecanismos en la producción, distribución y comercialización de semillas, en coordinación con las dependencias competentes, con prioridad a las de los cultivos considerados como básicos y estratégicos en la Ley de Desarrollo Rural Sustentable; y otros que la Secretaría establezca como prioridad nacional;

(ADICIONADA, D.O.F. 28 DE NOVIEMBRE DE 2024)

XXV. Expedir las normas oficiales mexicanas y, en su caso, estándares en materia agrícola, ganadera, acuícola y pesquera; de bioseguridad de los organismos genéticamente modificados y derivados de la biotecnología; de sanidad vegetal, animal, acuícola y pesquera; de inocuidad, calidad y buenas prácticas agroalimentarias; así como las que por su materia le corresponda expedir de manera conjunta con otras dependencias, y

(REFORMADA, D.O.F. 30 DE NOVIEMBRE DE 2018)

XXVI. Los demás que expresamente le atribuyan las leyes y reglamentos.

(REFORMADO PRIMER PÁRRAFO, D.O.F. 28 DE NOVIEMBRE DE 2024)

Artículo 36. A la Secretaría de Infraestructura, Comunicaciones y Transportes le corresponde el despacho de los siguientes asuntos:

(REFORMADA, D.O.F. 7 DE DICIEMBRE DE 2020)

I. Formular y conducir las políticas y programas para el desarrollo de las comunicaciones y transporte terrestre y aéreo, de acuerdo a las necesidades del país;

I Bis. (DEROGADA, D.O.F. 28 DE NOVIEMBRE DE 2024)

(ADICIONADA, D.O.F. 28 DE NOVIEMBRE DE 2024)

I Ter. Construir, equipar, restaurar, reforzar, reconstruir y rehabilitar obras públicas de infraestructura urbana y para el transporte público de pasajeros, así como intervenciones en espacio público necesarias para el desarrollo, en coordinación con los tres órdenes de gobierno, desde la planeación, programación, presupuestación y ejecución;

(ADICIONADA, D.O.F. 28 DE NOVIEMBRE DE 2024)

I Quáter. Construir, equipar, restaurar, reforzar, reconstruir y rehabilitar infraestructura urbana, para proyectos culturales y desarrollo de habilidades, en coordinación con las autoridades competentes de los tres órdenes de gobierno;

(ADICIONADA, D.O.F. 28 DE NOVIEMBRE DE 2024)

I Quinquies. Construir, equipar, rehabilitar, reforzar, reconstruir y habilitar la infraestructura e instalaciones destinadas al servicio del sistema educativo nacional, en coordinación con las autoridades competentes de los tres órdenes de gobierno;

II. (DEROGADA, D.O.F. 28 DE NOVIEMBRE DE 2024)

III. (DEROGADA, D.O.F. 14 DE JULIO DE 2014)

(REFORMADA, D.O.F. 29 DE DICIEMBRE DE 1982)

IV. Otorgar concesiones y permisos para establecer y operar servicios aéreos en el territorio nacional, fomentar, regular y vigilar su funcionamiento y operación, así como negociar convenios para la prestación de servicios aéreos internacionales;

(REFORMADA, D.O.F. 29 DE DICIEMBRE DE 1982)

V. Regular y vigilar la administración de los aeropuertos nacionales, conceder permisos para la construcción de aeropuertos particulares y vigilar su operación;

(REFORMADA, D.O.F. 29 DE DICIEMBRE DE 1982)

VI. Administrar la operación de los servicios de control de tránsito, así como de información y seguridad de la navegación aérea;

(REFORMADA, D.O.F. 29 DE DICIEMBRE DE 1982)

VII. Construir las vías férreas, patios y terminales de carácter federal para el establecimiento y explotación de ferrocarriles, y la vigilancia técnica de su funcionamiento y operación;

(REFORMADA, D.O.F. 28 DE NOVIEMBRE DE 2024)

VIII. Planificar, regular y vigilar la administración y operación del sistema ferroviario;

(REFORMADA, D.O.F. 29 DE DICIEMBRE DE 1982)

IX. Otorgar concesiones y permisos para la explotación de servicios de autotransportes en las carreteras federales y vigilar técnicamente su funcionamiento y operación, así como el cumplimiento de las disposiciones legales respectivas;

X. (DEROGADA, D.O.F. 4 DE ENERO DE 1999)

(REFORMADA, D.O.F. 29 DE DICIEMBRE DE 1982)

XI. Participar en los convenios para la construcción y explotación de los puentes internacionales;

(REFORMADA, D.O.F. 7 DE DICIEMBRE DE 2020)

XII. Fijar las normas técnicas del funcionamiento y operación de los servicios públicos de comunicaciones y transportes aéreos y terrestres, y las tarifas para el cobro de los mismos, así como participar con la Secretaría de Hacienda y Crédito Público en el establecimiento de las tarifas de los servicios que presta la Administración Pública Federal de comunicaciones y transportes aéreos y terrestres;

(REFORMADA, D.O.F. 29 DE DICIEMBRE DE 1982)

XIII. Fomentar la organización de sociedades cooperativas cuyo objeto sea la prestación de servicios de comunicaciones y transportes;

XIV. (DEROGADA, D.O.F. 7 DE DICIEMBRE DE 2020)

(REFORMADA, D.O.F. 7 DE DICIEMBRE DE 2020)

XV. Establecer los requisitos que deban satisfacer el personal técnico de la aviación civil, servicios públicos de transporte terrestre, así como conceder las licencias y autorizaciones respectivas;

XVI. (DEROGADA, D.O.F. 7 DE DICIEMBRE DE 2020)

XVII. (DEROGADA, D.O.F. 7 DE DICIEMBRE DE 2020)

XVIII. (DEROGADA, D.O.F. 7 DE DICIEMBRE DE 2020)

XIX. (DEROGADA, D.O.F. 7 DE DICIEMBRE DE 2020)

XX. (DEROGADA, D.O.F. 7 DE DICIEMBRE DE 2020)

(REFORMADA, D.O.F. 29 DE DICIEMBRE DE 1982)

XXI. Construir y conservar los caminos y puentes federales, incluso los internacionales; así como las estaciones y centrales de autotransporte federal;

(REFORMADA, D.O.F. 29 DE DICIEMBRE DE 1982)

XXII. Construir y conservar caminos y puentes, en cooperación con los gobiernos de las entidades federativas, con los municipios y los particulares;

(REFORMADA, D.O.F. 29 DE DICIEMBRE DE 1982)

XXIII. Construir aeropuertos federales y cooperar con los gobiernos de los Estados y las autoridades municipales, en la construcción y conservación de obras de ese género;

(REFORMADA, D.O.F. 29 DE DICIEMBRE DE 1982)

XXIV. Otorgar concesiones o permisos para construir las obras que le corresponda ejecutar;

(REFORMADA, D.O.F. 25 DE MAYO DE 1992)

XXV. Cuidar de los aspectos ecológicos y los relativos a la planeación del desarrollo urbano, en los derechos de vía de las vías federales de comunicación;

(REFORMADA, D.O.F. 28 DE NOVIEMBRE DE 2024)

XXVI. Promover y en su caso organizar la capacitación, investigación y el desarrollo en materia de comunicaciones y transportes; lo que podrá realizar en coordinación con la Secretaría de Ciencia, Humanidades, Tecnología e Innovación;

(ADICIONADA, D.O.F. 28 DE NOVIEMBRE DE 2024)

XXVII. Elaborar, planificar, gestionar y regular proyectos que tengan por objeto la construcción, equipamiento y desarrollo de sistemas de transporte público de pasajeros, en coordinación con las autoridades competentes y de conformidad con las disposiciones aplicables;

(ADICIONADA, D.O.F. 28 DE NOVIEMBRE DE 2024)

XXVIII. Operar sistemas de transporte público de pasajeros en la República Mexicana mediante el establecimiento de convenios, en coordinación con las autoridades de los tres órdenes de gobierno;

(ADICIONADA, D.O.F. 28 DE NOVIEMBRE DE 2024)

XXIX. Promover y coadyuvar en el fortalecimiento institucional de las autoridades de las entidades federativas, en materia de planeación, regulación y administración de sistemas de transporte público de pasajeros;

(ADICIONADA, D.O.F. 28 DE NOVIEMBRE DE 2024)

XXX. Aplicar la política general de contrataciones públicas en materia de infraestructura y de sistemas de transporte público de pasajeros y sus componentes, conforme a las disposiciones jurídicas aplicables;

(ADICIONADA, D.O.F. 28 DE NOVIEMBRE DE 2024)

XXXI. Coadyuvar con la Secretaría de Medio Ambiente y Recursos Naturales en la construcción, restauración, reforzamiento, reconstrucción y rehabilitación de infraestructura para sistemas de reciclamiento y tratamiento de residuos sólidos, estaciones de transferencia, plantas de selección para el reciclaje y de composta, y de cualquier tecnología para el manejo y tratamiento de los residuos sólidos, y

(REFORMADA, D.O.F. 29 DE DICIEMBRE DE 1982)

XXXII. Los demás que expresamente le fijen las leyes y reglamentos.

(REFORMADO, D.O.F. 28 DE NOVIEMBRE DE 2024)

Artículo 37. A la Secretaría Anticorrupción y Buen Gobierno le corresponde el despacho de los siguientes asuntos:

I. Elaborar y conducir la política pública en materia de profesionalización e integridad pública, evaluación de la gestión gubernamental, mejora continua, modernización, contrataciones públicas, transparencia en la gestión pública, rendición de cuentas, fiscalización y anticorrupción de la Administración Pública Federal;

II. Emitir las normas que regulen los instrumentos y procedimientos de control interno de la Administración Pública Federal que impulsen la modernización administrativa, conforme a las mejores prácticas en la materia y, en su caso, requerir a las dependencias competentes la expedición de normas complementarias para el ejercicio del control administrativo;

III. Emitir normas en materia de contrataciones públicas;

IV. Emitir las normas que regulen los instrumentos y procedimientos en materia de investigación, fiscalización y auditoría internas, transversales o externas, incluida la fiscalización o auditorías de gabinete y electrónicas o cualquier otro tipo de revisiones, así como realizar las investigaciones, actos de fiscalización o auditorías que se requieran;

V. Establecer mecanismos internos para la Administración Pública Federal que prevengan actos u omisiones que puedan constituir responsabilidades administrativas e impulsar la participación ciudadana y la cultura cívica y ética que contribuya a la mejora continua;

VI. Organizar y coordinar el sistema de control interno y evaluar la gestión gubernamental y sus resultados, así como concertar con las dependencias, incluidos sus órganos administrativos desconcentrados y entidades de la Administración Pública Federal los indicadores para dicha evaluación, en los términos de las disposiciones jurídicas aplicables;

VII. Evaluar el sistema de control interno institucional y proponer las medidas que permitan el cumplimiento de las metas y objetivos institucionales, así como la mejora continua;

VIII. Verificar el cumplimiento, por parte de las dependencias, incluidos sus órganos administrativos desconcentrados y entidades de la Administración Pública Federal, de las disposiciones jurídicas aplicables a la gestión pública;

IX. Realizar actos de fiscalización o auditorías a las dependencias, incluidos sus órganos administrativos desconcentrados, y entidades paraestatales de la Administración Pública Federal;

X. Elaborar el programa anual de fiscalización orientado a promover la eficacia, eficiencia, economía y legalidad en la gestión pública. Dicho programa puede incluir los actos de fiscalización que propongan la Secretaría de Hacienda y Crédito Público o las coordinadoras de sector, en el ámbito de su competencia;

XI. Brindar a las dependencias, incluidos sus órganos administrativos desconcentrados, así como a las entidades de la Administración Pública Federal el apoyo y acompañamiento que se requiera en el ejercicio de sus funciones, en especial tratándose de programas prioritarios y proyectos estratégicos;

XII. Designar y remover a las personas auditoras externas de las entidades de la Administración Pública Federal, así como normar y controlar su desempeño;

XIII. Designar y remover a las personas delegadas de la propia Secretaría ante las dependencias, incluidos sus órganos administrativos desconcentrados y comisarios públicos de los órganos de vigilancia de las entidades de la Administración Pública Federal, así como normar y controlar su desempeño;

XIV. Formular y conducir la política de la Administración Pública Federal para establecer medidas que propicien la integridad y la transparencia en la gestión pública, la rendición de cuentas, el acceso por parte de los particulares a la información que aquélla genere y la protección de datos personales, de conformidad con las disposiciones jurídicas aplicables, así como promover dichas acciones hacia la sociedad;

XV. Ejercer las atribuciones que le correspondan en materia de transparencia, acceso a la información pública y protección de datos personales, de conformidad con las disposiciones jurídicas aplicables;

XVI. Establecer las políticas, bases y normativa para la determinación de la información de interés público que, en materia de anticorrupción y buen gobierno, se deba difundir proactivamente;

XVII. Promover y consolidar los principios de la transparencia y acceso a la información pública, y los mecanismos de participación ciudadana en la ejecución y evaluación de la gestión pública;

XVIII. Emitir el Código de Ética de las personas servidoras públicas del gobierno federal y las Reglas de Integridad para el ejercicio de la gestión pública, así como proponer al sector privado directrices para la emisión de sus Códigos de Ética y modelos de declaración de integridad;

XIX. Impulsar la transparencia proactiva y la publicación de datos en formatos accesibles a la ciudadanía; vigilar la aplicación de las políticas de gobierno digital y las de gobierno y datos abiertos de la Administración Pública Federal, en términos de las disposiciones jurídicas aplicables;

XX. Organizar y coordinar el desarrollo administrativo integral en las dependencias, incluidos sus órganos administrativos desconcentrados y entidades de la Administración Pública Federal, y emitir las normas para que los recursos humanos y patrimoniales sean aprovechados y los procedimientos técnicos sean aplicados, con criterios de eficacia, eficiencia, economía, honestidad, transparencia y legalidad;

XXI. Impulsar la profesionalización e integridad de las personas servidoras públicas, así como diseñar y aplicar los programas de capacitación que promuevan la mejora de la gestión pública;

XXII. Establecer la política, normas y criterios, así como emitir las autorizaciones correspondientes, en materia de planeación y administración de recursos humanos para la contratación de las personas servidoras públicas, incluido el personal del Servicio Profesional de Carrera en la Administración Pública Federal, y de las estructuras orgánicas y ocupacionales, de conformidad con las normas de control de gasto en materia de servicios personales y demás disposiciones jurídicas aplicables;

XXIII. Aprobar y registrar las estructuras orgánicas y ocupacionales de las dependencias, incluidos sus órganos administrativos desconcentrados y entidades de la Administración Pública Federal y sus modificaciones, previo dictamen presupuestal favorable de la Secretaría de Hacienda y Crédito Público;

XXIV. Promover la formación cívica y la participación ciudadana en materia de anticorrupción y buen gobierno;

XXV. Impulsar la participación de los sectores social y privado en la prevención y combate a la corrupción y mejora de la gestión pública y, en su caso, celebrar los convenios correspondientes;

XXVI. Promover, en coordinación con la Secretaría de Educación Pública e Instituciones de Educación Superior, la inclusión de contenidos educativos sobre integridad pública y combate a la corrupción;

XXVII. Participar en el establecimiento de las bases y principios de coordinación de los integrantes en el Sistema Nacional Anticorrupción y del Sistema Nacional de Fiscalización;

XXVIII. Ejercer las atribuciones que correspondan al Ejecutivo Federal en el Sistema Nacional Anticorrupción, en términos de las disposiciones jurídicas aplicables;

XXIX. Implementar las políticas de coordinación que promueva el Comité Coordinador del Sistema Nacional Anticorrupción, en materia de combate a la corrupción en la Administración Pública Federal;

XXX. Verificar el cumplimiento de la política de contrataciones públicas reguladas por la Ley de Adquisiciones, Arrendamientos y Servicios del Sector Público y la Ley de Obras Públicas y Servicios Relacionados con las Mismas, y proporcionar asesoría normativa con carácter preventivo en los procedimientos de contratación regulados por las leyes mencionadas, en términos de las disposiciones jurídicas aplicables;

XXXI. Acceder a la información, documentación, datos e imágenes, registros y demás relacionadas en poder de la Administración Pública Federal que contribuyan con las investigaciones, actos de fiscalización, incluida su programación y, en general, con cualquier acción anticorrupción, para lo cual puede celebrar convenios, acuerdos y demás instrumentos jurídicos con instituciones públicas y privadas;

XXXII. Participar, en términos de las disposiciones jurídicas aplicables, en la determinación de los bienes, arrendamientos o servicios de uso generalizado que, en forma consolidada, deben adquirir, arrendar o contratar las dependencias, incluidos sus órganos administrativos desconcentrados y entidades de la Administración Pública Federal;

XXXIII. Participar, en coordinación con la Secretaría de Hacienda y Crédito Público, en los procedimientos de contratación consolidada, incluidos aquellos excepcionales de adquisición o arrendamiento de bienes muebles y prestación de servicios que se lleven a cabo a través de dicha estrategia de contratación, conforme a las disposiciones jurídicas que al efecto emita;

XXXIV. Participar, en coordinación con las Secretarías de Hacienda y Crédito Público y de Economía, en las negociaciones relacionadas con los capítulos de compras del sector público de los tratados comerciales de los que el Estado mexicano sea parte;

XXXV. Participar en foros internacionales, respecto de las materias de su competencia, con la intervención que corresponda a la Secretaría de Relaciones Exteriores y proponer a ésta la celebración de convenios y tratados internacionales en tales materias;

XXXVI. Elaborar las disposiciones para la participación de la proveeduría nacional en las compras públicas que generen mayor valor agregado nacional, particularmente para las micro, pequeñas y medianas empresas y organizaciones del sector social, con enfoque sustentable;

XXXVII. Emitir disposiciones generales en materia de contenido nacional y casos de excepción, margen de preferencia en precio, reservas de compras y licitaciones bajo la cobertura de los tratados comerciales de los que el Estado mexicano sea parte, respecto de procedimientos de contratación del sector público;

XXXVIII. Compilar las reservas de compras del sector público previstas en los capítulos de compras de los tratados comerciales de los que el Estado mexicano sea parte;

XXXIX. Crear, asignar, coordinar y, en su caso, extinguir los órganos internos de control en las dependencias, incluidos sus órganos administrativos desconcentrados, y entidades de la Administración Pública Federal, así como las unidades de responsabilidades o equivalentes en las empresas productivas del Estado, conforme a las disposiciones generales que al efecto emita;

XL. Nombrar y remover a las personas titulares de los órganos internos de control, del nivel jerárquico inmediato inferior a dichas personas y de aquellas que mediante acuerdo determine la persona titular de la Secretaría, en las dependencias, incluidos sus órganos administrativos desconcentrados y entidades de la Administración Pública Federal, así como de las unidades de responsabilidades o equivalentes en las empresas productivas del Estado, los cuales dependen jerárquica y funcionalmente de la Secretaría Anticorrupción y Buen Gobierno, y seleccionar al personal que integre dichos órganos y unidades. Dichos órganos tienen el carácter de autoridad y realizan la defensa jurídica de las resoluciones que emitan en la esfera administrativa y ante los Tribunales Federales, representando a la persona titular de dicha Secretaría, salvo en los casos en que ésta ejerza su facultad de atracción;

XLI. Ejercer las facultades que la Constitución Política de los Estados Unidos Mexicanos otorga a los órganos internos de control;

XLII. Tramitar el procedimiento de conciliación y la instancia de inconformidad, en términos de lo previsto en la Ley de Adquisiciones, Arrendamientos y Servicios del Sector Público y en la Ley de Obras Públicas y Servicios Relacionados con las Mismas, respecto del incumplimiento de los convenios, contratos o pedidos que celebren los particulares con las dependencias y entidades de la Administración Pública Federal o sobre actos ocurridos en el desarrollo del procedimiento de contratación, salvo los casos en que otras leyes establezcan procedimientos de impugnación diferentes;

XLIII. Conocer e investigar las conductas de las personas servidoras públicas de la Administración Pública Federal y de particulares que puedan constituir responsabilidades, así como substanciar los procedimientos correspondientes, conforme a lo establecido en la Ley General de Responsabilidades Administrativas; aplicar las sanciones por faltas administrativas no graves y, cuando se trate de faltas administrativas graves, ejercer la acción de responsabilidad ante el Tribunal Federal de Justicia Administrativa, así como presentar las denuncias correspondientes ante la Fiscalía Especializada en materia de Combate a la Corrupción y ante otras autoridades competentes, en términos de las disposiciones jurídicas aplicables y, en general, ejercer las atribuciones que en materia de responsabilidades corresponden a la autoridad investigadora, a la autoridad substanciadora y a la autoridad resolutora, en términos de las disposiciones aplicables;

XLIV. Llevar el registro de las personas servidoras públicas de la Administración Pública Federal, de las actas de entrega recepción de sus cargos y de las sanciones administrativas que les hayan sido impuestas a ellas o a los particulares; recibir y registrar las declaraciones patrimoniales y de intereses que deban presentarse y verificar su contenido mediante las investigaciones que resulten pertinentes, de acuerdo con las disposiciones jurídicas aplicables, y emitir las disposiciones que regulen dichos registros y declaraciones;

XLV. Llevar a cabo el proceso de evaluación de la confiabilidad de las personas servidoras públicas que ocupen cargos estratégicos, de riesgo o de alto nivel que determine la propia Secretaría a través de disposiciones generales, para efectos de su ingreso, reingreso, permanencia o cualquier otro movimiento en el servicio público, y emitir lineamientos y criterios en dicha materia, mediante la aplicación de exámenes médico, toxicológicos, socioeconómicos, psicológicos y psicotécnicos y, en su caso, cualquier otro que determine la Secretaría mediante disposiciones de carácter general, y

XLVI. Las demás que le encomienden expresamente las leyes y reglamentos.

El nombramiento de la persona titular de la Secretaría Anticorrupción y Buen Gobierno que somete la persona titular del Ejecutivo Federal a ratificación del Senado de la República, deberá estar acompañado de la declaración de interés de la persona propuesta, en los términos previstos en la Ley General de Responsabilidades Administrativas.

(REFORMADO PRIMER PÁRRAFO, D.O.F. 28 DE NOVIEMBRE DE 2024)

Artículo 38. A la Secretaría de Educación Pública le corresponde el despacho de los siguientes asuntos:

I. Organizar, vigilar y desarrollar en las escuelas oficiales, incorporadas o reconocidas;

a) La enseñanza preescolar, primaria, secundaria y normal, urbana, semiurbana y rural.

b) La enseñanza que se imparta en las escuelas, a que se refiere la fracción XII del Artículo 123 Constitucional.

c) La enseñanza técnica, industrial, comercial y de artes y oficios, incluida la educación que se imparta a los adultos.

(REFORMADO, D.O.F. 30 DE NOVIEMBRE DE 2000)

d) La enseñanza agrícola, con la cooperación de la Secretaría de Agricultura, Ganadería, Desarrollo Rural, Pesca y Alimentación.

e) La enseñanza superior y profesional.

f) La enseñanza deportiva y militar, y la cultura física en general;

(REFORMADA, D.O.F. 17 DE DICIEMBRE DE 2015)

II. Organizar y desarrollar la educación artística, en coordinación con la Secretaría de Cultura, que se imparta en las escuelas e institutos oficiales, incorporados o reconocidos para la enseñanza y difusión de las bellas artes y de las artes populares;

(REFORMADA, D.O.F. 30 DE NOVIEMBRE DE 2018)

III. Establecer, en colaboración con el Instituto Nacional para la Evaluación de la Educación, un sistema destinado a obtener, sistematizar, procesar, automatizar, analizar, estudiar, difundir y poner al alcance de la sociedad, información sobre la operación, cobertura, equidad, calidad y demás atributos y condiciones estructurales del sistema educativo nacional;

IV. Crear y mantener, en su caso, escuelas de todas clases que funcionen en la República, dependientes de la Federación, exceptuadas las que por la Ley estén adscritas a otras dependencias del Gobierno Federal;

V. Vigilar que se observen y cumplan las disposiciones relacionadas con la educación preescolar, primaria, secundaria, técnica y normal, establecidas en la Constitución y prescribir las normas a que debe ajustarse la incorporación de las escuelas particulares al sistema educativo nacional;

VI. Ejercer la supervisión y vigilancia que proceda en los planteles que impartan educación en la República, conforme a lo prescrito por el Artículo 3o. Constitucional;

VII. Organizar, administrar y enriquecer sistemáticamente las bibliotecas generales o especializadas que sostenga la propia Secretaría o que formen parte de sus dependencias;

(REFORMADA, D.O.F. 30 DE NOVIEMBRE DE 2018)

VIII. Con la participación del organismo descentralizado en materia de ciencia y tecnología, promover la creación de institutos de investigación científica y técnica y el establecimiento de laboratorios, observatorios, planetarios y demás centros tecnológicos que requiera el desarrollo de la educación primaria, secundaria, normal, técnica y superior; así como apoyar la investigación científica y tecnológica;

(REFORMADA, D.O.F. 17 DE DICIEMBRE DE 2015)

IX. Patrocinar la realización de congresos, asambleas y reuniones, eventos, competencias y concursos de carácter científico, técnico y educativo;

(ADICIONADA, D.O.F. 30 DE NOVIEMBRE DE 2018)

X. Fomentar la lectura en todo el país, especialmente entre la niñez y la juventud, así como crear repositorios en bibliotecas, tanto físicas como digitales, dirigidos a fortalecer la identidad colectiva y acrecentar la memoria histórica y cultural nacional, regional, local y comunitaria;

(REFORMADA, D.O.F. 21 DE FEBRERO DE 1992)

XI. Mantener al corriente el escalafón del magisterio y el seguro del maestro, y crear un sistema de compensaciones y estímulos para el profesorado; atendiendo a las directrices que emita la Secretaría de Hacienda y Crédito Público sobre el sistema general de administración y desarrollo de personal;

(ADICIONADA, D.O.F. 30 DE NOVIEMBRE DE 2018)

XII. Garantizar la capacitación y formación continuas del magisterio del país, así como del personal directivo y de supervisión escolar, con el fin de contribuir a su profesionalización y al desarrollo de competencias docentes, incluidas las referidas al aprovechamiento de tecnologías de la información y comunicación;

(REFORMADA, D.O.F. 28 DE NOVIEMBRE DE 2024)

XIII. Otorgar becas, en coordinación con la Secretaría de Ciencia, Humanidades, Tecnología e Innovación, para que las y los estudiantes de nacionalidad mexicana puedan realizar investigaciones o completar ciclos de estudios en el extranjero;

(ADICIONADA, D.O.F. 30 DE NOVIEMBRE DE 2018)

XIV. Regir el sistema educativo nacional; formular, regular, coordinar y conducir la política educativa que competa al Ejecutivo y contribuir al fortalecimiento de las instituciones educativas públicas;

XV. Revalidar estudios y títulos, y conceder autorización para el ejercicio de las capacidades que acrediten;

XVI. Vigilar, con auxilio de las asociaciones de profesionistas, el correcto ejercicio de las profesiones;

(ADICIONADA, D.O.F. 30 DE NOVIEMBRE DE 2018)

XVII. Participar en la coordinación de los programas en que la educación sea uno de sus componentes, particularmente los de desarrollo en la primera infancia;

(ADICIONADA, D.O.F. 30 DE NOVIEMBRE DE 2018)

XVIII. Intervenir, en los términos que defina la ley, en programas institucionales, regionales y sectoriales de inclusión social que tengan un componente educativo, dirigidos a la población que vive en situación de pobreza extrema;

(ADICIONADA, D.O.F. 30 DE NOVIEMBRE DE 2018)

XIX. Coordinar con los organismos sectorizados la elaboración de los programas nacionales de educación, deporte y juventud;

(ADICIONADA, D.O.F. 30 DE NOVIEMBRE DE 2018)

XX. En coordinación con las autoridades educativas de las entidades federativas, diseñar y aplicar las políticas y programas tendientes a hacer efectivo el derecho a la educación;

(ADICIONADA, D.O.F. 30 DE NOVIEMBRE DE 2018)

XXI. Establecer los acuerdos para cumplir lo dispuesto por el artículo 3o. constitucional y promover la participación social en la materia;

(ADICIONADA, D.O.F. 30 DE NOVIEMBRE DE 2018)

XXII. Ejercer las facultades conferidas a la Federación en el artículo 3o. constitucional, salvo las que se atribuyan expresamente a otro organismo, con la participación de las autoridades de las entidades federativas, municipios y otros actores educativos;

XXIII. Determinar y organizar la participación oficial del país en competencias deportivas internacionales, organizar desfiles atléticos y todo género de eventos deportivos, cuando no corresponda hacerlo expresamente a otra dependencia del Gobierno Federal;

XXIV. Cooperar en las tareas que desempeñe la Confederación Deportiva y mantener la Escuela de Educación Física;

(REFORMADA, D.O.F. 28 DE NOVIEMBRE DE 2024)

XXV. Formular normas y programas, y ejecutar acciones para promover la educación física, el deporte para todas las personas, el deporte estudiantil, el deporte selectivo, deporte social, comunitario y las artes; promover y en su caso, organizar la formación y capacitación de instructores, entrenadores, profesores y licenciados en especialidades de cultura física y deporte; fomentar los estudios de posgrado y la investigación de las ciencias del deporte, así como la creación de esquemas de financiamiento al deporte con la participación que corresponda a otras dependencias y entidades de la Administración Pública Federal;

(ADICIONADA, D.O.F. 30 DE NOVIEMBRE DE 2018)

XXVI. Impulsar la formación permanente del magisterio;

(REFORMADA, D.O.F. 27 DE ENERO DE 2015)

XXVII. Organizar, promover y supervisar programas de capacitación y adiestramiento en coordinación con las dependencias del Gobierno Federal, los Gobiernos de los Estados, del Distrito Federal y de los Municipios, las entidades públicas y privadas, así como los fideicomisos creados con tal propósito. A este fin organizará, igualmente, servicios de educación básica para adultos y sistemas de orientación vocacional de enseñanza abierta y de acreditación de estudios;

(REFORMADA, D.O.F. 17 DE DICIEMBRE DE 2015)

XXVIII. Orientar las actividades recreativas y deportivas que realice el sector público federal;

(REFORMADA, D.O.F. 17 DE DICIEMBRE DE 2015)

XXIX. Establecer los criterios educativos en la producción cinematográfica, de radio y televisión y en la industria editorial;

(REFORMADA, D.O.F. 30 DE NOVIEMBRE DE 2018)

XXX. Organizar y promover acciones tendientes al pleno desarrollo de la juventud y a su incorporación a las tareas nacionales, estableciendo para ello sistemas de servicio social, centros de estudio, programas de recreación y de atención a los problemas de los jóvenes, así como crear y organizar a este fin sistemas de enseñanza especial para niños, adolescentes y jóvenes que lo requieran;

(REFORMADA, D.O.F. 30 DE NOVIEMBRE DE 2018)

XXX Bis. Promover la producción cinematográfica, de radio y televisión y de la industria editorial, con apego a lo dispuesto por el artículo 3o. constitucional, cuando se trate de cuestiones educativas, y dirigir y coordinar la administración de las estaciones radiodifusoras y televisoras públicas que tengan preponderantemente fines educativos, con exclusión de las que dependan de otras Secretarías de Estado. Aquellas estaciones de radio que incorporen en su programación contenido cultural deberán tomar en consideración las directrices que en esta materia proponga la Secretaría de Cultura;

(ADICI ONADA, D.O.F. 30 DE NOVIEMBRE DE 2018)

XXXI.Conducir, en el ámbito de su competencia, las relaciones del Poder Ejecutivo con las autoridades educativas de las entidades federativas y de los municipios, con el magisterio nacional, con instituciones especializadas en educación, con agrupaciones ciudadanas, organizaciones sociales y demás actores sociales en la materia;

(ADICIONADA, D.O.F. 30 DE NOVIEMBRE DE 2018)

XXXII. Establecer mecanismos para conocer las mejores prácticas educativas a nivel internacional;

(REFORMADA, D.O.F. 28 DE NOVIEMBRE DE 2024)

XXXIII. Fortalecer, con el apoyo de la Agencia de Transformación Digital y Telecomunicaciones, el acceso a la información digital en los espacios escolares, así como la conectividad en éstos a redes de telecomunicaciones;

(ADICIONADA, D.O.F. 28 DE NOVIEMBRE DE 2024)

XXXIV. La promoción de la salud en el entorno escolar, en coordinación con las autoridades del sector, y

XXXV. Los demás que le fijen expresamente las leyes y reglamentos.

(ADICIONADO, D.O.F. 28 DE NOVIEMBRE DE 2024)

Artículo 38 Bis. A la Secretaría de Ciencia, Humanidades, Tecnología e Innovación le corresponde el despacho de los siguientes asuntos:

I. Garantizar el derecho de toda persona a gozar de los beneficios del desarrollo de la ciencia, el progreso humanístico y la innovación tecnológica;

II. Formular y conducir la política nacional en materia de Humanidades, Ciencias, Tecnologías e Innovación;

III. Articular, coordinar y ejercer la rectoría que corresponde al Estado mexicano en las Humanidades, Ciencias, Tecnologías e Innovación, a través del Sistema Nacional de Planeación Democrática;

IV. Coordinar con las autoridades educativas y las diversas instituciones de la educación superior el diseño y aplicación de métodos y programas para la mejora continua de las funciones sustantivas de investigación humanística, científica, tecnológica, difusión e innovación;

V. Coordinar con las autoridades educativas y los diversos actores de la educación superior en el diseño y aplicación de métodos y programas para la mejora continua de las funciones sustantivas de investigación humanística, científica, tecnológica, difusión e innovación;

VI. Fomentar el progreso humanístico, científico y tecnológico, a través de la colaboración, cooperación y el intercambio nacional e internacional, así como promover e impulsar la formación de recursos humanos de alto nivel para el desarrollo de la investigación, divulgación e incorporación a proyectos estratégicos en materia de Humanidades, Ciencias, Tecnologías e Innovación;

VII. Diseñar, coordinar y operar programas de apoyo y reconocimiento al desempeño, la trayectoria y las contribuciones al desarrollo humanístico, científico y tecnológico del país de los integrantes del Sistema Nacional de Humanidades, Ciencias, Tecnologías e Innovación;

VIII. Promover la colaboración, coordinación, cooperación y articulación entre la federación, las entidades federativas, los municipios y las demarcaciones territoriales de la Ciudad de México, para alinear los objetivos nacionales en la materia;

IX. Fomentar la recíproca vinculación del Sistema Nacional de Educación Superior y el correspondiente de Humanidades, Ciencias, Tecnologías e Innovación;

X. Administrar la "Universidad Nacional Rosario Castellanos" y la "Universidad de la Salud";

XI. Fomentar la colaboración de las instituciones de educación superior y las comunidades académicas, científicas, tecnológicas y productivas, para el bienestar social;

XII. Elaborar, implementar y evaluar los planes, programas y estrategias en la materia, en concordancia con el Plan Nacional de Desarrollo y los proyectos prioritarios en la materia;

XIII. Asegurar el cumplimiento de los compromisos internacionales signados por el Estado mexicano en la materia y fomentar, en acuerdo con la Secretaría de Relaciones Exteriores, las mejores prácticas de diplomacia científica;

XIV. Formular e impulsar programas de cooperación y movilidad nacional e internacional en la materia;

XV. Impulsar el fortalecimiento institucional de la investigación básica y de frontera, el desarrollo de tecnologías y la innovación en todas las áreas y campos del saber científico y humanístico;

XVI. Promover la calidad de la investigación científica, los desarrollos tecnológicos y de innovación, la disposición social de sus beneficios y el acceso universal al conocimiento científico y humanístico;

XVII. Diseñar en coordinación con la Secretaría de Educación Pública, la inclusión de enfoques y contenidos de Humanidades, Ciencias, Tecnologías e Innovación, según corresponda, en los planes y programas de estudio de la oferta académica de educación superior en el país;

XVIII. Impulsar programas de posgrado en las instituciones de educación superior y en los centros de investigación, y evaluar periódicamente su calidad y pertinencia para la generación de nuevos conocimientos;

XIX. Coordinar la participación de los sectores público, social y privado en actividades, proyectos de investigación humanística, científica, desarrollo tecnológico y de innovación;

XX. Proponer a la Secretaría de Hacienda y Crédito Público el otorgamiento de estímulos fiscales, financieros y subvenciones, para impulsar el desarrollo de la investigación, divulgación e incorporación a proyectos estratégicos en materia de Humanidades, Ciencias, Tecnologías e Innovación;

XXI. Diseñar y gestionar programas para el otorgamiento de becas y apoyos complementarios a académicos y a estudiantes de posgrado en instituciones de educación superior y en centros de investigación y desarrollo tecnológico nacionales e internacionales;

XXII. Supervisar y fortalecer el estado de la infraestructura científica y tecnológica del país, y promover el acceso compartido al equipamiento financiado con recursos públicos y de difícil adquisición;

XXIII. Articular, coordinar y apoyar la operación eficiente de los Centros Públicos de Investigación Humanística y Científica, Desarrollo Tecnológico e

Innovación sectorizados que realizan investigación humanística y científica, desarrollo tecnológico e innovación;

XXIV. Fomentar el desarrollo tecnológico y la innovación en las áreas estratégicas y prioritarias del Estado mexicano;

XXV. Coordinar el desarrollo de investigaciones sobre áreas estratégicas que permitan prevenir y afrontar emergencias nacionales asociadas a pandemias, desastres naturales, cambio climático, seguridad energética, medio ambiente, seguridad hídrica, soberanía alimentaria, entre otros;

XXVI. Fomentar la constitución de empresas de base científica y tecnológica, en términos de la Ley General en Materia de Humanidades, Ciencias, Tecnologías e Innovación;

XXVII. Estimular la transferencia de tecnología, el patentamiento, el emprendimiento y la constitución de empresas de base científica y tecnológica, y el fomento de ecosistemas de innovación abiertos que contribuyan a la atención y solución de problemáticas nacionales;

XXVIII. Facilitar el acceso abierto a la información derivada de la investigación humanística y científica, el desarrollo tecnológico y la innovación financiadas por el Estado, garantizando la protección de la información, la propiedad intelectual y los derechos de autor, de conformidad con la ley;

XXIX. Desarrollar políticas, estrategias y lineamientos para ampliar el acceso responsable y la utilización ética del conocimiento, las tecnologías de la información y comunicación y el aprendizaje digital;

XXX. Promover e impulsar procesos sistemáticos de evaluación integral y participativa de las políticas y programas de educación superior, desarrollo científico, tecnológico y de innovación que contribuyan a su mejora continua;

XXXI. Elaborar y suscribir convenios, acuerdos, bases de coordinación y demás instrumentos jurídicos con órganos públicos o privados, nacionales e internacionales, en asuntos de su competencia;

XXXII. Diseñar y promover campañas de difusión, divulgación y apropiación social de la ciencia, y

XXXIII. Los demás que le fijen expresamente las leyes y reglamentos.

(REFORMADO PRIMER PÁRRAFO, D.O.F. 28 DE NOVIEMBRE DE 2024)

Artículo 39. A la Secretaría de Salud le corresponde el despacho de los siguientes asuntos:

(REFORMADA, D.O.F. 28 DE NOVIEMBRE DE 2024)

I. Elaborar y conducir la política nacional en materia de salud pública, asistencia social, prevención, atención a la salud y salubridad general y coordinar los programas de servicios a la salud de la Administración Pública Federal, así como los agrupamientos por funciones y programas afines que, en su caso, se determinen;

(REFORMADA, D.O.F. 28 DE NOVIEMBRE DE 2024)

II. Crear y administrar establecimientos de salud, de asistencia social, de medicina tradicional complementaria y alternativa y de formación de recursos humanos en salud;

(REFORMADA, D.O.F. 28 DE NOVIEMBRE DE 2024)

III. Aplicar a la asistencia social, los fondos que le proporcione la Lotería Nacional y administrar el patrimonio de la Beneficencia Pública y de los bienes y fondos que el Gobierno Federal destine para la atención de los servicios de asistencia social, en los términos de las disposiciones legales aplicables, a fin de apoyar los programas de salud;

IV. Organizar y vigilar las instituciones de beneficencia privada, en los términos de las leyes relativas, e integrar sus patronatos, respetando la voluntad de los fundadores;

(REFORMADA, D.O.F. 28 DE NOVIEMBRE DE 2024)

V. Planear, normar, coordinar y evaluar el Sistema Nacional de Salud y proveer la adecuada participación de las dependencias y entidades públicas que presten servicios de salud, a fin de asegurar el cumplimiento del derecho a la protección de la salud. Asimismo, propiciará y coordinará la participación de los sectores social y privado en dicho sistema y determinará las políticas y acciones de concertación entre los diferentes subsistemas del sector público;

(ADICIONADA, D.O.F. 28 DE NOVIEMBRE DE 2024)

VI. Planear, organizar, controlar y coordinar el Sistema de Salud para el Bienestar y en coordinación con las dependencias y entidades que lo conforman, llevar a cabo las acciones para la prestación gratuita de los servicios de salud, medicamentos y demás insumos asociados que requieran las personas que no cuenten con afiliación a las instituciones de seguridad social;

(REFORMADA, D.O.F. 28 DE NOVIEMBRE DE 2024)

VII. Planear, normar y controlar los servicios de salud pública, asistencia social, regulación sanitaria y atención médica, incluidos los tratamientos terapéuticos, que correspondan al Sistema Nacional de Salud y al Sistema de Salud para el Bienestar, priorizando su efectividad y optimización, así como coordinar la elaboración del diagnóstico de necesidades de medicamentos y demás insumos para la salud que se requieran para la prestación de los referidos servicios, con base en la información que le proporcionen las unidades médicas del sector salud;

(REFORMADA, D.O.F. 28 DE NOVIEMBRE DE 2024)

VIII. Dictar la política y normativa para la prestación de servicios de salud en las materias de salud pública, atención médica, y asistencia social, por parte de los sectores público, social y privado, y verificar su cumplimiento;

IX. Organizar y administrar servicios sanitarios generales en toda la República;

(REFORMADA, D.O.F. 30 DE NOVIEMBRE DE 2018)

X. Dirigir acciones de inspección médico sanitaria, con excepción de la agropecuaria, salvo cuando se trate de preservar la salud humana;

(REFORMADA, D.O.F. 30 DE NOVIEMBRE DE 2018)

XI. Dirigir acciones de inspección médico sanitaria especial en los puertos, costas y fronteras, con excepción de la agropecuaria, salvo cuando afecte o pueda afectar a la salud humana;

XII. Realizar el control higiénico e inspección sobre preparación, posesión, uso, suministro, importación, exportación y circulación de comestibles y bebidas;

(REFORMADA, D.O.F. 28 DE NOVIEMBRE DE 2024)

XIII. Realizar el control de la preparación, aplicación, posesión, uso, suministro, importación, exportación y distribución de medicamentos, productos biológicos, vacunas, insumos y dispositivos médicos, a excepción de los de uso veterinario;

XIV. Regular la higiene veterinaria exclusivamente en lo que se relaciona con los alimentos que puedan afectar a la salud humana;

XV. (DEROGADA, D.O.F. 28 DE NOVIEMBRE DE 2024)

(REFORMADA, D.O.F. 28 DE NOVIEMBRE DE 2024)

XVI. Estudiar, adaptar, promover y poner en vigor las medidas necesarias, contra las enfermedades transmisibles y no transmisibles, así como las situaciones sociales en materia de salud y adicciones que afectan a la salud física y mental de las personas;

XVII. Poner en práctica las medidas tendientes a conservar la salud y la vida de los trabajadores del campo y de la ciudad y la higiene industrial, con excepción de lo que se relaciona con la previsión social en el trabajo;

(REFORMADA, D.O.F. 28 DE NOVIEMBRE DE 2024)

XVIII. Administrar y controlar las escuelas, institutos y servicios sanitarios establecidos por la Federación en toda la República, exceptuando aquellos que se relacionan exclusivamente con la sanidad animal;

(REFORMADA, D.O.F. 28 DE NOVIEMBRE DE 2024)

XIX. Organizar congresos académicos y científicos en materia de salud;

(REFORMADA, D.O.F. 28 DE NOVIEMBRE DE 2024)

XX. Prestar los servicios de su competencia, directamente o en coordinación con las entidades federativas;

(REFORMADA, D.O.F. 28 DE NOVIEMBRE DE 2024)

XXI. Actuar como autoridad sanitaria, ejercer las facultades de salubridad general que las leyes le confieren al Ejecutivo Federal, vigilar el cumplimiento de la Ley General de Salud, sus reglamentos y demás disposiciones aplicables y ejercer la acción extraordinaria en la materia;

(REFORMADA, D.O.F. 28 DE NOVIEMBRE DE 2024)

XXII. Planear e integrar la demanda de medicamentos e insumos para la salud, en el marco de los procedimientos de contratación consolidados que se instrumenten y en los que intervengan las dependencias y entidades de la Administración Pública Federal que presten servicios de atención médica, salud pública y asistencia social, así como dar seguimiento y, en su caso, asesoría durante el procedimiento de contratación y su ejecución, para efecto de garantizar la política nacional de abasto;

(REFORMADA, D.O.F. 28 DE NOVIEMBRE DE 2024)

XXIII. Establecer y ejecutar con la participación que corresponda a otras dependencias asistenciales, públicas y privadas, planes y programas para la asistencia, prevención, atención y tratamiento a grupos de atención prioritaria;

(ADICIONADA, D.O.F. 30 DE NOVIEMBRE DE 2018)

XXIV. Elaborar y conducir políticas tendientes a garantizar acceso a los servicios de salud para las personas que no sean beneficiarios o derechohabientes de alguna institución del sector salud;

(REFORMADA, D.O.F. 28 DE NOVIEMBRE DE 2024)

XXV. Elaborar y conducir la política para la producción nacional de medicamentos u otros insumos y dispositivos médicos para la salud;

(ADICIONADA, D.O.F. 30 DE NOVIEMBRE DE 2018)

XXVI. Promover acciones de coordinación con otras dependencias y entidades de la Administración Pública Federal para abordar conjuntamente los determinantes sociales de la salud;

(ADICIONADA, D.O.F. 28 DE NOVIEMBRE DE 2024)

XXVII. Integrar y administrar una Base Nacional de Información en Salud, alimentada de manera obligatoria por los prestadores de servicios de atención a la salud, tanto públicos como privados, con información nominal de la prestación de sus servicios, a fin de contar con una base de datos que permita, entre otros aspectos que determine la propia Secretaría, la evaluación de su desempeño, el intercambio de servicios y la planeación estratégica de las políticas, criterios y directrices en materia de salud, y

(REFORMADA, D.O.F. 30 DE NOVIEMBRE DE 2018)

XXVIII. Los demás que le fijen expresamente las leyes y reglamentos.

(REFORMADO, D.O.F. 29 DE DICIEMBRE DE 1982)

Artículo 40. A la Secretaría del Trabajo y Previsión Social corresponde el despacho de los siguientes asuntos:

I. Vigilar la observancia y aplicación de las disposiciones relativas contenidas en el artículo 123 y demás de la Constitución Federal, en la Ley Federal del Trabajo y en sus reglamentos;

II. Procurar el equilibrio entre los factores de la producción, de conformidad con las disposiciones legales relativas;

(REFORMADA, D.O.F. 30 DE NOVIEMBRE DE 2000)

III. Intervenir en los contratos de trabajo de los nacionales que vayan a prestar sus servicios en el extranjero, en cooperación con las Secretarías de Gobernación, de Economía y de Relaciones Exteriores;

IV. Coordinar la formulación y promulgación de los contratos-ley de trabajo;

V. Promover el incremento de la productividad del trabajo;

(REFORMADA, D.O.F. 30 DE DICIEMBRE DE 1983)

VI. Promover el desarrollo de la capacitación y el adiestramiento en y para el trabajo, así como realizar investigaciones, prestar servicios de asesoría e impartir cursos de capacitación que para incrementar la productividad en el trabajo requieran los sectores productivos del país, en coordinación con la Secretaría de Educación Pública;

VII. Establecer y dirigir el servicio nacional de empleo y vigilar su funcionamiento;

VIII. Coordinar la integración y establecimiento de las Juntas Federales de Conciliación, de la Federal de Conciliación y Arbitraje y de las comisiones que se formen para regular las relaciones obrero patronales que sean de jurisdicción federal, así como vigilar su funcionamiento;

IX. Llevar el registro de las asociaciones obreras, patronales y profesionales de jurisdicción federal que se ajusten a las leyes;

X. Promover la organización de toda clase de sociedades cooperativas y demás formas de organización social para el trabajo, en coordinación con las dependencias competentes, así como resolver, tramitar y registrar su constitución, disolución y liquidación;

XI. Estudiar y ordenar las medidas de seguridad e higiene industriales, para la protección de los trabajadores, y vigilar su cumplimiento;

XII. Dirigir y coordinar la Procuraduría Federal de la Defensa del Trabajo;

XIII. Organizar y patrocinar exposiciones y museos de trabajo y previsión social;

XIV. Participar en los congresos y reuniones internacionales de trabajo, de acuerdo con la Secretaría de Relaciones Exteriores;

(REFORMADA, D.O.F. 21 DE FEBRERO DE 1992)

XV. Llevar las estadísticas generales correspondientes a la materia del trabajo, de acuerdo con las disposiciones que establezca la Secretaría de Hacienda y Crédito Público;

XVI. Establecer la política y coordinar los servicios de seguridad social de la Administración Pública Federal, así como intervenir en los asuntos relacionados con el seguro social en los términos de la Ley;

XVII. Estudiar y proyectar planes para impulsar la ocupación en el país;

(REFORMADA, D.O.F. 30 DE NOVIEMBRE DE 2018)

XVIII. Promover la cultura y recreación entre los trabajadores y sus familias;

(ADICIONADA, D.O.F. 30 DE NOVIEMBRE DE 2018)

XIX. Promover la democracia sindical y el acceso a la contratación colectiva;

(ADICIONADA, D.O.F. 30 DE NOVIEMBRE DE 2018)

XX. Dar cumplimiento a los convenios internacionales en materia de derechos laborales;

(ADICIONADA, D.O.F. 30 DE NOVIEMBRE DE 2018)

XXI. Promover la organización de los jornaleros agrícolas y garantizar la protección laboral y de seguridad social que establece la legislación aplicable, y

XXII. Los demás que le fijen expresamente las leyes y reglamentos.

(REFORMADO PRIMER PÁRRAFO, D.O.F. 28 DE NOVIEMBRE DE 2024)

Artículo 41. A la Secretaría de Desarrollo Agrario, Territorial y Urbano le corresponde el despacho de los siguientes asuntos:

(REFORMADO [N. DE E. ESTE PÁRRAFO], D.O.F. 30 DE NOVIEMBRE DE 2018)

I. Elaborar y conducir las políticas de vivienda, ordenamiento territorial, desarrollo agrario y urbano, así como promover y coordinar con las entidades federativas, municipios y en su caso las alcaldías de la Ciudad de México, la elaboración de lineamientos para regular:

(REFORMADO, D.O.F. 2 DE ENERO DE 2013)

a) El crecimiento o surgimiento de asentamientos humanos y centros de población;

(REFORMADO, D.O.F. 2 DE ENERO DE 2013)

b) La regularización de la propiedad agraria y sus diversas figuras que la ley respectiva reconoce en los ejidos, las parcelas, las tierras ejidales y comunales, la pequeña propiedad agrícola, ganadera y forestal, los terrenos baldíos y nacionales, y los terrenos que sean propiedad de asociaciones de usuarios y de otras figuras asociativas con fines productivos;

(REFORMADO, D.O.F. 30 DE NOVIEMBRE DE 2018)

c) La elaboración y aplicación territorial de criterios respecto al desarrollo urbano, la planeación, control y crecimiento de las ciudades y zonas metropolitanas del país, además de los centros de población en general, así como su respectiva infraestructura de comunicaciones, movilidad y de servicios, para incidir en la calidad de vida de las personas;

(ADICIONADO, D.O.F. 30 DE NOVIEMBRE DE 2018)

d) Los procesos de planeación de los asentamientos humanos y el desarrollo urbano, los relacionados a la conservación y aprovechamiento sustentable de los ecosistemas, recursos naturales y sus elementos;

(REFORMADO, D.O.F. 30 DE NOVIEMBRE DE 2018)

e) La planeación habitacional y del desarrollo de vivienda, y

(REFORMADO, D.O.F. 2 DE ENERO DE 2013)

f) El aprovechamiento de las ventajas productivas de las diversas regiones del país;

(REFORMADA, D.O.F. 28 DE NOVIEMBRE DE 2024)

II. Aplicar los preceptos agrarios del artículo 27 constitucional, así como de la normativa agraria, en lo que no corresponda a otras dependencias, entidades y otras autoridades en la materia;

(REFORMADA, D.O.F. 2 DE ENERO DE 2013)

III. Administrar el Registro Agrario Nacional;

(REFORMADA, D.O.F. 2 DE ENERO DE 2013)

IV. Conducir los mecanismos de concertación con las organizaciones campesinas;

(REFORMADA, D.O.F. 2 DE ENERO DE 2013)

V. Conocer de las cuestiones relativas a límites y deslinde de tierras ejidales y comunales;

(REFORMADA, D.O.F. 2 DE ENERO DE 2013)

VI. Resolver las cuestiones relacionadas con los problemas de los núcleos de población ejidal y de bienes comunales, en lo que no corresponda a otras dependencias o entidades, con la participación de las autoridades estatales y municipales;

(REFORMADA, D.O.F. 2 DE ENERO DE 2013)

VII. Cooperar con las autoridades competentes a la eficaz realización de los programas de conservación de tierras y aguas en los ejidos y comunidades;

(REFORMADA, D.O.F. 28 DE NOVIEMBRE DE 2024)

VIII. Ejecutar las resoluciones y acuerdos que dicte la persona titular del Ejecutivo Federal en materia agraria, en términos de la normativa aplicable;

(REFORMADA, D.O.F. 2 DE ENERO DE 2013)

IX. Administrar los terrenos baldíos y nacionales y las demasías, así como establecer los planes y programas para su óptimo aprovechamiento;

(REFORMADA, D.O.F. 2 DE ENERO DE 2013)

X. Planear y proyectar la adecuada distribución de la población y la ordenación territorial de los centros de población, ciudades y zonas metropolitanas, bajo criterios de desarrollo sustentable, conjuntamente con las dependencias y entidades de la Administración Pública Federal competentes, y coordinar las acciones que el Ejecutivo Federal convenga con los gobiernos de las entidades federativas y municipales para la realización de acciones en esta materia, con la participación de los sectores social y privado;

(REFORMADA, D.O.F. 2 DE ENERO DE 2013)

XI. Prever a nivel nacional las necesidades de tierra para desarrollo urbano y vivienda, considerando la disponibilidad de agua determinada por la Secretaría de Medio Ambiente y Recursos Naturales y regular, en coordinación con los gobiernos de las entidades federativas y municipales, los mecanismos para satisfacer dichas necesidades;

(REFORMADA, D.O.F. 2 DE ENERO DE 2013)

XII. Elaborar, apoyar y ejecutar programas para satisfacer las necesidades de suelo urbano y el establecimiento de provisiones y reservas territoriales para el adecuado desarrollo de los centros de población, en coordinación con las dependencias y entidades de la Administración Pública Federal correspondientes y los gobiernos de las entidades federativas y municipales, y con la participación de los diversos grupos sociales;

(ADICIONADA, D.O.F. 30 DE NOVIEMBRE DE 2018)

XII Bis. Establecer mecanismos para el ejercicio del derecho de preferencia a que se refiere el artículo 84 de la Ley General de Asentamientos Humanos, Ordenamiento Territorial y Desarrollo Urbano;

(REFORMADA, D.O.F. 2 DE ENERO DE 2013)

XIII. Promover y concertar programas de vivienda y de desarrollo urbano y metropolitano, y apoyar su ejecución, con la participación de los gobiernos de las entidades federativas y municipales, así como de los sectores social y privado, a efecto de que el desarrollo nacional en la materia se oriente hacia una planeación sustentable y de integración;

(REFORMADA, D.O.F. 2 DE ENERO DE 2013)

XIV. Fomentar la organización de sociedades cooperativas de vivienda y materiales de construcción, en coordinación con las Secretarías del Trabajo y Previsión Social y de Economía;

(REFORMADA, D.O.F. 2 DE ENERO DE 2013)

XV. Planear, diseñar, promover, apoyar y evaluar mecanismos de financiamiento para el desarrollo regional y urbano, así como para la vivienda, con la participación de las dependencias y entidades de la Administración Pública

Federal correspondientes, de los gobiernos de las entidades federativas y municipales, de las instituciones de crédito y de los diversos grupos sociales;

(REFORMADA, D.O.F. 28 DE NOVIEMBRE DE 2024)

XVI. Apoyar y asesorar en los programas de modernización de los registros públicos de propiedad;

(REFORMADA, D.O.F. 2 DE ENERO DE 2013)

XVII. Facilitar las acciones de coordinación de los entes públicos responsables de la planeación urbana y metropolitana en las entidades federativas y municipios cuando así lo convengan;

(REFORMADA, D.O.F. 2 DE ENERO DE 2013)

XVIII. Proyectar y coordinar, con la participación que corresponda a los gobiernos de las entidades federativas y municipales, la planeación regional del desarrollo;

(REFORMADA, D.O.F. 2 DE ENERO DE 2013)

XIX. Elaborar los programas regionales y especiales que le señale el Ejecutivo Federal, tomando en cuenta las propuestas que para el efecto realicen las dependencias y entidades de la Administración Pública Federal y los gobiernos de las entidades federativas y municipales, así como autorizar las acciones e inversiones convenidas en el marco de lo dispuesto en la fracción que antecede, en coordinación con la Secretaría de Hacienda y Crédito Público;

(REFORMADA, D.O.F. 28 DE NOVIEMBRE DE 2024)

XX. Promover y ejecutar la construcción de obras de infraestructura y equipamiento para el desarrollo regional y comunitario en coordinación con los gobiernos estatales y municipales y con la participación de los sectores social y privado;

(REFORMADA, D.O.F. 2 DE ENERO DE 2013)

XXI. Aportar diagnósticos y estudios al Consejo Nacional de Población en materia de crecimiento demográfico y su impacto en el ámbito territorial;

(ADICIONADA, D.O.F. 30 DE NOVIEMBRE DE 2018)

XXII. Participar en la definición de la política inmobiliaria de la Administración Pública Federal;

(ADICIONADA, D.O.F. 30 DE NOVIEMBRE DE 2018)

XXIII. Promover y propiciar el adecuado cumplimiento de la normatividad en materia de ordenamiento del territorio, desarrollo urbano y vivienda;

(REFORMADA, D.O.F. 30 DE NOVIEMBRE DE 2018)

XXIV. Ejercitar el derecho de expropiación por causa de utilidad pública en aquellos casos no encomendados a otra dependencia;

(REFORMADA, D.O.F. 28 DE NOVIEMBRE DE 2024)

XXV. Participar, en colaboración con la Secretaría de Ciencia, Humanidades, Tecnología e Innovación, en la elaboración de los métodos e instrumentos para identificar zonas de alto riesgo ante fenómenos naturales, para su prevención y mitigación;

(ADICIONADA, D.O.F. 30 DE NOVIEMBRE DE 2018)

XXVI. Emitir opinión ante la Secretaría de Hacienda y Crédito Público en los proyectos de inversión pública con impacto territorial, regional y urbano;

(ADICIONADA, D.O.F. 30 DE NOVIEMBRE DE 2018)

XXVII. Diseñar los programas de modernización de los registros públicos inmobiliarios así como los catastros, a través de la administración de la plataforma nacional de información a que se refiere la Ley General de Asentamientos Humanos, Ordenamiento Territorial y Desarrollo Urbano, y

(REFORMADA, D.O.F. 2 DE ENERO DE 2013)

XXVIII. Los demás que le fijen expresamente las leyes y reglamentos.

(REFORMADO PRIMER PÁRRAFO, D.O.F. 28 DE NOVIEMBRE DE 2024)

Artículo 41 Bis. A la Secretaría de Cultura le corresponde el despacho de los siguientes asuntos:

(REFORMADA, D.O.F. 30 DE NOVIEMBRE DE 2018)

I. Elaborar y conducir la política nacional en materia de cultura con la participación que corresponda a otras dependencias y entidades de la Administración Pública Federal, así como a las entidades federativas, los municipios y la comunidad cultural;

(ADICIONADA, D.O.F. 17 DE DICIEMBRE DE 2015)

II. Conservar, proteger y mantener los monumentos arqueológicos, históricos y artísticos que conforman el patrimonio cultural de la Nación;

(REFORMADA, D.O.F. 30 DE NOVIEMBRE DE 2018)

III. Formular e instrumentar el Programa Nacional de Cultura, de conformidad con las disposiciones jurídicas aplicables;

(REFORMADO [N. DE E. ESTE PÁRRAFO], D.O.F. 28 DE NOVIEMBRE DE 2024)

IV. Coordinar, con la participación de la Secretaría de Ciencia, Humanidades, Tecnología e Innovación, las acciones que realizan las instituciones públicas y unidades administrativas pertenecientes a la Administración Pública Federal centralizada y paraestatal, en materias de:

a) Investigación científica sobre Antropología e Historia relacionada principalmente con la población del país y con la conservación y restauración del patrimonio cultural, arqueológico e histórico, así como el paleontológico; la protección, conservación, restauración y recuperación de ese patrimonio y la promoción y difusión de dichas materias, y

(REFORMADO, D.O.F. 30 DE NOVIEMBRE DE 2018)

b) Cultivo, fomento, estímulo, creación, educación profesional, artística y literaria, investigación y difusión de las artes en las ramas de la música, las artes plásticas, las artes dramáticas, la danza, las letras en todos sus géneros, y la arquitectura;

(ADICIONADA, D.O.F. 17 DE DICIEMBRE DE 2015)

V. Organizar y administrar bibliotecas públicas y museos, exposiciones artísticas, congresos y otros eventos de interés cultural;

(REFORMADA, D.O.F. 30 DE NOVIEMBRE DE 2018)

VI. Diseñar, en colaboración con la Secretaría de Educación Pública, los programas de educación artística y estudios culturales que se impartan a todos los niveles en las escuelas e institutos públicos, incorporados o reconocidos, para la enseñanza y difusión de todas las bellas artes y las artes tradicionales o populares;

(ADICIONADA, D.O.F. 17 DE DICIEMBRE DE 2015)

VII. Diseñar estrategias, mecanismos e instrumentos, así como fomentar la elaboración de programas, proyectos y acciones para promover y difundir la cultura, la historia y las artes, así como impulsar la formación de nuevos públicos, en un marco de participación corresponsable de los sectores público, social y privado;

(ADICIONADA, D.O.F. 17 DE DICIEMBRE DE 2015)

VIII. Promover los medios para la difusión y desarrollo de la cultura, atendiendo la diversidad cultural en todas sus manifestaciones y expresiones;

(REFORMADA, D.O.F. 1 DE ABRIL DE 2024)

IX. Promover, difundir y conservar las lenguas indígenas, las manifestaciones culturales, las creaciones en lenguas indígenas, así como los derechos culturales y de propiedad que de forma comunitaria detentan sobre sus creaciones artísticas los pueblos y comunidades indígenas y afromexicanas;

(REFORMADA, D.O.F. 30 DE NOVIEMBRE DE 2018)

X. Promover e impulsar la investigación, conservación y promoción de la historia, las tradiciones y las artes populares;

(REFORMADA, D.O.F. 30 DE NOVIEMBRE DE 2018)

XI. Fomentar las relaciones de orden cultural con otros países; facilitar y participar en la celebración de convenios de intercambio en materia cultural y proyectar la cultura mexicana en el ámbito internacional, en coordinación con la Secretaría de Relaciones Exteriores;

(REFORMADA, D.O.F. 30 DE NOVIEMBRE DE 2018)

XII. Promover la producción cinematográfica, audiovisual, de radio y televisión y en la industria editorial, alentando en ellas la inclusión de temas de interés cultural y artístico y de aquellas tendientes al mejoramiento cultural y la propiedad de las lenguas nacionales, así como diseñar, promover y proponer directrices culturales y artísticas en dichas producciones;

(ADICIONADA, D.O.F. 17 DE DICIEMBRE DE 2015)

XIII. Dirigir y coordinar la administración de las estaciones radiodifusoras y televisoras pertenecientes al Ejecutivo Federal, que transmitan programación con contenido preponderantemente cultural, con exclusión de las que dependan de otras dependencias;

(ADICIONADA, D.O.F. 17 DE DICIEMBRE DE 2015)

XIV. Estimular el desarrollo y mejoramiento del teatro en el país, así como organizar concursos para autores, actores y escenógrafos;

(REFORMADA, D.O.F. 28 DE NOVIEMBRE DE 2024)

XV. Otorgar becas, en coordinación con la Secretaría de Ciencia, Humanidades, Tecnología e Innovación, para los estudiantes que pretendan realizar investigaciones o completar ciclos de estudios relacionados con las artes y los estudios culturales, tanto en México como en el extranjero, así como promover acuerdos de colaboración para el intercambio cultural y artístico;

(ADICIONADA, D.O.F. 17 DE DICIEMBRE DE 2015)

XVI. Promover e impulsar, en coordinación con otras dependencias, el uso de las tecnologías de la información y comunicación para la difusión y desarrollo de la cultura, así como de los bienes y servicios culturales que presta el Estado, atendiendo a la diversidad cultural en todas sus manifestaciones y expresiones con pleno respeto a la libertad creativa, conforme a las disposiciones aplicables;

(ADICIONADA, D.O.F. 17 DE DICIEMBRE DE 2015)

XVII. Ejercer todas las atribuciones que la Ley General de Bienes Nacionales y la Ley Federal sobre Monumentos Arqueológicos, Artísticos e Históricos establecen respecto de monumentos arqueológicos, artísticos e históricos, así como respecto de las zonas de monumentos arqueológicos, artísticos e históricos;

(ADICIONADA, D.O.F. 17 DE DICIEMBRE DE 2015)

XVIII. Organizar, controlar y mantener actualizado el registro de la propiedad literaria y artística, así como ejercer las facultades en materia de derechos de autor y conexos de conformidad con lo dispuesto en la Ley Federal del Derecho de Autor;

(REFORMADA, D.O.F. 30 DE NOVIEMBRE DE 2018)

XIX. Formular el catálogo del patrimonio histórico-cultural nacional en todos sus ámbitos;

(ADICIONADA, D.O.F. 17 DE DICIEMBRE DE 2015)

XX. Formular y manejar el catálogo de los monumentos nacionales;

(ADICIONADA, D.O.F. 17 DE DICIEMBRE DE 2015)

XXI. Organizar, sostener y administrar museos históricos, arqueológicos y artísticos, pinacotecas y galerías, a efecto de cuidar la integridad, mantenimiento y conservación de tesoros históricos y artísticos del patrimonio cultural del país;

(ADICIONADA, D.O.F. 17 DE DICIEMBRE DE 2015)

XXII. Establecer Consejos Asesores, de carácter interinstitucional, en los que también podrán participar especialistas en las materias competencia de la Secretaría;

(ADICIONADA, D.O.F. 17 DE DICIEMBRE DE 2015)

XXIII. Elaborar y suscribir convenios, acuerdos, bases de coordinación y demás instrumentos jurídicos con órganos públicos o privados, nacionales e internacionales, en asuntos de su competencia, y

(ADICIONADA, D.O.F. 30 DE NOVIEMBRE DE 2018)

XXIV. Coordinar con otras dependencias y entidades de la Administración Pública Federal programas y acciones culturales de carácter comunitario en aquellos municipios donde se identifiquen problemáticas sociales específicas;

(ADICIONADA, D.O.F. 30 DE NOVIEMBRE DE 2018)

XXV. Coordinar, en colaboración con las autoridades correspondientes en las entidades federativas, los municipios y comunidades, acciones de fomento, vinculación, desarrollo y difusión de la producción artística, dentro del territorio nacional y en el extranjero;

(ADICIONADA, D.O.F. 30 DE NOVIEMBRE DE 2018)

XXVI. Promover la creación artística y el acceso a la cultura, así como el ejercicio de los derechos culturales, y

(ADICIONADA, D.O.F. 17 DE DICIEMBRE DE 2015)

XXVII. Los demás que le fijen expresamente las leyes y reglamentos.

(REFORMADO PRIMER PÁRRAFO, D.O.F. 28 DE NOVIEMBRE DE 2024)

Artículo 42. A la Secretaría de Turismo le corresponde el despacho de los siguientes asuntos:

(REFORMADA, D.O.F. 29 DE DICIEMBRE DE 1982)

I. Formular y conducir la política de desarrollo de la actividad turística nacional;

(REFORMADA, D.O.F. 30 DE NOVIEMBRE DE 2000)

II. Promover, en coordinación con las entidades federativas, las zonas de desarrollo turístico nacional y formular en forma conjunta con la Secretaría de Medio Ambiente y Recursos Naturales la declaratoria respectiva;

(REFORMADA, D.O.F. 29 DE DICIEMBRE DE 1982)

III. Participar con voz y voto en las comisiones Consultiva de Tarifas y la Técnica Consultiva de Vías Generales de Comunicación;

(REFORMADA, D.O.F. 29 DE DICIEMBRE DE 1982)

IV. Registrar a los prestadores de servicios turísticos, en los términos señalados por las leyes;

(REFORMADA, D.O.F. 29 DE DICIEMBRE DE 1982)

V. Promover y opinar el otorgamiento de facilidades y franquicias a los prestadores de servicios turísticos y participar con la Secretaría de Hacienda y Crédito Público, en la determinación de los criterios generales para el establecimiento de los estímulos fiscales necesarios para el fomento a la actividad turística, y administrar su aplicación, así como vigilar y evaluar sus resultados;

(REFORMADA, D.O.F. 17 DE JUNIO DE 2009)

VI. Participar con la Secretaría de Hacienda y Crédito Público en el establecimiento de los precios y tarifas de los bienes y servicios turísticos a cargo de la Administración Pública Federal, tomando en cuenta las leyes, reglamentos y demás disposiciones que regulan las facultades de las dependencias y entidades;

VII. (DEROGADA, D.O.F. 17 DE JUNIO DE 2009)

(REFORMADA, D.O.F. 29 DE DICIEMBRE DE 1982)

VIII. Estimular la formación de asociaciones, comités y patronatos de carácter público, privado o mixto, de naturaleza turística;

(REFORMADA, D.O.F. 30 DE NOVIEMBRE DE 2000)

IX. Emitir opinión ante la Secretaría de Economía, en aquellos casos en que la inversión extranjera concurra en proyectos de desarrollo turísticos o en el establecimiento de servicios turísticos;

(REFORMADA, D.O.F. 29 DE DICIEMBRE DE 1982)

X. Regular, orientar y estimular las medidas de protección al turismo, y vigilar su cumplimiento, en coordinación con las dependencias y entidades de la Administración Pública Federal y con las autoridades estatales y municipales;

(REFORMADA, D.O.F. 29 DE DICIEMBRE DE 1982)

XI. Promover y facilitar el intercambio y desarrollo turístico en el exterior, en coordinación con la Secretaría de Relaciones Exteriores;

(REFORMADA, D.O.F. 28 DE NOVIEMBRE DE 2024)

XII. Promover, y en su caso, organizar en coordinación con la Secretaría de Ciencia, Humanidades, Tecnología e Innovación, la capacitación, investigación y el desarrollo tecnológico en materia turística;

(REFORMADA, D.O.F. 29 DE DICIEMBRE DE 1982)

XIII. Formular y difundir la información oficial en materia de turismo; coordinar la publicidad que en esta materia efectúen las entidades del gobierno federal, las autoridades estatales y municipales y promover la que efectúan los sectores social y privado;

(REFORMADA, D.O.F. 29 DE DICIEMBRE DE 1982)

XIV. Promover, coordinar, y en su caso, organizar los espectáculos, congresos, excursiones, audiciones, representaciones y otros eventos tradicionales y folklóricos de carácter oficial, para atracción turística;

(REFORMADA, D.O.F. 29 DE DICIEMBRE DE 1982)

XV. Fijar y en su caso, modificar las categorías de los prestadores de servicios turísticos por ramas;

(REFORMADA, D.O.F. 29 DE DICIEMBRE DE 1982)

XVI. Autorizar los reglamentos interiores de los establecimientos de servicios al turismo;

(REFORMADA, D.O.F. 21 DE FEBRERO DE 1992)

XVII. Llevar la estadística en materia de turismo, de acuerdo con las disposiciones que establezca la Secretaría de Hacienda y Crédito Público;

(REFORMADA, D.O.F. 29 DE DICIEMBRE DE 1982)

XVIII. Promover y apoyar la coordinación de los prestadores de servicios turísticos;

(REFORMADA, D.O.F. 29 DE DICIEMBRE DE 1982)

XIX. Proyectar, promover y apoyar el desarrollo de la infraestructura turística y estimular la participación de los sectores social y privado;

(REFORMADA, D.O.F. 29 DE DICIEMBRE DE 1982)

XX. Fijar e imponer, de acuerdo a las leyes y reglamentos, el tipo y monto de las sanciones por el incumplimiento y violación de las disposiciones en materia turística, y

(REFORMADA, D.O.F. 29 DE DICIEMBRE DE 1982)

XXI. Los demás que le fijen expresamente las leyes y reglamentos.

(ADICIONADO, D.O.F. 28 DE NOVIEMBRE DE 2024)

Artículo 42 Bis. A la Secretaría de las Mujeres le corresponde el despacho de los siguientes asuntos:

I. Establecer y conducir la instrumentación, coordinación, supervisión, seguimiento, implementación y evaluación en el ámbito de su competencia, de la Política Nacional en materia de:

a) Mujeres, adolescentes y niñas, igualdad sustantiva y transversalización de la perspectiva de género.

b) Prevención, atención y erradicación de las violencias contra las mujeres, adolescentes y niñas.

c) Sistema de cuidados;

II. Formular, coordinar, proponer, articular, fortalecer, vigilar y monitorear las políticas públicas con enfoque de género, interseccionalidad y de derechos humanos, que aseguren la igualdad sustantiva, el derecho a una vida libre de violencia y el derecho al cuidado en los procesos de las dependencias y entidades de la Administración Pública Federal y de las autoridades estatales y municipales, para garantizar la observancia de estos principios en los tres Poderes de la Unión;

III. Diseñar, proponer, implementar, monitorear y evaluar acciones afirmativas, programas, proyectos y acciones para el avance de los derechos de las mujeres;

IV. Promover, diseñar e implementar programas y estrategias de formación, capacitación, sensibilización y certificación a las personas servidoras públicas y al público en general, en materia de igualdad de género, derecho a una vida libre de violencia para las mujeres e igualdad sustantiva, derecho al cuidado, así como fomentar la participación ciudadana y fortalecer el conocimiento del ejercicio integral de sus derechos;

V. Elaborar, ejecutar y dar seguimiento al cumplimiento de los programas especiales en materia de igualdad sustantiva y prevención, atención, sanción y erradicación de las violencias contra las mujeres;

VI. Promover, en coordinación con las dependencias y entidades de la Administración Pública Federal en materia de igualdad sustantiva y derechos humanos de las mujeres, una cultura de no violencia y no discriminación;

VII. Promover programas y acciones en materia de salud integral de las mujeres para el ejercicio pleno de sus derechos sexuales y reproductivos, en coordinación con la Secretaría de Salud e instituciones que integran el Sistema Nacional de Salud;

VIII. Promover la armonización y constante actualización de la normativa en materia de diseño, implementación, programación, seguimiento y evaluación de políticas públicas de las entidades federativas, municipios y demarcaciones territoriales de la Ciudad de México;

IX. Promover, concertar y suscribir instrumentos de colaboración, así como demás instrumentos jurídicos con las entidades federativas, municipios y demarcaciones territoriales de la Ciudad de México, para el desarrollo de proyectos relativos a las materias objetivo de la Secretaría de las Mujeres, de conformidad con las disposiciones aplicables;

X. Promover, concertar y suscribir instrumentos de colaboración con los sectores y organizaciones de los sectores social y privado, así como de la sociedad en general, para el apoyo financiero y técnico en el desarrollo de proyectos relativos a las materias objetivo de la Secretaría de las Mujeres, de conformidad con las disposiciones aplicables;

XI. Promover, realizar y vincular estudios e investigaciones para la instrumentación de un sistema de información, registro, seguimiento y monitoreo sobre condiciones sociales, políticas económicas y culturales de las mujeres;

XII. Promover y realizar campañas nacionales de sensibilización y prevención de las violencias contra las mujeres, así como de sus derechos, con la colaboración de los sectores público, privado y social;

XIII. Difundir y promover el cumplimiento de las obligaciones establecidas en los instrumentos internacionales en los que México sea parte, entre los poderes públicos federales, relacionados con las materias objetivo de la Secretaría de las Mujeres;

XIV. Participar en foros nacionales e internacionales respecto de las materias competencia de la Secretaría, así como proponer a la Secretaría de Relaciones Exteriores la celebración de tratados y acuerdos internacionales en tales materias;

XV. Impulsar la cooperación nacional e internacional, para el apoyo financiero y técnico en materia de igualdad de género, derecho a una vida libre de violencia para las mujeres e igualdad sustantiva, derecho al cuidado, de conformidad con las disposiciones aplicables, y

XVI. Las demás que le fijen expresamente las leyes y sus reglamentos.

(ADICIONADO, D.O.F. 28 DE NOVIEMBRE DE 2024)

Artículo 42 Ter. A la Agencia de Transformación Digital y Telecomunicaciones le corresponde el despacho de los siguientes asuntos:

I. Formular y conducir las políticas de inclusión digital, gobierno digital, informática, tecnologías de la información, comunicación y telecomunicaciones de la Administración Pública Federal;

II. Formular políticas y emitir lineamientos para la promoción, implementación y diseño de las siguientes materias:

a) La adopción y uso de la identidad y ciudadanía digital;

b) El mecanismo único de autenticación digital basado en la Clave Única de Registro de Población con la protección de los datos personales, en coordinación con la Secretaría de Gobernación;

c) La integración del sistema de servicio nacional de identificación personal, en colaboración con la Secretaría de Gobernación;

d) La gestión de bases de datos que permitan interoperar los sistemas nacionales y de la Administración Pública Federal con el Registro Nacional de Población, en coordinación con la Secretaría de Gobernación;

e) La interoperabilidad de los sistemas de información, basado en una arquitectura de datos consumible, con excepción de la información en materia de seguridad nacional y el conjunto de bases de datos del Sistema Nacional de Información, previsto en la Ley General del Sistema Nacional de Seguridad Pública;

f) El análisis de datos e información de las dependencias, órganos desconcentrados y entidades de la Administración Pública Federal;

g) Las acciones en materia de datos abiertos y gobierno abierto;

h) La cobertura universal y social de servicios de telecomunicaciones a cargo de la Administración Pública Federal, así como de conectividad en sitios públicos, e

i) El desarrollo e implementación de software y soluciones tecnológicas en la Administración Pública Federal, así como la fábrica de software público;

III. Elaborar y conducir las políticas de telecomunicaciones y radiodifusión del Gobierno Federal;

IV. Definir la capacidad satelital que, en su caso, se requiera de las personas concesionarias de recursos orbitales y de las autorizadas para explotar los derechos de emisión y recepción de señales de satélites extranjeros para prestar servicios en el territorio nacional, como reserva del Estado para redes de seguridad nacional, servicios de carácter social y demás necesidades del gobierno, así como vigilar el uso eficiente de la capacidad satelital propia, ya sea concesionada o adquirida o aquella establecida como reserva del Estado;

V. Regular, inspeccionar y vigilar la prestación de servicios públicos de correos, telégrafos, giros telegráficos y radiotelegrafía por parte de la Administración Pública Federal, de conformidad con las disposiciones aplicables;

VI. Definir los protocolos de seguridad de la información y comunicaciones de la Administración Pública Federal;

VII. Formular y conducir la política nacional en materia de soberanía tecnológica, así como promover las soluciones tecnológicas para la digitalización de trámites y servicios;

VIII. Emitir disposiciones para la adquisición, arrendamiento y prestación de servicios en materia de tecnologías de la información y comunicaciones, telecomunicaciones y desarrollo de software, así como dictaminar técnicamente su aprovisionamiento;

IX. Diseñar, regular, implementar y dirigir instrumentos, herramientas y mecanismos para la implementación del Modelo Integral de Atención Ciudadana, en coordinación con las dependencias y entidades de la Administración Pública Federal;

X. Presidir el Consejo Nacional de Mejora Regulatoria y proponer a la persona titular del órgano encargado de la mejora regulatoria;

XI. Celebrar convenios de colaboración y coordinación, en el ámbito de su competencia, con dependencias y entidades de la Administración Pública Federal; órganos constitucionales autónomos, gobiernos de las entidades federativas y municipios, Poderes Legislativo y Judicial de la Federación, instituciones públicas o privadas nacionales e internacionales, conforme a las disposiciones jurídicas aplicables, para la consecución de los objetivos de la Agencia;

XII. Emitir las normas, lineamientos, manuales, procedimientos y demás instrumentos análogos necesarios para el cumplimiento de sus atribuciones;

XIII. Participar en foros internacionales, respecto de las materias de su competencia, con la intervención que corresponda a la Secretaría de Relaciones Exteriores y proponer a ésta la celebración de convenios y tratados internacionales en tales materias y participar en la concertación y el seguimiento de la ejecución de los acuerdos internacionales en materias de tecnologías de la información, comunicaciones, telecomunicaciones y radiodifusión;

XIV. Otorgar su conformidad, previo a su nombramiento, de las personas titulares de las unidades administrativas responsables de las tecnologías de la información y comunicación u homólogo, de las dependencias, incluidos las de sus órganos administrativos desconcentrados y entidades de la Administración Pública Federal, y

XV. Las demás que le encomienden expresamente las leyes y reglamentos.

(ADICIONADO, D.O.F. 15 DE MAYO DE 1996)

Artículo 43. A la Consejería Jurídica del Ejecutivo Federal corresponde el despacho de los asuntos siguientes:

I. Dar apoyo técnico jurídico al Presidente de la República en todos aquellos asuntos que éste le encomiende;

II. Someter a consideración y, en su caso, firma del Presidente de la República todos los proyectos de iniciativas de leyes y decretos que se presenten al Congreso de la Unión o a una de sus Cámaras, así como a la Asamblea de Representantes del Distrito Federal, y darle opinión sobre dichos proyectos;

III. Dar opinión al Presidente de la República sobre los proyectos de tratados a celebrar con otros países y organismos internacionales;

IV. Revisar los proyectos de reglamentos, decretos, acuerdos, nombramientos, resoluciones presidenciales y demás instrumentos de carácter jurídico, a efecto de someterlos a consideración y, en su caso, firma del Presidente de la República;

V. Prestar asesoría jurídica cuando el Presidente de la República así lo acuerde, en asuntos en que intervengan varias dependencias de la Administración Pública Federal, así como en los previstos en el artículo 29 constitucional;

VI. Coordinar los programas de normatividad jurídica de la Administración Pública Federal que apruebe el Presidente de la República y procurar la congruencia de los criterios jurídicos de las dependencias y entidades;

VII. Presidir la Comisión de Estudios Jurídicos del Gobierno Federal, integrada por los responsables de las unidades de asuntos jurídicos de cada dependencia de la Administración Pública Federal, la que tendrá por objeto la coordinación en materia jurídica de las dependencias y entidades de la Administración Pública Federal.

(REFORMADO, D.O.F. 30 DE NOVIEMBRE DE 2018)

El Consejero Jurídico nombrará y, en su caso, removerá a los titulares de las unidades encargadas del apoyo jurídico de las dependencias y entidades de la Administración Pública Federal, quienes estarán adscritos administrativa y presupuestalmente a las dependencias y entidades respectivas;

VIII. Participar, junto con las demás dependencias competentes, en la actualización y simplificación del orden normativo jurídico;

IX. Prestar apoyo y asesoría en materia técnico jurídica a las entidades federativas que lo soliciten, sin perjuicio de la competencia de otras dependencias;

(REFORMADA, D.O.F. 12 DE ABRIL DE 2019)

X. Representar al Presidente de la República, cuando éste así lo acuerde, en las acciones y controversias a que se refiere el artículo 105 de la Constitución Política de los Estados Unidos Mexicanos, así como en los demás juicios y procedimientos en que el titular del Ejecutivo Federal intervenga con cualquier carácter. En el caso de los juicios y procedimientos, la Consejería Jurídica del Ejecutivo Federal podrá determinar la dependencia en la que recaerá la representación para la defensa de la Federación. La representación a que se refiere esta fracción comprende el desahogo de todo tipo de pruebas;

(ADICIONADA, D.O.F. 2 DE ABRIL DE 2013)

XI. Ejercer, cuando así se lo haya solicitado algún Secretario de Estado, y atendiendo a las leyes reglamentarias y a los acuerdos generales que al efecto emita el Presidente de la República, la facultad a que se refiere el noveno párrafo del artículo 94 de la Constitución Política de los Estados Unidos Mexicanos, solicitando al Presidente de la Suprema Corte de Justicia de la Nación la atención prioritaria de los juicios de amparo, controversias constitucionales o acciones de inconstitucionalidad, y

XII. Las demás que le atribuyan expresamente las leyes y reglamentos.

(REFORMADO PRIMER PÁRRAFO, D.O.F. 30 DE NOVIEMBRE DE 2018)

Artículo 43 Bis. Las dependencias de la Administración Pública Federal enviarán a la Consejería Jurídica del Ejecutivo Federal los proyectos de iniciativas de leyes o decretos a ser sometidos al Congreso de la Unión o a una de sus cámaras, por lo menos con un mes de anticipación a la fecha en que se pretendan presentar, salvo en los casos de las iniciativas de Ley de Ingresos y proyecto de Presupuesto de Egresos de la Federación, y en aquellos otros de notoria urgencia a juicio del Presidente de la República; en su caso, estos últimos serán sometidos al titular del Poder Ejecutivo Federal por conducto de la Consejería Jurídica.

(ADICIONADO, D.O.F. 15 DE MAYO DE 1996)

Las demás dependencias y entidades de la Administración Pública Federal proporcionarán oportunamente a la Consejería Jurídica del Ejecutivo Federal la información y apoyo que requiera para el cumplimiento de sus funciones.

(ADICIONADO, D.O.F. 11 DE AGOSTO DE 2014)

Artículo 43 Ter. La Administración Pública Centralizada contará con Órganos Reguladores Coordinados en Materia Energética, con personalidad jurídica propia y autonomía técnica y de gestión. Serán creados por ley, misma que establecerá su competencia así como los mecanismos de coordinación con la Secretaría de Energía.

Los Órganos Reguladores Coordinados en Materia Energética se regirán por las disposiciones aplicables a la Administración Pública Centralizada y el régimen especial que, en su caso, prevea la ley que los regula.

(ADICIONADO, D.O.F. 3 DE MAYO DE 2023)

Los Órganos Reguladores Coordinados en Materia Energética contarán con Unidades de Administración y Finanzas, las cuales se organizarán y operarán conforme a lo señalado en los artículos 14 Bis, 20 y 37, fracción XII Bis, de esta Ley.

(REFORMADO PRIMER PÁRRAFO, D.O.F. 28 DE NOVIEMBRE DE 2024)

Artículo 44. Las personas titulares de los órganos internos de control en las dependencias, incluso en sus órganos administrativos desconcentrados y en las entidades de la Administración Pública Federal, así como de las unidades de responsabilidades o equivalentes en las empresas productivas del Estado y las áreas que les estén adscritas, conforme al Reglamento Interior de la Secretaría Anticorrupción y Buen Gobierno, son responsables de la fiscalización, control interno, evaluación de la gestión pública, aplicación del régimen de responsabilidades administrativas y demás facultades en la materia, en términos de las políticas, directrices y normativa que emita la Secretaría Anticorrupción y Buen Gobierno y las disposiciones jurídicas aplicables y conforme al Plan Anual de Fiscalización que emita dicha Secretaría.

(ADICIONADO, D.O.F. 3 DE MAYO DE 2023)

Las atribuciones señaladas se ejercerán respecto de las dependencias, incluyendo sus órganos administrativos desconcentrados, entidades paraestatales o empresas productivas del Estado, y a las personas servidoras públicas que les estén adscritas presupuestal y estructuralmente conforme a la competencia señalada en las disposiciones jurídicas aplicables para los órganos internos de control, ya sea por sector, materia, especialidad, función específica o ente público.

(REFORMADO, D.O.F. 28 DE NOVIEMBRE DE 2024)

Los órganos internos de control, en ejercicio de su función de fiscalización, prevista en la fracción XLI del artículo 37 de esta Ley, se regirán por las leyes y disposiciones jurídicas sobre adquisiciones, obra pública, presupuesto, contabilidad, procedimiento administrativo, transparencia y acceso a la información, responsabilidades, combate a la corrupción y materias afines. Asimismo, se conducirán conforme a las bases y principios de coordinación que emitan el Comité Coordinador del Sistema Nacional Anticorrupción y la Secretaría Anticorrupción y Buen Gobierno, respecto de dichos asuntos, así como sobre la organización, funcionamiento y supervisión de los sistemas de control interno, mejora de gestión en las dependencias, incluyendo sus órganos administrativos desconcentrados, y entidades paraestatales de la Administración Pública Federal y presentación de informes por parte de dichos órganos.

(REFORMADO, D.O.F. 28 DE NOVIEMBRE DE 2024)

Las unidades encargadas de la función de fiscalización de la Secretaría Anticorrupción y Buen Gobierno y los órganos internos de control formarán parte del Sistema Nacional de Fiscalización e incorporarán en su ejercicio las normas técnicas y códigos de ética, de conformidad con la Ley General del Sistema Nacional Anticorrupción y las mejores prácticas que considere el referido sistema.

(REFORMADO, D.O.F. 18 DE JULIO DE 2016)

Las unidades a que se refiere el párrafo anterior y los órganos internos de control formularán en el mes de noviembre su plan anual de trabajo y de evaluación.

(REFORMADO, D.O.F. 28 DE NOVIEMBRE DE 2024)

Las personas titulares de las unidades encargadas de la función de fiscalización de la Secretaría Anticorrupción y Buen Gobierno y de los órganos internos de control, entregarán, en enero de cada año, un informe del resultado de la fiscalización del año inmediato anterior a la persona titular de dicha

Secretaría. El informe contendrá lo siguiente: el resumen de los resultados de la fiscalización y los hallazgos detectados, las recomendaciones preventivas y al desempeño; las observaciones correctivas; las promociones de responsabilidades administrativas sancionatorias y las promociones del ejercicio de la facultad de comprobación fiscal; las denuncias de hechos, así como las sanciones aplicadas por los órganos internos de control; las acciones de responsabilidad presentadas ante el Tribunal Federal de Justicia Administrativa y las sanciones correspondientes; las denuncias por actos de corrupción que presenten ante la Fiscalía Especializada en Materia de Combate a la Corrupción, y la información detallada del porcentaje de los procedimientos iniciados por los órganos internos de control que culminaron con una sanción firme y a cuánto ascienden, en su caso, las indemnizaciones efectivamente cobradas durante el periodo del informe.

(REFORMADO, D.O.F. 28 DE NOVIEMBRE DE 2024)

Con base en dicho informe, así como de las recomendaciones y las bases y principios de coordinación que emita el Comité Coordinador del Sistema Nacional Anticorrupción, tanto las dependencias y entidades paraestatales, así como la Secretaría Anticorrupción y Buen Gobierno, implementarán las acciones pertinentes para la mejora de la gestión.

(REFORMADO, D.O.F. 18 DE JULIO DE 2016)

Conforme a lo dispuesto en las leyes en la materia, así como en las bases y principios de coordinación emitidas por el Comité Coordinador del Sistema Nacional Anticorrupción, los titulares de los órganos internos de control encabezarán comités de control y desempeño institucional para el seguimiento y evaluación general de la gestión.

(ADICIONADO CON LOS ARTÍCULOS QUE LO INTEGRAN, D.O.F. 9 DE AGOSTO DE 2019)

CAPÍTULO III
DEL GABINETE SOCIAL DE LA PRESIDENCIA DE LA REPÚBLICA

(ADICIONADO, D.O.F. 9 DE AGOSTO DE 2019)

Artículo 44 Bis. El Gabinete Social de la Presidencia de la República es la instancia colegiada de formulación y coordinación de la asignación y transferencia de los bienes a los que se refiere el párrafo cuarto del artículo 22 de la Constitución Política de los Estados Unidos Mexicanos, así como los bienes asegurados y decomisados en los procedimientos penales federales, el cual estará integrado por:

I. La persona Titular del Ejecutivo Federal, quien lo presidirá;

II. La persona Titular de la Secretaría de Bienestar, quien encabezará la Secretaría Ejecutiva;

III. La persona Titular de la Secretaría de Gobernación;

IV. La persona Titular de la Secretaría de Hacienda y Crédito Público;

V. La persona Titular de la Secretaría de Educación Pública;

VI. La persona Titular de la Secretaría de Salud;

(REFORMADA, D.O.F. 22 DE ENERO DE 2020)

VII. La persona Titular de la Dirección General del Instituto para Devolver al Pueblo lo Robado, quien encabezará la Secretaría Técnica;

VIII. La persona Titular de la Dirección General del Instituto Mexicano del Seguro Social;

IX. La persona Titular de la Dirección General del Instituto de Seguridad y Servicios Sociales de los Trabajadores del Estado;

X. La persona Titular del Sistema Nacional para el Desarrollo Integral de la Familia, y

XI. La persona Titular de la Comisión Nacional contra las Adicciones.

(ADICIONADA, D.O.F. 28 DE NOVIEMBRE DE 2024)

XII. La persona titular de la Secretaría de Ciencia, Humanidades, Tecnología e Innovación.

(REFORMADO, D.O.F. 28 DE NOVIEMBRE DE 2024)

Los integrantes del Gabinete Social de la Presidencia de la República no podrán nombrar suplente. En caso de ausencia de la persona titular del Ejecutivo Federal, la persona Titular de la Secretaría Ejecutiva presidirá la reunión.

(REFORMADO, D.O.F. 28 DE NOVIEMBRE DE 2024)

Podrán ser invitados otras personas titulares de las Secretarías de Estado o personas titulares de entidades paraestatales a las sesiones de este Gabinete.

(ADICIONADO, D.O.F. 9 DE AGOSTO DE 2019)

Artículo 44 Ter. El Gabinete Social de la Presidencia de la República tendrá a su cargo las atribuciones siguientes:

I. Proponer, definir y supervisar las pautas, criterios, planes, programas, proyectos y acciones institucionales e interinstitucionales, mediante los cuales se determine la pertinencia de la asignación o transferencia de un bien extinto, relacionado o vinculado con los hechos ilícitos a los que se refiere el párrafo cuarto del artículo 22 de la Constitución Política de los Estados Unidos Mexicanos, así como de los bienes asegurados, abandonados o decomisados en los procedimientos penales federales para un fin de interés público;

II. Recabar información de los bienes extintos, relacionados o vinculados con los hechos ilícitos a los que se refiere el párrafo cuarto del artículo 22 de la Constitución Política de los Estados Unidos Mexicanos sujetos a asignación o transferencia, así como de los bienes asegurados o decomisados en los procedimientos penales federales, respecto de sus características, las necesidades de la región, la coyuntura política y social que rodea al bien en cuestión y demás características relevantes necesarias para la determinación de su destino o, en su caso, destrucción.

Para efectos de lo anterior, la autoridad administradora a la que se refiere la Ley Nacional de Extinción de Dominio, elaborará una relación de los bienes extintos, relacionados o vinculados con los hechos ilícitos a los que se refiere el párrafo cuarto, del artículo 22 de la Constitución Política de los Estados Unidos Mexicanos, así como de los bienes asegurados y decomisados en los procedimientos penales federales, que podrán ser susceptibles de asignación de conformidad con sus características, así como propuestas para su mejor aprovechamiento en favor del interés público.

Determinar el destino de los bienes extintos, relacionados o vinculados con los hechos ilícitos a los que se refiere el párrafo cuarto, del artículo 22 de la Constitución Política de los Estados Unidos Mexicanos y de los bienes asegurados y decomisados en los procedimientos penales federales, al pago de las erogaciones derivadas de la ejecución de programas sociales, conforme a los objetivos establecidos en el Plan Nacional de Desarrollo u otras políticas prioritarias;

III. Establecer mecanismos de asignación conforme a las características del bien y el contexto social en que se encuentre, tomando en consideración criterios de seguridad, utilidad y justicia; los Bienes que no sean asignados por la instancia colegiada, deberán ser monetizados por la autoridad administradora y el producto de la venta se administrará en la cuenta especial a que se refiere el artículo 239 de la Ley Nacional de Extinción de Dominio;

IV. Ejecutar y vigilar el cumplimiento de los convenios que se celebren con las entidades federativas, municipios, demarcaciones territoriales de la Ciudad de México o instituciones a las que se asignen Bienes cuyo dominio se declare extinto en sentencia;

V. Llevar un registro de los Bienes, cuyo dominio se declare extinto en sentencia, así como de los recursos obtenidos por la enajenación de los bienes asegurados y decomisados en los procedimientos penales federales que serán transferidos, en el que se señale sus características y propósitos, mismo que deberá publicarse en la página de Internet del Gabinete Social de la Presidencia de la República;

VI. Generar, en el ámbito de su competencia, versiones públicas de las transferencias y resoluciones tomadas en torno a los bienes extintos, relacionados o vinculados con los hechos ilícitos a los que se refiere el párrafo cuarto, del artículo 22 de la Constitución Política de los Estados Unidos Mexicanos, así como de los recursos obtenidos por la enajenación de los bienes asegurados y decomisados en los procedimientos penales federales;

VII. Coordinarse con la autoridad administradora a la que se refiere la Ley Nacional de Extinción de Dominio, así como con las dependencias y entidades de la Administración Pública Federal o de las entidades federativas que sean destinatarias de Bienes cuyo dominio se declare extinto en sentencia, a efecto de hacer más eficiente la administración y destino de los Bienes que conforman la cuenta especial a que se refiere el artículo 239 de la Ley Nacional de Extinción de Dominio, y

VIII. Expedir y modificar su Reglamento Interior por conducto de su Secretaría Técnica.

(ADICIONADO D.O.F. 9 DE AGOSTO DE 2019)

Artículo 44 Quáter. El Gabinete Social de la Presidencia de la República podrá celebrar reuniones ordinarias y extraordinarias, a saber:

I. Las reuniones ordinarias deberán celebrarse por lo menos una vez cada tres meses, mismas que serán convocadas por la persona Titular de la Secretaría Ejecutiva, y

II. Las reuniones extraordinarias se convocarán en cualquier momento por el Titular del Ejecutivo Federal.

TÍTULO TERCERO
DE LA ADMINISTRACIÓN PÚBLICA PARAESTATAL

CAPÍTULO ÚNICO
DE LA ADMINISTRACIÓN PÚBLICA PARAESTATAL

(REFORMADO, D.O.F. 14 DE MAYO DE 1986)

Artículo 45. Son organismos descentralizados las entidades creadas por ley o decreto del Congreso de la Unión o por decreto del Ejecutivo Federal, con personalidad jurídica y patrimonio propios, cualquiera que sea la estructura legal que adopten.

(REFORMADO, D.O.F. 14 DE MAYO DE 1986)

Artículo 46. Son empresas de participación estatal mayoritaria las siguientes:

I. Las sociedades nacionales de crédito constituidas en los términos de su legislación específica;

II. Las Sociedades de cualquier otra naturaleza incluyendo las organizaciones auxiliares nacionales de crédito; así como las instituciones nacionales de seguros y fianzas, en que se satisfagan alguno o varios de los siguientes requisitos:

A) Que el Gobierno Federal o una o más entidades paraestatales, conjunta o separadamente, aporten o sean propietarios de más del 50% del capital social;

B) Que en la constitución de su capital se hagan figurar títulos representativos de capital social de serie especial que sólo puedan ser suscritas por el Gobierno Federal; o

C) Que al Gobierno Federal corresponda la facultad de nombrar a la mayoría de los miembros del órgano de gobierno o su equivalente, o bien designar al presidente o director general, o cuando tenga facultades para vetar los acuerdos del propio órgano de gobierno.

Se asimilan a las empresas de participación estatal mayoritaria, las sociedades civiles así como las asociaciones civiles en las que la mayoría de los asociados sean dependencias o entidades de la Administración Pública Federal o servidores Públicos Federales que participen en razón de sus cargos o alguna o varias de ellas se obliguen a realizar o realicen las aportaciones económicas preponderantes.

(REFORMADO, D.O.F. 14 DE MAYO DE 1986)

Artículo 47. Los fideicomisos públicos a que se refiere el artículo 3o., fracción III, de esta Ley, son aquellos que el gobierno federal o alguna de las demás entidades paraestatales constituyen, con el propósito de auxiliar al Ejecutivo Federal en las atribuciones del Estado para impulsar las áreas prioritarias del desarrollo, que cuenten con una estructura orgánica análoga a las otras entidades y que tengan comités técnicos.

(REFORMADO, D.O.F. 21 DE FEBRERO DE 1992)

En los fideicomisos constituidos por el gobierno federal, la Secretaría de Hacienda y Crédito Público fungirá como fideicomitente único de la Administración Pública Centralizada.

(REFORMADO, D.O.F. 28 DE NOVIEMBRE DE 2024)

Artículo 48. A fin de que se pueda llevar a efecto la intervención que, conforme a las leyes, corresponde al Ejecutivo Federal en la operación de las entidades de la Administración Pública Paraestatal, la persona titular del Ejecutivo Federal las agrupará por sectores definidos, considerando el objeto de cada una de dichas entidades, en relación con la esfera de competencia que ésta y otras leyes atribuyen a las dependencias.

(REFORMADO, D.O.F. 14 DE MAYO DE 1986)

Artículo 49. La intervención a que se refiere el artículo anterior se realizará a través de la dependencia que corresponda según el agrupamiento que por sectores haya realizado el propio Ejecutivo, la cual fungirá como coordinadora del sector respectivo.

Corresponde a los coordinadores de sector coordinar la programación y presupuestación, conocer la operación, evaluar los resultados y participar en los órganos de gobierno de las entidades agrupadas en el sector a su cargo, conforme a lo dispuesto en las leyes.

Atendiendo a la naturaleza de las actividades de dichas entidades, el titular de la dependencia coordinadora podrá agruparlas en subsectores, cuando así convenga para facilitar su coordinación y dar congruencia al funcionamiento de las citadas entidades.

Artículo 49 Bis. (DEROGADO, D.O.F. 14 DE MAYO DE 1986)

(REFORMADO, D.O.F. 28 DE NOVIEMBRE DE 2024)

Artículo 50. Las relaciones entre el Ejecutivo Federal y las entidades paraestatales, para fines de congruencia global de la Administración Pública Paraestatal con el sistema nacional de planeación y con los lineamientos generales en materia de gasto, financiamiento, control y evaluación, se llevan a cabo en la forma y términos de las disposiciones jurídicas aplicables, por conducto de las Secretarías de Hacienda y Crédito Público y Anticorrupción y Buen Gobierno, en el ámbito de sus respectivas competencias, sin perjuicio de las atribuciones que competan a la coordinadora del sector correspondiente.

Las Secretarías de Hacienda y Crédito Público y Anticorrupción y Buen Gobierno emiten los criterios para la clasificación de las entidades paraestatales, conforme a sus objetivos y actividades, en aquellas que cumplan una función institucional y las que realicen fines comerciales con el propósito de, en su caso, establecer mecanismos diferenciados que hagan eficiente su organización, funcionamiento, control y evaluación. Dichos mecanismos contemplan un análisis sobre los beneficios y costos de instrumentar prácticas de gobierno corporativo en las entidades con fines comerciales, a efecto de considerar la conveniencia de su adopción.

Artículo 51. (DEROGADO, D.O.F. 14 DE MAYO DE 1986)

Artículo 52. (DEROGADO, D.O.F. 14 DE MAYO DE 1986)

Artículo 53. (DEROGADO, D.O.F. 14 DE MAYO DE 1986)

Artículo 54. (DEROGADO, D.O.F. 14 DE MAYO DE 1986)

Artículo 55. (DEROGADO, D.O.F. 14 DE MAYO DE 1986)

Artículo 56. (DEROGADO, D.O.F. 14 DE MAYO DE 1986)

TRANSITORIOS

Primero. Se abroga la Ley de Secretarías y Departamentos de Estado del 23 de diciembre de 1958, y se derogan las demás disposiciones legales que se opongan a lo establecido en la presente Ley.

Segundo. El personal de las dependencias que, en aplicación de esta Ley pase a otra dependencia, en ninguna forma resultará afectado en los derechos que haya adquirido, en virtud de su relación laboral con la administración pública federal. Si por cualquier circunstancia algún grupo de trabajadores resultare afectado con la aplicación de esta Ley, se dará intervención, previamente, a la Comisión de Recursos Humanos del Gobierno Federal, a la Federación de Sindicatos de Trabajadores al Servicio del Estado y al Sindicato correspondiente.

Tercero. Cuando alguna dependencia de las Secretarías establecidas conforme a la Ley de Secretarías y Departamentos de Estado que se abroga pase a otra Secretaría, el traspaso se hará incluyendo al personal a su servicio, mobiliario, vehículos, instrumentos, aparatos, maquinaria, archivos y, en general, el equipo que la dependencia haya utilizado para la atención de los asuntos a su cargo.

Cuarto. Los asuntos que con motivo de esta Ley deban pasar de una Secretaría a otra, permanecerán en el último trámite que hubieren alcanzado hasta que las unidades administrativas que los tramiten se incorporen a la dependencia que señale esta Ley, a excepción de los trámites urgentes o sujetos a plazos improrrogables.

Quinto. Cuando en esta Ley se dé una denominación nueva o distinta a alguna dependencia cuyas funciones estén establecidas por ley anterior, dichas atribuciones se entenderán concedidas a la dependencia que determine esta Ley y demás disposiciones relativas.

Sexto. La presente Ley entrará en vigor el 1o. de enero de 1977.

México, D. F., a 22 de diciembre de 1976.- Hilda Anderson Nevarez de Rojas, S. P.- Enrique Ramírez y Ramírez, D. P.- Arnulfo Villaseñor Saavedra, S. S.- Crescencio Herrera Herrera, D. S.- Rúbricas".

En Cumplimiento de lo dispuesto por la fracción I del artículo 89 de la Constitución Política de los Estados Unidos Mexicanos y para su debida publicación y observancia expido el presente Decreto en la Residencia del Poder Ejecutivo Federal, en la ciudad de México, Distrito Federal, a los veinticuatro días del mes de diciembre de mil novecientos setenta y seis.- José López Portillo.- Rúbrica.- El Secretario de Gobernación, Jesús Reyes Heroles.- Rúbrica.

Ley Federal de Procedimiento Administrativo

ÚLTIMA REFORMA PUBLICADA EN EL DIARIO OFICIAL DE LA FEDERACIÓN: 18 DE MAYO DE 2018.

Ley publicada en la Primera Sección del Diario Oficial de la Federación, el jueves 4 de agosto de 1994.

Al margen un sello con el Escudo Nacional, que dice: Estados Unidos Mexicanos. Presidencia de la República.

CARLOS SALINAS DE GORTARI, Presidente Constitucional de los Estados Unidos Mexicanos, a sus habitantes sabed:

Que el H. Congreso de la Unión, se ha servido dirigirme el siguiente

DECRETO

"EL CONGRESO DE LOS ESTADOS UNIDOS MEXICANOS, DECRETA:

LEY FEDERAL DE PROCEDIMIENTO ADMINISTRATIVO

TÍTULO PRIMERO
DEL ÁMBITO DE APLICACIÓN Y PRINCIPIOS GENERALES
CAPÍTULO ÚNICO

Artículo 1. Las disposiciones de esta ley son de orden e interés públicos, y se aplicarán a los actos, procedimientos y resoluciones de la Administración Pública Federal centralizada, sin perjuicio de lo dispuesto en los Tratados Internacionales de los que México sea parte.

(ADICIONADO, D.O.F. 19 DE ABRIL DE 2000)

El presente ordenamiento también se aplicará a los organismos descentralizados de la administración pública federal paraestatal respecto a sus actos de autoridad, a los servicios que el estado preste de manera exclusiva, y a los contratos que los particulares sólo puedan celebrar con el mismo.

(REFORMADO, D.O.F. 19 DE ABRIL DE 2000)

Este ordenamiento no será aplicable a las materias de carácter fiscal, responsabilidades de los servidores públicos, justicia agraria y laboral, ni al ministerio público en ejercicio de sus funciones constitucionales. En relación con las materias de competencia económica, prácticas desleales de comercio internacional y financiera, únicamente les será aplicable el título tercero A.

Para los efectos de esta Ley sólo queda excluida la materia fiscal tratándose de las contribuciones y los accesorios que deriven directamente de aquéllas.

(REFORMADO, D.O.F. 19 DE ABRIL DE 2000)

Artículo 2. Esta Ley, salvo por lo que toca al título tercero A, se aplicará supletoriamente a las diversas leyes administrativas. El Código Federal de Procedimientos Civiles se aplicará, a su vez, supletoriamente a esta Ley, en lo conducente.

TÍTULO SEGUNDO
DEL RÉGIMEN JURÍDICO DE LOS ACTOS ADMINISTRATIVOS

CAPÍTULO PRIMERO
DEL ACTO ADMINISTRATIVO

Artículo 3. Son elementos y requisitos del acto administrativo:

I. Ser expedido por órgano competente, a través de servidor público, y en caso de que dicho órgano fuere colegiado, reúna las formalidades de la ley o decreto para emitirlo;

II. Tener objeto que pueda ser materia del mismo; determinado o determinable; preciso en cuanto a las circunstancias de tiempo y lugar, y previsto por la ley;

III. Cumplir con la finalidad de interés público regulado por las normas en que se concreta, sin que puedan perseguirse otros fines distintos;

IV. Hacer constar por escrito y con la firma autógrafa de la autoridad que lo expida, salvo en aquellos casos en que la ley autorice otra forma de expedición;

V. Estar fundado y motivado;

VI. (DEROGADA, D.O.F. 24 DE DICIEMBRE DE 1996)

VII. Ser expedido sujetándose a las disposiciones relativas al procedimiento administrativo previstas en esta Ley;

VIII. Ser expedido sin que medie error sobre el objeto, causa o motivo, o sobre el fin del acto;

IX. Ser expedido sin que medie dolo o violencia en su emisión;

X. Mencionar el órgano del cual emana;

XI. (DEROGADA, D.O.F. 24 DE DICIEMBRE DE 1996)

XII. Ser expedido sin que medie error respecto a la referencia específica de identificación del expediente, documentos o nombre completo de las personas;

XIII. Ser expedido señalando lugar y fecha de emisión;

XIV. Tratándose de actos administrativos (sic) deban notificarse deberá hacerse mención de la oficina en que se encuentra y puede ser consultado el expediente respectivo;

XV. Tratándose de actos administrativos recurribles deberá hacerse mención de los recursos que procedan, y

XVI. Ser expedido decidiendo expresamente todos los puntos propuestos por las partes o establecidos por la ley.

(REFORMADO, D.O.F. 19 DE ABRIL DE 2000)

Artículo 4. Los actos administrativos de carácter general, tales como reglamentos, decretos, acuerdos, normas oficiales mexicanas, circulares y formatos, así como los lineamientos, criterios, metodologías, instructivos, directivas, reglas, manuales, disposiciones que tengan por objeto establecer obligaciones específicas cuando no existan condiciones de competencia y cualesquiera de naturaleza análoga a los actos anteriores, que expidan las dependencias y organismos descentralizados de la administración pública federal, deberán publicarse en el Diario Oficial de la Federación para que produzcan efectos jurídicos.

Artículo 4 A. (DEROGADO, D.O.F. 19 DE ABRIL DE 2000)

CAPÍTULO SEGUNDO
DE LA NULIDAD Y ANULABILIDAD DEL ACTO ADMINISTRATIVO

Artículo 5. La omisión o irregularidad de los elementos y requisitos exigidos por el Artículo 3 de esta Ley, o por las leyes administrativas de las materias de que se trate, producirán, según sea el caso, nulidad o anulabilidad del acto administrativo.

(REFORMADO PRIMER PÁRRAFO, D.O.F. 24 DE DICIEMBRE DE 1996)

Artículo 6. La omisión o irregularidad de cualquiera de los elementos o requisitos establecidos en las fracciones I a X del artículo 3 de la presente Ley, producirá la nulidad del acto administrativo, la cual será declarada por el superior jerárquico de la autoridad que lo haya emitido, salvo que el acto impugnado provenga del titular de una dependencia, en cuyo caso la nulidad será declarada por el mismo.

El acto administrativo que se declare jurídicamente nulo será inválido; no se presumirá legítimo ni ejecutable; será subsanable, sin perjuicio de que pueda expedirse un nuevo acto. Los particulares no tendrán obligación de cumplirlo y los servidores públicos deberán hacer constar su oposición a ejecutar el acto, fundando y motivando tal negativa. La declaración de nulidad producirá efectos retroactivos.

En caso de que el acto se hubiera consumado, o bien, sea imposible de hecho o de derecho retrotraer sus efectos, sólo dará lugar a la responsabilidad del servidor público que la hubiere emitido u ordenado.

Artículo 7. La omisión o irregularidad en los elementos y requisitos señalados en las Fracciones XII a XVI del Artículo 3 de esta Ley, producirá la anulabilidad del acto administrativo.

El acto declarado anulable se considerará válido; gozará de presunción de legitimidad y ejecutividad; y será subsanable por los órganos administrativos mediante el pleno cumplimiento de los requisitos exigidos por el ordenamiento jurídico para la plena validez y eficacia del acto. Tanto los servidores públicos como los particulares tendrán obligación de cumplirlo.

El saneamiento del acto anulable producirá efectos retroactivos y el acto se considerará como si siempre hubiere sido válido.

CAPÍTULO TERCERO
DE LA EFICACIA DEL ACTO ADMINISTRATIVO

Artículo 8. El acto administrativo será válido hasta en tanto su invalidez no haya sido declarada por autoridad administrativa o jurisdiccional, según sea el caso.

Artículo 9. El acto administrativo válido será eficaz y exigible a partir de que surta efectos la notificación legalmente efectuada.

Se exceptúa de lo dispuesto en el párrafo anterior, el acto administrativo por el cual se otorgue un beneficio al particular, caso en el cual su cumplimiento será exigible por éste al órgano administrativo que lo emitió desde la fecha en que se dictó o aquélla que tenga señalada para iniciar su vigencia; así como los casos en virtud de los cuales se realicen actos de inspección, investigación o vigilancia conforme a las disposiciones de ésta u otras leyes, los cuales son exigibles a partir de la fecha en que la Administración Pública Federal los efectúe.

Artículo 10. Si el acto administrativo requiere aprobación de órganos o autoridades distintos del que lo emita, de conformidad a las disposiciones legales aplicables, no tendrá eficacia sino hasta en tanto aquélla se produzca.

CAPÍTULO CUARTO
DE LA EXTINCIÓN DEL ACTO ADMINISTRATIVO

Artículo 11. El acto administrativo de carácter individual se extingue de pleno derecho, por las siguientes causas:

I. Cumplimiento de su finalidad;

II. Expiración del plazo;

III. Cuando la formación del acto administrativo esté sujeto a una condición o término suspensivo y éste no se realiza dentro del plazo señalado en el propio acto;

IV. Acaecimiento de una condición resolutoria;

V. Renuncia del interesado, cuando el acto hubiere sido dictado en exclusivo beneficio de éste y no sea en perjuicio del interés público; y

VI. Por revocación, cuando así lo exija el interés público, de acuerdo con la ley de la materia.

TÍTULO TERCERO
DEL PROCEDIMIENTO ADMINISTRATIVO

CAPÍTULO PRIMERO
DISPOSICIONES GENERALES

Artículo 12. Las disposiciones de este Título son aplicables a la actuación de los particulares ante la Administración Pública Federal, así como a los actos a través de los cuales se desenvuelve la función administrativa.

Artículo 13. La actuación administrativa en el procedimiento se desarrollará con arreglo a los principios de economía, celeridad, eficacia, legalidad, publicidad y buena fe.

Artículo 14. El procedimiento administrativo podrá iniciarse de oficio o a petición de parte interesada.

Artículo 15. La Administración Pública Federal no podrá exigir más formalidades que las expresamente previstas en la ley.

Las promociones deberán hacerse por escrito en el que se precisará el nombre, denominación o razón social de quién o quiénes promuevan, en su caso de su representante legal, domicilio para recibir notificaciones, así como nombre de la persona o personas autorizadas para recibirlas, la petición que se formula, los hechos o razones que dan motivo a la petición, el órgano administrativo a que se dirigen y lugar y fecha de su emisión. El escrito deberá estar firmado por el interesado o su representante legal, a menos que no sepa o no pueda firmar, caso en el cual, se imprimirá su huella digital.

El promovente deberá adjuntar a su escrito los documentos que acrediten su personalidad, así como los que en cada caso sean requeridos en los ordenamientos respectivos.

(ADICIONADO, D.O.F. 19 DE ABRIL DE 2000)

Artículo 15-A. Salvo que en otra disposición legal o administrativa de carácter general se disponga otra cosa respecto de algún trámite:

I. Los trámites deberán presentarse solamente en original, y sus anexos, en copia simple, en un tanto. Si el interesado requiere que se le acuse recibo, deberá adjuntar una copia para ese efecto;

II. Todo documento original puede presentarse en copia certificada y éstos podrán acompañarse de copia simple, para cotejo, caso en el que se regresará al interesado el documento cotejado;

III. En vez de entregar copia de los permisos, registros, licencias y, en general, de cualquier documento expedido por la dependencia u organismo descentralizado de la administración pública federal ante la que realicen el trámite, los interesados podrán señalar los datos de identificación de dichos documentos, y

IV. Excepto cuando un procedimiento se tenga que dar vista a terceros, los interesados no estarán obligados a proporcionar datos o entregar juegos adicionales de documentos entregados previamente a la dependencia u organismo descentralizado de la administración pública federal ante la que realicen el trámite correspondiente, siempre y cuando señalen los datos de identificación del escrito en el que se citaron o con el que se acompañaron y el nuevo trámite lo realicen ante la propia dependencia u organismo descentralizado, aun y cuando lo hagan ante una unidad administrativa diversa, incluso si se trata de un órgano administrativo desconcentrado.

Artículo 16. La Administración Pública Federal, en sus relaciones con los particulares, tendrá las siguientes obligaciones:

I. Solicitar la comparecencia de éstos, sólo cuando así esté previsto en la ley, previa citación en la que se hará constar expresamente el lugar, fecha, hora y objeto de la comparecencia, así como los efectos de no atenderla;

II. Requerir informes, documentos y otros datos durante la realización de visitas de verificación, sólo en aquellos casos previstos en ésta u otras leyes;

III. Hacer del conocimiento de éstos, en cualquier momento, del estado de la tramitación de los procedimientos en los que tengan interés jurídico, y a proporcionar copia de los documentos contenidos en ellos;

IV. Hacer constar en las copias de los documentos que se presenten junto con los originales, la presentación de los mismos;

V. Admitir las pruebas permitidas por la ley y recibir alegatos, los que deberán ser tomados en cuenta por el órgano competente al dictar resolución;

VI. Abstenerse de requerir documentos o solicitar información que no sean exigidos por las normas aplicables al procedimiento, o que ya se encuentren en el expediente que se está tramitando;

VII. Proporcionar información y orientar acerca de los requisitos jurídicos o técnicos que las disposiciones legales vigentes impongan a los proyectos, actuaciones o solicitudes que se propongan realizar;

VIII. Permitir el acceso a sus registros y archivos en los términos previstos en ésta u otras leyes;

IX. Tratar con respeto a los particulares y a facilitar el ejercicio de sus derechos y el cumplimiento de sus obligaciones; y

X. Dictar resolución expresa sobre cuantas peticiones le formulen; así como en los procedimientos iniciados de oficio, cuya instrucción y resolución afecte a terceros, debiendo dictarla dentro del plazo fijado por la ley.

(REFORMADO PRIMER PÁRRAFO, D.O.F. 19 DE ABRIL DE 2000)

Artículo 17. Salvo que en otra disposición legal o administrativa de carácter general se establezca otro plazo, no podrá exceder de tres meses el tiempo para que la dependencia u organismo descentralizado resuelva lo que corresponda. Transcurrido el plazo aplicable, se entenderán las resoluciones en sentido negativo al promovente, a menos que en otra disposición legal o administrativa de carácter general se prevea lo contrario. A petición del interesado, se deberá expedir constancia de tal circunstancia dentro de los dos días hábiles siguientes a la presentación de la solicitud respectiva ante quien deba resolver; igual constancia deberá expedirse cuando otras disposiciones prevean que transcurrido el plazo aplicable la resolución deba entenderse en sentido positivo.

En el caso de que se recurra la negativa por falta de resolución, y ésta a su vez no se resuelva dentro del mismo término, se entenderá confirmada en sentido negativo.

(REFORMADO, D.O.F. 19 DE ABRIL DE 2000)

Artículo 17 A. Cuando los escritos que presenten los interesados no contengan los datos o no cumplan con los requisitos aplicables, la dependencia u organismo descentralizado correspondiente deberá prevenir a los interesados, por escrito y por una sola vez, para que subsanen la omisión dentro del término que establezca la dependencia u organismo descentralizado, el cual no podrá ser menor de cinco días hábiles contados a partir de que haya surtido efectos la notificación; transcurrido el plazo correspondiente sin desahogar la prevención, se desechará el trámite.

Salvo que en una disposición de carácter general se disponga otro plazo, la prevención de información faltante deberá hacerse dentro del primer tercio del plazo de respuesta o, de no requerirse resolución alguna, dentro de los diez días hábiles siguientes a la presentación del escrito correspondiente. La fracción de día que en su caso resulte de la división del plazo de respuesta se computará como un día completo. En caso de que la resolución del trámite sea inmediata, la prevención de información faltante también deberá hacerse de manera inmediata a la presentación del escrito respectivo.

De no realizarse la prevención mencionada en el párrafo anterior dentro del plazo aplicable, no se podrá desechar el trámite argumentando que está incompleto. En el supuesto de que el requerimiento de información se haga en tiempo, el plazo para que la dependencia correspondiente resuelva el trámite se suspenderá y se reanudará a partir del día hábil inmediato siguiente a aquel en el que el interesado conteste.

(ADICIONADO, D.O.F. 24 DE DICIEMBRE DE 1996)

Artículo 17 B. Salvo disposición expresa en contrario, los plazos para que la autoridad conteste empezarán a correr al día hábil inmediato siguiente a la presentación del escrito correspondiente.

Artículo 18. El procedimiento administrativo continuará de oficio, sin perjuicio del impulso que puedan darle los interesados. En caso de corresponderles a estos últimos y no lo hicieren, operará la caducidad en los términos previstos en esta Ley.

CAPÍTULO SEGUNDO
DE LOS INTERESADOS

Artículo 19. Los promoventes con capacidad de ejercicio podrán actuar por sí o por medio de representante o apoderado.

La representación de las personas físicas o morales ante la Administración Pública Federal para formular solicitudes, participar en el procedimiento administrativo, interponer recursos, desistirse y renunciar a derechos, deberá acreditarse mediante instrumento público, y en el caso de personas físicas, también mediante carta poder firmada ante dos testigos y ratificadas las firmas del otorgante y testigos ante las propias autoridades o fedatario público, o declaración en comparecencia personal del interesado.

Sin perjuicio de lo anterior, el interesado o su representante legal mediante escrito firmado podrá autorizar a la persona o personas que estime pertinente para oír y recibir notificaciones, realizar trámites, gestiones y comparecencias que fueren necesarios para la tramitación de tal procedimiento, incluyendo la interposición de recursos administrativos.

Artículo 20. Cuando en una solicitud, escrito o comunicación fungieren varios interesados, las actuaciones a que den lugar se efectuarán con el representante común o interesado que expresamente hayan señalado y, en su defecto, con el que figure en primer término.

CAPÍTULO TERCERO
IMPEDIMENTOS, EXCUSAS Y RECUSACIONES

Artículo 21. Todo servidor público estará impedido para intervenir o conocer de un procedimiento administrativo cuando:

I. Tenga interés directo o indirecto en el asunto de que se trate o en otro semejante, cuya resolución pudiera influir en la de aquél; sea administrador de sociedad o entidad interesada, o tenga litigio pendiente con algún interesado;

II. Tengan interés su cónyuge, sus parientes consanguíneos en línea recta sin limitación de grados, colaterales dentro del cuarto grado o los afines dentro del segundo;

III. Hubiere parentesco de consanguinidad dentro del cuarto grado o de afinidad dentro del segundo, con cualquiera de los interesados, con los administradores de entidades o sociedades interesadas o con los asesores, representantes legales o mandatarios que intervengan en el procedimiento;

IV. Exista amistad o enemistad manifiesta que se hagan patentes mediante hechos o actitudes evidentes del servidor público que la demuestre objetivamente o con alguna de las personas mencionadas en el apartado anterior;

V. Intervenga como perito o como testigo en el asunto de que se trata;

VI. Tenga relación de servicio, sea cual fuera su naturaleza, con las personas físicas o morales interesadas directamente en el asunto; y

VII. Por cualquier otra causa prevista en ley.

Artículo 22. El servidor público que se encuentre en alguna de las circunstancias señaladas en el artículo anterior, tan pronto tenga conocimiento de la misma, se excusará de intervenir en el procedimiento y lo comunicará a su superior inmediato, quien resolverá lo conducente dentro de los tres días siguientes.

Cuando hubiere otro servidor público con competencia, el superior jerárquico turnará el asunto a éste; en su defecto, dispondrá que el servidor público que se hubiere excusado resuelva, bajo la supervisión de su superior jerárquico.

Artículo 23. La intervención del servidor público en el que concurra cualquiera de los impedimentos a que se refiere el Artículo 21 de esta Ley, no implicará necesariamente la invalidez de los actos administrativos en que haya intervenido, pero dará lugar a responsabilidad administrativa.

Artículo 24. El superior jerárquico cuando tenga conocimiento de que alguno de sus subalternos se encuentra en alguna de las causales de impedimento a que se refiere el Artículo 21 de la presente Ley, ordenará que se inhiba de todo conocimiento.

Artículo 25. Cuando el servidor público no se inhibiere a pesar de existir alguno de los impedimentos expresados, en cualquier momento de la tramitación del procedimiento, el interesado podrá promover la recusación.

Artículo 26. La recusación se planteará por escrito ante el superior jerárquico del recusado, expresando la causa o causas en que se funda, acompañando al mismo las pruebas pertinentes.

Al día siguiente de integrado el expediente con la documentación a que se refiere el párrafo anterior, el recusado manifestará lo que considere pertinente. El superior resolverá en el plazo de tres días, lo procedente.

A falta de informe rendido por el recusado, se tendrá por cierto el impedimento interpuesto.

Artículo 27. Contra las resoluciones adoptadas en materia de impedimentos, excusas y recusaciones no cabrá recurso, sin perjuicio de la posibilidad de alegar la recusación al interponer el recurso que proceda contra la resolución que dé por concluido el procedimiento.

CAPÍTULO CUARTO
DE LOS TÉRMINOS Y PLAZOS

Artículo 28. Las actuaciones y diligencias administrativas se practicarán en días y horas hábiles.

En los plazos fijados en días no se contarán los inhábiles, salvo disposición en contrario. No se considerarán días hábiles: los sábados, los domingos, el 1o. de enero; 5 de febrero; 21 de marzo; 1o. de mayo; 5 de mayo; 1o. y 16 de septiembre; 20 de noviembre; 1o. de diciembre de cada seis años, cuando corresponda a la transmisión del Poder Ejecutivo Federal, y el 25 de diciembre, así como los días en que tengan vacaciones generales las autoridades competentes o aquellos en que se suspendan las labores, los que se harán del conocimiento público mediante acuerdo del titular de la Dependencia respectiva, que se publicará en el Diario Oficial de la Federación.

Los términos podrán suspenderse por causa de fuerza mayor o caso fortuito, debidamente fundada y motivada por la autoridad competente.

La autoridad podrá, de oficio o a petición de parte interesada, habilitar días inhábiles, cuando así lo requiera el asunto.

Artículo 29. En los plazos establecidos por periodos se computarán todos los días; cuando se fijen por mes o por año se entenderá que el plazo concluye el mismo número de día del mes o año de calendario que corresponda, respectivamente; cuando no exista el mismo número de día en el mes de calendario correspondiente, el término será el primer día hábil del siguiente mes de calendario.

Si el último día del plazo o la fecha determinada son inhábiles o las oficinas ante las que se vaya a hacer el trámite permanecen cerradas durante el horario normal de labores, se prorrogará el plazo hasta el siguiente día hábil.

Cuando el último día del plazo sea inhábil, se entenderá prorrogado hasta el día siguiente hábil.

Artículo 30. Las diligencias o actuaciones del procedimiento administrativo se efectuarán conforme a los horarios que cada dependencia o entidad de la Administración Pública Federal previamente establezca y publique en el Diario Oficial de la Federación, y en su defecto, las comprendidas entre las 8:00 y las 18:00 horas. Una diligencia iniciada en horas hábiles podrá concluirse en hora inhábil sin afectar su validez.

Las autoridades administrativas, en caso de urgencia o de existir causa justificada, podrán habilitar horas inhábiles cuando la persona con quien se vaya a practicar la diligencia realice actividades objeto de investigación en tales horas.

Artículo 31. Sin perjuicio de lo establecido en otras leyes administrativas, la Administración Pública Federal, de oficio o a petición de parte interesada, podrá ampliar los términos y plazos establecidos, sin que dicha ampliación exceda en ningún caso de la mitad del plazo previsto originalmente, cuando así lo exija el asunto y no se perjudiquen los derechos de los interesados o de terceros.

Artículo 32. Para efectos de las notificaciones, citaciones, emplazamientos, requerimientos, visitas e informes, a falta de términos o plazos establecidos en las leyes administrativas para la realización de trámites, aquéllos no excederán de diez días. El órgano administrativo deberá hacer del conocimiento del interesado dicho plazo.

CAPÍTULO QUINTO
DEL ACCESO A LA DOCUMENTACIÓN E INFORMACIÓN

Artículo 33. Los interesados en un procedimiento administrativo tendrán derecho de conocer, en cualquier momento, el estado de su tramitación, recabando la oportuna información en las oficinas correspondientes, salvo cuando contengan información sobre la defensa y seguridad nacional, sean relativos a materias protegidas por el secreto comercial o industrial, en los que el interesado no sea titular o causahabiente, o se trate de asuntos en que exista disposición legal que lo prohiba.

Artículo 34. Los interesados podrán solicitar les sea expedida a su costa, copia certificada de los documentos contenidos en el expediente administrativo en el que se actúa, salvo en los casos a que se refiere el artículo anterior.

CAPÍTULO SEXTO
DE LAS NOTIFICACIONES

Artículo 35. Las notificaciones, citatorios, emplazamientos, requerimientos, solicitud de informes o documentos y las resoluciones administrativas definitivas podrán realizarse:

I. Personalmente con quien deba entenderse la diligencia, en el domicilio del interesado;

(REFORMADA, D.O.F. 2 DE MAYO DE 2017)

II. Mediante oficio entregado por mensajero o correo certificado, con acuse de recibo. También podrá realizarse mediante telefax, medios de comunicación electrónica o cualquier otro medio, cuando así lo haya aceptado expresamente el promovente y siempre que pueda comprobarse fehacientemente la recepción de los mismos, en el caso de comunicaciones electrónicas certificadas, deberán realizarse conforme a los requisitos previstos en la Norma Oficial Mexicana a que se refiere el artículo 49 del Código de Comercio, y

III. Por edicto, cuando se desconozca el domicilio del interesado o en su caso de que la persona a quien deba notificarse haya desaparecido, se ignore su domicilio o se encuentre en el extranjero sin haber dejado representante legal.

(REFORMADO, D.O.F. 30 DE MAYO DE 2000)

Tratándose de actos distintos a los señalados anteriormente, las notificaciones podrán realizarse por correo ordinario, mensajería, telegrama o, previa solicitud por escrito del interesado, a través de telefax, medios de comunicación electrónica u otro medio similar.

(ADICIONADO, D.O.F. 24 DE DICIEMBRE DE 1996)

Salvo cuando exista impedimento jurídico para hacerlo, la resolución administrativa definitiva deberá notificarse al interesado por medio de correo certificado o mensajería, en ambos casos con acuse de recibo, siempre y cuando los solicitantes hayan adjuntado al promover el trámite el comprobante de pago del servicio respectivo.

Artículo 36. Las notificaciones personales se harán en el domicilio del interesado o en el último domicilio que la persona a quien se deba notificar haya señalado ante los órganos administrativos en el procedimiento administrativo de que se trate. En todo caso, el notificador deberá cerciorarse del domicilio del interesado y deberá entregar copia del acto que se notifique y señalar la fecha y hora en que la notificación se efectúa, recabando el nombre y firma de la persona con quien se entienda la diligencia. Si ésta se niega, se hará constar en el acta de notificación, sin que ello afecte su validez.

Las notificaciones personales, se entenderán con la persona que deba ser notificada o su representante legal; a falta de ambos, el notificador dejará citatorio con cualquier persona que se encuentre en el domicilio, para que el interesado espere a una hora fija del día hábil siguiente. Si el domicilio se encontrare cerrado, el citatorio se dejará con el vecino más inmediato.

Si la persona a quien haya de notificarse no atendiere el citatorio, la notificación se entenderá con cualquier persona que se encuentre en el domicilio en que se realice la diligencia y, de negarse ésta a recibirla o en su caso de encontrarse cerrado el domicilio, se realizará por instructivo que se fijará en un lugar visible del domicilio.

De las diligencias en que conste la notificación, el notificador tomará razón por escrito.

Cuando las leyes respectivas así lo determinen, y se desconozca el domicilio de los titulares de los derechos afectados, tendrá efectos de notificación personal la segunda publicación del acto respectivo en el Diario Oficial de la Federación.

Artículo 37. Las notificaciones por edictos se realizarán haciendo publicaciones que contendrán un resumen de las resoluciones por notificar. Dichas publicaciones deberán efectuarse por tres días consecutivos en el Diario Oficial de la Federación y en uno de los periódicos diarios de mayor circulación en el territorio nacional.

Artículo 38. Las notificaciones personales surtirán sus efectos el día en que hubieren sido realizadas. Los plazos empezarán a correr a partir del día siguiente a aquel en que haya surtido efectos la notificación.

Se tendrá como fecha de notificación por correo certificado la que conste en el acuse de recibo.

En las notificaciones por edictos se tendrá como fecha de notificación la de la última publicación en el Diario Oficial de la Federación y en uno de los periódicos diarios de mayor circulación en el territorio nacional.

Artículo 39. Toda notificación deberá efectuarse en el plazo máximo de diez días, a partir de la emisión de la resolución o acto que se notifique, y deberá contener el texto íntegro del acto, así como el fundamento legal en que se apoye con la indicación si es o no definitivo en la vía administrativa, y en su caso, la expresión del recurso administrativo que contra la misma proceda, órgano ante el cual hubiera de presentarse y plazo para su interposición.

CAPÍTULO SÉPTIMO
DE LA IMPUGNACIÓN DE NOTIFICACIONES

Artículo 40. Las notificaciones irregularmente practicadas surtirán efectos a partir de la fecha en que se haga la manifestación expresa por el interesado o su representante legal de conocer su contenido o se interponga el recurso correspondiente.

Artículo 41. El afectado podrá impugnar los actos administrativos recurribles que no hayan sido notificados o no se hubieren apegado a lo dispuesto en esta ley, conforme a las siguientes reglas:

I. Si el particular afirma conocer el acto administrativo materia de la notificación, la impugnación contra la misma se hará valer mediante la interposición del recurso administrativo correspondiente, en el que manifestará la fecha en que lo conoció;

En caso de que también impugna el acto administrativo, los agravios se expresarán en el citado recurso, conjuntamente con los que se acumulen contra la notificación;

II. Si el particular niega conocer el acto, manifestará tal desconocimiento interponiendo el recurso administrativo correspondiente ante la autoridad competente para notificar dicho acto. La citada autoridad le dará a conocer el acto junto con la notificación que del mismo se hubiere practicado, para lo cual el particular señalará en el escrito del propio recurso, el domicilio en el que se le deba dar a conocer y el nombre de la persona autorizada para recibirlo, en su caso. Si no se señalare domicilio, la autoridad dará a conocer el acto mediante notificación por edictos; si no se señalare persona autorizada, se hará mediante notificación personal.

El particular tendrá un plazo de quince días a partir del día siguiente a aquél en que la autoridad se los haya dado a conocer, para ampliar el recurso administrativo, impugnando el acto y su notificación, o cualquiera de ellos según sea el caso;

III. La autoridad competente para resolver el recurso administrativo estudiará los agravios expresados contra la notificación, previamente al examen de la impugnación que, en su caso, se haya hecho del acto administrativo; y

IV. Si se resuelve que no hubo notificación o que ésta no fue efectuada conforme a lo dispuesto por la presente Ley, se tendrá al recurrente como sabedor del acto administrativo desde la fecha en que manifestó conocerlo o en que se le dio a conocer en los términos de la Fracción II del presente artículo, quedando sin efectos todo lo actuado con base en aquélla, y procederá al estudio de la impugnación que, en su caso, hubiese formulado en contra de dicho acto.

Si resuelve que la notificación fue legalmente practicada y, como consecuencia de ello, la impugnación contra el acto se interpuso extemporáneamente, desechará dicho recurso.

CAPÍTULO OCTAVO
DE LA INICIACIÓN

Artículo 42. Los escritos dirigidos a la Administración Pública Federal deberán presentarse directamente en sus oficinas autorizadas para tales efectos, en las oficinas de correos, mediante mensajería o telefax, salvo el caso del escrito inicial de impugnación, el cual deberá presentarse precisamente en las oficinas administrativas correspondientes.

Cuando un escrito sea presentado ante un órgano incompetente, dicho órgano remitirá la promoción al que sea competente en el plazo de cinco días. En tal caso, se tendrá como fecha de presentación la del acuse de recibo del órgano incompetente, salvo que éste aperciba al particular en el sentido de que su ocurso se recibe sólo para el efecto de ser turnado a la autoridad competente; de esta circunstancia deberá dejarse constancia por escrito en el propio documento y en la copia sellada que al efecto se exhiba.

Los escritos recibidos por correo certificado con acuse de recibo se considerarán presentados en las fechas que indique el sello fechador de la oficina de correos, excepto en los casos en que hubieren sido dirigidos a una autoridad que resulte incompetente. Para tal efecto, se agregará al expediente el sobre sin destruir en donde aparezca el sello fechador, y cuando así proceda se estará a lo dispuesto en el párrafo anterior.

Artículo 43. En ningún caso se podrán rechazar los escritos en las unidades de recepción de documentos.

Cuando en cualquier estado se considere que alguno de los actos no reúne los requisitos necesarios, el órgano administrativo lo pondrá en conocimiento de la parte interesada, concediéndole un plazo de cinco días para su cumplimiento. Los interesados que no cumplan con lo dispuesto en este artículo, se les podrá declarar la caducidad del ejercicio de su derecho, en los términos previstos en la presente Ley.

Artículo 44. Iniciado el procedimiento, el órgano administrativo podrá adoptar las medidas provisionales establecidas en las leyes administrativas de la materia, y en su caso, en la presente ley para asegurar la eficacia de la resolución que pudiera recaer, si existieren suficientes elementos de juicio para ello.

Artículo 45. Los titulares de los órganos administrativos ante quienes se inicie o se tramite cualquier procedimiento administrativo, de oficio o a petición de parte interesada, podrán disponer su acumulación. Contra el acuerdo de acumulación no procederá recurso alguno.

CAPÍTULO NOVENO
DE LA TRAMITACIÓN

Artículo 46. En el despacho de los expedientes se guardará y respetará el orden riguroso de tramitación en los asuntos de la misma naturaleza; la alteración del orden sólo podrá realizarse cuando exista causa debidamente motivada de la que quede constancia.

El incumplimiento a lo dispuesto en el párrafo anterior, será causa de responsabilidad del servidor público infractor.

Artículo 47. Las cuestiones incidentales que se susciten durante el procedimiento no suspenderán la tramitación del mismo, incluyendo la recusación, en la inteligencia que de existir un procedimiento incidental de recusación, éste deberá resolverse antes de dictarse resolución definitiva o en la misma resolución.

Artículo 48. Los incidentes se tramitarán por escrito dentro de los cinco días siguientes a la notificación del acto que lo motive, en el que expresará lo que a su derecho conviniere, así como las pruebas que estime pertinentes fijando los puntos sobre los que versen; una vez desahogadas, en su caso, las pruebas que hubiere ofrecido, en el término que se fije y que no excederá de diez días, el órgano administrativo resolverá el incidente planteado.

Artículo 49. Los actos necesarios para la determinación, conocimiento y comprobación de los hechos en virtud de los cuales deba pronunciarse resolución, se realizarán de oficio por el órgano que tramite el procedimiento.

Artículo 50. En los procedimientos administrativos se admitirán toda clase de pruebas, excepto la confesional de las autoridades. No se considerará comprendida en esta prohibición la petición de informes a las autoridades administrativas, respecto de hechos que consten en sus expedientes o de documentos agregados a ellos.

La autoridad podrá allegarse de los medios de prueba que considere necesarios, sin más limitación que las establecidas en la ley.

El órgano o autoridad de la Administración Pública Federal ante quien se tramite un procedimiento administrativo, acordará sobre la admisibilidad de las pruebas ofrecidas. Sólo podrá rechazar las pruebas propuestas por los interesados cuando no fuesen ofrecidas conforme a derecho, no tengan relación con el fondo del asunto, sean improcedentes e innecesarias o contrarias a la moral y al derecho. Tal resolución deberá estar debidamente fundada y motivada.

Artículo 51. El desahogo de las pruebas ofrecidas y admitidas se realizará dentro de un plazo no menor a tres ni mayor de quince días, contado a partir de su admisión.

Si se ofreciesen pruebas que ameriten ulterior desahogo, se concederá al interesado un plazo no menor de ocho ni mayor de quince días para tal efecto.

Las pruebas supervenientes podrán presentarse siempre que no se haya emitido la resolución definitiva.

Artículo 52. El órgano administrativo notificará a los interesados, con una anticipación de tres días, el inicio de las actuaciones necesarias para el desahogo de las pruebas que hayan sido admitidas.

Artículo 53. Cuando las disposiciones legales así lo establezcan o se juzgue necesario, se solicitarán los informes u opiniones necesarios para resolver el asunto, citándose el precepto que lo exija o motivando, en su caso, la conveniencia de solicitarlos.

Artículo 54. Los informes u opiniones solicitados a otros órganos administrativos podrán ser obligatorios o facultativos, vinculantes o no. Salvo disposición legal en contrario, los informes y opiniones serán facultativos y no vinculantes al órgano que los solicitó y deberán incorporarse al expediente.

Artículo 55. A quien se le solicite un informe u opinión, deberá emitirlo dentro del plazo de quince días, salvo disposición que establezca otro plazo.

Si transcurrido el plazo a que se refiere el párrafo anterior, no se recibiese el informe u opinión, cuando se trate de informes u opiniones obligatorios o vinculantes, se entenderá que no existe objeción a las pretensiones del interesado.

Artículo 56. Concluida la tramitación del procedimiento administrativo y antes de dictar resolución se pondrán las actuaciones a disposición de los interesados, para que en su caso, formulen alegatos, los que serán tomados en cuenta por el órgano competente al dictar la resolución.

Los interesados en un plazo no inferior a cinco días ni superior a diez podrán presentar por escrito sus alegatos.

Si antes del vencimiento del plazo los interesados manifestaran su decisión de no presentar alegatos, se tendrá por concluido el trámite.

CAPÍTULO DÉCIMO
DE LA TERMINACIÓN

Artículo 57. Ponen fin al procedimiento administrativo:

I. La resolución del mismo;

II. El desistimiento;

III. La renuncia al derecho en que se funde la solicitud, cuando tal renuncia no esté prohibida por el ordenamiento jurídico.

IV. La declaración de caducidad;

V. La imposibilidad material de continuarlo por causas sobrevenidas, y

VI. El convenio de las partes, siempre y cuando no sea contrario al ordenamiento jurídico ni verse sobre materias que no sean susceptibles de transacción, y tengan por objeto satisfacer el interés público, con el alcance, efectos y régimen jurídico específico que en cada caso prevea la disposición que lo regula.

Artículo 58. Todo interesado podrá desistirse de su solicitud o renunciar a sus derechos, cuando éstos no sean de orden e interés públicos. Si el escrito de iniciación se hubiere formulado por dos o más interesados, el desistimiento o la renuncia sólo afectará a aquél que lo hubiese formulado.

Artículo 59. La resolución que ponga fin al procedimiento decidirá todas las cuestiones planteadas por los interesados y de oficio las derivadas del mismo; en su caso, el órgano administrativo competente podrá decidir sobre las mismas, poniéndolo, previamente, en conocimiento de los interesados por un plazo no superior de diez días, para que manifiesten lo que a su derecho convenga y aporten las pruebas que estimen convenientes.

En los procedimientos tramitados a solicitud del interesado la resolución será congruente con las peticiones formuladas por éste, sin perjuicio de la potestad de la Administración Pública Federal de iniciar de oficio un nuevo procedimiento.

Artículo 60. En los procedimientos iniciados a instancia del interesado, cuando se produzca su paralización por causas imputables al mismo, la Administración Pública Federal le advertirá que, transcurridos tres meses, se producirá la caducidad del mismo. Expirado dicho plazo sin que el interesado requerido realice las actividades necesarias para reanudar la tramitación, la Administración Pública Federal acordará el archivo de las actuaciones, notificándoselo al interesado. Contra la resolución que declare la caducidad procederá el recurso previsto en la presente Ley.

La caducidad no producirá por sí misma la prescripción de las acciones del particular, de la Administración Pública Federal, pero los procedimientos caducados no interrumpen ni suspenden el plazo de prescripción.

Cuando se trate de procedimientos iniciados de oficio se entenderán caducados, y se procederá al archivo de las actuaciones, a solicitud de parte interesada o de oficio, en el plazo de 30 días contados a partir de la expiración del plazo para dictar resolución.

Artículo 61. En aquellos casos en que medie una situación de emergencia o urgencia, debidamente fundada y motivada, la autoridad competente podrá emitir el acto administrativo sin sujetarse a los requisitos y formalidades del procedimiento administrativo previstos en esta Ley, respetando en todo caso las garantías individuales.

CAPÍTULO DÉCIMO PRIMERO
DE LAS VISITAS DE VERIFICACIÓN

Artículo 62. Las autoridades administrativas, para comprobar el cumplimiento de las disposiciones legales y reglamentarias podrán llevar a cabo visitas de verificación, mismas que podrán ser ordinarias y extraordinarias; las primeras se efectuarán en días y horas hábiles, y las segundas en cualquier tiempo.

Artículo 63. Los verificadores, para practicar visitas, deberán estar provistos de orden escrita con firma autógrafa expedida por la autoridad competente, en la que deberá precisarse el lugar o zona que ha de verificarse, el objeto de la visita, el alcance que deba tener y las disposiciones legales que lo fundamenten.

Artículo 64. Los propietarios, responsables, encargados u ocupantes de establecimientos objeto de verificación estarán obligados a permitir el acceso y dar facilidades e informes a los verificadores para el desarrollo de su labor.

Artículo 65. Al iniciar la visita, el verificador deberá exhibir credencial vigente con fotografía, expedida por la autoridad competente que lo acredite para desempeñar dicha función, así como la orden expresa a la que se refiere el artículo 63 de la presente Ley, de la que deberá dejar copia al propietario, responsable, encargado u ocupante del establecimiento.

Artículo 66. De toda visita de verificación se levantará acta circunstanciada, en presencia de dos testigos propuestos por la persona con quien se hubiere entendido la diligencia o por quien la practique si aquélla se hubiere negado a proponerlos.

De toda acta se dejará copia a la persona con quien se entendió la diligencia, aunque se hubiere negado a firmar, lo que no afectará la validez de la diligencia ni del documento de que se trate, siempre y cuando el verificador haga constar tal circunstancia en la propia acta.

Artículo 67. En las actas se hará constar:

I. Nombre, denominación o razón social del visitado;

II. Hora, día, mes y año en que se inicie y concluya la diligencia;

III. Calle, número, población o colonia, teléfono u otra forma de comunicación disponible, municipio o delegación, código postal y entidad federativa en que se encuentre ubicado el lugar en que se practique la visita;

IV. Número y fecha del oficio de comisión que la motivó;

V. Nombre y cargo de la persona con quien se entendió la diligencia;

VI. Nombre y domicilio de las personas que fungieron como testigos;

VII. Datos relativos a la actuación;

VIII. Declaración del visitado, si quisiera hacerla; y

IX. Nombre y firma de quienes intervinieron en la diligencia incluyendo los de quien la hubiere llevado a cabo. Si se negaren a firmar el visitado o su representante legal, ello no afectará la validez del acta, debiendo el verificador asentar la razón relativa.

Artículo 68. Los visitados a quienes se haya levantado acta de verificación podrán formular observaciones en el acto de la diligencia y ofrecer pruebas en relación a los hechos contenidos en ella, o bien, por escrito, hacer uso de tal derecho dentro del término de cinco días siguientes a la fecha en que se hubiere levantado.

Artículo 69. Las dependencias podrán, de conformidad con las disposiciones aplicables, verificar bienes, personas y vehículos de transporte con el objeto de comprobar el cumplimiento de las disposiciones legales, para lo cual se deberán cumplir, en lo conducente, las formalidades previstas para las visitas de verificación.

(ADICIONADO CON LOS CAPÍTULOS Y ARTÍCULOS QUE LO INTEGRAN, D.O.F. 19 DE ABRIL DE 2000)

TÍTULO TERCERO A
DE LA MEJORA REGULATORIA

(ADICIONADO CON LOS ARTÍCULOS QUE LO INTEGRAN, D.O.F. 19 DE ABRIL DE 2000)

CAPÍTULO PRIMERO
DISPOSICIONES GENERALES

Artículo 69-A. (DEROGADO, D.O.F. 18 DE MAYO DE 2018)

(ADICIONADO, D.O.F. 19 DE ABRIL DE 2000)

Artículo 69-B. Cada dependencia y organismo descentralizado creará un Registro de Personas Acreditadas para realizar trámites ante éstas; asignando al efecto un número de identificación al interesado, quien, al citar dicho número en los trámites subsecuentes que presente, no requerirá asentar los datos ni acompañar los documentos mencionados en el artículo 15, salvo al órgano a quien se dirige el trámite, la petición que se formula, los hechos y razones que dan motivo a la petición y el lugar y fecha de emisión del escrito. El número de identificación se conformará en los términos que establezca la Comisión Federal de Mejora Regulatoria, con base en la clave del Registro Federal de Contribuyentes del interesado, en caso de estar inscrito en el mismo.

Los registros de personas acreditadas deberán estar interconectados informáticamente y el número de identificación asignado por una dependencia u organismo descentralizado será obligatorio para las demás.

(DEROGADO TERCER PÁRRAFO, D.O.F. 18 DE MAYO DE 2018)

Artículo 69-C. (DEROGADO [N. DE E. ESTE PÁRRAFO], D.O.F. 18 DE MAYO DE 2018)

(ADICIONADO, D.O.F. 30 DE MAYO DE 2000)

En los procedimientos administrativos, las dependencias y los organismos descentralizados de la Administración Pública Federal recibirán las promociones o solicitudes que, en términos de esta Ley, los particulares presenten por escrito, sin perjuicio de que dichos documentos puedan presentarse a través de medios de comunicación electrónica en las etapas que las propias dependencias y organismos así lo determinen mediante reglas de carácter general publicadas en el Diario Oficial de la Federación. En estos últimos casos se emplearán, en sustitución de la firma autógrafa, medios de identificación electrónica.

(ADICIONADO, D.O.F. 30 DE MAYO DE 2000)

El uso de dichos medios de comunicación electrónica será optativo para cualquier interesado, incluidos los particulares que se encuentren inscritos en el Registro de Personas Acreditadas a que alude el artículo 69-B de esta Ley.

(ADICIONADO, D.O.F. 30 DE MAYO DE 2000)

Los documentos presentados por medios de comunicación electrónica producirán los mismos efectos que las leyes otorgan a los documentos firmados autógrafamente y, en consecuencia, tendrán el mismo valor probatorio que las disposiciones aplicables les otorgan a éstos.

(REFORMADO, D.O.F. 9 DE ABRIL DE 2012)

La certificación de los medios de identificación electrónica del promovente, así como la verificación de la fecha y hora de recepción de las promociones o solicitudes y de la autenticidad de las manifestaciones vertidas en las mismas, deberán hacerse por las dependencias u organismo (sic) descentralizados, bajo su responsabilidad, y de conformidad con las disposiciones generales que al efecto emita la Secretaría de la Función Pública.

(ADICIONADO, D.O.F. 30 DE MAYO DE 2000)

Las dependencias y organismos descentralizados podrán hacer uso de los medios de comunicación electrónica para realizar notificaciones, citatorios o requerimientos de documentación e información a los particulares, en términos de lo dispuesto en el artículo 35 de esta Ley.

N. DE E. EN RELACIÓN CON LA ENTRADA EN VIGOR DEL PRESENTE ARTÍCULO, VÉASE ARTÍCULO SEGUNDO TRANSITORIO DEL DECRETO QUE MODIFICA LA LEY.

(ADICIONADO, D.O.F. 15 DE DICIEMBRE DE 2011)

Artículo 69-C Bis. Asimismo, a efecto de facilitar las gestiones de los interesados frente a las autoridades y evitar duplicidad de información en trámites y crear sinergias entre las diversas bases de datos, las dependencias y organismos descentralizados que estén vinculados en la realización de procedimientos administrativos relacionados con la apertura y operación de empresas, estarán obligados a coordinarse con la Secretaría de Economía, para el cumplimiento de dichos fines. La Secretaría de Economía tendrá la facultad de organizar, unificar e implementar el sistema informático que preverá expedientes electrónicos empresariales.

Los expedientes electrónicos empresariales se compondrán, por lo menos, del conjunto de información y documentos electrónicos generados por la autoridad y por el interesado relativas a éste y que se requieren para la realización de cualquier trámite ante la Administración Pública Federal centralizada y descentralizada.

La información y documentos electrónicos contenidos en el expediente electrónico gozarán, para todos los efectos jurídicos a que haya lugar, de equivalencia funcional en relación con la información y documentación en medios no electrónicos, siempre que la información y los documentos electrónicos originales se encuentren en poder de la Administración Pública Federal o cuando cuenten con la firma digital de las personas facultadas para generarlos o cuando hayan sido verificados por la autoridad requirente.

Las normas reglamentarias del expediente electrónico empresarial desarrollarán, entre otros, los procedimientos y requisitos técnicos del mismo.

El Gobierno Federal, a través de la Secretaría de Economía, podrá celebrar convenios con los Estados y Municipios del país que deseen incorporarse al sistema electrónico de apertura y operación de empresas que se ha mencionado en los párrafos anteriores.

Artículo 69-D. (DEROGADO, D.O.F. 18 DE MAYO DE 2018)

(ADICIONADO CON LOS ARTÍCULOS QUE LO INTEGRAN, D.O.F. 19 DE ABRIL DE 2000)

CAPÍTULO SEGUNDO
DE LA COMISIÓN FEDERAL DE MEJORA REGULATORIA

Artículo 69-E. (DEROGADO, D.O.F. 18 DE MAYO DE 2018)

Artículo 69-F. (DEROGADO, D.O.F. 18 DE MAYO DE 2018)

Artículo 69-G. (DEROGADO, D.O.F. 18 DE MAYO DE 2018)

(ADICIONADO CON LOS ARTÍCULOS QUE LO INTEGRAN, D.O.F. 19 DE ABRIL DE 2000)

CAPÍTULO TERCERO
DE LA MANIFESTACIÓN DE IMPACTO REGULATORIO

Artículo 69-H. (DEROGADO, D.O.F. 18 DE MAYO DE 2018)

Artículo 69-I. (DEROGADO, D.O.F. 18 DE MAYO DE 2018)

Artículo 69-J. (DEROGADO, D.O.F. 18 DE MAYO DE 2018)

Artículo 69-K. (DEROGADO, D.O.F. 18 DE MAYO DE 2018)

Artículo 69-L. (DEROGADO, D.O.F. 18 DE MAYO DE 2018)

(ADICIONADO CON LOS ARTÍCULOS QUE LO INTEGRAN, D.O.F. 19 DE ABRIL DE 2000)

CAPÍTULO CUARTO
DEL REGISTRO FEDERAL DE TRÁMITES Y SERVICIOS

Artículo 69-M. (DEROGADO, D.O.F. 18 DE MAYO DE 2018)

Artículo 69-N. (DEROGADO, D.O.F. 18 DE MAYO DE 2018)

Artículo 69-O. (DEROGADO, D.O.F. 18 DE MAYO DE 2018)

Artículo 69-P. (DEROGADO, D.O.F. 18 DE MAYO DE 2018)

Artículo 69-Q. (DEROGADO, D.O.F. 18 DE MAYO DE 2018)

TÍTULO CUARTO
DE LAS INFRACCIONES Y SANCIONES ADMINISTRATIVAS

CAPÍTULO ÚNICO

Artículo 70. Las sanciones administrativas deberán estar previstas en las leyes respectivas y podrán consistir en:

I. Amonestación con apercibimiento;

II. Multa;

III. Multa adicional por cada día que persista la infracción;

IV. Arresto hasta por 36 horas;

V. Clausura temporal o permanente, parcial o total; y

VI. Las demás que señalen las leyes o reglamentos.

(ADICIONADO, D.O.F. 19 DE ABRIL DE 2000)

Artículo 70-A. Es causa de responsabilidad el incumplimiento de esta Ley y serán aplicables las sanciones previstas en la Ley Federal de Responsabilidades de los Servidores Públicos. En todo caso se destituirá del puesto e inhabilitará cuando menos por un año para desempeñar empleos, cargos o comisiones en el servicio público:

I. Al titular de la unidad administrativa que, en un mismo empleo, cargo o comisión, incumpla por dos veces lo dispuesto en el artículo 17;

II. (DEROGADA, D.O.F. 18 DE MAYO DE 2018)

III. (DEROGADA, D.O.F. 18 DE MAYO DE 2018)

IV. (DEROGADA, D.O.F. 18 DE MAYO DE 2018)

V. (DEROGADA, D.O.F. 18 DE MAYO DE 2018)

VI. (DEROGADA, D.O.F. 18 DE MAYO DE 2018)

VII. (DEROGADA, D.O.F. 18 DE MAYO DE 2018)

VIII. (DEROGADA, D.O.F. 18 DE MAYO DE 2018)

IX. (DEROGADA, D.O.F. 18 DE MAYO DE 2018)

(DEROGADO ÚLTIMO PÁRRAFO, D.O.F. 18 DE MAYO DE 2018)

Artículo 71. Sin perjuicio de lo establecido en las leyes administrativas, en caso de reincidencia se duplicará la multa impuesta por la infracción anterior, sin que su monto exceda del doble del máximo.

Artículo 72. Para imponer una sanción, la autoridad administrativa deberá notificar previamente al infractor del inicio del procedimiento, para que este dentro de los quince días siguientes exponga lo que a su derecho convenga y, en su caso aporte las pruebas con que cuente.

Artículo 73. La autoridad administrativa fundará y motivará su resolución, considerando:

I. Los daños que se hubieren producido o puedan producirse;

II. El carácter intencional o no de la acción u omisión constitutiva de la infracción;

III. La gravedad de la infracción; y

IV. La reincidencia del infractor.

Artículo 74. Una vez oído al infractor y desahogadas las pruebas ofrecidas y admitidas, se procederá, dentro de los diez días siguientes, a dictar por escrito la resolución que proceda, la cual será notificada en forma personal o por correo certificado.

Artículo 75. Las autoridades competentes harán uso de las medidas legales necesarias, incluyendo el auxilio de la fuerza pública, para lograr la ejecución de las sanciones y medidas de seguridad que procedan.

Artículo 76. Las sanciones administrativas podrán imponerse en más de una de las modalidades previstas en el Artículo 70 de esta Ley, salvo el arresto.

Artículo 77. Cuando en una misma acta se hagan constar diversas infracciones, en la resolución respectiva, las multas se determinarán separadamente así como el monto total de todas ellas.

Cuando en una misma acta se comprenda a dos o más infractores, a cada uno de ellos se le impondrá la sanción que corresponda.

Artículo 78. Las sanciones por infracciones administrativas se impondrán sin perjuicio de las penas que correspondan a los delitos en que, en su caso, incurran los infractores.

Artículo 79. La facultad de la autoridad para imponer sanciones administrativas prescribe en cinco años. Los términos de la prescripción serán continuos y se contarán desde el día en que se cometió la falta o infracción administrativa si fuere consumada o, desde que cesó si fuere continua.

Artículo 80. Cuando el infractor impugnare los actos de la autoridad administrativa se interrumpirá la prescripción hasta en tanto la resolución definitiva que se dicte no admita ulterior recurso.

Los interesados podrán hacer valer la prescripción por vía de excepción y la autoridad deberá declararla de oficio.

TÍTULO QUINTO
MEDIDAS DE SEGURIDAD

CAPÍTULO ÚNICO

Artículo 81. Se consideran medidas de seguridad las disposiciones que dicte la autoridad competente para proteger la salud y la seguridad públicas. Las medidas de seguridad se establecerán en cada caso por las leyes administrativas.

Artículo 82. Las autoridades administrativas con base en los resultados de la visita de verificación o del informe de la misma, podrán dictar medidas de seguridad para corregir las irregularidades que se hubiesen encontrado, notificándolas al interesado y otorgándole un plazo adecuado para su realización. Dichas medidas tendrán la duración estrictamente necesaria para la corrección de las irregularidades respectivas.

TÍTULO SEXTO
DEL RECURSO DE REVISIÓN

CAPÍTULO PRIMERO
DISPOSICIONES GENERALES

(REFORMADO, D.O.F. 30 DE MAYO DE 2000)

Artículo 83. Los interesados afectados por los actos y resoluciones de las autoridades administrativas que pongan fin al procedimiento administrativo, a una instancia o resuelvan un expediente, podrán interponer el recurso de revisión o, cuando proceda, intentar la vía jurisdiccional que corresponda.

En los casos de actos de autoridad de los organismos descentralizados federales, de los servicios que el Estado presta de manera exclusiva a través de dichos organismos y de los contratos que los particulares sólo pueden celebrar con aquéllos, que no se refieran a las materias excluidas de la aplicación de esta Ley, el recurso de revisión previsto en el párrafo anterior también podrá interponerse en contra de actos y resoluciones que pongan fin al procedimiento administrativo, a una instancia o resuelvan un expediente.

Artículo 84. La oposición a los actos de trámite en un procedimiento administrativo deberá alegarse por los interesados durante dicho procedimiento, para su consideración, en la resolución que ponga fin al mismo. La oposición a tales actos de trámite se hará valer en todo caso al impugnar la resolución definitiva.

Artículo 85. El plazo para interponer el recurso de revisión será de quince días contado a partir del día siguiente a aquél en que hubiere surtido efectos la notificación de la resolución que se recurra.

(REFORMADO PRIMER PÁRRAFO, D.O.F. 24 DE DICIEMBRE DE 1996)

Artículo 86. El escrito de interposición del recurso de revisión deberá presentarse ante la autoridad que emitió el acto impugnado y será resuelto por el superior jerárquico, salvo que el acto impugnado provenga del titular de una dependencia, en cuyo caso será resuelto por el mismo. Dicho escrito deberá expresar:

I. El órgano administrativo a quien se dirige;

II. El nombre del recurrente, y del tercero perjudicado si lo hubiere, así como el lugar que señale para efectos de notificaciones;

III. El acto que se recurre y fecha en que se le notificó o tuvo conocimiento del mismo;

IV. Los agravios que se le causan;

V. En su caso, copia de la resolución o acto que se impugna y de la notificación correspondiente. Tratándose de actos que por no haberse resuelto en tiempo se entiendan negados, deberá acompañarse el escrito de iniciación del procedimiento, o el documento sobre el cual no hubiere recaído resolución alguna; y

VI. Las pruebas que ofrezca, que tengan relación inmediata y directa con la resolución o acto impugnado debiendo acompañar las documentales con que cuente, incluidas las que acrediten su personalidad cuando actúen en nombre de otro o de personas morales.

Artículo 87. La interposición del recurso suspenderá la ejecución del acto impugnado, siempre y cuando:

I. Lo solicite expresamente el recurrente;

II. Sea procedente el recurso;

III. No se siga perjuicio al interés social o se contravengan disposiciones de orden público;

IV. No se ocasionen daños o perjuicios a terceros, a menos que se garanticen éstos para el caso de no obtener resolución favorable; y

V. Tratándose de multas, el recurrente garantice el crédito fiscal en cualesquiera de las formas prevista en el Código Fiscal de la Federación.

La autoridad deberá acordar, en su caso, la suspensión o la denegación de la suspensión dentro de los cinco días siguientes a su interposición, en cuyo defecto se entenderá otorgada la suspensión.

Artículo 88. El recurso se tendrá por no interpuesto y se desechará cuando:

I. Se presente fuera de plazo;

II. No se haya acompañado la documentación que acredite la personalidad del recurrente; y

III. No aparezca suscrito por quien deba hacerlo, a menos que se firme antes del vencimiento del plazo para interponerlo.

Artículo 89. Se desechará por improcedente el recurso:

I. Contra actos que sean materia de otro recurso y que se encuentre pendiente de resolución, promovido por el mismo recurrente y por el propio acto impugnado;

II. Contra actos que no afecten los intereses jurídicos del promovente;

III. Contra actos consumados de un modo irreparable;

IV. Contra actos consentidos expresamente; y

V. Cuandos (sic) se esté tramitando ante los tribunales algún recurso o defensa legal interpuesto por el promovente, que pueda tener por efecto modificar, revocar o nulificar el acto respectivo.

Artículo 90. Será sobreseído el recurso cuando:

I. El promovente se desista expresamente del recurso;

II. El agraviado fallezca durante el procedimiento, si el acto respectivo sólo afecta su persona;

III. Durante el procedimiento sobrevenga alguna de las causas de improcedencia a que se refiere el artículo anterior;

IV. Cuando hayan cesado los efectos del acto respectivo;

V. Por falta de objeto o materia del acto respectivo; y

VI. No se probare la existencia del acto respectivo.

Artículo 91. La autoridad encargada de resolver el recurso podrá:

I. Desecharlo por improcedente o sobreseerlo;

II. Confirmar el acto impugnado;

III. Declarar la inexistencia, nulidad o anulabilidad del acto impugnado o revocarlo total o parcialmente; y

IV. Modificar u ordenar la modificación del acto impugnado o dictar u ordenar expedir uno nuevo que lo sustituya, cuando el recurso interpuesto sea total o parcialmente resuelto a favor del recurrente.

Artículo 92. La resolución del recurso se fundará en derecho y examinará todos y cada uno de los agravios hechos valer por el recurrente teniendo la autoridad la facultad de invocar hechos notorios; pero, cuando uno de los agravios sea suficiente para desvirtuar la validez del acto impugnado bastará con el examen de dicho punto.

La autoridad, en beneficio del recurrente, podrá corregir los errores que advierta en la cita de los preceptos que se consideren violados y examinar en su conjunto los agravios, así como los demás razonamientos del recurrente, a fin de resolver la cuestión efectivamente planteada, pero sin cambiar los hechos expuestos en el recurso.

Igualmente, deberá dejar sin efectos legales los actos administrativos cuando advierta una ilegalidad manifiesta y los agravios sean insuficientes, pero deberá fundar cuidadosamente los motivos por los que consideró ilegal el acto y precisar el alcance en la resolución.

Si la resolución ordena realizar un determinado acto o iniciar la reposición del procedimiento, deberá cumplirse en un plazo de cuatro meses.

Artículo 93. No se podrán revocar o modificar los actos administrativos en la parte no impugnada por el recurrente.

La resolución expresará con claridad los actos que se modifiquen y si la modificación es parcial, se precisará ésta.

Artículo 94. El recurrente podrá esperar la resolución expresa o impugnar en cualquier tiempo la presunta confirmación del acto impugnado.

Artículo 95. La autoridad podrá dejar sin efectos un requerimiento o una sanción, de oficio o a petición de parte interesada, cuando se trate de un error manifiesto o el particular demuestre que ya había dado cumplimiento con anterioridad.

La tramitación de la declaración no constituirá recurso, ni suspenderá el plazo para la interposición de éste, y tampoco suspenderá la ejecución del acto.

Artículo 96. Cuando hayan de tenerse en cuenta nuevos hechos o documentos que no obren en el expediente original derivado del acto impugnado, se pondrá de manifiesto a los interesados para que, en un plazo no inferior a cinco días ni superior a diez, formulen sus alegatos y presenten los documentos que estime procedentes.

No se tomarán en cuenta en la resolución del recurso, hechos, documentos o alegatos del recurrente, cuando habiendo podido aportarlos durante el procedimiento administrativo no lo haya hecho.

TRANSITORIOS

PRIMERO. Esta ley entrará en vigor el 1o. de junio de 1995.

Segundo. Se derogan todas las disposiciones que se opongan a lo establecido en esta Ley, en particular los diversos recursos administrativos de las diferentes leyes administrativas en las materias reguladas por este ordenamiento. Los recursos administrativos en trámite a la entrada en vigor de esta Ley, se resolverán conforme a la ley de la materia.

Tercero. En los procedimientos administrativos que se encuentren en trámite, el interesado podrá optar por su continuación conforme al procedimiento vigente durante su iniciación o por la aplicación de esta Ley.

Cuarto. Los procedimientos de conciliación y arbitraje previstos en los ordenamientos materia de la presente Ley, se seguirán sustanciando conforme a lo dispuesto en dichos ordenamientos legales.

México, D.F., a 14 de julio de 1994. Dip. Manuel Huerta Ladrón de Guevara, Presidente. Sen. Ricardo Monreal Avila, Presidente. Dip. José Raúl Hernández Avila, Secretario. Sen. Antonio Melgar Aranda, Secretario. Rúbricas".

En cumplimiento de lo dispuesto por la fracción I del Artículo 89 de la Constitución Política de los Estados Unidos Mexicanos, y para su debida publicación y observancia, expido el presente Decreto en la residencia del Poder Ejecutivo Federal, en la Ciudad de México, Distrito Federal, a los veintinueve días del mes de julio de mil novecientos noventa y cuatro. Carlos Salinas de Gortari. Rúbrica. El Secretario de Gobernación, Jorge Carpizo. Rúbrica.

Ley Federal de Procedimiento Contencioso Administrativo

ÚLTIMA REFORMA PUBLICADA EN EL DIARIO OFICIAL DE LA FEDERACIÓN: 21 DE MAYO DE 2024.

Ley publicada en la Primera Sección del Diario Oficial de la Federación, el jueves 1 de diciembre de 2005.

Al margen un sello con el Escudo Nacional, que dice: Estados Unidos Mexicanos.- Presidencia de la República.

VICENTE FOX QUESADA, Presidente de los Estados Unidos Mexicanos, a sus habitantes sabed:

Que el Honorable Congreso de la Unión, se ha servido dirigirme el siguiente

DECRETO

"EL CONGRESO GENERAL DE LOS ESTADOS UNIDOS MEXICANOS, DECRETA:

SE EXPIDE LA LEY FEDERAL DE PROCEDIMIENTO CONTENCIOSO ADMINISTRATIVO.

TÍTULO I
DEL JUICIO CONTENCIOSO ADMINISTRATIVO FEDERAL

CAPÍTULO I
DISPOSICIONES GENERALES

Artículo 1o. Los juicios que se promuevan ante el Tribunal Federal de Justicia Fiscal y Administrativa, se regirán por las disposiciones de esta Ley, sin perjuicio de lo dispuesto por los tratados internacionales de que México sea parte. A falta de disposición expresa se aplicará supletoriamente el Código Federal de Procedimientos Civiles, siempre que la disposición de este último ordenamiento no contravenga las que regulan el juicio contencioso administrativo federal que establece esta Ley.

Cuando la resolución recaída a un recurso administrativo, no satisfaga el interés jurídico del recurrente, y éste la controvierta en el juicio contencioso administrativo federal, se entenderá que simultáneamente impugna la resolución recurrida en la parte que continúa afectándolo, pudiendo hacer valer conceptos de impugnación no planteados en el recurso.

Asimismo, cuando la resolución a un recurso administrativo declare por no interpuesto o lo deseche por improcedente, siempre que la Sala Regional competente determine la procedencia del mismo, el juicio contencioso administrativo procederá en contra de la resolución objeto del recurso, pudiendo en todo caso hacer valer conceptos de impugnación no planteados en el recurso.

(ADICIONADO, D.O.F. 12 DE JUNIO DE 2009)

Artículo 1o-A. Para los efectos de esta Ley se entenderá por:

I. Acuse de Recibo Electrónico: Constancia que acredita que un documento digital fue recibido por el Tribunal y estará sujeto a la misma regulación aplicable al uso de una firma electrónica avanzada. En este caso, el acuse de recibo electrónico identificará a la Sala que recibió el documento y se presumirá, salvo prueba en contrario, que el documento digital fue recibido en la fecha y hora que se consignen en dicha constancia. El Tribunal establecerá los medios para que las partes y los autorizados para recibir notificaciones puedan verificar la autenticidad de los acuses de recibo electrónico.

II. Archivo Electrónico: Información contenida en texto, imagen, audio o video generada, enviada, recibida o archivada por medios electrónicos, ópticos o de cualquier otra tecnología que forma parte del Expediente Electrónico.

(REFORMADA, D.O.F. 13 DE JUNIO DE 2016)

III. Boletín Jurisdiccional: Medio de comunicación oficial electrónico, a través del cual el Tribunal da a conocer las actuaciones o resoluciones en los juicios contenciosos administrativos federales que se tramitan ante el mismo.

(ADICIONADA, D.O.F. 13 DE JUNIO DE 2016)

III Bis. Aviso electrónico: Mensaje enviado a la dirección de correo electrónico de las partes de que se realizará una notificación por Boletín Jurisdiccional.

IV. Clave de acceso: Conjunto único de caracteres alfanuméricos asignados por el Sistema de Justicia en Línea del Tribunal a las partes, como medio de identificación de las personas facultadas en el juicio en que promuevan para utilizar el Sistema, y asignarles los privilegios de consulta del expediente respectivo o envío vía electrónica de promociones relativas a las actuaciones procesales con el uso de la firma electrónica avanzada en un procedimiento contencioso administrativo.

V. Contraseña: Conjunto único de caracteres alfanuméricos, asignados de manera confidencial por el Sistema de Justicia en Línea del Tribunal a los usuarios, la cual permite validar la identificación de la persona a la que se le asignó una Clave de Acceso.

VI. Dirección de Correo Electrónico: Sistema de comunicación a través de redes informáticas, señalado por las partes en el juicio contencioso administrativo federal.

VII. Dirección de Correo Electrónico Institucional: Sistema de comunicación a través de redes informáticas, dentro del dominio definido y proporcionado por los órganos gubernamentales a los servidores públicos.

VIII. Documento Electrónico o Digital: Todo mensaje de datos que contiene texto o escritura generada, enviada, recibida o archivada por medios electrónicos, ópticos o de cualquier otra tecnología que forma parte del Expediente Electrónico.

IX. Expediente Electrónico: Conjunto de información contenida en archivos electrónicos o documentos digitales que conforman un juicio contencioso administrativo federal, independientemente de que sea texto, imagen, audio o video, identificado por un número específico.

X. (DEROGADA, D.O.F. 13 DE JUNIO DE 2016)

XI. Firma Electrónica Avanzada: Conjunto de datos consignados en un mensaje electrónico adjuntados o lógicamente asociados al mismo que permita identificar a su autor mediante el Sistema de Justicia en línea, y que produce los mismos efectos jurídicos que la firma autógrafa. La firma electrónica permite actuar en Juicio en Línea.

(REFORMADA, D.O.F. 27 DE ENERO DE 2017)

XII. Juicio en la vía tradicional: El juicio contencioso administrativo federal que se substancia recibiendo las promociones y demás documentales en manuscrito o impresos en papel, y formando un expediente también en papel, donde se agregan las actuaciones procesales, incluso en los casos en que sea procedente la vía sumaria o el juicio de resolución exclusiva de fondo.

(REFORMADA, D.O.F. 10 DE DICIEMBRE DE 2010)

XIII. Juicio en línea: Substanciación y resolución del juicio contencioso administrativo federal en todas sus etapas, así como de los procedimientos previstos en el artículo 58 de esta Ley, a través del Sistema de Justicia en Línea, incluso en los casos en que sea procedente la vía sumaria.

(ADICIONADA, D.O.F. 10 DE DICIEMBRE DE 2010)

XIV. Juicio en la vía Sumaria: El juicio contencioso administrativo federal en aquellos casos a los que se refiere el Capítulo XI del Título II de esta Ley.

XV. Sistema de Justicia en Línea: Sistema informático establecido por el Tribunal a efecto de registrar, controlar, procesar, almacenar, difundir, transmitir, gestionar, administrar y notificar el procedimiento contencioso administrativo que se sustancie ante el Tribunal.

XVI. Tribunal: Tribunal Federal de Justicia Fiscal y Administrativa.

(ADICIONADA, D.O.F. 27 DE ENERO DE 2017)

XVII. Juicio de resolución exclusiva de fondo: El juicio contencioso administrativo federal en aquellos casos a los que se refiere el Capítulo XII del Título II de esta Ley.

Artículo 2o. El juicio contencioso administrativo federal, procede contra las resoluciones administrativas definitivas que establece la Ley Orgánica del Tribunal Federal de Justicia Fiscal y Administrativa.

Asimismo, procede dicho juicio contra los actos administrativos, Decretos y Acuerdos de carácter general, diversos a los Reglamentos, cuando sean autoaplicativos o cuando el interesado los controvierta en unión del primer acto de aplicación.

Las autoridades de la Administración Pública Federal, tendrán acción para controvertir una resolución administrativa favorable a un particular cuando estime que es contraria a la ley.

Artículo 3o. Son partes en el juicio contencioso administrativo:

I. El demandante.

II. Los demandados. Tendrán ese carácter:

a) La autoridad que dictó la resolución impugnada.

b) El particular a quien favorezca la resolución cuya modificación o nulidad pida la autoridad administrativa.

c) El Jefe del Servicio de Administración Tributaria o el titular de la dependencia u organismo desconcentrado o descentralizado que sea parte en los juicios en que se controviertan resoluciones de autoridades federativas coordinadas, emitidas con fundamento en convenios o acuerdos en materia de coordinación, respecto de las materias de la competencia del Tribunal.

Dentro del mismo plazo que corresponda a la autoridad demandada, la Secretaría de Hacienda y Crédito Público podrá apersonarse como parte en los juicios en que se controvierta el interés fiscal de la Federación.

III. El tercero que tenga un derecho incompatible con la pretensión del demandante.

(REFORMADO PRIMER PÁRRAFO, D.O.F. 12 DE JUNIO DE 2009)

Artículo 4o. Toda promoción deberá contener la firma autógrafa o la firma electrónica avanzada de quien la formule y sin este requisito se tendrá por no presentada. Cuando el promovente en un Juicio en la vía tradicional, no sepa o no pueda estampar su firma autógrafa, estampará en el documento su huella digital y en el mismo documento otra persona firmará a su ruego.

(ADICIONADO, D.O.F. 13 DE JUNIO DE 2016)

Las personas morales para presentar una demanda o cualquier promoción podrán optar por utilizar su firma electrónica avanzada o bien hacerlo con la firma electrónica avanzada de su representante legal; en el primer caso, el titular del certificado de firma será la persona moral.

Cuando la resolución afecte a dos o más personas, la demanda deberá ir firmada por cada una de ellas, y designar a un representante común que elegirán de entre ellas mismas, si no lo hicieren, el Magistrado Instructor nombrará con tal carácter a cualquiera de los interesados, al admitir la demanda.

Artículo 5o. Ante el Tribunal no procederá la gestión de negocios. Quien promueva a nombre de otra deberá acreditar que la representación le fue otorgada a más tardar en la fecha de la presentación de la demanda o de la contestación, en su caso.

La representación de los particulares se otorgará en escritura pública o carta poder firmada ante dos testigos y ratificadas las firmas del otorgante y testigos ante notario o ante los secretarios del Tribunal, sin perjuicio de lo que disponga la legislación de profesiones. La representación de los menores de edad será ejercida por quien tenga la patria potestad. Tratándose de otros incapaces, de la sucesión y del ausente, la representación se acreditará con la resolución judicial respectiva.

(ADICIONADO, D.O.F. 13 DE JUNIO DE 2016)

Se presumirá, salvo prueba en contrario, que la presentación en el Sistema de Justicia en Línea de demandas o promociones enviadas con la firma electrónica avanzada de una persona moral, la hizo el Administrador Único o el Presidente del Consejo de Administración de dicha persona, atendiendo a quien ocupe dicho cargo al momento de la presentación.

La representación de las autoridades corresponderá a las unidades administrativas encargadas de su defensa jurídica, según lo disponga el Ejecutivo Federal en su Reglamento o decreto respectivo y en su caso, conforme lo disponga la Ley Federal de Entidades Paraestatales. Tratándose de autoridades de las Entidades Federativas coordinadas, conforme lo establezcan las disposiciones locales.

(REFORMADO, D.O.F. 28 DE ENERO DE 2010)

Los particulares o sus representantes podrán autorizar por escrito a licenciado en derecho que a su nombre reciba notificaciones. La persona así autorizada podrá hacer promociones de trámite, rendir pruebas, presentar alegatos e interponer recursos. Las autoridades podrán nombrar delegados para los mismos fines. Con independencia de lo anterior, las partes podrán autorizar a cualquier persona con capacidad legal para oír notificaciones e imponerse de los autos, quien no gozará de las demás facultades a que se refiere este párrafo.

Artículo 6o. En los juicios que se tramiten ante el Tribunal no habrá lugar a condenación en costas. Cada parte será responsable de sus propios gastos y los que originen las diligencias que promuevan.

Únicamente habrá lugar a condena en costas a favor de la autoridad demandada, cuando se controviertan resoluciones con propósitos notoriamente dilatorios.

Para los efectos de este artículo, se entenderá que el actor tiene propósitos notoriamente dilatorios cuando al dictarse una sentencia que reconozca la validez de la resolución impugnada, se beneficia económicamente por la dilación en el cobro, ejecución o cumplimiento, siempre que los conceptos de impugnación formulados en la demanda sean notoriamente improcedentes o infundados. Cuando la ley prevea que las cantidades adeudadas se aumentan con actualización por inflación y con alguna tasa de interés o de recargos, se entenderá que no hay beneficio económico por la dilación.

La autoridad demandada deberá indemnizar al particular afectado por el importe de los daños y perjuicios causados, cuando la unidad administrativa de dicho órgano cometa falta grave al dictar la resolución impugnada y no se allane al contestar la demanda en el concepto de impugnación de que se trata. Habrá falta grave cuando:

I. Se anule por ausencia de fundamentación o de motivación, en cuanto al fondo o a la competencia.

II. Sea contraria a una jurisprudencia de la Suprema Corte de Justicia de la Nación en materia de legalidad. Si la jurisprudencia se publica con posterioridad a la contestación no hay falta grave.

III. Se anule con fundamento en el artículo 51, fracción V de esta Ley.

La condenación en costas o la indemnización establecidas en los párrafos segundo y tercero de este artículo se reclamará a través del incidente respectivo, el que se tramitará conforme lo previsto por el cuarto párrafo del artículo 39 de esta Ley.

Artículo 7o. Los miembros del Tribunal incurren en responsabilidad si:

I. Expresan su juicio respecto de los asuntos que estén conociendo, fuera de las oportunidades en que esta Ley lo admite.

II. Informan a las partes y en general a personas ajenas al Tribunal sobre el contenido o el sentido de las resoluciones jurisdiccionales, antes de que éstas se emitan y en los demás casos, antes de su notificación formal.

(REFORMADA, D.O.F. 13 DE JUNIO DE 2016)

III. Informan el estado procesal que guarda el juicio a personas que no estén autorizadas por las partes en los términos de esta Ley, salvo que se trate de notificaciones por Boletín Jurisdiccional o en los supuestos en que la legislación en materia de transparencia y acceso a la información pública, disponga que tal cuestión deba hacerse de su conocimiento.

IV. Dan a conocer información confidencial o comercial reservada.

(ADICIONADO, D.O.F. 13 DE JUNIO DE 2016)

Artículo 7o Bis. Las partes, representantes legales, autorizados, delegados, testigos, peritos y cualquier otra persona, tienen el deber de conducirse con probidad y respeto hacia sus contrapartes y funcionarios del Tribunal en todos los escritos, promociones, oficios, comparecencias o diligencias en que intervengan; en caso contrario, el Magistrado Instructor, los Magistrados Presidentes de las Secciones o el Magistrado Presidente del Tribunal, previo apercibimiento, podrán imponer a la persona que haya firmado la promoción o incurrido en la falta en la diligencia o comparecencia, una multa entre cien y mil quinientas veces el salario mínimo general vigente en el Distrito Federal al momento en que se incurrió en la falta. De igual manera, podrá imponerse una multa, con esos parámetros, a quien interponga demandas, recursos o promociones notoriamente frívolas e improcedentes.

CAPÍTULO II
DE LA IMPROCEDENCIA Y DEL SOBRESEIMIENTO

Artículo 8o. Es improcedente el juicio ante el Tribunal en los casos, por las causales y contra los actos siguientes:

(REFORMADA, D.O.F. 28 DE ENERO DE 2011)

I. Que no afecten los intereses jurídicos del demandante, salvo en los casos de legitimación expresamente reconocida por las leyes que rigen al acto impugnado.

II. Que no le competa conocer a dicho Tribunal.

III. Que hayan sido materia de sentencia pronunciada por el Tribunal, siempre que hubiera identidad de partes y se trate del mismo acto impugnado, aunque las violaciones alegadas sean diversas.

IV. Cuando hubiere consentimiento, entendiéndose que hay consentimiento si no se promovió algún medio de defensa en los términos de las leyes respectivas o juicio ante el Tribunal, en los plazos que señala esta Ley.

Se entiende que no hubo consentimiento cuando una resolución administrativa o parte de ella no impugnada, cuando derive o sea consecuencia de aquella otra que haya sido expresamente impugnada.

V. Que sean materia de un recurso o juicio que se encuentre pendiente de resolución ante una autoridad administrativa o ante el propio Tribunal.

VI. Que puedan impugnarse por medio de algún recurso o medio de defensa, con excepción de aquéllos cuya interposición sea optativa.

VII. Conexos a otro que haya sido impugnado por medio de algún recurso o medio de defensa diferente, cuando la ley disponga que debe agotarse la misma vía.

Para los efectos de esta fracción, se entiende que hay conexidad siempre que concurran las causas de acumulación previstas en el artículo 31 de esta Ley.

VIII. Que hayan sido impugnados en un procedimiento judicial.

IX. Contra reglamentos.

X. Cuando no se hagan valer conceptos de impugnación.

XI. Cuando de las constancias de autos apareciere claramente que no existe la resolución o acto impugnados.

XII. Que puedan impugnarse en los términos del artículo 97 de la Ley de Comercio Exterior, cuando no haya transcurrido el plazo para el ejercicio de la opción o cuando la opción ya haya sido ejercida.

XIII. Dictados por la autoridad administrativa para dar cumplimiento a la decisión que emane de los mecanismos alternativos de solución de controversias a que se refiere el artículo 97 de la Ley de Comercio Exterior.

XIV. Que hayan sido dictados por la autoridad administrativa en un procedimiento de resolución de controversias previsto en un tratado para evitar la doble tributación, si dicho procedimiento se inició con posterioridad a la resolución que recaiga a un recurso de revocación o después de la conclusión de un juicio ante el Tribunal.

XV. Que sean resoluciones dictadas por autoridades extranjeras que determinen impuestos y sus accesorios cuyo cobro y recaudación hayan sido solicitados a las autoridades fiscales mexicanas, de conformidad con lo dispuesto en los tratados internacionales sobre asistencia mutua en el cobro de los que México sea parte.

No es improcedente el juicio cuando se impugnen por vicios propios, los mencionados actos de cobro y recaudación.

(ADICIONADA, D.O.F. 13 DE JUNIO DE 2016)

XVI. Cuando la demanda se hubiere interpuesto por la misma parte y en contra del mismo acto impugnado, por dos o más ocasiones.

XVII. En los demás casos en que la improcedencia resulte de alguna disposición de esta Ley o de una ley fiscal o administrativa.

La procedencia del juicio será examinada aun de oficio.

Artículo 9o. Procede el sobreseimiento:

I. Por desistimiento del demandante.

II. Cuando durante el juicio aparezca o sobrevenga alguna de las causas de improcedencia a que se refiere el artículo anterior.

III. En el caso de que el demandante muera durante el juicio si su pretensión es intransmisible o, si su muerte, deja sin materia el proceso.

IV. Si la autoridad demandada deja sin efecto la resolución o acto impugnados, siempre y cuando se satisfaga la pretensión del demandante.

V. Si el juicio queda sin materia.

VI. En los demás casos en que por disposición legal haya impedimento para emitir resolución en cuanto al fondo.

El sobreseimiento del juicio podrá ser total o parcial.

CAPÍTULO III
DE LOS IMPEDIMENTOS Y EXCUSAS

Artículo 10. Los magistrados del Tribunal estarán impedidos para conocer, cuando:

I. Tengan interés personal en el negocio.

II. Sean cónyuges, parientes consanguíneos, afines o civiles de alguna de las partes o de sus patronos o representantes, en línea recta sin limitación de grado y en línea transversal dentro del cuarto grado por consanguinidad y segundo por afinidad.

III. Hayan sido patronos o apoderados en el mismo negocio.

IV. Tengan amistad estrecha o enemistad con alguna de las partes o con sus patronos o representantes.

V. Hayan dictado la resolución o acto impugnados o han intervenido con cualquier carácter en la emisión del mismo o en su ejecución.

VI. Figuren como parte en un juicio similar, pendiente de resolución.

VII. Estén en una situación que pueda afectar su imparcialidad en forma análoga o más grave que las mencionadas.

Los peritos del Tribunal estarán impedidos para dictaminar en los casos a que se refiere este artículo.

Artículo 11. Los magistrados tienen el deber de excusarse del conocimiento de los negocios en que ocurra alguno de los impedimentos señalados en el artículo anterior, expresando concretamente en qué consiste el impedimento.

Artículo 12. Manifestada por un magistrado la causa de impedimento, el Presidente de la Sección o de la Sala Regional turnará el asunto al Presidente del Tribunal, a fin de que la califique y, de resultar fundada, se procederá en los términos de la Ley Orgánica del Tribunal Federal de Justicia Fiscal y Administrativa.

TÍTULO II
DE LA SUBSTANCIACIÓN Y RESOLUCIÓN DEL JUICIO

CAPÍTULO I
DE LA DEMANDA

(REFORMADO PRIMER PÁRRAFO, D.O.F. 12 DE JUNIO DE 2009)

Artículo 13. El demandante podrá presentar su demanda, mediante Juicio en la vía tradicional, por escrito ante la sala regional competente o, en línea, a través del Sistema de Justicia en Línea, para este último caso, el demandante deberá manifestar su opción al momento de presentar la demanda. Una vez que el demandante haya elegido su opción no podrá variarla. Cuando la autoridad tenga este carácter la demanda se presentará en todos los casos en línea a través del Sistema de Justicia en Línea

(ADICIONADO, D.O.F. 12 DE JUNIO DE 2009)

Para el caso de que el demandante no manifieste su opción al momento de presentar su demanda se entenderá que eligió tramitar el Juicio en la vía tradicional.

(ADICIONADO, D.O.F. 12 DE JUNIO DE 2009)

La demanda deberá presentarse dentro de los plazos que a continuación se indican:

(REFORMADO PRIMER PÁRRAFO, D.O.F. 13 DE JUNIO DE 2016)

I. De treinta días siguientes a aquél en el que se dé alguno de los supuestos siguientes:

(REFORMADO, D.O.F. 24 DE DICIEMBRE DE 2013)

a) Que haya surtido efectos la notificación de la resolución impugnada, lo que se determinará conforme a la ley aplicable a ésta, inclusive cuando se controvierta simultáneamente como primer acto de aplicación una regla administrativa de carácter general.

b) Hayan iniciado su vigencia el decreto, acuerdo, acto o resolución administrativa de carácter general impugnada cuando sea auto aplicativa.

(REFORMADA, D.O.F. 13 DE JUNIO DE 2016)

II. De treinta días siguientes a aquél en el que surta efectos la notificación de la resolución de la Sala o Sección que habiendo conocido una queja, decida que la misma es improcedente y deba tramitarse como juicio. Para ello, deberá prevenirse al promovente para que, dentro de dicho plazo, presente demanda en contra de la resolución administrativa que tenga carácter definitivo.

III. De cinco años cuando las autoridades demanden la modificación o nulidad de una resolución favorable a un particular, los que se contarán a partir del día siguiente a la fecha en que éste se haya emitido, salvo que haya producido efectos de tracto sucesivo, caso en el que se podrá demandar la modificación o nulidad en cualquier época sin exceder de los cinco años del último efecto, pero los efectos de la sentencia, en caso de ser total o parcialmente desfavorable para el particular, sólo se retrotraerán a los cinco años anteriores a la presentación de la demanda.

(REFORMADO, D.O.F. 12 DE JUNIO DE 2009)

Cuando el demandante tenga su domicilio fuera de la población donde esté la sede de la Sala, la demanda podrá enviarse a través de Correos de México, correo certificado con acuse de recibo, siempre que el envío se efectúe en el lugar en que resida el demandante, pudiendo en este caso señalar como domicilio para recibir notificaciones, el ubicado en cualquier parte del territorio nacional, salvo cuando tenga su domicilio dentro de la jurisdicción de la Sala competente, en cuyo caso, el señalado para tal efecto, deberá estar ubicado dentro de la circunscripción territorial de la Sala.

Cuando el interesado fallezca durante el plazo para iniciar juicio, el plazo se suspenderá hasta un año, si antes no se ha aceptado el cargo de representante de la sucesión. También se suspenderá el plazo para interponer la demanda si el particular solicita a las autoridades fiscales iniciar el procedimiento de resolución de controversias contenido en un tratado para evitar la doble tributación, incluyendo en su caso, el procedimiento arbitral. En estos casos cesará la suspensión cuando se notifique la resolución que da por terminado dicho procedimiento, inclusive en el caso de que se dé por terminado a petición del interesado.

En los casos de incapacidad o declaración de ausencia, decretadas por autoridad judicial, el plazo para interponer el juicio contencioso administrativo federal se suspenderá hasta por un año. La suspensión cesará tan pronto como se acredite que se ha aceptado el cargo de tutor del incapaz o representante legal del ausente, siendo en perjuicio del particular si durante el plazo antes mencionado no se provee sobre su representación.

Artículo 14. La demanda deberá indicar:

(REFORMADA, D.O.F. 13 DE JUNIO DE 2016)

I. El nombre del demandante, domicilio fiscal, así como domicilio para oír y recibir notificaciones dentro de la jurisdicción de la Sala Regional competente, y su dirección de correo electrónico.

Cuando se presente alguno de los supuestos a que se refiere el Capítulo XI, del Título II, de esta Ley, el juicio será tramitado por el Magistrado Instructor en la vía sumaria.

II. La resolución que se impugna. En el caso de que se controvierta un decreto, acuerdo, acto o resolución de carácter general, precisará la fecha de su publicación.

III. La autoridad o autoridades demandadas o el nombre y domicilio del particular demandado cuando el juicio sea promovido por la autoridad administrativa.

IV. Los hechos que den motivo a la demanda.

V. Las pruebas que ofrezca.

En caso de que se ofrezca prueba pericial o testimonial se precisarán los hechos sobre los que deban versar y señalarán los nombres y domicilios del perito o de los testigos.

En caso de que ofrezca pruebas documentales, podrá ofrecer también el expediente administrativo en que se haya dictado la resolución impugnada.

Se entiende por expediente administrativo el que contenga toda la información relacionada con el procedimiento que dio lugar a la resolución impugnada; dicha documentación será la que corresponda al inicio del procedimiento, los actos administrativos posteriores y a la resolución impugnada. La remisión del expediente administrativo no incluirá las documentales privadas del actor, salvo que las especifique como ofrecidas. El expediente administrativo será remitido en un solo ejemplar por la autoridad, el cuál estará en la Sala correspondiente a disposición de las partes que pretendan consultarlo.

VI. Los conceptos de impugnación.

VII. El nombre y domicilio del tercero interesado, cuando lo haya.

VIII. Lo que se pida, señalando en caso de solicitar una sentencia de condena, las cantidades o actos cuyo cumplimiento se demanda.

(REFORMADO, D.O.F. 12 DE JUNIO DE 2009)

En cada demanda sólo podrá aparecer un demandante, salvo en los casos que se trate de la impugnación de resoluciones conexas, o que se afecte los intereses jurídicos de dos o más personas, mismas que podrán promover el juicio contra dichas resoluciones en una sola demanda.

(ADICIONADO, D.O.F. 12 DE JUNIO DE 2009)

En los casos en que sean dos o más demandantes éstos ejercerán su opción a través de un representante común.

(REFORMADO, D.O.F. 12 DE JUNIO DE 2009)

En la demanda en que promuevan dos o más personas en contravención de lo dispuesto en el párrafo anterior, el Magistrado Instructor requerirá a los promoventes para que en el plazo de cinco días presenten cada uno de ellos su demanda correspondiente, apercibidos que de no hacerlo se desechará la demanda inicial.

Cuando se omita el nombre del demandante o los datos precisados en las fracciones II y VI, el Magistrado Instructor desechará por improcedente la demanda interpuesta. Si se omiten los datos previstos en las fracciones III, IV, V, VII y VIII, el Magistrado Instructor requerirá al promovente para que los señale dentro del término de cinco días, apercibiéndolo que de no hacerlo en tiempo se tendrá por no presentada la demanda o por no ofrecidas las pruebas, según corresponda.

(REFORMADO, D.O.F. 10 DE DICIEMBRE DE 2010)

Si en el lugar señalado por el actor como domicilio del tercero, se negare que sea éste, el demandante deberá proporcionar al Tribunal la información suficiente para proceder a su primera búsqueda, siguiendo al efecto las reglas previstas en el Código Federal de Procedimientos Civiles.

(REFORMADO, D.O.F. 13 DE JUNIO DE 2016)

Cuando no se señale dirección de correo electrónico, no se enviará el aviso electrónico que corresponda.

Artículo 15. El demandante deberá adjuntar a su demanda:

I. Una copia de la misma y de los documentos anexos para cada una de las partes.

II. El documento que acredite su personalidad o en el que conste que le fue reconocida por la autoridad demandada, o bien señalar los datos de registro del documento con la que esté acreditada ante el Tribunal, cuando no gestione en nombre propio.

III. El documento en que conste la resolución impugnada.

IV. En el supuesto de que se impugne una resolución negativa ficta, deberá acompañar una copia en la que obre el sello de recepción de la instancia no resuelta expresamente por la autoridad.

V. La constancia de la notificación de la resolución impugnada.

VI. Cuando no se haya recibido constancia de notificación o la misma hubiere sido practicada por correo, así se hará constar en el escrito de demanda, señalando la fecha en que dicha notificación se practicó. Si la autoridad demandada al contestar la demanda hace valer su extemporaneidad, anexando las constancias de notificación en que la apoya, el Magistrado Instructor procederá conforme a lo previsto en el artículo 17, fracción V, de esta Ley. Si durante el plazo previsto en el artículo 17 citado no se controvierte la legalidad de la notificación de la resolución impugnada, se presumirá legal la diligencia de notificación de la referida resolución.

VII. El cuestionario que debe desahogar el perito, el cual deberá ir firmado por el demandante.

VIII. El interrogatorio para el desahogo de la prueba testimonial, el que debe ir firmado por el demandante en el caso señalado en el último párrafo del artículo 44 de esta Ley.

IX. Las pruebas documentales que ofrezca.

Los particulares demandantes deberán señalar, sin acompañar, los documentos que fueron considerados en el procedimiento administrativo como información confidencial o comercial reservada. La Sala solicitará los documentos antes de cerrar la instrucción.

Cuando las pruebas documentales no obren en poder del demandante o cuando no hubiera podido obtenerlas a pesar de tratarse de documentos que legalmente se encuentren a su disposición, éste deberá señalar el archivo o lugar en que se encuentra para que a su costa se mande expedir copia de ellos o se requiera su remisión, cuando ésta sea legalmente posible. Para este efecto deberá identificar con toda precisión los documentos y tratándose de los que pueda tener a su disposición, bastará con que acompañe copia de la solicitud debidamente presentada por lo menos cinco días antes de la interposición de la demanda. Se entiende que el demandante tiene a su disposición los documentos, cuando legalmente pueda obtener copia autorizada de los originales o de las constancias.

Si no se adjuntan a la demanda los documentos a que se refiere este precepto, el Magistrado Instructor requerirá al promovente para que los presente dentro del plazo de cinco días. Cuando el promovente no los presente dentro de dicho plazo y se trate de los documentos a que se refieren las fracciones I a VI, se tendrá por no presentada la demanda. Si se trata de las pruebas a que se refieren las fracciones VII, VIII y IX, las mismas se tendrán por no ofrecidas.

Cuando en el documento en el que conste la resolución impugnada a que se refiere la fracción III de este artículo, se haga referencia a información confidencial proporcionada por terceros independientes, obtenida en el ejercicio de las facultades que en materia de operaciones entre partes relacionadas establece la Ley del Impuesto sobre la Renta, el demandante se abstendrá de revelar dicha información. La información confidencial a que se refiere la ley citada, no podrá ponerse a disposición de los autorizados en la demanda para oír y recibir notificaciones, salvo que se trate de los representantes a que se refieren los artículos 46, fracción IV, quinto párrafo y 48, fracción VII, segundo párrafo del Código Fiscal de la Federación.

Artículo 16. Cuando se alegue que la resolución administrativa no fue notificada o que lo fue ilegalmente, siempre que se trate de las impugnables en el juicio contencioso administrativo federal, se estará a las reglas siguientes:

I. Si el demandante afirma conocer la resolución administrativa, los conceptos de impugnación contra su notificación y contra la resolución misma, deberán hacerse valer en la demanda, en la que manifestará la fecha en que la conoció.

II. Si el actor manifiesta que no conoce la resolución administrativa que pretende impugnar, así lo expresará en su demanda, señalando la autoridad a quien la atribuye, su notificación o su ejecución. En este caso, al contestar la demanda, la autoridad acompañará constancia de la resolución administrativa y de su notificación, mismas que el actor deberá combatir mediante ampliación de la demanda.

III. El Tribunal estudiará los conceptos de impugnación expresados contra la notificación, en forma previa al examen de los agravios expresados en contra de la resolución administrativa.

Si resuelve que no hubo notificación o que fue ilegal, considerará que el actor fue sabedor de la resolución administrativa desde la fecha en que manifestó conocerla o en la que se le dio a conocer, según se trate, quedando sin efectos todo lo actuado en base a dicha notificación, y procederá al estudio de la impugnación que se hubiese formulado contra la resolución.

Si resuelve que la notificación fue legalmente practicada y, como consecuencia de ello la demanda fue presentada extemporáneamente, sobreseerá el juicio en relación con la resolución administrativa combatida.

(REFORMADO PRIMER PÁRRAFO, D.O.F. 13 DE JUNIO DE 2016)

Artículo 17. Se podrá ampliar la demanda, dentro de los diez días siguientes a aquél en que surta efectos la notificación del acuerdo que admita su contestación, en los casos siguientes:

I. Cuando se impugne una negativa ficta.

II. Contra el acto principal del que derive la resolución impugnada en la demanda, así como su notificación, cuando se den a conocer en la contestación.

III. En los casos previstos en el artículo anterior.

IV. Cuando con motivo de la contestación, se introduzcan cuestiones que, sin violar el primer párrafo del artículo 22, no sean conocidas por el actor al presentar la demanda.

V. Cuando la autoridad demandada plantee el sobreseimiento del juicio por extemporaneidad en la presentación de la demanda.

En el escrito de ampliación de demanda se deberá señalar el nombre del actor y el juicio en que se actúa, debiendo adjuntar, con las copias necesarias para el traslado, las pruebas y documentos que en su caso se presenten.

Cuando las pruebas documentales no obren en poder del demandante o cuando no hubiera podido obtenerlas a pesar de tratarse de documentos que legalmente se encuentren a su disposición, será aplicable en lo conducente, lo dispuesto en el tercer párrafo del artículo 15 de esta Ley.

Si no se adjuntan las copias a que se refiere este artículo, el Magistrado Instructor requerirá al promovente para que las presente dentro del plazo de cinco días. Si el promovente no las presenta dentro de dicho plazo, se tendrá por no presentada la ampliación a la demanda. Si se trata de las pruebas documentales o de los cuestionarios dirigidos a peritos y testigos, a que se refieren las fracciones VII, VIII y IX del artículo 15 de esta Ley, las mismas se tendrán por no ofrecidas.

(REFORMADO PRIMER PÁRRAFO, D.O.F. 13 DE JUNIO DE 2016)

Artículo 18. El tercero, dentro de los treinta días siguientes a aquél en que se corra traslado de la demanda, podrá apersonarse en juicio mediante escrito que contendrá los requisitos de la demanda o de la contestación, según sea el caso, así como la justificación de su derecho para intervenir en el asunto.

Deberá adjuntar a su escrito, el documento en que se acredite su personalidad cuando no gestione en nombre propio, las pruebas documentales que ofrezca y el cuestionario para los peritos. Son aplicables en lo conducente los cuatro últimos párrafos del artículo 15.

CAPÍTULO II
DE LA CONTESTACIÓN

(REFORMADO PRIMER PÁRRAFO, D.O.F. 13 DE JUNIO DE 2016)

Artículo 19. Admitida la demanda se correrá traslado de ella al demandado, emplazándolo para que la conteste dentro de los treinta días siguientes a aquél en que surta efectos el emplazamiento. El plazo para contestar la ampliación de la demanda será de diez días siguientes a aquél en que surta efectos la notificación del acuerdo que admita la ampliación. Si no se produce la contestación en tiempo y forma, o ésta no se refiere a todos los hechos, se tendrán como ciertos los que el actor impute de manera precisa al demandado, salvo que por las pruebas rendidas o por hechos notorios resulten desvirtuados.

Cuando alguna autoridad que deba ser parte en el juicio no fuese señalada por el actor como demandada, de oficio se le correrá traslado de la demanda para que la conteste en el plazo a que se refiere el párrafo anterior.

Cuando los demandados fueren varios el término para contestar les correrá individualmente.

(ADICIONADO, D.O.F. 13 DE JUNIO DE 2016)

Las dependencias, organismos o autoridades cuyos actos o resoluciones sean susceptibles de impugnarse ante el Tribunal, así como aquéllas encargadas de su defensa en el juicio y quienes puedan promover juicio de lesividad, deben registrar su dirección de correo electrónico institucional, así como el domicilio oficial de las unidades administrativas a las que corresponda su representación en los juicios contencioso administrativos, para el efecto del envío del aviso electrónico, salvo en los casos en que ya se encuentren registrados en el Sistema de Justicia en Línea.

Artículo 20. El demandado en su contestación y en la contestación de la ampliación de la demanda, expresará:

I. Los incidentes de previo y especial pronunciamiento a que haya lugar.

II. Las consideraciones que, a su juicio, impidan se emita decisión en cuanto al fondo o demuestren que no ha nacido o se ha extinguido el derecho en que el actor apoya su demanda.

III. Se referirá concretamente a cada uno de los hechos que el demandante le impute de manera expresa, afirmándolos, negándolos, expresando que los ignora por no ser propios o exponiendo cómo ocurrieron, según sea el caso.

IV. Los argumentos por medio de los cuales se demuestra la ineficacia de los conceptos de impugnación.

V. Los argumentos por medio de los cuales desvirtúe el derecho a indemnización que solicite la actora.

VI. Las pruebas que ofrezca.

VII. En caso de que se ofrezca prueba pericial o testimonial, se precisarán los hechos sobre los que deban versar y se señalarán los nombres y domicilios del perito o de los testigos. Sin estos señalamientos se tendrán por no ofrecidas dichas pruebas.

Artículo 21. El demandado deberá adjuntar a su contestación:

I. Copias de la misma y de los documentos que acompañe para el demandante y para el tercero señalado en la demanda.

II. El documento en que acredite su personalidad cuando el demandado sea un particular y no gestione en nombre propio.

III. El cuestionario que debe desahogar el perito, el cual deberá ir firmado por el demandado.

IV. En su caso, la ampliación del cuestionario para el desahogo de la pericial ofrecida por el demandante.

V. Las pruebas documentales que ofrezca.

Tratándose de la contestación a la ampliación de la demanda, se deberán adjuntar también los documentos previstos en este artículo, excepto aquéllos que ya se hubieran acompañado al escrito de contestación de la demanda.

Para los efectos de este artículo será aplicable, en lo conducente, lo dispuesto por el artículo 15.

Las autoridades demandadas deberán señalar, sin acompañar, la información calificada por la Ley de Comercio Exterior como gubernamental confidencial o la información confidencial proporcionada por terceros independientes, obtenida en el ejercicio de las facultades que en materia de operaciones entre partes relacionadas establece la Ley del Impuesto sobre la Renta. La Sala solicitará los documentos antes de cerrar la instrucción.

Artículo 22. En la contestación de la demanda no podrán cambiarse los fundamentos de derecho de la resolución impugnada.

En caso de resolución negativa ficta, la autoridad demandada o la facultada para contestar la demanda, expresará los hechos y el derecho en que se apoya la misma.

En la contestación de la demanda, o hasta antes del cierre de la instrucción, la autoridad demandada podrá allanarse a las pretensiones del demandante o revocar la resolución impugnada.

Artículo 23. Cuando haya contradicciones entre los hechos y fundamentos de derecho dados en la contestación de la autoridad federativa coordinada que dictó la resolución impugnada y la formulada por el titular de la dependencia u organismo desconcentrado o descentralizado, únicamente se tomará en cuenta, respecto a esas contradicciones, lo expuesto por éstos últimos.

CAPÍTULO III
DE LAS MEDIDAS CAUTELARES

(REFORMADO PRIMER PÁRRAFO, D.O.F. 13 DE JUNIO DE 2016)

Artículo 24. Una vez iniciado el juicio contencioso administrativo, salvo en los casos en que se ocasione perjuicio al interés social o se contravengan disposiciones de orden público, y con el fin de asegurar la eficacia de la sentencia, el Magistrado Instructor podrá decretar la suspensión de la ejecución del acto impugnado, a fin de mantener la situación de hecho existente en el estado en que se encuentra, así como todas las medidas cautelares positivas necesarias para evitar que el litigio quede sin materia o se cause un daño irreparable al actor.

(REFORMADO, D.O.F. 13 DE JUNIO DE 2016)

La suspensión de la ejecución del acto impugnado se tramitará y resolverá exclusivamente de conformidad con el procedimiento previsto en el artículo 28 de esta Ley.

(REFORMADO, D.O.F. 13 DE JUNIO DE 2016)

Las demás medidas cautelares se tramitarán y resolverán de conformidad con el procedimiento previsto en la presente disposición jurídica y los artículos 24 Bis, 25, 26 y 27 de esta Ley.

N. DE E. EN RELACIÓN CON LA ENTRADA EN VIGOR DEL PRESENTE PÁRRAFO, VÉASE ARTÍCULO SEGUNDO TRANSITORIO DEL DECRETO QUE MODIFICA EL ORDENAMIENTO.

(REFORMADO, D.O.F. 10 DE DICIEMBRE DE 2010)

Durante los periodos de vacaciones del Tribunal, en cada región un Magistrado de Sala Regional cubrirá la guardia y quedará habilitado para resolver las peticiones urgentes sobre medidas cautelares o suspensión del acto impugnado, relacionadas con cuestiones planteadas en la demanda.

N. DE E. EN RELACIÓN CON LA ENTRADA EN VIGOR DEL PRESENTE ARTÍCULO, VÉASE ARTÍCULO SEGUNDO TRANSITORIO DEL DECRETO QUE MODIFICA LA LEY.

(ADICIONADO, D.O.F. 10 DE DICIEMBRE DE 2010)

Artículo 24 Bis. Las medidas cautelares se tramitarán de conformidad con el incidente respectivo, el cual se iniciará de conformidad con lo siguiente:

I. La promoción en donde se soliciten las medidas cautelares señaladas, deberá contener los siguientes requisitos:

a) El nombre del demandante y su domicilio para recibir notificaciones, el cual deberá encontrarse ubicado dentro de la región de la Sala que conozca del juicio, así como su dirección de correo electrónico, cuando opte porque el juicio se substancie en línea a través del Sistema de Justicia en Línea;

b) Resolución que se pretende impugnar y fecha de notificación de la misma;

c) Los hechos que se pretenden resguardar con la medida cautelar, y

d) Expresión de los motivos por los cuales solicita la medida cautelar.

II. El escrito de solicitud de medidas cautelares deberá cumplir con lo siguiente:

a) Acreditar la necesidad para gestionar la medida cautelar, y

b) Adjuntar copia de la solicitud, para cada una de las partes, a fin de correrles traslado.

En caso de no cumplir con los requisitos previstos en las fracciones I y II del presente artículo, se tendrá por no interpuesto el incidente.

En los demás casos, el particular justificará en su petición las razones por las cuales las medidas cautelares son indispensables y el Magistrado Instructor podrá otorgarlas, motivando las razones de su procedencia.

La solicitud de las medidas cautelares, se podrá presentar en cualquier tiempo, hasta antes de que se dicte sentencia definitiva.

(REFORMADO PRIMER PÁRRAFO, D.O.F. 13 DE JUNIO DE 2016)

Artículo 25. El acuerdo que admita el incidente de petición de medidas cautelares, deberá emitirse dentro de las veinticuatro horas siguientes a su interposición, en dicho acuerdo se ordenará correr traslado a quien se impute el acto administrativo o los hechos objeto de la controversia, pidiéndole un informe que deberá rendir en un plazo de setenta y dos horas siguientes a aquél en que surta efectos la notificación del acuerdo respectivo. Si no se rinde el informe o si éste no se refiere específicamente a los hechos que le impute el promovente, dichos hechos se tendrán por ciertos. En el acuerdo a que se refiere este párrafo, el Magistrado Instructor resolverá sobre las medidas cautelares previas que se le hayan solicitado.

N. DE E. EN RELACIÓN CON LA ENTRADA EN VIGOR DEL PRESENTE PÁRRAFO, VÉASE ARTÍCULO SEGUNDO TRANSITORIO DEL DECRETO QUE MODIFICA EL ORDENAMIENTO.

(REFORMADO, D.O.F. 10 DE DICIEMBRE DE 2010)

Dentro del plazo de cinco días contados a partir de que haya recibido el informe o que haya vencido el término para presentarlo, el Magistrado Instructor dictará la resolución en la que, de manera definitiva, decrete o niegue las medidas cautelares solicitadas, decida en su caso, sobre la admisión de la garantía ofrecida, la cual deberá otorgarse dentro del plazo de tres días. Cuando no se otorgare la garantía dentro del plazo señalado, las medidas cautelares dejarán de tener efecto.

N. DE E. EN RELACIÓN CON LA ENTRADA EN VIGOR DEL PRESENTE PÁRRAFO, VÉASE ARTÍCULO SEGUNDO TRANSITORIO DEL DECRETO QUE MODIFICA EL ORDENAMIENTO.

(REFORMADO, D.O.F. 10 DE DICIEMBRE DE 2010)

Mientras no se dicte sentencia definitiva el Magistrado Instructor que hubiere conocido del incidente, podrá modificar o revocar la resolución que haya decretado o negado las medidas cautelares, cuando ocurra un hecho superveniente que lo justifique.

(REFORMADO, D.O.F. 13 DE JUNIO DE 2016)

Artículo 26. El Magistrado Instructor podrá decretar medidas cautelares positivas, entre otros casos, cuando, tratándose de situaciones jurídicas duraderas, se produzcan daños substanciales al actor o una lesión importante del derecho que pretende por el simple transcurso del tiempo.

(REFORMADO PRIMER PÁRRAFO, D.O.F. 13 DE JUNIO DE 2016)

Artículo 27. En los casos en los que las medidas cautelares puedan causar daños a terceros, el Magistrado Instructor las ordenará siempre que el actor otorgue garantía bastante para reparar, mediante indemnización, los daños y perjuicios que con ellas pudieran causarse si no obtiene sentencia favorable en el juicio; garantía que deberá expedirse a favor de los terceros que pudieran tener derecho a la reparación del daño o a la indemnización citada y quedará a disposición de la Sala Regional que corresponda. Si no es cuantificable la indemnización respectiva, se fijará discrecionalmente el importe de la garantía, expresando los razonamientos lógicos y jurídicos respectivos. Si se carece por completo de datos que permitan el ejercicio de esta facultad, se requerirá a las partes afectadas para que proporcionen todos aquéllos que permitan conocer el valor probable del negocio y hagan posible la fijación del monto de la garantía.

(DEROGADO SEGUNDO PÁRRAFO, D.O.F. 13 DE JUNIO DE 2016)

N. DE E. EN RELACIÓN CON LA ENTRADA EN VIGOR DEL PRESENTE PÁRRAFO, VÉASE ARTÍCULO SEGUNDO TRANSITORIO DEL DECRETO QUE MODIFICA EL ORDENAMIENTO.

(REFORMADO, D.O.F. 10 DE DICIEMBRE DE 2010)

Por su parte, la autoridad podrá obligarse a resarcir los daños y perjuicios que se pudieran causar al particular; en cuyo caso, el Tribunal, considerando las circunstancias del caso, podrá no dictar las medidas cautelares. En este caso, si la sentencia definitiva es contraria a la autoridad, el Magistrado Instructor, la Sala Regional, la Sección o el Pleno, deberá condenarla a pagar la indemnización administrativa que corresponda.

N. DE E. EN RELACIÓN CON LA ENTRADA EN VIGOR DEL PRESENTE ARTÍCULO, VÉASE ARTÍCULO SEGUNDO TRANSITORIO DEL DECRETO QUE MODIFICA LA LEY.

(REFORMADO, D.O.F. 10 DE DICIEMBRE DE 2010)

Artículo 28. La solicitud de suspensión de la ejecución del acto administrativo impugnado, presentado por el actor o su representante legal, se tramitará y resolverá, de conformidad con las reglas siguientes:

I. Se concederá siempre que:

a) No se afecte el interés social, ni se contravengan disposiciones de orden público, y

b) Sean de difícil reparación los daños o perjuicios que se causen al solicitante con la ejecución del acto impugnado.

II. Para el otorgamiento de la suspensión deberán satisfacerse los siguientes requisitos:

a) Tratándose de la suspensión de actos de determinación, liquidación, ejecución o cobro de contribuciones, aprovechamientos y otros créditos fiscales, se concederá la suspensión, la que surtirá sus efectos si se ha constituido o se constituye la garantía del interés fiscal ante la autoridad ejecutora por cualquiera de los medios permitidos por las leyes fiscales aplicables.

Al otorgar la suspensión, se podrá reducir el monto de la garantía, en los siguientes casos:

1. Si el monto de los créditos excediere la capacidad económica del solicitante, y

2. Si se tratara de tercero distinto al sujeto obligado de manera directa o solidaria al pago del crédito.

b) En los casos en que la suspensión pudiera causar daños o perjuicios a terceros, se concederá si el solicitante otorga garantía bastante para reparar el daño o indemnizar el perjuicio que con ella se cause, si éste no obtiene sentencia favorable.

En caso de afectaciones no estimables en dinero, de proceder la suspensión, se fijará discrecionalmente el importe de la garantía.

(DEROGADO TERCER PÁRRAFO, D.O.F. 13 DE JUNIO DE 2016)

c) En los demás casos, se concederá determinando la situación en que habrán de quedar las cosas; así como las medidas pertinentes para preservar la materia del juicio principal, hasta que se pronuncie sentencia firme.

d) El monto de la garantía y contragarantía será fijado por el Magistrado Instructor o quien lo supla.

III. El procedimiento será:

(REFORMADO, D.O.F. 13 DE JUNIO DE 2016)

a) La solicitud podrá ser formulada en la demanda o en escrito diverso presentado ante la Sala en que se encuentre radicado el juicio, en cualquier tiempo mientras no se dicte sentencia definitiva.

b) Se tramitará por cuerda separada, bajo la responsabilidad del Magistrado Instructor.

(REFORMADO, D.O.F. 13 DE JUNIO DE 2016)

c) El Magistrado Instructor deberá proveer sobre la suspensión provisional de la ejecución, dentro de las veinticuatro horas siguientes a la presentación de la solicitud.

(REFORMADO, D.O.F. 13 DE JUNIO DE 2016)

d) El Magistrado Instructor requerirá a la autoridad demandada un informe relativo a la suspensión definitiva, el que se deberá rendir en el término de cuarenta y ocho horas siguientes a aquél en que surta efectos la notificación del acuerdo respectivo. Vencido el término, con el informe o sin él, el Magistrado resolverá lo que corresponda, dentro de los cinco días siguientes.

(REFORMADA, D.O.F. 13 DE JUNIO DE 2016)

IV. Mientras no se dicte sentencia definitiva en el juicio, el Magistrado Instructor podrá modificar o revocar la resolución que haya concedido o negado la suspensión definitiva, cuando ocurra un hecho superveniente que lo justifique.

V. Cuando el solicitante de la suspensión obtenga sentencia favorable firme, el Magistrado Instructor ordenará la cancelación o liberación de la garantía otorgada. En caso de que la sentencia firme le sea desfavorable, a petición de la contraparte o en su caso, del tercero, y previo acreditamiento de que se causaron perjuicios o se sufrieron daños, la Sala ordenará hacer efectiva la garantía otorgada ante la autoridad.

(ADICIONADO, D.O.F. 13 DE JUNIO DE 2016)

Artículo 28 Bis. Las medidas cautelares positivas y la suspensión de la ejecución del acto impugnado podrán quedar sin efecto si la contraparte exhibe contragarantía para indemnizar los daños y perjuicios que pudieran causarse a la parte actora. Además la contragarantía deberá cubrir los costos de la garantía que hubiese otorgado la parte actora, la cual comprenderá, entre otros aspectos, los siguientes:

I. Los gastos o primas pagados, conforme a la ley, a la empresa legalmente autorizada que haya otorgado la garantía;

II. Los gastos legales de la escritura respectiva y su registro, así como los de cancelación y su registro, cuando la parte actora hubiere otorgado garantía hipotecaria;

III. Los gastos legales acreditados para constituir el depósito; y/o

IV. Los gastos efectivamente erogados para constituir la garantía, siempre que estén debidamente comprobados con la documentación correspondiente.

No se admitirá la contragarantía si de ejecutarse el acto impugnado o de no concederse la medida cautelar positiva queda sin materia el juicio o cuando resulte en extremo difícil restituir las cosas al estado que guardaban antes del inicio del juicio, lo cual deberá ser motivado por el Magistrado Instructor.

CAPÍTULO IV
DE LOS INCIDENTES

Artículo 29. En el juicio contencioso administrativo federal sólo serán de previo y especial pronunciamiento:

(REFORMADA, D.O.F. 10 DE DICIEMBRE DE 2010)

I. La incompetencia por materia.

II. El de acumulación de juicios.

III. El de nulidad de notificaciones.

IV. La recusación por causa de impedimento.

V. La reposición de autos.

VI. La interrupción por causa de muerte, disolución, declaratoria de ausencia o incapacidad.

Cuando la promoción del incidente sea frívola e improcedente, se impondrá a quien lo promueva una multa de diez a cincuenta veces el salario mínimo general diario vigente en el área geográfica correspondiente al Distrito Federal.

(REFORMADO, D.O.F. 10 DE DICIEMBRE DE 2010)

Artículo 30. Las Salas Regionales serán competentes para conocer de los juicios por razón de territorio, de conformidad con lo previsto en el artículo 34 de la Ley Orgánica del Tribunal Federal de Justicia Fiscal y Administrativa.

En caso de duda, será competente por razón de territorio la Sala Regional ante quien se haya presentado el asunto.

Cuando una sala esté conociendo de algún juicio que sea competencia de otra, el demandado o el tercero podrán acudir ante el Presidente del Tribunal exhibiendo copia certificada de la demanda y de las constancias que estime pertinentes, a fin de que se someta el asunto al conocimiento de la Sección que por turno le corresponda conocer.

Cuando se presente un asunto en una Sala Regional que por materia corresponda conocer a una Sala Especializada, la primera se declarará incompetente y comunicará su resolución a la que en su opinión corresponde conocer del juicio, enviándole los autos.

La Sala requerida decidirá de plano, dentro de las cuarenta y ocho horas siguientes a la fecha de recepción del expediente, si acepta o no el conocimiento del asunto. Si la Sala lo acepta, comunicará su resolución a la requirente y a las partes. En caso de no aceptarlo, se tramitará el incidente a que se refiere el tercer párrafo de este artículo.

Artículo 31. Procede la acumulación de dos o más juicios pendientes de resolución en los casos en que:

I. Las partes sean las mismas y se invoquen idénticos agravios.

II. Siendo diferentes las partes e invocándose distintos agravios, el acto impugnado sea uno mismo o se impugne varias partes del mismo acto.

III. Independientemente de que las partes y los agravios sean o no diversos, se impugnen actos o resoluciones que sean unos antecedentes o consecuencia de los otros.

(ADICIONADO, D.O.F. 12 DE JUNIO DE 2009)

Para el caso en que proceda la acumulación y los juicios respectivos se estén sustanciando por la vía tradicional y el juicio en línea, el Magistrado Instructor requerirá a las partes relativas al Juicio en la vía tradicional para que en el plazo de tres días manifiesten si optan por substanciar el juicio en línea, en caso de que no ejerza su opción se tramitara el Juicio en la vía tradicional.

Artículo 32. La acumulación se solicitará ante el Magistrado Instructor que esté conociendo del juicio en el cual la demanda se presentó primero, para lo cual en un término que no exceda de seis días solicitará el envío de los autos del juicio. El magistrado que conozca de la acumulación, en el plazo de cinco días, deberá formular proyecto de resolución que someterá a la Sala, la que dictará la determinación que proceda. La acumulación podrá tramitarse de oficio.

Artículo 33. Las notificaciones que no fueren hechas conforme a lo dispuesto en esta Ley serán nulas. En este caso el perjudicado podrá pedir que se declare la nulidad dentro de los cinco días siguientes a aquél en que conoció el hecho, ofreciendo las pruebas pertinentes en el mismo escrito en que se promueva la nulidad.

Las promociones de nulidad notoriamente infundadas se desecharán de plano.

Si se admite la promoción, se dará vista a las demás partes por el término de cinco días para que expongan lo que a su derecho convenga; transcurrido dicho plazo, se dictará resolución.

Si se declara la nulidad, la Sala ordenará reponer la notificación anulada y las actuaciones posteriores. Asimismo, se impondrá una multa al actuario, equivalente a diez veces el salario mínimo general diario del área geográfica correspondiente al Distrito Federal, sin que exceda del 30% de su sueldo mensual. El actuario podrá ser destituido de su cargo, sin responsabilidad para el Estado en caso de reincidencia.

Artículo 34. Las partes podrán recusar a los magistrados o a los peritos del Tribunal, cuando estén en alguno de los casos de impedimento a que se refiere el artículo 10 de esta Ley.

Artículo 35. La recusación de magistrados se promoverá mediante escrito que se presente en la Sala o Sección en la que se halle adscrito el magistrado de que se trate, acompañando las pruebas que se ofrezcan. El Presidente de la Sección o de la Sala, dentro de los cinco días siguientes, enviará al Presidente del Tribunal el escrito de recusación junto con un informe que el magistrado recusado debe rendir, a fin de que se someta el asunto al conocimiento del Pleno. A falta de informe se presumirá cierto el impedimento. Si el Pleno del Tribunal considera fundada la recusación, el magistrado de la Sala Regional será sustituido en los términos de la Ley Orgánica del Tribunal Federal de Justicia Fiscal y Administrativa. Si se trata de magistrado de Sala Superior, deberá abstenerse de conocer del asunto, en caso de ser el ponente será sustituido.

Los magistrados que conozcan de una recusación son irrecusables para ese solo efecto.

La recusación del perito del Tribunal se promoverá, ante el Magistrado Instructor, dentro de los seis días siguientes a la fecha en que surta efectos la notificación del acuerdo por el que se le designe.

El instructor pedirá al perito recusado que rinda un informe dentro de los tres días siguientes. A falta de informe, se presumirá cierto el impedimento. Si la Sala encuentra fundada la recusación, substituirá al perito.

Artículo 36. Cuando alguna de las partes sostenga la falsedad de un documento, incluyendo las promociones y actuaciones en juicio, el incidente se podrá hacer valer ante el Magistrado Instructor hasta antes de que se cierre la instrucción en el juicio. El incidente se substanciará conforme a lo dispuesto en el cuarto párrafo del artículo 39 de esta Ley.

Si alguna de las partes sostiene la falsedad de un documento firmado por otra, el Magistrado Instructor podrá citar a la parte respectiva para que estampe su firma en presencia del secretario misma que se tendrá como indubitable para el cotejo.

En los casos distintos de los señalados en el párrafo anterior, el incidentista deberá acompañar el documento que considere como indubitado o señalar el lugar donde se encuentre, o bien ofrecer la pericial correspondiente; si no lo hace, el Magistrado Instructor desechará el incidente.

La Sala resolverá sobre la autenticidad del documento exclusivamente para los efectos del juicio en el que se presente el incidente.

Artículo 37. Las partes o el Magistrado Instructor de oficio, solicitarán se substancie el incidente de reposición de autos, para lo cual se hará constar en el acta que para tal efecto se levante por la Sala, la existencia anterior y la falta posterior del expediente o de las actuaciones faltantes. A partir de la fecha de esta acta, quedará suspendido el juicio y no correrán los términos.

Con el acta se dará vista a las partes para que en el término de diez días prorrogables exhiban ante el instructor, en copia simple o certificada, las constancias y documentos relativos al expediente que obren en su poder, a fin de reponerlo. Una vez integrado, la Sala, en el plazo de cinco días, declarará repuestos los autos, se levantará la suspensión y se continuará con el procedimiento.

Cuando la pérdida ocurra encontrándose los autos a disposición de la Sala Superior, se ordenará a la Sala Regional correspondiente proceda a la reposición de autos y una vez integrado el expediente, se remitirá el mismo a la Sala Superior para la resolución del juicio.

Artículo 38. La interrupción del juicio por causa de muerte, disolución, incapacidad o declaratoria de ausencia durará como máximo un año y se sujetará a lo siguiente:

I. Se decretará por el Magistrado Instructor a partir de la fecha en que ésta tenga conocimiento de la existencia de alguno de los supuestos a que se refiere este artículo.

II. Si transcurrido el plazo máximo de interrupción, no comparece el albacea, el representante legal o el tutor, la Sala ordenará la reanudación del juicio, ordenando que todas las notificaciones se efectúen por lista al representante de la sucesión, de la sociedad en disolución, del ausente o del incapaz, según sea el caso.

Artículo 39. Cuando se promueva alguno de los incidentes previstos en el artículo 29, se suspenderá el juicio en el principal hasta que se dicte la resolución correspondiente.

Los incidentes a que se refieren las fracciones I, II y IV, de dicho artículo únicamente podrán promoverse hasta antes de que quede cerrada la instrucción, en los términos del artículo 47 de esta Ley.

Cuando se promuevan incidentes que no sean de previo y especial pronunciamiento, continuará el trámite del proceso.

Si no está previsto algún trámite especial, los incidentes se substanciarán corriendo traslado de la promoción a las partes por el término de tres días. Con el escrito por el que se promueva el incidente o se desahogue el traslado concedido, se ofrecerán las pruebas pertinentes y se presentarán los documentos, los cuestionarios e interrogatorios de testigos y peritos, siendo aplicables para las pruebas pericial y testimonial las reglas relativas del principal.

CAPÍTULO V
DE LAS PRUEBAS

Artículo 40. En los juicios que se tramiten ante este Tribunal, el actor que pretende se reconozca o se haga efectivo un derecho subjetivo, deberá probar los hechos de los que deriva su derecho y la violación del mismo, cuando ésta consista en hechos positivos y el demandado de sus excepciones.

En los juicios que se tramiten ante el Tribunal, serán admisibles toda clase de pruebas, excepto la de confesión de las autoridades mediante absolución de posiciones y la petición de informes, salvo que los informes se limiten a hechos que consten en documentos que obren en poder de las autoridades.

Las pruebas supervenientes podrán presentarse siempre que no se haya dictado sentencia. En este caso, se ordenará dar vista a la contraparte para que en el plazo de cinco días exprese lo que a su derecho convenga.

Artículo 41. El Magistrado Instructor, hasta antes de que se cierre la instrucción, para un mejor conocimiento de los hechos controvertidos, podrá acordar la exhibición de cualquier documento que tenga relación con los mismos, ordenar la práctica de cualquier diligencia o proveer la preparación y desahogo de la prueba pericial cuando se planteen cuestiones de carácter técnico y no hubiere sido ofrecida por las partes.

El magistrado ponente podrá proponer al Pleno o a la Sección, se reabra la instrucción para los efectos señalados anteriormente.

Artículo 42. Las resoluciones y actos administrativos se presumirán legales. Sin embargo, las autoridades deberán probar los hechos que los motiven cuando el afectado los niegue lisa y llanamente, a menos que la negativa implique la afirmación de otro hecho.

Artículo 43. La prueba pericial se sujetará a lo siguiente:

I. En el acuerdo que recaiga a la contestación de la demanda o de su ampliación, se requerirá a las partes para que dentro del plazo de diez días presenten a sus peritos, a fin de que acrediten que reúnen los requisitos correspondientes, acepten el cargo y protesten su legal desempeño, apercibiéndolas de que si no lo hacen sin justa causa, o la persona propuesta no acepta el cargo o no reúne los requisitos de ley, sólo se considerará el peritaje de quien haya cumplimentado el requerimiento.

(ADICIONADO, D.O.F. 13 DE JUNIO DE 2016)

Los peritos deberán rendir su propio dictamen autónomo e independiente y exponer sus razones o sustentos en los que se apoyan, por lo que no deberán sustentar su dictamen en las respuestas expuestas por otro perito, ni remitirse a ellas para justificar su opinión técnica.

II. El Magistrado Instructor, cuando a su juicio deba presidir la diligencia y lo permita la naturaleza de ésta, señalará lugar, día y hora para el desahogo de la prueba pericial, pudiendo pedir a los peritos todas las aclaraciones que estime conducentes, y exigirles la práctica de nuevas diligencias.

III. En los acuerdos por los que se discierna del cargo a cada perito, el Magistrado Instructor concederá un plazo mínimo de quince días para que rinda y ratifique su dictamen, con el apercibimiento a la parte que lo propuso de que únicamente se considerarán los dictámenes rendidos dentro del plazo concedido.

IV. Por una sola vez y por causa que lo justifique, comunicada al instructor antes de vencer los plazos mencionados en este artículo, las partes podrán solicitar la ampliación del plazo para rendir el dictamen o la sustitución de su perito, señalando en este caso, el nombre y domicilio de la nueva persona propuesta. La parte que haya sustituido a su perito conforme a la fracción I, ya no podrá hacerlo en el caso previsto en la fracción III de este precepto.

V. El perito tercero será designado por la Sala Regional de entre los que tenga adscritos. En el caso de que no hubiere perito adscrito en la ciencia o arte sobre el cual verse el peritaje, la Sala designará bajo su responsabilidad a la persona que deba rendir dicho dictamen. Cuando haya lugar a designar perito tercero valuador, el nombramiento deberá recaer en una institución de crédito, debiendo cubrirse sus honorarios por las partes. En los demás casos los cubrirá el Tribunal. En el auto en que se designe perito tercero, se le concederá un plazo mínimo de quince días para que rinda su dictamen.

(ADICIONADO, D.O.F. 13 DE JUNIO DE 2016)

El Magistrado Instructor, dentro del plazo de tres días posteriores a la notificación del acuerdo que tenga por rendido el dictamen del perito tercero, podrá ordenar que se lleve a cabo el desahogo de una junta de peritos, en la cual se planteen aclaraciones en relación a los dictámenes. El acuerdo por el que se fije el lugar, día y hora para la celebración de la junta de peritos deberá notificarse a todas las partes, así como a los peritos.

(ADICIONADO, D.O.F. 13 DE JUNIO DE 2016)

En la audiencia, el Magistrado Instructor podrá requerir que los peritos hagan las aclaraciones correspondientes, debiendo levantar el acta circunstanciada correspondiente.

(ADICIONADO, D.O.F. 13 DE JUNIO DE 2016)

En el caso de la Sala Superior del Tribunal, el Magistrado ponente podrá ordenar directamente la reapertura de la instrucción del juicio, a efecto de que la junta de peritos se realice en la Secretaría General o Adjunta de Acuerdos o en la Sala Regional, la cual podrá llevarse a cabo a través de medios electrónicos.

Artículo 44. Para desahogar la prueba testimonial se requerirá a la oferente para que presente a los testigos y cuando ésta manifieste no poder presentarlos, el Magistrado Instructor los citará para que comparezcan el día y hora que al efecto señale. De los testimonios se levantará acta pormenorizada y podrán serles formuladas por el magistrado o por las partes aquellas preguntas que estén en relación directa con los hechos controvertidos o persigan la aclaración de cualquier respuesta. Las autoridades rendirán testimonio por escrito.

Cuando los testigos tengan su domicilio fuera de la sede de la Sala, se podrá desahogar la prueba mediante exhorto, previa calificación hecha por el Magistrado Instructor del interrogatorio presentado, pudiendo repreguntar el magistrado o juez que desahogue el exhorto, en términos del artículo 73 de esta Ley.

Artículo 45. A fin de que las partes puedan rendir sus pruebas, los funcionarios o autoridades tienen obligación de expedir con toda oportunidad, previo pago de los derechos correspondientes, las copias certificadas de los documentos que les soliciten; si no se cumpliera con esa obligación la parte interesada solicitará al Magistrado Instructor que requiera a los omisos.

Cuando sin causa justificada la autoridad demandada no expida las copias de los documentos ofrecidos por el demandante para probar los hechos imputados a aquélla y siempre que los documentos solicitados hubieran sido identificados con toda precisión tanto en sus características como en su contenido, se presumirán ciertos los hechos que pretenda probar con esos documentos.

En los casos en que la autoridad requerida no sea parte e incumpla, el Magistrado Instructor podrá hacer valer como medida de apremio la imposición de una multa por el monto equivalente de entre noventa y ciento cincuenta veces el salario mínimo general diario vigente en el Distrito Federal, al funcionario omiso. También podrá comisionar al Secretario o Actuario que deba recabar la certificación omitida u ordenar la compulsa de los documentos exhibidos por las partes, con los originales que obren en poder de la autoridad.

Cuando se soliciten copias de documentos que no puedan proporcionarse en la práctica administrativa normal, las autoridades podrán solicitar un plazo adicional para realizar las diligencias extraordinarias que el caso amerite y si al cabo de éstas no se localizan, el Magistrado Instructor podrá considerar que se está en presencia de omisión por causa justificada.

Artículo 46. La valoración de las pruebas se hará de acuerdo con las siguientes disposiciones:

I. Harán prueba plena la confesión expresa de las partes, las presunciones legales que no admitan prueba en contrario, así como los hechos legalmente afirmados por autoridad en documentos públicos, incluyendo los digitales; pero, si en los documentos públicos citados se contienen declaraciones de verdad o manifestaciones de hechos de particulares, los documentos sólo prueban plenamente que, ante la autoridad que los expidió, se hicieron tales declaraciones o manifestaciones, pero no prueban la verdad de lo declarado o manifestado.

II. Tratándose de actos de comprobación de las autoridades administrativas, se entenderán como legalmente afirmados los hechos que constan en las actas respectivas.

III. El valor de las pruebas pericial y testimonial, así como el de las demás pruebas, quedará a la prudente apreciación de la Sala.

Cuando se trate de documentos digitales con firma electrónica distinta a una firma electrónica avanzada o sello digital, para su valoración se estará a lo dispuesto por el artículo 210-A del Código Federal de Procedimientos Civiles.

Cuando por el enlace de las pruebas rendidas y de las presunciones formadas, la Sala adquiera convicción distinta acerca de los hechos materia del litigio, podrá valorar las pruebas sin sujetarse a lo dispuesto en las fracciones anteriores, debiendo fundar razonadamente esta parte de su sentencia.

CAPÍTULO VI
DEL CIERRE DE LA INSTRUCCIÓN

(REFORMADO, D.O.F. 13 DE JUNIO DE 2016)

Artículo 47. El Magistrado Instructor, cinco días después de que haya concluido la sustanciación del juicio y/o no existiere ninguna cuestión pendiente que impida su resolución, notificará a las partes que tienen un término de cinco días para formular alegatos de lo bien probado por escrito. Los alegatos presentados en tiempo deberán ser considerados al dictar sentencia; dichos alegatos no pueden ampliar la litis fijada en los acuerdos de admisión a la demanda o de admisión a la ampliación a la demanda, en su caso.

Al vencer el plazo de cinco días a que se refiere el párrafo anterior, con alegatos o sin ellos, quedará cerrada la instrucción del juicio, sin necesidad de una declaratoria expresa, y a partir del día siguiente empezarán a computarse los plazos previstos en el artículo 49 de esta Ley.

CAPÍTULO VII
FACULTAD DE ATRACCIÓN

(REFORMADO PRIMER PÁRRAFO, D.O.F. 10 DE DICIEMBRE DE 2010)

Artículo 48. El Pleno o las Secciones del Tribunal podrán resolver los juicios con características especiales.

I. Revisten características especiales los juicios en los que:

a) Por su materia, conceptos de impugnación o cuantía se consideren de interés y trascendencia.

(REFORMADO, D.O.F. 13 DE JUNIO DE 2016)

Tratándose de la cuantía, el valor del negocio será determinado por el pleno jurisdiccional de la Sala Superior, mediante la emisión del acuerdo general correspondiente.

b) Para su resolución sea necesario establecer, por primera vez, la interpretación directa de una ley, reglamento o disposición administrativa de carácter general; fijar el alcance de los elementos constitutivos de una contribución, hasta fijar jurisprudencia. En este caso el Presidente del Tribunal también podrá solicitar la atracción.

II. Para el ejercicio de la facultad de atracción, se estará a las siguientes reglas:

(REFORMADO, D.O.F. 10 DE DICIEMBRE DE 2010)

a) La petición que, en su caso, formulen las Salas Regionales, el Magistrado Instructor o las autoridades deberá presentarse hasta antes del cierre de la instrucción.

(ADICIONADO, D.O.F. 27 DE ENERO DE 2017)

En el caso del juicio de resolución exclusiva de fondo, la petición señalada en el párrafo anterior sólo se podrá formular por las partes en el juicio o los Magistrados de la Sección de la Sala Superior competente.

(REFORMADO, D.O.F. 10 DE DICIEMBRE DE 2010)

b) La Presidencia del Tribunal comunicará el ejercicio de la facultad de atracción a la Sala Regional o al Magistrado Instructor antes del cierre de la instrucción.

c) Los acuerdos de la Presidencia que admitan la petición o que de oficio decidan atraer el juicio, serán notificados personalmente a las partes en los términos de los artículos 67 y 68 de esta Ley. Al efectuar la notificación se les requerirá que señalen domicilio para recibir notificaciones en el Distrito Federal, así como que designen persona autorizada para recibirlas o, en el caso de las autoridades, que señalen a su representante en el mismo. En caso de no hacerlo, la resolución y las actuaciones diversas que dicte la Sala Superior les serán notificadas en el domicilio que obre en autos.

(REFORMADO, D.O.F. 10 DE DICIEMBRE DE 2010)

d) Una vez cerrada la instrucción del juicio, la Sala Regional o el Magistrado Instructor remitirá el expediente original a la Secretaría General de Acuerdos de la Sala Superior, la que lo turnará al Magistrado ponente que corresponda conforme a las reglas que determine el Pleno del propio Tribunal.

CAPÍTULO VIII
DE LA SENTENCIA

(REFORMADO PRIMER PÁRRAFO, D.O.F. 13 DE JUNIO DE 2016)

Artículo 49. La sentencia se pronunciará por unanimidad o mayoría de votos de los Magistrados integrantes de la sala, dentro de los cuarenta y cinco días siguientes a aquél en que haya quedado cerrada la instrucción en el juicio. Para este efecto, el Magistrado Instructor formulará el proyecto respectivo dentro de los treinta días siguientes al cierre de instrucción. Para dictar resolución en los casos de sobreseimiento, por alguna de las causas previstas en el artículo 9o. de esta Ley, no será necesario que se hubiese cerrado la instrucción.

El plazo para que el magistrado ponente del Pleno o de la Sección formule su proyecto, empezará a correr a partir de que tenga en su poder el expediente integrado.

Cuando la mayoría de los magistrados estén de acuerdo con el proyecto, el magistrado disidente podrá limitarse a expresar que vota total o parcialmente en contra del proyecto o formular voto particular razonado, el que deberá presentar en un plazo que no exceda de diez días.

Si el proyecto no fue aceptado por los otros magistrados del Pleno, Sección o Sala, el magistrado ponente o instructor engrosará el fallo con los argumentos de la mayoría y el proyecto podrá quedar como voto particular.

Artículo 50. Las sentencias del Tribunal se fundarán en derecho y resolverán sobre la pretensión del actor que se deduzca de su demanda, en relación con una resolución impugnada, teniendo la facultad de invocar hechos notorios.

Cuando se hagan valer diversas causales de ilegalidad, la sentencia de la Sala deberá examinar primero aquéllos que puedan llevar a declarar la nulidad lisa y llana. En el caso de que la sentencia declare la nulidad de una resolución por la omisión de los requisitos formales exigidos por las leyes, o por vicios de procedimiento, la misma deberá señalar en que forma afectaron las defensas del particular y trascendieron al sentido de la resolución.

Las Salas podrán corregir los errores que adviertan en la cita de los preceptos que se consideren violados y examinar en su conjunto los agravios y causales de ilegalidad, así como los demás razonamientos de las partes, a fin de resolver la cuestión efectivamente planteada, pero sin cambiar los hechos expuestos en la demanda y en la contestación.

Tratándose de las sentencias que resuelvan sobre la legalidad de la resolución dictada en un recurso administrativo, si se cuenta con elementos suficientes para ello, el Tribunal se pronunciará sobre la legalidad de la resolución recurrida, en la parte que no satisfizo el interés jurídico del demandante. No se podrán anular o modificar los actos de las autoridades administrativas no impugnados de manera expresa en la demanda.

En el caso de sentencias en que se condene a la autoridad a la restitución de un derecho subjetivo violado o a la devolución de una cantidad, el Tribunal deberá previamente constatar el derecho que tiene el particular, además de la ilegalidad de la resolución impugnada.

(ADICIONADO, D.O.F. 23 DE ENERO DE 2009)

Hecha excepción de lo dispuesto en fracción XIII, apartado B, del artículo 123 Constitucional, respecto de los Agentes del Ministerio Público, los Peritos y los Miembros de las Instituciones Policiales de la Federación, que hubiesen promovido el juicio o medio de defensa en el que la autoridad jurisdiccional resuelva que la separación, remoción, baja, cese, destitución o cualquier otra forma de terminación del servicio fue injustificada; casos en los que la autoridad demandada sólo estará obligada a pagar la indemnización y demás prestaciones a que tengan derecho, sin que en ningún caso proceda la reincorporación al servicio.

(ADICIONADO, D.O.F. 12 DE JUNIO DE 2009)

Artículo 50-A. Las sentencias que dicte el Tribunal Federal de Justicia Fiscal y Administrativa con motivo de las demandas que prevé la Ley Federal de Responsabilidad Patrimonial del Estado, deberán contener como elementos mínimos los siguientes:

I. El relativo a la existencia de la relación de causalidad entre la actividad administrativa y la lesión producida y la valoración del daño o perjuicio causado;

II. Determinar el monto de la indemnización, explicitando los criterios utilizados para su cuantificación, y

III. En los casos de concurrencia previstos en el Capítulo IV de la Ley Federal de Responsabilidad Patrimonial del Estado, se deberán razonar los criterios de impugnación y la graduación correspondiente para su aplicación a cada caso en particular.

Artículo 51. Se declarará que una resolución administrativa es ilegal cuando se demuestre alguna de las siguientes causales:

I. Incompetencia del funcionario que la haya dictado, ordenado o tramitado el procedimiento del que deriva dicha resolución.

II. Omisión de los requisitos formales exigidos por las leyes, siempre que afecte las defensas del particular y trascienda al sentido de la resolución impugnada, inclusive la ausencia de fundamentación o motivación, en su caso.

III. Vicios del procedimiento siempre que afecten las defensas del particular y trasciendan al sentido de la resolución impugnada.

IV. Si los hechos que la motivaron no se realizaron, fueron distintos o se apreciaron en forma equivocada, o bien si se dictó en contravención de las disposiciones aplicadas o dejó de aplicar las debidas, en cuanto al fondo del asunto.

V. Cuando la resolución administrativa dictada en ejercicio de facultades discrecionales no corresponda a los fines para los cuales la ley confiera dichas facultades.

Para los efectos de lo dispuesto por las fracciones II y III del presente artículo, se considera que no afectan las defensas del particular ni trascienden al sentido de la resolución impugnada, entre otros, los vicios siguientes:

a) Cuando en un citatorio no se haga mención que es para recibir una orden de visita domiciliaria, siempre que ésta se inicie con el destinatario de la orden.

b) Cuando en un citatorio no se haga constar en forma circunstanciada la forma en que el notificador se cercioró que se encontraba en el domicilio correcto, siempre que la diligencia se haya efectuado en el domicilio indicado en el documento que deba notificarse.

c) Cuando en la entrega del citatorio se hayan cometido vicios de procedimiento, siempre que la diligencia prevista en dicho citatorio se haya entendido directamente con el interesado o con su representante legal.

d) Cuando existan irregularidades en los citatorios, en las notificaciones de requerimientos de solicitudes de datos, informes o documentos, o en los propios requerimientos, siempre y cuando el particular desahogue los mismos, exhibiendo oportunamente la información y documentación solicitados.

e) Cuando no se dé a conocer al contribuyente visitado el resultado de una compulsa a terceros, si la resolución impugnada no se sustenta en dichos resultados.

f) Cuando no se valore alguna prueba para acreditar los hechos asentados en el oficio de observaciones o en la última acta parcial, siempre que dicha prueba no sea idónea para dichos efectos.

El Tribunal podrá hacer valer de oficio, por ser de orden público, la incompetencia de la autoridad para dictar la resolución impugnada o para ordenar o tramitar el procedimiento del que derive y la ausencia total de fundamentación o motivación en dicha resolución.

(ADICIONADO, D.O.F. 10 DE DICIEMBRE DE 2010)

Cuando resulte fundada la incompetencia de la autoridad y además existan agravios encaminados a controvertir el fondo del asunto, el Tribunal deberá analizarlos y si alguno de ellos resulta fundado, con base en el principio de mayor beneficio, procederá a resolver el fondo de la cuestión efectivamente planteada por el actor.

Los órganos arbitrales y de otra naturaleza, derivados de mecanismos alternativos de solución de controversias en materia de prácticas desleales, contenidos en tratados y convenios internacionales de los que México sea parte, no podrán revisar de oficio las causales a que se refiere este artículo.

Artículo 52. La sentencia definitiva podrá:

I. Reconocer la validez de la resolución impugnada.

II. Declarar la nulidad de la resolución impugnada.

III. (DEROGADA, D.O.F. 13 DE JUNIO DE 2016)

IV. Siempre que se esté en alguno de los supuestos previstos en las fracciones II y III, del artículo 51 de esta Ley, el Tribunal declarará la nulidad para el efecto de que se reponga el procedimiento o se emita nueva resolución; en los demás casos, cuando corresponda a la pretensión deducida, también podrá indicar los términos conforme a los cuales deberá dictar su resolución la autoridad administrativa.

En los casos en que la sentencia implique una modificación a la cuantía de la resolución administrativa impugnada, la Sala Regional competente deberá precisar, el monto, el alcance y los términos de la misma para su cumplimiento.

Tratándose de sanciones, cuando dicho Tribunal aprecie que la sanción es excesiva porque no se motivó adecuadamente o no se dieron los hechos agravantes de la sanción, deberá reducir el importe de la sanción apreciando libremente las circunstancias que dieron lugar a la misma.

V. Declarar la nulidad de la resolución impugnada y además:

a) Reconocer al actor la existencia de un derecho subjetivo y condenar al cumplimiento de la obligación correlativa.

b) Otorgar o restituir al actor en el goce de los derechos afectados.

(REFORMADO, D.O.F. 10 DE DICIEMBRE DE 2010)

c) Declarar la nulidad del acto o resolución administrativa de carácter general, caso en que cesarán los efectos de los actos de ejecución que afectan al demandante, inclusive el primer acto de aplicación que hubiese impugnado. La declaración de nulidad no tendrá otros efectos para el demandante, salvo lo previsto por las leyes de la materia de que se trate.

(ADICIONADO, D.O.F. 12 DE JUNIO DE 2009)

d) Reconocer la existencia de un derecho subjetivo y condenar al ente público federal al pago de una indemnización por los daños y perjuicios causados por sus servidores públicos.

(REFORMADO, D.O.F. 13 DE JUNIO DE 2016)

Si la sentencia obliga a la autoridad a realizar un determinado acto o iniciar un procedimiento, conforme a lo dispuesto en la fracción IV, deberá cumplirse en un plazo de cuatro meses tratándose del Juicio Ordinario o un mes tratándose del Juicio Sumario de conformidad con lo previsto en el artículo 58-14 de la presente Ley, contados a partir de que la sentencia quede firme.

Dentro del mismo término deberá emitir la resolución definitiva, aún cuando, tratándose de asuntos fiscales, hayan transcurrido los plazos señalados en los artículos 46-A y 67 del Código Fiscal de la Federación.

Si el cumplimiento de la sentencia entraña el ejercicio o el goce de un derecho por parte del demandante, transcurrido el plazo señalado en el párrafo anterior sin que la autoridad hubiere cumplido con la sentencia, el beneficiario del fallo tendrá derecho a una indemnización que la Sala que haya conocido del asunto determinará, atendiendo el tiempo transcurrido hasta el total cumplimiento del fallo y los perjuicios que la omisión hubiere ocasionado, sin menoscabo de lo establecido en el artículo 58 de esta Ley. El ejercicio de dicho derecho se tramitará vía incidental.

Cuando para el cumplimiento de la sentencia, sea necesario solicitar información o realizar algún acto de la autoridad administrativa en el extranjero, se suspenderá el plazo a que se refiere el párrafo anterior, entre el momento en que se pida la información o en que se solicite realizar el acto correspondiente y la fecha en que se proporcione dicha información o se realice el acto.

(REFORMADO, D.O.F. 13 DE JUNIO DE 2016)

Transcurridos los plazos establecidos en este precepto, sin que se haya dictado la resolución definitiva, precluirá el derecho de la autoridad para emitirla salvo en los casos en que el particular, con motivo de la sentencia, tenga derecho a una resolución definitiva que le confiera una prestación, le reconozca un derecho o le abra la posibilidad de obtenerlo.

En el caso de que se interponga recurso, se suspenderá el efecto de la sentencia hasta que se dicte la resolución que ponga fin a la controversia.

La sentencia se pronunciará sobre la indemnización o pago de costas, solicitados por las partes, cuando se adecue a los supuestos del artículo 6o. de esta Ley.

Artículo 53. La sentencia definitiva queda firme cuando:

I. No admita en su contra recurso o juicio.

II. Admitiendo recurso o juicio, no fuere impugnada, o cuando, habiéndolo sido, el recurso o juicio de que se trate haya sido desechado o sobreseído o hubiere resultado infundado, y

III. Sea consentida expresamente por las partes o sus representantes legítimos.

(REFORMADO, D.O.F. 13 DE JUNIO DE 2016)

A partir de que quede firme una sentencia y cause ejecutoria, correrán los plazos para el cumplimiento de las sentencias, previstos en los artículos 52 y 58-14 de esta Ley.

Artículo 54. La parte que estime contradictoria, ambigua u obscura una sentencia definitiva del Tribunal, podrá promover por una sola vez su aclaración dentro de los diez días siguientes a aquél en que surta efectos su notificación.

La instancia deberá señalar la parte de la sentencia cuya aclaración se solicita e interponerse ante la Sala o Sección que dictó la sentencia, la que deberá resolver en un plazo de cinco días siguientes a la fecha en que fue interpuesto, sin que pueda variar la sustancia de la sentencia. La aclaración no admite recurso alguno y se reputará parte de la sentencia recurrida y su interposición interrumpe el término para su impugnación.

Artículo 55. Las partes podrán formular excitativa de justicia ante el Presidente del Tribunal, si el magistrado responsable no formula el proyecto respectivo dentro del plazo señalado en esta Ley.

Artículo 56. Recibida la excitativa de justicia, el Presidente del Tribunal, solicitará informe al magistrado responsable que corresponda, quien deberá rendirlo en el plazo de cinco días. El Presidente dará cuenta al Pleno y si éste encuentra fundada la excitativa, otorgará un plazo que no excederá de quince días para que el magistrado formule el proyecto respectivo. Si el mismo no cumpliere con dicha obligación, será sustituido en los términos de la Ley Orgánica del Tribunal Federal de Justicia Fiscal y Administrativa.

En el supuesto de que la excitativa se promueva por no haberse dictado sentencia, a pesar de existir el proyecto del magistrado responsable, el informe a que se refiere el párrafo anterior, se pedirá al Presidente de la Sala o Sección respectiva, para que lo rinda en el plazo de tres días, y en el caso de que el Pleno considere fundada la excitativa, concederá un plazo de diez días a la Sala o Sección para que dicte la sentencia y si ésta no lo hace, se podrá sustituir a los magistrados renuentes o cambiar de Sección.

Cuando un magistrado, en dos ocasiones hubiere sido sustituido conforme a este precepto, el Presidente del Tribunal podrá poner el hecho en conocimiento del Presidente de la República.

CAPÍTULO IX
DEL CUMPLIMIENTO DE LA SENTENCIA Y DE LA SUSPENSIÓN

Artículo 57. Las autoridades demandadas y cualesquiera otra autoridad relacionada, están obligadas a cumplir las sentencias del Tribunal Federal de Justicia Fiscal y Administrativa, conforme a lo siguiente:

I. En los casos en los que la sentencia declare la nulidad y ésta se funde en alguna de las siguientes causales:

a) Tratándose de la incompetencia, la autoridad competente podrá iniciar el procedimiento o dictar una nueva resolución, sin violar lo resuelto por la sentencia, siempre que no hayan caducado sus facultades. Este efecto se producirá aun en el caso de que la sentencia declare la nulidad en forma lisa y llana.

b) Si tiene su causa en un vicio de forma de la resolución impugnada, ésta se puede reponer subsanando el vicio que produjo la nulidad; en el caso de nulidad por vicios del procedimiento, éste se puede reanudar reponiendo el acto viciado y a partir del mismo.

En ambos casos, la autoridad demandada cuenta con un plazo de cuatro meses para reponer el procedimiento y dictar una nueva resolución definitiva, aún cuando hayan transcurrido los plazos señalados en los artículos 46-A y 67 del Código Fiscal de la Federación.

En el caso previsto en el párrafo anterior, cuando sea necesario realizar un acto de autoridad en el extranjero o solicitar información a terceros para corroborar datos relacionados con las operaciones efectuadas con los contribuyentes, en el plazo de cuatro meses no se contará el tiempo transcurrido entre la petición de la información o de la realización del acto correspondiente y aquél en el que se proporcione dicha información o se realice el acto. Igualmente, cuando en la reposición del procedimiento se presente alguno de los supuestos a que se refiere el tercer párrafo del artículo 46-A del Código Fiscal de la Federación, tampoco se contará dentro del plazo de cuatro meses el periodo por el que se suspende el plazo para concluir las visitas domiciliarias o las revisiones de gabinete, previsto en dicho párrafo, según corresponda.

Si la autoridad tiene facultades discrecionales para iniciar el procedimiento o para dictar una nueva resolución en relación con dicho procedimiento, podrá abstenerse de reponerlo, siempre que no afecte al particular que obtuvo la nulidad de la resolución impugnada.

Los efectos que establece este inciso se producirán sin que sea necesario que la sentencia lo establezca, aun cuando la misma declare una nulidad lisa y llana.

c) Cuando la resolución impugnada esté viciada en cuanto al fondo, la autoridad no podrá dictar una nueva resolución sobre los mismos hechos, salvo que la sentencia le señale efectos que le permitan volver a dictar el acto. En ningún caso el nuevo acto administrativo puede perjudicar más al actor que la resolución anulada.

Para los efectos de este inciso, no se entenderá que el perjuicio se incrementa cuando se trate de juicios en contra de resoluciones que determinen obligaciones de pago que se aumenten con actualización por el simple transcurso del tiempo y con motivo de los cambios de precios en el país o con alguna tasa de interés o recargos.

d) Cuando prospere el desvío de poder, la autoridad queda impedida para dictar una nueva resolución sobre los mismos hechos que dieron lugar a la resolución impugnada, salvo que la sentencia ordene la reposición del acto administrativo anulado, en cuyo caso, éste deberá reponerse en el plazo que señala la sentencia.

(REFORMADA, D.O.F. 13 DE JUNIO DE 2016)

II. En los casos de condena, la sentencia deberá precisar la forma y los plazos en los que la autoridad cumplirá con la obligación respectiva, conforme a las reglas establecidas en el artículo 52 de esta Ley.

Cuando se interponga el juicio de amparo o el recurso de revisión, se suspenderá el efecto de la sentencia hasta que se dicte la resolución que ponga fin a la controversia.

(DEROGADO PENÚLTIMO PÁRRAFO, D.O.F. 13 DE JUNIO DE 2016)

(DEROGADO ÚLTIMO PÁRRAFO, D.O.F. 13 DE JUNIO DE 2016)

Artículo 58. A fin de asegurar el pleno cumplimiento de las resoluciones del Tribunal a que este precepto se refiere, una vez vencido el plazo previsto por el artículo 52 de esta Ley, éste podrá actuar de oficio o a petición de parte, conforme a lo siguiente:

I. La Sala Regional, la Sección o el Pleno que hubiere pronunciado la sentencia, podrá de oficio, por conducto de su Presidente, en su caso, requerir a la autoridad demandada que informe dentro de los tres días siguientes, respecto al cumplimiento de la sentencia. Se exceptúan de lo dispuesto en este párrafo las sentencias que hubieran señalado efectos, cuando la resolución impugnada derive de un procedimiento oficioso.

Concluido el término anterior con informe o sin él, la Sala Regional, la Sección o el Pleno de que se trate, decidirá si hubo incumplimiento injustificado de la sentencia, en cuyo caso procederá como sigue:

a) Impondrá a la autoridad demandada responsable una multa de apremio que se fijará entre trescientas y mil veces el salario mínimo general diario que estuviere vigente en el Distrito Federal, tomando en cuenta la gravedad del incumplimiento y las consecuencias que ello hubiere ocasionado, requiriéndola a cumplir con la sentencia en el término de tres días y previniéndole, además, de que en caso de renuencia, se le impondrán nuevas multas de apremio en los términos de este inciso, lo que se informará al superior jerárquico de la autoridad demandada.

b) Si al concluir el plazo mencionado en el inciso anterior, persistiere la renuencia de la autoridad demandada a cumplir con lo sentenciado, la Sala Regional, la Sección o el Pleno podrá requerir al superior jerárquico de aquélla para que en el plazo de tres días la obligue a cumplir sin demora.

De persistir el incumplimiento, se impondrá al superior jerárquico una multa de apremio de conformidad con lo establecido por el inciso a).

c) Cuando la naturaleza del acto lo permita, la Sala Regional, la Sección o el Pleno podrá comisionar al funcionario jurisdiccional que, por la índole de sus funciones estime más adecuado, para que dé cumplimiento a la sentencia.

Lo dispuesto en esta fracción también será aplicable cuando no se cumplimente en los términos ordenados la suspensión que se decrete, respecto del acto impugnado en el juicio o en relación con la garantía que deba ser admitida.

d) Transcurridos los plazos señalados en los incisos anteriores, la Sala Regional, la Sección o el Pleno que hubiere emitido el fallo, pondrá en conocimiento de la Contraloría Interna correspondiente los hechos, a fin de ésta (sic) determine la responsabilidad del funcionario responsable del incumplimiento.

II. A petición de parte, el afectado podrá ocurrir en queja ante la Sala Regional, la Sección o el Pleno que la dictó, de acuerdo con las reglas siguientes:

a) Procederá en contra de los siguientes actos:

1.- La resolución que repita indebidamente la resolución anulada o la que incurra en exceso o en defecto, cuando se dicte pretendiendo acatar una sentencia.

2.- La resolución definitiva emitida y notificada después de concluido el plazo establecido por los artículos 52 y 57, fracción I, inciso b) de esta Ley, cuando se trate de una sentencia dictada con base en las fracciones II y III del artículo 51 de la propia ley, que obligó a la autoridad demandada a iniciar un procedimiento o a emitir una nueva resolución, siempre y cuando se trate de un procedimiento oficioso.

3.- Cuando la autoridad omita dar cumplimiento a la sentencia.

4.- Si la autoridad no da cumplimiento a la orden de suspensión definitiva de la ejecución del acto impugnado en el juicio contencioso administrativo federal.

(DEROGADO ÚLTIMO PÁRRAFO, D.O.F. 21 DE MAYO DE 2024)

b) Se interpondrá por escrito acompañado, si la hay, de la resolución motivo de la queja, así como de una copia para la autoridad responsable, se presentará ante la Sala Regional, la Sección o el Pleno que dictó la sentencia, dentro de los quince días siguientes a aquél en que surtió efectos la notificación del acto, resolución o manifestación que la provoca. En el supuesto previsto en el inciso anterior, subinciso 3, el quejoso podrá interponer su queja en cualquier tiempo, salvo que haya prescrito su derecho.

En dicho escrito se expresarán las razones por las que se considera que hubo exceso o defecto; repetición del acto impugnado o del efecto de éste; que precluyó la oportunidad de la autoridad demandada para emitir la resolución definitiva con la que concluya el procedimiento ordenado; o bien, que procede el cumplimiento sustituto.

El Magistrado Instructor o el Presidente de la Sección o el Presidente del Tribunal, en su caso, ordenarán a la autoridad a quien se impute el incumplimiento, que rinda informe dentro del plazo de cinco días en el que justificará el acto que provocó la queja. Vencido el plazo mencionado, con informe o sin él, se dará cuenta a la Sala Regional, la Sección o el Pleno que corresponda, la que resolverá dentro de los cinco días siguientes.

c) En caso de repetición de la resolución anulada, la Sala Regional, la Sección o el Pleno hará la declaratoria correspondiente, anulando la resolución repetida y la notificará a la autoridad responsable de la repetición, previniéndole se abstenga de incurrir en nuevas repeticiones.

Además, al resolver la queja, la Sala Regional, la Sección o el Pleno impondrá la multa y ordenará se envíe el informe al superior jerárquico, establecidos por la fracción I, inciso a) de este artículo.

d) Si la Sala Regional, la Sección o el Pleno resuelve que hubo exceso o defecto en el cumplimiento, dejará sin efectos la resolución que provocó la queja y concederá a la autoridad demandada veinte días para que dé el cumplimiento debido al fallo, precisando la forma y términos conforme a los cuales deberá cumplir.

e) Si la Sala Regional, la Sección o el Pleno comprueba que la resolución a que se refiere el inciso a), subinciso 2 de esta fracción, se emitió después de concluido el plazo legal, anulará ésta, declarando la preclusión de la oportunidad de la autoridad demandada para dictarla y ordenará se comunique esta circunstancia al superior jerárquico de ésta.

f) En el supuesto comprobado y justificado de imposibilidad de cumplir con la sentencia, la Sala Regional, la Sección o el Pleno declarará procedente el cumplimiento sustituto y ordenará instruir el incidente respectivo, aplicando para ello, en forma supletoria, el Código Federal de Procedimientos Civiles.

g) Durante el trámite de la queja se suspenderá el procedimiento administrativo de ejecución que en su caso existiere.

(REFORMADA, D.O.F. 10 DE DICIEMBRE DE 2010)

III. Tratándose del incumplimiento de la resolución que conceda la suspensión de la ejecución del acto impugnado o alguna otra de las medidas cautelares previstas en esta Ley, procederá la queja mediante escrito interpuesto en cualquier momento hasta antes de que se dicte sentencia definitiva ante el Magistrado Instructor.

En el escrito en que se interponga la queja se expresarán los hechos por los que se considera que se ha dado el incumplimiento y en su caso, se acompañarán los documentos en que consten las actuaciones de la autoridad que pretenda vulnerar la suspensión o la medida cautelar otorgada.

El Magistrado pedirá un informe a quien se impute el incumplimiento, que deberá rendir dentro del plazo de cinco días, en el que, en su caso, se justificará el acto o la omisión que provocó la queja. Vencido dicho plazo, con informe o sin él, el Magistrado dará cuenta a la Sala, la que resolverá en un plazo máximo de cinco días.

Si la Sala resuelve que hubo incumplimiento, declarará la nulidad de las actuaciones realizadas en violación a la suspensión o de otra medida cautelar otorgada.

La resolución a que se refiere esta fracción se notificará también al superior jerárquico del servidor público responsable, entendiéndose por este último al que incumpla con lo resuelto, para que proceda jerárquicamente y la Sala impondrá al responsable o autoridad renuente, una multa equivalente a un mínimo de treinta días de su salario, sin exceder del equivalente a sesenta días del mismo, tomando en cuenta la gravedad del incumplimiento, el sueldo del servidor público de que se trate y su nivel jerárquico.

También se tomará en cuenta para imponer la sanción, las consecuencias que el no acatamiento de la resolución hubiera ocasionado, cuando el afectado lo señale, caso en que el solicitante tendrá derecho a una indemnización por daños y perjuicios, la que, en su caso, correrá a cargo de la unidad administrativa en la que preste sus servicios el servidor público de que se trate, en los términos en que se resuelva la queja.

IV. A quien promueva una queja notoriamente improcedente, entendiendo por ésta la que se interponga contra actos que no constituyan resolución administrativa definitiva, se le impondrá una multa en monto equivalente a entre doscientas cincuenta y seiscientas veces el salario mínimo general diario vigente en el Distrito Federal y, en caso de haberse suspendido la ejecución, se considerará este hecho como agravante para graduar la sanción que en definitiva se imponga.

(REFORMADO, D.O.F. 13 DE JUNIO DE 2016)

Existiendo resolución administrativa definitiva, si el Magistrado Instructor, la Sala Regional, la Sección o el Pleno consideran que la queja es improcedente, porque se plantean cuestiones novedosas que no fueron materia de la sentencia, prevendrán al promovente para que presente su demanda dentro de los treinta días siguientes a aquél en que surta efectos la notificación del auto respectivo, reuniendo los requisitos legales, en la vía correspondiente, ante la misma Sala Regional que conoció del primer juicio, la que será turnada al mismo Magistrado Instructor de la queja. No deberá ordenarse el trámite de un juicio nuevo si la queja es improcedente por la falta de un requisito procesal para su interposición.

(ADICIONADO CON LOS ARTÍCULOS QUE LO INTEGRAN, D.O.F. 12 DE JUNIO DE 2009)

CAPÍTULO X
DEL JUICIO EN LÍNEA

(ADICIONADO, D.O.F. 12 DE JUNIO DE 2009)

Artículo 58-A. El juicio contencioso administrativo federal se promoverá, substanciará y resolverá en línea, a través del Sistema de Justicia en Línea que deberá establecer y desarrollar el Tribunal, en términos de lo dispuesto por el presente Capítulo y las demás disposiciones específicas que resulten aplicables de esta Ley. En todo lo no previsto, se aplicarán las demás disposiciones que resulten aplicables de este ordenamiento.

(ADICIONADO, D.O.F. 12 DE JUNIO DE 2009)

Artículo 58-B. Cuando el demandante ejerza su derecho a presentar su demanda en línea a través del Sistema de Justicia en Línea del Tribunal, las autoridades demandadas deberán comparecer y tramitar el juicio en la misma vía.

Si el demandante no señala expresamente su Dirección de Correo Electrónico, se tramitará el Juicio en la vía tradicional y el acuerdo correspondiente se notificará por lista y en el Boletín Procesal del Tribunal.

(ADICIONADO, D.O.F. 12 DE JUNIO DE 2009)

Artículo 58-C. Cuando la demandante sea una autoridad, el particular demandado, al contestar la demanda, tendrá derecho a ejercer su opción para que el juicio se tramite y resuelva en línea conforme a las disposiciones de este Capítulo, señalando para ello su domicilio y Dirección de Correo Electrónico.

A fin de emplazar al particular demandado, el Secretario de Acuerdos que corresponda, imprimirá y certificará la demanda y sus anexos que se notificarán de manera personal.

Si el particular rechaza tramitar el juicio en línea contestará la demanda mediante el Juicio en la vía tradicional.

(ADICIONADO, D.O.F. 12 DE JUNIO DE 2009)

Artículo 58-D. En el Sistema de Justicia en Línea del Tribunal se integrará el Expediente Electrónico, mismo que incluirá todas las promociones, pruebas y otros anexos que presenten las partes, oficios, acuerdos, y resoluciones tanto interlocutorias como definitivas, así como las demás actuaciones que deriven de la substanciación del juicio en línea, garantizando su seguridad, inalterabilidad, autenticidad, integridad y durabilidad, conforme a los lineamientos que expida el Tribunal.

En los juicios en línea, la autoridad requerida, desahogará las pruebas testimoniales utilizando el método de videoconferencia, cuando ello sea posible.

(ADICIONADO, D.O.F. 12 DE JUNIO DE 2009)

Artículo 58-E. La Firma Electrónica Avanzada, Clave de Acceso y Contraseña se proporcionarán, a través del Sistema de Justicia en Línea del Tribunal, previa obtención del registro y autorización correspondientes. El registro de la Firma Electrónica Avanzada, Clave de Acceso y Contraseña, implica el consentimiento expreso de que dicho Sistema registrará la fecha y hora en la que se abran los Archivos Electrónicos, que contengan las constancias que integran el Expediente Electrónico, para los efectos legales establecidos en este ordenamiento.

Para hacer uso del Sistema de Justicia en Línea deberán observarse los lineamientos que, para tal efecto, expida el Tribunal.

(ADICIONADO, D.O.F. 12 DE JUNIO DE 2009)

Artículo 58-F. La Firma Electrónica Avanzada producirá los mismos efectos legales que la firma autógrafa y garantizará la integridad del documento, teniendo el mismo valor probatorio.

(ADICIONADO, D.O.F. 12 DE JUNIO DE 2009)

Artículo 58-G. Solamente, las partes, las personas autorizadas y delegados tendrán acceso al Expediente Electrónico, exclusivamente para su consulta, una vez que tengan registrada su Clave de Acceso y Contraseña.

(ADICIONADO, D.O.F. 12 DE JUNIO DE 2009)

Artículo 58-H. Los titulares de una Firma Electrónica Avanzada, Clave de Acceso y Contraseña serán responsables de su uso, por lo que el acceso o recepción de las notificaciones, la consulta al Expediente Electrónico y el envío de información mediante la utilización de cualquiera de dichos instrumentos, les serán atribuibles y no admitirán prueba en contrario, salvo que se demuestren fallas del Sistema de Justicia en Línea.

(ADICIONADO, D.O.F. 12 DE JUNIO DE 2009)

Artículo 58-I. Una vez recibida por vía electrónica cualquier promoción de las partes, el Sistema de Justicia en Línea del Tribunal emitirá el Acuse de Recibo Electrónico correspondiente, señalando la fecha y la hora de recibido.

(REFORMADO, D.O.F. 13 DE JUNIO DE 2016)

Artículo 58-J. Cualquier actuación en el Juicio en Línea se efectuará a través del Sistema de Justicia en Línea del Tribunal en términos del presente capítulo. Dichas actuaciones serán validadas con las firmas electrónicas avanzadas de los Magistrados y Secretarios de Acuerdos que den fe según corresponda.

(ADICIONADO, D.O.F. 12 DE JUNIO DE 2009)

Artículo 58-K. Los documentos que las partes ofrezcan como prueba, incluido el expediente administrativo a que se refiere el artículo 14, fracción V, de esta Ley, deberán exhibirlos de forma legible a través del Sistema de Justicia en Línea del Tribunal.

Tratándose de documentos digitales, se deberá manifestar la naturaleza de los mismos, especificando si la reproducción digital corresponde a una copia simple, una copia certificada o al original y tratándose de esta última, si tiene o no firma autógrafa. Los particulares deberán hacer esta manifestación bajo protesta de decir verdad, la omisión de la manifestación presume en perjuicio sólo del promovente, que el documento digitalizado corresponde a una copia simple.

Las pruebas documentales que ofrezcan y exhiban las partes tendrán el mismo valor probatorio que su constancia física, siempre y cuando se observen las disposiciones de la presente Ley y de los acuerdos normativos que emitan los órganos del Tribunal para asegurar la autenticidad de la información, así como de su transmisión, recepción, validación y notificación.

(ADICIONADO, D.O.F. 12 DE JUNIO DE 2009)

Artículo 58-L. Para el caso de pruebas diversas a las documentales, los instrumentos en los que se haga constar la existencia de dichas pruebas se integrarán al Expediente Electrónico. El Secretario de Acuerdos a cuya mesa corresponda el asunto, deberá digitalizar las constancias relativas y procederá a la certificación de su cotejo con los originales físicos, así como a garantizar el resguardo de los originales y de los bienes materiales que en su caso hubieren sido objeto de prueba.

Para el caso de pruebas diversas a las documentales, éstas deberán ofrecerse en la demanda y ser presentadas a la Sala que esté conociendo del asunto, en la misma fecha en la que se registre en el Sistema de Justicia en Línea del Tribunal la promoción correspondiente a su ofrecimiento, haciendo constar su recepción por vía electrónica.

(ADICIONADO, D.O.F. 12 DE JUNIO DE 2009)

Artículo 58-M. Para los juicios que se substancien en términos de este capítulo no será necesario que las partes exhiban copias para correr los traslados que la Ley establece, salvo que hubiese tercero interesado, en cuyo caso, a fin de correrle traslado, el demandante deberá presentar la copia de traslado con sus respectivos anexos.

En el escrito a través del cual el tercero interesado se apersone en juicio, deberá precisar si desea que el juicio se continúe substanciando en línea y señalar en tal caso, su Dirección de Correo Electrónico. En caso de que manifieste su oposición, la Sala dispondrá lo conducente para que se digitalicen los documentos que dicho tercero presente, a fin de que se prosiga con la instrucción del juicio en línea con relación a las demás partes, y a su vez, se impriman y certifiquen las constancias de las actuaciones y documentación electrónica, a fin de que se integre el expediente del tercero en un Juicio en la vía tradicional.

(ADICIONADO, D.O.F. 12 DE JUNIO DE 2009)

Artículo 58-N. Las notificaciones que se practiquen dentro del juicio en línea, se efectuarán conforme a lo siguiente:

I. Todas las actuaciones y resoluciones que conforme a las disposiciones de esta Ley deban notificarse en forma personal, mediante correo certificado con acuse de recibo, o por oficio, se deberán realizar a través del Sistema de Justicia en Línea del Tribunal.

II. El actuario deberá elaborar la minuta electrónica en la que precise la actuación o resolución a notificar, así como los documentos que se adjunten a la misma. Dicha minuta, que contendrá la Firma Electrónica Avanzada del actuario, será ingresada al Sistema de Justicia en Línea del Tribunal junto con la actuación o resolución respectiva y los documentos adjuntos.

III. El actuario enviará a la Dirección de Correo Electrónico de la o las partes a notificar, un aviso informándole que se ha dictado una actuación o resolución en el Expediente Electrónico, la cual está disponible en el Sistema de Justicia en Línea del Tribunal.

IV. El Sistema de Justicia en Línea del Tribunal registrará la fecha y hora en que se efectúe el envío señalado en la fracción anterior.

V. Se tendrá como legalmente practicada la notificación, conforme a lo señalado en las fracciones anteriores, cuando el Sistema de Justicia en Línea del Tribunal genere el Acuse de Recibo Electrónico donde conste la fecha y hora en que la o las partes notificadas ingresaron al Expediente Electrónico, lo que deberá suceder dentro del plazo de tres días hábiles siguientes a la fecha de envío del aviso a la Dirección de Correo Electrónico de la o las partes a notificar.

VI. En caso de que en el plazo señalado en la fracción anterior, el Sistema de Justicia en Línea del Tribunal no genere el acuse de recibo donde conste que la notificación fue realizada, la misma se efectuará mediante lista y por Boletín Procesal al cuarto día hábil contado a partir de la fecha de envío del Correo Electrónico, fecha en que se tendrá por legalmente notificado.

(ADICIONADO, D.O.F. 12 DE JUNIO DE 2009)

Artículo 58-O. Para los efectos del Juicio en Línea son hábiles las 24 horas de los días en que se encuentren abiertas al público las Oficinas de las Salas del Tribunal.

Las promociones se considerarán, salvo prueba en contrario, presentadas el día y hora que conste en el Acuse de Recibo Electrónico que emita el Sistema de Justicia en Línea del Tribunal, en el lugar en donde el promovente tenga su domicilio fiscal y, por recibidas, en el lugar de la sede de la Sala Regional a la que corresponda conocer del juicio por razón de territorio. Tratándose de un día inhábil se tendrán por presentadas el día hábil siguiente.

(ADICIONADO, D.O.F. 12 DE JUNIO DE 2009)

Artículo 58-P. Las autoridades cuyos actos sean susceptibles de impugnarse ante el Tribunal, deberán registrar en la Secretaría General de Acuerdos o ante la Presidencia de las Salas Regionales, según corresponda, la Dirección de Correo Electrónico Institucional, así como el domicilio oficial de las unidades administrativas a las que corresponda su representación en los juicios contenciosos administrativos, para el efecto de emplazarlas electrónicamente a juicio en aquellos casos en los que tengan el carácter de autoridad demandada.

En el caso de que las autoridades demandadas no cumplan con esta obligación, todas las notificaciones que deben hacerse, incluyendo el emplazamiento, se harán a través del Boletín Procesal, hasta que se cumpla con dicha formalidad.

(ADICIONADO, D.O.F. 12 DE JUNIO DE 2009)

Artículo 58-Q. Para la presentación y trámite de los recursos de revisión y juicios de amparo que se promuevan contra las actuaciones y resoluciones derivadas del Juicio en Línea, no será aplicable lo dispuesto en el presente Capítulo.

El Secretario General de Acuerdos del Tribunal, los Secretarios Adjuntos de Sección y los Secretarios de Acuerdos de Sala Superior y de Salas Regionales según corresponda, deberán imprimir el archivo del Expediente Electrónico y certificar las constancias del juicio que deban ser remitidos a los Juzgados de Distrito y Tribunales Colegiados de Circuito, cuando se impugnen resoluciones de los juicios correspondientes a su mesa.

Sin perjuicio de lo anterior, en aquellos casos en que así lo solicite el Juzgado de Distrito o el Tribunal Colegiado se podrá remitir la información a través de medios electrónicos.

(ADICIONADO, D.O.F. 12 DE JUNIO DE 2009)

Artículo 58-R. En caso que el Tribunal advierta que alguna persona modificó, alteró, destruyó o provocó la pérdida de información contenida en el Sistema de Justicia en Línea, se tomarán las medidas de protección necesarias, para evitar dicha conducta hasta que concluya el juicio, el cual se continuará tramitando a través de un Juicio en la vía tradicional.

Si el responsable es usuario del Sistema, se cancelará su Firma Electrónica Avanzada, Clave y Contraseña para ingresar al Sistema de Justicia en Línea y no tendrá posibilidad de volver a promover juicios en línea.

Sin perjuicio de lo anterior, y de las responsabilidades penales respectivas, se impondrá al responsable una multa de trescientas a quinientas veces el salario mínimo general vigente en el Distrito Federal al momento de cometer la infracción.

(ADICIONADO, D.O.F. 12 DE JUNIO DE 2009)

Artículo 58-S. Cuando por caso fortuito, fuerza mayor o por fallas técnicas se interrumpa el funcionamiento del Sistema de Justicia en Línea, haciendo imposible el cumplimiento de los plazos establecidos en la ley, las partes deberán dar aviso a la Sala correspondiente en la misma promoción sujeta a término, quien pedirá un reporte al titular de la unidad administrativa del Tribunal responsable de la administración del Sistema sobre la existencia de la interrupción del servicio.

El reporte que determine que existió interrupción en el Sistema deberá señalar la causa y el tiempo de dicha interrupción, indicando la fecha y hora de inicio y término de la misma. Los plazos se suspenderán, únicamente, el tiempo que dure la interrupción del Sistema. Para tal efecto, la Sala hará constar esta situación mediante acuerdo en el expediente electrónico y, considerando el tiempo de la interrupción, realizara el computo correspondiente, para determinar si hubo o no incumplimiento de los plazos legales.

N. DE E. EN RELACIÓN CON LA ENTRADA EN VIGOR DEL PRESENTE CAPÍTULO, VÉASE ARTÍCULO TERCERO TRANSITORIO DEL DECRETO QUE MODIFICA LA LEY.

(ADICIONADO CON LOS ARTÍCULOS QUE LO INTEGRAN, D.O.F. 10 DE DICIEMBRE DE 2010)

CAPÍTULO XI
DEL JUICIO EN LA VÍA SUMARIA

N. DE E. EN RELACIÓN CON LA ENTRADA EN VIGOR DEL PRESENTE ARTÍCULO, VÉASE ARTÍCULO TERCERO TRANSITORIO DEL DECRETO QUE MODIFICA LA LEY.

(ADICIONADO, D.O.F. 10 DE DICIEMBRE DE 2010)

Artículo 58-1. El juicio contencioso administrativo federal se tramitará y resolverá en la vía sumaria, de conformidad con las disposiciones específicas que para su simplificación y abreviación se establecen en este Capítulo y, en lo no previsto, se aplicarán las demás disposiciones de esta Ley.

(REFORMADO PRIMER PÁRRAFO, D.O.F. 13 DE JUNIO DE 2016)

Artículo 58-2. Cuando se impugnen resoluciones definitivas cuyo importe no exceda de quince veces el salario mínimo general vigente en el Distrito Federal elevado al año al momento de su emisión, procederá el Juicio en la vía Sumaria siempre que se trate de alguna de las resoluciones definitivas siguientes:

N. DE E. EN RELACIÓN CON LA ENTRADA EN VIGOR DE LA PRESENTE FRACCIÓN, VÉASE ARTÍCULO SEGUNDO TRANSITORIO DEL DECRETO QUE MODIFICA EL ORDENAMIENTO.

(ADICIONADA, D.O.F. 10 DE DICIEMBRE DE 2010)

I. Las dictadas por autoridades fiscales federales y organismos fiscales autónomos, por las que se fije en cantidad líquida un crédito fiscal;

N. DE E. EN RELACIÓN CON LA ENTRADA EN VIGOR DE LA PRESENTE FRACCIÓN, VÉASE ARTÍCULO SEGUNDO TRANSITORIO DEL DECRETO QUE MODIFICA EL ORDENAMIENTO.

(ADICIONADA, D.O.F. 10 DE DICIEMBRE DE 2010)

II. Las que únicamente impongan multas o sanciones, pecuniaria o restitutoria, por infracción a las normas administrativas federales;

N. DE E. EN RELACIÓN CON LA ENTRADA EN VIGOR DE LA PRESENTE FRACCIÓN, VÉASE ARTÍCULO SEGUNDO TRANSITORIO DEL DECRETO QUE MODIFICA EL ORDENAMIENTO.

(ADICIONADA, D.O.F. 10 DE DICIEMBRE DE 2010)

III. Las que exijan el pago de créditos fiscales, cuando el monto de los exigibles no exceda el importe citado;

N. DE E. EN RELACIÓN CON LA ENTRADA EN VIGOR DE LA PRESENTE FRACCIÓN, VÉASE ARTÍCULO SEGUNDO TRANSITORIO DEL DECRETO QUE MODIFICA EL ORDENAMIENTO.

(ADICIONADA, D.O.F. 10 DE DICIEMBRE DE 2010)

IV. Las que requieran el pago de una póliza de fianza o de una garantía que hubiere sido otorgada a favor de la Federación, de organismos fiscales autónomos o de otras entidades paraestatales de aquélla, ó

N. DE E. EN RELACIÓN CON LA ENTRADA EN VIGOR DE LA PRESENTE FRACCIÓN, VÉASE ARTÍCULO SEGUNDO TRANSITORIO DEL DECRETO QUE MODIFICA EL ORDENAMIENTO.

(ADICIONADA, D.O.F. 10 DE DICIEMBRE DE 2010)

V. Las recaídas a un recurso administrativo, cuando la recurrida sea alguna de las consideradas en los incisos anteriores y el importe de esta última, no exceda el antes señalado.

(REFORMADO, D.O.F. 13 DE JUNIO DE 2016)

Para determinar la cuantía en los casos en los incisos I), III), y V), sólo se considerará el crédito principal sin accesorios ni actualizaciones. Cuando en un mismo acto se contenga más de una resolución de las mencionadas anteriormente no se acumulará el monto de cada una de ellas para efectos de determinar la procedencia de esta vía.

(REFORMADO, D.O.F. 13 DE JUNIO DE 2016)

La demanda deberá presentarse dentro de los treinta días siguientes a aquél en que surta efectos la notificación de la resolución impugnada, de conformidad con las disposiciones de esta Ley ante la Sala Regional competente.

(REFORMADO, D.O.F. 13 DE JUNIO DE 2016)

La interposición del juicio en la vía incorrecta no genera el desechamiento, improcedencia o sobreseimiento. En todos los casos, y en cualquier fase del procedimiento, mientras no haya quedado cerrada la instrucción, el Magistrado Instructor debe reconducir el juicio en la vía correcta, debiendo realizar las regularizaciones que correspondan, siempre y cuando no impliquen repetir alguna promoción de las partes.

N. DE E. EN RELACIÓN CON LA ENTRADA EN VIGOR DEL PRESENTE ARTÍCULO, VÉASE ARTÍCULO TERCERO TRANSITORIO DEL DECRETO QUE MODIFICA LA LEY.

(ADICIONADO, D.O.F. 10 DE DICIEMBRE DE 2010)

Artículo 58-3. La tramitación del Juicio en la vía Sumaria será improcedente cuando:

I. Si no se encuentra en alguno de los supuestos previstos en el artículo 58-2;

II. Simultáneamente a la impugnación de una resolución de las señaladas en el artículo anterior, se controvierta una regla administrativa de carácter general;

III. Se trate de sanciones económicas en materia de responsabilidades administrativas de los servidores públicos o de sanciones por responsabilidad resarcitoria a que se refiere el Capítulo II del Título V de la Ley de Fiscalización y Rendición de Cuentas de la Federación;

IV. Se trate de multas por infracciones a las normas en materia de propiedad intelectual;

V. Se trate de resoluciones que además de imponer una multa o sanción pecuniaria, incluyan alguna otra carga u obligación, o

VI. El oferente de una prueba testimonial, no pueda presentar a las personas señaladas como testigos.

En estos casos el Magistrado Instructor, antes de resolver sobre la admisión de la demanda, determinará la improcedencia de la vía sumaria y ordenará que el juicio se siga conforme a las demás disposiciones de esta Ley y emplazará a las otras partes, en el plazo previsto por los artículos 18 y 19 de la misma, según se trate.

Contra la determinación de improcedencia de la vía sumaria, podrá interponerse el recurso de reclamación ante la Sala Regional en que se encuentre radicado el juicio, en el plazo previsto por el artículo 58-8 de esta Ley.

N. DE E. EN RELACIÓN CON LA ENTRADA EN VIGOR DEL PRESENTE ARTÍCULO, VÉASE ARTÍCULO TERCERO TRANSITORIO DEL DECRETO QUE MODIFICA LA LEY.

(ADICIONADO, D.O.F. 10 DE DICIEMBRE DE 2010)

Artículo 58-4. Una vez admitida la demanda, se correrá traslado al demandado para que la conteste dentro del término de quince días y emplazará, en su caso, al tercero, para que en igual término, se apersone en juicio.

En el mismo auto en que se admita la demanda, se fijará día para cierre de la instrucción. Dicha fecha no excederá de los sesenta días siguientes al de emisión de dicho auto.

N. DE E. EN RELACIÓN CON LA ENTRADA EN VIGOR DEL PRESENTE ARTÍCULO, VÉASE ARTÍCULO TERCERO TRANSITORIO DEL DECRETO QUE MODIFICA LA LEY.

(ADICIONADO, D.O.F. 10 DE DICIEMBRE DE 2010)

Artículo 58-5. El Magistrado proveerá la correcta integración del juicio, mediante el desahogo oportuno de las pruebas, a más tardar diez días antes de la fecha prevista para el cierre de instrucción.

Serán aplicables, en lo conducente, las reglas contenidas en el Capítulo V de este Título, salvo por lo que se refiere a la prueba testimonial, la cual sólo podrá ser admitida cuando el oferente se comprometa a presentar a sus testigos en el día y hora señalados para la diligencia.

Por lo que toca a la prueba pericial, ésta se desahogará en los términos que prevé el artículo 43 de esta Ley, con la salvedad de que todos los plazos serán de tres días, salvo el que corresponde a la rendición y ratificación del dictamen, el cual será de cinco días, en el entendido de que cada perito deberá hacerlo en un solo acto ante el Magistrado Instructor. Cuando proceda la designación de un perito tercero, ésta correrá a cargo del propio Magistrado.

N. DE E. EN RELACIÓN CON LA ENTRADA EN VIGOR DEL PRESENTE ARTÍCULO, VÉASE ARTÍCULO TERCERO TRANSITORIO DEL DECRETO QUE MODIFICA LA LEY.

(ADICIONADO, D.O.F. 10 DE DICIEMBRE DE 2010)

Artículo 58-6. El actor podrá ampliar la demanda, en los casos a que se refiere el artículo 17 de esta Ley, en un plazo de cinco días siguientes a aquél en que surta efectos la notificación del auto que tenga por presentada la contestación.

La parte demandada o en su caso el tercero, contestarán la ampliación a la demanda, en el plazo de cinco días siguientes a que surta efectos la notificación de su traslado.

En caso de omisión de los documentos a que se refieren los artículos 17, último párrafo, y 21, segundo párrafo, de la Ley, las partes deberán subsanarla en el plazo de tres días siguientes a aquél en que surta efectos la notificación del requerimiento formulado por el instructor.

N. DE E. EN RELACIÓN CON LA ENTRADA EN VIGOR DEL PRESENTE ARTÍCULO, VÉASE ARTÍCULO TERCERO TRANSITORIO DEL DECRETO QUE MODIFICA LA LEY.

(ADICIONADO, D.O.F. 10 DE DICIEMBRE DE 2010)

Artículo 58-7. Los incidentes a que se refieren las fracciones II y IV del artículo 29 de esta Ley, podrán promoverse dentro de los diez días siguientes a que surtió efectos la notificación del auto que tuvo por presentada la contestación de la demanda o, en su caso, la contestación a la ampliación.

El incidente de incompetencia sólo procederá en esta vía cuando sea hecho valer por la parte demandada o por el tercero, por lo que la Sala Regional en que se radique el juicio no podrá declararse incompetente ni enviarlo a otra diversa.

El incidente de acumulación sólo podrá plantearse respecto de expedientes que se encuentren tramitando en esta misma vía.

Los incidentes de nulidad de notificaciones y de recusación de perito, se deberán interponer dentro del plazo de tres días siguientes a aquél en que se conoció del hecho o se tuvo por designado al perito, respectivamente, y la contraparte deberá contestar la vista en igual término.

N. DE E. EN RELACIÓN CON LA ENTRADA EN VIGOR DEL PRESENTE ARTÍCULO, VÉASE ARTÍCULO TERCERO TRANSITORIO DEL DECRETO QUE MODIFICA LA LEY.

(ADICIONADO, D.O.F. 10 DE DICIEMBRE DE 2010)

Artículo 58-8. Los recursos de reclamación a que se refieren los artículos 59 y 62 de esta Ley, deberán interponerse dentro del plazo de cinco días siguientes a aquél en que surta efectos la notificación de la resolución correspondiente del Magistrado Instructor.

Interpuesto cualquiera de los recursos se ordenará correr traslado a la contraparte y esta última deberá expresar lo que a su derecho convenga en un término de tres días y sin más trámite, se dará cuenta a la Sala Regional en que se encuentra radicado el juicio, para que resuelva el recurso en un término de tres días.

N. DE E. EN RELACIÓN CON LA ENTRADA EN VIGOR DEL PRESENTE ARTÍCULO, VÉASE ARTÍCULO TERCERO TRANSITORIO DEL DECRETO QUE MODIFICA LA LEY.

(ADICIONADO, D.O.F. 10 DE DICIEMBRE DE 2010)

Artículo 58-9. Las medidas cautelares, se tramitarán conforme a las reglas generales establecidas en el Capítulo III de esta Ley. El Magistrado Instructor estará facultado para decretar la resolución provisional o definitiva que corresponda a las medidas cautelares.

Contra la resolución del Magistrado Instructor dictada conforme al párrafo anterior procederá el recurso de reclamación ante la Sala Regional en la que se encuentre radicado el juicio.

N. DE E. EN RELACIÓN CON LA ENTRADA EN VIGOR DEL PRESENTE ARTÍCULO, VÉASE ARTÍCULO TERCERO TRANSITORIO DEL DECRETO QUE MODIFICA LA LEY.

(ADICIONADO, D.O.F. 10 DE DICIEMBRE DE 2010)

Artículo 58-10. En los casos de suspensión del juicio, por surtirse alguno de los supuestos contemplados para ello en esta Ley, en el auto en que el Magistrado Instructor acuerde la reanudación del procedimiento, fijará fecha para el cierre de instrucción, en su caso, dentro de los veinte días siguientes a aquél en que haya surtido efectos la notificación a las partes de la reanudación del juicio.

N. DE E. EN RELACIÓN CON LA ENTRADA EN VIGOR DEL PRESENTE ARTÍCULO, VÉASE ARTÍCULO TERCERO TRANSITORIO DEL DECRETO QUE MODIFICA LA LEY.

(ADICIONADO, D.O.F. 10 DE DICIEMBRE DE 2010)

Artículo 58-11. Las partes podrán presentar sus alegatos antes de la fecha señalada para el cierre de la instrucción.

N. DE E. EN RELACIÓN CON LA ENTRADA EN VIGOR DEL PRESENTE ARTÍCULO, VÉASE ARTÍCULO TERCERO TRANSITORIO DEL DECRETO QUE MODIFICA LA LEY.

(ADICIONADO, D.O.F. 10 DE DICIEMBRE DE 2010)

Artículo 58-12. En la fecha fijada para el cierre de instrucción el Magistrado Instructor procederá a verificar si el expediente se encuentra debidamente integrado, supuesto en el que deberá declarar cerrada la instrucción; en caso contrario, fijará nueva fecha para el cierre de instrucción, dentro de un plazo máximo de diez días.

(ADICIONADO, D.O.F. 13 DE JUNIO DE 2016)

En el momento en que el Magistrado Instructor advierta que el expediente se encuentra debidamente integrado, otorgará a las partes un término de tres días para que formulen alegatos, quedando cerrada la instrucción una vez fenecido dicho plazo, con o sin la presentación de dichos alegatos.

(REFORMADO, D.O.F. 13 DE JUNIO DE 2016)

Artículo 58-13. Una vez cerrada la instrucción, el Magistrado pronunciará sentencia dentro de los diez días siguientes, salvo en los casos en que se haya ejercido facultad de atracción, o se actualice la competencia especial de la Sala Superior, supuestos en los cuales, deberá estarse a lo dispuesto por el artículo 48, fracción II, inciso d), de esta Ley, a efecto de que sea resuelto por el Pleno o la Sección respectiva, con los plazos y las reglas correspondientes a ello, de conformidad con esta Ley.

N. DE E. EN RELACIÓN CON LA ENTRADA EN VIGOR DEL PRESENTE ARTÍCULO, VÉASE ARTÍCULO TERCERO TRANSITORIO DEL DECRETO QUE MODIFICA LA LEY.

(ADICIONADO, D.O.F. 10 DE DICIEMBRE DE 2010)

Artículo 58-14. Si la sentencia ordena la reposición del procedimiento administrativo o realizar un determinado acto, la autoridad deberá cumplirla en un plazo que no exceda de un mes contado a partir de que dicha sentencia haya quedado firme de conformidad con el artículo 53 de esta Ley.

N. DE E. EN RELACIÓN CON LA ENTRADA EN VIGOR DEL PRESENTE ARTÍCULO, VÉASE ARTÍCULO TERCERO TRANSITORIO DEL DECRETO QUE MODIFICA LA LEY.

(ADICIONADO, D.O.F. 10 DE DICIEMBRE DE 2010)

Artículo 58-15. A falta de disposición expresa que establezca el plazo respectivo en la vía sumaria, se aplicará el de tres días.

(ADICIONADO CON LOS ARTÍCULOS QUE LA INTEGRAN, D.O.F. 27 DE ENERO DE 2017)

CAPÍTULO XII
DEL JUICIO DE RESOLUCIÓN EXCLUSIVA DE FONDO

(ADICIONADO, D.O.F. 27 DE ENERO DE 2017)

Artículo 58-16. El juicio de resolución exclusiva de fondo se tramitará a petición del actor, de conformidad con las disposiciones que se establecen en este Capítulo y, en lo no previsto, se aplicarán las demás disposiciones que regulan el juicio contencioso administrativo federal.

En el juicio de resolución exclusiva de fondo se observarán especialmente los principios de oralidad y celeridad.

(ADICIONADO, D.O.F. 27 DE ENERO DE 2017)

Artículo 58-17. El Tribunal determinará las Salas Regionales Especializadas en materia del juicio de resolución exclusiva de fondo, el cual versará únicamente sobre la impugnación de resoluciones definitivas que deriven del ejercicio de las facultades de comprobación a que se refiere el artículo 42, fracciones II, III o IX del Código Fiscal de la Federación y la cuantía del asunto sea mayor a doscientas veces la Unidad de Medida y Actualización, elevada al año, vigente al momento de emisión de la resolución combatida.

El juicio de resolución exclusiva de fondo no será procedente cuando se haya interpuesto recurso administrativo en contra de las resoluciones señaladas en el párrafo anterior, y dicho recurso haya sido desechado, sobreseído o se tenga por no presentado.

El demandante sólo podrá hacer valer conceptos de impugnación que tengan por objeto resolver exclusivamente sobre el fondo de la controversia que se plantea, sin que obste para ello que la resolución que se controvierta se encuentre motivada en el incumplimiento total o parcial de requisitos exclusivamente formales o de procedimiento establecidos en las disposiciones jurídicas aplicables; siempre que el demandante acredite que no se produjo omisión en el pago de contribuciones.

Para efectos del juicio de resolución exclusiva de fondo se entenderá por concepto de impugnación cuyo objeto sea resolver exclusivamente sobre el fondo de la controversia, entre otros, aquéllos que referidos al sujeto, objeto, base, tasa o tarifa de las obligaciones revisadas, pretendan controvertir alguno de los siguientes supuestos:

I. Los hechos u omisiones calificados en la resolución impugnada como constitutivos de incumplimiento de las obligaciones revisadas.

II. La aplicación o interpretación de las normas involucradas.

III. Los efectos que haya atribuido la autoridad emisora al incumplimiento total o parcial de requisitos formales o de procedimiento que impacten o trasciendan al fondo de la controversia.

IV. La valoración o falta de apreciación de las pruebas relacionadas con los supuestos mencionados en las fracciones anteriores.

En ningún caso el juicio de resolución exclusiva de fondo podrá tramitarse a través del juicio en la vía tradicional, sumaria o en línea, regulados en la presente Ley. Una vez que el demandante haya optado por el juicio regulado en el presente Capítulo, no podrá variar su elección.

(ADICIONADO, D.O.F. 27 DE ENERO DE 2017)

Artículo 58-18. La demanda deberá contener, adicional a lo señalado en el artículo 14 de esta Ley, lo siguiente:

I. La manifestación expresa de que se opta por el juicio de resolución exclusiva de fondo.

II. La expresión breve y concreta de la controversia de fondo que se plantea, así como el señalamiento expreso de cuál es la propuesta de litis.

III. El señalamiento respecto del origen de la controversia, especificando si ésta deriva de:

a) La forma en que se apreciaron los hechos u omisiones revisados;

b) La interpretación o aplicación de las normas involucradas;

c) Los efectos que se atribuyeron al incumplimiento total, parcial o extemporáneo, de los requisitos formales o de procedimiento que impactan o trasciendan al fondo de la controversia, o

d) Si cualquiera de los supuestos anteriores son coincidentes.

IV). Los conceptos de impugnación que se hagan valer en cuanto al fondo del asunto.

Se deberá adjuntar al escrito de demanda el documento que contenga el acto impugnado y su constancia de notificación, así como las pruebas que se ofrezcan, relacionándolas expresamente en su escrito de demanda con lo que se pretenda acreditar, incluyendo el dictamen pericial que, en su caso, se ofrezca.

Cuando se omita alguno de los requisitos señalados en el presente artículo, se requerirá al demandante para que lo subsane dentro del término de cinco días, apercibiéndolo que, de no hacerlo en tiempo, se desechará la demanda.

(ADICIONADO, D.O.F. 27 DE ENERO DE 2017)

Artículo 58-19. El Magistrado Instructor determinará la procedencia del juicio de resolución exclusiva de fondo considerando lo siguiente:

I. Analizará, en primer término, si se cumplen los requisitos señalados en el presente Capítulo.

II. En su caso, una vez cumplido el requerimiento a que se refiere el último párrafo del artículo 58-18 de la presente Ley, si advierte que los conceptos de impugnación planteados en la demanda incluyen argumentos de forma o de procedimiento, éstos se tendrán por no formulados y sólo se atenderán a los argumentos que versen sobre el fondo de la controversia.

III. Cuando advierta que en la demanda sólo se plantean conceptos de impugnación relativos a cuestiones de forma o procedimiento, y no a cuestiones relativas al fondo de la controversia, se remitirá a la Oficialía de Partes Común para que lo ingrese como juicio en la vía tradicional, tomando en cuenta la fecha de presentación de la demanda.

El juicio de resolución exclusiva de fondo no procederá cuando la demanda se promueva en los términos del artículo 16 de esta Ley.

Si el Magistrado Instructor admite la demanda, ordenará suspender de plano la ejecución del acto impugnado, sin necesidad de que el demandante garantice el interés fiscal. La suspensión así concedida operará hasta que se dicte la resolución que ponga fin al juicio exclusivo de fondo, sin perjuicio de los requisitos que para la suspensión establezcan las leyes que rijan los medios de impugnación que procedan contra la sentencia dictada en el mismo.

(ADICIONADO, D.O.F. 27 DE ENERO DE 2017)

Artículo 58-20. Si el Magistrado Instructor determina que la demanda no cumple con lo señalado en el artículo 58-18 de la presente Ley y, en consecuencia, resuelve desecharla, procederá el recurso de reclamación en términos del artículo 59 de esta Ley, mismo que deberá presentarse ante el Magistrado Instructor en un plazo de diez días contados a partir de que surta efectos la notificación del acuerdo de desechamiento; una vez presentado, se ordenará correr traslado a la contraparte para que en el término de cinco días exprese lo que a su derecho convenga y sin más trámite la Sala lo resolverá de plano en un plazo de cinco días.

(ADICIONADO, D.O.F. 27 DE ENERO DE 2017)

Artículo 58-21. El demandante podrá ampliar la demanda, únicamente cuando se actualice el supuesto previsto en la fracción IV del artículo 17 de esta Ley, en el plazo de diez días siguientes a aquél en que surta efectos la notificación del auto que tenga por presentada la contestación, y en su escrito deberán señalar con precisión cuál es la propuesta de litis de la controversia en la ampliación.

La autoridad, al contestar la demanda y, en su caso, la ampliación de demanda, deberá señalar si coincide o no con la propuesta de litis del juicio, expresando en este último caso, cuál es su propuesta.

(ADICIONADO, D.O.F. 27 DE ENERO DE 2017)

Artículo 58-22. Recibida la contestación de la demanda y, en su caso, la contestación a la ampliación de la misma, el Magistrado Instructor citará a las partes para audiencia de fijación de litis, la que se desahogará sin excepción de manera oral dentro de los veinte días siguientes a la recepción de la contestación respectiva. El Magistrado Instructor expondrá de forma breve en qué consiste la controversia planteada por las partes, quienes manifestarán lo que a su derecho convenga, ajustándose a lo manifestado en la demanda, su ampliación o su contestación.

La audiencia de fijación de litis deberá ser desahogada, sin excepción, ante la presencia del Magistrado Instructor quien podrá auxiliarse del Secretario de Acuerdos para que levante acta circunstanciada de la diligencia. Las partes podrán acudir personalmente o por conducto de sus autorizados legales. Los demás Magistrados integrantes de la Sala podrán acudir a la audiencia de fijación de litis. Cuando estando debidamente notificadas las partes, en términos de los artículos 67 y 68 de esta Ley, alguna no acuda a la audiencia de fijación de litis, ésta se llevará a cabo con la parte que esté presente.

Quedará al prudente arbitrio del Magistrado Instructor, la regulación del tiempo que tengan las partes para exponer los motivos por los que estiman les asiste la razón, considerando estrictamente el principio de celeridad que rige esta vía.

Cuando alguna de las partes no acuda a la audiencia de fijación de litis se entenderá que consiente los términos en que la misma quedó fijada por el Magistrado Instructor, precluyendo además su derecho para formular cualquier alegato posterior en el juicio, ya sea en forma verbal o escrita.

En el caso de que se haya acordado procedente la atracción del juicio por la Sala Superior, el Magistrado Instructor reservará la celebración de las actuaciones previstas en el artículo 58-26, primer párrafo de esta Ley, para que éstas se lleven a cabo ante el Magistrado ponente que corresponda.

Una vez celebrada la audiencia de fijación de litis, el Magistrado Instructor notificará a las partes el acuerdo a que se refiere el artículo 47 de esta Ley, salvo en los casos establecidos en el párrafo anterior.

(ADICIONADO, D.O.F. 27 DE ENERO DE 2017)

Artículo 58-23. En caso de que durante la tramitación del juicio de resolución exclusiva de fondo, alguna de las partes solicite una audiencia privada con el Magistrado Instructor o con alguno de los Magistrados de la Sala Especializada, ésta deberá celebrarse invariablemente con la presencia de su contraparte; cuando estando debidamente notificadas las partes, en términos de los artículos 67 y 68 de esta Ley, alguna no acuda a la audiencia privada, ésta se llevará a cabo con la parte que esté presente.

(ADICIONADO, D.O.F. 27 DE ENERO DE 2017)

Artículo 58-24. En el juicio de resolución exclusiva de fondo, serán admisibles únicamente las pruebas que hubieren sido ofrecidas y exhibidas, en:

I. El procedimiento de comprobación del que derive el acto impugnado;

II. El procedimiento de Acuerdos Conclusivos regulado en el Código Fiscal de la Federación, o

III. El recurso administrativo correspondiente.

(ADICIONADO, D.O.F. 27 DE ENERO DE 2017)

Artículo 58-25. El desahogo de la prueba pericial en los términos del presente Capítulo, se llevará a cabo mediante la exhibición del documento que contenga el dictamen correspondiente, el cual deberá adjuntarse a la demanda, a la ampliación o a su contestación. El Magistrado Instructor tendrá la más amplia facultad para valorar no sólo la idoneidad y el alcance de los dictámenes exhibidos, sino también la idoneidad del perito que lo emite.

El Magistrado Instructor, bajo su consideración decidirá si es necesario citar a los peritos que rindieron los dictámenes a fin de que en una audiencia especial, misma que se desahogará en forma oral, respondan las dudas o cuestionamientos que aquél les formule; para tal efecto las partes deberán ser notificadas en un plazo mínimo de cinco días anteriores a la fecha fijada para dicha audiencia. El Secretario de Acuerdos auxiliará en la diligencia y levantará el acta respectiva.

Las partes podrán acudir a la audiencia a que se refiere el párrafo anterior para efectos de ampliar el cuestionario respecto del cual se rindió el dictamen pericial, así como para formular repreguntas al perito.

Desahogada la audiencia, el Magistrado Instructor podrá designar a un perito tercero, cuando a su juicio ninguno de los dictámenes periciales rendidos en el juicio le proporcione elementos de convicción suficientes, o bien, si éstos son contradictorios. El dictamen del perito tercero deberá versar exclusivamente sobre los puntos de discrepancia de los dictámenes de los peritos de las partes.

Los dictámenes periciales serán valorados por el Magistrado Instructor atendiendo a la litis fijada en la audiencia correspondiente.

La valoración del dictamen pericial atenderá únicamente a razones técnicas referentes al área de especialidad de los peritos. El valor de la prueba pericial quedará a la prudente apreciación del Magistrado Instructor, atendiendo siempre al principio de proporcionalidad.

(ADICIONADO, D.O.F. 27 DE ENERO DE 2017)

Artículo 58-26. Celebrada la audiencia de fijación de litis, desahogadas las pruebas que procedan y formulados los alegatos, quedará cerrada la instrucción del juicio de resolución exclusiva de fondo, sin necesidad de una declaratoria expresa, y a partir del día siguiente empezarán a computarse los plazos previstos en el artículo 49 de esta Ley para dictar sentencia; lo anterior no aplicará para efectos de lo previsto en el artículo 58-22, sexto párrafo de la presente Ley.

(ADICIONADO, D.O.F. 27 DE ENERO DE 2017)

Artículo 58-27. En las sentencias que se dicten en el juicio de resolución exclusiva de fondo se declarará la nulidad de la resolución impugnada cuando:

I. Los hechos u omisiones que dieron origen a la controversia no se produjeron;

II. Los hechos u omisiones que dieron origen a la controversia fueron apreciados por la autoridad en forma indebida;

III. Las normas involucradas fueron incorrectamente interpretadas o mal aplicadas en el acto impugnado, o

IV. Los efectos atribuidos por la autoridad emisora al incumplimiento total, parcial o extemporáneo, de requisitos formales o de procedimiento a cargo del contribuyente resulten excesivos o desproporcionados por no haberse producido las hipótesis de causación de las contribuciones determinadas.

(ADICIONADO, D.O.F. 27 DE ENERO DE 2017)

Artículo 58-28. La sentencia definitiva podrá:

I. Reconocer la validez de la resolución impugnada.

II. Declarar la nulidad de la resolución impugnada.

III. En los casos en que la sentencia implique una modificación a la cuantía de la resolución administrativa impugnada, la Sala Regional Especializada competente deberá precisar, el monto, el alcance y los términos de la misma para su cumplimiento.

Tratándose de sanciones, cuando dicho Tribunal aprecie que la sanción es excesiva porque no se motivó adecuadamente o no se dieron los hechos agravantes de la sanción, deberá reducir el importe de la sanción apreciando libremente las circunstancias que dieron lugar a la misma.

IV. Declarar la nulidad de la resolución impugnada y además:

a) Reconocer al actor la existencia de un derecho subjetivo y condenar al cumplimiento de la obligación correlativa.

b) Otorgar o restituir al actor en el goce de los derechos afectados.

c) Declarar la nulidad del acto o resolución administrativa de carácter general, caso en que cesarán los efectos de los actos de ejecución que afectan al demandante, inclusive el primer acto de aplicación que hubiese impugnado. La declaración de nulidad no tendrá otros efectos para el demandante, salvo lo previsto por las leyes de la materia de que se trate.

d) Reconocer la existencia de un derecho subjetivo y condenar al ente público federal al pago de una indemnización por los daños y perjuicios causados por sus servidores públicos.

Las Salas Regionales Especializadas en materia del juicio de resolución exclusiva de fondo podrán apartarse de los precedentes establecidos por el Pleno o las Secciones, siempre que en la sentencia expresen las razones por las que se apartan de los mismos, debiendo enviar al Presidente del Tribunal copia de la sentencia.

(ADICIONADO, D.O.F. 27 DE ENERO DE 2017)

Artículo 58-29. En contra de las sentencias dictadas en el juicio de resolución exclusiva de fondo, si éstas no favorecen a la autoridad demandada, podrá interponer el recurso de revisión previsto en el artículo 63 de esta Ley.

TÍTULO III
DE LOS RECURSOS

CAPÍTULO I
DE LA RECLAMACIÓN

(REFORMADO, D.O.F. 13 DE JUNIO DE 2016)

Artículo 59. El recurso de reclamación procederá en contra de las resoluciones del Magistrado Instructor que admitan, desechen o tengan por no presentada la demanda, la contestación, la ampliación de ambas o alguna prueba; las que decreten o nieguen el sobreseimiento del juicio antes del cierre de instrucción; aquéllas que admitan o rechacen la intervención del tercero. La reclamación se interpondrá ante la Sala o Sección respectiva, dentro de los diez días siguientes a aquél en que surta efectos la notificación de que se trate.

Artículo 60. Interpuesto el recurso a que se refiere el artículo anterior, se ordenará correr traslado a la contraparte por el término de cinco días para que exprese lo que a su derecho convenga y sin más trámite dará cuenta a la Sala para que resuelva en el término de cinco días. El magistrado que haya dictado el acuerdo recurrido no podrá excusarse.

Artículo 61. Cuando la reclamación se interponga en contra del acuerdo que sobresea el juicio antes de que se hubiera cerrado la instrucción, en caso de desistimiento del demandante, no será necesario dar vista a la contraparte.

(REFORMADO, D.O.F. 10 DE DICIEMBRE DE 2010)

Artículo 62. Las resoluciones que concedan, nieguen, modifiquen o revoquen cualquiera de las medidas cautelares previstas en esta Ley, podrán ser impugnadas mediante la interposición del recurso de reclamación ante la Sala Regional que corresponda.

El recurso se promoverá dentro de los cinco días siguientes a aquél en que surta sus efectos la notificación respectiva. Interpuesto el recurso en la forma y términos señalados, el Magistrado ordenará correr traslado a las demás partes, por igual plazo, para que expresen lo que a su derecho convenga. Una vez transcurrido dicho término y sin más trámite, dará cuenta a la Sala Regional, para que en un plazo de cinco días, revoque o modifique la resolución impugnada y, en su caso, conceda o niegue la suspensión solicitada, o para que confirme lo resuelto, lo que producirá sus efectos en forma directa e inmediata. La sola interposición suspende la ejecución del acto impugnado hasta que se resuelva el recurso.

La Sala Regional podrá modificar o revocar su resolución cuando ocurra un hecho superveniente que lo justifique.

El Pleno del Tribunal podrá ejercer de oficio la facultad de atracción para la resolución de los recursos de reclamación a que se refiere el presente artículo, en casos de trascendencia que así considere o para fijar jurisprudencia.

CAPÍTULO II
DE LA REVISIÓN

(REFORMADO, D.O.F. 27 DE DICIEMBRE DE 2006)

Artículo 63. Las resoluciones emitidas por el Pleno, las Secciones de la Sala Superior o por las Salas Regionales que decreten o nieguen el sobreseimiento, las que dicten en términos de los artículos 34 de la Ley del Servicio de Administración Tributaria y 6° de esta Ley, así como las que se dicten conforme a la Ley Federal de Responsabilidad Patrimonial del Estado y las sentencias definitivas que emitan, podrán ser impugnadas por la autoridad a través de la unidad administrativa encargada de su defensa jurídica o por la entidad federativa coordinada en ingresos federales correspondiente, interponiendo el recurso de revisión ante el Tribunal Colegiado de Circuito competente en la sede del Pleno, Sección o Sala Regional a que corresponda, mediante escrito que se presente ante la responsable, dentro de los quince días siguientes a aquél en que surta sus efectos la notificación respectiva, siempre que se refiera a cualquiera de los siguientes supuestos:

I. Sea de cuantía que exceda de tres mil quinientas veces el salario mínimo general diario del área geográfica correspondiente al Distrito Federal, vigente al momento de la emisión de la resolución o sentencia.

En el caso de contribuciones que deban determinarse o cubrirse por periodos inferiores a doce meses, para determinar la cuantía del asunto se considerará el monto que resulte de dividir el importe de la contribución entre el número de meses comprendidos en el periodo que corresponda y multiplicar el cociente por doce.

II. Sea de importancia y trascendencia cuando la cuantía sea inferior a la señalada en la fracción primera, o de cuantía indeterminada, debiendo el recurrente razonar esa circunstancia para efectos de la admisión del recurso.

III. Sea una resolución dictada por la Secretaría de Hacienda y Crédito Público, el Servicio de Administración Tributaria o por autoridades fiscales de las Entidades Federativas coordinadas en ingresos federales y siempre que el asunto se refiera a:

a) Interpretación de leyes o reglamentos en forma tácita o expresa.

b) La determinación del alcance de los elementos esenciales de las contribuciones.

c) Competencia de la autoridad que haya dictado u ordenado la resolución impugnada o tramitado el procedimiento del que deriva o al ejercicio de las facultades de comprobación.

d) Violaciones procesales durante el juicio que afecten las defensas del recurrente y trasciendan al sentido del fallo.

e) Violaciones cometidas en las propias resoluciones o sentencias.

f) Las que afecten el interés fiscal de la Federación.

IV. Sea una resolución dictada en materia de la Ley Federal de Responsabilidades Administrativas de los Servidores Públicos.

V. Sea una resolución dictada en materia de comercio exterior.

VI. Sea una resolución en materia de aportaciones de seguridad social, cuando el asunto verse sobre la determinación de sujetos obligados, de conceptos que integren la base de cotización o sobre el grado de riesgo de las empresas para los efectos del seguro de riesgos del trabajo o sobre cualquier aspecto relacionado con pensiones que otorga el Instituto de Seguridad y Servicios Sociales de los Trabajadores del Estado.

VII. Sea una resolución en la cual, se declare el derecho a la indemnización, o se condene al Servicio de Administración Tributaria, en términos del artículo 34 de la Ley del Servicio de Administración Tributaria.

VIII. Se resuelva sobre la condenación en costas o indemnización previstas en el artículo 6º de la Ley Federal de Procedimiento Contencioso Administrativo.

IX. Sea una resolución dictada con motivo de las reclamaciones previstas en la Ley Federal de Responsabilidad Patrimonial del Estado.

(ADICIONADA, D.O.F. 13 DE JUNIO DE 2016)

X. Que en la sentencia se haya declarado la nulidad, con motivo de la inaplicación de una norma general, en ejercicio del control difuso de la constitucionalidad y de la convencionalidad realizado por la sala, sección o pleno de la Sala Superior.

En los juicios que versen sobre resoluciones de las autoridades fiscales de las entidades federativas coordinadas en ingresos federales, el recurso podrá ser interpuesto por el Servicio de Administración Tributaria, y por las citadas entidades federativas en los juicios que intervengan como parte.

Con el escrito de expresión de agravios, el recurrente deberá exhibir una copia del mismo para el expediente y una para cada una de las partes que hubiesen intervenido en el juicio contencioso administrativo, a las que se les deberá emplazar para que, dentro del término de quince días, comparezcan ante el Tribunal Colegiado de Circuito que conozca de la revisión a defender sus derechos.

En todos los casos a que se refiere este artículo, la parte que obtuvo resolución favorable a sus intereses puede adherirse a la revisión interpuesta por el recurrente, dentro del plazo de quince días contados a partir de la fecha en la que se le notifique la admisión del recurso, expresando los agravios correspondientes; en este caso la adhesión al recurso sigue la suerte procesal de éste.

Este recurso de revisión deberá tramitarse en los términos previstos en la Ley de Amparo en cuanto a la regulación del recurso de revisión.

Artículo 64. Si el particular interpuso amparo directo contra la misma resolución o sentencia impugnada mediante el recurso de revisión, el Tribunal Colegiado de Circuito que conozca del amparo resolverá el citado recurso, lo cual tendrá lugar en la misma sesión en que decida el amparo.

TÍTULO IV
DISPOSICIONES FINALES

CAPÍTULO I
DE LAS NOTIFICACIONES

(REFORMADO, D.O.F. 13 DE JUNIO DE 2016)

Artículo 65. Las notificaciones a los particulares y a las autoridades en el juicio deberán realizarse por medio del Boletín Jurisdiccional, enviándose previamente un aviso electrónico a su dirección de correo electrónico o dirección de correo electrónico institucional según sea el caso, de que se realizará la notificación, a más tardar el tercer día siguiente a aquél en que el expediente haya sido turnado al actuario para ese efecto. El aviso de notificación deberá ser enviado cuando menos con tres días de anticipación a la publicación del acuerdo, resolución o sentencia de que se trate en el Boletín Jurisdiccional.

Las notificaciones electrónicas a las partes se entenderán realizadas con la sola publicación en el Boletín Jurisdiccional, y con independencia del envío, cuando así proceda, de los avisos electrónicos.

Los particulares y las autoridades, mientras no se haya realizado la notificación por Boletín Jurisdiccional, podrán apersonarse en el Tribunal para ser notificados personalmente. Una vez realizada la notificación por Boletín Jurisdiccional, las partes, cuando esto proceda, deberán acudir al Tribunal a recoger sus traslados de ley, en el entendido de que con o sin la entrega de los traslados, los plazos comenzarán a computarse a partir del día siguiente al en que surta efectos la notificación correspondiente. El Actuario o el Secretario de Acuerdos, en todos los casos, previo levantamiento de razón, entregará los traslados de ley.

La notificación surtirá sus efectos al tercer día hábil siguiente a aquél en que se haya realizado la publicación en el Boletín Jurisdiccional o al día hábil siguiente a aquél en que las partes sean notificadas personalmente en las instalaciones designadas por el Tribunal, cuando así proceda, en términos de lo establecido por el artículo 67 de esta Ley.

Dicho aviso deberá incluir el archivo electrónico que contenga el acuerdo y en el caso del emplazamiento, el escrito de demanda correspondiente.

(REFORMADO, D.O.F. 13 DE JUNIO DE 2016)

Artículo 66. La lista de autos y resoluciones dictados por un Magistrado o Sala, se publicará en el Boletín Jurisdiccional.

En el Boletín Jurisdiccional deberá indicarse la denominación de la Sala y ponencia del Magistrado que corresponda, el número de expediente, la identificación de las autoridades a notificar y, en términos de la normatividad aplicable en materia de protección de datos personales, en su caso, el nombre del particular; así como una síntesis del auto, resolución o sentencia. El Boletín Jurisdiccional podrá consultarse en la página electrónica del Tribunal o en los módulos ubicados en la Sala en que estén radicados los juicios.

La Junta de Gobierno y Administración, mediante lineamientos, establecerá el contenido de la síntesis del auto, resolución o sentencia, así como las áreas, dentro del Tribunal, en las cuales serán entregados los traslados de ley; y en su caso, los mecanismos que permitan a las partes conocer el auto, resolución o sentencia correspondiente.

(REFORMADO PRIMER PÁRRAFO, D.O.F. 13 DE JUNIO DE 2016)

Artículo 67. Las notificaciones únicamente deberán realizarse personalmente, o por correo certificado con acuse de recibo, cuando se trate de las resoluciones siguientes:

N. DE E. EN RELACIÓN CON LA ENTRADA EN VIGOR DE LA PRESENTE FRACCIÓN, VÉASE ARTÍCULO SEGUNDO TRANSITORIO DEL DECRETO QUE MODIFICA EL ORDENAMIENTO.

(REFORMADA, D.O.F. 10 DE DICIEMBRE DE 2010)

I. La que corra traslado de la demanda, en el caso del tercero, así como el emplazamiento al particular en el juicio de lesividad a que se refiere el artículo 13, fracción III de esta Ley;

(REFORMADA, D.O.F. 13 DE JUNIO DE 2016)

II. La que mande citar al testigo que no pueda ser presentado por la parte oferente.

III. (DEROGADA, D.O.F. 13 DE JUNIO DE 2016)

IV. (DEROGADA, D.O.F. 13 DE JUNIO DE 2016)

(REFORMADO, D.O.F. 13 DE JUNIO DE 2016)

En los demás casos, las notificaciones deberán realizarse por medio del Boletín Jurisdiccional.

(ADICIONADO, D.O.F. 13 DE JUNIO DE 2016)

Para los efectos señalados en las fracciones anteriores, una vez que las partes y el testigo se apersonen en el juicio, y el perito haya comparecido para aceptar y protestar el cargo, deberán señalar dirección de correo electrónico, bajo el apercibimiento que, de no hacerlo, se procederá en los términos del artículo 14, último párrafo, de la presente Ley.

(ADICIONADO, D.O.F. 13 DE JUNIO DE 2016)

El Magistrado Instructor podrá, excepcionalmente, ordenar la notificación personal, por oficio o por correo certificado con acuse de recibo a las partes, atendiendo a su situación concreta, para lo cual deberá fundar y motivar esa determinación en el acuerdo respectivo.

(REFORMADO, D.O.F. 13 DE JUNIO DE 2016)

Artículo 68. El actuario deberá asentar razón de las notificaciones por Boletín Jurisdiccional, de las notificaciones personales o del envío por correo certificado, atendiendo al caso de que se trate. Los acuses de recibo del correo certificado se agregarán como constancia al expediente.

Al actuario que sin causa justificada no cumpla con esta obligación, se le impondrá una multa de una a tres veces el salario mínimo general de la zona económica correspondiente al Distrito Federal, elevado al mes, sin que exceda del 30 por ciento de su salario. Será destituido, sin responsabilidad para el Estado, en caso de reincidencia.

El Tribunal llevará en archivo especial las publicaciones atrasadas del Boletín Jurisdiccional y hará la certificación que corresponda, a través de los servidores públicos competentes.

Artículo 69. (DEROGADO, D.O.F. 13 DE JUNIO DE 2016)

N. DE E. EN RELACIÓN CON LA ENTRADA EN VIGOR DEL PRESENTE ARTÍCULO, VÉASE ARTÍCULO TERCERO TRANSITORIO DEL DECRETO QUE MODIFICA LA LEY.

(REFORMADO, D.O.F. 10 DE DICIEMBRE DE 2010)

Artículo 70. Las notificaciones surtirán sus efectos, el día hábil siguiente a aquél en que fueren hechas.

Artículo 71. La notificación personal o por correo certificado con acuse de recibo, también se entenderá legalmente efectuada cuando se lleve a cabo por cualquier medio por el que se pueda comprobar fehacientemente la recepción de los actos que se notifiquen.

Artículo 72. Una notificación omitida o irregular se entenderá legalmente hecha a partir de la fecha en que el interesado se haga sabedor de su contenido.

CAPÍTULO II
DE LOS EXHORTOS

Artículo 73. Las diligencias de notificación o, en su caso, de desahogo de alguna prueba, que deban practicarse en región distinta de la correspondiente a la sede de la Sala Regional en que se instruya el juicio, deberán encomendarse, en primer lugar, a la ubicada en aquélla y en su defecto al juez o magistrado del Poder Judicial Federal.

Los exhortos se despacharán al día siguiente hábil a aquél en que la actuaría reciba el acuerdo que los ordene. Los que se reciban se proveerán dentro de los tres días siguientes a su recepción y se diligenciarán dentro de los cinco días siguientes, a no ser que lo que haya de practicarse exija necesariamente mayor tiempo, caso en el cual, la Sala requerida fijará el plazo que crea conveniente.

Una vez diligenciado el exhorto, la Sala requerida, sin más trámite, deberá remitirlo con las constancias que acrediten el debido cumplimiento de la diligencia practicada en auxilio de la Sala requirente.

Las diligencias de notificación o, en su caso, de desahogo de alguna prueba, que deban practicarse en el extranjero, deberán encomendarse al Consulado Mexicano más próximo a la Ciudad en la que deba desahogarse.

Para diligenciar el exhorto el magistrado del Tribunal podrá solicitar el auxilio de alguna Sala del propio Tribunal, de algún juez o magistrado del Poder Judicial de la Federación o de la localidad, o de algún tribunal administrativo federal o de algún otro tribunal del fuero común.

CAPÍTULO III
DEL CÓMPUTO DE LOS TÉRMINOS

Artículo 74. El cómputo de los plazos se sujetará a las reglas siguientes:

I. Empezarán a correr a partir del día siguiente a aquél en que surta efectos la notificación.

II. Si están fijados en días, se computarán sólo los hábiles entendiéndose por éstos aquellos en que se encuentren abiertas al público las oficinas de las Salas del Tribunal durante el horario normal de labores. La existencia de personal de guardia no habilita los días en que se suspendan las labores.

III. Si están señalados en periodos o tienen una fecha determinada para su extinción, se comprenderán los días inhábiles; no obstante, si el último día del plazo o la fecha determinada es inhábil, el término se prorrogará hasta el siguiente día hábil.

IV. Cuando los plazos se fijen por mes o por año, sin especificar que sean de calendario se entenderá en el primer caso que el plazo vence el mismo día del mes de calendario posterior a aquél en que se inició y en el segundo caso, el término vencerá el mismo día del siguiente año de calendario a aquél en que se inició. Cuando no exista el mismo día en los plazos que se fijen por mes, éste se prorrogará hasta el primer día hábil del siguiente mes de calendario.

TÍTULO V
DE LA JURISPRUDENCIA

CAPÍTULO ÚNICO

(REFORMADO PRIMER PÁRRAFO, D.O.F. 13 DE JUNIO DE 2016)

Artículo 75. Las tesis sustentadas en las sentencias pronunciadas por el Pleno de la Sala Superior, aprobadas por lo menos por siete Magistrados, constituirán precedente, una vez publicadas en la Revista del Tribunal.

También constituirán precedente las tesis sustentadas en las sentencias de las Secciones de la Sala Superior, siempre que sean aprobadas cuando menos por cuatro de los magistrados integrantes de la Sección de que se trate y sean publicados en la Revista del Tribunal.

(REFORMADO, D.O.F. 10 DE DICIEMBRE DE 2010)

Las Salas y los Magistrados Instructores de un Juicio en la vía Sumaria podrán apartarse de los precedentes establecidos por el Pleno o las Secciones, siempre que en la sentencia expresen las razones por las que se apartan de los mismos, debiendo enviar al Presidente del Tribunal copia de la sentencia.

Artículo 76. Para fijar jurisprudencia, el Pleno de la Sala Superior deberá aprobar tres precedentes en el mismo sentido, no interrumpidos por otro en contrario.

También se fijará jurisprudencia por alguna Sección de la Sala Superior, siempre que se aprueben cinco precedentes no interrumpidos por otro en contrario.

(REFORMADO PRIMER PÁRRAFO, D.O.F. 13 DE JUNIO DE 2016)

Artículo 77. En el caso de contradicción de sentencias, interlocutorias o definitivas, cualquiera de los Magistrados del Tribunal o las partes en los juicios en las que tales tesis se sustentaron, podrán denunciar tal situación ante el Presidente del Tribunal, para que éste la haga del conocimiento del Pleno el cual, con un quorum mínimo de siete Magistrados, decidirá por mayoría la que debe prevalecer, constituyendo jurisprudencia.

La resolución que pronuncie el Pleno del Tribunal, en los casos a que este artículo se refiere, sólo tendrá efectos para fijar jurisprudencia y no afectará las resoluciones dictadas en los juicios correspondientes.

Artículo 78. El Pleno podrá suspender una jurisprudencia, cuando en una sentencia o en una resolución de contradicción de sentencias, resuelva en sentido contrario a la tesis de la jurisprudencia. Dicha suspensión deberá publicarse en la revista del Tribunal.

Las Secciones de la Sala Superior podrán apartarse de su jurisprudencia, siempre que la sentencia se apruebe por lo menos por cuatro Magistrados integrantes de la Sección, expresando en ella las razones por las que se apartan y enviando al Presidente del Tribunal copia de la misma, para que la haga del conocimiento del Pleno y éste determine si procede que se suspenda su aplicación, debiendo en este caso publicarse en la revista del Tribunal.

Los magistrados de la Sala Superior podrán proponer al Pleno que suspenda su jurisprudencia, cuando haya razones fundadas que lo justifiquen. Las Salas Regionales también podrán proponer la suspensión expresando al Presidente del Tribunal los razonamientos que sustenten la propuesta, a fin de que la someta a la consideración del Pleno.

La suspensión de una jurisprudencia termina cuando se reitere el criterio en tres precedentes de Pleno o cinco de Sección, salvo que el origen de la suspensión sea jurisprudencia en contrario del Poder Judicial Federal y éste la cambie. En este caso, el Presidente del Tribunal lo informará al Pleno para que éste ordene su publicación.

Artículo 79. Las Salas del Tribunal están obligadas a aplicar la jurisprudencia del Tribunal, salvo que ésta contravenga jurisprudencia del Poder Judicial Federal.

Cuando se conozca que una Sala del Tribunal dictó una sentencia contraviniendo la jurisprudencia, el Presidente del Tribunal solicitará a los Magistrados que hayan votado a favor de dicha sentencia un informe, para que éste lo haga del conocimiento del Pleno y, una vez confirmado el incumplimiento, el Pleno del Tribunal los apercibirá. En caso de reincidencia se les aplicará la sanción administrativa que corresponda en los términos de la ley de la materia.

TRANSITORIOS

Primero. La presente Ley entrará en vigor en toda la República el día 1o. de enero del 2006.

Segundo. A partir de la entrada en vigor de esta Ley se derogan el Título VI del Código Fiscal de la Federación y los artículos que comprenden del 197 al 263 del citado ordenamiento legal, por lo que las leyes que remitan a esos preceptos se entenderán referidos a los correspondientes de esta Ley Federal de Procedimiento Contencioso Administrativo.

Tercero. Quedan sin efectos las disposiciones legales, que contravengan o se opongan a lo preceptuado en esta Ley.

Cuarto. Los juicios que se encuentren en trámite ante el Tribunal Federal de Justicia Fiscal y Administrativa, al momento de entrar en vigor la presente Ley, se tramitarán hasta su total resolución conforme a las disposiciones legales vigentes en el momento de presentación de la demanda.

México, D.F., a 4 de octubre de 2005.- Dip. Heliodoro Díaz Escárraga, Presidente.- Sen. Enrique Jackson Ramírez, Presidente.- Dip. Patricia Garduño Morales, Secretaria.- Sen. Sara I. Castellanos Cortés, Secretaria.- Rúbricas."

En cumplimiento de lo dispuesto por la fracción I del Artículo 89 de la Constitución Política de los Estados Unidos Mexicanos, y para su debida publicación y observancia, expido el presente Decreto en la Residencia del Poder Ejecutivo Federal, en la Ciudad de México, Distrito Federal, a los veintiocho días del mes de noviembre de dos mil cinco.- Vicente Fox Quesada.- Rúbrica.- El Secretario de Gobernación, Carlos María Abascal Carranza.- Rúbrica.

Ley Federal de las Entidades Paraestatales

ÚLTIMA REFORMA PUBLICADA EN EL DIARIO OFICIAL DE LA FEDERACIÓN: 8 DE MAYO DE 2023.

Ley publicada en el Diario Oficial de la Federación, el miércoles 14 de mayo de 1986.

Al margen un sello con el Escudo Nacional, que dice: Estados Unidos Mexicanos. Presidencia de la República.

MIGUEL DE LA MADRID H., Presidente Constitucional de los Estados Unidos Mexicanos, a sus habitantes, sabed:

Que el H. Congreso de la Unión se ha servido dirigirme el siguiente

DECRETO

"El Congreso de los Estados Unidos Mexicanos, decreta:

LEY FEDERAL DE LAS ENTIDADES PARAESTATALES

CAPÍTULO I
DE LAS DISPOSICIONES GENERALES

Artículo 1o. La presente Ley, Reglamentaria en lo conducente del artículo 90 de la Constitución Política de los Estados Unidos Mexicanos, tiene por objeto regular la organización, funcionamiento y control de las entidades paraestatales de la Administración Pública Federal.

Las relaciones del Ejecutivo Federal, o de sus dependencias, con las entidades paraestatales, en cuanto unidades auxiliares de la Administración Pública Federal, se sujetarán, en primer término, a lo establecido en esta Ley y sus disposiciones reglamentarias y, sólo en lo no previsto, a otras disposiciones según la materia que corresponda.

Artículo 2o. Son entidades paraestatales las que con tal carácter determina la Ley Orgánica de la Administración Pública Federal.

Artículo 3o. Las universidades y demás instituciones de educación superior a las que la Ley otorgue autonomía, se regirán por sus leyes específicas.

(REFORMADO, D.O.F. 21 DE AGOSTO DE 2006)

Las entidades de la Administración Pública Federal que sean reconocidas como Centros Públicos de Investigación en los términos de la Ley de Ciencia y Tecnología, se regirán por esa Ley y por sus respectivos instrumentos de creación. Sólo en lo no previsto se aplicará la presente Ley.

(REFORMADO, D.O.F. 11 DE AGOSTO DE 2014)

Las empresas productivas del Estado y sus respectivas empresas productivas subsidiarias, la Procuraduría Agraria, la Procuraduría Federal del Consumidor, la Agencia de Noticias del Estado Mexicano y el Sistema Público de Radiodifusión del Estado Mexicano, atendiendo a sus objetivos y a la naturaleza de sus funciones, quedan excluidas de la observancia del presente ordenamiento.

(DEROGADO CUARTO PÁRRAFO, D.O.F. 11 DE AGOSTO DE 2014)

Artículo 4o. El Banco de México, las sociedades nacionales de crédito, las organizaciones auxiliares nacionales de crédito, las instituciones nacionales de seguros y fianzas, los fondos y fideicomisos públicos de fomento así como las entidades paraestatales que formen parte del sistema financiero, quedan sujetas por cuanto a su constitución, organización, funcionamiento, control, evaluación y regulación a su legislación específica. Les será aplicable esta Ley en las materias y asuntos que sus leyes específicas no regulen.

(REFORMADO PRIMERO PÁRRAFO, D.O.F. 8 DE MAYO DE 2023)

Artículo 5o. El Instituto Mexicano del Seguro Social, el Instituto de Seguridad y Servicios Sociales de los Trabajadores del Estado, el Instituto del Fondo Nacional de Vivienda para los Trabajadores, el Instituto de Seguridad Social de las Fuerzas Armadas, el Instituto Nacional de las Mujeres, la Comisión Nacional para el Desarrollo de los Pueblos Indígenas, el Consejo Nacional de Humanidades, Ciencias y Tecnologías y los demás organismos de estructura análoga que hubiere, se regirán por sus leyes específicas en cuanto a las estructuras de sus órganos de gobierno y vigilancia, pero en cuanto a su funcionamiento, operación, desarrollo y control, en lo que no se oponga a aquellas leyes específicas, se sujetarán a las disposiciones de la presente Ley.

Aquellas entidades que además de Órgano de Gobierno, Dirección General y Órgano de Vigilancia cuenten con patronatos, comisiones ejecutivas o sus equivalentes, se seguirán rigiendo en cuanto a estos órganos especiales de acuerdo a sus leyes u ordenamientos relativos.

Artículo 6o. Para los efectos de esta Ley, se consideran áreas estratégicas las expresamente determinadas en el párrafo cuarto del artículo 28 de la Constitución Política de los Estados Unidos Mexicanos y las actividades que expresamente señalen las leyes que expida el Congreso de la Unión.

Se consideran áreas prioritarias las que se establezcan en los términos de los artículos 25, 26 y 28 de la propia Constitución, particularmente las tendientes a la satisfacción de los intereses nacionales y necesidades populares.

Artículo 7o. Las entidades paraestatales correspondientes al Distrito Federal quedarán sujetas a las disposiciones de esta Ley.

(REFORMADO, D.O.F. 9 DE ABRIL DE 2012)

Artículo 8o. Corresponderá a los titulares de las Secretarías de Estado encargados de la coordinación de los sectores, establecer políticas de desarrollo para las entidades del sector correspondiente, coordinar la programación y presupuestación de conformidad, en su caso, con las asignaciones sectoriales de gasto y financiamiento previamente establecidas y autorizadas, conocer la operación y evaluar los resultados de las entidades paraestatales y las demás atribuciones que les conceda la Ley.

(REFORMADO PRIMER PÁRRAFO, D.O.F. 24 DE JULIO DE 1992)

Artículo 9o. La Secretaría de Hacienda y Crédito Público tendrá miembros en los órganos de Gobierno y en su caso en los comités técnicos de las entidades paraestatales. También participarán otras dependencias y entidades, en la medida en que tenga relación con el objeto de la entidad paraestatal de que se trate; todas ellas de conformidad a su esfera de competencia y disposiciones relativas en la materia.

Los representantes de las Secretarías y de las entidades paraestatales, en las sesiones de los órganos de gobierno o de los comités técnicos en que intervengan, deberán pronunciarse sobre los asuntos que deban resolver dichos órganos o comités de acuerdo con las facultades que les otorga esta Ley, particularmente el artículo 58 y que se relacionen con la esfera de competencia de la dependencia o entidad representada.

Las entidades paraestatales deberán enviar con una antelación no menor de cinco días hábiles a dichos miembros el orden del día acompañado de la información y documentación correspondientes, que les permita el conocimiento de los asuntos que se vayan a tratar, para el adecuado ejercicio de su representación.

(REFORMADO, D.O.F. 9 DE ABRIL DE 2012)

Artículo 10. Las entidades paraestatales deberán proporcionar a las demás entidades del sector donde se encuentren agrupadas, la información y datos que les soliciten así como los que les requieran las Secretarías de Estado.

Para el cumplimiento de lo anteriormente establecido, la coordinadora de sector conjuntamente con las Secretarías de Hacienda y Crédito Público y de la Secretaría de la Función Pública, harán compatibles los requerimientos de información que se demanden a las dependencias y entidades paraestatales racionalizando los flujos de información.

Artículo 11. Las entidades paraestatales gozarán de autonomía de gestión para el cabal cumplimiento de su objeto, y de los objetivos y metas señalados en sus programas. Al efecto, contarán con una administración ágil y eficiente y se sujetarán a los sistemas de control establecidos en la presente Ley y en lo que no se oponga a ésta a los demás que se relacionen con la Administración Pública.

(REFORMADO, D.O.F. 24 DE JULIO DE 1992)

Artículo 12. La Secretaría de Hacienda y Crédito Público publicará anualmente en el Diario Oficial de la Federación, la relación de las entidades paraestatales que formen parte de la Administración Pública Federal.

(ADICIONADO, D.O.F. 19 DE ENERO DE 2023)

Además de la difusión en el Diario Oficial de la Federación, la relación a la que hace referencia el presente artículo, podrá ser difundida en los medios físicos y digitales que dispongan las dependencias de la administración pública, para el mayor conocimiento de la misma.

Artículo 13. Las infracciones a esta Ley serán sancionadas en los términos que legalmente correspondan atendiendo al régimen de responsabilidades de los servidores públicos federales.

CAPÍTULO II
DE LOS ORGANISMOS DESCENTRALIZADOS

SECCIÓN A
CONSTITUCIÓN, ORGANIZACIÓN Y FUNCIONAMIENTO

Artículo 14. Son organismos descentralizados las personas jurídicas creadas conforme a lo dispuesto por la Ley Orgánica de la Administración Pública Federal y cuyo objeto sea:

I. La realización de actividades correspondientes a las áreas estratégicas o prioritarias;

II. La prestación de un servicio público o social; o

III. La obtención o aplicación de recursos para fines de asistencia o seguridad social.

Artículo 15. En las leyes o decretos relativos que se expidan por el Congreso de la Unión o por el Ejecutivo Federal para la creación de un organismo descentralizado se establecerán, entre otros elementos:

I. La denominación del organismo;

II. El domicilio legal;

III. El objeto del organismo conforme a lo señalado en el artículo 14 de esta Ley;

IV. Las aportaciones y fuentes de recursos para integrar su patrimonio así como aquellas que se determinen para su incremento;

(REFORMADA, D.O.F. 1 DE MARZO DE 2019)

V. La manera de integrar el Órgano de Gobierno y de designar a la persona Titular de la Dirección General, así como al personal adscrito al servicio público en las dos jerarquías inferiores a ésta;

(REFORMADA, D.O.F. 1 DE MARZO DE 2019)

VI. Las facultades y obligaciones del Órgano de Gobierno señalando cuáles de dichas facultades son indelegables;

(REFORMADA, D.O.F. 1 DE MARZO DE 2019)

VII. Las facultades y obligaciones de la persona Titular de la Dirección General, quien tendrá la representación legal del Organismo;

VIII. Sus Organos de Vigilancia así como sus facultades; y

IX. El régimen laboral a que se sujetarán las relaciones de trabajo.

El órgano de Gobierno deberá expedir el Estatuto Orgánico en el que se establezcan las bases de organización así como las facultades y funciones que correspondan a las distintas áreas que integren el organismo.

El estatuto Orgánico deberá inscribirse en el Registro Público de organismos descentralizados.

En la extinción de los organismos deberán observarse las mismas formalidades establecidas para su creación, debiendo la Ley o Decreto respectivo fijar la forma y términos de su extinción y liquidación.

(REFORMADO, D.O.F. 24 DE JULIO DE 1992)

Artículo 16. Cuando algún organismo descentralizado creado por el Ejecutivo deje de cumplir sus fines u objeto o su funcionamiento no resulte ya conveniente desde el punto de vista de la economía nacional o del interés público, la Secretaría de Hacienda y Crédito Público, atendiendo la opinión de la Dependencia Coordinadora del Sector que corresponda, propondrá al Ejecutivo Federal la disolución, liquidación o extinción de aquél. Asimismo podrá proponer su fusión, cuando su actividad combinada redunde en un incremento de eficiencia y productividad.

(REFORMADO, D.O.F. 1 DE MARZO DE 2019)

Artículo 17. La administración de los organismos descentralizados estará a cargo de un Órgano de Gobierno que podrá ser una Junta de Gobierno o su equivalente y una Dirección General.

(REFORMADO, D.O.F. 1 DE MARZO DE 2019)

Artículo 18. El Órgano de Gobierno estará compuesto por no menos de cinco ni más de quince personas integrantes propietarias y de sus respectivas suplentes. Será presidido por la persona Titular de la Coordinadora de Sector o por la persona que la persona Titular designe.

El cargo de integrante de Órgano de Gobierno será estrictamente personal y no podrá desempeñarse por medio de representantes.

(REFORMADO PRIMER PÁRRAFO, D.O.F. 1 DE MARZO DE 2019)

Artículo 19. En ningún caso podrán ser integrantes del Órgano de Gobierno:

(REFORMADA, D.O.F. 1 DE MARZO DE 2019)

I. La persona Titular de la Dirección General del Organismo de que se trate. Se exceptúan de esta prohibición aquellos casos de los organismos a que se refiere el artículo 5o. de esta Ley;

(REFORMADA, D.O.F. 1 DE MARZO DE 2019)

II. Los cónyuges y las personas que tengan parentesco por consanguinidad o afinidad hasta el cuarto grado o civil con cualquiera de quienes integren el Órgano de Gobierno o con la Directora o Director General;

III. Las personas que tengan litigios pendientes con el organismo de que se trate;

IV. Las personas sentenciadas por delitos patrimoniales, las inhabilitadas para ejercer el comercio o para desempeñar un empleo, cargo o comisión en el servicio público; y

(REFORMADA, D.O.F. 1 DE MARZO DE 2019)

V. Las diputadas y los diputados y las senadoras y los senadores al H. Congreso de la Unión en los términos del artículo 62 Constitucional.

(REFORMADO, D.O.F. 1 DE MARZO DE 2019)

Artículo 20. El Órgano de Gobierno se reunirá con la periodicidad que se señale en el Estatuto orgánico sin que pueda ser menor de 4 veces al año.

El propio Órgano de Gobierno sesionará válidamente con la asistencia de por lo menos la mitad más una de las personas que lo integren y siempre que la mayoría de quienes asisten sean representantes de la Administración Pública Federal. Las resoluciones se tomarán por mayoría de las personas integrantes presentes teniendo la Presidenta o el Presidente voto de calidad para el caso de empate.

(REFORMADO PRIMER PÁRRAFO, D.O.F. 1 DE MARZO DE 2019)

Artículo 21. La persona Titular de la Dirección General será designada por la Presidenta o el Presidente de la República, o a su indicación a través de la

Coordinadora o Coordinador de Sector por el Órgano de Gobierno, debiendo recaer tal nombramiento en persona que reúna los siguientes requisitos:

(REFORMADA, D.O.F. 1 DE MARZO DE 2019)

I. Ser ciudadana o ciudadano mexicano y estar en pleno goce y ejercicio de sus derechos civiles y políticos;

(REFORMADA, D.O.F. 1 DE MARZO DE 2019)

II. Haber desempeñado cargos de alto nivel decisorio en forma destacada en actividades profesionales, de servicio público, administrativo o sustancialmente relacionadas con materias afines a las de competencia de cada entidad paraestatal, y

III. No encontrarse en alguno de los impedimentos que para ser miembro del Órgano de Gobierno señalan las fracciones II, III, IV y V del artículo 19 de esta Ley.

(REFORMADO PRIMER PÁRRAFO, D.O.F. 1 DE MARZO DE 2019)

Artículo 22. Las directoras y los directores generales de los organismos descentralizados, en lo tocante a su representación legal, sin perjuicio de las facultades que se les otorguen en otras leyes, ordenamientos o estatutos, estarán facultados expresamente para:

I. Celebrar y otorgar toda clase de actos y documentos inherentes a su objeto;

II. Ejercer las más amplias facultades de dominio, administración, y pleitos y cobranzas, aún de aquellas que requieran de autorización especial según otras disposiciones legales o reglamentarias con apego a esta Ley, la ley o decreto de creación y el estatuto orgánico;

III. Emitir, avalar y negociar títulos de crédito;

IV. Formular querellas y otorgar perdón;

V. Ejercitar y desistirse de acciones judiciales inclusive del juicio de amparo;

VI. Comprometer asuntos en arbitraje y celebrar transacciones;

VII. Otorgar poderes generales y especiales con las facultades que les competan, entre ellas las que requieran autorización o cláusula especial. Para el otorgamiento y validez de estos poderes, bastará la comunicación oficial que se expida al mandatario por el Director General. Los poderes generales para surtir efectos frente a terceros deberán inscribirse en el Registro Público de Organismos Descentralizados; y

VIII. Sustituir y revocar poderes generales o especiales.

(REFORMADO, D.O.F. 1 DE MARZO DE 2019)

Las directoras y los directores generales ejercerán las facultades a que se refieren las fracciones II, III, VI y VII bajo su responsabilidad y dentro de las limitaciones que señale el Estatuto orgánico que autorice el Órgano o Junta de Gobierno.

(REFORMADO, D.O.F. 1 DE MARZO DE 2019)

Artículo 23. Para acreditar la personalidad y facultades según el caso, de quienes integren el Órgano de Gobierno, de la Secretaria o del Secretario y Prosecretaria o Prosecretario, de la Directora o Director General y de las apoderadas o apoderados generales de los organismos descentralizados, bastará con exhibir una certificación de la inscripción de su nombramiento o mandato en el Registro Público de Organismos Descentralizados.

SECCIÓN B
REGISTRO PÚBLICO DE ORGANISMOS DESCENTRALIZADOS

(REFORMADO PRIMER PÁRRAFO, D.O.F. 24 DE JULIO DE 1992)

Artículo 24. Los organismos descentralizados deberán inscribirse en el Registro Público respectivo que llevará la Secretaría de Hacienda y Crédito Público.

(REFORMADO, D.O.F. 1 DE MARZO DE 2019)

Las personas titulares de las direcciones generales o quienes realicen funciones similares en los organismos descentralizados, que no solicitaren la inscripción aludida dentro de los treinta días siguientes a la fecha de su constitución o de sus modificaciones o reformas, serán responsables en los términos de la Ley Federal de Responsabilidades de los Servidores Públicos.

Artículo 25. En el Registro Público de Organismos Descentralizados deberán inscribirse:

I. El Estatuto Orgánico y sus reformas o modificaciones;

(REFORMADA, D.O.F. 1 DE MARZO DE 2019)

II. Los nombramientos de quienes integren el Órgano de Gobierno, así como sus remociones;

(REFORMADA, D.O.F. 1 DE MARZO DE 2019)

III. Los nombramientos y sustituciones de la Directora o Director General y en su caso de las Subdirectoras y los Subdirectores y otras funcionarias o funcionarios que lleven la firma de la entidad;

IV. Los poderes generales y sus revocaciones;

(REFORMADA, D.O.F. 24 DE JULIO DE 1992)

V. El acuerdo de la Secretaría de Hacienda y Crédito Público o de la dependencia coordinadora del sector en su caso que señale las bases de la fusión, extinción o liquidación, de conformidad con las leyes o decretos que ordenen las mismas; y

VI. Los demás documentos o actos que determine el reglamento de este ordenamiento.

El reglamento de esta Ley determinará la constitución y funcionamiento del Registro, así como las formalidades de las inscripciones y sus anotaciones.

Artículo 26. El Registro Público de Organismos Descentralizados podrá expedir certificaciones de las inscripciones y registro a que se refiere el artículo anterior, las que tendrán fe pública.

Artículo 27. Procederá la cancelación de las inscripciones en el Registro Público de los Organismos Descentralizados en el caso de su extinción una vez que se haya concluido su liquidación.

CAPÍTULO III
DE LAS EMPRESAS DE PARTICIPACIÓN ESTATAL MAYORITARIA

Artículo 28. Son empresas de participación estatal mayoritaria las que determina como tales la Ley Orgánica de la Administración Pública Federal.

Artículo 29. No tienen el carácter de entidades paraestatales de la Administración Pública Federal las sociedades mercantiles en las que participen temporalmente y en forma mayoritaria en su capital, en operaciones de fomento, las sociedades nacionales de crédito, salvo que conforme a la legislación específica de éstas y siempre que se esté en los supuestos de la segunda parte del artículo 6o., el Ejecutivo Federal decida mediante acuerdo expreso en cada caso, atribuirles tal carácter e incorporarlas al régimen de este ordenamiento.

Artículo 30. Las empresas en que participe de manera mayoritaria el Gobierno Federal o una o más entidades paraestatales, deberán tener por objeto las áreas prioritarias en los términos del Artículo 6o. de este ordenamiento.

Artículo 31. La organización, administración y vigilancia de las empresas de participación estatal mayoritaria, sin perjuicio de lo dispuesto en la legislación aplicable, deberán sujetarse a los términos que se consignan en este ordenamiento.

(REFORMADO PRIMER PÁRRAFO, D.O.F. 24 DE JULIO DE 1992)

Artículo 32. Cuando alguna empresa de participación estatal mayoritaria no cumpla con el objeto a que se contrae el artículo 30 o ya no resulte conveniente conservarla como entidad paraestatal desde el punto de vista de la economía nacional o del interés público, la Secretaría de Hacienda y Crédito Público, atendiendo la opinión de la Dependencia Coordinadora del Sector que corresponda, propondrá al Ejecutivo Federal la enajenación de la participación estatal o en su caso su disolución o liquidación. Para la enajenación de los títulos representativos del capital de la Administración Pública Federal, se procederá en los términos que se disponen en el artículo 68 de esta Ley.

En los casos en que se acuerde la enajenación, en igualdad de condiciones y respetando los términos de las leyes y de los estatutos correspondientes, los trabajadores organizados de la empresa tendrán preferencia para adquirir los títulos representativos del capital de los que sea titular el Gobierno Federal.

Artículo 33. El Ejecutivo Federal, por conducto de la Secretaría Coordinadora de Sector, determinará los servidores públicos que deban ejercer las facultades que impliquen la titularidad de las acciones o partes sociales que integren el capital social de las empresas de participación estatal mayoritaria.

Artículo 34. Los Consejos de Administración o sus equivalentes de las entidades de participación estatal mayoritaria, se integrarán de acuerdo a sus estatutos y en lo que no se oponga con sujeción a esta Ley.

Los integrantes de dicho Órgano de Gobierno que representen la participación de la Administración Pública Federal, además de aquellos a que se refiere el Artículo 9o. de este ordenamiento, serán designados por el titular del Ejecutivo Federal, directamente a través de la Coordinadora de Sector. Deberán constituir en todo tiempo más de la mitad de los miembros del Consejo, y serán servidores públicos de la Administración Pública Federal o personas de reconocida calidad moral o prestigio, con experiencia respecto a las actividades propias de la empresa de que se trate.

Artículo 35. El Consejo de Administración o su equivalente se reunirá con la periodicidad que se señale en los estatutos de la empresa, sin que pueda ser menor de 4 veces al año.

(REFORMADO, D.O.F. 1 DE MARZO DE 2019)

El propio Consejo será presidido por la persona Titular de la Coordinadora de Sector o por la persona a quien éste designe, deberá sesionar válidamente con la asistencia de por lo menos la mitad más una de las personas que lo integren y siempre que la mayoría de quienes asistan sean representantes de la participación del Gobierno Federal o de las entidades respectivas. Las resoluciones se tomarán por mayoría de las personas que lo integren presentes, teniendo quien lo presida voto de calidad para el caso de empate.

Artículo 36. Los consejos de administración o sus equivalentes de las empresas de participación estatal mayoritaria, además de las facultades específicas que se les otorguen en los estatutos o legislación de la materia, tendrán en lo (sic) resulten compatibles las facultades a que se refiere el artículo 58 de esta Ley, con las salvedades de aquéllas que sean propias de las asambleas ordinarias o extraordinarias.

(REFORMADO, D.O.F. 1 DE MARZO DE 2019)

Artículo 37. Las personas Titulares de las Direcciones Generales o sus equivalentes de las empresas de participación estatal mayoritaria, sin perjuicio de las facultades y obligaciones que se les atribuyan en los estatutos de la empresa y legislación del caso, tendrán las que se mencionan en el artículo 59 de este ordenamiento.

Artículo 38. Para la designación, facultades, operación y responsabilidades de los órganos de administración y dirección; autonomía de gestión, y demás normas sobre el desarrollo y operación de las empresas de participación estatal mayoritaria, sin perjuicio de las disposiciones que sobre el particular existan en los estatutos o legislación correspondiente a su forma societaria, serán aplicables en lo que sean compatibles, los capítulos II Sección A y V de esta Ley.

Artículo 39. La fusión o disolución de las empresas de participación estatal mayoritaria se efectuará conforme a los lineamientos o disposiciones establecidos en los estatutos de la empresa y legislación correspondiente.

(REFORMADO, D.O.F. 24 DE JULIO DE 1992)

La dependencia Coordinadora del Sector al que corresponda la empresa, en lo que no se oponga a su regulación específica y de conformidad a las normas establecidas al respecto por la Secretaría de Hacienda y Crédito Público, intervendrá a fin de señalar la forma y términos en que deba efectuarse la fusión o la disolución, debiendo cuidar en todo tiempo la adecuada protección de los intereses del público, de los accionistas o titulares de las acciones o partes sociales, y los derechos laborales de los servidores públicos de la empresa.

CAPÍTULO IV
DE LOS FIDEICOMISOS PÚBLICOS

Artículo 40. Los fideicomisos públicos que se establezcan por la Administración Pública Federal, que se organicen de manera análoga a los organismos descentralizados o empresas de participación estatal mayoritaria, que tengan como propósito auxiliar al Ejecutivo mediante la realización de actividades prioritarias, serán los que se consideren entidades paraestatales conforme a lo dispuesto en la Ley Orgánica de la Administración Pública Federal y quedarán sujetos a las disposiciones de esta Ley.

(REFORMADO, D.O.F. 1 DE MARZO DE 2019)

Los Comités Técnicos y las directoras o directores generales de los fideicomisos públicos citados en primer término se ajustarán en cuanto a su integración, facultades y funcionamiento a las disposiciones que en el Capítulo V de esta Ley se establecen para los órganos de gobierno y para personas Titulares de las Direcciones Generales, en cuanto sea compatible a su naturaleza.

(REFORMADO, D.O.F. 24 DE JULIO DE 1992)

Artículo 41. El Ejecutivo Federal a través de la Secretaría de Hacienda y Crédito Público, quien será el fideicomitente único de la Administración Pública Federal Centralizada, cuidará que en los contratos queden debidamente precisados los derechos y acciones que corresponda ejercitar al fiduciario sobre los bienes fideicomitidos, las limitaciones que establezca o que se deriven de derechos de terceros, así como los derechos que el fideicomitente se reserve y las facultades que fije en su caso al Comité Técnico, el cual deberá existir obligadamente en los fideicomisos a que se refiere el artículo anterior.

(REFORMADO, D.O.F. 1 DE MARZO DE 2019)

Artículo 42. Las instituciones fiduciarias, a través de la Delegada o Delegado Fiduciario General, dentro de los seis meses siguientes a la Constitución o modificación de los fideicomisos deberán someter a la consideración de la dependencia encargada de la coordinación del sector al que pertenezcan, los proyectos de estructura administrativa o las modificaciones que se requieran.

(REFORMADO PRIMER PÁRRAFO, D.O.F. 1 DE MARZO DE 2019)

Artículo 43. Cuando, por virtud de la naturaleza, especialización u otras circunstancias de los fideicomisos, la institución fiduciaria requiera informes y controles especiales, de común acuerdo con la Coordinadora de Sector, instruirán a la Delegada o Delegado Fiduciario para:

I. Someter a la previa consideración de la institución que desempeñe el cargo de fiduciaria, los actos, contratos y convenios de los que resulten derechos y obligaciones para el fideicomiso o para la propia institución;

II. Consultar con la debida anticipación a la fiduciaria los asuntos que deban tratarse en las reuniones del Comité Técnico;

III. Informar a la fiduciaria acerca de la ejecución de los acuerdos del Comité Técnico, así como el propio Comité Técnico;

IV. Presentar a la fiduciaria la información contable requerida para precisar la situación financiera del fideicomiso; y

V. Cumplir con los demás requerimientos que de común acuerdo con la Coordinadora de Sector, le fije fiduciaria.

Artículo 44. En los contratos de los fideicomisos a que se refiere el artículo 40, se deberán precisar las facultades especiales, si las hubiere, que en adición a las que establece el Capítulo V de esta Ley para los órganos de gobierno determine el Ejecutivo Federal para el Comité Técnico, indicando, en todo caso, cuales asuntos requieren de la aprobación del mismo, para el ejercicio de acciones y derechos que correspondan al fiduciario, entendiéndose que las facultades del citado cuerpo colegiado constituyen limitaciones para la institución fiduciaria.

La institución fiduciaria deberá abstenerse de cumplir las resoluciones que el Comité Técnico dicte en exceso de las facultades expresamente fijadas por el fideicomitente, o en violación a las cláusulas del contrato de fideicomiso, debiendo responder de los daños y perjuicios que se causen, en caso de ejecutar actos en acatamiento de acuerdos dictados en exceso de dichas facultades o en violación al citado contrato.

Cuando para el cumplimiento de la encomienda fiduciaria se requiera la realización de actos urgentes, cuya omisión pueda causar notoriamente perjuicios al fideicomiso, si no es posible reunir al Comité Técnico, por cualquiera circunstancia, la institución fiduciaria procederá a consultar al Gobierno Federal a través del Coordinador de Sector quedando facultada para ejecutar aquellos actos que éste autorice.

Artículo 45. En los contratos constitutivos de fideicomisos de la Administración Pública Federal Centralizada, se deberá reservar al Gobierno Federal la facultad expresa de revocarlos, sin perjuicio de los derechos que correspondan a los fideicomisarios, o a terceros, salvo que se trate de fideicomisos constituidos por mandato de la Ley o que la naturaleza de sus fines no lo permita.

CAPÍTULO V
DEL DESARROLLO Y OPERACIÓN

Artículo 46. Los objetivos de las entidades paraestatales se ajustarán a los programas sectoriales que formule la Coordinadora de Sector, y en todo caso, contemplarán:

I. La referencia concreta a su objetivo esencial y a las actividades conexas para lograrlo;

II. Los productos que elabore o los servicios que preste y sus características sobresalientes;

III. Los efectos que causen sus actividades en el ámbito sectorial, así como el impacto regional que originen; y

IV. Los rasgos más destacados de su organización para la producción o distribución de los bienes y prestación de servicios que ofrece.

Artículo 47. Las entidades paraestatales, para su desarrollo y operación, deberán sujetarse a la Ley de Planeación, al Plan Nacional de Desarrollo, a los programas sectoriales que se deriven del mismo y a las asignaciones de gasto y financiamiento autorizadas. Dentro de tales directrices las entidades formularán sus programas institucionales a corto, mediano y largo plazos. El Reglamento de la presente Ley establecerá los criterios para definir la duración de los plazos.

Artículo 48. El Programa Institucional constituye la asunción de compromisos en términos de metas y resultados que debe alcanzar la entidad paraestatal. La programación institucional de la entidad, en consecuencia deberá contener la fijación de objetivos y metas, los resultados económicos y financieros esperados así como las bases para evaluar las acciones que lleve a cabo; la definición de estrategias y prioridades; la previsión y organización de recursos para alcanzarlas; la expresión de programas para la coordinación de sus tareas, así como las previsiones respecto a las posibles modificaciones a sus estructuras.

Artículo 49. El programa institucional de la entidad paraestatal se elaborará para los términos y condiciones a que se refiere el artículo 22 de la Ley de Planeación y se revisará anualmente para introducir las modificaciones que las circunstancias le impongan.

Artículo 50. Los presupuestos de la entidad se formularán a partir de sus programas anuales. Deberán contener la descripción detallada de objetivos, metas y unidades responsables de su ejecución y los elementos que permitan la evaluación sistemática de sus programas.

(REFORMADO, D.O.F. 24 DE JULIO DE 1992)

Artículo 51. En la formulación de sus presupuestos, la entidad paraestatal se sujetará a los lineamientos generales que en materia de gasto establezca la Secretaría de Hacienda y Crédito Público así como a los lineamientos específicos que defina la Coordinadora de Sector. En el caso de compromisos derivados de compra o de suministro que excedan al período anual del presupuesto, éste deberá contener la referencia precisa de esos compromisos con el objeto de contar con la perspectiva del desembolso a plazos mayores de un año.

Artículo 52. La entidad paraestatal manejará y erogará sus recursos propios por medio de sus órganos.

(REFORMADO, D.O.F. 9 DE ABRIL DE 2012)

Por lo que toca a la percepción de subsidios y transferencias, los recibirá de la Tesorería de la Federación en los términos que se fijen en los presupuestos de egresos anuales de la Federación y del Distrito Federal, debiendo manejarlos y administrarlos por sus propios órganos y sujetarse a los controles e informes respectivos de conformidad con la legislación aplicable.

Artículo 53. Los programas financieros de la entidad paraestatal deberán formularse conforme a los lineamientos generales que establezca la Secretaría de Hacienda y Crédito Público; deberán expresar los fondos propios, aportaciones de capital, contratación de créditos con bancos nacionales o extranjeros, o con cualquier otro intermediario financiero así como el apoyo financiero que pueda obtenerse de los proveedores de insumos y servicios y de los suministradores de los bienes de producción. El programa contendrá los criterios conforme a los cuales deba ejecutarse el mismo en cuanto a montos, costos, plazos, garantías y avales que en su caso condicionen el apoyo.

(REFORMADO, D.O.F. 1 DE MARZO DE 2019)

Artículo 54. La Directora o Director de la entidad paraestatal someterá el programa financiero para su autorización al Órgano de Gobierno respectivo con la salvedad a que se refiere la fracción II del artículo 58 de esta Ley; una vez aprobado remitirá a la Secretaría de Hacienda y Crédito Público la parte correspondiente a la suscripción de créditos externos para su autorización y registro en los términos de la Ley correspondiente.

Artículo 55. Las entidades paraestatales en lo tocante al ejercicio de sus presupuestos, concertación y cumplimiento de compromisos, registro de operaciones; rendimiento de informes sobre estados financieros e integración de datos para efecto de cuenta pública deberán estar, en primer término, a lo dispuesto por esta Ley y su Reglamento y sólo en lo no previsto a los lineamientos y obligaciones consignadas en las leyes y reglamentos vigentes.

Artículo 56. El Órgano de Gobierno, a propuesta de su presidente o cuando menos de la tercera parte de sus miembros, podrá constituir comités o subcomités técnicos especializados para apoyar la programación estratégica y la supervisión de la marcha normal de la entidad paraestatal, atender problemas de administración y organización de los procesos productivos, así como para la selección y aplicación de los adelantos tecnológicos y uso de los demás instrumentos que permitan elevar la eficiencia.

Los Coordinadores de Sector promoverán el establecimiento de comités mixtos de productividad de las entidades paraestatales, con la participación de representantes de los trabajadores y de la administración de la entidad que analizarán medidas relativas a la organización de los procesos productivos, de selección y aplicación de los adelantos tecnológicos y el uso de los demás instrumentos que permitan elevar la eficiencia de las mismas.

Artículo 57. El Órgano de Gobierno para el logro de los objetivos y metas de sus programas, ejercerá sus facultades con base en las políticas, lineamientos y prioridades que conforme a lo dispuesto por esta Ley establezca el Ejecutivo Federal.

(REFORMADO, D.O.F. 1 DE MARZO DE 2019)

El Órgano de Gobierno podrá acordar la realización de todas las operaciones inherentes al objeto de la entidad con sujeción a las disposiciones de esta Ley y salvo aquellas facultades a que se contrae el artículo 58 de este ordenamiento, podrá delegar discrecionalmente sus facultades en la persona Titular de la Dirección General.

Artículo 58. Los órganos de gobierno de las entidades paraestatales, tendrán las siguientes atribuciones indelegables:

I. Establecer en congruencia con los programas sectoriales, las políticas generales y definir las prioridades a las que deberá sujetarse la entidad paraestatal relativas a producción, productividad, comercialización, finanzas, investigación, desarrollo tecnológico y administración general;

(REFORMADA, D.O.F. 9 DE ABRIL DE 2012)

II. Aprobar los programas y presupuestos de la entidad paraestatal, así como sus modificaciones, en los términos de la legislación aplicable. En lo tocante a los presupuestos y a los programas financieros, con excepción de aquellos incluidos en el Presupuesto de Egresos Anual de la Federación o del Distrito Federal, bastará con la aprobación del Órgano de Gobierno respectivo;

III. Fijar y ajustar los precios de bienes y servicios que produzca o preste la entidad paraestatal con excepción de los de aquéllos que se determinen por acuerdo del Ejecutivo Federal;

IV. Aprobar la concertación de los préstamos para el financiamiento de la entidad paraestatal con créditos internos y externos, así como observar los lineamientos que dicten las autoridades competentes en materia de manejo de disponibilidades financieras. Respecto a los créditos externos se estará a lo que se dispone en el artículo 54 de esta Ley;

(REFORMADA, D.O.F. 1 DE MARZO DE 2019)

V. Expedir las normas o bases generales con arreglo a las cuales, cuando fuere necesario, la Directora o Director General, pueda disponer de los activos fijos de la entidad que no correspondan a las operaciones propias del objeto de la misma;

VI. Aprobar anualmente previo informe de los comisarios, y dictamen de los auditores externos, los estados financieros de la entidad paraestatal y autorizar la publicación de los mismos;

(REFORMADA, D.O.F. 1 DE MARZO DE 2019)

VII. Aprobar de acuerdo con las leyes aplicables y el reglamento de esta Ley, las políticas, bases y programas generales que regulen los convenios, contratos, pedidos o acuerdos que deba celebrar la entidad paraestatal con terceros en obras públicas, adquisiciones, arrendamientos y prestación de servicios relacionados con bienes muebles. La Directora o Director General de la Entidad y en su caso el personal del servicio público que deba intervenir de conformidad a las normas orgánicas de la misma realizarán tales actos bajo su responsabilidad con sujeción a las directrices fijadas por el Órgano de Gobierno;

VIII. Aprobar la estructura básica de la organización de la entidad paraestatal, y las modificaciones que procedan a la misma. Aprobar asimismo y en su caso el estatuto orgánico tratándose de organismos descentralizados;

(REFORMADA, D.O.F. 24 DE JULIO DE 1992)

IX. Proponer al Ejecutivo Federal, por conducto de la Secretaría de Hacienda y Crédito Público, los convenios de fusión con otras entidades;

X. Autorizar la creación de comités de apoyo;

(REFORMADA, D.O.F. 1 DE MARZO DE 2019)

XI. Nombrar y remover a propuesta de la persona Titular de la Dirección General, al personal del servicio público de la entidad paraestatal que ocupen cargos con las dos jerarquías administrativas inferiores a la de aquella, aprobar la fijación de sus sueldos y prestaciones, y a los demás que señalen los estatutos y concederles licencias;

(REFORMADA, D.O.F. 1 DE MARZO DE 2019)

XII. Nombrar y remover a propuesta de su Presidenta o Presidente entre personas ajenas a la entidad, al Secretario o Secretaria quien podrá ser integrante o no del mismo; así como designar o remover a propuesta de la persona Titular de la Dirección General de la entidad al Prosecretario o Prosecretaria del citado Órgano de Gobierno, quien podrá ser o no integrante de dicho órgano o de la entidad;

(REFORMADA, D.O.F. 24 DE JULIO DE 1992)

XIII. Aprobar la constitución de reservas y aplicación de las utilidades de las empresas de participación estatal mayoritaria. En los casos de los excedentes económicos de los organismos descentralizados, proponer la constitución de reservas y su aplicación para su determinación por el Ejecutivo Federal a través de la Secretaría de Hacienda y Crédito Público;

XIV. Establecer, con sujeción a las disposiciones legales relativas, sin intervención de cualquiera otra dependencia, las normas y bases para la adquisición, arrendamiento y enajenación de inmuebles que la entidad paraestatal requiera para la prestación de sus servicios, con excepción de aquellos inmuebles de organismos descentralizados que la Ley General de Bienes Nacionales considere como del dominio público de la Federación. El Reglamento de la presente Ley establecerá los procedimientos respectivos;

(REFORMADA, D.O.F. 1 DE MARZO DE 2019)

XV. Analizar y aprobar, en su caso, los informes periódicos que rinda la persona Titular de la Dirección General con la intervención que corresponda a las Comisarias o a los Comisarios;

XVI. Acordar con sujeción a las disposiciones legales relativas los donativos o pagos extraordinarios y verificar que los mismos se apliquen precisamente a los fines señalados, en las instrucciones de la coordinadora del sector correspondiente; y

(REFORMADA, D.O.F. 24 DE JULIO DE 1992)

XVII. Aprobar las normas y bases para cancelar adeudos a cargo de terceros y a favor de la entidad paraestatal cuando fuere notoria la imposibilidad práctica de su cobro, informando a la Secretaría de Hacienda y Crédito Público, por conducto de la Coordinadora de Sector.

(REFORMADO PRIMER PÁRRAFO, D.O.F. 1 DE MARZO DE 2019)

Artículo 59. Serán facultades y obligaciones de las personas Titulares de las Direcciones Generales de las entidades, las siguientes:

I. Administrar y representar legalmente a la entidad paraestatal;

(REFORMADA, D.O.F. 1 DE MARZO DE 2019)

II. Formular los programas institucionales de corto, mediano y largo plazo, así como los presupuestos de la entidad y presentarlos para su aprobación al Órgano de Gobierno. Si dentro de los plazos correspondientes la Directora o Director General no diere cumplimiento a esta obligación, sin perjuicio de su correspondiente responsabilidad, el Órgano de Gobierno procederá al desarrollo e integración de tales requisitos;

III. Formular los programas de organización;

IV. Establecer los métodos que permitan el óptimo aprovechamiento de los bienes muebles e inmuebles de la entidad paraestatal;

V. Tomar las medidas pertinentes a fin de que las funciones de la entidad se realicen de manera articulada, congruente y eficaz;

VI. Establecer los procedimientos para controlar la calidad de los suministros y programas, de recepción que aseguren la continuidad en la fabricación, distribución o prestación del servicio;

VII. Proponer al Órgano de Gobierno el nombramiento o la remoción de los dos primeros niveles de servidores de la entidad, la fijación de sueldos y demás prestaciones conforme a las asignaciones globales del presupuesto de gasto corriente aprobado por el propio Órgano;

VIII. Recabar información y elementos estadísticos que reflejen el estado de las funciones de la entidad paraestatal para así poder mejorar la gestión de la misma;

IX. Establecer los sistemas de control necesarios para alcanzar las metas u objetivos propuestos;

X. Presentar periódicamente al Órgano de Gobierno el informe del desempeño de las actividades de la entidad, incluido el ejercicio de los presupuestos de ingresos y egresos y los estados financieros correspondientes. En el informe y en los documentos de apoyo se cotejarán las metas propuestas y los compromisos asumidos por la dirección con las realizaciones alcanzadas;

XI. Establecer los mecanismos de evaluación que destaquen la eficiencia y la eficacia con que se desempeñe la entidad y presentar al Órgano de Gobierno por lo menos dos veces al año la evaluación de gestión con el detalle que previamente se acuerde con el Órgano y escuchando al Comisario Público;

XII. Ejecutar los acuerdos que dicte el Órgano de Gobierno;

XIII. Suscribir, en su caso, los contratos colectivos e individuales que regulen las relaciones laborales de la entidad con sus trabajadores; y

XIV. Las que señalen las otras Leyes, Reglamentos, Decretos, Acuerdos y demás disposiciones administrativas aplicables con las únicas salvedades a que se contrae este ordenamiento.

(ADICIONADO, D.O.F. 3 DE MAYO DE 2023)

Artículo 59 Bis. La persona titular del Ejecutivo Federal puede asignar directamente a entidades paraestatales la prestación de servicios públicos, así como el uso, aprovechamiento y explotación de bienes sujetos al régimen de dominio público de la Federación, por causas de utilidad e interés públicos, interés general, interés social o de seguridad nacional, cuando no contravenga su objeto social.

Cuando la ley en la materia no regule de manera específica la asignación para la prestación de servicios, esta se regirá, en lo conducente, por las mismas disposiciones que se aplican a las concesiones.

El título de asignación de prestación de servicios públicos, así como el uso y aprovechamiento de bienes sujetos al régimen de dominio público de la Federación a favor de entidades paraestatales tendrá una vigencia indefinida. En ningún caso, la asignación podrá cederse o transferirse a particulares; solo podrá modificarse o cancelarse cuando se acredite fehacientemente la extinción de las causas de utilidad e interés públicos, interés general, interés social o de seguridad nacional que le dieron origen.

CAPÍTULO VI
DEL CONTROL Y EVALUACIÓN

(REFORMADO, D.O.F. 1 DE MARZO DE 2019)

Artículo 60. El órgano de Vigilancia de los organismos descentralizados estará integrado por una Comisaria o Comisario Público Propietario y su Suplente, designados por la Secretaría de la Función Pública.

Las Comisarias o Comisarios Públicos evaluarán el desempeño general y por funciones del organismo, realizarán estudios sobre la eficiencia con la que se ejerzan los desembolsos en los rubros de gasto corriente y de inversión, así como en lo referente a los ingresos y, en general, solicitarán la información y efectuarán los actos que requiera el adecuado cumplimiento de sus funciones, sin perjuicio de las tareas que la Secretaría de la Función Pública les asigne específicamente conforme a la Ley. Para el cumplimiento de las funciones citadas el Órgano de Gobierno y la Directora o Director General, deberán proporcionar la información que soliciten las Comisarias o los Comisarios Públicos.

Artículo 61. La responsabilidad del control al interior de los organismos descentralizados se ajustará a los siguientes lineamientos:

I. Los órganos de gobierno controlarán la forma en que los objetivos sean alcanzados y la manera en que las estrategias básicas sean conducidas; deberán atender los informes que en materia de control y auditoría les sean turnados y vigilarán la implantación de las medidas correctivas a que hubiere lugar;

(REFORMADA, D.O.F. 1 DE MARZO DE 2019)

II. Las Directoras y los Directores Generales definirán las políticas de instrumentación de los sistemas de control que fueren necesarios; tomarán las acciones correspondientes para corregir las deficiencias que se detectaren y presentarán al Órgano de Gobierno informes periódicos sobre el cumplimiento de los objetivos del sistema de control, su funcionamiento y programas de mejoramiento, y

III. Los demás servidores públicos del organismo responderán dentro del ámbito de sus competencias correspondientes sobre el funcionamiento adecuado del sistema que controle las operaciones a su cargo.

(REFORMADO PRIMER PÁRRAFO, D.O.F. 9 DE ABRIL DE 2012)

Artículo 62. Los órganos de control interno serán parte integrante de la estructura de las entidades paraestatales. Sus acciones tendrán por objeto apoyar la función directiva y promover el mejoramiento de gestión de la entidad; desarrollarán sus funciones conforme a los lineamientos que emita la Secretaría de la Función Pública, de la cual dependerán los titulares de dichos órganos y de sus áreas de auditoría, quejas y responsabilidades, de acuerdo a las bases siguientes:

(REFORMADA, D.O.F. 1 DE MARZO DE 2019)

I. Recibirán quejas, investigarán y, en su caso, por conducto de la persona titular del órgano de control interno o del área de responsabilidades, determinarán la responsabilidad administrativa del personal adscrito al servicio público de la entidad e impondrán las sanciones aplicables en los términos previstos en la ley de la materia, así como dictarán las resoluciones en los recursos de revocación que interponga el personal del servicio público de la entidad respecto de la imposición de sanciones administrativas.

Dichos órganos realizarán la defensa jurídica de las resoluciones que emitan ante los diversos Tribunales Federales, representando al titular de la Secretaría de la Función Pública;

II. Realizarán sus actividades de acuerdo a reglas y bases que les permitan cumplir su cometido con autosuficiencia y autonomía; y

(REFORMADA, D.O.F. 1 DE MARZO DE 2019)

III. Examinarán y evaluarán los sistemas, mecanismos y procedimientos de control; efectuarán revisiones y auditorías; vigilarán que el manejo y aplicación de los recursos públicos se efectúe conforme a las disposiciones aplicables; presentarán a la persona Titular de la Dirección General, al Órgano de Gobierno y a las demás instancias internas de decisión, los informes resultantes de las auditorías, exámenes y evaluaciones realizados.

(REFORMADO PRIMER PÁRRAFO, D.O.F. 1 DE MARZO DE 2019)

Artículo 63. Las empresas de participación estatal mayoritaria, sin perjuicio de lo establecido en sus estatutos y en los términos de la legislación civil o mercantil aplicable, para su vigilancia, control y evaluación, incorporarán los órganos de control interno y contarán con las Comisarias y los Comisarios

Públicos que designa la Secretaría de la Función Pública en los términos de los precedentes artículos de esta Ley.

Los fideicomisos públicos a que se refiere el artículo 40 de esta Ley, se ajustarán en lo que les sea compatible a las disposiciones anteriores.

Artículo 64. La Coordinadora de Sector, a través de su titular o representante, mediante su participación en los órganos de gobierno o consejos de administración de las paraestatales, podrá recomendar las medidas adicionales que estime pertinentes sobre las acciones tomadas en materia de control.

(REFORMADO, D.O.F. 9 DE ABRIL DE 2012)

Artículo 65. La Secretaría de la Función Pública podrá realizar visitas y auditorías a las entidades paraestatales, cualquiera que sea su naturaleza, a fin de supervisar el adecuado funcionamiento del sistema de control; el cumplimiento de las responsabilidades a cargo de cada uno de los niveles de la administración mencionados en el artículo 61, y en su caso promover lo necesario para corregir las deficiencias u omisiones en que se hubiera incurrido.

(REFORMADO, D.O.F. 1 DE MARZO DE 2019)

Artículo 66. En aquellos casos en los que el Órgano de Gobierno, Consejo de Administración, o la Dirección General no dieren cumplimiento a las obligaciones legales que les atribuyen en este ordenamiento, el Ejecutivo Federal por conducto de las dependencias competentes así como de la Coordinadora de Sector que corresponda, actuará de acuerdo a lo preceptuado en las leyes respectivas, a fin de subsanar las deficiencias y omisiones para la estricta observancia de las disposiciones de esta Ley u otras leyes. Lo anterior sin perjuicio de que se adopten otras medidas y se finquen las responsabilidades a que hubiere lugar.

(REFORMADO, D.O.F. 1 DE MARZO DE 2019)

Artículo 67. En aquellas empresas en las que participa la Administración Pública Federal con la suscripción del 25% al 50% del capital, diversas a las señaladas en el artículo 29 de esta Ley, se vigilarán las inversiones de la Federación o en su caso de la Ciudad de México, a través de la Comisaria o Comisario que se designe por la Secretaría de la Función Pública y el ejercicio de los derechos respectivos se hará por conducto de la dependencia correspondiente en los términos del artículo 33 de esta Ley.

(REFORMADO PRIMER PÁRRAFO, D.O.F. 24 DE JULIO DE 1992)

Artículo 68. La enajenación de títulos representativos del capital social, propiedad del Gobierno Federal o de las entidades paraestatales, podrá realizarse a través de los procedimientos bursátiles propios del mercado de valores o de las sociedades nacionales de crédito de acuerdo con las normas que emita la Secretaría de Hacienda y Crédito Público.

(REFORMADO, D.O.F. 9 DE ABRIL DE 2012)

La Secretaría de la Función Pública vigilará el debido cumplimiento de lo dispuesto en el párrafo anterior.

TRANSITORIOS

Artículo Primero. La presente Ley entrará en vigor al día siguiente de su publicación en el Diario Oficial de la Federación.

Artículo Segundo. Se abroga la Ley para el Control por parte del Gobierno Federal de los Organismos Descentralizados y Empresas de Participación Estatal publicada en el Diario Oficial de la Federación el 31 de diciembre de 1970.

Artículo Tercero. Se derogan las disposiciones que se opongan a lo establecido en la presente ley.

Artículo Cuarto. En tanto el Ejecutivo Federal dicte las disposiciones correspondientes para que los órganos de gobierno y de vigilancia de los organismos descentralizados se ajusten a esta Ley, seguirán funcionando los órganos existentes de acuerdo con sus leyes o decretos de creación.

Artículo Quinto. Los actos y operaciones de los organismos descentralizados que en los términos de esta Ley deban inscribirse en el Registro Público de Organismos Descentralizados, hasta en tanto se expida el reglamento de este ordenamiento y se formalizan las funciones del expresado Registro, se regirán para su validez y consecuencias en función de las leyes, reglamentos, decretos y acuerdos vigentes hasta la fecha de la expedición de la presente Ley.

Artículo Sexto. En lo tocante a los fideicomisos a que se refiere el artículo 40 de esta Ley, se dictarán desde luego las disposiciones relativas para que en su caso, los Comités Técnicos se ajusten a la integración y funcionamiento que en esta Ley se señala respecto a los órganos de gobierno y se designarán en los casos en que proceda a sus Comisarios Públicos por la Secretaría de la Contraloría General de la Federación.

Artículo Séptimo. El Ejecutivo Federal, a partir de la entrada en vigor de esta Ley, promoverá por conducto de las Coordinadoras de Sector la modificación o reforma de los estatutos o escrituras constitutivas de las empresas de participación estatal mayoritaria para ajustarlos en lo que proceda a los términos de este propio ordenamiento.

Artículo Octavo. Los directores generales o quienes realicen funciones similares en los organismos descentralizados existentes a la vigencia de esta Ley, deberán bajo su responsabilidad, inscribir aquellos en el Registro Público de Organismos Descentralizados, en un plazo de treinta días computados a partir de la constitución formal de dicho Registro.

México, D. F., a 25 de abril de 1986. Dip. Jesús Murillo Karam, Presidente. Sen. Javier Ahumada Padilla, Presidente. Dip. Rebeca Arenas Martínez, Secretario. Sen. Myrna Hoyos de Navarrete, Secretaria. Rúbricas."

En cumplimiento de lo dispuesto por la fracción I del Artículo 89 de la Constitución Política de los Estados Unidos Mexicanos y para su debida publicación y observancia, expido el presente Decreto en la residencia del Poder Ejecutivo Federal, en la Ciudad de México, Distrito Federal a los veintiséis días del mes de abril de mil novecientos ochenta y seis. Miguel de la Madrid H. Rúbrica. El Secretario de Gobernación, Manuel Bartlett D. Rúbrica.

Ley General de Responsabilidades Administrativas

ÚLTIMA REFORMA PUBLICADA EN EL DIARIO OFICIAL DE LA FEDERACIÓN: 27 DE DICIEMBRE DE 2022.

Ley publicada en la Edición Vespertina del Diario Oficial de la Federación, el lunes 18 de julio de 2016.

LEY GENERAL DE RESPONSABILIDADES ADMINISTRATIVAS

LIBRO PRIMERO
DISPOSICIONES SUSTANTIVAS

TÍTULO PRIMERO

CAPÍTULO I
OBJETO, ÁMBITO DE APLICACIÓN Y SUJETOS DE LA LEY

Artículo 1. La presente Ley es de orden público y de observancia general en toda la República, y tiene por objeto distribuir competencias entre los órdenes de gobierno para establecer las responsabilidades administrativas de los Servidores Públicos, sus obligaciones, las sanciones aplicables por los actos u omisiones en que estos incurran y las que correspondan a los particulares vinculados con faltas administrativas graves, así como los procedimientos para su aplicación.

Artículo 2. Son objeto de la presente Ley:

I. Establecer los principios y obligaciones que rigen la actuación de los Servidores Públicos;

II. Establecer las Faltas administrativas graves y no graves de los Servidores Públicos, las sanciones aplicables a las mismas, así como los procedimientos para su aplicación y las facultades de las autoridades competentes para tal efecto;

III. Establecer las sanciones por la comisión de Faltas de particulares, así como los procedimientos para su aplicación y las facultades de las autoridades competentes para tal efecto;

IV. Determinar los mecanismos para la prevención, corrección e investigación de responsabilidades administrativas, y

V. Crear las bases para que todo Ente público establezca políticas eficaces de ética pública y responsabilidad en el servicio público.

Artículo 3. Para efectos de esta Ley se entenderá por:

I. Auditoría Superior: La Auditoría Superior de la Federación;

II. Autoridad investigadora: La autoridad en las Secretarías, los Órganos internos de control, la Auditoría Superior de la Federación y las entidades de fiscalización superior de las entidades federativas, así como las unidades de responsabilidades de las Empresas productivas del Estado, encargada de la investigación de Faltas administrativas;

III. Autoridad substanciadora: La autoridad en las Secretarías, los Órganos internos de control, la Auditoría Superior y sus homólogas en las entidades federativas, así como las unidades de responsabilidades de las Empresas productivas del Estado que, en el ámbito de su competencia, dirigen y conducen el procedimiento de responsabilidades administrativas desde la admisión del Informe de presunta responsabilidad administrativa y hasta la conclusión de la audiencia inicial. La función de la Autoridad substanciadora, en ningún caso podrá ser ejercida por una Autoridad investigadora;

IV. Autoridad resolutora: Tratándose de Faltas administrativas no graves lo será la unidad de responsabilidades administrativas o el servidor público asignado en los Órganos internos de control. Para las Faltas administrativas graves, así como para las Faltas de particulares, lo será el Tribunal competente;

V. Comité Coordinador: Instancia a la que hace referencia el artículo 113 de la Constitución Política de los Estados Unidos Mexicanos, encargada de la coordinación y eficacia del Sistema Nacional Anticorrupción;

VI. Conflicto de Interés: La posible afectación del desempeño imparcial y objetivo de las funciones de los Servidores Públicos en razón de intereses personales, familiares o de negocios;

VII. Constitución: La Constitución Política de los Estados Unidos Mexicanos;

VIII. Declarante: El Servidor Público obligado a presentar declaración de situación patrimonial, de intereses y fiscal, en los términos de esta Ley;

IX. Denunciante: La persona física o moral, o el Servidor Público que acude ante las Autoridades investigadoras a que se refiere la presente Ley, con el fin de denunciar actos u omisiones que pudieran constituir o vincularse con Faltas administrativas, en términos de los artículos 91 y 93 de esta Ley;

(REFORMADA, D.O.F. 20 DE MAYO DE 2021)

X. Ente público: Los Poderes Legislativo y Judicial, los órganos constitucionales autónomos, las dependencias y entidades de la Administración Pública Federal, y sus homólogos de las entidades federativas, los municipios y alcaldías de la Ciudad de México y sus dependencias y entidades, las fiscalías o procuradurías locales, los órganos jurisdiccionales que no formen parte de los poderes judiciales, las Empresas productivas del Estado, así como cualquier otro ente sobre el que tenga control cualquiera de los poderes y órganos públicos citados de los tres órdenes de gobierno;

XI. Entidades: Los organismos públicos descentralizados, las empresas de participación estatal mayoritaria y los fideicomisos públicos que tengan el carácter de entidad paraestatal a que se refieren los artículos 3, 45, 46 y 47 de la Ley Orgánica de la Administración Pública Federal y sus correlativas en las entidades federativas y municipios;

XII. Entidades de fiscalización superior de las entidades federativas: Los órganos a los que hacen referencian el sexto párrafo de la fracción segunda del artículo 116 y el sexto párrafo de la fracción II del Apartado A del artículo 122, de la Constitución Política de los Estados Unidos Mexicanos;

XIII. Expediente de presunta responsabilidad administrativa: El expediente derivado de la investigación que las Autoridades Investigadoras realizan en sede administrativa, al tener conocimiento de un acto u omisión posiblemente constitutivo de Faltas administrativas;

XIV. Faltas administrativas: Las Faltas administrativas graves, las Faltas administrativas no graves; así como las Faltas de particulares, conforme a lo dispuesto en esta Ley;

XV. Falta administrativa no grave: Las faltas administrativas de los Servidores Públicos en los términos de la presente Ley, cuya sanción corresponde a las Secretarías y a los Órganos internos de control;

XVI. Falta administrativa grave: Las faltas administrativas de los Servidores Públicos catalogadas como graves en los términos de la presente Ley, cuya sanción corresponde al Tribunal Federal de Justicia Administrativa y sus homólogos en las entidades federativas;

XVII. Faltas de particulares: Los actos de personas físicas o morales privadas que estén vinculados con faltas administrativas graves a que se refieren los Capítulos III y IV del Título Tercero de esta Ley, cuya sanción corresponde al Tribunal en los términos de la misma;

XVIII. Informe de Presunta Responsabilidad Administrativa: El instrumento en el que las autoridades investigadoras describen los hechos relacionados con alguna de las faltas señaladas en la presente Ley, exponiendo de forma documentada con las pruebas y fundamentos, los motivos y presunta responsabilidad del Servidor Público o de un particular en la comisión de Faltas administrativas;

XIX. Magistrado: El Titular o integrante de la sección competente en materia de responsabilidades administrativas, de la Sala Superior del Tribunal Federal de Justicia Administrativa o de las salas especializadas que, en su caso, se establezcan en dicha materia, así como sus homólogos en las entidades federativas;

XX. Órganos constitucionales autónomos: Organismos a los que la Constitución otorga expresamente autonomía técnica y de gestión, personalidad jurídica y patrimonio propio, incluidos aquellos creados con tal carácter en las constituciones de las entidades federativas;

XXI. Órganos internos de control: Las unidades administrativas a cargo de promover, evaluar y fortalecer el buen funcionamiento del control interno en los entes públicos, así como aquellas otras instancias de los Órganos constitucionales autónomos que, conforme a sus respectivas leyes, sean competentes para aplicar las leyes en materia de responsabilidades de Servidores Públicos;

XXII. Plataforma digital nacional: La plataforma a que se refiere la Ley General del Sistema Nacional Anticorrupción, que contará con los sistemas que establece la referida ley, así como los contenidos previstos en la presente Ley;

XXIII. Secretaría: La Secretaría de la Función Pública en el Poder Ejecutivo Federal;

XXIV. Secretarías: La Secretaría de la Función Pública en el Poder Ejecutivo Federal y sus homólogos en las entidades federativas;

XXV. Servidores Públicos: Las personas que desempeñan un empleo, cargo o comisión en los entes públicos, en el ámbito federal y local, conforme a lo dispuesto en el artículo 108 de la Constitución Política de los Estados Unidos Mexicanos;

XXVI. Sistema Nacional Anticorrupción: La instancia de coordinación entre las autoridades de todos los órdenes de gobierno competentes en la prevención, detección y sanción de responsabilidades administrativas y hechos de corrupción, así como en la fiscalización y control de recursos públicos, y

XXVII. Tribunal: La Sección competente en materia de responsabilidades administrativas, de la Sala Superior del Tribunal Federal de Justicia Administrativa o las salas especializadas que, en su caso, se establezcan en dicha materia, así como sus homólogos en las entidades federativas.

Artículo 4. Son sujetos de esta Ley:

I. Los Servidores Públicos;

II. Aquellas personas que habiendo fungido como Servidores Públicos se ubiquen en los supuestos a que se refiere la presente Ley, y

III. Los particulares vinculados con faltas administrativas graves.

Artículo 5. No se considerarán Servidores Públicos los consejeros independientes de los órganos de gobierno de las empresas productivas del Estado ni de los entes públicos en cuyas leyes de creación se prevea expresamente, sin perjuicio de las responsabilidades que establecen las leyes que los regulan.

Tampoco tendrán el carácter de Servidores Públicos los consejeros independientes que, en su caso, integren los órganos de gobierno de entidades de la Administración Pública Federal que realicen actividades comerciales, conforme a lo establecido en la Ley Federal de las Entidades Paraestatales, quienes podrán ser contratados como consejeros, siempre y cuando:

I. No tengan una relación laboral con las entidades;

II. No tengan un empleo, cargo o comisión en cualquier otro Ente público, ni en entes privados con los que tenga Conflicto de Interés;

III. Las demás actividades profesionales que realicen les permitan contar con el tiempo suficiente para desempeñar su encargo como consejero;

IV. El monto de los honorarios que se cubran por su participación en los órganos de gobierno no sean superiores a los que se paguen en empresas que realicen actividades similares en la República Mexicana, y

V. Cuenten, al menos, con los mismos deberes de diligencia y lealtad aplicables a los consejeros independientes de las empresas productivas del Estado. En todo caso, serán responsables por los daños y perjuicios que llegaren a causar a la entidad, derivados de los actos, hechos u omisiones en que incurran, incluyendo el incumplimiento a dichos deberes.

CAPÍTULO II
PRINCIPIOS Y DIRECTRICES QUE RIGEN LA ACTUACIÓN DE LOS SERVIDORES PÚBLICOS

Artículo 6. Todos los entes públicos están obligados a crear y mantener condiciones estructurales y normativas que permitan el adecuado funcionamiento del Estado en su conjunto, y la actuación ética y responsable de cada servidor público.

Artículo 7. Los Servidores Públicos observarán en el desempeño de su empleo, cargo o comisión, los principios de disciplina, legalidad, objetividad, profesionalismo, honradez, lealtad, imparcialidad, integridad, rendición de cuentas, eficacia y eficiencia que rigen el servicio público. Para la efectiva aplicación de dichos principios, los Servidores Públicos observarán las siguientes directrices:

I. Actuar conforme a lo que las leyes, reglamentos y demás disposiciones jurídicas les atribuyen a su empleo, cargo o comisión, por lo que deben conocer y cumplir las disposiciones que regulan el ejercicio de sus funciones, facultades y atribuciones;

II. Conducirse con rectitud sin utilizar su empleo, cargo o comisión para obtener o pretender obtener algún beneficio, provecho o ventaja personal o a favor de terceros, ni buscar o aceptar compensaciones, prestaciones, dádivas, obsequios o regalos de cualquier persona u organización;

III. Satisfacer el interés superior de las necesidades colectivas por encima de intereses particulares, personales o ajenos al interés general y bienestar de la población;

IV. Dar a las personas en general el mismo trato, por lo que no concederán privilegios o preferencias a organizaciones o personas, ni permitirán que influencias, intereses o prejuicios indebidos afecten su compromiso para tomar decisiones o ejercer sus funciones de manera objetiva;

V. Actuar conforme a una cultura de servicio orientada al logro de resultados, procurando en todo momento un mejor desempeño de sus funciones a fin de alcanzar las metas institucionales según sus responsabilidades;

(REFORMADA, D.O.F. 12 DE ABRIL DE 2019)

VI. Administrar los recursos públicos que estén bajo su responsabilidad, sujetándose a los principios de austeridad, eficiencia, eficacia, economía, transparencia y honradez para satisfacer los objetivos a los que estén destinados;

VII. Promover, respetar, proteger y garantizar los derechos humanos establecidos en la Constitución;

VIII. Corresponder a la confianza que la sociedad les ha conferido; tendrán una vocación absoluta de servicio a la sociedad, y preservarán el interés superior de las necesidades colectivas por encima de intereses particulares, personales o ajenos al interés general;

(REFORMADA, D.O.F. 19 DE NOVIEMBRE DE 2019)

IX. Evitar y dar cuenta de los intereses que puedan entrar en conflicto con el desempeño responsable y objetivo de sus facultades y obligaciones;

(ADICIONADA [N. DE E. REFORMADA], D.O.F. 19 DE NOVIEMBRE DE 2019)

X. Se abstendrán de asociarse con inversionistas, contratistas o empresarios nacionales o extranjeros, para establecer cualquier tipo de negocio privado que afecte el desempeño imparcial y objetivo en razón de intereses personales o familiares, hasta el cuarto grado por consanguinidad o afinidad;

(ADICIONADA, D.O.F. 19 DE NOVIEMBRE DE 2019)

XI. Separarse legalmente de los activos e intereses económicos que afecten de manera directa el ejercicio de sus responsabilidades en el servicio público y que constituyan conflicto de intereses, de acuerdo con lo establecido en esta Ley, en forma previa a la asunción de cualquier empleo, cargo o comisión;

(ADICIONADA, D.O.F. 19 DE NOVIEMBRE DE 2019)

XII. Abstenerse de intervenir o promover, por sí o por interpósita persona, en la selección, nombramiento o designación para el servicio público de personas con quienes tenga parentesco por filiación hasta el cuarto grado o por afinidad hasta el segundo grado, y

(REUBICADA, D.O.F. 19 DE NOVIEMBRE DE 2019)

XIII. Abstenerse de realizar cualquier trato o promesa privada que comprometa al Estado mexicano.

(ADICIONADO, D.O.F. 19 DE NOVIEMBRE DE 2019)

La separación de activos o intereses económicos a que se refiere la fracción XI de este artículo, deberá comprobarse mediante la exhibición de los instrumentos legales conducentes, mismos que deberán incluir una cláusula que garantice la vigencia de la separación durante el tiempo de ejercicio del cargo y hasta por un año posterior a haberse retirado del empleo, cargo o comisión.

CAPÍTULO III
AUTORIDADES COMPETENTES PARA APLICAR LA PRESENTE LEY

Artículo 8. Las autoridades de la Federación y las entidades federativas concurrirán en el cumplimiento del objeto y los objetivos de esta Ley.

El Sistema Nacional Anticorrupción establecerá las bases y principios de coordinación entre las autoridades competentes en la materia en la Federación, las entidades federativas y los municipios.

Artículo 9. En el ámbito de su competencia, serán autoridades facultadas para aplicar la presente Ley:

I. Las Secretarías;

II. Los Órganos internos de control;

III. La Auditoría Superior de la Federación y las Entidades de fiscalización superior de las entidades federativas;

IV. Los Tribunales;

V. Tratándose de las responsabilidades administrativas de los Servidores Públicos de los poderes judiciales, serán competentes para investigar e imponer las sanciones que correspondan, la Suprema Corte de Justicia de la Nación y el Consejo de la Judicatura Federal, conforme al régimen establecido en los artículos 94 y 109 de la Constitución y en su reglamentación interna correspondiente; y los poderes judiciales de los estados y el Tribunal Superior de Justicia de la Ciudad de México, así como sus consejos de la judicatura respectivos, de acuerdo a lo previsto en los artículos 116 y 122 de la Constitución, así como sus constituciones locales y reglamentaciones orgánicas correspondientes. Lo anterior, sin perjuicio de las atribuciones de la Auditoría Superior y de las Entidades de fiscalización de las entidades federativas, en materia de fiscalización sobre el manejo, la custodia y aplicación de recursos públicos, y

VI. Las unidades de responsabilidades de las empresas productivas del Estado, de conformidad con las leyes que las regulan. Para tal efecto, contarán exclusivamente con las siguientes atribuciones:

a) Las que esta Ley prevé para las autoridades investigadoras y substanciadoras;

b) Las necesarias para imponer sanciones por Faltas administrativas no graves, y

c) Las relacionadas con la Plataforma digital nacional, en los términos previstos en esta Ley.

Artículo 10. Las Secretarías y los Órganos internos de control, y sus homólogas en las entidades federativas tendrán a su cargo, en el ámbito de su competencia, la investigación, substanciación y calificación de las Faltas administrativas.

Tratándose de actos u omisiones que hayan sido calificados como Faltas administrativas no graves, las Secretarías y los Órganos internos de control serán competentes para iniciar, substanciar y resolver los procedimientos de responsabilidad administrativa en los términos previstos en esta Ley.

En el supuesto de que las autoridades investigadoras determinen en su calificación la existencia de Faltas administrativas, así como la presunta responsabilidad del infractor, deberán elaborar el Informe de Presunta Responsabilidad Administrativa y presentarlo a la Autoridad substanciadora para que proceda en los términos previstos en esta Ley.

Además de las atribuciones señaladas con anterioridad, los Órganos internos de control serán competentes para:

I. Implementar los mecanismos internos que prevengan actos u omisiones que pudieran constituir responsabilidades administrativas, en los términos establecidos por el Sistema Nacional Anticorrupción;

II. Revisar el ingreso, egreso, manejo, custodia y aplicación de recursos públicos federales y participaciones federales, así como de recursos públicos locales, según corresponda en el ámbito de su competencia, y

III. Presentar denuncias por hechos que las leyes señalen como delitos ante la Fiscalía Especializada en Combate a la Corrupción o en su caso ante sus homólogos en el ámbito local.

Artículo 11. La Auditoría Superior y las Entidades de fiscalización superior de las entidades federativas serán competentes para investigar y substanciar el procedimiento por las faltas administrativas graves.

En caso de que la Auditoría Superior y las Entidades de fiscalización superior de las entidades federativas detecten posibles faltas administrativas no graves darán cuenta de ello a los Órganos internos de control, según corresponda, para que continúen la investigación respectiva y promuevan las acciones que procedan.

En los casos en que, derivado de sus investigaciones, acontezca la presunta comisión de delitos, presentarán las denuncias correspondientes ante el Ministerio Público competente.

Artículo 12. Los Tribunales, además de las facultades y atribuciones conferidas en su legislación orgánica y demás normatividad aplicable, estarán facultados para resolver la imposición de sanciones por la comisión de Faltas administrativas graves y de Faltas de particulares, conforme a los procedimientos previstos en esta Ley.

Artículo 13. Cuando las Autoridades investigadoras determinen que de los actos u omisiones investigados se desprenden tanto la comisión de faltas administrativas graves como no graves por el mismo servidor público, por lo que hace a las Faltas administrativas graves substanciarán el procedimiento en los términos previstos en esta Ley, a fin de que sea el Tribunal el que imponga la sanción que corresponda a dicha falta. Si el Tribunal determina que se cometieron tanto faltas administrativas graves, como faltas administrativas no graves, al graduar la sanción que proceda tomará en cuenta la comisión de éstas últimas.

Artículo 14. Cuando los actos u omisiones de los Servidores Públicos materia de denuncias, queden comprendidos en más de uno de los casos sujetos a sanción y previstos en el artículo 109 de la Constitución, los procedimientos respectivos se desarrollarán en forma autónoma según su naturaleza y por la vía procesal que corresponda, debiendo las autoridades a que alude el artículo 9 de esta Ley turnar las denuncias a quien deba conocer de ellas. No podrán imponerse dos veces por una sola conducta sanciones de la misma naturaleza.

La atribución del Tribunal para imponer sanciones a particulares en términos de esta Ley, no limita las facultades de otras autoridades para imponer sanciones administrativas a particulares, conforme a la legislación aplicable.

TÍTULO SEGUNDO
MECANISMOS DE PREVENCIÓN E INSTRUMENTOS DE RENDICIÓN DE CUENTAS

CAPÍTULO I
MECANISMOS GENERALES DE PREVENCIÓN

Artículo 15. Para prevenir la comisión de faltas administrativas y hechos de corrupción, las Secretarías y los Órganos internos de control, considerando las funciones que a cada una de ellas les corresponden y previo diagnóstico que al efecto realicen, podrán implementar acciones para orientar el criterio que en situaciones específicas deberán observar los Servidores Públicos en el desempeño de sus empleos, cargos o comisiones, en coordinación con el Sistema Nacional Anticorrupción.

En la implementación de las acciones referidas, los Órganos internos de control de la Administración Pública de la Federación o de las entidades federativas deberán atender los lineamientos generales que emitan las Secretarías, en sus respectivos ámbitos de competencia. En los Órganos constitucionales autónomos, los Órganos internos de control respectivos, emitirán los lineamientos señalados.

Artículo 16. Los Servidores Públicos deberán observar el código de ética que al efecto sea emitido por las Secretarías o los Órganos internos de control, conforme a los lineamientos que emita el Sistema Nacional Anticorrupción, para que en su actuación impere una conducta digna que responda a las necesidades de la sociedad y que oriente su desempeño.

El código de ética a que se refiere el párrafo anterior, deberá hacerse del conocimiento de los Servidores Públicos de la dependencia o entidad de que se trate, así como darle la máxima publicidad.

Artículo 17. Los Órganos internos de control deberán evaluar anualmente el resultado de las acciones específicas que hayan implementado conforme a este Capítulo y proponer, en su caso, las modificaciones que resulten procedentes, informando de ello a la Secretaría en los términos que ésta establezca.

Artículo 18. Los Órganos internos de control deberán valorar las recomendaciones que haga el Comité Coordinador del Sistema Nacional Anticorrupción a las autoridades, con el objeto de adoptar las medidas necesarias para el fortalecimiento institucional en su desempeño y control interno y con ello la prevención de Faltas administrativas y hechos de corrupción. Deberán informar a dicho órgano de la atención que se dé a éstas y, en su caso, sus avances y resultados.

Artículo 19. Los entes públicos deberán implementar los mecanismos de coordinación que, en términos de la Ley General del Sistema Nacional Anticorrupción, determine el Comité Coordinador del Sistema Nacional Anticorrupción e informar a dicho órgano de los avances y resultados que estos tengan, a través de sus Órganos internos de control.

Artículo 20. Para la selección de los integrantes de los Órganos internos de control se deberán observar, además de los requisitos establecidos para su nombramiento, un sistema que garantice la igualdad de oportunidades en el acceso a la función pública con base en el mérito y los mecanismos más adecuados y eficientes para su adecuada profesionalización, atrayendo a los mejores candidatos para ocupar los puestos a través de procedimientos transparentes, objetivos y equitativos. Los titulares de los Órganos internos de control de los Órganos constitucionales autónomos, así como de las unidades especializadas que los conformen, serán nombrados en términos de sus respectivas leyes.

Artículo 21. Las Secretarías podrán suscribir convenios de colaboración con las personas físicas o morales que participen en contrataciones públicas, así como con las cámaras empresariales u organizaciones industriales o de comercio, con la finalidad de orientarlas en el establecimiento de mecanismos de autorregulación que incluyan la instrumentación de controles internos y un programa de integridad que les permita asegurar el desarrollo de una cultura ética en su organización.

Artículo 22. En el diseño y supervisión de los mecanismos a que se refiere el artículo anterior, se considerarán las mejores prácticas internacionales sobre controles, ética e integridad en los negocios, además de incluir medidas que inhiban la práctica de conductas irregulares, que orienten a los socios, directivos y empleados de las empresas sobre el cumplimiento del programa de integridad y que contengan herramientas de denuncia y de protección a denunciantes.

Artículo 23. El Comité Coordinador del Sistema Nacional Anticorrupción deberá establecer los mecanismos para promover y permitir la participación de la sociedad en la generación de políticas públicas dirigidas al combate a las distintas conductas que constituyen Faltas administrativas.

CAPÍTULO II
DE LA INTEGRIDAD DE LAS PERSONAS MORALES

Artículo 24. Las personas morales serán sancionadas en los términos de esta Ley cuando los actos vinculados con faltas administrativas graves sean realizados por personas físicas que actúen a su nombre o representación de la persona moral y pretendan obtener mediante tales conductas beneficios para dicha persona moral.

Artículo 25. En la determinación de la responsabilidad de las personas morales a que se refiere la presente Ley, se valorará si cuentan con una política de integridad. Para los efectos de esta Ley, se considerará una política de integridad aquella que cuenta con, al menos, los siguientes elementos:

I. Un manual de organización y procedimientos que sea claro y completo, en el que se delimiten las funciones y responsabilidades de cada una de sus áreas, y que especifique claramente las distintas cadenas de mando y de liderazgo en toda la estructura;

II. Un código de conducta debidamente publicado y socializado entre todos los miembros de la organización, que cuente con sistemas y mecanismos de aplicación real;

III. Sistemas adecuados y eficaces de control, vigilancia y auditoría, que examinen de manera constante y periódica el cumplimiento de los estándares de integridad en toda la organización;

IV. Sistemas adecuados de denuncia, tanto al interior de la organización como hacia las autoridades competentes, así como procesos disciplinarios y consecuencias concretas respecto de quienes actúan de forma contraria a las normas internas o a la legislación mexicana;

V. Sistemas y procesos adecuados de entrenamiento y capacitación respecto de las medidas de integridad que contiene este artículo;

VI. Políticas de recursos humanos tendientes a evitar la incorporación de personas que puedan generar un riesgo a la integridad de la corporación. Estas políticas en ningún caso autorizarán la discriminación de persona alguna motivada por origen étnico o nacional, el género, la edad, las discapacidades, la condición social, las condiciones de salud, la religión, las opiniones, las preferencias sexuales, el estado civil o cualquier otra que atente contra la dignidad humana y tenga por objeto anular o menoscabar los derechos y libertades de las personas, y

VII. Mecanismos que aseguren en todo momento la transparencia y publicidad de sus intereses.

CAPÍTULO III
DE LOS INSTRUMENTOS DE RENDICIÓN DE CUENTAS

SECCIÓN PRIMERA
DEL SISTEMA DE EVOLUCIÓN PATRIMONIAL, DE DECLARACIÓN DE INTERESES Y CONSTANCIA DE PRESENTACIÓN DE DECLARACIÓN FISCAL

Artículo 26. La Secretaría Ejecutiva del Sistema Nacional Anticorrupción, llevará el sistema de evolución patrimonial, de declaración de intereses y constancia de presentación de declaración fiscal, a través de la Plataforma digital nacional que al efecto se establezca, de conformidad con lo previsto en la Ley General del Sistema Nacional Anticorrupción, así como las bases, principios y lineamientos que apruebe el Comité Coordinador del Sistema Nacional Anticorrupción.

Artículo 27. La información prevista en el sistema de evolución patrimonial, de declaración de intereses y de constancias de presentación de declaración fiscal se almacenará en la Plataforma digital nacional que contendrá la información que para efectos de las funciones del Sistema Nacional Anticorrupción, generen los entes públicos facultados para la fiscalización y control de recursos públicos y la prevención, control, detección, sanción y disuasión de Faltas administrativas y hechos de corrupción, de conformidad con lo establecido en la Ley General del Sistema Nacional Anticorrupción.

La Plataforma digital nacional contará además con los sistemas de información específicos que estipula la Ley General del Sistema Nacional Anticorrupción.

En el sistema de evolución patrimonial, de declaración de intereses y de constancias de presentación de la declaración fiscal de la Plataforma digital nacional, se inscribirán los datos públicos de los Servidores Públicos obligados a presentar declaraciones de situación patrimonial y de intereses. De igual forma, se inscribirá la constancia que para efectos de esta Ley emita la autoridad fiscal, sobre la presentación de la declaración anual de impuestos.

En el sistema nacional de Servidores Públicos y particulares sancionados de la Plataforma digital nacional se inscribirán y se harán públicas, de conformidad con lo dispuesto en la Ley General del Sistema Nacional Anticorrupción y las disposiciones legales en materia de transparencia, las constancias de sanciones o de inhabilitación que se encuentren firmes en contra de los Servidores Públicos o particulares que hayan sido sancionados por actos vinculados con faltas graves en términos de esta Ley, así como la anotación de aquellas abstenciones que hayan realizado las autoridades investigadoras o el Tribunal, en términos de los artículos 77 y 80 de esta Ley.

Los entes públicos, previo al nombramiento, designación o contratación de quienes pretendan ingresar al servicio público, consultarán el sistema nacional de Servidores Públicos y particulares sancionados de la Plataforma digital nacional, con el fin de verificar si existen inhabilitaciones de dichas personas.

Artículo 28. La información relacionada con las declaraciones de situación patrimonial y de intereses, podrá ser solicitada y utilizada por el Ministerio Público, los Tribunales o las autoridades judiciales en el ejercicio de sus respectivas atribuciones, el Servidor Público interesado o bien, cuando las Autoridades investigadoras, substanciadoras o resolutoras lo requieran con motivo de la investigación o la resolución de procedimientos de responsabilidades administrativas.

Artículo 29. Las declaraciones patrimoniales y de intereses serán públicas salvo los rubros cuya publicidad pueda afectar la vida privada o los datos personales protegidos por la Constitución. Para tal efecto, el Comité Coordinador, a propuesta del Comité de Participación Ciudadana, emitirá los formatos respectivos, garantizando que los rubros que pudieran afectar los derechos aludidos queden en resguardo de las autoridades competentes.

Artículo 30. Las Secretarías y los Órganos internos de control, según sea el caso, deberán realizar una verificación aleatoria de las declaraciones patrimoniales que obren en el sistema de evolución patrimonial, de declaración de intereses y constancia de presentación de declaración fiscal, así como de la evolución del patrimonio de los Servidores Públicos. De no existir ninguna anomalía expedirán la certificación correspondiente, la cual se anotará en dicho sistema. En caso contrario, iniciarán la investigación que corresponda.

Artículo 31. Las Secretarías, así como los Órganos internos de control de los entes públicos, según corresponda, serán responsables de inscribir y mantener actualizada en el sistema de evolución patrimonial, de declaración de intereses y constancia de presentación de declaración fiscal, la información correspondiente a los Declarantes a su cargo. Asimismo, verificarán la situación o posible actualización de algún Conflicto de Interés, según la información proporcionada, llevarán el seguimiento de la evolución y la verificación de la situación patrimonial de dichos Declarantes, en los términos de la presente Ley. Para tales efectos, las Secretarías podrán firmar convenios con las distintas autoridades que tengan a su disposición datos, información o documentos que puedan servir para verificar la información declarada por los Servidores Públicos.

SECCIÓN SEGUNDA
DE LOS SUJETOS OBLIGADOS A PRESENTAR DECLARACIÓN PATRIMONIAL Y DE INTERESES

Artículo 32. Estarán obligados a presentar las declaraciones de situación patrimonial y de intereses, bajo protesta de decir verdad y ante las Secretarías o su respectivo Órgano interno de control, todos los Servidores Públicos, en los términos previstos en la presente Ley. Asimismo, deberán presentar su declaración fiscal anual, en los términos que disponga la legislación de la materia.

SECCIÓN TERCERA
PLAZOS Y MECANISMOS DE REGISTRO AL SISTEMA DE EVOLUCIÓN PATRIMONIAL, DE DECLARACIÓN DE INTERESES Y CONSTANCIA DE PRESENTACIÓN DE DECLARACIÓN FISCAL

Artículo 33. La declaración de situación patrimonial deberá presentarse en los siguientes plazos:

I. Declaración inicial, dentro de los sesenta días naturales siguientes a la toma de posesión con motivo del:

a) Ingreso al servicio público por primera vez;

b) Reingreso al servicio público después de sesenta días naturales de la conclusión de su último encargo;

II. Declaración de modificación patrimonial, durante el mes de mayo de cada año, y

III. Declaración de conclusión del encargo, dentro de los sesenta días naturales siguientes a la conclusión.

En el caso de cambio de dependencia o entidad en el mismo orden de gobierno, únicamente se dará aviso de dicha situación y no será necesario presentar la declaración de conclusión.

La Secretaría o los Órganos internos de control, según corresponda, podrán solicitar a los Servidores Públicos una copia de la declaración del Impuesto

Sobre la Renta del año que corresponda, si éstos estuvieren obligados a presentarla o, en su caso, de la constancia de percepciones y retenciones que les hubieren emitido alguno de los entes públicos, la cual deberá ser remitida en un plazo de tres días hábiles a partir de la fecha en que se reciba la solicitud.

Si transcurridos los plazos a que se refieren las fracciones I, II y III de este artículo, no se hubiese presentado la declaración correspondiente, sin causa justificada, se iniciará inmediatamente la investigación por presunta responsabilidad por la comisión de las Faltas administrativas correspondientes y se requerirá por escrito al Declarante el cumplimiento de dicha obligación.

Tratándose de los supuestos previstos en las fracciones I y II de este artículo, en caso de que la omisión en la declaración continúe por un periodo de treinta días naturales siguientes a la fecha en que hubiere notificado el requerimiento al Declarante, las Secretarías o los Órganos internos de control, según corresponda, declararán que el nombramiento o contrato ha quedado sin efectos, debiendo notificar lo anterior al titular del Ente público correspondiente para separar del cargo al servidor público.

El incumplimiento por no separar del cargo al servidor público por parte del titular de alguno de los entes públicos, será causa de responsabilidad administrativa en los términos de esta Ley.

Para el caso de omisión, sin causa justificada, en la presentación de la declaración a que se refiere la fracción III de este artículo, se inhabilitará al infractor de tres meses a un año.

Para la imposición de las sanciones a que se refiere este artículo deberá sustanciarse el procedimiento de responsabilidad administrativa por faltas administrativas previsto en el Título Segundo del Libro Segundo de esta Ley.

Artículo 34. Las declaraciones de situación patrimonial deberán ser presentadas a través de medios electrónicos, empleándose medios de identificación electrónica. En el caso de municipios que no cuenten con las tecnologías de la información y comunicación necesarias para cumplir lo anterior, podrán emplearse formatos impresos, siendo responsabilidad de los Órganos internos de control y las Secretarías verificar que dichos formatos sean digitalizados e incluir la información que corresponda en el sistema de evolución patrimonial y de declaración de intereses.

Las Secretarías tendrán a su cargo el sistema de certificación de los medios de identificación electrónica que utilicen los Servidores Públicos, y llevarán el control de dichos medios.

Asimismo, el Comité Coordinador, a propuesta del Comité de Participación Ciudadana, emitirá las normas y los formatos impresos; de medios magnéticos y electrónicos, bajo los cuales los Declarantes deberán presentar las declaraciones de situación patrimonial, así como los manuales e instructivos, observando lo dispuesto por el artículo 29 de esta Ley.

Para los efectos de los procedimientos penales que se deriven de la aplicación de las disposiciones del presente Título, son documentos públicos aquellos que emita la Secretaría para ser presentados como medios de prueba, en los cuales se contenga la información que obre en sus archivos documentales y electrónicos sobre las declaraciones de situación patrimonial de los Servidores Públicos.

Los Servidores Públicos competentes para recabar las declaraciones patrimoniales deberán resguardar la información a la que accedan observando lo dispuesto en la legislación en materia de transparencia, acceso a la información pública y protección de datos personales.

Artículo 35. En la declaración inicial y de conclusión del encargo se manifestarán los bienes inmuebles, con la fecha y valor de adquisición.

En las declaraciones de modificación patrimonial se manifestarán sólo las modificaciones al patrimonio, con fecha y valor de adquisición. En todo caso se indicará el medio por el que se hizo la adquisición.

Artículo 36. Las Secretarías y los Órganos internos de control, estarán facultadas para llevar a cabo investigaciones o auditorías para verificar la evolución del patrimonio de los Declarantes.

Artículo 37. En los casos en que la declaración de situación patrimonial del Declarante refleje un incremento en su patrimonio que no sea explicable o justificable en virtud de su remuneración como servidor público, las Secretarías y los Órganos internos de control inmediatamente solicitarán sea aclarado el origen de dicho enriquecimiento. De no justificarse la procedencia de dicho enriquecimiento, las Secretarías y los Órganos internos de control procederán a integrar el expediente correspondiente para darle trámite conforme a lo establecido en esta Ley, y formularán, en su caso, la denuncia correspondiente ante el Ministerio Público.

Los Servidores Públicos de los centros públicos de investigación, instituciones de educación y las entidades de la Administración Pública Federal a que se refiere el artículo 51 de la Ley de Ciencia y Tecnología, que realicen actividades de investigación científica, desarrollo tecnológico e innovación podrán realizar actividades de vinculación con los sectores público, privado y social, y recibir beneficios, en los términos que para ello establezcan los órganos de gobierno de dichos centros, instituciones y entidades, con la previa opinión de la Secretaría, sin que dichos beneficios se consideren como tales para efectos de lo contenido en el artículo 52 de esta Ley.

Las actividades de vinculación a las que hace referencia el párrafo anterior, además de las previstas en el citado artículo 51 de la Ley de Ciencia y Tecnología, incluirán la participación de investigación científica y desarrollo tecnológico con terceros; transferencia de conocimiento; licenciamientos; participación como socios accionistas de empresas privadas de base tecnológica o como colaboradores o beneficiarios en actividades con fines de lucro derivadas de cualquier figura de propiedad intelectual perteneciente a la propia institución, centro o entidad, según corresponda. Dichos Servidores Públicos incurrirán en conflicto de intereses cuando obtengan beneficios por utilidades, regalías o por cualquier otro concepto en contravención a las disposiciones aplicables en la Institución.

Artículo 38. Los Declarantes estarán obligados a proporcionar a las Secretarías y los Órganos internos de control, la información que se requiera para verificar la evolución de su situación patrimonial, incluyendo la de sus cónyuges, concubinas o concubinarios y dependientes económicos directos.

Sólo los titulares de las Secretarías o los Servidores Públicos en quien deleguen esta facultad podrán solicitar a las autoridades competentes, en los términos de las disposiciones aplicables, la información en materia fiscal, o la relacionada con operaciones de depósito, ahorro, administración o inversión de recursos monetarios.

Artículo 39. Para los efectos de la presente Ley y de la legislación penal, se computarán entre los bienes que adquieran los Declarantes o con respecto de los cuales se conduzcan como dueños, los que reciban o de los que dispongan su cónyuge, concubina o concubinario y sus dependientes económicos directos, salvo que se acredite que éstos los obtuvieron por sí mismos.

Artículo 40. En caso de que los Servidores Públicos, sin haberlo solicitado, reciban de un particular de manera gratuita la transmisión de la propiedad o el ofrecimiento para el uso de cualquier bien, con motivo del ejercicio de sus funciones, deberán informarlo inmediatamente a las Secretarías o al Órgano interno de control. En el caso de recepción de bienes, los Servidores Públicos procederán a poner los mismos a disposición de las autoridades competentes en materia de administración y enajenación de bienes públicos.

Artículo 41. Las Secretarías y los Órganos internos de control, según corresponda, tendrán la potestad de formular la denuncia al Ministerio Público, en su caso, cuando el sujeto a la verificación de la evolución de su patrimonio no justifique la procedencia lícita del incremento notoriamente desproporcionado de éste, representado por sus bienes, o de aquéllos sobre los que se conduzca como dueño, durante el tiempo de su empleo, cargo o comisión.

Artículo 42. Cuando las Autoridades investigadoras, en el ámbito de sus competencias, llegaren a formular denuncias ante el Ministerio Público correspondiente, éstas serán coadyuvantes del mismo en el procedimiento penal respectivo.

SECCIÓN CUARTA
RÉGIMEN DE LOS SERVIDORES PÚBLICOS QUE PARTICIPAN EN CONTRATACIONES PÚBLICAS

Artículo 43. La Plataforma digital nacional incluirá, en un sistema específico, los nombres y adscripción de los Servidores Públicos que intervengan en procedimientos para contrataciones públicas, ya sea en la tramitación, atención y resolución para la adjudicación de un contrato, otorgamiento de una concesión, licencia, permiso o autorización y sus prórrogas, así como la enajenación de bienes muebles y aquellos que dictaminan en materia de avalúos, el cual será actualizado quincenalmente.

Los formatos y mecanismos para registrar la información serán determinados por el Comité Coordinador.

La información a que se refiere el presente artículo deberá ser puesta a disposición de todo público a través de un portal de Internet.

SECCIÓN QUINTA
DEL PROTOCOLO DE ACTUACIÓN EN CONTRATACIONES

Artículo 44. El Comité Coordinador expedirá el protocolo de actuación que las Secretarías y los Órganos internos de control implementarán.

Dicho protocolo de actuación deberá ser cumplido por los Servidores Públicos inscritos en el sistema específico de la Plataforma digital nacional a que se refiere el presente Capítulo y, en su caso, aplicarán los formatos que se utilizarán para que los particulares formulen un manifiesto de vínculos o relaciones de negocios, personales o familiares, así como de posibles Conflictos de Interés, bajo el principio de máxima publicidad y en los términos de la normatividad aplicable en materia de transparencia.

El sistema específico de la Plataforma digital nacional a que se refiere el presente Capítulo incluirá la relación de particulares, personas físicas y morales, que se encuentren inhabilitados para celebrar contratos con los entes públicos derivado de procedimientos administrativos diversos a los previstos por esta Ley.

Artículo 45. Las Secretarías o los Órganos internos de control deberán supervisar la ejecución de los procedimientos de contratación pública por parte de los contratantes para garantizar que se lleva a cabo en los términos de las disposiciones en la materia, llevando a cabo las verificaciones procedentes si descubren anomalías.

SECCIÓN SEXTA
DE LA DECLARACIÓN DE INTERESES

Artículo 46. Se encuentran obligados a presentar declaración de intereses todos los Servidores Públicos que deban presentar la declaración patrimonial en términos de esta Ley.

Al efecto, las Secretarías y los Órganos internos de control se encargarán de que las declaraciones sean integradas al sistema de evolución patrimonial, de declaración de intereses y constancia de presentación de declaración fiscal.

Artículo 47. Para efectos del artículo anterior habrá Conflicto de Interés en los casos a los que se refiere la fracción VI del artículo 3 de esta Ley.

La declaración de intereses tendrá por objeto informar y determinar el conjunto de intereses de un servidor público a fin de delimitar cuándo éstos entran en conflicto con su función.

Artículo 48. El Comité Coordinador, a propuesta del Comité de Participación Ciudadana, expedirá las normas y los formatos impresos, de medios magnéticos y electrónicos, bajo los cuales los Declarantes deberán presentar la declaración de intereses, así como los manuales e instructivos, observando lo dispuesto por el artículo 29 de esta Ley.

La declaración de intereses deberá presentarse en los plazos a que se refiere el artículo 33 de esta Ley y de la misma manera le serán aplicables los procedimientos establecidos en dicho artículo para el incumplimiento de dichos plazos. También deberá presentar la declaración en cualquier momento en que el servidor público, en el ejercicio de sus funciones, considere que se puede actualizar un posible Conflicto de Interés.

TÍTULO TERCERO
DE LAS FALTAS ADMINISTRATIVAS DE LOS SERVIDORES PÚBLICOS Y ACTOS DE PARTICULARES VINCULADOS CON FALTAS ADMINISTRATIVAS GRAVES

CAPÍTULO I
DE LAS FALTAS ADMINISTRATIVAS NO GRAVES DE LOS SERVIDORES PÚBLICOS

Artículo 49. Incurrirá en Falta administrativa no grave el servidor público cuyos actos u omisiones incumplan o transgredan lo contenido en las obligaciones siguientes:

I. Cumplir con las funciones, atribuciones y comisiones encomendadas, observando en su desempeño disciplina y respeto, tanto a los demás Servidores Públicos como a los particulares con los que llegare a tratar, en los términos que se establezcan en el código de ética a que se refiere el artículo 16 de esta Ley;

II. Denunciar los actos u omisiones que en ejercicio de sus funciones llegare a advertir, que puedan constituir Faltas administrativas, en términos del artículo 93 de la presente Ley;

III. Atender las instrucciones de sus superiores, siempre que éstas sean acordes con las disposiciones relacionadas con el servicio público.

En caso de recibir instrucción o encomienda contraria a dichas disposiciones, deberá denunciar esta circunstancia en términos del artículo 93 de la presente Ley;

IV. Presentar en tiempo y forma las declaraciones de situación patrimonial y de intereses, en los términos establecidos por esta Ley;

V. Registrar, integrar, custodiar y cuidar la documentación e información que por razón de su empleo, cargo o comisión, tenga bajo su responsabilidad, e impedir o evitar su uso, divulgación, sustracción, destrucción, ocultamiento o inutilización indebidos;

VI. Supervisar que los Servidores Públicos sujetos a su dirección, cumplan con las disposiciones de este artículo;

VII. Rendir cuentas sobre el ejercicio de las funciones, en términos de las normas aplicables;

(REFORMADA, D.O.F. 19 DE NOVIEMBRE DE 2019)

VIII. Colaborar en los procedimientos judiciales y administrativos en los que sea parte;

(NOTA: EL 8 DE MAYO DE 2023, EL PLENO DE LA SUPREMA CORTE DE JUSTICIA DE LA NACIÓN, EN LOS APARTADOS V Y VI, ASÍ COMO EN EL RESOLUTIVO SEGUNDO DE LA SENTENCIA DICTADA AL RESOLVER LA ACCIÓN DE INCONSTITUCIONALIDAD 29/2023 Y SUS ACUMULADAS 30/2023, 31/2023, 37/2023, 38/2023, 43/2023 Y 47/2023, DECLARÓ LA INVALIDEZ DEL DECRETO POR EL QUE SE REFORMA LA FRACCIÓN IX DE ESTE ARTÍCULO INDICADA CON MAYÚSCULAS, LA CUAL SURTIÓ EFECTOS EL 8 DE MAYO DE 2023 DE ACUERDO A LAS CONSTANCIAS QUE OBRAN EN LA SECRETARÍA GENERAL DE ACUERDOS DE LA SUPREMA CORTE DE JUSTICIA DE LA NACIÓN. DICHA SENTENCIA PUEDE SER CONSULTADA EN LA DIRECCIÓN ELECTRÓNICA https://www.scjn.gob.mx/)

(REFORMADA, D.O.F. 27 DE DICIEMBRE DE 2022)

IX. CERCIORARSE, ANTES DE LA CELEBRACIÓN DE CONTRATOS DE ADQUISICIONES, ARRENDAMIENTOS O PARA LA ENAJENACIÓN DE TODO TIPO DE BIENES, PRESTACIÓN DE SERVICIOS DE CUALQUIER NATURALEZA O LA CONTRATACIÓN DE OBRA PÚBLICA O SERVICIOS RELACIONADOS CON ÉSTA, QUE EL PARTICULAR MANIFIESTE BAJO PROTESTA DE DECIR VERDAD QUE NO DESEMPEÑA EMPLEO, CARGO O COMISIÓN EN EL SERVICIO PÚBLICO O, EN SU CASO, QUE A PESAR DE DESEMPEÑARLO, CON LA FORMALIZACIÓN DEL CONTRATO CORRESPONDIENTE NO SE ACTUALIZA UN CONFLICTO DE INTERÉS. LAS MANIFESTACIONES RESPECTIVAS

DEBERÁN CONSTAR POR ESCRITO Y HACERSE DEL CONOCIMIENTO DEL ÓRGANO INTERNO DE CONTROL, PREVIO A LA CELEBRACIÓN DEL ACTO EN CUESTIÓN. EN CASO DE QUE EL CONTRATISTA SEA PERSONA MORAL, DICHAS MANIFESTACIONES DEBERÁN PRESENTARSE RESPECTO A LOS SOCIOS O ACCIONISTAS QUE EJERZAN CONTROL SOBRE LA SOCIEDAD;

(NOTA: EL 8 DE MAYO DE 2023, EL PLENO DE LA SUPREMA CORTE DE JUSTICIA DE LA NACIÓN, EN LOS APARTADOS V Y VI, ASÍ COMO EN EL RESOLUTIVO SEGUNDO DE LA SENTENCIA DICTADA AL RESOLVER LA ACCIÓN DE INCONSTITUCIONALIDAD 29/2023 Y SUS ACUMULADAS 30/2023, 31/2023, 37/2023, 38/2023, 43/2023 Y 47/2023, DECLARÓ LA INVALIDEZ DEL DECRETO POR EL QUE SE REFORMA LA FRACCIÓN X DE ESTE ARTÍCULO INDICADA CON MAYÚSCULAS, LA CUAL SURTIÓ EFECTOS EL 8 DE MAYO DE 2023 DE ACUERDO A LAS CONSTANCIAS QUE OBRAN EN LA SECRETARÍA GENERAL DE ACUERDOS DE LA SUPREMA CORTE DE JUSTICIA DE LA NACIÓN. DICHA SENTENCIA PUEDE SER CONSULTADA EN LA DIRECCIÓN ELECTRÓNICA https://www.scjn.gob.mx/)

(REFORMADA, D.O.F. 27 DE DICIEMBRE DE 2022)

X. SIN PERJUICIO DE LA OBLIGACIÓN ANTERIOR, PREVIO A REALIZAR CUALQUIER ACTO JURÍDICO QUE INVOLUCRE EL EJERCICIO DE RECURSOS PÚBLICOS CON PERSONAS JURÍDICAS, REVISAR SU CONSTITUCIÓN Y, EN SU CASO, SUS MODIFICACIONES CON EL FIN DE VERIFICAR QUE SUS SOCIOS, INTEGRANTES DE LOS CONSEJOS DE ADMINISTRACIÓN O ACCIONISTAS QUE EJERZAN CONTROL NO INCURRAN EN CONFLICTO DE INTERÉS, Y

(NOTA: EL 8 DE MAYO DE 2023, EL PLENO DE LA SUPREMA CORTE DE JUSTICIA DE LA NACIÓN, EN LOS APARTADOS V Y VI, ASÍ COMO EN EL RESOLUTIVO SEGUNDO DE LA SENTENCIA DICTADA AL RESOLVER LA ACCIÓN DE INCONSTITUCIONALIDAD 29/2023 Y SUS ACUMULADAS 30/2023, 31/2023, 37/2023, 38/2023, 43/2023 Y 47/2023, DECLARÓ LA INVALIDEZ DEL DECRETO POR EL QUE SE ADICIONA LA FRACCIÓN XI AL PÁRRAFO PRIMERO DE ESTE ARTÍCULO INDICADA CON MAYÚSCULAS, LA CUAL SURTIÓ EFECTOS EL 8 DE MAYO DE 2023 DE ACUERDO A LAS CONSTANCIAS QUE OBRAN EN LA SECRETARÍA GENERAL DE ACUERDOS DE LA SUPREMA CORTE DE JUSTICIA DE LA NACIÓN. DICHA SENTENCIA PUEDE SER CONSULTADA EN LA DIRECCIÓN ELECTRÓNICA https://www.scjn.gob.mx/)

(ADICIONADA, D.O.F. 27 DE DICIEMBRE DE 2022)

XI. ABSTENERSE DE REALIZAR PROPAGANDA GUBERNAMENTAL CON RECURSOS PÚBLICOS QUE INCLUYA NOMBRES, IMÁGENES, VOCES O SÍMBOLOS QUE IMPLIQUEN PROMOCIÓN PERSONALIZADA DE CUALQUIER SERVIDOR PÚBLICO.

Para efectos de esta Ley se entiende que un socio o accionista ejerce control sobre una sociedad cuando sean administradores o formen parte del consejo de administración, o bien conjunta o separadamente, directa o indirectamente, mantengan la titularidad de derechos que permitan ejercer el voto respecto de más del cincuenta por ciento del capital, tengan poder decisorio en sus asambleas, estén en posibilidades de nombrar a la mayoría de los miembros de su órgano de administración o por cualquier otro medio tengan facultades de tomar las decisiones fundamentales de dichas personas morales.

Artículo 50. También se considerará Falta administrativa no grave, los daños y perjuicios que, de manera culposa o negligente y sin incurrir en alguna de las faltas administrativas graves señaladas en el Capítulo siguiente, cause un servidor público a la Hacienda Pública o al patrimonio de un Ente público.

Los entes públicos o los particulares que, en términos de este artículo, hayan recibido recursos públicos sin tener derecho a los mismos, deberán reintegrar los mismos a la Hacienda Pública o al patrimonio del Ente público afectado en un plazo no mayor a 90 días, contados a partir de la notificación correspondiente de la Auditoría Superior de la Federación o de la Autoridad resolutora.

En caso de que no se realice el reintegro de los recursos señalados en el párrafo anterior, estos serán considerados créditos fiscales, por lo que el Servicio de Administración Tributaria y sus homólogos de las entidades federativas deberán ejecutar el cobro de los mismos en términos de las disposiciones jurídicas aplicables.

La Autoridad resolutora podrá abstenerse de imponer la sanción que corresponda conforme al artículo 75 de esta Ley, cuando el daño o perjuicio a la Hacienda Pública o al patrimonio de los entes públicos no exceda de dos mil veces el valor diario de la Unidad de Medida y Actualización y el daño haya sido resarcido o recuperado.

CAPÍTULO II
DE LAS FALTAS ADMINISTRATIVAS GRAVES DE LOS SERVIDORES PÚBLICOS

Artículo 51. Las conductas previstas en el presente Capítulo constituyen Faltas administrativas graves de los Servidores Públicos, por lo que deberán abstenerse de realizarlas, mediante cualquier acto u omisión.

Artículo 52. Incurrirá en cohecho el servidor público que exija, acepte, obtenga o pretenda obtener, por sí o a través de terceros, con motivo de sus funciones, cualquier beneficio no comprendido en su remuneración como servidor público, que podría consistir en dinero; valores; bienes muebles o inmuebles, incluso mediante enajenación en precio notoriamente inferior al que se tenga en el mercado; donaciones; servicios; empleos y demás beneficios indebidos para sí o para su cónyuge, parientes consanguíneos, parientes civiles o para terceros con los que tenga relaciones profesionales, laborales o de negocios, o para socios o sociedades de las que el servidor público o las personas antes referidas formen parte.

(ADICIONADO, D.O.F. 12 DE ABRIL DE 2019)

También incurrirá en cohecho, el servidor público que se abstenga de devolver el pago en demasía de su legítima remuneración de acuerdo a los tabuladores que al efecto resulten aplicables, dentro de los 30 días naturales siguientes a su recepción.

Artículo 53. Cometerá peculado el servidor público que autorice, solicite o realice actos para el uso o apropiación para sí o para las personas a las que se refiere el artículo anterior, de recursos públicos, sean materiales, humanos o financieros, sin fundamento jurídico o en contraposición a las normas aplicables.

(ADICIONADO, D.O.F. 19 DE NOVIEMBRE DE 2019)

En términos de lo dispuesto por el párrafo anterior, los servidores públicos no podrán disponer del servicio de miembros de alguna corporación policiaca, seguridad pública o de las fuerzas armadas, en el ejercicio de sus funciones, para otorgar seguridad personal, salvo en los casos en que la normativa que regule su actividad lo contemple o por las circunstancias se considere necesario proveer de dicha seguridad, siempre que se encuentre debidamente justificada a juicio del titular de las propias corporaciones de seguridad y previo informe al Órgano interno de control respectivo o a la Secretaría.

Artículo 54. Será responsable de desvío de recursos públicos el servidor público que autorice, solicite o realice actos para la asignación o desvío de recursos públicos, sean materiales, humanos o financieros, sin fundamento jurídico o en contraposición a las normas aplicables.

(ADICIONADO, D.O.F. 12 DE ABRIL DE 2019)

Se considerará desvío de recursos públicos, el otorgamiento o autorización, para sí o para otros, del pago de una remuneración en contravención con los tabuladores que al efecto resulten aplicables, así como el otorgamiento o autorización, para sí o para otros, de pagos de jubilaciones, pensiones o haberes de retiro, liquidaciones por servicios prestados, préstamos o créditos que no estén previstos en ley, decreto legislativo, contrato colectivo, contrato ley o condiciones generales de trabajo.

Artículo 55. Incurrirá en utilización indebida de información el servidor público que adquiera para sí o para las personas a que se refiere el artículo 52 de esta Ley, bienes inmuebles, muebles y valores que pudieren incrementar su valor o, en general, que mejoren sus condiciones, así como obtener cualquier ventaja o beneficio privado, como resultado de información privilegiada de la cual haya tenido conocimiento.

Artículo 56. Para efectos del artículo anterior, se considera información privilegiada la que obtenga el servidor público con motivo de sus funciones y que no sea del dominio público.

La restricción prevista en el artículo anterior será aplicable inclusive cuando el servidor público se haya retirado del empleo, cargo o comisión, hasta por un plazo de un año.

(REFORMADO, D.O.F. 13 DE ABRIL DE 2020)

Artículo 57. Incurrirá en abuso de funciones la persona servidora o servidor público que ejerza atribuciones que no tenga conferidas o se valga de las que tenga, para realizar o inducir actos u omisiones arbitrarios, para generar un beneficio para sí o para las personas a las que se refiere el artículo 52 de esta Ley o para causar perjuicio a alguna persona o al servicio público; así como cuando realiza por sí o a través de un tercero, alguna de las conductas descritas en el artículo 20 Ter, de la Ley General de Acceso de las Mujeres a una Vida Libre de Violencia.

Artículo 58. Incurre en actuación bajo Conflicto de Interés el servidor público que intervenga por motivo de su empleo, cargo o comisión en cualquier forma, en la atención, tramitación o resolución de asuntos en los que tenga Conflicto de Interés o impedimento legal.

Al tener conocimiento de los asuntos mencionados en el párrafo anterior, el servidor público informará tal situación al jefe inmediato o al órgano que determine las disposiciones aplicables de los entes públicos, solicitando sea excusado de participar en cualquier forma en la atención, tramitación o resolución de los mismos.

Será obligación del jefe inmediato determinar y comunicarle al servidor público, a más tardar 48 horas antes del plazo establecido para atender el asunto en cuestión, los casos en que no sea posible abstenerse de intervenir en los asuntos, así como establecer instrucciones por escrito para la atención, tramitación o resolución imparcial y objetiva de dichos asuntos.

Artículo 59. Será responsable de contratación indebida el servidor público que autorice cualquier tipo de contratación, así como la selección, nombramiento o designación, de quien se encuentre impedido por disposición legal o inhabilitado por resolución de autoridad competente para ocupar un empleo, cargo o comisión en el servicio público o inhabilitado para realizar contrataciones con los entes públicos, siempre que en el caso de las inhabilitaciones, al momento de la autorización, éstas se encuentren inscritas en el sistema nacional de servidores públicos y particulares sancionados de la Plataforma digital nacional.

(ADICIONADO, D.O.F. 19 DE NOVIEMBRE DE 2019)

Incurrirá en la responsabilidad dispuesta en el párrafo anterior, el servidor público que intervenga o promueva, por sí o por interpósita persona, en la selección, nombramiento o designación de personas para el servicio público en función de intereses de negocios.

Artículo 60. Incurrirá en enriquecimiento oculto u ocultamiento de Conflicto de Interés el servidor público que falte a la veracidad en la presentación de las declaraciones de situación patrimonial o de intereses, que tenga como fin ocultar, respectivamente, el incremento en su patrimonio o el uso y disfrute de bienes o servicios que no sea explicable o justificable, o un Conflicto de Interés.

(ADICIONADO, D.O.F. 19 DE NOVIEMBRE DE 2019)

Artículo 60 Bis. Comete simulación de acto jurídico el servidor público que utilice personalidad jurídica distinta a la suya para obtener, en beneficio propio o de algún familiar hasta el cuarto grado por consanguinidad o afinidad, recursos públicos en forma contraria a la ley.

Esta falta administrativa se sancionará con inhabilitación de cinco a diez años.

Artículo 61. Cometerá tráfico de influencias el servidor público que utilice la posición que su empleo, cargo o comisión le confiere para inducir a que otro servidor público efectúe, retrase u omita realizar algún acto de su competencia, para generar cualquier beneficio, provecho o ventaja para sí o para alguna de las personas a que se refiere el artículo 52 de esta Ley.

Artículo 62. Será responsable de encubrimiento el servidor público que cuando en el ejercicio de sus funciones llegare a advertir actos u omisiones que pudieren constituir Faltas administrativas, realice deliberadamente alguna conducta para su ocultamiento.

Artículo 63. Cometerá desacato el servidor público que, tratándose de requerimientos o resoluciones de autoridades fiscalizadoras, de control interno, judiciales, electorales o en materia de defensa de los derechos humanos o cualquier otra competente, proporcione información falsa, así como no dé respuesta alguna, retrase deliberadamente y sin justificación la entrega de la información, a pesar de que le hayan sido impuestas medidas de apremio conforme a las disposiciones aplicables.

(ADICIONADO, D.O.F. 19 DE NOVIEMBRE DE 2019)

Artículo 63 Bis. Cometerá nepotismo el servidor público que, valiéndose de las atribuciones o facultades de su empleo, cargo o comisión, directa o indirectamente, designe, nombre o intervenga para que se contrate como personal de confianza, de estructura, de base o por honorarios en el ente público en que ejerza sus funciones, a personas con las que tenga lazos de parentesco por consanguinidad hasta el cuarto grado, de afinidad hasta el segundo grado, o vínculo de matrimonio o concubinato.

Artículo 64. Los Servidores Públicos responsables de la investigación, substanciación y resolución de las Faltas administrativas incurrirán en obstrucción de la justicia cuando:

I. Realicen cualquier acto que simule conductas no graves durante la investigación de actos u omisiones calificados como graves en la presente Ley y demás disposiciones aplicables;

II. No inicien el procedimiento correspondiente ante la autoridad competente, dentro del plazo de treinta días naturales, a partir de que tengan conocimiento de cualquier conducta que pudiera constituir una Falta administrativa grave, Faltas de particulares o un acto de corrupción, y

III. Revelen la identidad de un denunciante anónimo protegido bajo los preceptos establecidos en esta Ley.

Para efectos de la fracción anterior, los Servidores Públicos que denuncien una Falta administrativa grave o Faltas de particulares, o sean testigos en el procedimiento, podrán solicitar medidas de protección que resulten razonables. La solicitud deberá ser evaluada y atendida de manera oportuna por el Ente público donde presta sus servicios el denunciante.

(ADICIONADO, D.O.F. 19 DE NOVIEMBRE DE 2019)

Artículo 64 Bis. Son faltas administrativas graves las violaciones a las disposiciones sobre fideicomisos establecidas en la Ley Federal de Austeridad Republicana.

(ADICIONADO, D.O.F. 22 DE NOVIEMBRE DE 2021)

Artículo 64 Ter. Es falta administrativa grave, la omisión de enterar las cuotas, aportaciones, cuotas sociales o descuentos ante el Instituto de Seguridad y Servicios Sociales de los Trabajadores del Estado, en los términos que señalan los artículos 21 y 22 de la Ley del Instituto de Seguridad y Servicios Sociales de los Trabajadores del Estado.

CAPÍTULO III
DE LOS ACTOS DE PARTICULARES VINCULADOS CON FALTAS ADMINISTRATIVAS GRAVES

Artículo 65. Los actos de particulares previstos en el presente Capítulo se consideran vinculados a faltas administrativas graves, por lo que su comisión será sancionada en términos de esta Ley.

Artículo 66. Incurrirá en soborno el particular que prometa, ofrezca o entregue cualquier beneficio indebido a que se refiere el artículo 52 de esta Ley a uno o varios Servidores Públicos, directamente o a través de terceros, a cambio de que dichos Servidores Públicos realicen o se abstengan de realizar un acto relacionado con sus funciones o con las de otro servidor público, o bien, abusen de su influencia real o supuesta, con el propósito de obtener o mantener, para sí mismo o para un tercero, un beneficio o ventaja, con independencia de la aceptación o recepción del beneficio o del resultado obtenido.

Artículo 67. Incurrirá en participación ilícita en procedimientos administrativos el particular que realice actos u omisiones para participar en los mismos sean federales, locales o municipales, no obstante que por disposición de ley o resolución de autoridad competente se encuentren (sic) impedido o inhabilitado para ello.

También se considera participación ilícita en procedimientos administrativos, cuando un particular intervenga en nombre propio pero en interés de otra u otras personas que se encuentren impedidas o inhabilitadas para participar en procedimientos administrativos federales, locales o municipales, con la finalidad de que ésta o éstas últimas obtengan, total o parcialmente, los beneficios derivados de dichos procedimientos. Ambos particulares serán sancionados en términos de esta Ley.

Artículo 68. Incurrirá en tráfico de influencias para inducir a la autoridad el particular que use su influencia, poder económico o político, real o ficticio, sobre cualquier servidor público, con el propósito de obtener para sí o para un tercero un beneficio o ventaja, o para causar perjuicio a alguna persona o al servicio público, con independencia de la aceptación del servidor o de los Servidores Públicos o del resultado obtenido.

Artículo 69. Será responsable de utilización de información falsa el particular que presente documentación o información falsa o alterada, o simulen el cumplimiento de requisitos o reglas establecidos en los procedimientos administrativos, con el propósito de lograr una autorización, un beneficio, una ventaja o de perjudicar a persona alguna.

Asimismo, incurrirán en obstrucción de facultades de investigación el particular que, teniendo información vinculada con una investigación de Faltas administrativas, proporcione información falsa, retrase deliberada e injustificadamente la entrega de la misma, o no dé respuesta alguna a los requerimientos o resoluciones de autoridades investigadoras, substanciadoras o resolutoras, siempre y cuando le hayan sido impuestas previamente medidas de apremio conforme a las disposiciones aplicables.

Artículo 70. Incurrirá en colusión el particular que ejecute con uno o más sujetos particulares, en materia de contrataciones públicas, acciones que impliquen o tengan por objeto o efecto obtener un beneficio o ventaja indebidos en las contrataciones públicas de carácter federal, local o municipal.

También se considerará colusión cuando los particulares acuerden o celebren contratos, convenios, arreglos o combinaciones entre competidores, cuyo objeto o efecto sea obtener un beneficio indebido u ocasionar un daño a la Hacienda Pública o al patrimonio de los entes públicos.

Cuando la infracción se hubiere realizado a través de algún intermediario con el propósito de que el particular obtenga algún beneficio o ventaja en la contratación pública de que se trate, ambos serán sancionados en términos de esta Ley.

Las faltas referidas en el presente artículo resultarán aplicables respecto de transacciones comerciales internacionales. En estos supuestos la Secretaría de la Función Pública será la autoridad competente para realizar las investigaciones que correspondan y podrá solicitar a las autoridades competentes la opinión técnica referida en el párrafo anterior, así como a un estado extranjero la información que requiera para la investigación y substanciación de los procedimientos a que se refiere esta Ley, en los términos previstos en los instrumentos internacionales de los que ambos estados sean parte y demás ordenamientos aplicables.

Para efectos de este artículo se entienden como transacciones comerciales internacionales, los actos y procedimientos relacionados con la contratación, ejecución y cumplimiento de contratos en materia de adquisiciones, arrendamientos, servicios de cualquier naturaleza, obra pública y servicios relacionados con la misma; los actos y procedimientos relativos al otorgamiento y prórroga de permisos o concesiones, así como cualquier otra autorización o trámite relacionados con dichas transacciones, que lleve a cabo cualquier organismo u organización públicos de un estado extranjero o que involucre la participación de un servidor público extranjero y en cuyo desarrollo participen, de manera directa o indirecta, personas físicas o morales de nacionalidad mexicana.

Artículo 71. Será responsable por el uso indebido de recursos públicos el particular que realice actos mediante los cuales se apropie, haga uso indebido o desvíe del objeto para el que estén previstos los recursos públicos, sean materiales, humanos o financieros, cuando por cualquier circunstancia maneje, reciba, administre o tenga acceso a estos recursos.

También se considera uso indebido de recursos públicos la omisión de rendir cuentas que comprueben el destino que se otorgó a dichos recursos.

Artículo 72. Será responsable de contratación indebida de ex Servidores Públicos el particular que contrate a quien haya sido servidor público durante el año previo, que posea información privilegiada que directamente haya adquirido con motivo de su empleo, cargo o comisión en el servicio público, y directamente permita que el contratante se beneficie en el mercado o se coloque en situación ventajosa frente a sus competidores. En este supuesto también será sancionado el ex servidor público contratado.

CAPÍTULO IV
DE LAS FALTAS DE PARTICULARES EN SITUACIÓN ESPECIAL

(NOTA: EL 8 DE MAYO DE 2023, EL PLENO DE LA SUPREMA CORTE DE JUSTICIA DE LA NACIÓN, EN LOS APARTADOS V Y VI, ASÍ COMO EN EL RESOLUTIVO SEGUNDO DE LA SENTENCIA DICTADA AL RESOLVER LA ACCIÓN DE INCONSTITUCIONALIDAD 29/2023 Y SUS ACUMULADAS 30/2023, 31/2023, 37/2023, 38/2023, 43/2023 Y 47/2023, DECLARÓ LA INVALIDEZ DEL DECRETO POR EL QUE SE REFORMA ESTE ARTÍCULO, LA CUAL SURTIÓ EFECTOS EL 8 DE MAYO DE 2023 DE ACUERDO A LAS CONSTANCIAS QUE OBRAN EN LA SECRETARÍA GENERAL DE ACUERDOS DE LA SUPREMA CORTE DE JUSTICIA DE LA NACIÓN. DICHA SENTENCIA PUEDE SER CONSULTADA EN LA DIRECCIÓN ELECTRÓNICA https://www.scjn.gob.mx/)

(REFORMADO [N. DE E. REPUBLICADO], D.O.F. 27 DE DICIEMBRE DE 2022)

Artículo 73. Se consideran Faltas de particulares en situación especial, aquéllas realizadas por candidatos a cargos de elección popular, miembros de equipos de campaña electoral o de transición entre administraciones del sector público, y líderes de sindicatos del sector público, que impliquen exigir, solicitar, aceptar, recibir o pretender recibir alguno de los beneficios a que se refiere el artículo 52 de esta Ley, ya sea para sí, para su campaña electoral o para alguna de las personas a las que se refiere el citado artículo, a cambio de otorgar u ofrecer una ventaja indebida en el futuro en caso de obtener el carácter de Servidor Público.

A los particulares que se encuentren en situación especial conforme al presente Capítulo, incluidos los directivos y empleados de los sindicatos, podrán ser sancionados cuando incurran en las conductas a que se refiere el Capítulo anterior.

CAPÍTULO V
DE LA PRESCRIPCIÓN DE LA RESPONSABILIDAD ADMINISTRATIVA

Artículo 74. Para el caso de Faltas administrativas no graves, las facultades de las Secretarías o de los Órganos internos de control para imponer las sanciones prescribirán en tres años, contados a partir del día siguiente al que se hubieren cometido las infracciones, o a partir del momento en que hubieren cesado.

Cuando se trate de Faltas administrativas graves o Faltas de particulares, el plazo de prescripción será de siete años, contados en los mismos términos del párrafo anterior.

La prescripción se interrumpirá con la clasificación a que se refiere el primer párrafo del artículo 100 de esta Ley.

Si se dejare de actuar en los procedimientos de responsabilidad administrativa originados con motivo de la admisión del citado informe, y como consecuencia de ello se produjera la caducidad de la instancia, la prescripción se reanudará desde el día en que se admitió el Informe de Presunta Responsabilidad Administrativa.

En ningún caso, en los procedimientos de responsabilidad administrativa podrá dejar de actuarse por más de seis meses sin causa justificada; en caso de actualizarse dicha inactividad, se decretará, a solicitud del presunto infractor, la caducidad de la instancia.

Los plazos a los que se refiere el presente artículo se computarán en días naturales.

TÍTULO CUARTO
SANCIONES

CAPÍTULO I
SANCIONES POR FALTAS ADMINISTRATIVAS NO GRAVES

Artículo 75. En los casos de responsabilidades administrativas distintas a las que son competencia del Tribunal, la Secretaría o los Órganos internos de control impondrán las sanciones administrativas siguientes:

I. Amonestación pública o privada;

II. Suspensión del empleo, cargo o comisión;

III. Destitución de su empleo, cargo o comisión, y

IV. Inhabilitación temporal para desempeñar empleos, cargos o comisiones en el servicio público y para participar en adquisiciones, arrendamientos, servicios u obras públicas.

Las Secretarías y los Órganos internos de control podrán imponer una o más de las sanciones administrativas señaladas en este artículo, siempre y cuando sean compatibles entre ellas y de acuerdo a la trascendencia de la Falta administrativa no grave.

La suspensión del empleo, cargo o comisión que se imponga podrá ser de uno a treinta días naturales.

En caso de que se imponga como sanción la inhabilitación temporal, ésta no será menor de tres meses ni podrá exceder de un año.

Artículo 76. Para la imposición de las sanciones a que se refiere el artículo anterior se deberán considerar los elementos del empleo, cargo o comisión que desempeñaba el servidor público cuando incurrió en la falta, así como los siguientes:

I. El nivel jerárquico y los antecedentes del infractor, entre ellos, la antigüedad en el servicio;

II. Las condiciones exteriores y los medios de ejecución, y

III. La reincidencia en el incumplimiento de obligaciones.

En caso de reincidencia de Faltas administrativas no graves, la sanción que imponga el Órgano interno de control no podrá ser igual o menor a la impuesta con anterioridad.

Se considerará reincidente al que habiendo incurrido en una infracción que haya sido sancionada y hubiere causado ejecutoria, cometa otra del mismo tipo.

Artículo 77. Corresponde a las Secretarías o a los Órganos internos de control imponer las sanciones por Faltas administrativas no graves, y ejecutarlas.

Los Órganos internos de control podrán abstenerse de imponer la sanción que corresponda siempre que el servidor público:

I. No haya sido sancionado previamente por la misma Falta administrativa no grave, y

II. No haya actuado de forma dolosa.

Las secretarías o los órganos internos de control dejarán constancia de la no imposición de la sanción a que se refiere el párrafo anterior.

CAPÍTULO II
SANCIONES PARA LOS SERVIDORES PÚBLICOS POR FALTAS GRAVES

Artículo 78. Las sanciones administrativas que imponga el Tribunal a los Servidores Públicos, derivado de los procedimientos por la comisión de faltas administrativas graves, consistirán en:

I. Suspensión del empleo, cargo o comisión;

II. Destitución del empleo, cargo o comisión;

III. Sanción económica, y

IV. Inhabilitación temporal para desempeñar empleos, cargos o comisiones en el servicio público y para participar en adquisiciones, arrendamientos, servicios u obras públicas.

A juicio del Tribunal, podrán ser impuestas al infractor una o más de las sanciones señaladas, siempre y cuando sean compatibles entre ellas y de acuerdo a la gravedad de la Falta administrativa grave.

La suspensión del empleo, cargo o comisión que se imponga podrá ser de treinta a noventa días naturales.

En caso de que se determine la inhabilitación, ésta será de uno hasta diez años si el monto de la afectación de la Falta administrativa grave no excede de doscientas veces el valor diario de la Unidad de Medida y Actualización, y de diez a veinte años si dicho monto excede de dicho límite. Cuando no se cause daños o perjuicios, ni exista beneficio o lucro alguno, se podrán imponer de tres meses a un año de inhabilitación.

Artículo 79. En el caso de que la Falta administrativa grave cometida por el servidor público le genere beneficios económicos, a sí mismo o a cualquiera de las personas a que se refiere el artículo 52 de esta Ley, se le impondrá sanción económica que podrá alcanzar hasta dos tantos de los beneficios obtenidos. En ningún caso la sanción económica que se imponga podrá ser menor o igual al monto de los beneficios económicos obtenidos. Lo anterior, sin perjuicio de la imposición de las sanciones a que se refiere el artículo anterior.

El Tribunal determinará el pago de una indemnización cuando, la Falta administrativa grave a que se refiere el párrafo anterior provocó daños y perjuicios a la Hacienda Pública Federal, local o municipal, o al patrimonio de los entes públicos. En dichos casos, el servidor público estará obligado a reparar la totalidad de los daños y perjuicios causados y las personas que, en su caso, también hayan obtenido un beneficio indebido, serán solidariamente responsables.

Artículo 80. Para la imposición de las sanciones a que se refiere el artículo 78 de esta Ley se deberán considerar los elementos del empleo, cargo o comisión que desempeñaba el servidor público cuando incurrió en la falta, así como los siguientes:

I. Los daños y perjuicios patrimoniales causados por los actos u omisiones;

II. El nivel jerárquico y los antecedentes del infractor, entre ellos la antigüedad en el servicio;

III. Las circunstancias socioeconómicas del servidor público;

IV. Las condiciones exteriores y los medios de ejecución;

V. La reincidencia en el incumplimiento de obligaciones, y

VI. El monto del beneficio derivado de la infracción que haya obtenido el responsable.

(ADICIONADO, D.O.F. 12 DE ABRIL DE 2019)

Artículo 80 Bis. Si el beneficio indebidamente obtenido u otorgado a que hacen referencia los artículos 52, segundo párrafo, y 54, segundo párrafo, de esta Ley, no excede el equivalente a cinco mil veces el valor diario de la Unidad de Medida y Actualización, y además se ha devuelto la cantidad entregada o depositada en demasía conforme al tabulador aplicable, la falta administrativa será considerada no grave.

CAPÍTULO III
SANCIONES POR FALTAS DE PARTICULARES

Artículo 81. Las sanciones administrativas que deban imponerse por Faltas de particulares por comisión de alguna de las conductas previstas en los Capítulos III y IV del Título Tercero de esta Ley, consistirán en:

I. Tratándose de personas físicas:

a) Sanción económica que podrá alcanzar hasta dos tantos de los beneficios obtenidos o, en caso de no haberlos obtenido, por el equivalente a la cantidad de cien hasta ciento cincuenta mil veces el valor diario de la Unidad de Medida y Actualización;

b) Inhabilitación temporal para participar en adquisiciones, arrendamientos, servicios u obras públicas, según corresponda, por un periodo que no será menor de tres meses ni mayor de ocho años;

c) Indemnización por los daños y perjuicios ocasionados a la Hacienda Pública Federal, local o municipal, o al patrimonio de los entes públicos.

II. Tratándose de personas morales:

a) Sanción económica que podrá alcanzar hasta dos tantos de los beneficios obtenidos, en caso de no haberlos obtenido, por el equivalente a la cantidad de mil hasta un millón quinientas mil veces el valor diario de la Unidad de Medida y Actualización;

b) Inhabilitación temporal para participar en adquisiciones, arrendamientos, servicios u obras públicas, por un periodo que no será menor de tres meses ni mayor de diez años;

c) La suspensión de actividades, por un periodo que no será menor de tres meses ni mayor de tres años, la cual consistirá en detener, diferir o privar temporalmente a los particulares de sus actividades comerciales, económicas, contractuales o de negocios por estar vinculados a faltas administrativas graves previstas en esta Ley;

d) Disolución de la sociedad respectiva, la cual consistirá en la pérdida de la capacidad legal de una persona moral, para el cumplimiento del fin por el que fue creada por orden jurisdiccional y como consecuencia de la comisión, vinculación, participación y relación con una Falta administrativa grave prevista en esta Ley;

e) Indemnización por los daños y perjuicios ocasionados a la Hacienda Pública Federal, local o municipal, o al patrimonio de los entes públicos.

Para la imposición de sanciones a las personas morales deberá observarse además, lo previsto en los artículos 24 y 25 de esta Ley.

Las sanciones previstas en los incisos c) y d) de esta fracción, sólo serán procedentes cuando la sociedad obtenga un beneficio económico y se acredite participación de sus órganos de administración, de vigilancia o de sus socios, o en aquellos casos que se advierta que la sociedad es utilizada de manera sistemática para vincularse con faltas administrativas graves.

A juicio del Tribunal, podrán ser impuestas al infractor una o más de las sanciones señaladas, siempre que sean compatibles entre ellas y de acuerdo a la gravedad de las Faltas de particulares.

Se considerará como atenuante en la imposición de sanciones a personas morales cuando los órganos de administración, representación, vigilancia o los socios de las personas morales denuncien o colaboren en las investigaciones proporcionando la información y los elementos que posean, resarzan los daños que se hubieren causado.

Se considera como agravante para la imposición de sanciones a las personas morales, el hecho de que los órganos de administración, representación, vigilancia o los socios de las mismas, que conozcan presuntos actos de corrupción de personas físicas que pertenecen a aquellas no los denuncien.

Artículo 82. Para la imposición de las sanciones por Faltas de particulares se deberán considerar los siguientes elementos:

I. El grado de participación del o los sujetos en la Falta de particulares;

II. La reincidencia en la comisión de las infracciones previstas en esta Ley;

III. La capacidad económica del infractor;

IV. El daño o puesta en peligro del adecuado desarrollo de la actividad administrativa del Estado, y

V. El monto del beneficio, lucro, o del daño o perjuicio derivado de la infracción, cuando éstos se hubieren causado.

Artículo 83. El fincamiento de responsabilidad administrativa por la comisión de Faltas de particulares se determinará de manera autónoma e independiente de la participación de un servidor público.

Las personas morales serán sancionadas por la comisión de Faltas de particulares, con independencia de la responsabilidad a la que sean sujetos a este tipo de procedimientos las personas físicas que actúen a nombre o representación de la persona moral o en beneficio de ella.

CAPÍTULO IV
DISPOSICIONES COMUNES PARA LA IMPOSICIÓN DE SANCIONES POR FALTAS ADMINISTRATIVAS GRAVES Y FALTAS DE PARTICULARES

Artículo 84. Para la imposición de las sanciones por faltas administrativas graves y Faltas de particulares, se observarán las siguientes reglas:

I. La suspensión o la destitución del puesto de los Servidores Públicos, serán impuestas por el Tribunal y ejecutadas por el titular o servidor público competente del Ente público correspondiente;

II. La inhabilitación temporal para desempeñar un empleo, cargo o comisión en el servicio público, y para participar en adquisiciones, arrendamientos, servicios u obras públicas, será impuesta por el Tribunal y ejecutada en los términos de la resolución dictada, y

III. Las sanciones económicas serán impuestas por el Tribunal y ejecutadas por el Servicio de Administración Tributaria en términos del Código Fiscal de la Federación o por la autoridad competente de la entidad federativa correspondiente.

Artículo 85. En los casos de sanción económica, el Tribunal ordenará a los responsables el pago que corresponda y, en el caso de daños y perjuicios que afecten a la Hacienda Pública Federal, local o municipal, o al patrimonio de los entes públicos, adicionalmente el pago de las indemnizaciones correspondientes. Dichas sanciones económicas tendrán el carácter de créditos fiscales.

Las cantidades que se cobren con motivo de las indemnizaciones por concepto de daños y perjuicios formarán parte de la Hacienda Pública o del patrimonio de los entes públicos afectados.

Artículo 86. El monto de la sanción económica impuesta se actualizará, para efectos de su pago, en la forma y términos que establece el Código Fiscal de la Federación, en tratándose de contribuciones y aprovechamientos, o de la legislación aplicable en el ámbito local.

Artículo 87. Cuando el servidor público o los particulares presuntamente responsables de estar vinculados con una Falta administrativa grave, desaparezcan o exista riesgo inminente de que oculten, enajenen o dilapiden sus bienes a juicio del Tribunal, se solicitará al Servicio de Administración Tributaria o la autoridad competente en el ámbito local, en cualquier fase del procedimiento proceda al embargo precautorio de sus bienes, a fin de garantizar el cobro de las sanciones económicas que llegaren a imponerse con motivo de la infracción cometida. Impuesta la sanción económica, el embargo precautorio se convertirá en definitivo y se procederá en los términos de la legislación aplicable.

Artículo 88. La persona que haya realizado alguna de las Faltas administrativas graves o Faltas de particulares, o bien, se encuentre participando en su realización, podrá confesar su responsabilidad con el objeto de acogerse al beneficio de reducción de sanciones que se establece en el artículo siguiente. Esta confesión se podrá hacer ante la Autoridad investigadora.

Artículo 89. La aplicación del beneficio a que hace referencia el artículo anterior, tendrá por efecto una reducción de entre el cincuenta y el setenta por ciento del monto de las sanciones que se impongan al responsable, y de hasta el total, tratándose de la inhabilitación temporal para participar en adquisiciones, arrendamientos, servicios u obras públicas, por Faltas de particulares. Para su procedencia será necesario que adicionalmente se cumplan los siguientes requisitos:

I. Que no se haya notificado a ninguno de los presuntos infractores el inicio del procedimiento de responsabilidad administrativa;

II. Que la persona que pretende acogerse a este beneficio, sea de entre los sujetos involucrados en la infracción, la primera en aportar los elementos de convicción suficientes que, a juicio de las autoridades competentes, permitan comprobar la existencia de la infracción y la responsabilidad de quien la cometió;

III. Que la persona que pretende acogerse al beneficio coopere en forma plena y continua con la autoridad competente que lleve a cabo la investigación y, en su caso, con la que substancie y resuelva el procedimiento de responsabilidad administrativa, y

IV. Que la persona interesada en obtener el beneficio, suspenda, en el momento en el que la autoridad se lo solicite, su participación en la infracción.

Además de los requisitos señalados, para la aplicación del beneficio al que se refiere este artículo, se constatará por las autoridades competentes, la veracidad de la confesión realizada.

En su caso, las personas que sean los segundos o ulteriores en aportar elementos de convicción suficientes y cumplan con el resto de los requisitos anteriormente establecidos, podrán obtener una reducción de la sanción aplicable de hasta el cincuenta por ciento, cuando aporten elementos de convicción en la investigación, adicionales a los que ya tenga la Autoridad Investigadora. Para determinar el monto de la reducción se tomará en consideración el orden cronológico de presentación de la solicitud y de los elementos de convicción presentados.

El procedimiento de solicitud de reducción de sanciones establecido en este artículo podrá coordinarse con el procedimiento de solicitud de reducción de sanciones establecido en el artículo 103 de la Ley Federal de Competencia Económica cuando así convenga a las Autoridades Investigadoras correspondientes.

El Comité Coordinador podrá recomendar mecanismos de coordinación efectiva a efecto de permitir el intercambio de información entre autoridades administrativas, autoridades investigadoras de órganos del Estado Mexicano y Autoridades Investigadoras dentro de su ámbito de competencia.

Si el presunto infractor confiesa su responsabilidad sobre los actos que se le imputan una vez iniciado el procedimiento de responsabilidad administrativa a que se refiere esta Ley, le aplicará una reducción de hasta treinta por ciento del monto de la sanción aplicable y, en su caso, una reducción de hasta el treinta por ciento del tiempo de inhabilitación que corresponda.

LIBRO SEGUNDO
DISPOSICIONES ADJETIVAS

TÍTULO PRIMERO
DE LA INVESTIGACIÓN Y CALIFICACIÓN DE LAS FALTAS GRAVES Y NO GRAVES

CAPÍTULO I
INICIO DE LA INVESTIGACIÓN

Artículo 90. En el curso de toda investigación deberán observarse los principios de legalidad, imparcialidad, objetividad, congruencia, verdad material y respeto a los derechos humanos. Las autoridades competentes serán responsables de la oportunidad, exhaustividad y eficiencia en la investigación, la integralidad de los datos y documentos, así como el resguardo del expediente en su conjunto.

Igualmente, incorporarán a sus investigaciones, las técnicas, tecnologías y métodos de investigación que observen las mejores prácticas internacionales.

Las autoridades investigadoras, de conformidad con las leyes de la materia, deberán cooperar con las autoridades internacionales a fin de fortalecer los procedimientos de investigación, compartir las mejores prácticas internacionales, y combatir de manera efectiva la corrupción.

Artículo 91. La investigación por la presunta responsabilidad de Faltas administrativas iniciará de oficio, por denuncia o derivado de las auditorías practicadas por parte de las autoridades competentes o, en su caso, de auditores externos.

Las denuncias podrán ser anónimas. En su caso, las autoridades investigadoras mantendrán con carácter de confidencial la identidad de las personas que denuncien las presuntas infracciones.

Artículo 92. Las autoridades investigadoras establecerán áreas de fácil acceso, para que cualquier interesado pueda presentar denuncias por presuntas Faltas administrativas, de conformidad con los criterios establecidos en la presente Ley.

Artículo 93. La denuncia deberá contener los datos o indicios que permitan advertir la presunta responsabilidad administrativa por la comisión de Faltas administrativas, y podrán ser presentadas de manera electrónica a través de los mecanismos que para tal efecto establezcan las Autoridades investigadoras, lo anterior sin menoscabo de la plataforma digital que determine, para tal efecto, el Sistema Nacional Anticorrupción.

CAPÍTULO II
DE LA INVESTIGACIÓN

Artículo 94. Para el cumplimiento de sus atribuciones, las Autoridades investigadoras llevarán de oficio las auditorías o investigaciones debidamente fundadas y motivadas respecto de las conductas de los Servidores Públicos y particulares que puedan constituir responsabilidades administrativas en el ámbito de su competencia. Lo anterior sin menoscabo de las investigaciones que se deriven de las denuncias a que se hace referencia en el Capítulo anterior.

Artículo 95. Las autoridades investigadoras tendrán acceso a la información necesaria para el esclarecimiento de los hechos, con inclusión de aquélla que las disposiciones legales en la materia consideren con carácter de reservada o confidencial, siempre que esté relacionada con la comisión de infracciones a que se refiere esta Ley, con la obligación de mantener la misma reserva o secrecía, conforme a lo que determinen las leyes.

Para el cumplimiento de las atribuciones de las autoridades investigadoras, durante el desarrollo de investigaciones por faltas administrativas graves, no les serán oponibles las disposiciones dirigidas a proteger la secrecía de la información en materia fiscal bursátil, fiduciario o la relacionada con operaciones de depósito, administración, ahorro e inversión de recursos monetarios. Esta información conservará su calidad en los expedientes correspondientes, para lo cual se celebrarán convenios de colaboración con las autoridades correspondientes.

Para efectos de lo previsto en el párrafo anterior, se observará lo dispuesto en el artículo 38 de esta Ley.

Las autoridades encargadas de la investigación, por conducto de su titular, podrán ordenar la práctica de visitas de verificación, las cuales se sujetarán a lo previsto en la Ley Federal de Procedimiento Administrativo y sus homólogas en las entidades federativas.

Artículo 96. Las personas físicas o morales, públicas o privadas, que sean sujetos de investigación por presuntas irregularidades cometidas en el ejercicio de sus funciones, deberán atender los requerimientos que, debidamente fundados y motivados, les formulen las autoridades investigadoras.

La Autoridad investigadora otorgará un plazo de cinco hasta quince días hábiles para la atención de sus requerimientos, sin perjuicio de poder ampliarlo por causas debidamente justificadas, cuando así lo soliciten los interesados. Esta ampliación no podrá exceder en ningún caso la mitad del plazo previsto originalmente.

Los entes públicos a los que se les formule requerimiento de información, tendrán la obligación de proporcionarla en el mismo plazo a que se refiere el párrafo anterior, contado a partir de que la notificación surta sus efectos.

Cuando los entes públicos, derivado de la complejidad de la información solicitada, requieran de un plazo mayor para su atención, deberán solicitar la prórroga debidamente justificada ante la Autoridad investigadora; de concederse la prórroga en los términos solicitados, el plazo que se otorgue será improrrogable. Esta ampliación no podrá exceder en ningún caso la mitad del plazo previsto originalmente.

Además de las atribuciones a las que se refiere la presente Ley, durante la investigación las autoridades investigadoras podrán solicitar información o documentación a cualquier persona física o moral con el objeto de esclarecer los hechos relacionados con la comisión de presuntas Faltas administrativas.

Artículo 97. Las autoridades investigadoras podrán hacer uso de las siguientes medidas para hacer cumplir sus determinaciones:

I. Multa hasta por la cantidad equivalente de cien a ciento cincuenta veces el valor diario de la Unidad de Medida y Actualización, la cual podrá duplicarse o triplicarse en cada ocasión, hasta alcanzar dos mil veces el valor diario de la Unidad de Medida y Actualización, en caso de renuencia al cumplimiento del mandato respectivo;

II. Solicitar el auxilio de la fuerza pública de cualquier orden de gobierno, los que deberán de atender de inmediato el requerimiento de la autoridad, o

III. Arresto hasta por treinta y seis horas.

Artículo 98. La Auditoría Superior y las entidades de fiscalización superior de las entidades federativas, investigarán y, en su caso substanciarán en los términos que determina esta Ley, los procedimientos de responsabilidad administrativa correspondientes. Asimismo, en los casos que procedan, presentarán la denuncia correspondiente ante el Ministerio Público competente.

Artículo 99. En caso de que la Auditoría Superior y las entidades de fiscalización superior de las entidades federativas tengan conocimiento de la presunta comisión de Faltas administrativas distintas a las señaladas en el artículo anterior, darán vista a las Secretarías o a los Órganos internos de control que correspondan, a efecto de que procedan a realizar la investigación correspondiente.

CAPÍTULO III
DE LA CALIFICACIÓN DE FALTAS ADMINISTRATIVAS

Artículo 100. Concluidas las diligencias de investigación, las autoridades investigadoras procederán al análisis de los hechos, así como de la información recabada, a efecto de determinar la existencia o inexistencia de actos u omisiones que la ley señale como falta administrativa y, en su caso, calificarla como grave o no grave.

Una vez calificada la conducta en los términos del párrafo anterior, se incluirá la misma en el Informe de Presunta Responsabilidad Administrativa y este se presentará ante la autoridad substanciadora a efecto de iniciar el procedimiento de responsabilidad administrativa.

Si no se encontraren elementos suficientes para demostrar la existencia de la infracción y la presunta responsabilidad del infractor, se emitirá un acuerdo de conclusión y archivo del expediente, sin perjuicio de que pueda abrirse nuevamente la investigación si se presentan nuevos indicios o pruebas y no hubiere prescrito la facultad para sancionar. Dicha determinación, en su caso, se notificará a los Servidores Públicos y particulares sujetos a la investigación, así como a los denunciantes cuando éstos fueren identificables, dentro los diez días hábiles siguientes a su emisión.

Artículo 101. Las autoridades substanciadoras, o en su caso, las resolutoras se abstendrán de iniciar el procedimiento de responsabilidad administrativa previsto en esta Ley o de imponer sanciones administrativas a un servidor público, según sea el caso, cuando de las investigaciones practicadas o derivado de la valoración de las pruebas aportadas en el procedimiento referido, adviertan que no existe daño ni perjuicio a la Hacienda Pública Federal, local o municipal, o al patrimonio de los entes públicos y que se actualiza alguna de las siguientes hipótesis:

I. Que la actuación del servidor público, en la atención, trámite o resolución de asuntos a su cargo, esté referida a una cuestión de criterio o arbitrio opinable o debatible, en la que válidamente puedan sustentarse diversas soluciones, siempre que la conducta o abstención no constituya una desviación a la legalidad y obren constancias de los elementos que tomó en cuenta el Servidor Público en la decisión que adoptó, o

II. Que el acto u omisión fue corregido o subsanado de manera espontánea por el servidor público o implique error manifiesto y en cualquiera de estos supuestos, los efectos que, en su caso, se hubieren producido, desaparecieron.

La autoridad investigadora o el denunciante, podrán impugnar la abstención, en los términos de lo dispuesto por el siguiente Capítulo.

CAPÍTULO IV
IMPUGNACIÓN DE LA CALIFICACIÓN DE FALTAS NO GRAVES

Artículo 102. La calificación de los hechos como faltas administrativas no graves que realicen las Autoridades investigadoras, será notificada al Denunciante, cuando este fuere identificable. Además de establecer la calificación que se le haya dado a la presunta falta, la notificación también contendrá de manera expresa la forma en que el notificado podrá acceder al Expediente de presunta responsabilidad administrativa.

La calificación y la abstención a que se refiere el artículo 101, podrán ser impugnadas, en su caso, por el Denunciante, mediante el recurso de inconformidad conforme al presente Capítulo. La presentación del recurso tendrá como efecto que no se inicie el procedimiento de responsabilidad administrativa hasta en tanto este sea resuelto.

Artículo 103. El plazo para la presentación del recurso será de cinco días hábiles, contados a partir de la notificación de la resolución impugnada.

Artículo 104. El escrito de impugnación deberá presentarse ante la Autoridad investigadora que hubiere hecho la calificación de la falta administrativa como no grave, debiendo expresar los motivos por los que se estime indebida dicha calificación.

Interpuesto el recurso, la Autoridad investigadora deberá correr traslado, adjuntando el expediente integrado y un informe en el que justifique la calificación impugnada, a la Sala Especializada en materia de Responsabilidades Administrativas que corresponda.

Artículo 105. En caso de que el escrito por el que se interponga el recurso de inconformidad fuera obscuro o irregular, la Sala Especializada en materia de Responsabilidades Administrativas requerirá al promovente para que subsane las deficiencias o realice las aclaraciones que corresponda, para lo cual le concederán un término de cinco días hábiles. De no subsanar las deficiencias o aclaraciones en el plazo antes señalado el recurso se tendrá por no presentado.

Artículo 106. En caso de que la Sala Especializada en materia de responsabilidades administrativas tenga por subsanadas las deficiencias o por aclarado el escrito por el que se interponga el recurso de inconformidad; o bien, cuando el escrito cumpla con los requisitos señalados en el artículo 109 de esta Ley, admitirán dicho recurso y darán vista al presunto infractor para que en el término de cinco días hábiles manifieste lo que a su derecho convenga.

Artículo 107. Una vez subsanadas las deficiencias o aclaraciones o si no existieren, la Sala Especializada en materia de Responsabilidades Administrativas resolverá el recurso de inconformidad en un plazo no mayor a treinta días hábiles.

Artículo 108. El recurso será resuelto tomando en consideración la investigación que conste en el Expediente de presunta responsabilidad administrativa y los elementos que aporten el Denunciante o el presunto infractor. Contra la resolución que se dicte no procederá recurso alguno.

Artículo 109. El escrito por el cual se interponga el recurso de inconformidad deberá contener los siguientes requisitos:

I. Nombre y domicilio del recurrente;

II. La fecha en que se le notificó la calificación en términos de este Capítulo;

III. Las razones y fundamentos por los que, a juicio del recurrente, la calificación del acto es indebida, y

IV. Firma autógrafa del recurrente. La omisión de este requisito dará lugar a que no se tenga por presentado el recurso, por lo que en este caso no será aplicable lo dispuesto en el artículo 105 de esta Ley.

Asimismo, el recurrente acompañará su escrito con las pruebas que estime pertinentes para sostener las razones y fundamentos expresados en el recurso de inconformidad. La satisfacción de este requisito no será necesaria si los argumentos contra la calificación de los hechos versan solo sobre aspectos de derecho.

Artículo 110. La resolución del recurso consistirá en:

I. Confirmar la calificación o abstención, o

II. Dejar sin efectos la calificación o abstención, para lo cual la autoridad encargada para resolver el recurso, estará facultada para recalificar el acto u omisión; o bien ordenar se inicie el procedimiento correspondiente.

TÍTULO SEGUNDO
DEL PROCEDIMIENTO DE RESPONSABILIDAD ADMINISTRATIVA

CAPÍTULO I
DISPOSICIONES COMUNES AL PROCEDIMIENTO DE RESPONSABILIDAD ADMINISTRATIVA

SECCIÓN PRIMERA
PRINCIPIOS, INTERRUPCIÓN DE LA PRESCRIPCIÓN, PARTES Y AUTORIZACIONES

Artículo 111. En los procedimientos de responsabilidad administrativa deberán observarse los principios de legalidad, presunción de inocencia, imparcialidad, objetividad, congruencia, exhaustividad, verdad material y respeto a los derechos humanos.

Artículo 112. El procedimiento de responsabilidad administrativa dará inicio cuando las autoridades substanciadoras, en el ámbito de su competencia, admitan el Informe de Presunta Responsabilidad Administrativa.

Artículo 113. La admisión del Informe de Presunta Responsabilidad Administrativa interrumpirá los plazos de prescripción señalados en el artículo 74 de esta Ley y fijará la materia del procedimiento de responsabilidad administrativa.

Artículo 114. En caso de que con posterioridad a la admisión del informe las autoridades investigadoras adviertan la probable comisión de cualquier otra falta administrativa imputable a la misma persona señalada como presunto responsable, deberán elaborar un diverso Informe de Presunta Responsabilidad Administrativa y promover el respectivo procedimiento de responsabilidad administrativa por separado, sin perjuicio de que, en el momento procesal oportuno, puedan solicitar su acumulación.

Artículo 115. La autoridad a quien se encomiende la substanciación y, en su caso, resolución del procedimiento de responsabilidad administrativa, deberá ser distinto de aquél o aquellos encargados de la investigación. Para tal efecto, las Secretarías, los Órganos internos de control, la Auditoría Superior, las entidades de fiscalización superior de las entidades federativas, así como las unidades de responsabilidades de las empresas productivas del Estado, contarán con la estructura orgánica necesaria para realizar las funciones correspondientes a las autoridades investigadoras y substanciadoras, y garantizarán la independencia entre ambas en el ejercicio de sus funciones.

Artículo 116. Son partes en el procedimiento de responsabilidad administrativa:

I. La Autoridad investigadora;

II. El servidor público señalado como presunto responsable de la Falta administrativa grave o no grave;

III. El particular, sea persona física o moral, señalado como presunto responsable en la comisión de Faltas de particulares, y

IV. Los terceros, que son todos aquellos a quienes pueda afectar la resolución que se dicte en el procedimiento de responsabilidad administrativa, incluido el denunciante.

Artículo 117. Las partes señaladas en las fracciones II, III y IV del artículo anterior podrán autorizar para oír notificaciones en su nombre, a una o varias personas con capacidad legal, quienes quedarán facultadas para interponer los recursos que procedan, ofrecer e intervenir en el desahogo de pruebas, alegar en las audiencias, pedir se dicte sentencia para evitar la consumación del término de caducidad por inactividad procesal y realizar cualquier acto que resulte ser necesario para la defensa de los derechos del autorizante, pero no podrá substituir o delegar dichas facultades en un tercero.

Las personas autorizadas conforme a la primera parte de este párrafo, deberán acreditar encontrarse legalmente autorizadas para ejercer la profesión de abogado o licenciado en derecho, debiendo proporcionar los datos correspondientes en el escrito en que se otorgue dicha autorización y mostrar la cédula profesional o carta de pasante para la práctica de la abogacía en las diligencias de prueba en que intervengan, en el entendido que el autorizado que no cumpla con lo anterior, perderá la facultad a que se refiere este artículo en perjuicio de la parte que lo hubiere designado, y únicamente tendrá las que se indican en el penúltimo párrafo de este artículo.

Las personas autorizadas en los términos de este artículo, serán responsables de los daños y perjuicios que causen ante el que los autorice, de acuerdo a las disposiciones aplicables del Código Civil Federal, relativas al mandato y las demás conexas. Los autorizados podrán renunciar a dicha calidad, mediante escrito presentado a la autoridad resolutora, haciendo saber las causas de la renuncia.

Las partes podrán designar personas solamente autorizadas para oír notificaciones e imponerse de los autos, a cualquiera con capacidad legal, quien no gozará de las demás facultades a que se refieren los párrafos anteriores.

Las partes deberán señalar expresamente el alcance de las autorizaciones que concedan. El acuerdo donde se resuelvan las autorizaciones se deberá expresar con toda claridad el alcance con el que se reconoce la autorización otorgada.

Tratándose de personas morales estas deberán comparecer en todo momento a través de sus representantes legales, o por las personas que estos designen, pudiendo, asimismo, designar autorizados en términos de este artículo.

Artículo 118. En lo que no se oponga a lo dispuesto en el procedimiento de responsabilidad administrativa, será de aplicación supletoria lo dispuesto en la Ley Federal de Procedimiento Contencioso Administrativo o las leyes que rijan en esa materia en las entidades federativas, según corresponda.

Artículo 119. En los procedimientos de responsabilidad administrativa se estimarán como días hábiles todos los del año, con excepción de aquellos días que, por virtud de ley, algún decreto o disposición administrativa, se determine como inhábil, durante los que no se practicará actuación alguna. Serán horas hábiles las que medien entre las 9:00 y las 18:00 horas. Las autoridades substanciadoras o resolución del asunto, podrán habilitar días y horas inhábiles para la práctica de aquellas diligencias que, a su juicio, lo requieran.

SECCIÓN SEGUNDA
MEDIOS DE APREMIO

Artículo 120. Las autoridades substanciadoras o resolutoras, podrán hacer uso de los siguientes medios de apremio para hacer cumplir sus determinaciones:

I. Multa de cien a ciento cincuenta veces el valor diario de la Unidad de Medida y Actualización, la cual podrá duplicarse o triplicarse en cada ocasión, hasta alcanzar dos mil veces el valor diario de la Unidad de Medida y Actualización, en caso de renuencia al cumplimiento del mandato respectivo;

II. Arresto hasta por treinta y seis horas, y

III. Solicitar el auxilio de la fuerza pública de cualquier orden de gobierno, los que deberán de atender de inmediato el requerimiento de la autoridad.

Artículo 121. Las medidas de apremio podrán ser decretadas sin seguir rigurosamente el orden en que han sido enlistadas en el artículo que antecede, o bien, decretar la aplicación de más de una de ellas, para lo cual la autoridad deberá ponderar las circunstancias del caso.

Artículo 122. En caso de que pese a la aplicación de las medidas de apremio no se logre el cumplimiento de las determinaciones ordenadas, se dará vista a la autoridad penal competente para que proceda en los términos de la legislación aplicable.

SECCIÓN TERCERA
MEDIDAS CAUTELARES

Artículo 123. Las autoridades investigadoras podrán solicitar a la autoridad substanciadora o resolutora, que decrete aquellas medidas cautelares que:

I. Eviten el ocultamiento o destrucción de pruebas;

II. Impidan la continuación de los efectos perjudiciales de la presunta falta administrativa;

III. Eviten la obstaculización del adecuado desarrollo del procedimiento de responsabilidad administrativa;

IV. Eviten un daño irreparable a la Hacienda Pública Federal, o de las entidades federativas, municipios, alcaldías, o al patrimonio de los entes públicos.

No se podrán decretar medidas cautelares en los casos en que se cause un perjuicio al interés social o se contravengan disposiciones de orden público.

Artículo 124. Podrán ser decretadas como medidas cautelares las siguientes:

I. Suspensión temporal del servidor público señalado como presuntamente responsable del empleo, cargo o comisión que desempeñe. Dicha suspensión no prejuzgará ni será indicio de la responsabilidad que se le impute, lo cual se hará constar en la resolución en la que se decrete. Mientras dure la suspensión temporal se deberán decretar, al mismo tiempo, las medidas necesarias que le garanticen al presunto responsable mantener su mínimo vital y de sus dependientes económicos; así como aquellas que impidan que se le presente públicamente como responsable de la comisión de la falta que se le imputa. En el supuesto de que el servidor público suspendido temporalmente no resultare responsable de los actos que se le imputan, la dependencia o entidad donde preste sus servicios lo restituirán en el goce de sus derechos y le cubrirán las percepciones que debió recibir durante el tiempo en que se halló suspendido;

II. Exhibición de documentos originales relacionados directamente con la presunta Falta administrativa;

III. Apercibimiento de multa de cien y hasta ciento cincuenta Unidades de Medida y Actualización, para conminar a los presuntos responsables y testigos, a presentarse el día y hora que se señalen para el desahogo de pruebas a su cargo, así como para señalar un domicilio para practicar cualquier notificación personal relacionada con la substanciación y resolución del procedimiento de responsabilidad administrativa;

IV. Embargo precautorio de bienes; aseguramiento o intervención precautoria de negociaciones. Al respecto será aplicable de forma supletoria el Código Fiscal de la Federación o las que, en su caso, en esta misma materia, sean aplicables en el ámbito de las entidades federativas, y

V. Las que sean necesarias para evitar un daño irreparable a la Hacienda Pública Federal, o de las entidades federativas, municipios, alcaldías, o al patrimonio de los entes públicos, para lo cual las autoridades resolutoras del asunto, podrán solicitar el auxilio y colaboración de cualquier autoridad del país.

Artículo 125. El otorgamiento de medidas cautelares se tramitará de manera incidental. El escrito en el que se soliciten se deberá señalar las pruebas cuyo ocultamiento o destrucción se pretende impedir; los efectos perjudiciales que produce la presunta falta administrativa; los actos que obstaculizan el adecuado desarrollo del procedimiento de responsabilidad administrativa; o bien, el daño irreparable a la Hacienda Pública Federal, o de las entidades federativas, municipios, alcaldías, o bien, al patrimonio de los entes públicos, expresando los motivos por los cuales se solicitan las medidas cautelares y donde se justifique su pertinencia. En cualquier caso, se deberá indicar el nombre y domicilios de quienes serán afectados con las medidas cautelares, para que, en su caso, se les dé vista del incidente respectivo.

Artículo 126. Con el escrito por el que se soliciten las medidas cautelares se dará vista a todos aquellos que serán directamente afectados con las mismas, para que en un término de cinco días hábiles manifiesten lo que a su derecho convenga. Si la autoridad que conozca del incidente lo estima necesario, en el acuerdo de admisión podrá conceder provisionalmente las medidas cautelares solicitadas.

Artículo 127. Transcurrido el plazo señalado en el artículo anterior la Autoridad resolutora dictará la resolución interlocutoria que corresponda dentro de los cinco días hábiles siguientes. En contra de dicha determinación no procederá recurso alguno.

Artículo 128. Las medidas cautelares que tengan por objeto impedir daños a la Hacienda Pública Federal o de las entidades federativas, municipios o alcaldías, o bien, al patrimonio de los entes públicos sólo se suspenderán cuando el presunto responsable otorgue garantía suficiente de la reparación del daño y los perjuicios ocasionados.

Artículo 129. Se podrá solicitar la suspensión de las medidas cautelares en cualquier momento del procedimiento, debiéndose justificar las razones por las que se estime innecesario que éstas continúen, para lo cual se deberá seguir el procedimiento incidental descrito en esta sección. Contra la resolución que niegue la suspensión de las medidas cautelares no procederá recurso alguno.

SECCIÓN CUARTA
DE LAS PRUEBAS

Artículo 130. Para conocer la verdad de los hechos las autoridades resolutoras podrán valerse de cualquier persona o documento, ya sea que pertenezca a las partes o a terceros, sin más limitación que la de que las pruebas hayan sido obtenidas lícitamente, y con pleno respeto a los derechos humanos, solo estará excluida la confesional a cargo de las partes por absolución de posiciones.

Artículo 131. Las pruebas serán valoradas atendiendo a las reglas de la lógica, la sana crítica y de la experiencia.

Artículo 132. Las autoridades resolutoras recibirán por sí mismas las declaraciones de testigos y peritos, y presidirán todos los actos de prueba bajo su más estricta responsabilidad.

Artículo 133. Las documentales emitidas por las autoridades en ejercicio de sus funciones tendrán valor probatorio pleno por lo que respecta a su autenticidad o a la veracidad de los hechos a los que se refieran, salvo prueba en contrario.

Artículo 134. Las documentales privadas, las testimoniales, las inspecciones y las periciales y demás medios de prueba lícitos que se ofrezcan por las partes, solo harán prueba plena cuando a juicio de la Autoridad resolutora del asunto resulten fiables y coherentes de acuerdo con la verdad conocida y el recto raciocinio de la relación que guarden entre sí, de forma tal que generen convicción sobre la veracidad de los hechos.

Artículo 135. Toda persona señalada como responsable de una falta administrativa tiene derecho a que se presuma su inocencia hasta que no se demuestre, más allá de toda duda razonable, su culpabilidad. Las autoridades investigadoras tendrán la carga de la prueba para demostrar la veracidad sobre los hechos que demuestren la existencia de tales faltas, así como la responsabilidad de aquellos a quienes se imputen las mismas. Quienes sean señalados como presuntos responsables de una falta administrativa no estarán obligados a confesar su responsabilidad, ni a declarar en su contra, por lo que su silencio no deberá ser considerado como prueba o indicio de su responsabilidad en la comisión de los hechos que se le imputan.

Artículo 136. Las pruebas deberán ofrecerse en los plazos señalados en esta Ley. Las que se ofrezcan fuera de ellos no serán admitidas salvo que se trate de pruebas supervenientes, entendiéndose por tales, aquellas que se hayan producido con posterioridad al vencimiento del plazo para ofrecer pruebas; o las que se hayan producido antes, siempre que el que las ofrezca manifieste bajo protesta de decir verdad que no tuvo la posibilidad de conocer su existencia.

Artículo 137. De toda prueba superveniente se dará vista a las partes por un término de tres días para que manifiesten lo que a su derecho convenga.

Artículo 138. Los hechos notorios no serán objeto de prueba, pudiendo la autoridad que resuelva el asunto referirse a ellos aun cuando las partes no los hubieren mencionado.

Artículo 139. En caso de que cualquiera de las partes hubiere solicitado la expedición de un documento o informe que obre en poder de cualquier persona o Ente público, y no se haya expedido sin causa justificada, la Autoridad resolutora del asunto ordenará que se expida la misma, para lo cual podrá hacer uso de los medios de apremio previstos en esta Ley.

Artículo 140. Cualquier persona, aun cuando no sea parte en el procedimiento, tiene la obligación de prestar auxilio a las autoridades resolutoras del asunto para la averiguación de la verdad, por lo que deberán exhibir cualquier documento o cosa, o rendir su testimonio en el momento en que sea requerida para ello. Estarán exentos de tal obligación los ascendientes, descendientes, cónyuges y personas que tengan la obligación de mantener el secreto profesional, en los casos en que se trate de probar contra la parte con la que estén relacionados.

Artículo 141. El derecho nacional no requiere ser probado. El derecho extranjero podrá ser objeto de prueba en cuanto su existencia, validez, contenido y alcance, para lo cual las autoridades resolutoras del asunto podrán valerse de informes que se soliciten por conducto de la Secretaría de Relaciones Exteriores, sin perjuicio de las pruebas que al respecto puedan ofrecer las partes.

Artículo 142. Las autoridades resolutoras del asunto podrán ordenar la realización de diligencias para mejor proveer, sin que por ello se entienda abierta de nuevo la investigación, disponiendo la práctica o ampliación de cualquier diligencia probatoria, siempre que resulte pertinente para el conocimiento de los hechos relacionados con la existencia de la Falta administrativa y la responsabilidad de quien la hubiera cometido. Con las pruebas que se alleguen al procedimiento derivadas de diligencias para mejor proveer se dará vista a las partes por el término de tres días para que manifiesten lo que a su derecho convenga, pudiendo ser objetadas en cuanto a su alcance y valor probatorio en la vía incidental.

Artículo 143. Cuando la preparación o desahogo de las pruebas deba tener lugar fuera del ámbito jurisdiccional de la Autoridad resolutora del asunto, podrá solicitar, mediante exhorto o carta rogatoria, la colaboración de las autoridades competentes del lugar. Tratándose de cartas rogatorias se estará a lo dispuesto en los tratados y convenciones de los que México sea parte.

SECCIÓN QUINTA
DE LAS PRUEBAS EN PARTICULAR

Artículo 144. La prueba testimonial estará a cargo de todo aquél que tenga conocimiento de los hechos que las partes deban probar, quienes, por ese hecho, se encuentran obligados a rendir testimonio.

Artículo 145. Las partes podrán ofrecer los testigos que consideren necesarios para acreditar los hechos que deban demostrar. La Autoridad resolutora podrá limitar el número de testigos si considera que su testimonio se refiere a los mismos hechos, para lo cual, en el acuerdo donde así lo determine, deberá motivar dicha resolución.

Artículo 146. La presentación de los testigos será responsabilidad de la parte que los ofrezca. Solo serán citados por la Autoridad resolutora cuando su oferente manifieste que está imposibilitado para hacer que se presenten, en cuyo caso, se dispondrá la citación del testigo mediante la aplicación de los medios de apremio señalados en esta Ley.

Artículo 147. Quienes por motivos de edad o salud no pudieran presentarse a rendir su testimonio ante la Autoridad resolutora, se les tomará su testificación en su domicilio o en el lugar donde se encuentren, pudiendo asistir las partes a dicha diligencia.

Artículo 148. Los representantes de elección popular, ministros, magistrados y jueces del Poder Judicial de la Federación, los consejeros del Consejo de la Judicatura Federal, los servidores públicos que sean ratificados o nombrados con la intervención de cualquiera de las Cámaras del Congreso de la Unión o los congresos locales, los Secretarios de Despacho del Poder Ejecutivo Federal y los equivalentes en las entidades federativas, los titulares de los organismos a los que la Constitución Política de los Estados Unidos Mexicanos otorgue autonomía, los magistrados y jueces de los Tribunales de Justicia de las entidades federativas, los consejeros de los Consejos de la Judicatura o sus equivalentes de las entidades federativas, y los titulares de los órganos a los que las constituciones locales les otorguen autonomía, rendirán su declaración por oficio, para lo cual les serán enviadas por escrito las preguntas y repreguntas correspondientes.

Artículo 149. Con excepción de lo dispuesto en el artículo anterior, las preguntas que se dirijan a los testigos se formularán verbal y directamente por las partes o por quienes se encuentren autorizadas para hacerlo.

Artículo 150. La parte que haya ofrecido la prueba será la primera que interrogará al testigo, siguiendo las demás partes en el orden que determine la Autoridad resolutora del asunto.

Artículo 151. La Autoridad resolutora podrá interrogar libremente a los testigos, con la finalidad de esclarecer la verdad de los hechos.

Artículo 152. Las preguntas y repreguntas que se formulen a los testigos, deben referirse a la Falta administrativa que se imputa a los presuntos responsables y a los hechos que les consten directamente a los testigos. Deberán expresarse en términos claros y no ser insidiosas, ni contener en ellas la respuesta. Aquellas preguntas que no satisfagan estos requisitos serán desechadas, aunque se asentarán textualmente en el acta respectiva.

Artículo 153. Antes de rendir su testimonio, a los testigos se les tomará la protesta para conducirse con verdad, y serán apercibidos de las penas en que incurren aquellos que declaran con falsedad ante autoridad distinta a la judicial. Se hará constar su nombre, domicilio, nacionalidad, lugar de residencia, ocupación y domicilio, si es pariente por consanguinidad o afinidad de alguna de las partes, si mantiene con alguna de ellas relaciones de amistad o de negocios, o bien, si tiene alguna enemistad o animadversión hacia cualquiera de las partes. Al terminar de testificar, los testigos deberán manifestar la razón de su dicho, es decir, el por qué saben y les consta lo que manifestaron en su testificación.

Artículo 154. Los testigos serán interrogados por separado, debiendo la Autoridad resolutora tomar las medidas pertinentes para evitar que entre ellos se comuniquen. Los testigos ofrecidos por una de las partes se rendirán el mismo día, sin excepción, para lo cual se podrán habilitar días y horas inhábiles. De la misma forma se procederá con los testigos de las demás partes, hasta que todos los llamados a rendir su testimonio sean examinados por las partes y la Autoridad resolutora del asunto.

Artículo 155. Cuando el testigo desconozca el idioma español, o no lo sepa leer, la Autoridad resolutora del asunto designará un traductor, debiendo, en estos casos, asentar la declaración del absolvente en español, así como en la lengua o dialecto del absolvente, para lo cual se deberá auxiliar del traductor que dicha autoridad haya designado. Tratándose de personas que presenten alguna discapacidad visual, auditiva o de locución se deberá solicitar la intervención del o los peritos que les permitan tener un trato digno y apropiado en los procedimientos de responsabilidad administrativa en que intervengan.

Artículo 156. Las preguntas que se formulen a los testigos, así como sus correspondientes respuestas, se harán constar literalmente en el acta respectiva. Deberán firmar dicha acta las partes y los testigos, pudiendo previamente leer la misma, o bien, solicitar que les sea leída por el funcionario que designe la Autoridad resolutora del asunto. Para las personas que presenten alguna discapacidad visual, auditiva o de locución, se adoptarán las medidas pertinentes para que puedan acceder a la información contenida en el acta antes de firmarla o imprimir su huella digital. En caso de que las partes no pudieran o quisieran firmar el acta o imprimir su huella digital, la firmará la autoridad que deba resolver el asunto haciendo constar tal circunstancia.

Artículo 157. Los testigos podrán ser tachados por las partes en la vía incidental en los términos previstos en esta Ley.

(REFORMADO, D.O.F. 20 DE MAYO DE 2021)

Artículo 158. Son pruebas documentales todas aquellas en las que conste información de manera escrita, visual o auditiva, sin importar el material, formato o dispositivo en la que esté plasmada o consignada. La Autoridad resolutora del asunto podrá solicitar a las partes que aporten los instrumentos tecnológicos necesarios para la apreciación de los documentos ofrecidos cuando éstos no estén a su disposición. En caso de que las partes no cuenten con tales instrumentos, dicha autoridad podrá solicitar la colaboración del Ministerio Público de la Federación, de las fiscalías o procuradurías locales, o de las entidades federativas, o bien, de las instituciones públicas de educación superior, para que le permitan el acceso al instrumental tecnológico necesario para la apreciación de las pruebas documentales.

Artículo 159. Son documentos públicos, todos aquellos que sean expedidos por los servidores públicos en el ejercicio de sus funciones. Son documentos privados los que no cumplan con la condición anterior.

Artículo 160. Los documentos que consten en un idioma extranjero o en cualquier lengua o dialecto, deberán ser traducidos en idioma español castellano. Para tal efecto, la Autoridad resolutora del asunto solicitará su traducción por medio de un perito designado por ella misma. Las objeciones que presenten las partes a la traducción se tramitarán y resolverán en la vía incidental.

Artículo 161. Los documentos privados se presentarán en original, y, cuando formen parte de un expediente o legajo, se exhibirán para que se compulse la parte que señalen los interesados.

Artículo 162. Podrá pedirse el cotejo de firmas, letras o huellas digitales, siempre que se niegue o se ponga en duda la autenticidad de un documento público o privado. La persona que solicite el cotejo señalará el documento o documentos indubitados para hacer el cotejo, o bien, pedirá a la Autoridad resolutora que cite al autor de la firma, letras o huella digital, para que en su presencia estampe aquellas necesarias para el cotejo.

Artículo 163. Se considerarán indubitables para el cotejo:

I. Los documentos que las partes reconozcan como tales, de común acuerdo;

II. Los documentos privados cuya letra o firma haya sido reconocida ante la Autoridad resolutora del asunto, por aquél a quien se atribuya la dudosa;

III. Los documentos cuya letra, firma o huella digital haya sido declarada en la vía judicial como propia de aquél a quien se atribuya la dudosa, salvo que dicha declaración se haya hecho en rebeldía, y

IV. Las letras, firmas o huellas digitales que haya (sic) sido puestas en presencia de la Autoridad resolutora en actuaciones propias del procedimiento de responsabilidad, por la parte cuya firma, letra o huella digital se trate de comprobar.

Artículo 164. La Autoridad substanciadora o resolutora podrá solicitar la colaboración del ministerio público federal o de las entidades federativas, para determinar la autenticidad de cualquier documento que sea cuestionado por las partes.

Artículo 165. Se reconoce como prueba la información generada o comunicada que conste en medios electrónicos, ópticos o en cualquier otra tecnología.

Para valorar la fuerza probatoria de la información a que se refiere el párrafo anterior, se estimará primordialmente la fiabilidad del método en que haya sido generada, comunicada, recibida o archivada y, en su caso, si es posible atribuir a las personas obligadas el contenido de la información relativa y ser accesible para su ulterior consulta.

Cuando la ley requiera que un documento sea conservado y presentado en su forma original, ese requisito quedará satisfecho si se acredita que la información generada, comunicada, recibida o archivada por medios electrónicos, ópticos o de cualquier otra tecnología, se ha mantenido íntegra e inalterada a partir del momento en que se generó por primera vez en su forma definitiva y ésta pueda ser accesible para su ulterior consulta.

Artículo 166. Las partes podrán objetar el alcance y valor probatorio de los documentos aportados como prueba en el procedimiento de responsabilidad administrativa en la vía incidental prevista en esta Ley.

Artículo 167. La prueba pericial tendrá lugar cuando para determinar la verdad de los hechos sea necesario contar con los conocimientos especiales de una ciencia, arte, técnica, oficio, industria o profesión.

Artículo 168. Quienes sean propuestos como peritos deberán tener título en la ciencia, arte, técnica, oficio, industria o profesión a que pertenezca la cuestión sobre la que han de rendir parecer, siempre que la ley exija dicho título para su ejercicio. En caso contrario, podrán ser autorizados por la autoridad resolutora para actuar como peritos, quienes a su juicio cuenten con los conocimientos y la experiencia para emitir un dictamen sobre la cuestión.

Artículo 169. Las partes ofrecerán sus peritos indicando expresamente la ciencia, arte, técnica, oficio, industria o profesión sobre la que deberá practicarse la prueba, así como los puntos y las cuestiones sobre las que versará la prueba.

Artículo 170. En el acuerdo en que se resuelva la admisión de la prueba, se requerirá al oferente para que presente a su perito el día y hora que se señale por la Autoridad resolutora del asunto, a fin de que acepte y proteste desempeñar su cargo de conformidad con la ley. En caso de no hacerlo, se tendrá por no ofrecida la prueba.

Artículo 171. Al admitir la prueba pericial, la Autoridad resolutora del asunto dará vista a las demás partes por el término de tres días para que propongan la ampliación de otros puntos y cuestiones para que el perito determine.

Artículo 172. En caso de que el perito haya aceptado y protestado su cargo, la Autoridad resolutora del asunto fijará prudentemente un plazo para que el perito presente el dictamen correspondiente. En caso de no presentarse dicho dictamen, la prueba se declarará desierta.

Artículo 173. Las demás partes del procedimiento administrativo, podrán a su vez designar un perito para que se pronuncie sobre los aspectos cuestionados por el oferente de la prueba, así como por los ampliados por las demás partes, debiéndose proceder en los términos descritos en el artículo 169 de esta Ley.

Artículo 174. Presentados los dictámenes por parte de los peritos, la autoridad resolutora convocará a los mismos a una audiencia donde las partes y la autoridad misma, podrán solicitarles las aclaraciones y explicaciones que estimen conducentes.

Artículo 175. Las partes absolverán los costos de los honorarios de los peritos que ofrezcan.

Artículo 176. De considerarlo pertinente, la Autoridad resolutora del asunto podrá solicitar la colaboración del ministerio público federal o de las entidades federativas, o bien, de instituciones públicas de educación superior, para que, a través de peritos en la ciencia, arte, técnica, industria, oficio o profesión adscritos a tales instituciones, emitan su dictamen sobre aquellas cuestiones o puntos controvertidos por las partes en el desahogo de la prueba pericial, o sobre aquellos aspectos que estime necesarios para el esclarecimiento de los hechos.

Artículo 177. La inspección en el procedimiento de responsabilidad administrativa, estará a cargo de la Autoridad resolutora, y procederá cuando así sea solicitada por cualquiera de las partes, o bien, cuando de oficio lo estime conducente dicha autoridad para el esclarecimiento de los hechos, siempre que no se requieran conocimientos especiales para la apreciación de los objetos, cosas, lugares o hechos que se pretendan observar mediante la inspección.

Artículo 178. Al ofrecer la prueba de inspección, su oferente deberá precisar los objetos, cosas, lugares o hechos que pretendan ser observados mediante la intervención de la Autoridad resolutora del asunto.

Artículo 179. Antes de admitir la prueba de inspección, la autoridad resolutora dará vista a las demás partes para que manifiesten lo que a su derecho convenga y, en su caso, propongan la ampliación de los objetos, cosas, lugares o hechos que serán materia de la inspección.

Artículo 180. Para el desahogo de la prueba de inspección, la autoridad resolutora citará a las partes en el lugar donde se llevará a cabo esta, quienes podrán acudir para hacer las observaciones que estimen oportunas.

Artículo 181. De la inspección realizada se levantará un acta que deberá ser firmada por quienes en ella intervinieron. En caso de no querer hacerlo, o estar impedidos para ello, la Autoridad resolutora del asunto firmará el acta respectiva haciendo constar tal circunstancia.

SECCIÓN SEXTA
DE LOS INCIDENTES

Artículo 182. Aquellos incidentes que no tengan señalado una tramitación especial se promoverán mediante un escrito de cada parte, y tres días para resolver. En caso de que se ofrezcan pruebas, se hará en el escrito de presentación respectivo. Si tales pruebas no tienen relación con los hechos controvertidos en el incidente, o bien, si la materia del incidente solo versa sobre puntos de derecho, la Autoridad substanciadora o resolutora del asunto, según sea el caso, desechará las pruebas ofrecidas. En caso de admitir las pruebas se fijará una audiencia dentro de los diez días hábiles siguientes a la admisión del incidente donde se recibirán las pruebas, se escucharán los alegatos de las partes y se les citará para oír la resolución que corresponda.

Artículo 183. Cuando los incidentes tengan por objeto tachar testigos, o bien, objetar pruebas en cuanto su alcance y valor probatorio, será necesario que quien promueva el incidente señale con precisión las razones que tiene para ello, así como las pruebas que sustenten sus afirmaciones. En caso de no hacerlo así, el incidente será desechado de plano.

Artículo 184. Los incidentes que tengan por objeto reclamar la nulidad del emplazamiento, interrumpirán la continuación del procedimiento.

SECCIÓN SÉPTIMA
DE LA ACUMULACIÓN

Artículo 185. La acumulación será procedente:

I. Cuando a dos o más personas se les atribuya la comisión de una o más Faltas administrativas que se encuentren relacionadas entre sí con la finalidad de facilitar la ejecución o asegurar la consumación de cualquiera de ellas;

II. Cuando se trate de procedimientos de responsabilidad administrativa donde se imputen dos a más Faltas administrativas a la misma persona, siempre que se encuentren relacionadas entre sí, con la finalidad de facilitar la ejecución o asegurar la consumación de cualquiera de ellas.

Artículo 186. Cuando sea procedente la acumulación, será competente para conocer del asunto aquella Autoridad substanciadora que tenga conocimiento de la falta cuya sanción sea mayor. Si la Falta administrativa amerita la misma sanción, será competente la autoridad encargada de substanciar el asunto que primero haya admitido el Informe de Presunta Responsabilidad Administrativa.

SECCIÓN OCTAVA
DE LAS NOTIFICACIONES

Artículo 187. Las notificaciones se tendrán por hechas a partir del día hábil siguiente en que surtan sus efectos.

Artículo 188. Las notificaciones podrán ser hechas a las partes personalmente o por los estrados de la Autoridad substanciadora o, en su caso, de la resolutora.

Artículo 189. Las notificaciones personales surtirán sus efectos al día hábil siguiente en que se realicen. Las autoridades substanciadoras o resolutoras del asunto, según corresponda, podrán solicitar mediante exhorto, la colaboración de las Secretarías, Órganos internos de control, o de los Tribunales, para realizar las notificaciones personales que deban llevar a cabo respecto de aquellas personas que se encuentren en lugares que se hallen fuera de su jurisdicción.

Artículo 190. Las notificaciones por estrados surtirán sus efectos dentro de los tres días hábiles siguientes en que sean colocados en los lugares destinados para tal efecto. La Autoridad substanciadora o resolutora del asunto, deberá certificar el día y hora en que hayan sido colocados los acuerdos en los estrados respectivos.

Artículo 191. Cuando las leyes orgánicas de los Tribunales dispongan la notificación electrónica, se aplicará lo que al respecto se establezca en ellas.

Artículo 192. Cuando las notificaciones deban realizarse en el extranjero, las autoridades podrán solicitar el auxilio de las autoridades competentes mediante carta rogatoria, para lo cual deberá estarse a lo dispuesto en las convenciones o instrumentos internacionales de los que México sea parte.

Artículo 193. Serán notificados personalmente:

I. El emplazamiento al presunto o presuntos responsables para que comparezca al procedimiento de responsabilidad administrativa. Para que el emplazamiento se entienda realizado se les deberá entregar copia certificada del Informe de Presunta Responsabilidad Administrativa y del acuerdo por el que se admite; de las constancias del Expediente de presunta Responsabilidad Administrativa integrado en la investigación, así como de las demás constancias y pruebas que hayan aportado u ofrecido las autoridades investigadoras para sustentar el Informe de Presunta Responsabilidad Administrativa;

II. El acuerdo de admisión del Informe de Presunta Responsabilidad Administrativa;

III. El acuerdo por el que se ordene la citación a la audiencia inicial del procedimiento de responsabilidad administrativa;

IV. En el caso de faltas administrativas graves, el acuerdo por el que remiten las constancias originales del expediente del procedimiento de responsabilidad administrativa al Tribunal encargado de resolver el asunto;

V. Los acuerdos por lo que se aperciba a las partes o terceros, con la imposición de medidas de apremio;

VI. La resolución definitiva que se pronuncie en el procedimiento de responsabilidad administrativa, y

VII. Las demás que así se determinen en la ley, o que las autoridades substanciadoras o resolutoras del asunto consideren pertinentes para el mejor cumplimiento de sus resoluciones.

SECCIÓN NOVENA
DE LOS INFORMES DE PRESUNTA RESPONSABILIDAD ADMINISTRATIVA

Artículo 194. El Informe de Presunta Responsabilidad Administrativa será emitido por las Autoridades investigadoras, el cual deberá contener los siguientes elementos:

I. El nombre de la Autoridad investigadora;

II. El domicilio de la Autoridad investigadora para oír y recibir notificaciones;

III. El nombre o nombres de los funcionarios que podrán imponerse de los autos del expediente de responsabilidad administrativa por parte de la Autoridad investigadora, precisando el alcance que tendrá la autorización otorgada;

IV. El nombre y domicilio del servidor público a quien se señale como presunto responsable, así como el Ente público al que se encuentre adscrito y el cargo que ahí desempeñe. En caso de que los presuntos responsables sean particulares, se deberá señalar su nombre o razón social, así como el domicilio donde podrán ser emplazados;

V. La narración lógica y cronológica de los hechos que dieron lugar a la comisión de la presunta Falta administrativa;

VI. La infracción que se imputa al señalado como presunto responsable, señalando con claridad las razones por las que se considera que ha cometido la falta;

VII. Las pruebas que se ofrecerán en el procedimiento de responsabilidad administrativa, para acreditar la comisión de la Falta administrativa, y la responsabilidad que se atribuye al señalado como presunto responsable, debiéndose exhibir las pruebas documentales que obren en su poder, o bien, aquellas que, no estándolo, se acredite con el acuse de recibo correspondiente debidamente sellado, que las solicitó con la debida oportunidad;

VIII. La solicitud de medidas cautelares, de ser el caso, y

IX. Firma autógrafa de Autoridad investigadora.

Artículo 195. En caso de que la Autoridad substanciadora advierta que el Informe de Presunta Responsabilidad Administrativa adolece de alguno o algunos de los requisitos señalados en el artículo anterior, o que la narración de los hechos fuere obscura o imprecisa, prevendrá a la Autoridad investigadora para que los subsane en un término de tres días. En caso de no hacerlo se tendrá por no presentado dicho informe, sin perjuicio de que la Autoridad investigadora podrá presentarlo nuevamente siempre que la sanción prevista para la Falta administrativa en cuestión no hubiera prescrito.

SECCIÓN DÉCIMA
DE LA IMPROCEDENCIA Y EL SOBRESEIMIENTO

Artículo 196. Son causas de improcedencia del procedimiento de responsabilidad administrativa, las siguientes:

I. Cuando la Falta administrativa haya prescrito;

II. Cuando los hechos o las conductas materia del procedimiento no fueran de competencia de las autoridades substanciadoras o resolutoras del asunto. En este caso, mediante oficio, el asunto se deberá hacer del conocimiento a la autoridad que se estime competente;

III. Cuando las Faltas administrativas que se imputen al presunto responsable ya hubieran sido objeto de una resolución que haya causado ejecutoria pronunciada por las autoridades resolutoras del asunto, siempre que el señalado como presunto responsable sea el mismo en ambos casos;

IV. Cuando de los hechos que se refieran en el Informe de Presunta Responsabilidad Administrativa, no se advierta la comisión de Faltas administrativas, y

V. Cuando se omita acompañar el Informe de Presunta Responsabilidad Administrativa.

Artículo 197. Procederá el sobreseimiento en los casos siguientes:

I. Cuando se actualice o sobrevenga cualquiera de las causas de improcedencia previstas en esta Ley;

II. Cuando por virtud de una reforma legislativa, la Falta administrativa que se imputa al presunto responsable haya quedado derogada, o

III. Cuando el señalado como presunto responsable muera durante el procedimiento de responsabilidad administrativa.

Cuando las partes tengan conocimiento de alguna causa de sobreseimiento, la comunicarán de inmediato a la Autoridad substanciadora o resolutora, según corresponda, y de ser posible, acompañarán las constancias que la acrediten.

SECCIÓN DÉCIMO PRIMERA
DE LAS AUDIENCIAS

Artículo 198. Las audiencias que se realicen en el procedimiento de responsabilidad administrativa, se llevarán de acuerdo con las siguientes reglas:

I. Serán públicas;

II. No se permitirá la interrupción de la audiencia por parte de persona alguna, sea por los que intervengan en ella o ajenos a la misma. La autoridad a cargo de la dirección de la audiencia podrá reprimir las interrupciones a la misma haciendo uso de los medios de apremio que se prevén en esta Ley, e incluso estará facultado para ordenar el desalojo de las personas ajenas al procedimiento del local donde se desarrolle la audiencia, cuando a su juicio resulte conveniente para el normal desarrollo y continuación de la misma, para lo cual podrá solicitar el auxilio de la fuerza pública, debiendo hacer constar en el acta respectiva los motivos que tuvo para ello;

III. Quienes actúen como secretarios, bajo la responsabilidad de la autoridad encargada de la dirección de la audiencia, deberán hacer constar el día, lugar y hora en que principie la audiencia, la hora en la que termine, así como el nombre de las partes, peritos y testigos y personas que hubieren intervenido en la misma, dejando constancia de los incidentes que se hubieren desarrollado durante la audiencia.

Artículo 199. Las autoridades substanciadoras o resolutoras del asunto tienen el deber de mantener el buen orden y de exigir que se les guarde el respeto y la consideración debidos, por lo que tomarán, de oficio o a petición de parte, todas las medidas necesarias establecidas en la ley, tendientes a prevenir o a sancionar cualquier acto contrario al respeto debido hacia ellas y al que han de guardarse las partes entre sí, así como las faltas de decoro y probidad, pudiendo requerir el auxilio de la fuerza pública.

Cuando la infracción llegare a tipificar un delito, se procederá contra quienes lo cometieren, con arreglo a lo dispuesto en la legislación penal.

SECCIÓN DÉCIMO SEGUNDA
DE LAS ACTUACIONES Y RESOLUCIONES

Artículo 200. Los expedientes se formarán por las autoridades substanciadoras o, en su caso, resolutoras del asunto con la colaboración de las partes, terceros y quienes intervengan en los procedimientos conforme a las siguientes reglas:

I. Todos los escritos que se presenten deberán estar escritos en idioma español o lengua nacional y estar firmados o contener su huella digital, por quienes intervengan en ellos. En caso de que no supieren o pudieren firmar bastará que se estampe la huella digital, o bien, podrán pedir que firme otra persona a su ruego y a su nombre debiéndose señalar tal circunstancia. En este último caso se requerirá que el autor de la promoción comparezca personalmente ante la Autoridad substanciadora o resolutora, según sea el caso, a ratificar su escrito dentro de los tres días siguientes, de no comparecer se tendrá por no presentado dicho escrito;

II. Los documentos redactados en idioma extranjero, se acompañarán con su debida traducción, de la cual se dará vista a las partes para que manifiesten lo que a su derecho convenga;

III. En toda actuación las cantidades y fechas se escribirán con letra, y no se emplearán abreviaturas, ni se rasparán las frases equivocadas, sobre las que solo se pondrá una línea delgada que permita su lectura salvándose al final del documento con toda precisión el error cometido. Lo anterior no será aplicable cuando las actuaciones se realicen mediante el uso de equipos de cómputo, pero será responsabilidad de la Autoridad substanciadora o resolutora, que en las actuaciones se haga constar fehacientemente lo acontecido durante ellas;

IV. Todas las constancias del expediente deberán ser foliadas, selladas y rubricadas en orden progresivo, y

V. Las actuaciones serán autorizadas por las autoridades substanciadoras o resolutoras, y, en su caso, por el secretario a quien corresponda certificar o dar fe del acto cuando así se determine de conformidad con las leyes correspondientes.

Artículo 201. Las actuaciones serán nulas cuando les falte alguno de sus requisitos esenciales, de manera que quede sin defensa cualquiera de las partes. No podrá reclamar la nulidad la parte que hubiere dado lugar a ella.

Artículo 202. Las resoluciones serán:

I. Acuerdos, cuando se trate de aquellas sobre simples resoluciones de trámite;

II. Autos provisionales, los que se refieren a determinaciones que se ejecuten provisionalmente;

III. Autos preparatorios, que son resoluciones por las que se prepara el conocimiento y decisión del asunto, se ordena la admisión, la preparación de pruebas o su desahogo;

IV. Sentencias interlocutorias, que son aquellas que resuelven un incidente, y

V. Sentencias definitivas, que son las que resuelven el fondo del procedimiento de responsabilidad administrativa.

Artículo 203. Las resoluciones deben ser firmadas de forma autógrafa por la autoridad que la emita, y, de ser el caso, por el secretario correspondiente en los términos que se dispongan en las leyes.

Artículo 204. Los acuerdos, autos y sentencias no podrán modificarse después de haberse firmado, pero las autoridades que los emitan sí podrán aclarar algún concepto cuando éstos sean obscuros o imprecisos, sin alterar su esencia. Las aclaraciones podrán realizarse de oficio, o a petición de alguna de las partes las que deberán promoverse dentro de los tres días hábiles siguientes a que se tenga por hecha la notificación de la resolución, en cuyo caso la resolución que corresponda se dictará dentro de los tres días hábiles siguientes.

Artículo 205. Toda resolución deberá ser clara, precisa y congruente con las promociones de las partes, resolviendo sobre lo que en ellas hubieren pedido. Se deberá utilizar un lenguaje sencillo y claro, debiendo evitar las transcripciones innecesarias.

Artículo 206. Las resoluciones se considerarán que han quedado firmes, cuando transcurridos los plazos previstos en esta Ley, no se haya interpuesto en su contra recurso alguno; o bien, desde su emisión, cuando no proceda contra ellas recurso o medio ordinario de defensa.

Artículo 207. Las sentencias definitivas deberán contener lo siguiente:

I. Lugar, fecha y Autoridad resolutora correspondiente;

II. Los motivos y fundamentos que sostengan la competencia de la Autoridad resolutora;

III. Los antecedentes del caso;

IV. La fijación clara y precisa de los hechos controvertidos por las partes;

V. La valoración de las pruebas admitidas y desahogadas;

VI. Las consideraciones lógico jurídicas que sirven de sustento para la emisión de la resolución. En el caso de que se hayan ocasionado daños y perjuicios a la Hacienda Pública Federal, local o municipal o al patrimonio de los entes públicos, se deberá señalar la existencia de la relación de causalidad entre la conducta calificada como Falta administrativa grave o Falta de particulares y la lesión producida; la valoración del daño o perjuicio causado; así como la determinación del monto de la indemnización, explicitando los criterios utilizados para su cuantificación;

VII. El relativo a la existencia o inexistencia de los hechos que la ley señale como Falta administrativa grave o Falta de particulares y, en su caso, la responsabilidad plena del servidor público o particular vinculado con dichas faltas. Cuando derivado del conocimiento del asunto, la Autoridad resolutora advierta la probable comisión de Faltas administrativas, imputables a otra u otras personas, podrá ordenar en su fallo que las autoridades investigadoras inicien la investigación correspondiente;

VIII. La determinación de la sanción para el servidor público que haya sido declarado plenamente responsable o particular vinculado en la comisión de la Falta administrativa grave;

IX. La existencia o inexistencia que en términos de esta Ley constituyen Faltas administrativas, y

X. Los puntos resolutivos, donde deberá precisarse la forma en que deberá cumplirse la resolución.

CAPÍTULO II
DEL PROCEDIMIENTO DE RESPONSABILIDAD ADMINISTRATIVA ANTE LAS SECRETARÍAS Y ÓRGANOS INTERNOS DE CONTROL

Artículo 208. En los asuntos relacionados con Faltas administrativas no graves, se deberá proceder en los términos siguientes:

I. La Autoridad investigadora deberá presentar ante la Autoridad substanciadora el Informe de Presunta Responsabilidad Administrativa, la cual, dentro de los tres días siguientes se pronunciará sobre su admisión, pudiendo prevenir a la Autoridad investigadora para que subsane las omisiones que advierta, o que aclare los hechos narrados en el informe;

II. En el caso de que la Autoridad substanciadora admita el Informe de Presunta Responsabilidad Administrativa, ordenará el emplazamiento del presunto responsable, debiendo citarlo para que comparezca personalmente a la celebración de la audiencia inicial, señalando con precisión el día, lugar y hora en que tendrá lugar dicha audiencia, así como la autoridad ante la que se llevará a cabo. Del mismo modo, le hará saber el derecho que tiene de no declarar contra de sí mismo ni a declararse culpable; de defenderse personalmente o ser asistido por un defensor perito en la materia y que, de no contar con un defensor, le será nombrado un defensor de oficio;

III. Entre la fecha del emplazamiento y la de la audiencia inicial deberá mediar un plazo no menor de diez ni mayor de quince días hábiles. El diferimiento de la audiencia sólo podrá otorgarse por causas de caso fortuito o de fuerza mayor debidamente justificadas, o en aquellos casos en que se nombre;

IV. Previo a la celebración de la audiencia inicial, la Autoridad substanciadora deberá citar a las demás partes que deban concurrir al procedimiento, cuando menos con setenta y dos horas de anticipación;

V. El día y hora señalado para la audiencia inicial el presunto responsable rendirá su declaración por escrito o verbalmente, y deberá ofrecer las pruebas que estime necesarias para su defensa. En caso de tratarse de pruebas documentales, deberá exhibir todas las que tenga en su poder, o las que no estándolo, conste que las solicitó mediante el acuse de recibo correspondiente. Tratándose de documentos que obren en poder de terceros y que no pudo conseguirlos por obrar en archivos privados, deberá señalar el archivo donde se encuentren o la persona que los tenga a su cuidado para que, en su caso, le sean requeridos en los términos previstos en esta Ley;

VI. Los terceros llamados al procedimiento de responsabilidad administrativa, a más tardar durante la audiencia inicial, podrán manifestar por escrito o verbalmente lo que a su derecho convenga y ofrecer las pruebas que estimen conducentes, debiendo exhibir las documentales que obren en su poder, o las que no estándolo, conste que las solicitaron mediante el acuse de recibo correspondiente. Tratándose de documentos que obren en poder de terceros y que no pudieron conseguirlos por obrar en archivos privados, deberán señalar el archivo donde se encuentren o la persona que los tenga a su cuidado para que, en su caso, le sean requeridos;

VII. Una vez que las partes hayan manifestado durante la audiencia inicial lo que a su derecho convenga y ofrecido sus respectivas pruebas, la Autoridad substanciadora declarará cerrada la audiencia inicial, después de ello las partes no podrán ofrecer más pruebas, salvo aquellas que sean supervenientes;

VIII. Dentro de los quince días hábiles siguientes al cierre de la audiencia inicial, la Autoridad substanciadora deberá emitir el acuerdo de admisión de pruebas que corresponda, donde deberá ordenar las diligencias necesarias para su preparación y desahogo;

IX. Concluido el desahogo de las pruebas ofrecidas por las partes, y si no existieran diligencias pendientes para mejor proveer o más pruebas que desahogar, la Autoridad substanciadora declarará abierto el periodo de alegatos por un término de cinco días hábiles comunes para las partes;

X. Una vez trascurrido el periodo de alegatos, la Autoridad resolutora del asunto, de oficio, declarará cerrada la instrucción y citará a las partes para oír la resolución que corresponda, la cual deberá dictarse en un plazo no mayor a treinta días hábiles, el cual podrá ampliarse por una sola vez por otros treinta días hábiles más, cuando la complejidad del asunto así lo requiera, debiendo expresar los motivos para ello;

XI. La resolución, deberá notificarse personalmente al presunto responsable. En su caso, se notificará a los denunciantes únicamente para su conocimiento, y al jefe inmediato o al titular de la dependencia o entidad, para los efectos de su ejecución, en un plazo no mayor de diez días hábiles.

CAPÍTULO III
DEL PROCEDIMIENTO DE RESPONSABILIDAD ADMINISTRATIVA CUYA RESOLUCIÓN CORRESPONDA A LOS TRIBUNALES

Artículo 209. En los asuntos relacionados con Faltas administrativas graves o Faltas de particulares, se deberá proceder de conformidad con el procedimiento previsto en este artículo.

Las Autoridades substanciadoras deberán observar lo dispuesto en las fracciones I a VII del artículo anterior, luego de lo cual procederán conforme a lo dispuesto en las siguientes fracciones:

I. A más tardar dentro de los tres días hábiles siguientes de haber concluido la audiencia inicial, la Autoridad substanciadora deberá, bajo su responsabilidad, enviar al Tribunal competente los autos originales del expediente, así como notificar a las partes de la fecha de su envío, indicando el domicilio del Tribunal encargado de la resolución del asunto;

II. Cuando el Tribunal reciba el expediente, bajo su más estricta responsabilidad, deberá verificar que la falta descrita en el Informe de Presunta Responsabilidad Administrativa sea de las consideradas como graves. En caso de no serlo, fundando y motivando debidamente su resolución, enviará el expediente respectivo a la Autoridad substanciadora que corresponda para que continúe el procedimiento en términos de lo dispuesto en el artículo anterior.

De igual forma, de advertir el Tribunal que los hechos descritos por la Autoridad investigadora en el Informe de Presunta Responsabilidad Administrativa corresponden a la descripción de una falta grave diversa, le ordenará a ésta realice la reclasificación que corresponda, pudiendo señalar las directrices que considere pertinentes para su debida presentación, para lo cual le concederá un plazo de tres días hábiles. En caso de que la Autoridad investigadora se niegue a hacer la reclasificación, bajo su más estricta responsabilidad así lo hará saber al Tribunal fundando y motivando su proceder. En este caso, el Tribunal continuará con el procedimiento de responsabilidad administrativa.

Una vez que el Tribunal haya decidido que el asunto corresponde a su competencia y, en su caso, se haya solventado la reclasificación, deberá notificar personalmente a las partes sobre la recepción del expediente.

Cuando conste en autos que las partes han quedado notificadas, dictará dentro de los quince días hábiles siguientes el acuerdo de admisión de pruebas que corresponda, donde deberá ordenar las diligencias necesarias para su preparación y desahogo;

III. Concluido el desahogo de las pruebas ofrecidas por las partes, y si no existieran diligencias pendientes para mejor proveer o más pruebas que desahogar, el Tribunal declarará abierto el periodo de alegatos por un término de cinco días hábiles comunes para las partes;

IV. Una vez trascurrido el periodo de alegatos, el Tribunal, de oficio, declarará cerrada la instrucción y citará a las partes para oír la resolución que corresponda, la cual deberá dictarse en un plazo no mayor a treinta días hábiles, el cual podrá ampliarse por una sola vez por otros treinta días hábiles más, cuando la complejidad del asunto así lo requiera debiendo expresar los motivos para ello, y

V. La resolución, deberá notificarse personalmente al presunto responsable. En su caso, se notificará a los denunciantes únicamente para su conocimiento, y al jefe inmediato o al titular de la dependencia o entidad, para los efectos de su ejecución, en un plazo no mayor de diez días hábiles.

SECCIÓN PRIMERA
DE LA REVOCACIÓN

Artículo 210. Los Servidores Públicos que resulten responsables por la comisión de Faltas administrativas no graves en los términos de las resoluciones administrativas que se dicten conforme a lo dispuesto en el presente Título por las Secretarías o los Órganos internos de control, podrán interponer el recurso de revocación ante la autoridad que emitió la resolución dentro de los quince días hábiles siguientes a la fecha en que surta efectos la notificación respectiva.

Las resoluciones que se dicten en el recurso de revocación serán impugnables ante los Tribunales, vía el juicio contencioso administrativo para el caso del Tribunal Federal de Justicia Administrativa, o el juicio que dispongan las leyes que rijan en esa materia en las entidades federativas según corresponda.

Artículo 211. La tramitación del recurso de revocación se sujetará a las normas siguientes:

I. Se iniciará mediante escrito en el que deberán expresarse los agravios que a juicio del Servidor Público le cause la resolución, así como el ofrecimiento de las pruebas que considere necesario rendir;

II. La autoridad acordará sobre la prevención, admisión o desechamiento del recurso en un término de tres días hábiles; en caso de admitirse, tendrá que acordar sobre las pruebas ofrecidas, desechando de plano las que no fuesen idóneas para desvirtuar los hechos en que se base la resolución;

III. Si el escrito de interposición del recurso de revocación no cumple con alguno de los requisitos establecidos en la fracción I de este artículo y la autoridad no cuenta con elementos para subsanarlos se prevendrá al recurrente, por una sola ocasión, con el objeto de que subsane las omisiones dentro de un plazo que no podrá exceder de tres días contados a partir del día siguiente de la notificación de la prevención, con el apercibimiento de que, de no cumplir, se desechará el recurso de revocación.

La prevención tendrá el efecto de interrumpir el plazo que tiene la autoridad para resolver el recurso, por lo que comenzará a computarse a partir del día siguiente a su desahogo, y

IV. Desahogadas las pruebas, si las hubiere, las Secretarías, el titular del Órgano interno de control o el servidor público en quien delegue esta facultad, dictará resolución dentro de los treinta días hábiles siguientes, notificándolo al interesado en un plazo no mayor de setenta y dos horas.

Artículo 212. La interposición del recurso suspenderá la ejecución de la resolución recurrida, si concurren los siguientes requisitos:

I. Que la solicite el recurrente, y

II. Que no se siga perjuicio al interés social ni se contravengan disposiciones de orden público.

En los casos en que sea procedente la suspensión pero pueda ocasionar daño o perjuicio a tercero y la misma se conceda, el quejoso deberá otorgar garantía bastante para reparar el daño e indemnizar los perjuicios que con aquélla se causaren si no obtuviere resolución favorable.

Cuando con la suspensión puedan afectarse derechos del tercero interesado que no sean estimables en dinero, la autoridad que resuelva el recurso fijará discrecionalmente el importe de la garantía.

La autoridad deberá de acordar en un plazo no mayor de veinticuatro horas respecto a la suspensión que solicite el recurrente.

SECCIÓN SEGUNDA
DE LA RECLAMACIÓN

Artículo 213. El recurso de reclamación procederá en contra de las resoluciones de las autoridades substanciadoras o resolutoras que admitan, desechen o tengan por no presentado el Informe de Presunta Responsabilidad Administrativa, la contestación o alguna prueba; las que decreten o nieguen el sobreseimiento del procedimiento de responsabilidad administrativa antes del cierre de instrucción; y aquéllas que admitan o rechacen la intervención del tercero interesado.

Artículo 214. La reclamación se interpondrá ante la Autoridad substanciadora o resolutora, según corresponda, que haya dictado el auto recurrido, dentro de los cinco días hábiles siguientes a aquél en que surta efectos la notificación de que se trate.

Interpuesto el recurso, se ordenará correr traslado a la contraparte por el término de tres días hábiles para que exprese lo que a su derecho convenga, sin más trámite, se dará cuenta al Tribunal para que resuelva en el término de cinco días hábiles.

De la reclamación conocerá la Autoridad substanciadora o resolutora que haya emitido el auto recurrido.

La resolución de la reclamación no admitirá recurso legal alguno.

SECCIÓN TERCERA
DE LA APELACIÓN

Artículo 215. Las resoluciones emitidas por los Tribunales, podrán ser impugnadas por los responsables o por los terceros, mediante el recurso de apelación, ante la instancia y conforme a los medios que determinen las leyes orgánicas de los Tribunales.

El recurso de apelación se promoverá mediante escrito ante el Tribunal que emitió la resolución, dentro de los quince días hábiles siguientes a aquél en que surta sus efectos la notificación de la resolución que se recurre.

En el escrito deberán formularse los agravios que consideren las partes se les hayan causado, exhibiéndose una copia del mismo para el expediente y una para cada una de las partes.

Artículo 216. Procederá el recurso de apelación contra las resoluciones siguientes:

I. La que determine imponer sanciones por la comisión de Faltas administrativas graves o Faltas de particulares, y

II. La que determine que no existe responsabilidad administrativa por parte de los presuntos infractores, ya sean Servidores Públicos o particulares.

Artículo 217. La instancia que conozca de la apelación deberá resolver en el plazo de tres días hábiles si admite el recurso, o lo desecha por encontrar motivo manifiesto e indudable de improcedencia.

Si hubiera irregularidades en el escrito del recurso por no haber satisfecho los requisitos establecidos en el artículo 215 de esta Ley, se señalará al promovente en un plazo que no excederá de tres días hábiles, para que subsane las omisiones o corrija los defectos precisados en la providencia relativa.

El Tribunal, dará vista a las partes para que en el término de tres días hábiles, manifiesten lo que a su derecho convenga; vencido este término se procederá a resolver con los elementos que obren en autos.

Artículo 218. El Tribunal procederá al estudio de los conceptos de apelación, atendiendo a su prelación lógica. En todos los casos, se privilegiará el estudio de los conceptos de apelación de fondo por encima de los de procedimiento y forma, a menos que invertir el orden dé la certeza de la inocencia del servidor público o del particular, o de ambos; o que en el caso de que el recurrente sea la Autoridad Investigadora, las violaciones de forma hayan impedido conocer con certeza la responsabilidad de los involucrados.

En los asuntos en los que se desprendan violaciones de fondo de las cuales pudiera derivarse el sobreseimiento del procedimiento de responsabilidad administrativa, la inocencia del recurrente, o la determinación de culpabilidad respecto de alguna conducta, se le dará preferencia al estudio de aquéllas aún de oficio.

Artículo 219. En el caso de ser revocada la sentencia o de que su modificación así lo disponga, cuando el recurrente sea el servidor público o el particular, se ordenará al Ente público en el que se preste o haya prestado sus servicios, lo restituya de inmediato en el goce de los derechos de que hubiese sido privado por la ejecución de las sanciones impugnadas, en los términos de la sentencia respectiva, sin perjuicio de lo que establecen otras leyes.

(REFORMADO, D.O.F. 20 DE MAYO DE 2021)

Se exceptúan del párrafo anterior, los Agentes del Ministerio Público, peritos oficiales y miembros de las instituciones policiales; casos en los que la Fiscalía General de la República, las fiscalías y las procuradurías de justicia de las entidades federativas y las instituciones policiales de la Federación, de las entidades federativas o municipales, sólo estarán obligadas a pagar la indemnización y demás prestaciones a que tengan derecho, sin que en ningún caso proceda la reincorporación al servicio, en los términos previstos en el apartado B, fracción XIII, del artículo 123 de la Constitución.

SECCIÓN CUARTA
DE LA REVISIÓN

Artículo 220. Las resoluciones definitivas que emita el Tribunal Federal de Justicia Administrativa, podrán ser impugnadas por la Secretaría de la Función Pública, los Órganos internos de control de los entes públicos federales o la Auditoría Superior de la Federación, interponiendo el recurso de revisión, mediante escrito que se presente ante el propio Tribunal, dentro de los diez días hábiles siguientes a aquél en que surta sus efectos la notificación respectiva.

La tramitación del recurso de revisión se sujetará a lo establecido en la Ley de Amparo, Reglamentaria de los Artículos 103 y 107 de la Constitución Política de los Estados Unidos Mexicanos, para la substanciación de la revisión en amparo indirecto, y en contra de la resolución dictada por el Tribunal Colegiado de Circuito no procederá juicio ni recurso alguno.

Artículo 221. Las sentencias definitivas que emitan los Tribunales de las entidades federativas, podrán ser impugnadas por las Secretarías, los Órganos internos del control o las entidades de fiscalización locales competentes, en los términos que lo prevean las leyes locales.

CAPÍTULO IV
DE LA EJECUCIÓN

SECCIÓN PRIMERA
CUMPLIMIENTO Y EJECUCIÓN DE SANCIONES POR FALTAS ADMINISTRATIVAS NO GRAVES

Artículo 222. La ejecución de las sanciones por Faltas administrativas no graves se llevará a cabo de inmediato, una vez que sean impuestas por las Secretarías o los Órganos internos de control, y conforme se disponga en la resolución respectiva.

Artículo 223. Tratándose de los Servidores Públicos de base, la suspensión y la destitución se ejecutarán por el titular del Ente público correspondiente.

SECCIÓN SEGUNDA
CUMPLIMIENTO Y EJECUCIÓN DE SANCIONES POR FALTAS ADMINISTRATIVAS GRAVES Y FALTAS DE PARTICULARES

Artículo 224. Las sanciones económicas impuestas por los Tribunales constituirán créditos fiscales a favor de la Hacienda Pública Federal, local o municipal, o del patrimonio de los entes públicos, según corresponda. Dichos créditos fiscales se harán efectivos mediante el procedimiento administrativo de ejecución, por el Servicio de Administración Tributaria o la autoridad local competente, a la que será notificada la resolución emitida por el Tribunal respectivo.

Artículo 225. Cuando haya causado ejecutoria una sentencia en la que se determine la plena responsabilidad de un servidor público por Faltas administrativas graves, el Magistrado, sin que sea necesario que medie petición de parte y sin demora alguna, girará oficio por el que comunicará la sentencia respectiva así como los puntos resolutivos de esta para su cumplimiento, de conformidad con las siguientes reglas:

I. Cuando el servidor público haya sido suspendido, destituido o inhabilitado, se dará vista a su superior jerárquico y a la Secretaría, y

II. Cuando se haya impuesto una indemnización y/o sanción económica al responsable, se dará vista al Servicio de Administración Tributaria o a las autoridades locales competentes en las entidades federativas.

En el oficio respectivo, el Tribunal prevendrá a las autoridades señaladas para que informen, dentro del término de diez días, sobre el cumplimiento que den a la sentencia en los casos a que se refiere la fracción I de este artículo. En el caso de la fracción II, el Servicio de Administración Tributaria informará al Tribunal una vez que se haya cubierto la indemnización y la sanción económica que corresponda.

Artículo 226. Cuando haya causado ejecutoria una sentencia en la que se determine la comisión de Faltas de particulares, el Tribunal, sin que sea necesario que medie petición de parte y sin demora alguna, girará oficio por el que comunicará la sentencia respectiva así como los puntos resolutivos de esta para su cumplimiento, de conformidad con las siguientes reglas:

I. Cuando el particular haya sido inhabilitado para participar con cualquier carácter en adquisiciones, arrendamientos, servicios u obras públicas, el Tribunal ordenará su publicación al Director del Diario Oficial de la Federación, así como a los directores de los periódicos oficiales de las entidades federativas, y

II. Cuando se haya impuesto una indemnización y/o sanción económica al responsable, se dará vista al Servicio de Administración Tributaria o a las autoridades locales competentes en las entidades federativas.

Artículo 227. Cuando el particular tenga carácter de persona moral, sin perjuicio de lo establecido en el artículo que antecede, el Tribunal girará oficio por el que comunicará la sentencia respectiva así como los puntos resolutivos de ésta para su cumplimiento, de conformidad con las siguientes reglas:

I. Cuando se decrete la suspensión de actividades de la sociedad respectiva, se dará vista a la Secretaría de Economía, y al Servicio de Administración Tributaria, se inscribirá en el Registro Público de Comercio y se hará publicar un extracto de la sentencia que decrete esta medida, en el Diario Oficial de la Federación y en uno de los diarios de mayor circulación en la localidad donde tenga su domicilio fiscal el particular, y

II. Cuando se decrete la disolución de la sociedad respectiva, los responsables procederán de conformidad con la Ley General de Sociedades Mercantiles en materia de disolución y liquidación de las sociedades, o en su caso, conforme a los Códigos sustantivos en materia civil federal o de las entidades federativas, según corresponda, y las demás disposiciones aplicables.

Artículo 228. Cuando haya causado ejecutoria una sentencia en la que se determine que no existe una Falta administrativa grave o Faltas de particulares, el Tribunal, sin que sea necesario que medie petición de parte y sin demora alguna, girará oficio por el que comunicará la sentencia respectiva así como los puntos resolutivos de ésta para su cumplimiento. En los casos en que haya decretado la suspensión del servidor público en su empleo, cargo o comisión, ordenará la restitución inmediata del mismo.

Artículo 229. El incumplimiento de las medidas cautelares previstas en el artículo 123 de la presente Ley por parte del jefe inmediato, del titular del Ente público correspondiente o de cualquier otra autoridad obligada a cumplir con dicha disposición, será causa de responsabilidad administrativa en los términos de la Ley.

Mientras no se dicte sentencia definitiva el Magistrado que hubiere conocido del incidente, podrá modificar o revocar la resolución que haya decretado o negado las medidas cautelares, cuando ocurra un hecho superveniente que lo justifique.

TRANSITORIOS

Primero. El presente Decreto entrará en vigor al día siguiente de su publicación en el Diario Oficial de la Federación, sin perjuicio de lo previsto en los transitorios siguientes.

Segundo. Dentro del año siguiente a la entrada en vigor del presente Decreto, el Congreso de la Unión y las Legislaturas de las entidades federativas, en el ámbito de sus respectivas competencias, deberán expedir las leyes y realizar las adecuaciones normativas correspondientes de conformidad con lo previsto en el presente Decreto.

Tercero. La Ley General de Responsabilidades Administrativas entrará en vigor al año siguiente de la entrada en vigor del presente Decreto.

En tanto entra en vigor la Ley a que se refiere el presente Transitorio, continuará aplicándose la legislación en materia de Responsabilidades Administrativas, en el ámbito federal y de las entidades federativas, que se encuentre vigente a la fecha de entrada en vigor del presente Decreto.

El cumplimiento de las obligaciones previstas en la Ley General de Responsabilidades Administrativas, una vez que ésta entre en vigor, serán exigibles, en lo que resulte aplicable, hasta en tanto el Comité Coordinador del Sistema Nacional Anticorrupción, de conformidad con la ley de la materia, emita los lineamientos, criterios y demás resoluciones conducentes de su competencia.

Los procedimientos administrativos iniciados por las autoridades federales y locales con anterioridad a la entrada en vigor de la Ley General de Responsabilidades Administrativas, serán concluidos conforme a las disposiciones aplicables vigentes a su inicio.

A la fecha de entrada en vigor de la Ley General de Responsabilidades Administrativas, todas las menciones a la Ley Federal de Responsabilidades Administrativas de los Servidores Públicos previstas en las leyes federales y locales así como en cualquier disposición jurídica, se entenderán referidas a la Ley General de Responsabilidades Administrativas.

Una vez en vigor la Ley General de Responsabilidades Administrativas y hasta en tanto el Comité Coordinador del Sistema Nacional Anticorrupción determina los formatos para la presentación de las declaraciones patrimonial y de intereses, los servidores públicos de todos los órdenes de gobierno presentarán sus declaraciones en los formatos que a la entrada en vigor de la referida Ley General, se utilicen en el ámbito federal.

Con la entrada en vigor de la Ley General de Responsabilidades Administrativas quedarán abrogadas la Ley Federal de Responsabilidades Administrativas de los Servidores Públicos, la Ley Federal Anticorrupción en Contrataciones Públicas, y se derogarán los Títulos Primero, Tercero y Cuarto de la Ley Federal de Responsabilidades de los Servidores Públicos, así como todas aquellas disposiciones que se opongan a lo previsto en la Ley General de Responsabilidades Administrativas.

Cuarto. La Ley General del Sistema Nacional Anticorrupción, entrará en vigor al día siguiente de la publicación del presente Decreto, sin perjuicio de lo previsto en el Tercero Transitorio anterior y en los párrafos siguientes.

Dentro de los noventa días siguientes a la entrada en vigor del presente Decreto, la Cámara de Senadores, deberá designar a los integrantes de la Comisión de Selección.

La Comisión de Selección nombrará a los integrantes del Comité de Participación Ciudadana, en los términos siguientes:

a. Un integrante que durará en su encargo un año, a quién corresponderá la representación del Comité de Participación Ciudadana ante el Comité Coordinador.

b. Un integrante que durará en su encargo dos años.

c. Un integrante que durará en su encargo tres años.

d. Un integrante que durará en su encargo cuatro años.

e. Un integrante que durará en su encargo cinco años.

Los integrantes del Comité de Participación Ciudadana a que se refieren los incisos anteriores se rotarán la representación ante el Comité Coordinador en el mismo orden.

La sesión de instalación del Comité Coordinador del Sistema Nacional Anticorrupción, se llevará a cabo dentro del plazo de sesenta días naturales posteriores a que se haya integrado en su totalidad el Comité de Participación Ciudadana en los términos de los párrafos anteriores.

La Secretaría Ejecutiva deberá iniciar sus operaciones, a más tardar a los sesenta días siguientes a la sesión de instalación del Comité Coordinador del Sistema Nacional Anticorrupción. Para tal efecto, el Ejecutivo Federal proveerá los recursos humanos, financieros y materiales correspondientes en términos de las disposiciones aplicables.

Quinto. La Ley Orgánica del Tribunal Federal de Justicia Administrativa, entrará en vigor al día siguiente de la publicación del presente Decreto, sin perjuicio de lo previsto en el Tercero Transitorio anterior y en los párrafos siguientes.

A partir de la entrada en vigor de la Ley a que se refiere el presente transitorio, se abroga la Ley Orgánica del Tribunal Federal de Justicia Fiscal y Administrativa, publicada en el Diario Oficial de la Federación el seis de diciembre del año dos mil siete.

El Reglamento Interior del Tribunal que se encuentre vigente a la entrada en vigor de la Ley, seguirá aplicándose en aquello que no se oponga a ésta, hasta que el Pleno General expida el nuevo Reglamento Interior de conformidad con lo previsto en este ordenamiento, lo cual deberá hacer en un plazo de noventa días a partir de la entrada en vigor de la Ley.

Los servidores públicos que venían ejerciendo encargos administrativos que desaparecen o se transforman conforme a lo dispuesto por esta Ley, continuarán desempeñando los mismos cargos hasta que la Junta de Gobierno y Administración acuerde la creación de los nuevos órganos administrativos y decida sobre las designaciones mediante acuerdos específicos.

Los Magistrados del Tribunal Federal de Justicia Fiscal y Administrativa que a la entrada en vigor de la presente Ley se encuentren en ejercicio de sus cargos, continuarán en ellos hasta concluir el periodo para el cual fueron designados, de acuerdo con la Ley que se abroga. Al término de dicho periodo entregarán la Magistratura, sin perjuicio de que el Tribunal pueda proponerlos, previa evaluación de su desempeño, de ser elegibles, para ser nombrados como Magistrados en términos de lo dispuesto por esta Ley.

Los juicios iniciados con anterioridad a la entrada en vigor de la Ley Orgánica del Tribunal Federal de Justicia Administrativa y aquellos que se verifiquen antes de la entrada en vigor de la Ley General de Responsabilidades Administrativas, continuarán tramitándose hasta su resolución final conforme a las disposiciones aplicables vigentes a su inicio.

En los casos de nombramientos de Magistrados que integren la Tercera Sección, y las Salas Especializadas en materia de Responsabilidades Administrativas, el Titular del Ejecutivo Federal deberá enviar sus propuestas al Senado, a más tardar en el periodo ordinario de Sesiones del Congreso de la Unión inmediato anterior a la entrada en vigor de la Ley General de Responsabilidades Administrativas.

Los Magistrados a que se refiere el párrafo anterior, mantendrán su adscripción a la Sección Tercera y a las Salas Especializadas en materia de Responsabilidades Administrativas, al menos durante los primeros cinco años del ejercicio de su encargo. Lo anterior, sin perjuicio de que los Magistrados podrán permanecer en dichas adscripciones durante todo su encargo, de conformidad con lo previsto en la fracción VII del artículo 16 de la Ley Orgánica del Tribunal Federal de Justicia Administrativa.

A partir de la entrada en vigor de la Ley General de Responsabilidades Administrativas, el Tribunal contará con cinco Salas Especializadas en materia de Responsabilidades Administrativas, de conformidad con lo previsto en el artículo 37 de la Ley Orgánica del Tribunal Federal de Justicia Administrativa y hasta en tanto, al menos, el Pleno ejercita la facultad a que se refiere a la fracción XI del artículo 16 de la Ley Orgánica del Tribunal Federal de Justicia Administrativa que se expide por virtud del presente Decreto.

Para efectos del artículo 52 de la Ley Orgánica del Tribunal Federal de Justicia Administrativa, el Presidente del Tribunal Federal de Justicia Fiscal y Administrativa, no podrá ser nombrado Presidente del Tribunal Federal de Justicia Administrativa en el periodo inmediato al que concluye.

Todas las referencias que en las leyes se haga al Tribunal Federal de Justicia Fiscal y Administrativa, se entenderán referidas al Tribunal Federal de Justicia Administrativa.

Ciudad de México, a 6 de julio de 2016. Sen. Roberto Gil Zuarth, Presidente. Dip. José de Jesús Zambrano Grijalva, Presidente. Sen. Hilda Esthela Flores Escalera, Secretaria. Dip. Juan Manuel Celis Aguirre, Secretario. Rúbricas."

En cumplimiento de lo dispuesto por la fracción I del Artículo 89 de la Constitución Política de los Estados Unidos Mexicanos, y para su debida publicación y observancia, expido el presente Decreto en la Residencia del Poder Ejecutivo Federal, en la Ciudad de México, a dieciocho de julio de dos mil dieciséis. Enrique Peña Nieto. Rúbrica. El Secretario de Gobernación, Miguel Ángel Osorio Chong. Rúbrica.

Ley de Adquisiciones, Arrendamientos y Servicios del Sector Público

ÚLTIMA REFORMA PUBLICADA EN EL DIARIO OFICIAL DE LA FEDERACIÓN: 20 DE MAYO DE 2021.

Ley publicada en la Primera Sección del Diario Oficial de la Federación, el martes 4 de enero de 2000.

Al margen un sello con el Escudo Nacional, que dice: Estados Unidos Mexicanos. Presidencia de la República.

ERNESTO ZEDILLO PONCE DE LEÓN, Presidente de los Estados Unidos Mexicanos, a sus habitantes sabed:

Que el Honorable Congreso de la Unión, se ha servido dirigirme el siguiente

DECRETO

"EL CONGRESO GENERAL DE LOS ESTADOS UNIDOS MEXICANOS, D E C R E T A:

LEY DE ADQUISICIONES, ARRENDAMIENTOS Y SERVICIOS DEL SECTOR PÚBLICO

TÍTULO PRIMERO DISPOSICIONES GENERALES

CAPÍTULO ÚNICO

(REFORMADO PRIMER PÁRRAFO, D.O.F. 28 DE MAYO DE 2009)

Artículo 1. La presente Ley es de orden público y tiene por objeto reglamentar la aplicación del artículo 134 de la Constitución Política de los Estados Unidos Mexicanos en materia de las adquisiciones, arrendamientos de bienes muebles y prestación de servicios de cualquier naturaleza, que realicen:

I. Las unidades administrativas de la Presidencia de la República;

(REFORMADA, D.O.F. 28 DE MAYO DE 2009)

II. Las Secretarías de Estado y la Consejería Jurídica del Ejecutivo Federal;

(REFORMADA, D.O.F. 20 DE MAYO DE 2021)

III. La Fiscalía General de la República;

IV. Los organismos descentralizados;

V. Las empresas de participación estatal mayoritaria y los fideicomisos en los que el fideicomitente sea el gobierno federal o una entidad paraestatal, y

(REFORMADA, D.O.F. 28 DE MAYO DE 2009)

VI. Las entidades federativas, los municipios y los entes públicos de unas y otros, con cargo total o parcial a recursos federales, conforme a los convenios que celebren con el Ejecutivo Federal. No quedan comprendidos para la aplicación de la presente Ley los fondos previstos en el Capítulo V de la Ley de Coordinación Fiscal.

(REFORMADO, D.O.F. 28 DE MAYO DE 2009)

Las personas de derecho público de carácter federal con autonomía derivada de la Constitución Política de los Estados Unidos Mexicanos, así como las entidades que cuenten con un régimen específico en materia de adquisiciones, arrendamientos y servicios, aplicarán los criterios y procedimientos previstos en esta Ley, sólo en lo no previsto en los ordenamientos que los rigen y siempre que no se contrapongan con los mismos, sujetándose a sus propios órganos de control.

(REFORMADO, D.O.F. 11 DE AGOSTO DE 2014)

Las adquisiciones, arrendamientos y servicios que contraten las empresas productivas del Estado y sus empresas productivas subsidiarias quedan excluidos de la aplicación de este ordenamiento.

(ADICIONADO, D.O.F. 21 DE AGOSTO DE 2006)

Las adquisiciones, arrendamientos y servicios que se realicen por los Centros Públicos de Investigación con los recursos autogenerados de sus Fondos de Investigación Científica y Desarrollo Tecnológico previstos en la Ley de Ciencia y Tecnología, se regirán conforme a las reglas de operación de dichos fondos, a los criterios y procedimientos que en estas materias expidan los órganos de gobierno de estos Centros, así como a las disposiciones administrativas que, en su caso estime necesario expedir la Secretaría de la Función Pública o la Secretaría, en el ámbito de sus respectivas competencias, administrando dichos recursos con eficiencia, eficacia y honradez para satisfacer los objetivos a los que estén destinados y asegurar al centro las mejores condiciones disponibles en cuanto a precio, calidad, financiamiento, oportunidad y demás circunstancias pertinentes.

(ADICIONADO, D.O.F. 11 DE AGOSTO DE 2020)

Queda exceptuada de la aplicación de la presente Ley, la adquisición de bienes o prestación de servicios para la salud que contraten las dependencias y/o entidades con organismos intergubernamentales internacionales, a través de mecanismos de colaboración previamente establecidos, siempre que se acredite la aplicación de los principios previstos en la Constitución Política de los Estados Unidos Mexicanos.

Los contratos que celebren las dependencias con las entidades, o entre entidades, y los actos jurídicos que se celebren entre dependencias, o bien los que se lleven a cabo entre alguna dependencia o entidad de la Administración Pública Federal con alguna perteneciente a la administración pública de una entidad federativa, no estarán dentro del ámbito de aplicación de esta Ley; no obstante, dichos actos quedarán sujetos a este ordenamiento, cuando la dependencia o entidad obligada a entregar el bien o prestar el servicio, no tenga capacidad para hacerlo por sí misma y contrate un tercero para su realización.

(REFORMADO, D.O.F. 28 DE MAYO DE 2009)

Los titulares de las dependencias y los órganos de gobierno de las entidades emitirán, bajo su responsabilidad y de conformidad con este mismo ordenamiento y los lineamientos generales que al efecto emita la Secretaría de la Función Pública, las políticas, bases y lineamientos para las materias a que se refiere este artículo.

Las dependencias y entidades se abstendrán de crear fideicomisos, otorgar mandatos o celebrar actos o cualquier tipo de contratos, que evadan lo previsto en este ordenamiento.

Artículo 2. Para los efectos de la presente Ley, se entenderá por:

I. Secretaría: la Secretaría de Hacienda y Crédito Público;

N. DE E. EN RELACIÓN CON LA ENTRADA EN VIGOR DE LA PRESENTE FRACCIÓN, VER ARTÍCULO PRIMERO TRANSITORIO DEL DECRETO QUE MODIFICA LA LEY.

(REFORMADA, D.O.F. 28 DE MAYO DE 2009)

II. CompraNet: el sistema electrónico de información pública gubernamental sobre adquisiciones, arrendamientos y servicios, integrado entre otra información, por los programas anuales en la materia, de las dependencias y entidades; el registro único de proveedores; el padrón de testigos sociales; el registro de proveedores sancionados; las convocatorias a la licitación y sus modificaciones; las invitaciones a cuando menos tres personas; las actas de las juntas de aclaraciones, del acto de presentación y apertura de proposiciones y de fallo; los testimonios de los testigos sociales; los datos de los contratos y los convenios modificatorios; las adjudicaciones directas; las resoluciones de la instancia de inconformidad que hayan causado estado, y las notificaciones y avisos correspondientes. Dicho sistema será de consulta gratuita y constituirá un medio por el cual se desarrollarán procedimientos de contratación.

El sistema estará a cargo de la Secretaría de la Función Pública, a través de la unidad administrativa que se determine en su Reglamento, la que establecerá los controles necesarios para garantizar la inalterabilidad y conservación de la información que contenga;

III. Dependencias: las señaladas en las fracciones I a III del artículo 1;

IV. Entidades: las mencionadas en las fracciones IV y V del artículo 1;

V. Tratados: los convenios regidos por el derecho internacional público, celebrados por escrito entre el gobierno de los Estados Unidos Mexicanos y uno o varios sujetos de Derecho Internacional Público, ya sea que para su aplicación requiera o no la celebración de acuerdos en materias específicas, cualquiera que sea su denominación, mediante los cuales los Estados Unidos Mexicanos asumen compromisos;

VI. Proveedor: la persona que celebre contratos de adquisiciones, arrendamientos o servicios;

VII. Licitante: la persona que participe en cualquier procedimiento de licitación pública o bien de invitación a cuando menos tres personas, y

N. DE E. EN RELACIÓN CON LA ENTRADA EN VIGOR DE LA PRESENTE FRACCIÓN, VER ARTÍCULO PRIMERO TRANSITORIO DEL DECRETO QUE MODIFICA LA LEY.

(REFORMADA, D.O.F. 28 DE MAYO DE 2009)

VIII. Ofertas subsecuentes de descuentos: modalidad utilizada en las licitaciones públicas, en la que los licitantes, al presentar sus proposiciones, tienen la posibilidad de que, con posterioridad a la presentación y apertura del sobre cerrado que contenga su propuesta económica, realicen una o más ofertas subsecuentes de descuentos que mejoren el precio ofertado en forma inicial, sin que ello signifique la posibilidad de variar las especificaciones o características originalmente contenidas en su propuesta técnica;

N. DE E. EN RELACIÓN CON LA ENTRADA EN VIGOR DE LA PRESENTE FRACCIÓN, VER ARTÍCULO PRIMERO TRANSITORIO DEL DECRETO QUE MODIFICA LA LEY.

(ADICIONADA, D.O.F. 28 DE MAYO DE 2009)

IX. Entidades federativas: los Estados de la Federación y el Distrito Federal, conforme al artículo 43 de la Constitución Política de los Estados Unidos Mexicanos;

N. DE E. EN RELACIÓN CON LA ENTRADA EN VIGOR DE LA PRESENTE FRACCIÓN, VER ARTÍCULO PRIMERO TRANSITORIO DEL DECRETO QUE MODIFICA LA LEY.

(ADICIONADA, D.O.F. 28 DE MAYO DE 2009)

X. Investigación de mercado: la verificación de la existencia de bienes, arrendamientos o servicios, de proveedores a nivel nacional o internacional y del precio estimado basado en la información que se obtenga en la propia dependencia o entidad, de organismos públicos o privados, de fabricantes de bienes o prestadores del servicio, o una combinación de dichas fuentes de información;

N. DE E. EN RELACIÓN CON LA ENTRADA EN VIGOR DE LA PRESENTE FRACCIÓN, VER ARTÍCULO PRIMERO TRANSITORIO DEL DECRETO QUE MODIFICA LA LEY.

(ADICIONADA, D.O.F. 28 DE MAYO DE 2009)

XI. Precio no aceptable: es aquél que derivado de la investigación de mercado realizada, resulte superior en un diez por ciento al ofertado respecto del que se observa como mediana en dicha investigación o en su defecto, el promedio de las ofertas presentadas en la misma licitación, y

N. DE E. EN RELACIÓN CON LA ENTRADA EN VIGOR DE LA PRESENTE FRACCIÓN, VER ARTÍCULO PRIMERO TRANSITORIO DEL DECRETO QUE MODIFICA LA LEY.

(ADICIONADA, D.O.F. 28 DE MAYO DE 2009)

XII. Precio conveniente: es aquel que se determina a partir de obtener el promedio de los precios preponderantes que resulten de las proposiciones aceptadas técnicamente en la licitación, y a éste se le resta el porcentaje que determine la dependencia o entidad en sus políticas, bases y lineamientos.

Artículo 3. Para los efectos de esta Ley, entre las adquisiciones, arrendamientos y servicios, quedan comprendidos:

I. Las adquisiciones y los arrendamientos de bienes muebles;

N. DE E. EN RELACIÓN CON LA ENTRADA EN VIGOR DE LA PRESENTE FRACCIÓN, VER ARTÍCULO PRIMERO TRANSITORIO DEL DECRETO QUE MODIFICA LA LEY.

(REFORMADA, D.O.F. 28 DE MAYO DE 2009)

II. Las adquisiciones de bienes muebles que deban incorporarse, adherirse o destinarse a un inmueble, que sean necesarios para la realización de las obras públicas por administración directa, o los que suministren las dependencias y entidades de acuerdo con lo pactado en los contratos de obras públicas;

N. DE E. EN RELACIÓN CON LA ENTRADA EN VIGOR DE LA PRESENTE FRACCIÓN, VER ARTÍCULO PRIMERO TRANSITORIO DEL DECRETO QUE MODIFICA LA LEY.

(REFORMADA, D.O.F. 28 DE MAYO DE 2009)

III. Las adquisiciones de bienes muebles que incluyan la instalación, por parte del proveedor, en inmuebles que se encuentren bajo la responsabilidad de las dependencias y entidades, cuando su precio sea superior al de su instalación;

IV. La contratación de los servicios relativos a bienes muebles que se encuentren incorporados o adheridos a inmuebles, cuyo mantenimiento no implique modificación alguna al propio inmueble, y sea prestado por persona cuya actividad comercial corresponda al servicio requerido;

V. La reconstrucción y mantenimiento de bienes muebles; maquila; seguros; transportación de bienes muebles o personas, y contratación de servicios de limpieza y vigilancia;

N. DE E. EN RELACIÓN CON LA ENTRADA EN VIGOR DE LA PRESENTE FRACCIÓN, VER ARTÍCULO PRIMERO TRANSITORIO DEL DECRETO QUE MODIFICA LA LEY.

(REFORMADA, D.O.F. 28 DE MAYO DE 2009)

VI. La prestación de servicios de largo plazo que involucren recursos de varios ejercicios fiscales, a cargo de un inversionista proveedor, el cual se obliga a proporcionarlos con los activos que provea por sí o a través de un tercero, de conformidad con un proyecto para la prestación de dichos servicios;

N. DE E. EN RELACIÓN CON LA ENTRADA EN VIGOR DE LA PRESENTE FRACCIÓN, VER ARTÍCULO PRIMERO TRANSITORIO DEL DECRETO QUE MODIFICA LA LEY.

(REFORMADA, D.O.F. 28 DE MAYO DE 2009)

VII. La prestación de servicios de personas físicas, excepto la contratación de servicios personales subordinados o bajo el régimen de honorarios;

N. DE E. EN RELACIÓN CON LA ENTRADA EN VIGOR DE LA PRESENTE FRACCIÓN, VER ARTÍCULO PRIMERO TRANSITORIO DEL DECRETO QUE MODIFICA LA LEY.

(REFORMADA, D.O.F. 28 DE MAYO DE 2009)

VIII. La contratación de consultorías, asesorías, estudios e investigaciones, y

N. DE E. EN RELACIÓN CON LA ENTRADA EN VIGOR DE LA PRESENTE FRACCIÓN, VER ARTÍCULO PRIMERO TRANSITORIO DEL DECRETO QUE MODIFICA LA LEY.

(ADICIONADA, D.O.F. 28 DE MAYO DE 2009)

IX. En general, los servicios de cualquier naturaleza cuya prestación genere una obligación de pago para las dependencias y entidades, salvo que la contratación se encuentre regulada en forma específica por otras disposiciones legales. Corresponderá a la Secretaría de la Función Pública, a solicitud de la dependencia o entidad de que se trate, determinar si un servicio se ubica en la hipótesis de esta fracción.

Artículo 4. La aplicación de esta Ley será sin perjuicio de lo dispuesto en los tratados.

Artículo 5. Será responsabilidad de las dependencias y entidades contratar los servicios correspondientes para mantener adecuada y satisfactoriamente asegurados los bienes con que cuenten.

N. DE E. EN RELACIÓN CON LA ENTRADA EN VIGOR DEL PRESENTE PÁRRAFO, VER ARTÍCULO PRIMERO TRANSITORIO DEL DECRETO QUE MODIFICA LA LEY.

(REFORMADO, D.O.F. 28 DE MAYO DE 2009)

Lo dispuesto en el párrafo anterior no será aplicable cuando por razón de la naturaleza de los bienes o el tipo de riesgos a los que están expuestos, el costo de aseguramiento represente una erogación que no guarde relación directa con el beneficio que pudiera obtenerse o bien, se constate que no exista oferta de seguros en el mercado para los bienes de que se trate. La Secretaría autorizará previamente la aplicación de la excepción.

N. DE E. EN RELACIÓN CON LA ENTRADA EN VIGOR DEL PRESENTE ARTÍCULO, VER ARTÍCULO PRIMERO TRANSITORIO DEL DECRETO QUE MODIFICA LA LEY.

Artículo 6. (DEROGADO, D.O.F. 28 DE MAYO DE 2009)

N. DE E. EN RELACIÓN CON LA ENTRADA EN VIGOR DEL PRESENTE ARTÍCULO, VER ARTÍCULO PRIMERO TRANSITORIO DEL DECRETO QUE MODIFICA LA LEY.

(REFORMADO, D.O.F. 28 DE MAYO DE 2009)

Artículo 7. La Secretaría, la Secretaría de Economía y la Secretaría de la Función Pública, en el ámbito de sus respectivas competencias, estarán facultadas para interpretar esta Ley para efectos administrativos.

La Secretaría de la Función Pública dictará las disposiciones administrativas que sean estrictamente necesarias para el adecuado cumplimiento de esta Ley, tomando en cuenta la opinión de la Secretaría y, cuando corresponda, la de la Secretaría de Economía. Las disposiciones de carácter general se publicarán en el Diario Oficial de la Federación.

La Secretaría de la Función Pública, en el ámbito de sus atribuciones, estará encargada de establecer las directrices conforme a las cuales se determinarán los perfiles de puesto de los servidores públicos correspondientes en materia de contrataciones públicas, así como las relativas a la capacitación para el adecuado desempeño de sus funciones en las materias a que alude esta Ley.

N. DE E. EN RELACIÓN CON LA ENTRADA EN VIGOR DEL PRESENTE ARTÍCULO, VER ARTÍCULO PRIMERO TRANSITORIO DEL DECRETO QUE MODIFICA LA LEY.

(REFORMADO, D.O.F. 28 DE MAYO DE 2009)

Artículo 8. Atendiendo a las disposiciones de esta Ley y a las demás que de ella emanen, la Secretaría de Economía dictará las reglas que deban observar las dependencias y entidades, derivadas de programas que tengan por objeto promover la participación de las empresas nacionales, especialmente de las micro, pequeñas y medianas. Adicionalmente, las dependencias y entidades deberán diseñar y ejecutar programas de desarrollo de proveedores de micro, pequeñas y medianas empresas nacionales para generar cadenas de proveeduría respecto de bienes y servicios que liciten regularmente.

Para la expedición de las reglas a que se refiere el párrafo anterior, la Secretaría de Economía tomará en cuenta la opinión de la Secretaría y de la Secretaría de la Función Pública.

Artículo 9. En materia de adquisiciones, arrendamientos y servicios, los titulares de las dependencias y los órganos de gobierno de las entidades serán los responsables de que, en la adopción e instrumentación de las acciones que deban llevar a cabo en cumplimiento de esta Ley, se observen criterios que promuevan la modernización y desarrollo administrativo, la descentralización de funciones y la efectiva delegación de facultades.

Las facultades conferidas por esta Ley a los titulares de las dependencias podrán ser ejercidas por los titulares de sus órganos desconcentrados, previo acuerdo delegatorio.

N. DE E. EN RELACIÓN CON LA ENTRADA EN VIGOR DEL PRESENTE ARTÍCULO, VER ARTÍCULO PRIMERO TRANSITORIO DEL DECRETO QUE MODIFICA LA LEY.

(REFORMADO, D.O.F. 28 DE MAYO DE 2009)

Artículo 10. En los casos de adquisiciones, arrendamientos o servicios financiados con fondos provenientes de créditos externos otorgados al gobierno federal o con su garantía por organismos financieros regionales o multilaterales, los procedimientos, requisitos y demás disposiciones para su contratación serán establecidos, con la opinión de la Secretaría, por la Secretaría de la Función Pública aplicando en lo procedente lo dispuesto por esta Ley y deberán precisarse en las convocatorias, invitaciones y contratos correspondientes.

N. DE E. EN RELACIÓN CON LA ENTRADA EN VIGOR DEL PRESENTE ARTÍCULO, VER ARTÍCULO PRIMERO TRANSITORIO DEL DECRETO QUE MODIFICA LA LEY.

(REFORMADO, D.O.F. 28 DE MAYO DE 2009)

Artículo 11. Serán supletorias de esta Ley y de las demás disposiciones que de ella se deriven, en lo que corresponda, el Código Civil Federal, la Ley Federal de Procedimiento Administrativo y el Código Federal de Procedimientos Civiles.

Lo anterior sin perjuicio de lo dispuesto en el artículo 61 de la presente Ley.

N. DE E. EN RELACIÓN CON LA ENTRADA EN VIGOR DEL PRESENTE ARTÍCULO, VER ARTÍCULO PRIMERO TRANSITORIO DEL DECRETO QUE MODIFICA LA LEY.

(REFORMADO, D.O.F. 28 DE MAYO DE 2009)

Artículo 12. Las dependencias y entidades, previamente al arrendamiento de bienes muebles, deberán realizar los estudios de factibilidad a efecto de determinar la conveniencia para su adquisición, mediante arrendamiento con opción a compra.

N. DE E. EN RELACIÓN CON LA ENTRADA EN VIGOR DEL PRESENTE ARTÍCULO, VER ARTÍCULO PRIMERO TRANSITORIO DEL DECRETO QUE MODIFICA LA LEY.

(REFORMADO, D.O.F. 28 DE MAYO DE 2009)

Artículo 12 Bis. Para determinar la conveniencia de la adquisición de bienes muebles usados o reconstruidos, las dependencias y entidades deberán realizar un estudio de costo beneficio, con el que se demuestre la conveniencia de su adquisición comparativamente con bienes nuevos; el citado estudio deberá efectuarse mediante avalúo conforme a las disposiciones aplicables, expedido dentro de los seis meses previos, cuando el bien tenga un valor superior a cien mil veces el salario mínimo general vigente en el Distrito Federal, el cual deberá integrarse al expediente de la contratación respectiva.

N. DE E. EN RELACIÓN CON LA ENTRADA EN VIGOR DEL PRESENTE ARTÍCULO, VER ARTÍCULO PRIMERO TRANSITORIO DEL DECRETO QUE MODIFICA LA LEY.

(REFORMADO, D.O.F. 28 DE MAYO DE 2009)

Artículo 13. Las dependencias y entidades no podrán financiar a proveedores. No se considerará como operación de financiamiento, el otorgamiento de anticipos, los cuales en todo caso, deberán garantizarse en los términos del artículo 48 de esta Ley.

Tratándose de bienes cuyo proceso de fabricación sea superior a sesenta días, las dependencias o entidades otorgarán en igualdad de circunstancias del diez al cincuenta por ciento de anticipo cuando se trate de micro, pequeña y medianas empresas nacionales, conforme a lo establecido en el Reglamento de esta Ley.

Las dependencias y entidades podrán, dentro de su presupuesto autorizado, bajo su responsabilidad y por razones fundadas y motivadas, autorizar el pago de suscripciones, seguros o de otros servicios, en los que no sea posible pactar que su costo sea cubierto después de que la prestación del servicio se realice.

N. DE E. EN RELACIÓN CON LA ENTRADA EN VIGOR DEL PRESENTE PÁRRAFO, VÉASE ARTÍCULO PRIMERO TRANSITORIO DEL DECRETO QUE MODIFICA EL ORDENAMIENTO.

(REFORMADO PRIMER PÁRRAFO, D.O.F. 28 DE MAYO DE 2009)

Artículo 14. En los procedimientos de contratación de carácter internacional abierto, las dependencias y entidades optarán, en igualdad de condiciones, por el empleo de los recursos humanos del país y por la adquisición y arrendamiento de bienes producidos en el país y que cuenten con el porcentaje de contenido nacional indicado en el artículo 28 fracción I, de esta Ley, los cuales deberán contar, en la comparación económica de las proposiciones, con un margen hasta del quince por ciento de preferencia en el precio respecto de los bienes de importación, conforme a las reglas que establezca la Secretaría de Economía, previa opinión de la Secretaría y de la Secretaría de la Función Pública.

(REFORMADO, D.O.F. 10 DE NOVIEMBRE DE 2014)

En el caso de licitación pública para la adquisición de bienes, arrendamientos o servicios que utilicen la evaluación de puntos y porcentajes, se otorgarán puntos en los términos de esta Ley, a personas con discapacidad o a la empresa que cuente con trabajadores con discapacidad en una proporción del cinco por ciento cuando menos de la totalidad de su planta de empleados, cuya antigüedad no sea inferior a seis meses, misma que se comprobará con el aviso de alta al régimen obligatorio del Instituto Mexicano del Seguro Social. Asimismo, se otorgarán puntos a las micros, pequeñas o medianas empresas que produzcan bienes con innovación tecnológica, conforme a la constancia correspondiente emitida por el Instituto Mexicano de la Propiedad Industrial, la cual no podrá tener una vigencia mayor a cinco años. De igual manera, se otorgarán puntos a las empresas que hayan aplicado políticas y prácticas de igualdad de género, conforme a la certificación correspondiente emitida por las autoridades y organismos facultados para tal efecto.

N. DE E. EN RELACIÓN CON LA ENTRADA EN VIGOR DEL PRESENTE PÁRRAFO, VÉASE ARTÍCULO PRIMERO TRANSITORIO DEL DECRETO QUE MODIFICA EL ORDENAMIENTO.

(DEROGADO ULTIMO PÁRRAFO, D.O.F. 28 DE MAYO DE 2009)

N. DE E. EN RELACIÓN CON LA ENTRADA EN VIGOR DEL PRESENTE ARTÍCULO, VER ARTÍCULO PRIMERO TRANSITORIO DEL DECRETO QUE MODIFICA LA LEY.

(REFORMADO, D.O.F. 28 DE MAYO DE 2009)

Artículo 15. Los actos, contratos y convenios que las dependencias y entidades realicen o celebren en contravención a lo dispuesto por esta Ley, serán nulos previa determinación de la autoridad competente.

La solución de las controversias se sujetará a lo previsto por el Título Sexto de esta Ley, sin perjuicio de lo establecido en los tratados de que México sea parte.

N. DE E. EN RELACIÓN CON LA ENTRADA EN VIGOR DEL PRESENTE ARTÍCULO, VER ARTÍCULO PRIMERO TRANSITORIO DEL DECRETO QUE MODIFICA LA LEY.

(REFORMADO, D.O.F. 28 DE MAYO DE 2009)

Artículo 16. Los contratos celebrados en el extranjero respecto de bienes, arrendamientos o servicios que deban ser utilizados o prestados fuera del territorio nacional, se regirán por la legislación del lugar donde se formalice el acto, aplicando en lo procedente lo dispuesto por esta Ley.

Cuando los bienes, arrendamientos o servicios de procedencia extranjera hubieren de ser utilizados o prestados en el país, su procedimiento de contratación y los contratos deberán realizarse dentro del territorio nacional.

En el caso a que se refiere el párrafo anterior, cuando se acredite previamente que el procedimiento de contratación y los contratos no pueden realizarse dentro del territorio nacional, conforme a lo dispuesto por esta Ley, los bienes, arrendamientos o servicios se podrán contratar en el extranjero, aplicando los principios dispuestos por ésta.

En los supuestos previstos en los párrafos primero y tercero de este artículo, para acreditar la aplicación de los principios dispuestos por esta Ley, tanto la justificación de la selección del proveedor, como de los bienes, arrendamientos y servicios a contratar y el precio de los mismos, según las circunstancias que concurran en cada caso, deberá motivarse en criterios de economía, eficacia, eficiencia, imparcialidad, honradez y transparencia que aseguren las mejores condiciones para el Estado, lo cual constará en un escrito firmado por el titular del área usuaria o requirente, y el dictamen de procedencia de la contratación será autorizado por el titular de la dependencia o entidad, o aquel servidor público en quien éste delegue dicha función. En ningún caso la delegación podrá recaer en servidor público con nivel inferior al de director general en las dependencias o su equivalente en las entidades.

N. DE E. EN RELACIÓN CON LA ENTRADA EN VIGOR DEL PRESENTE ARTÍCULO, VER ARTÍCULO PRIMERO TRANSITORIO DEL DECRETO QUE MODIFICA LA LEY.

(REFORMADO, D.O.F. 28 DE MAYO DE 2009)

Artículo 17. La Secretaría de la Función Pública, mediante disposiciones de carácter general, oyendo la opinión de la Secretaría de Economía, determinará, en su caso, los bienes, arrendamientos o servicios de uso generalizado que, en forma consolidada, podrán adquirir, arrendar o contratar las dependencias y entidades con objeto de obtener las mejores condiciones en cuanto a calidad, precio y oportunidad, y apoyar en condiciones de competencia a las áreas prioritarias del desarrollo.

La Secretaría de la Función Pública, en los términos del Reglamento de esta Ley, podrá promover contratos marco, previa determinación de las características técnicas y de calidad acordadas con las dependencias y entidades, mediante los cuales éstas adquieran bienes, arrendamientos o servicios, a través de la suscripción de contratos específicos.

Lo previsto en los párrafos anteriores, es sin perjuicio de que las dependencias y entidades puedan agruparse para adquirir en forma consolidada sus bienes, arrendamientos o servicios.

En materia de seguros que se contraten a favor de los servidores públicos de las dependencias, incluido el seguro de vida de los pensionados, la Secretaría implementará procedimientos de contratación consolidada y celebrará los contratos correspondientes. Las entidades podrán solicitar su incorporación a las contrataciones que se realicen para las dependencias, siempre y cuando no impliquen dualidad de beneficios para los servidores públicos.

N. DE E. EN RELACIÓN CON LA ENTRADA EN VIGOR DEL PRESENTE TÍTULO, VER ARTÍCULO PRIMERO TRANSITORIO DEL DECRETO QUE MODIFICA LA LEY.

(DEROGADO CON EL CAPÍTULO QUE LO INTEGRA, D.O.F. 28 DE MAYO DE 2009)

TÍTULO SEGUNDO
DE LA PLANEACIÓN, PROGRAMACIÓN Y PRESUPUESTO

N. DE E. EN RELACIÓN CON LA ENTRADA EN VIGOR DEL PRESENTE CAPÍTULO, VER ARTÍCULO PRIMERO TRANSITORIO DEL DECRETO QUE MODIFICA LA LEY.

(DEROGADO, D.O.F. 28 DE MAYO DE 2009)

CAPÍTULO ÚNICO

(REFORMADO, D.O.F. 15 DE JUNIO DE 2011)

Artículo 18. En la planeación de las adquisiciones, arrendamientos y servicios que pretendan realizar sujetos a que se refiere las fracciones I a VI del artículo 1 de esta Ley, deberá ajustarse a:

I. Los objetivos y prioridades del Plan Nacional de Desarrollo y de los programas sectoriales, institucionales, regionales y especiales que correspondan, así como a las previsiones contenidas en sus programas anuales, y

II. Los objetivos, metas y previsiones de recursos establecidos en el Presupuesto de Egresos de la Federación o, en su caso, al presupuesto destinado a las contrataciones que los fideicomisos públicos no considerados entidades paraestatales prevean para el ejercicio correspondiente.

N. DE E. EN RELACIÓN CON LA ENTRADA EN VIGOR DEL PRESENTE ARTÍCULO, VER ARTÍCULO PRIMERO TRANSITORIO DEL DECRETO QUE MODIFICA LA LEY.

(REFORMADO, D.O.F. 28 DE MAYO DE 2009)

Artículo 19. Las dependencias o entidades que requieran contratar servicios de consultorías, asesorías, estudios e investigaciones, previamente verificarán en sus archivos la existencia de trabajos sobre la materia de que se trate.

En el supuesto de que se advierta la existencia de dichos trabajos y se compruebe que los mismos satisfacen los requerimientos de la dependencia o entidad, no procederá la contratación, con excepción de aquellos trabajos necesarios para su adecuación, actualización o complemento.

Las entidades deberán remitir a su coordinadora de sector una descripción sucinta del objeto de los contratos que en estas materias celebren, así como de sus productos.

La erogación para la contratación de servicios de consultorías, asesorías, estudios e investigaciones, requerirá de la autorización escrita del titular de la dependencia o entidad, o aquel servidor público en quién éste delegue dicha atribución, así como del dictamen del área respectiva, de que no se cuenta con personal capacitado o disponible para su realización.

La delegación a que se refiere el párrafo anterior, en ningún caso podrá recaer en servidor público con nivel inferior al de director general en las dependencias o su equivalente en las entidades.

Artículo 20. Las dependencias y entidades formularán sus programas anuales de adquisiciones, arrendamientos y servicios, y los que abarquen más de un ejercicio presupuestal, así como sus respectivos presupuestos, considerando:

I. Las acciones previas, durante y posteriores a la realización de dichas operaciones;

II. Los objetivos y metas a corto, mediano y largo plazo;

III. La calendarización física y financiera de los recursos necesarios;

IV. Las unidades responsables de su instrumentación;

V. Sus programas sustantivos, de apoyo administrativo y de inversiones, así como, en su caso, aquéllos relativos a la adquisición de bienes para su posterior comercialización, incluyendo los que habrán de sujetarse a procesos productivos;

VI. La existencia en cantidad suficiente de los bienes; los plazos estimados de suministro; los avances tecnológicos incorporados en los bienes, y en su caso los planos, proyectos y especificaciones;

VII. Las normas aplicables conforme a la Ley Federal sobre Metrología y Normalización o, a falta de éstas, las normas internacionales;

VIII. Los requerimientos de mantenimiento de los bienes muebles a su cargo, y

IX. Las demás previsiones que deban tomarse en cuenta según la naturaleza y características de las adquisiciones, arrendamientos o servicios.

N. DE E. EN RELACIÓN CON LA ENTRADA EN VIGOR DEL PRESENTE ARTÍCULO, VER ARTÍCULO PRIMERO TRANSITORIO DEL DECRETO QUE MODIFICA LA LEY.

(REFORMADO, D.O.F. 28 DE MAYO DE 2009)

Artículo 21. Las dependencias y entidades pondrán a disposición del público en general, a través de CompraNet y de su página en Internet, a más tardar el 31 de enero de cada año, su programa anual de adquisiciones, arrendamientos y servicios correspondiente al ejercicio fiscal de que se trate, con excepción de aquella información que, de conformidad con las disposiciones aplicables, sea de naturaleza reservada o confidencial, en los términos establecidos en la Ley Federal de Transparencia y Acceso a la Información Pública Gubernamental.

Las adquisiciones, arrendamientos y servicios contenidas en el citado programa podrán ser adicionadas, modificadas, suspendidas o canceladas, sin responsabilidad alguna para la dependencia o entidad de que se trate, debiendo informar de ello a la Secretaría de la Función Pública y actualizar en forma mensual el programa en CompraNet.

N. DE E. EN RELACIÓN CON LA ENTRADA EN VIGOR DEL PRESENTE ARTÍCULO, VER ARTÍCULO PRIMERO TRANSITORIO DEL DECRETO QUE MODIFICA LA LEY.

(REFORMADO, D.O.F. 28 DE MAYO DE 2009)

Artículo 22. Las dependencias y entidades deberán establecer comités de adquisiciones, arrendamientos y servicios que tendrán las siguientes funciones:

I. Revisar el programa y el presupuesto de adquisiciones, arrendamientos y servicios, así como sus modificaciones, y formular las observaciones y recomendaciones convenientes;

II. Dictaminar previamente a la iniciación del procedimiento, sobre la procedencia de la excepción a la licitación pública por encontrarse en alguno de los supuestos a que se refieren las fracciones I, III, VIII, IX segundo párrafo, X, XIII, XIV, XV, XVI, XVII, XVIII y XIX del artículo 41 de esta Ley. Dicha función también podrá ser ejercida directamente por el titular de la dependencia o entidad, o aquel servidor público en quien éste delegue dicha función. En ningún caso la delegación podrá recaer en servidor público con nivel inferior al de director general en las dependencias o su equivalente en las entidades;

III. Dictaminar los proyectos de políticas, bases y lineamientos en materia de adquisiciones, arrendamientos y servicios que le presenten, así como someterlas a la consideración del titular de la dependencia o el órgano de gobierno de las entidades; en su caso, autorizar los supuestos no previstos en las mismas.

Los comités establecerán en dichas políticas, bases y lineamientos, los aspectos de sustentabilidad ambiental, incluyendo la evaluación de las tecnologías que permitan la reducción de la emisión de gases de efecto invernadero y la eficiencia energética, que deberán observarse en las adquisiciones, arrendamientos y servicios, con el objeto de optimizar y utilizar de forma sustentable los recursos para disminuir costos financieros y ambientales;

IV. Analizar trimestralmente el informe de la conclusión y resultados generales de las contrataciones que se realicen y, en su caso, recomendar las medidas necesarias para verificar que el programa y presupuesto de adquisiciones, arrendamientos y servicios, se ejecuten en tiempo y forma, así como proponer medidas tendientes a mejorar o corregir sus procesos de contratación y ejecución;

V. Autorizar, cuando se justifique, la creación de subcomités de adquisiciones, arrendamientos y servicios, así como aprobar la integración y funcionamiento de los mismos;

VI. Elaborar y aprobar el manual de integración y funcionamiento del comité, en el cual se deberán considerar cuando menos las siguientes bases:

a) Será presidido por el Oficial Mayor o equivalente;

b) Los vocales titulares deberán tener un nivel jerárquico mínimo de director general o equivalente;

c) El número total de miembros del Comité deberá ser impar, quienes invariablemente deberán emitir su voto en cada uno de los asuntos que se sometan a su consideración;

d) El área jurídica y el órgano interno de control de la dependencia o entidad, deberán asistir a las sesiones del Comité, como asesor, con voz pero sin voto, debiendo pronunciarse de manera razonada en los asuntos que conozca el Comité. Los asesores titulares no podrán tener un nivel jerárquico inferior al de director general o equivalente, y

e) El Comité deberá dictaminar en la misma sesión los asuntos que se presenten a su consideración; el Reglamento de esta Ley establecerá las bases conforme a las cuales los comités podrán de manera excepcional dictaminar los asuntos en una siguiente sesión.

Los integrantes del Comité con derecho a voz y voto, así como los asesores del mismo, podrán designar por escrito a sus respectivos suplentes, los que no deberán tener un nivel jerárquico inferior a director de área, y

VII. Coadyuvar al cumplimiento de esta Ley y demás disposiciones aplicables.

La Secretaría de la Función Pública podrá autorizar la creación de comités en órganos desconcentrados, cuando la cantidad y monto de sus operaciones o las características de sus funciones así lo justifiquen.

En los casos en que, por la naturaleza de sus funciones o por la magnitud de sus operaciones, no se justifique la instalación de un comité, la Secretaría de la Función Pública podrá autorizar la excepción correspondiente.

La Secretaría de la Función Pública podrá participar como asesor en los comités y subcomités a que se refiere este artículo, pronunciándose de manera fundada y motivada al emitir sus opiniones.

N. DE E. EN RELACIÓN CON LA ENTRADA EN VIGOR DEL PRESENTE PÁRRAFO, VER ARTÍCULO PRIMERO TRANSITORIO DEL DECRETO QUE MODIFICA LA LEY.

(REFORMADO PRIMER PÁRRAFO, D.O.F. 28 DE MAYO DE 2009)

Artículo 23. El Ejecutivo Federal, por conducto de la Secretaría de la Función Pública, determinará las dependencias y entidades que deberán instalar comisiones consultivas mixtas de abastecimiento, en función del volumen, características e importancia de las adquisiciones, arrendamientos y servicios que contraten. Dichas comisiones tendrán por objeto:

I. Propiciar y fortalecer la comunicación de las propias dependencias y entidades con los proveedores, a fin de lograr una mejor planeación de las adquisiciones, arrendamientos y servicios;

II. Colaborar en la instrumentación de programas de desarrollo de proveedores nacionales;

III. Promover y acordar programas de sustitución eficiente de importaciones, así como de simplificación interna de trámites administrativos que realicen las dependencias o entidades relacionados con las adquisiciones, arrendamientos y servicios;

IV. Emitir recomendaciones sobre metas de utilización de las reservas de compras pactadas con otros países;

V. Promover acciones que propicien la proveeduría con micro, pequeñas y medianas empresas, así como el consumo por parte de otras empresas de los bienes o servicios que produzcan o presten aquéllas;

VI. Difundir y fomentar la utilización de los diversos estímulos del gobierno federal y de los programas de financiamiento para apoyar la fabricación de bienes;

VII. Informar a los comités de adquisiciones, arrendamientos y servicios las recomendaciones planteadas en el seno de las comisiones;

N. DE E. EN RELACIÓN CON LA ENTRADA EN VIGOR DEL PRESENTE FRACCIÓN, VER ARTÍCULO PRIMERO TRANSITORIO DEL DECRETO QUE MODIFICA LA LEY.

(REFORMADA, D.O.F. 28 DE MAYO DE 2009)

VIII. Elaborar y aprobar el manual de integración y funcionamiento de la comisión, conforme a las bases que expida la Secretaría de la Función Pública, y

IX. Conocer y opinar sobre los programas de licitaciones internacionales de la dependencia o entidad de que se trate.

N. DE E. EN RELACIÓN CON LA ENTRADA EN VIGOR DEL PRESENTE ARTÍCULO, VER ARTÍCULO PRIMERO TRANSITORIO DEL DECRETO QUE MODIFICA LA LEY.

(REFORMADO, D.O.F. 28 DE MAYO DE 2009)

Artículo 24. La planeación, programación, presupuestación y el gasto de las adquisiciones, arrendamientos y servicios se sujetará a las disposiciones específicas del Presupuesto de Egresos de la Federación, así como a lo previsto en la Ley Federal de Presupuesto y Responsabilidad Hacendaria y demás disposiciones aplicables y los recursos destinados a ese fin se administrarán con eficiencia, eficacia, economía, transparencia, honradez e imparcialidad para satisfacer los objetivos a los que fueren destinados.

N. DE E. EN RELACIÓN CON LA ENTRADA EN VIGOR DEL PRESENTE ARTÍCULO, VER ARTÍCULO PRIMERO TRANSITORIO DEL DECRETO QUE MODIFICA LA LEY.

(REFORMADO Y REUBICADO, D.O.F. 28 DE MAYO DE 2009)

Artículo 25. Las dependencias y entidades, bajo su responsabilidad, podrán convocar, adjudicar o contratar adquisiciones, arrendamientos y servicios, con cargo a su presupuesto autorizado y sujetándose al calendario de gasto correspondiente.

En casos excepcionales, previo a la autorización de su presupuesto, las dependencias y entidades podrán solicitar a la Secretaría su aprobación para convocar, adjudicar y formalizar contratos cuya vigencia inicie en el ejercicio fiscal siguiente de aquél en el que se formalizan. Los referidos contratos estarán sujetos a la disponibilidad presupuestaria del año en el que se prevé el inicio de su vigencia, por lo que sus efectos estarán condicionados a la existencia de los recursos presupuestarios respectivos, sin que la no realización de la referida condición suspensiva origine responsabilidad alguna para las partes. Cualquier pacto en contrario a lo dispuesto en este párrafo se considerará nulo.

En las adquisiciones, arrendamientos y servicios, cuya vigencia rebase un ejercicio presupuestario, las dependencias o entidades deberán determinar tanto el presupuesto total como el relativo a los ejercicios de que se trate; en la formulación de los presupuestos de los ejercicios subsecuentes se considerarán los costos que, en su momento, se encuentren vigentes, y se dará prioridad a las previsiones para el cumplimiento de las obligaciones contraídas en ejercicios anteriores.

Para los efectos del párrafo anterior, las dependencias y entidades observarán lo dispuesto en el artículo 50 de la Ley Federal de Presupuesto y Responsabilidad Hacendaria. La información sobre estos contratos se difundirá a través de CompraNet.

N. DE E. EN RELACIÓN CON LA ENTRADA EN VIGOR DEL PRESENTE TÍTULO, VER ARTÍCULO PRIMERO TRANSITORIO DEL DECRETO QUE MODIFICA LA LEY.

(REUBICADO [N. DE E. ANTES TÍTULO TERCERO], D.O.F. 28 DE MAYO DE 2009)

TÍTULO SEGUNDO (SIC)
DE LOS PROCEDIMIENTOS DE CONTRATACIÓN

CAPÍTULO PRIMERO
GENERALIDADES

N. DE E. EN RELACIÓN CON LA ENTRADA EN VIGOR DEL PRESENTE ARTÍCULO, VER ARTÍCULO PRIMERO TRANSITORIO DEL DECRETO QUE MODIFICA LA LEY.

(REFORMADO, D.O.F. 28 DE MAYO DE 2009)

Artículo 26. Las dependencias y entidades seleccionarán de entre los procedimientos que a continuación se señalan, aquél que de acuerdo con la naturaleza de la contratación asegure al Estado las mejores condiciones disponibles en cuanto a precio, calidad, financiamiento, oportunidad y demás circunstancias pertinentes:

I. Licitación pública;

II. Invitación a cuando menos tres personas, o

III. Adjudicación directa.

Las adquisiciones, arrendamientos y servicios se adjudicarán, por regla general, a través de licitaciones públicas, mediante convocatoria pública, para que libremente se presenten proposiciones, solventes en sobre cerrado, que será abierto públicamente, a fin de asegurar al Estado las mejores condiciones disponibles en cuanto a precio, calidad, financiamiento, oportunidad, crecimiento económico, generación de empleo, eficiencia energética, uso responsable del agua, optimización y uso sustentable de los recursos, así como la protección al medio ambiente y demás circunstancias pertinentes, de acuerdo con lo que establece la presente Ley.

Tratándose de adquisiciones de madera, muebles y suministros de oficina fabricados con madera, deberán requerirse certificados otorgados por terceros previamente registrados ante la Secretaría de Medio Ambiente y Recursos Naturales, que garanticen el origen y el manejo sustentable de los aprovechamientos forestales de donde proviene dicha madera. En cuanto a los suministros de oficina fabricados con madera, se estará a lo dispuesto en el Reglamento de la presente Ley.

En las adquisiciones de papel para uso de oficina, éste deberá contener un mínimo de cincuenta por ciento de fibras de material reciclado o de fibras naturales no derivadas de la madera o de materias primas provenientes de aprovechamientos forestales manejados de manera sustentable en el territorio nacional que se encuentren certificadas conforme a lo dispuesto en el párrafo anterior o de sus combinaciones y elaborados en procesos con blanqueado libre de cloro.

En los procedimientos de contratación deberán establecerse los mismos requisitos y condiciones para todos los participantes, debiendo las dependencias y entidades proporcionar a todos los interesados igual acceso a la información relacionada con dichos procedimientos, a fin de evitar favorecer a algún participante.

Previo al inicio de los procedimientos de contratación previstos en este artículo, las dependencias y entidades deberán realizar una investigación de mercado de la cual se desprendan las condiciones que imperan en el mismo, respecto del bien, arrendamiento o servicio objeto de la contratación, a efecto de buscar las mejores condiciones para el Estado.

Las condiciones contenidas en la convocatoria a la licitación e invitación a cuando menos tres personas y en las proposiciones, presentadas por los licitantes no podrán ser negociadas.

La licitación pública inicia con la publicación de la convocatoria y, en el caso de invitación a cuando menos tres personas, con la entrega de la primera invitación; ambos procedimientos concluyen con la emisión del fallo o, en su caso, con la cancelación del procedimiento respectivo.

Los licitantes sólo podrán presentar una proposición en cada procedimiento de contratación; iniciado el acto de presentación y apertura de proposiciones, las ya presentadas no podrán ser retiradas o dejarse sin efecto por los licitantes.

A los actos del procedimiento de licitación pública e invitación a cuando menos tres personas podrá asistir cualquier persona en calidad de observador, bajo la condición de registrar su asistencia y abstenerse de intervenir en cualquier forma en los mismos.

La Secretaría de Economía, mediante reglas de carácter general y tomando en cuenta la opinión de la Secretaría de la Función Pública, determinará los criterios para la aplicación de las reservas, mecanismos de transición u otros supuestos establecidos en los tratados.

N. DE E. EN RELACIÓN CON LA ENTRADA EN VIGOR DEL PRESENTE ARTÍCULO, VER ARTÍCULO PRIMERO TRANSITORIO DEL DECRETO QUE MODIFICA LA LEY.

(ADICIONADO, D.O.F. 28 DE MAYO DE 2009)

Artículo 26 Bis. La licitación pública conforme a los medios que se utilicen, podrá ser:

I. Presencial, en la cual los licitantes exclusivamente podrán presentar sus proposiciones en forma documental y por escrito, en sobre cerrado, durante el acto de presentación y apertura de proposiciones, o bien, si así se prevé en la convocatoria a la licitación, mediante el uso del servicio postal o de mensajería.

La o las juntas de aclaraciones, el acto de presentación y apertura de proposiciones y el acto de fallo, se realizarán de manera presencial, a los cuales podrán asistir los licitantes, sin perjuicio de que el fallo pueda notificarse por escrito conforme a lo dispuesto por el artículo 37 de esta Ley;

II. Electrónica, en la cual exclusivamente se permitirá la participación de los licitantes a través de CompraNet, se utilizarán medios de identificación electrónica, las comunicaciones producirán los efectos que señala el artículo 27 de esta Ley.

La o las juntas de aclaraciones, el acto de presentación y apertura de proposiciones y el acto de fallo, sólo se realizarán a través de CompraNet y sin la presencia de los licitantes en dichos actos, y

III. Mixta, en la cual los licitantes, a su elección, podrán participar en forma presencial o electrónica en la o las juntas de aclaraciones, el acto de presentación y apertura de proposiciones y el acto de fallo.

N. DE E. EN RELACIÓN CON LA ENTRADA EN VIGOR DEL PRESENTE ARTÍCULO, VER ARTÍCULO PRIMERO TRANSITORIO DEL DECRETO QUE MODIFICA LA LEY.

(ADICIONADO, D.O.F. 28 DE MAYO DE 2009)

Artículo 26 Ter. En las licitaciones públicas, cuyo monto rebase el equivalente a cinco millones de días de salario mínimo general vigente en el Distrito Federal y en aquellos casos que determine la Secretaría de la Función Pública atendiendo al impacto que la contratación tenga en los programas sustantivos de la dependencia o entidad, participarán testigos sociales conforme a lo siguiente:

I. La Secretaría de la Función Pública tendrá a su cargo el padrón público de testigos sociales, quienes participarán en todas las etapas de los procedimientos de licitación pública, a los que se refiere esta Ley, con voz y emitirán un testimonio final que incluirá sus observaciones y en su caso recomendaciones, mismo que tendrá difusión en la página electrónica de cada dependencia o entidad, en CompraNet y se integrará al expediente respectivo.

II. Los testigos sociales serán seleccionados mediante convocatoria pública, emitida por la Secretaría de la Función Pública.

III. La Secretaría de la Función Pública, acreditará como testigos sociales a aquéllas personas que cumplan con los siguientes requisitos:

a) Ser ciudadano mexicano en ejercicio de sus derechos o extranjero cuya condición migratoria permita la función a desarrollar;

b) Cuando se trate de una organización no gubernamental, acreditar que se encuentra constituida conforme a las disposiciones legales aplicables y que no persigue fines de lucro;

c) No haber sido sentenciado con pena privativa de libertad;

d) No ser servidor público en activo en México y/o en el extranjero. Asimismo, no haber sido servidor público Federal o de una Entidad Federativa durante al menos un año previo a la fecha en que se presente su solicitud para ser acreditado;

e) No haber sido sancionado como servidor público ya sea Federal, estatal, municipal o por autoridad competente en el extranjero;

f) Presentar currículo en el que se acrediten los grados académicos, la especialidad correspondiente, la experiencia laboral y, en su caso, docente, así como los reconocimientos que haya recibido a nivel académico y profesional;

g) Asistir a los cursos de capacitación que imparte la Secretaría de la Función Pública sobre esta Ley y Tratados, y

h) Presentar manifestación escrita bajo protesta de decir verdad que se abstendrá de participar en contrataciones en las que pudiese existir conflicto de intereses, ya sea porque los licitantes o los servidores públicos que intervienen en las mismas tienen vinculación académica, de negocios o familiar.

IV. Los testigos sociales tendrán las funciones siguientes:

a) Proponer a las dependencias, entidades y a la Secretaría de la Función Pública mejoras para fortalecer la transparencia, imparcialidad y las disposiciones legales en materia de adquisiciones, arrendamientos y servicios;

b) Dar seguimiento al establecimiento de las acciones que se recomendaron derivadas de su participación en las contrataciones, y

c) Emitir al final de su participación el testimonio correspondiente del cual entregarán un ejemplar a la Secretaría de la Función Pública. Dicho testimonio deberá ser publicado dentro de los diez días naturales siguientes a su participación en la página de Internet de la dependencia o entidad que corresponda.

En caso de que el testigo social detecte irregularidades en los procedimientos de contratación, deberá remitir su testimonio al área de quejas del órgano interno de control de la dependencia o entidad convocante y/o a la Comisión de Vigilancia de la Cámara de Diputados del Congreso de la Unión.

Se podrá exceptuar la participación de los testigos sociales en aquéllos casos en que los procedimientos de contrataciones contengan información clasificada como reservada que pongan en riesgo la seguridad nacional, pública o la defensa nacional en los términos de las disposiciones legales aplicables.

El Reglamento de esta Ley especificará los montos de la contraprestación al testigo social en función de la importancia y del presupuesto asignado a la contratación.

N. DE E. EN RELACIÓN CON LA ENTRADA EN VIGOR DEL PRESENTE ARTÍCULO, VER ARTÍCULO PRIMERO TRANSITORIO DEL DECRETO QUE MODIFICA LA LEY.

(REFORMADO, D.O.F. 28 DE MAYO DE 2009)

Artículo 27. Las licitaciones públicas podrán llevarse a cabo a través de medios electrónicos, conforme a las disposiciones administrativas que emita la Secretaría de la Función Pública, en cuyo caso las unidades administrativas que se encuentren autorizadas por la misma, estarán obligadas a realizar todos sus procedimientos de licitación mediante dicha vía, salvo en los casos justificados que autorice la Secretaría de la Función Pública.

La Secretaría de la Función Pública operará y se encargará del sistema de certificación de los medios de identificación electrónica que utilicen las dependencias, entidades o los licitantes y será responsable de ejercer el control de estos medios, salvaguardando la confidencialidad de la información que se remita por esta vía.

La Secretaría de la Función Pública podrá aceptar la certificación o identificación electrónica que otorguen las dependencias y entidades, las entidades federativas, municipios y los entes públicos de unas y otros, así como terceros facultados por autoridad competente en la materia, cuando los sistemas de certificación empleados se ajusten a las disposiciones que emita la Secretaría de la Función Pública.

El sobre que contenga la proposición de los licitantes deberá entregarse en la forma y medios que prevea la convocatoria a la licitación.

Las proposiciones presentadas deberán ser firmadas autógrafamente por los licitantes o sus apoderados; en el caso de que éstas sean enviadas a través de medios remotos de comunicación electrónica, se emplearán medios de identificación electrónica, los cuales producirán los mismos efectos que las leyes otorgan a los documentos correspondientes y, en consecuencia, tendrán el mismo valor probatorio.

CAPÍTULO SEGUNDO
DE LA LICITACIÓN PÚBLICA

N. DE E. EN RELACIÓN CON LA ENTRADA EN VIGOR DEL PRESENTE ARTÍCULO, VER ARTÍCULO PRIMERO TRANSITORIO DEL DECRETO QUE MODIFICA LA LEY.

(REFORMADO, D.O.F. 28 DE MAYO DE 2009)

Artículo 28. El carácter de las licitaciones públicas, será:

I. Nacional, en la cual únicamente podrán participar personas de nacionalidad mexicana y los bienes a adquirir sean producidos en el país y cuenten, por lo menos, con un cincuenta por ciento de contenido nacional, el que se determinará tomando en cuenta la mano de obra, insumos de los bienes y demás aspectos que determine la Secretaría de Economía mediante reglas de carácter general, o bien, por encontrarse debajo de los umbrales previstos en los tratados, o cuando habiéndose rebasado éstos, se haya realizado la reserva correspondiente.

La Secretaría de Economía mediante reglas de carácter general establecerá los casos de excepción correspondientes a dicho contenido, así como un procedimiento expedito para determinar el porcentaje del mismo, previa opinión de la Secretaría y de la Secretaría de la Función Pública.

Tratándose de la contratación de arrendamientos y servicios, únicamente podrán participar personas de nacionalidad mexicana.

(REFORMADO PRIMER PÁRRAFO, D.O.F. 16 DE ENERO DE 2012)

II. Internacional bajo la cobertura de tratados, en la que sólo podrán participar licitantes mexicanos y extranjeros de países con los que nuestro país tenga celebrado un tratado de libre comercio con capítulo de compras gubernamentales, cuando resulte obligatorio conforme a lo establecido en los tratados de libre comercio, que contengan disposiciones en materia de compras del sector público y bajo cuya cobertura expresa se haya convocado la licitación, de acuerdo a las reglas de origen que prevean los tratados y las reglas de carácter general, para bienes nacionales que emita la Secretaría de Economía, previa opinión de la Secretaría de la Función Pública, y

a) (DEROGADO, D.O.F. 16 DE ENERO DE 2012)

b) (DEROGADO, D.O.F. 16 DE ENERO DE 2012)

III. Internacionales abiertas, en las que podrán participar licitantes mexicanos y extranjeros, cualquiera que sea el origen de los bienes a adquirir o arrendar y de los servicios a contratar, cuando:

(REFORMADO, D.O.F. 16 DE ENERO DE 2012)

a) Se haya realizado una de carácter nacional que se declaró desierta, o

b) Así se estipule para las contrataciones financiadas con créditos externos otorgados al gobierno federal o con su aval.

En las licitaciones previstas en esta fracción, para determinar la conveniencia de precio de los bienes, arrendamientos o servicios, se considerará un margen hasta del quince por ciento a favor del precio más bajo prevaleciente en el mercado nacional, en igualdad de condiciones, respecto de los precios de bienes, arrendamientos o servicios de procedencia extranjera que resulten de la investigación de mercado correspondiente.

En los supuestos de licitación previstos en las fracciones II y III de este artículo, la Secretaría de Economía, mediante publicación en el Diario Oficial de la Federación, determinará los casos en que los participantes deban manifestar ante la convocante que los precios que presentan en su propuesta económica no se cotizan en condiciones de prácticas desleales de comercio internacional en su modalidad de discriminación de precios o subsidios.

(REFORMADO, D.O.F. 16 DE ENERO DE 2012)

En los casos en que una licitación pública nacional haya sido declarada desierta y siempre que la contratación no se encuentre sujeta al ámbito de cobertura de los tratados, las dependencias y entidades podrán optar, indistintamente, por realizar una licitación internacional bajo la cobertura de tratados o una internacional abierta.

Cuando en los procedimientos de contratación de servicios, se incluya el suministro de bienes muebles y el valor de éstos sea igual o superior al cincuenta por ciento del valor total de la contratación, la operación se considerará como adquisición de bienes muebles. Para efectos de lo anterior, en el concepto de suministro de bienes muebles, sólo se considerarán los bienes que formarán parte del inventario de las dependencias o entidades convocantes.

En las licitaciones públicas se podrá utilizar la modalidad de ofertas subsecuentes de descuentos para la adquisición de bienes muebles o servicios cuya descripción y características técnicas puedan ser objetivamente definidas y la evaluación legal y técnica de las proposiciones de los licitantes se pueda realizar en forma inmediata, al concluir la celebración del acto de presentación y apertura de proposiciones, conforme a los lineamientos que expida la Secretaría de la Función Pública, siempre que las dependencias o entidades convocantes justifiquen debidamente el uso de dicha modalidad y que constaten que existe competitividad suficiente de conformidad con la investigación de mercado correspondiente.

Tratándose de licitaciones públicas en las que participen de manera individual micro, pequeñas y medianas empresas nacionales, no se aplicará la modalidad de ofertas subsecuentes de descuento.

N. DE E. EN RELACIÓN CON LA ENTRADA EN VIGOR DEL PRESENTE ARTÍCULO, VER ARTÍCULO PRIMERO TRANSITORIO DEL DECRETO QUE MODIFICA LA LEY.

(REFORMADO, D.O.F. 28 DE MAYO DE 2009)

Artículo 29. La convocatoria a la licitación pública, en la cual se establecerán las bases en que se desarrollará el procedimiento y en las cuales se describirán los requisitos de participación, deberá contener:

I. El nombre, denominación o razón social de la dependencia o entidad convocante;

II. La descripción detallada de los bienes, arrendamientos o servicios, así como los aspectos que la convocante considere necesarios para determinar el objeto y alcance de la contratación;

III. La fecha, hora y lugar de celebración de la primera junta de aclaración a la convocatoria a la licitación, del acto de presentación y apertura de proposiciones y de aquella en la que se dará a conocer el fallo, de la firma del contrato, en su caso, la reducción del plazo, y si la licitación será presencial, electrónica o mixta y el señalamiento de la forma en la que se deberán presentar las proposiciones;

IV. El carácter de la licitación y el idioma o idiomas, además del español, en que podrán presentarse las proposiciones. Los anexos técnicos y folletos en el o los idiomas que determine la convocante;

V. Los requisitos que deberán cumplir los interesados en participar en el procedimiento, los cuales no deberán limitar la libre participación, concurrencia y competencia económica;

VI. El señalamiento de que para intervenir en el acto de presentación y apertura de proposiciones, bastará que los licitantes presenten un escrito en el que su firmante manifieste, bajo protesta de decir verdad, que cuenta con facultades suficientes para comprometerse por sí o por su representada, sin que resulte necesario acreditar su personalidad jurídica;

VII. La forma en que los licitantes deberán acreditar su existencia legal y personalidad jurídica, para efectos de la suscripción de las proposiciones, y, en su caso, firma del contrato. Asimismo, la indicación de que el licitante deberá proporcionar una dirección de correo electrónico, en caso de contar con él;

VIII. Precisar que será requisito el que los licitantes entreguen junto con el sobre cerrado una declaración escrita, bajo protesta de decir verdad, de no encontrarse en alguno de los supuestos establecidos por los artículos 50 y 60 penúltimo párrafo, de esta Ley;

IX. Precisar que será requisito el que los licitantes presenten una declaración de integridad, en la que manifiesten, bajo protesta de decir verdad, que por sí mismos o a través de interpósita persona, se abstendrán de adoptar conductas, para que los servidores públicos de la dependencia o entidad, induzcan o alteren las evaluaciones de las proposiciones, el resultado del procedimiento, u otros aspectos que otorguen condiciones más ventajosas con relación a los demás participantes;

X. Si para verificar el cumplimiento de las especificaciones solicitadas se requiere de la realización de pruebas, se precisará el método para ejecutarlas y el resultado mínimo que deba obtenerse, de acuerdo con la Ley Federal sobre Metrología y Normalización;

XI. La indicación respecto a si la contratación abarcará uno o más ejercicios fiscales, si será contrato abierto, y en su caso, la justificación para no aceptar proposiciones conjuntas;

XII. La indicación de si la totalidad de los bienes o servicios objeto de la licitación, o bien, de cada partida o concepto de los mismos, serán adjudicados a un solo licitante, o si la adjudicación se hará mediante el procedimiento de abastecimiento simultáneo, en cuyo caso deberá precisarse el número de fuentes de abastecimiento requeridas, los porcentajes que se asignarán a cada una y el porcentaje diferencial en precio que se considerará;

XIII. Los criterios específicos que se utilizarán para la evaluación de las proposiciones y adjudicación de los contratos, debiéndose utilizar preferentemente los criterios de puntos y porcentajes, o el de costo beneficio;

XIV. El domicilio de las oficinas de la Secretaría de la Función Pública o de los gobiernos de las entidades federativas, o en su caso el medio electrónico en que podrán presentarse inconformidades, de acuerdo a lo dispuesto en el artículo 66 de la presente Ley;

XV. Señalamiento de las causas expresas de desechamiento, que afecten directamente la solvencia de las proposiciones, entre las que se incluirá la comprobación de que algún licitante ha acordado con otro u otros elevar el costo de los trabajos, o cualquier otro acuerdo que tenga como fin obtener una ventaja sobre los demás licitantes, y

XVI. Modelo de contrato al que para la licitación de que se trate se sujetarán las partes, el cual deberá contener los requisitos a que se refiere el artículo 45 de esta Ley.

Para la participación, adjudicación o contratación de adquisiciones, arrendamientos o servicios no se podrán establecer requisitos que tengan por objeto o efecto limitar el proceso de competencia y libre concurrencia. En ningún caso se deberán establecer requisitos o condiciones imposibles de cumplir. La dependencia o entidad convocante tomará en cuenta las recomendaciones previas que, en su caso, emita la Comisión Federal de Competencia en términos de la Ley Federal de Competencia Económica.

Previo a la publicación de la convocatoria a la licitación pública, las dependencias y entidades podrán difundir el proyecto de la misma a través de CompraNet, al menos durante diez días hábiles, lapso durante el cual éstas recibirán los comentarios pertinentes en la dirección electrónica que para tal fin se señale.

Los comentarios y opiniones que se reciban al proyecto de convocatoria, serán analizados por las dependencias y entidades a efecto de, en su caso, considerarlas para enriquecer el proyecto.

N. DE E. EN RELACIÓN CON LA ENTRADA EN VIGOR DEL PRESENTE ARTÍCULO, VER ARTÍCULO PRIMERO TRANSITORIO DEL DECRETO QUE MODIFICA LA LEY.

(REFORMADO, D.O.F. 28 DE MAYO DE 2009)

Artículo 30. La publicación de la convocatoria a la licitación pública se realizará a través de CompraNet y su obtención será gratuita. Además, simultáneamente se enviará para su publicación en el Diario Oficial de la Federación, un resumen de la convocatoria a la licitación que deberá contener, entre otros elementos, el objeto de la licitación, el volumen a adquirir, el número de licitación, las fechas previstas para llevar a cabo el procedimiento de contratación y cuando se publicó en CompraNet y, asimismo, la convocante pondrá a disposición de los licitantes copia del texto de la convocatoria.

N. DE E. EN RELACIÓN CON LA ENTRADA EN VIGOR DEL PRESENTE ARTÍCULO, VER ARTÍCULO PRIMERO TRANSITORIO DEL DECRETO QUE MODIFICA LA LEY.

Artículo 31. (DEROGADO, D.O.F. 28 DE MAYO DE 2009)

N. DE E. EN RELACIÓN CON LA ENTRADA EN VIGOR DEL PRESENTE PÁRRAFO, VER ARTÍCULO PRIMERO TRANSITORIO DEL DECRETO QUE MODIFICA LA LEY.

(REFORMADO PRIMER PÁRRAFO, D.O.F. 28 DE MAYO DE 2009)

Artículo 32. El plazo para la presentación y apertura de proposiciones de las licitaciones internacionales no podrá ser inferior a veinte días naturales, contados a partir de la fecha de publicación de la convocatoria en CompraNet.

En licitaciones nacionales, el plazo para la presentación y apertura de proposiciones será, cuando menos, de quince días naturales contados a partir de la fecha de publicación de la convocatoria.

N. DE E. EN RELACIÓN CON LA ENTRADA EN VIGOR DEL PRESENTE PÁRRAFO, VER ARTÍCULO PRIMERO TRANSITORIO DEL DECRETO QUE MODIFICA LA LEY.

(REFORMADO, D.O.F. 28 DE MAYO DE 2009)

Cuando no puedan observarse los plazos indicados en este artículo porque existan razones justificadas debidamente acreditadas en el expediente por el área solicitante de los bienes o servicios, el titular del área responsable de la contratación podrá reducir los plazos a no menos de diez días naturales, contados a partir de la fecha de publicación de la convocatoria, siempre que ello no tenga por objeto limitar el número de participantes.

N. DE E. EN RELACIÓN CON LA ENTRADA EN VIGOR DEL PRESENTE PÁRRAFO, VER ARTÍCULO PRIMERO TRANSITORIO DEL DECRETO QUE MODIFICA LA LEY.

(REFORMADO [N. DE E. ADICIONADO], D.O.F. 28 DE MAYO DE 2009)

La determinación de estos plazos y sus cambios, deberán ser acordes con la planeación y programación previamente establecida.

N. DE E. EN RELACIÓN CON LA ENTRADA EN VIGOR DEL PRESENTE ARTÍCULO, VER ARTÍCULO PRIMERO TRANSITORIO DEL DECRETO QUE MODIFICA LA LEY.

(REFORMADO, D.O.F. 28 DE MAYO DE 2009)

Artículo 33. Las dependencias y entidades, siempre que ello no tenga por objeto limitar el número de licitantes, podrán modificar aspectos establecidos en la convocatoria, a más tardar el séptimo día natural previo al acto de presentación y apertura de proposiciones, debiendo difundir dichas modificaciones en CompraNet, a más tardar el día hábil siguiente a aquél en que se efectúen.

Las modificaciones que se mencionan en el párrafo anterior en ningún caso podrán consistir en la sustitución de los bienes o servicios convocados originalmente, adición de otros de distintos rubros o en variación significativa de sus características.

Cualquier modificación a la convocatoria de la licitación, incluyendo las que resulten de la o las juntas de aclaraciones, formará parte de la convocatoria y deberá ser considerada por los licitantes en la elaboración de su proposición.

La convocante deberá realizar al menos una junta de aclaraciones, siendo optativa para los licitantes la asistencia a la misma.

N. DE E. EN RELACIÓN CON LA ENTRADA EN VIGOR DEL PRESENTE ARTÍCULO, VER ARTÍCULO PRIMERO TRANSITORIO DEL DECRETO QUE MODIFICA LA LEY.

(ADICIONADO, D.O.F. 28 DE MAYO DE 2009)

Artículo 33 Bis. Para la junta de aclaraciones se considerará lo siguiente:

El acto será presidido por el servidor público designado por la convocante, quién deberá ser asistido por un representante del área técnica o usuaria de los bienes, arrendamientos o servicios objeto de la contratación, a fin de que se resuelvan en forma clara y precisa las dudas y planteamientos de los licitantes relacionados con los aspectos contenidos en la convocatoria.

Las personas que pretendan solicitar aclaraciones a los aspectos contenidos en la convocatoria, deberán presentar un escrito, en el que expresen su interés en participar en la licitación, por si o en representación de un tercero, manifestando en todos los casos los datos generales del interesado y, en su caso, del representante.

Las solicitudes de aclaración, podrán enviarse a través de CompraNet o entregarlas personalmente dependiendo del tipo de licitación de que se trate, a más tardar veinticuatro horas antes de la fecha y hora en que se vaya a realizar la junta de aclaraciones.

Al concluir cada junta de aclaraciones podrá señalarse la fecha y hora para la celebración de ulteriores juntas, considerando que entre la última de éstas y el acto de presentación y apertura de proposiciones deberá existir un plazo de al menos seis días naturales. De resultar necesario, la fecha señalada en la convocatoria para realizar el acto de presentación y apertura de proposiciones podrá diferirse.

De cada junta de aclaraciones se levantará acta en la que se harán constar los cuestionamientos formulados por los interesados y las respuestas de la convocante. En el acta correspondiente a la última junta de aclaraciones se indicará expresamente esta circunstancia.

N. DE E. EN RELACIÓN CON LA ENTRADA EN VIGOR DEL PRESENTE ARTÍCULO, VER ARTÍCULO PRIMERO TRANSITORIO DEL DECRETO QUE MODIFICA LA LEY.

(REFORMADO, D.O.F. 28 DE MAYO DE 2009)

Artículo 34. La entrega de proposiciones se hará en sobre cerrado que contendrá la oferta técnica y económica. En el caso de las proposiciones presentadas a través de CompraNet, los sobres serán generados mediante el uso de tecnologías que resguarden la confidencialidad de la información de tal forma que sean inviolables, conforme a las disposiciones técnicas que al efecto establezca la Secretaría de la Función Pública.

La documentación distinta a la proposición podrá entregarse, a elección del licitante, dentro o fuera del sobre que la contenga.

Dos o más personas podrán presentar conjuntamente una proposición sin necesidad de constituir una sociedad, o una nueva sociedad en caso de personas morales; para tales efectos, en la proposición y en el contrato se establecerán con precisión las obligaciones de cada una de ellas, así como la manera en que se exigiría su cumplimiento. En este supuesto la proposición deberá ser firmada por el representante común que para ese acto haya sido designado por el grupo de personas, ya sea autógrafamente o por los medios de identificación electrónica autorizados por la Secretaría de la Función Pública.

Cuando la proposición conjunta resulte adjudicada con un contrato, dicho instrumento deberá ser firmado por el representante legal de cada una de las personas participantes en la proposición, a quienes se considerará, para efectos del procedimiento y del contrato, como responsables solidarios o mancomunados, según se establezca en el propio contrato.

Lo anterior, sin perjuicio de que las personas que integran la proposición conjunta puedan constituirse en una nueva sociedad, para dar cumplimiento a las obligaciones previstas en el convenio de proposición conjunta, siempre y cuando se mantengan en la nueva sociedad las responsabilidades de dicho convenio.

Los actos, contratos, convenios o combinaciones que lleven a cabo los licitantes en cualquier etapa del procedimiento de licitación deberán apegarse a lo dispuesto por la Ley Federal de Competencia Económica en materia de prácticas monopólicas y concentraciones, sin perjuicio de que las dependencias y entidades determinarán los requisitos, características y condiciones de los mismos en el ámbito de sus atribuciones. Cualquier licitante o el convocante podrá hacer del conocimiento de la Comisión Federal de Competencia, hechos materia de la citada Ley, para que resuelva lo conducente.

Previo al acto de presentación y apertura de proposiciones, la convocante podrá efectuar el registro de participantes, así como realizar revisiones preliminares a la documentación distinta a la proposición. Lo anterior será optativo para los licitantes, por lo que no se podrá impedir el acceso a quién decida presentar su documentación y proposiciones en la fecha, hora y lugar establecido para la celebración del citado acto.

N. DE E. EN RELACIÓN CON LA ENTRADA EN VIGOR DEL PRESENTE ARTÍCULO, VER ARTÍCULO PRIMERO TRANSITORIO DEL DECRETO QUE MODIFICA LA LEY.

(REFORMADO, D.O.F. 28 DE MAYO DE 2009)

Artículo 35. El acto de presentación y apertura de proposiciones se llevará a cabo en el día, lugar y hora previstos en la convocatoria a la licitación, conforme a lo siguiente:

I. Una vez recibidas las proposiciones en sobre cerrado, se procederá a su apertura, haciéndose constar la documentación presentada, sin que ello implique la evaluación de su contenido;

II. De entre los licitantes que hayan asistido, éstos elegirán a uno, que en forma conjunta con el servidor público que la dependencia o entidad designe, rubricarán las partes de las proposiciones que previamente haya determinado la convocante en la convocatoria a la licitación, las que para estos efectos constarán documentalmente, y

III. Se levantará acta que servirá de constancia de la celebración del acto de presentación y apertura de las proposiciones, en la que se harán constar el importe de cada una de ellas; se señalará lugar, fecha y hora en que se dará a conocer el fallo de la licitación, fecha que deberá quedar comprendida dentro de los veinte días naturales siguientes a la establecida para este acto y podrá diferirse, siempre que el nuevo plazo fijado no exceda de veinte días naturales contados a partir del plazo establecido originalmente.

Tratándose de licitaciones en las que se utilice la modalidad de ofertas subsecuentes de descuentos, después de la evaluación técnica, se indicará cuando se dará inicio a las pujas de los licitantes.

N. DE E. EN RELACIÓN CON LA ENTRADA EN VIGOR DEL PRESENTE ARTÍCULO, VER ARTÍCULO PRIMERO TRANSITORIO DEL DECRETO QUE MODIFICA LA LEY.

(REFORMADO, D.O.F. 28 DE MAYO DE 2009)

Artículo 36. Las dependencias y entidades para la evaluación de las proposiciones deberán utilizar el criterio indicado en la convocatoria a la licitación.

En todos los casos las convocantes deberán verificar que las proposiciones cumplan con los requisitos solicitados en la convocatoria a la licitación; la utilización del criterio de evaluación binario, mediante el cual sólo se adjudica a quien cumpla los requisitos establecidos por la convocante y oferte el precio más bajo, será aplicable cuando no sea posible utilizar los criterios de puntos y porcentajes o de costo beneficio. En este supuesto, la convocante evaluará al menos las dos proposiciones cuyo precio resulte ser más bajo; de no resultar éstas solventes, se evaluarán las que les sigan en precio.

Cuando las dependencias y entidades requieran obtener bienes, arrendamientos o servicios que conlleven el uso de características de alta especialidad técnica o de innovación tecnología, deberán utilizar el criterio de evaluación de puntos y porcentajes o de costo beneficio.

Las condiciones que tengan como propósito facilitar la presentación de las proposiciones y agilizar la conducción de los actos de la licitación, así como cualquier otro requisito cuyo incumplimiento, por sí mismo, o deficiencia en su contenido no afecte la solvencia de las proposiciones, no serán objeto de evaluación, y se tendrán por no establecidas. La inobservancia por parte de los licitantes respecto a dichas condiciones o requisitos no será motivo para desechar sus proposiciones.

Entre los requisitos cuyo incumplimiento no afecta la solvencia de la proposición, se considerarán: el proponer un plazo de entrega menor al solicitado, en cuyo caso, de resultar adjudicado y de convenir a la convocante pudiera aceptarse; el omitir aspectos que puedan ser cubiertos con información contenida en la propia propuesta técnica o económica; el no observar los formatos establecidos, si se proporciona de manera clara la información requerida; y el no observar requisitos que carezcan de fundamento legal o cualquier otro que no tenga por objeto determinar objetivamente la solvencia de la proposición presentada. En ningún caso la convocante o los licitantes podrán suplir o corregir las deficiencias de las proposiciones presentadas.

N. DE E. EN RELACIÓN CON LA ENTRADA EN VIGOR DEL PRESENTE ARTÍCULO, VER ARTÍCULO PRIMERO TRANSITORIO DEL DECRETO QUE MODIFICA LA LEY.

(REFORMADO, D.O.F. 28 DE MAYO DE 2009)

Artículo 36 Bis. Una vez hecha la evaluación de las proposiciones, el contrato se adjudicará al licitante cuya oferta resulte solvente, porque cumple con los requisitos legales, técnicos y económicos establecidos en la convocatoria a la licitación, y por tanto garantiza el cumplimiento de las obligaciones respectivas y, en su caso:

I. La proposición haya obtenido el mejor resultado en la evaluación combinada de puntos y porcentajes, o bien, de costo beneficio;

II. De no haberse utilizado las modalidades mencionadas en la fracción anterior, la proposición hubiera ofertado el precio más bajo, siempre y cuando éste resulte conveniente. Los precios ofertados que se encuentren por debajo del precio conveniente, podrán ser desechados por la convocante, y

III. A quien oferte el precio más bajo que resulte del uso de la modalidad de ofertas subsecuentes de descuentos, siempre y cuando la proposición resulte solvente técnica y económicamente.

Para los casos señalados en las fracciones I y II de este artículo, en caso de existir igualdad de condiciones, se dará preferencia a las personas que integren el sector de micro, pequeñas y medianas empresas nacionales.

De subsistir el empate entre las personas del sector señalado, la adjudicación se efectuará a favor del licitante que resulte ganador del sorteo que se realice en términos del Reglamento de esta Ley. En las licitaciones públicas que cuenten con la participación de un testigo social, éste invariablemente deberá ser invitado al mismo. Igualmente será convocado un representante del órgano interno de control de la dependencia o entidad de que se trate.

N. DE E. EN RELACIÓN CON LA ENTRADA EN VIGOR DEL PRESENTE ARTÍCULO, VER ARTÍCULOS PRIMERO Y DÉCIMO TRANSITORIOS DEL DECRETO QUE MODIFICA LA LEY.

(REFORMADO, D.O.F. 28 DE MAYO DE 2009)

Artículo 37. La convocante emitirá un fallo, el cual deberá contener lo siguiente:

I. La relación de licitantes cuyas proposiciones se desecharon, expresando todas las razones legales, técnicas o económicas que sustentan tal determinación e indicando los puntos de la convocatoria que en cada caso se incumpla;

II. La relación de licitantes cuyas proposiciones resultaron solventes, describiendo en lo general dichas proposiciones. Se presumirá la solvencia de las proposiciones, cuando no se señale expresamente incumplimiento alguno;

III. En caso de que se determine que el precio de una proposición no es aceptable o no es conveniente, se deberá anexar copia de la investigación de precios realizada o del cálculo correspondiente;

IV. Nombre del o los licitantes a quien se adjudica el contrato, indicando las razones que motivaron la adjudicación, de acuerdo a los criterios previstos en la convocatoria, así como la indicación de la o las partidas, los conceptos y montos asignados a cada licitante;

V. Fecha, lugar y hora para la firma del contrato, la presentación de garantías y, en su caso, la entrega de anticipos, y

VI. Nombre, cargo y firma del servidor público que lo emite, señalando sus facultades de acuerdo con los ordenamientos jurídicos que rijan a la convocante. Indicará también el nombre y cargo de los responsables de la evaluación de las proposiciones.

En caso de que se declare desierta la licitación o alguna partida, se señalarán en el fallo las razones que lo motivaron.

En el fallo no se deberá incluir información reservada o confidencial, en los términos de las disposiciones aplicables.

Cuando la licitación sea presencial o mixta, se dará a conocer el fallo de la misma en junta pública a la que libremente podrán asistir los licitantes que hubieran presentado proposición, entregándoseles copia del mismo y levantándose el acta respectiva. Asimismo, el contenido del fallo se difundirá a través de CompraNet el mismo día en que se emita. A los licitantes que no hayan asistido a la junta pública, se les enviará por correo electrónico un aviso informándoles que el acta del fallo se encuentra a su disposición en CompraNet.

En las licitaciones electrónicas y para el caso de los licitantes que enviaron sus proposiciones por ese medio en las licitaciones mixtas, el fallo, para efectos de su notificación, se dará a conocer a través de CompraNet el mismo día en que se celebre la junta pública. A los licitantes se les enviará por correo electrónico un aviso informándoles que el acta del fallo se encuentra a su disposición en CompraNet.

Con la notificación del fallo por el que se adjudica el contrato, las obligaciones derivadas de éste serán exigibles, sin perjuicio de la obligación de las partes de firmarlo en la fecha y términos señalados en el fallo.

Contra el fallo no procederá recurso alguno; sin embargo procederá la inconformidad en términos del Título Sexto, Capítulo Primero de esta Ley.

Cuando se advierta en el fallo la existencia de un error aritmético, mecanográfico o de cualquier otra naturaleza, que no afecte el resultado de la evaluación realizada por la convocante, dentro de los cinco días hábiles siguientes a su notificación y siempre que no se haya firmado el contrato, el titular del área responsable del procedimiento de contratación procederá a su corrección, con la intervención de su superior jerárquico, aclarando o rectificando el mismo, mediante el acta administrativa correspondiente, en la que se harán constar los motivos que lo originaron y las razones que sustentan su enmienda, hecho que se notificará a los licitantes que hubieran participado en el procedimiento de contratación, remitiendo copia de la misma al órgano interno de control dentro de los cinco días hábiles posteriores a la fecha de su firma.

Si el error cometido en el fallo no fuera susceptible de corrección conforme a lo dispuesto en el párrafo anterior, el servidor público responsable dará vista de inmediato al órgano interno de control, a efecto de que, previa intervención de oficio, se emitan las directrices para su reposición.

N. DE E. EN RELACIÓN CON LA ENTRADA EN VIGOR DEL PRESENTE ARTÍCULO, VER ARTÍCULO PRIMERO TRANSITORIO DEL DECRETO QUE MODIFICA LA LEY.

(ADICIONADO, D.O.F. 28 DE MAYO DE 2009)

Artículo 37 Bis. Las actas de las juntas de aclaraciones, del acto de presentación y apertura de proposiciones, y de la junta pública en la que se dé a conocer el fallo serán firmadas por los licitantes que hubieran asistido, sin que la falta de firma de alguno de ellos reste validez o efectos a las mismas, de las cuales se podrá entregar una copia a dichos asistentes, y al finalizar cada acto se fijará un ejemplar del acta correspondiente en un lugar visible, al que tenga acceso el público, en el domicilio del área responsable del procedimiento de contratación, por un término no menor de cinco días hábiles. El titular de la citada área dejará constancia en el expediente de la licitación, de la fecha, hora y lugar en que se hayan fijado las actas o el aviso de referencia.

Asimismo, se difundirá un ejemplar de dichas actas en CompraNet para efectos de su notificación a los licitantes que no hayan asistido al acto. Dicho procedimiento sustituirá a la notificación personal.

N. DE E. EN RELACIÓN CON LA ENTRADA EN VIGOR DEL PRESENTE ARTÍCULO, VER ARTÍCULO PRIMERO TRANSITORIO DEL DECRETO QUE MODIFICA LA LEY.

(REFORMADO, D.O.F. 28 DE MAYO DE 2009)

Artículo 38. Las dependencias y entidades procederán a declarar desierta una licitación, cuando la totalidad de las proposiciones presentadas no reúnan los requisitos solicitados o los precios de todos los bienes, arrendamientos o servicios ofertados no resulten aceptables.

En los casos en que no existan proveedores nacionales, en las políticas, bases y lineamientos podrá establecerse un porcentaje menor al utilizado para determinar el precio no aceptable, sin que el mismo pueda ser inferior al cinco por ciento. Los resultados de la investigación y del cálculo para determinar la inaceptabilidad del precio ofertado se incluirán en el fallo a que alude el artículo 37 de esta Ley.

Cuando se declare desierta una licitación o alguna partida y persista la necesidad de contratar con el carácter y requisitos solicitados en la primera licitación, la dependencia o entidad podrá emitir una segunda convocatoria, o bien optar por el supuesto de excepción previsto en el artículo 41 fracción VII de esta Ley. Cuando los requisitos o el carácter sea modificado con respecto a la primera convocatoria, se deberá convocar a un nuevo procedimiento.

Las dependencias y entidades podrán cancelar una licitación, partidas o conceptos incluidos en éstas, cuando se presente caso fortuito; fuerza mayor; existan circunstancias justificadas que extingan la necesidad para adquirir los bienes, arrendamientos o servicios, o que de continuarse con el procedimiento se pudiera ocasionar un daño o perjuicio a la propia dependencia o entidad. La determinación de dar por cancelada la licitación, partidas o conceptos, deberá precisar el acontecimiento que motiva la decisión, la cual se hará del conocimiento de los licitantes, y no será procedente contra ella recurso alguno, sin embargo podrán interponer la inconformidad en términos del Título Sexto, Capítulo Primero de esta Ley.

Salvo en las cancelaciones por caso fortuito y fuerza mayor, la dependencia o entidad cubrirá a los licitantes los gastos no recuperables que, en su caso, procedan en términos de lo dispuesto por el Reglamento de esta Ley.

N. DE E. EN RELACIÓN CON LA ENTRADA EN VIGOR DEL PRESENTE ARTÍCULO, VER ARTÍCULO PRIMERO TRANSITORIO DEL DECRETO QUE MODIFICA LA LEY.

(REFORMADO, D.O.F. 28 DE MAYO DE 2009)

Artículo 39. Las dependencias y entidades podrán utilizar el abastecimiento simultáneo a efecto de distribuir entre dos o más proveedores las partidas de bienes o servicios, cuando así lo hayan establecido en la convocatoria a la licitación, siempre que con ello no restrinjan la libre participación. La dependencia o entidad convocante tomará en cuenta las recomendaciones previas que, en su caso, emita la Comisión Federal de Competencia, en términos de la Ley Federal de Competencia Económica.

En este caso, los precios de los bienes o servicios contenidos en una misma partida y distribuidos entre dos o más proveedores, no podrán exceder del margen previsto por la convocante en la convocatoria a la licitación, el cual no podrá ser superior al diez por ciento respecto de la proposición solvente más baja.

CAPÍTULO TERCERO
DE LAS EXCEPCIONES A LA LICITACIÓN PÚBLICA

Artículo 40. En los supuestos que prevé el artículo 41 de esta Ley, las dependencias y entidades, bajo su responsabilidad, podrán optar por no llevar a cabo el procedimiento de licitación pública y celebrar contratos a través de los procedimientos de invitación a cuando menos tres personas o de adjudicación directa.

N. DE E. EN RELACIÓN CON LA ENTRADA EN VIGOR DEL PRESENTE PÁRRAFO, VER ARTÍCULO PRIMERO TRANSITORIO DEL DECRETO QUE MODIFICA LA LEY.

(REFORMADO, D.O.F. 28 DE MAYO DE 2009)

La selección del procedimiento de excepción que realicen las dependencias y entidades deberá fundarse y motivarse, según las circunstancias que concurran en cada caso, en criterios de economía, eficacia, eficiencia, imparcialidad, honradez y transparencia que resulten procedentes para obtener las mejores condiciones para el Estado. El acreditamiento del o los criterios en los que se funda; así como la justificación de las razones en las que se sustente el ejercicio de la opción, deberán constar por escrito y ser firmado por el titular del área usuaria o requirente de los bienes o servicios.

En cualquier supuesto se invitará a personas que cuenten con capacidad de respuesta inmediata, así como con los recursos técnicos, financieros y demás que sean necesarios, y cuyas actividades comerciales o profesionales estén relacionadas con los bienes o servicios objeto del contrato a celebrarse.

N. DE E. EN RELACIÓN CON LA ENTRADA EN VIGOR DEL PRESENTE PÁRRAFO, VER ARTÍCULO PRIMERO TRANSITORIO DEL DECRETO QUE MODIFICA LA LEY.

(REFORMADO, D.O.F. 28 DE MAYO DE 2009)

En estos casos, el titular del área responsable de la contratación, a más tardar el último día hábil de cada mes, enviará al órgano interno de control en la dependencia o entidad de que se trate, un informe relativo a los contratos formalizados durante el mes calendario inmediato anterior, acompañando copia del escrito aludido en este artículo y de un dictamen en el que se hará constar el análisis de la o las proposiciones y las razones para la adjudicación del contrato. No será necesario rendir este informe en las operaciones que se realicen al amparo del artículo 41 fracciones IV y XII, de este ordenamiento.

N. DE E. EN RELACIÓN CON LA ENTRADA EN VIGOR DEL PRESENTE PÁRRAFO, VER ARTÍCULO PRIMERO TRANSITORIO DEL DECRETO QUE MODIFICA LA LEY.

(ADICIONADO, D.O.F. 28 DE MAYO DE 2009)

En caso del procedimiento de invitación a cuando menos tres personas fundamentados en las fracciones III, VII, VIII, IX primer párrafo, X, XI, XII, XIV, XV, XVI, XVII y XIX del artículo 41 de esta Ley, el escrito a que se refiere el segundo párrafo de este artículo, deberá estar acompañado de los nombres y datos generales de las personas que serán invitadas; tratándose de adjudicaciones directas, en todos los casos deberá indicarse el nombre de la persona a quien se propone realizarla; en ambos procedimientos, deberá acompañarse el resultado de la investigación de mercado que sirvió de base para su selección.

N. DE E. EN RELACIÓN CON LA ENTRADA EN VIGOR DEL PRESENTE PÁRRAFO, VER ARTÍCULO PRIMERO TRANSITORIO DEL DECRETO QUE MODIFICA LA LEY.

(ADICIONADO, D.O.F. 28 DE MAYO DE 2009)

A los procedimientos de contratación de invitación a cuando menos tres personas y de adjudicación directa, le será aplicable el carácter a que hacen referencia las fracciones I, II y III del artículo 28 de la presente Ley.

N. DE E. EN RELACIÓN CON LA ENTRADA EN VIGOR DEL PRESENTE ARTÍCULO, VER ARTÍCULO PRIMERO TRANSITORIO DEL DECRETO QUE MODIFICA LA LEY.

(REFORMADO, D.O.F. 28 DE MAYO DE 2009)

Artículo 41. Las dependencias y entidades, bajo su responsabilidad, podrán contratar adquisiciones, arrendamientos y servicios, sin sujetarse al procedimiento de licitación pública, a través de los procedimientos de invitación a cuando menos tres personas o de adjudicación directa, cuando:

I. No existan bienes o servicios alternativos o sustitutos técnicamente razonables, o bien, que en el mercado sólo existe un posible oferente, o se trate de una persona que posee la titularidad o el licenciamiento exclusivo de patentes, derechos de autor, u otros derechos exclusivos, o por tratarse de obras de arte;

II. Peligre o se altere el orden social, la economía, los servicios públicos, la salubridad, la seguridad o el ambiente de alguna zona o región del país como consecuencia de caso fortuito o de fuerza mayor;

III. Existan circunstancias que puedan provocar pérdidas o costos adicionales importantes, cuantificados y justificados;

IV. Se realicen con fines exclusivamente militares o para la armada, o su contratación mediante licitación pública ponga en riesgo la seguridad nacional o la seguridad pública, en los términos de las leyes de la materia.

No quedan comprendidos en los supuestos a que se refiere esta fracción los requerimientos administrativos que tengan los sujetos de esta Ley;

V. Derivado de caso fortuito o fuerza mayor, no sea posible obtener bienes o servicios mediante el procedimiento de licitación pública en el tiempo requerido para atender la eventualidad de que se trate, en este supuesto las cantidades o conceptos deberán limitarse a lo estrictamente necesario para afrontarla;

VI. Se haya rescindido un contrato adjudicado a través de licitación pública, en cuyo caso se podrá adjudicar al licitante que haya obtenido el segundo o ulteriores lugares, siempre que la diferencia en precio con respecto a la proposición inicialmente adjudicada no sea superior a un margen del diez por ciento. Tratándose de contrataciones en las que la evaluación se haya realizado mediante puntos y porcentajes o costo beneficio, se podrá adjudicar al segundo o ulterior lugar, dentro del referido margen;

VII. Se haya declarado desierta una licitación pública, siempre que se mantengan los requisitos establecidos en la convocatoria a la licitación cuyo incumplimiento haya sido considerado como causa de desechamiento porque afecta directamente la solvencia de las proposiciones;

VIII. Existan razones justificadas para la adquisición o arrendamiento de bienes de marca determinada;

IX. Se trate de adquisiciones de bienes perecederos, granos y productos alimenticios básicos o semiprocesados, semovientes.

Asimismo, cuando se trate de bienes usados o reconstruidos en los que el precio no podrá ser mayor al que se determine mediante avalúo que practicarán las instituciones de crédito o terceros habilitados para ello conforme a las disposiciones aplicables, expedido dentro de los seis meses previos y vigente al momento de la adjudicación del contrato respectivo, sin perjuicio de lo dispuesto en el artículo 12 Bis de esta Ley;

X. Se trate de servicios de consultorías, asesorías, estudios o investigaciones, debiendo aplicar el procedimiento de invitación a cuando menos tres personas, entre las que se incluirán instituciones públicas y privadas de educación superior y centros públicos de investigación.

Sólo podrá autorizarse la contratación mediante adjudicación directa, cuando la información que se tenga que proporcionar a los licitantes para la elaboración de su proposición, se encuentre reservada en los términos establecidos en la Ley Federal de Transparencia y Acceso a la Información Pública Gubernamental;

XI. Se trate de adquisiciones, arrendamientos o servicios cuya contratación se realice con campesinos o grupos urbanos marginados, como personas físicas o morales;

XII. Se trate de la adquisición de bienes que realicen las dependencias y entidades para su comercialización directa o para someterlos a procesos productivos que las mismas realicen en cumplimiento de su objeto o fines propios expresamente establecidos en el acto jurídico de su constitución;

XIII. Se trate de adquisiciones de bienes provenientes de personas que, sin ser proveedores habituales, ofrezcan bienes en condiciones favorables, en razón de encontrarse en estado de liquidación o disolución, o bien, bajo intervención judicial;

XIV. Se trate de los servicios prestados por una persona física a que se refiere la fracción VII del artículo 3 de esta Ley, siempre que éstos sean realizados por ella misma sin requerir de la utilización de más de un especialista o técnico;

XV. Se trate de servicios de mantenimiento de bienes en los que no sea posible precisar su alcance, establecer las cantidades de trabajo o determinar las especificaciones correspondientes;

XVI. El objeto del contrato sea el diseño y fabricación de un bien que sirva como prototipo para efectuar las pruebas que demuestren su funcionamiento. En estos casos la dependencia o entidad deberá pactar que los derechos sobre el diseño, uso o cualquier otro derecho exclusivo, se constituyan a favor de la Federación o de las entidades según corresponda. De ser satisfactorias las pruebas, se formalizará el contrato para la producción de mayor número de bienes por al menos el veinte por ciento de las necesidades de la dependencia o entidad, con un plazo de tres años;

XVII. Se trate de equipos especializados, sustancias y materiales de origen químico, físico químico o bioquímico para ser utilizadas en actividades experimentales requeridas en proyectos de investigación científica y desarrollo tecnológico, siempre que dichos proyectos se encuentren autorizados por quien determine el titular de la dependencia o el órgano de gobierno de la entidad;

XVIII. Se acepte la adquisición de bienes o la prestación de servicios a título de dación en pago, en los términos de la Ley del Servicio de Tesorería de la Federación;

XIX. Las adquisiciones de bienes y servicios relativos a la operación de instalaciones nucleares, y

XX. Se trate de la suscripción de contratos específicos que deriven de un contrato marco.

La dictaminación de la procedencia de la contratación y de que ésta se ubica en alguno de los supuestos contenidos en las fracciones II, IV, V, VI, VII, IX primer párrafo, XI, XII y XX será responsabilidad del área usuaria o requirente.

Las contrataciones a que se refiere este artículo, se realizarán preferentemente a través de procedimientos de invitación a cuando menos tres personas, en los casos previstos en sus fracciones VII, VIII, IX primer párrafo, XI, XII y XV.

N. DE E. EN RELACIÓN CON LA ENTRADA EN VIGOR DEL PRESENTE PÁRRAFO, VER ARTÍCULO PRIMERO TRANSITORIO DEL DECRETO QUE MODIFICA LA LEY.

(REFORMADO PRIMER PÁRRAFO, D.O.F. 28 DE MAYO DE 2009)

Artículo 42. Las dependencias y entidades, bajo su responsabilidad, podrán contratar adquisiciones, arrendamientos y servicios, sin sujetarse al procedimiento de licitación pública, a través de los de invitación a cuando menos tres personas o de adjudicación directa, cuando el importe de cada operación no exceda los montos máximos que al efecto se establecerán en el Presupuesto de Egresos de la Federación, siempre que las operaciones no se fraccionen para quedar comprendidas en los supuestos de excepción a la licitación pública a que se refiere este artículo.

N. DE E. EN RELACIÓN CON LA ENTRADA EN VIGOR DEL PRESENTE PÁRRAFO, VER ARTÍCULO PRIMERO TRANSITORIO DEL DECRETO QUE MODIFICA LA LEY.

(REFORMADO, D.O.F. 28 DE MAYO DE 2009)

Si el monto de la operación corresponde a una invitación a cuando menos tres personas, la procedencia de la adjudicación directa sólo podrá ser autorizada por el oficial mayor o equivalente.

N. DE E. EN RELACIÓN CON LA ENTRADA EN VIGOR DEL PRESENTE PÁRRAFO, VER ARTÍCULO PRIMERO TRANSITORIO DEL DECRETO QUE MODIFICA LA LEY.

(REFORMADO, D.O.F. 28 DE MAYO DE 2009)

Lo dispuesto en el tercer párrafo del artículo 40 de esta Ley resultará aplicable a la contratación mediante los procedimientos de invitación a cuando menos tres personas y de adjudicación directa que se fundamenten en este artículo.

(REFORMADO, D.O.F. 16 DE ENERO DE 2012)

La suma de las operaciones que se realicen al amparo de este artículo no podrá exceder del treinta por ciento del presupuesto de adquisiciones, arrendamientos y servicios autorizado a la dependencia o entidad en cada ejercicio presupuestario. La contratación deberá ajustarse a los límites establecidos en el Presupuesto de Egresos de la Federación.

(REFORMADO, D.O.F. 16 DE ENERO DE 2012)

En el supuesto de que un procedimiento de invitación a cuando menos tres personas haya sido declarado desierto, el titular del área responsable de la contratación en la dependencia o entidad podrá adjudicar directamente el contrato.

N. DE E. EN RELACIÓN CON LA ENTRADA EN VIGOR DEL PRESENTE PÁRRAFO, VER ARTÍCULO PRIMERO TRANSITORIO DEL DECRETO QUE MODIFICA LA LEY.

(ADICIONADO, D.O.F. 28 DE MAYO DE 2009)

Para contratar adjudicaciones directas, cuyo monto sea igual o superior a la cantidad de trescientas veces el salario mínimo diario general vigente en el Distrito Federal, se deberá contar con al menos tres cotizaciones con las mismas condiciones, que se hayan obtenido en los treinta días previos al de la adjudicación y consten en documento en el cual se identifiquen indubitablemente al proveedor oferente.

N. DE E. EN RELACIÓN CON LA ENTRADA EN VIGOR DEL PRESENTE ARTÍCULO, VER ARTÍCULO PRIMERO TRANSITORIO DEL DECRETO QUE MODIFICA LA LEY.

(REFORMADO, D.O.F. 28 DE MAYO DE 2009)

Artículo 43. El procedimiento de invitación a cuando menos tres personas se sujetará a lo siguiente:

I. Se difundirá la invitación en CompraNet y en la página de Internet de la dependencia o entidad;

II. El acto de presentación y apertura de proposiciones podrá hacerse sin la presencia de los correspondientes licitantes, pero invariablemente se invitará a un representante del órgano interno de control en la dependencia o entidad;

III. Para llevar a cabo la adjudicación correspondiente, se deberá contar con un mínimo de tres proposiciones susceptibles de analizarse técnicamente;

(ADICIONADO, D.O.F. 16 DE ENERO DE 2012)

En caso de que no se presenten el mínimo de proposiciones señalado en el párrafo anterior, se podrá optar por declarar desierta la invitación, o bien, continuar con el procedimiento y evaluar las proposiciones presentadas. En caso de que sólo se haya presentado una propuesta, la convocante podrá adjudicarle el contrato si considera que reúne las condiciones requeridas, o bien proceder a la adjudicación directa conforme al último párrafo de este artículo;

IV. Los plazos para la presentación de las proposiciones se fijarán para cada operación atendiendo al tipo de bienes, arrendamientos o servicios requeridos, así como a la complejidad para elaborar la proposición. Dicho plazo no podrá ser inferior a cinco días naturales a partir de que se entregó la última invitación, y

V. A las demás disposiciones de esta Ley que resulten aplicables a la licitación pública, siendo optativo para la convocante la realización de la junta de aclaraciones.

(REFORMADO, D.O.F. 16 DE ENERO DE 2012)

En el supuesto de que un procedimiento de invitación a cuando menos tres personas haya sido declarado desierto, el titular del área responsable de la contratación en la dependencia o entidad podrá adjudicar directamente el contrato siempre que no se modifiquen los requisitos establecidos en dichas invitaciones.

N. DE E. EN RELACIÓN CON LA ENTRADA EN VIGOR DEL PRESENTE TÍTULO, VER ARTÍCULO PRIMERO TRANSITORIO DEL DECRETO QUE MODIFICA LA LEY.

(REUBICADO [N. DE E. ANTES TÍTULO CUARTO], D.O.F. 28 DE MAYO DE 2009)

TÍTULO TERCERO
DE LOS CONTRATOS

CAPÍTULO ÚNICO

N. DE E. EN RELACIÓN CON LA ENTRADA EN VIGOR DEL PRESENTE PÁRRAFO, VER ARTÍCULO PRIMERO TRANSITORIO DEL DECRETO QUE MODIFICA LA LEY.

(REFORMADO PRIMER PÁRRAFO, D.O.F. 28 DE MAYO DE 2009)

Artículo 44. En las adquisiciones, arrendamientos y servicios deberá pactarse la condición de precio fijo. No obstante, en casos justificados se podrán pactar en el contrato decrementos o incrementos a los precios, de acuerdo con la fórmula o mecanismo de ajuste que determine la convocante previamente a la presentación de las proposiciones.

N. DE E. EN RELACIÓN CON LA ENTRADA EN VIGOR DEL PRESENTE PÁRRAFO, VER ARTÍCULO PRIMERO TRANSITORIO DEL DECRETO QUE MODIFICA LA LEY.

(REFORMADO, D.O.F. 28 DE MAYO DE 2009)

Cuando con posterioridad a la adjudicación de un contrato se presenten circunstancias económicas de tipo general, como resultado de situaciones supervenientes ajenas a la responsabilidad de las partes, que provoquen directamente un aumento o reducción en los precios de los bienes o servicios aún no entregados o prestados o aún no pagados, y que por tal razón no pudieron haber sido objeto de consideración en la proposición que sirvió de base para la adjudicación del contrato correspondiente, las dependencias y entidades deberán reconocer incrementos o requerir reducciones, de conformidad con las disposiciones que, en su caso, emita la Secretaría de la Función Pública.

Tratándose de bienes o servicios sujetos a precios oficiales, se reconocerán los incrementos autorizados.

N. DE E. EN RELACIÓN CON LA ENTRADA EN VIGOR DEL PRESENTE ARTÍCULO, VER ARTÍCULO PRIMERO TRANSITORIO DEL DECRETO QUE MODIFICA LA LEY.

(REFORMADO, D.O.F. 28 DE MAYO DE 2009)

Artículo 45. El contrato o pedido contendrá, en lo aplicable, lo siguiente:

I. El nombre, denominación o razón social de la dependencia o entidad convocante;

II. La indicación del procedimiento conforme al cual se llevó a cabo la adjudicación del contrato;

III. Los datos relativos a la autorización del presupuesto para cubrir el compromiso derivado del contrato;

IV. Acreditación de la existencia y personalidad del licitante adjudicado;

V. La descripción pormenorizada de los bienes, arrendamientos o servicios objeto del contrato adjudicado a cada uno de los licitantes en el procedimiento, conforme a su proposición;

VI. El precio unitario y el importe total a pagar por los bienes, arrendamientos o servicios, o bien, la forma en que se determinará el importe total;

VII. Precisión de si el precio es fijo o sujeto a ajustes y, en este último caso, la fórmula o condición en que se hará y calculará el ajuste, determinando expresamente el o los indicadores o medios oficiales que se utilizarán en dicha fórmula;

VIII. En el caso de arrendamiento, la indicación de si éste es con o sin opción a compra;

IX. Los porcentajes de los anticipos que, en su caso, se otorgarían, los cuales no podrán exceder del cincuenta por ciento del monto total del contrato;

X. Porcentaje, número y fechas o plazo de las exhibiciones y amortización de los anticipos que se otorguen;

XI. Forma, términos y porcentaje para garantizar los anticipos y el cumplimiento del contrato;

XII. La fecha o plazo, lugar y condiciones de entrega;

XIII. Moneda en que se cotizó y se efectuará el pago respectivo, el cual podrá ser en pesos mexicanos o moneda extranjera de acuerdo a la determinación de la convocante, de conformidad con la Ley Monetaria de los Estados Unidos Mexicanos;

XIV. Plazo y condiciones de pago del precio de los bienes, arrendamientos o servicios, señalando el momento en que se haga exigible el mismo;

XV. Los casos en que podrán otorgarse prórrogas para el cumplimiento de las obligaciones contractuales y los requisitos que deberán observarse;

XVI. Las causales para la rescisión de los contratos, en los términos previstos en esta Ley;

XVII. Las previsiones relativas a los términos y condiciones a las que se sujetará la devolución y reposición de bienes por motivos de fallas de calidad o cumplimiento de especificaciones originalmente convenidas, sin que las sustituciones impliquen su modificación;

XVIII. El señalamiento de las licencias, autorizaciones y permisos que conforme a otras disposiciones sea necesario contar para la adquisición o arrendamiento de bienes y prestación de los servicios correspondientes, cuando sean del conocimiento de la dependencia o entidad;

XIX. Condiciones, términos y procedimiento para la aplicación de penas convencionales por atraso en la entrega de los bienes, arrendamientos o servicios, por causas imputables a los proveedores;

XX. La indicación de que en caso de violaciones en materia de derechos inherentes a la propiedad intelectual, la responsabilidad estará a cargo del licitante o proveedor según sea el caso. Salvo que exista impedimento, la estipulación de que los derechos inherentes a la propiedad intelectual, que se deriven de los servicios de consultorías, asesorías, estudios e investigaciones contratados, invariablemente se constituirán a favor de la dependencia o de la entidad, según corresponda, en términos de las disposiciones legales aplicables;

XXI. Los procedimientos para resolución de controversias, distintos al procedimiento de conciliación previsto en esta Ley, y

XXII. Los demás aspectos y requisitos previstos en la convocatoria a la licitación e invitaciones a cuando menos tres personas, así como los relativos al tipo de contrato de que se trate.

Para los efectos de esta Ley, la convocatoria a la licitación, el contrato y sus anexos son los instrumentos que vinculan a las partes en sus derechos y obligaciones. Las estipulaciones que se establezcan en el contrato no deberán modificar las condiciones previstas en la convocatoria a la licitación y sus juntas de aclaraciones; en caso de discrepancia, prevalecerá lo estipulado en éstas.

En la formalización de los contratos, podrán utilizarse los medios de comunicación electrónica que al efecto autorice la Secretaría de la Función Pública.

N. DE E. EN RELACIÓN CON LA ENTRADA EN VIGOR DEL PRESENTE ARTÍCULO, VER ARTÍCULO PRIMERO TRANSITORIO DEL DECRETO QUE MODIFICA LA LEY.

(REFORMADO, D.O.F. 28 DE MAYO DE 2009)

Artículo 46. Con la notificación del fallo serán exigibles los derechos y obligaciones establecidos en el modelo de contrato del procedimiento de contratación y obligará a la dependencia o entidad y a la persona a quien se haya adjudicado, a firmar el contrato en la fecha, hora y lugar previstos en el propio fallo, o bien en la convocatoria a la licitación pública y en defecto de tales previsiones, dentro de los quince días naturales siguientes al de la citada notificación. Asimismo, con la notificación del fallo la dependencia o entidad realizará la requisición de los bienes o servicios de que se trate.

Si el interesado no firma el contrato por causas imputables al mismo, conforme a lo señalado en el párrafo anterior, la dependencia o entidad, sin necesidad de un nuevo procedimiento, deberá adjudicar el contrato al participante que haya obtenido el segundo lugar, siempre que la diferencia en precio con respecto a la proposición inicialmente adjudicada no sea superior a un margen del diez por ciento. Tratándose de contrataciones en las que la evaluación se haya realizado mediante puntos y porcentajes o costo beneficio, se podrá adjudicar al segundo lugar, dentro del margen del diez por ciento de la puntuación, de conformidad con lo asentado en el fallo correspondiente, y así sucesivamente en caso de que este último no acepte la adjudicación.

El licitante a quien se hubiere adjudicado el contrato no estará obligado a suministrar los bienes, arrendamientos o prestar el servicio, si la dependencia o entidad, por causas imputables a la misma, no firma el contrato. En este supuesto, la dependencia o entidad, a solicitud escrita del licitante, cubrirá los gastos no recuperables en que hubiere incurrido para preparar y elaborar su proposición, siempre que éstos sean razonables, estén debidamente comprobados y se relacionen directamente con la licitación de que se trate.

El atraso de la dependencia o entidad en la entrega de anticipos, prorrogará en igual plazo la fecha de cumplimiento de las obligaciones a cargo del proveedor.

Los derechos y obligaciones que se deriven de los contratos no podrán ser transferidos por el proveedor en favor de cualquier otra persona, con excepción de los derechos de cobro, en cuyo caso se deberá contar con el consentimiento de la dependencia o entidad de que se trate.

N. DE E. EN RELACIÓN CON LA ENTRADA EN VIGOR DEL PRESENTE ARTÍCULO, VER ARTÍCULO PRIMERO TRANSITORIO DEL DECRETO QUE MODIFICA LA LEY.

(REFORMADO, D.O.F. 28 DE MAYO DE 2009)

Artículo 47. Las dependencias y entidades podrán celebrar contratos abiertos para adquirir bienes, arrendamientos o servicios que requieran de manera reiterada conforme a lo siguiente:

I. Se establecerá la cantidad mínima y máxima de los bienes, arrendamientos o servicios a contratar; o bien, el presupuesto mínimo y máximo que podrá ejercerse. La cantidad o presupuesto mínimo no podrá ser inferior al cuarenta por ciento de la cantidad o presupuesto máximo.

En casos de bienes que se fabriquen en forma exclusiva para las dependencias y entidades, la cantidad o presupuesto mínimo que se requiera no podrá ser inferior al ochenta por ciento de la cantidad o presupuesto máximo que se establezca.

Se entenderá por bienes de fabricación exclusiva, los que requieren un proceso de fabricación especial determinado por la dependencia o entidad.

No se podrán establecer plazos de entrega en los cuales no sea factible producir los bienes, y

II. Se hará una descripción completa de los bienes, arrendamientos o servicios con sus correspondientes precios unitarios;

Las dependencias y entidades con la aceptación del proveedor podrán realizar modificaciones a los contratos o pedidos hasta en un veinte por ciento de la cantidad o presupuesto máximo de alguna partida originalmente pactada, utilizando para su pago el presupuesto de otra u otras partidas previstas en el propio contrato, siempre que no resulte un incremento en el monto máximo total del contrato, sin perjuicio de lo dispuesto en el artículo 52 de esta Ley.

Artículo 48. Los proveedores que celebren los contratos a que se refiere esta Ley deberán garantizar:

I. Los anticipos que, en su caso, reciban. Estas garantías deberán constituirse por la totalidad del monto de los anticipos, y

II. El cumplimiento de los contratos.

N. DE E. EN RELACIÓN CON LA ENTRADA EN VIGOR DEL PRESENTE PÁRRAFO, VER ARTÍCULOS PRIMERO Y DÉCIMO TRANSITORIOS DEL DECRETO QUE MODIFICA LA LEY.

(REFORMADO, D.O.F. 28 DE MAYO DE 2009)

Para los efectos de este artículo, los titulares de las dependencias o los órganos de gobierno de las entidades, fijarán las bases, forma y porcentajes a los que deberán sujetarse las garantías que deban constituirse, considerando los antecedentes de cumplimiento de los proveedores en los contratos celebrados con las dependencias y entidades, a efecto de determinar montos menores para éstos, de acuerdo a los lineamientos que al efecto emita la Secretaría de la Función Pública. En los casos señalados en las fracciones II, IV, V, XI y XIV del artículo 41 y 42 de esta Ley, el servidor público que deba firmar el contrato, bajo su responsabilidad, podrá exceptuar al proveedor, de presentar la garantía de cumplimiento del contrato respectivo.

N. DE E. EN RELACIÓN CON LA ENTRADA EN VIGOR DEL PRESENTE PÁRRAFO, VER ARTÍCULO PRIMERO TRANSITORIO DEL DECRETO QUE MODIFICA LA LEY.

(ADICIONADO, D.O.F. 28 DE MAYO DE 2009)

Las personas representantes de la sociedad civil que intervengan como testigos en los procedimientos de contratación, estarán exceptuados de otorgar garantía de cumplimiento del contrato correspondiente.

N. DE E. EN RELACIÓN CON LA ENTRADA EN VIGOR DEL PRESENTE PÁRRAFO, VER ARTÍCULO PRIMERO TRANSITORIO DEL DECRETO QUE MODIFICA LA LEY.

(REFORMADO, D.O.F. 28 DE MAYO DE 2009)

La garantía de cumplimiento del contrato deberá presentarse en el plazo o fecha previstos en la convocatoria a la licitación; en su defecto, a más tardar dentro de los diez días naturales siguientes a la firma del contrato, salvo que la entrega de los bienes o la prestación de los servicios se realice dentro del citado plazo y, la correspondiente al anticipo se presentará previamente a la entrega de éste, a más tardar en la fecha establecida en el contrato.

Artículo 49. Las garantías que deban otorgarse conforme a esta Ley se constituirán en favor de:

I. La Tesorería de la Federación, por actos o contratos que se celebren con las dependencias;

II. Las entidades, cuando los actos o contratos se celebren con ellas, y

N. DE E. EN RELACIÓN CON LA ENTRADA EN VIGOR DEL PRESENTE FRACCIÓN, VER ARTÍCULO PRIMERO TRANSITORIO DEL DECRETO QUE MODIFICA LA LEY.

(REFORMADA, D.O.F. 28 DE MAYO DE 2009)

III. Las Tesorerías de las entidades federativas o de los municipios, en los casos de los contratos celebrados al amparo de la fracción VI del artículo 1 de esta Ley.

N. DE E. EN RELACIÓN CON LA ENTRADA EN VIGOR DEL PRESENTE PÁRRAFO, VER ARTÍCULO PRIMERO TRANSITORIO DEL DECRETO QUE MODIFICA LA LEY.

(REFORMADO PRIMER PÁRRAFO, D.O.F. 28 DE MAYO DE 2009)

Artículo 50. Las dependencias y entidades se abstendrán de recibir proposiciones o adjudicar contrato alguno en las materias a que se refiere esta Ley, con las personas siguientes:

(REFORMADA, D.O.F. 7 DE JULIO DE 2005)

I. Aquéllas en que el servidor público que intervenga en cualquier etapa del procedimiento de contratación tenga interés personal, familiar o de negocios, incluyendo aquéllas de las que pueda resultar algún beneficio para él, su cónyuge o sus parientes consanguíneos hasta el cuarto grado, por afinidad o civiles, o para terceros con los que tenga relaciones profesionales, laborales o de negocios, o para socios o sociedades de las que el servidor público o las personas antes referidas formen o hayan formado parte durante los dos años previos a la fecha de celebración del procedimiento de contratación de que se trate;

(REFORMADA, D.O.F. 7 DE JULIO DE 2005)

II. Las que desempeñen un empleo, cargo o comisión en el servicio público, o bien, las sociedades de las que dichas personas formen parte, sin la autorización previa y específica de la Secretaría de la Función Pública;

(REFORMADA, D.O.F. 7 DE JULIO DE 2005)

III. Aquellos proveedores que, por causas imputables a ellos mismos, la dependencia o entidad convocante les hubiere rescindido administrativamente más de un contrato, dentro de un lapso de dos años calendario contados a partir de la notificación de la primera rescisión. Dicho impedimento prevalecerá ante la propia dependencia o entidad convocante por el plazo que se establezca en las políticas, bases y lineamientos a que se refiere el artículo 1 de esta Ley, el cual no podrá ser superior a dos años calendario contados a partir de la notificación de la rescisión del segundo contrato;

N. DE E. EN RELACIÓN CON LA ENTRADA EN VIGOR DEL PRESENTE FRACCIÓN, VER ARTÍCULO PRIMERO TRANSITORIO DEL DECRETO QUE MODIFICA LA LEY.

(REFORMADA, D.O.F. 28 DE MAYO DE 2009)

IV. Las que se encuentren inhabilitadas por resolución de la Secretaría de la Función Pública en los términos del Título Quinto de este ordenamiento y Título Sexto de la Ley de Obras Públicas y Servicios Relacionados con las Mismas;

V. Los proveedores que se encuentren en situación de atraso en las entregas de los bienes o en la prestación de los servicios por causas imputables a ellos mismos, respecto de otro u otros contratos celebrados con la propia dependencia o entidad, siempre y cuando éstas hayan resultado gravemente perjudicadas;

(REFORMADA, D.O.F. 7 DE JULIO DE 2005)

VI. Aquellas que hayan sido declaradas sujetas a concurso mercantil o alguna figura análoga;

N. DE E. EN RELACIÓN CON LA ENTRADA EN VIGOR DEL PRESENTE FRACCIÓN, VER ARTÍCULO PRIMERO TRANSITORIO DEL DECRETO QUE MODIFICA LA LEY.

(REFORMADA, D.O.F. 28 DE MAYO DE 2009)

VII. Aquellas que presenten proposiciones en una misma partida de un bien o servicio en un procedimiento de contratación que se encuentren vinculadas entre sí por algún socio o asociado común.

Se entenderá que es socio o asociado común, aquella persona física o moral que en el mismo procedimiento de contratación es reconocida como tal en las actas constitutivas, estatutos o en sus reformas o modificaciones de dos o más empresas licitantes, por tener una participación accionaria en el capital social, que le otorgue el derecho de intervenir en la toma de decisiones o en la administración de dichas personas morales;

N. DE E. EN RELACIÓN CON LA ENTRADA EN VIGOR DEL PRESENTE FRACCIÓN, VER ARTÍCULO PRIMERO TRANSITORIO DEL DECRETO QUE MODIFICA LA LEY.

(REFORMADA, D.O.F. 28 DE MAYO DE 2009)

VIII. Las que pretendan participar en un procedimiento de contratación y previamente hayan realizado o se encuentren realizando, por sí o a través de empresas que formen parte del mismo grupo empresarial, en virtud de otro contrato, trabajos de análisis y control de calidad, preparación de especificaciones, presupuesto o la elaboración de cualquier documento vinculado con el procedimiento en que se encuentran interesadas en participar, cuando con motivo de la realización de dichos trabajos hubiera tenido acceso a información privilegiada que no se dará a conocer a los licitantes para la elaboración de sus proposiciones;

IX. Aquellas que por sí o a través de empresas que formen parte del mismo grupo empresarial pretendan ser contratadas para elaboración de dictámenes, peritajes y avalúos, cuando éstos hayan de ser utilizados para resolver discrepancias derivadas de los contratos en los que dichas personas o empresas sean parte;

X. Las que celebren contratos sobre las materias reguladas por esta Ley sin estar facultadas para hacer uso de derechos de propiedad intelectual, y

(ADICIONADA, D.O.F. 7 DE JULIO DE 2005)

XI. Las que hayan utilizado información privilegiada, proporcionada indebidamente por servidores públicos o sus familiares por parentesco consanguíneo y, por afinidad hasta el cuarto grado, o civil;

N. DE E. EN RELACIÓN CON LA ENTRADA EN VIGOR DEL PRESENTE FRACCIÓN, VER ARTÍCULO PRIMERO TRANSITORIO DEL DECRETO QUE MODIFICA LA LEY.

(REFORMADA, D.O.F. 28 DE MAYO DE 2009)

XII. Las que contraten servicios de asesoría, consultoría y apoyo de cualquier tipo de personas en materia de contrataciones gubernamentales, si se comprueba que todo o parte de las contraprestaciones pagadas al prestador del servicio, a su vez, son recibidas por servidores públicos por sí o por interpósita persona, con independencia de que quienes las reciban tengan o no relación con la contratación;

N. DE E. EN RELACIÓN CON LA ENTRADA EN VIGOR DEL PRESENTE FRACCIÓN, VER ARTÍCULO PRIMERO TRANSITORIO DEL DECRETO QUE MODIFICA LA LEY.

(ADICIONADA, D.O.F. 28 DE MAYO DE 2009)

XIII. Aquellos licitantes que injustificadamente y por causas imputables a ellos mismos, no hayan formalizado un contrato adjudicado con anterioridad por la convocante. Dicho impedimento prevalecerá ante la propia dependencia o entidad convocante por el plazo que se establezca en las políticas, bases y lineamientos a que se refiere el artículo 1 de esta Ley, el cual no podrá ser superior a un año calendario contado a partir del día en que haya fenecido el término establecido en la convocatoria a la licitación o, en su caso, por el artículo 46 de esta Ley, para la formalización del contrato en cuestión, y

(REFORMADA, D.O.F. 7 DE JULIO DE 2005)

XIV. Las demás que por cualquier causa se encuentren impedidas para ello por disposición de Ley.

(ADICIONADO, D.O.F. 7 DE JULIO DE 2005)

Las políticas, bases y lineamientos a que alude el artículo 1 de esta Ley, que emitan las dependencias y entidades cuyo objeto comprenda la prestación de servicios de salud, podrán establecer que las hipótesis previstas en las fracciones III y V de este artículo, se encuentren referidas solamente a cada una de sus áreas facultadas para llevar a cabo procedimientos de contratación, de tal manera que el impedimento de una de éstas para contratar en dichos casos, no se hará aplicable a las demás.

N. DE E. EN RELACIÓN CON LA ENTRADA EN VIGOR DEL PRESENTE PÁRRAFO, VER ARTÍCULOS PRIMERO Y DÉCIMO TRANSITORIOS DEL DECRETO QUE MODIFICA LA LEY.

(REFORMADO, D.O.F. 28 DE MAYO DE 2009)

El oficial mayor o su equivalente de la dependencia o entidad, deberá llevar el registro, control y difusión de las personas con las que se encuentren impedidas de contratar, el cual será difundido a través de CompraNet.

N. DE E. EN RELACIÓN CON LA ENTRADA EN VIGOR DEL PRESENTE PÁRRAFO, VER ARTÍCULO PRIMERO TRANSITORIO DEL DECRETO QUE MODIFICA LA LEY.

(REFORMADO PRIMER PÁRRAFO, D.O.F. 28 DE MAYO DE 2009)

Artículo 51. La fecha de pago al proveedor estipulada en los contratos quedará sujeta a las condiciones que establezcan las mismas; sin embargo, no podrá exceder de veinte días naturales contados a partir de la entrega de la factura respectiva, previa entrega de los bienes o prestación de los servicios en los términos del contrato.

(REFORMADO, D.O.F. 7 DE JULIO DE 2005)

En caso de incumplimiento en los pagos a que se refiere el párrafo anterior, la dependencia o entidad, a solicitud del proveedor, deberá pagar gastos financieros conforme a la tasa que será igual a la establecida por la Ley de Ingresos de la Federación en los casos de prórroga para el pago de créditos fiscales. Dichos gastos se calcularán sobre las cantidades no pagadas y se computarán por días naturales desde que se venció el plazo pactado, hasta la fecha en que se pongan efectivamente las cantidades a disposición del proveedor.

(REFORMADO, D.O.F. 7 DE JULIO DE 2005)

Tratándose de pagos en exceso que haya recibido el proveedor, éste deberá reintegrar las cantidades pagadas en exceso, más los intereses correspondientes, conforme a lo señalado en el párrafo anterior. Los intereses se calcularán sobre las cantidades pagadas en exceso en cada caso y se computarán por días naturales desde la fecha del pago, hasta la fecha en que se pongan efectivamente las cantidades a disposición de la dependencia o entidad.

(REFORMADO, D.O.F. 7 DE JULIO DE 2005)

En caso de rescisión del contrato, el proveedor deberá reintegrar el anticipo y, en su caso, los pagos progresivos que haya recibido más los intereses correspondientes, conforme a lo indicado en este artículo. Los intereses se calcularán sobre el monto del anticipo no amortizado y pagos progresivos efectuados y se computarán por días naturales desde la fecha de su entrega hasta la fecha en que se pongan efectivamente las cantidades a disposición de la dependencia o entidad.

(ADICIONADO, D.O.F. 7 DE JULIO DE 2005)

Las dependencias y entidades podrán establecer en sus políticas, bases y lineamientos, preferentemente el pago a proveedores a través de medios de comunicación electrónica.

N. DE E. EN RELACIÓN CON LA ENTRADA EN VIGOR DEL PRESENTE PÁRRAFO, VER ARTÍCULO PRIMERO TRANSITORIO DEL DECRETO QUE MODIFICA LA LEY.

(REFORMADO PRIMER PÁRRAFO, D.O.F. 28 DE MAYO DE 2009)

Artículo 52. Las dependencias y entidades podrán, dentro de su presupuesto aprobado y disponible, bajo su responsabilidad y por razones fundadas y explícitas, acordar el incremento del monto del contrato o de la cantidad de bienes, arrendamientos o servicios solicitados mediante modificaciones a sus contratos vigentes, siempre que las modificaciones no rebasen, en conjunto, el veinte por ciento del monto o cantidad de los conceptos o volúmenes establecidos originalmente en los mismos y el precio de los bienes, arrendamientos o servicios sea igual al pactado originalmente.

N. DE E. EN RELACIÓN CON LA ENTRADA EN VIGOR DEL PRESENTE PÁRRAFO, VER ARTÍCULO PRIMERO TRANSITORIO DEL DECRETO QUE MODIFICA LA LEY.

(DEROGADO SEGUNDO PÁRRAFO, D.O.F. 28 DE MAYO DE 2009)

N. DE E. EN RELACIÓN CON LA ENTRADA EN VIGOR DEL PRESENTE PÁRRAFO, VER ARTÍCULO PRIMERO TRANSITORIO DEL DECRETO QUE MODIFICA LA LEY.

(REFORMADO, D.O.F. 28 DE MAYO DE 2009)

Tratándose de contratos en los que se incluyan dos o más partidas, el porcentaje al que hace referencia el párrafo anterior, se aplicará para cada una de ellas.

N. DE E. EN RELACIÓN CON LA ENTRADA EN VIGOR DEL PRESENTE PÁRRAFO, VER ARTÍCULO PRIMERO TRANSITORIO DEL DECRETO QUE MODIFICA LA LEY.

(REFORMADO, D.O.F. 28 DE MAYO DE 2009)

Cuando los proveedores demuestren la existencia de causas justificadas que les impidan cumplir con la entrega total de los bienes conforme a las cantidades pactadas en los contratos, las dependencias y entidades podrán modificarlos mediante la cancelación de partidas o parte de las cantidades originalmente estipuladas, siempre y cuando no rebase el diez por ciento del importe total del contrato respectivo.

Cualquier modificación a los contratos deberá formalizarse por escrito por parte de las dependencias y entidades, los instrumentos legales respectivos serán suscritos por el servidor público que lo haya hecho en el contrato o quien lo sustituya o esté facultado para ello.

Las dependencias y entidades se abstendrán de hacer modificaciones que se refieran a precios, anticipos, pagos progresivos, especificaciones y, en general, cualquier cambio que implique otorgar condiciones más ventajosas a un proveedor comparadas con las establecidas originalmente.

Artículo 53. Las dependencias y entidades deberán pactar penas convencionales a cargo del proveedor por atraso en el cumplimiento de las fechas pactadas de entrega o de la prestación del servicio, las que no excederán del monto de la garantía de cumplimiento del contrato, y serán determinadas en función de los bienes o servicios no entregados o prestados oportunamente. En las operaciones en que se pactare ajuste de precios, la penalización se calculará sobre el precio ajustado.

Los proveedores quedarán obligados ante la dependencia o entidad a responder de los defectos y vicios ocultos de los bienes y de la calidad de los servicios, así como de cualquier otra responsabilidad en que hubieren incurrido, en los términos señalados en el contrato respectivo y en la legislación aplicable.

Los proveedores cubrirán las cuotas compensatorias a que, conforme a la ley de la materia, pudiere estar sujeta la importación de bienes objeto de un contrato, y en estos casos no procederán incrementos a los precios pactados, ni cualquier otra modificación al contrato.

N. DE E. EN RELACIÓN CON LA ENTRADA EN VIGOR DEL PRESENTE ARTÍCULO, VER ARTÍCULO PRIMERO TRANSITORIO DEL DECRETO QUE MODIFICA LA LEY.

(ADICIONADO, D.O.F. 28 DE MAYO DE 2009)

Artículo 53 Bis. Las dependencias y entidades podrán establecer en la convocatoria a la licitación, invitaciones a cuando menos tres personas y contratos, deducciones al pago de bienes o servicios con motivo del incumplimiento parcial o deficiente en que pudiera incurrir el proveedor respecto a las partidas o conceptos que integran el contrato. En estos casos, establecerán el límite de incumplimiento a partir del cual podrán cancelar total o parcialmente las partidas o conceptos no entregados, o bien rescindir el contrato en los términos de este artículo.

N. DE E. EN RELACIÓN CON LA ENTRADA EN VIGOR DEL PRESENTE ARTÍCULO, VER ARTÍCULO PRIMERO TRANSITORIO DEL DECRETO QUE MODIFICA LA LEY.

(REFORMADO, D.O.F. 28 DE MAYO DE 2009)

Artículo 54. Las dependencias y entidades podrán en cualquier momento rescindir administrativamente los contratos cuando el proveedor incurra en incumplimiento de sus obligaciones, conforme al procedimiento siguiente:

I. Se iniciará a partir de que al proveedor le sea comunicado por escrito el incumplimiento en que haya incurrido, para que en un término de cinco días hábiles exponga lo que a su derecho convenga y aporte, en su caso, las pruebas que estime pertinentes;

II. Transcurrido el término a que se refiere la fracción anterior, la dependencia o entidad contará con un plazo de quince días para resolver, considerando los argumentos y pruebas que hubiere hecho valer el proveedor. La determinación de dar o no por rescindido el contrato deberá ser debidamente fundada, motivada y comunicada al proveedor dentro dicho plazo, y

III. Cuando se rescinda el contrato se formulará el finiquito correspondiente, a efecto de hacer constar los pagos que deba efectuar la dependencia o entidad por concepto de los bienes recibidos o los servicios prestados hasta el momento de rescisión.

Iniciado un procedimiento de conciliación las dependencias y entidades, bajo su responsabilidad, podrán suspender el trámite del procedimiento de rescisión.

Si previamente a la determinación de dar por rescindido el contrato, se hiciere entrega de los bienes o se prestaren los servicios, el procedimiento iniciado quedará sin efecto, previa aceptación y verificación de la dependencia o entidad de que continúa vigente la necesidad de los mismos, aplicando, en su caso, las penas convencionales correspondientes.

La dependencia o entidad podrá determinar no dar por rescindido el contrato, cuando durante el procedimiento advierta que la rescisión del contrato pudiera ocasionar algún daño o afectación a las funciones que tiene encomendadas. En este supuesto, deberá elaborar un dictamen en el cual justifique que los impactos económicos o de operación que se ocasionarían con la rescisión del contrato resultarían más inconvenientes.

Al no dar por rescindido el contrato, la dependencia o entidad establecerá con el proveedor otro plazo, que le permita subsanar el incumplimiento que hubiere motivado el inicio del procedimiento. El convenio modificatorio que al efecto se celebre deberá atender a las condiciones previstas por los dos últimos párrafos del artículo 52 de esta Ley.

Cuando por motivo del atraso en la entrega de los bienes o la prestación de los servicios, o el procedimiento de rescisión se ubique en un ejercicio fiscal diferente a aquél en que hubiere sido adjudicado el contrato, la dependencia o entidad convocante podrá recibir los bienes o servicios, previa verificación de que continúa vigente la necesidad de los mismos y se cuenta con partida y disponibilidad presupuestaria del ejercicio fiscal vigente, debiendo modificarse la vigencia del contrato con los precios originalmente pactados. Cualquier pacto en contrario a lo dispuesto en este artículo se considerará nulo.

N. DE E. EN RELACIÓN CON LA ENTRADA EN VIGOR DEL PRESENTE ARTÍCULO, VER ARTÍCULO PRIMERO TRANSITORIO DEL DECRETO QUE MODIFICA LA LEY.

(ADICIONADO, D.O.F. 28 DE MAYO DE 2009)

Artículo 54 Bis. La dependencia o entidad podrá dar por terminados anticipadamente los contratos cuando concurran razones de interés general, o bien, cuando por causas justificadas se extinga la necesidad de requerir los bienes o servicios originalmente contratados, y se demuestre que de continuar con el cumplimiento de las obligaciones pactadas, se ocasionaría algún daño o perjuicio al Estado, o se determine la nulidad de los actos que dieron origen al contrato, con motivo de la resolución de una inconformidad o intervención de oficio emitida por la Secretaría de la Función Pública. En estos supuestos la dependencia o entidad reembolsará al proveedor los gastos no recuperables en que haya incurrido, siempre que éstos sean razonables, estén debidamente comprobados y se relacionen directamente con el contrato correspondiente.

Artículo 55. Las dependencias y entidades estarán obligadas a mantener los bienes adquiridos o arrendados en condiciones apropiadas de operación y mantenimiento, así como vigilar que los mismos se destinen al cumplimiento de los programas y acciones previamente determinados.

Para los efectos del párrafo anterior, las dependencias y entidades en los contratos de adquisiciones, arrendamientos o servicios, deberán estipular las condiciones que garanticen su correcta operación y funcionamiento; en su caso, la obtención de una póliza de seguro por parte del proveedor, que garantice la integridad de los bienes hasta el momento de su entrega y, de ser necesario, la capacitación del personal que operará los equipos.

N. DE E. EN RELACIÓN CON LA ENTRADA EN VIGOR DEL PRESENTE PÁRRAFO, VER ARTÍCULO PRIMERO TRANSITORIO DEL DECRETO QUE MODIFICA LA LEY.

(REFORMADO, D.O.F. 28 DE MAYO DE 2009)

La adquisición de materiales cuyo consumo haga necesaria invariablemente la utilización de equipo propiedad del proveedor podrá realizarse siempre y cuando en la convocatoria a la licitación se establezca que a quien se adjudique el contrato deberá proporcionar el citado equipo sin costo alguno para la dependencia o entidad durante el tiempo requerido para el consumo de los materiales.

N. DE E. EN RELACIÓN CON LA ENTRADA EN VIGOR DEL PRESENTE PÁRRAFO, VER ARTÍCULO PRIMERO TRANSITORIO DEL DECRETO QUE MODIFICA LA LEY.

(REFORMADO PRIMER PÁRRAFO, D.O.F. 28 DE MAYO DE 2009)

Artículo 55 Bis. Cuando en la prestación del servicio se presente caso fortuito o de fuerza mayor, la dependencia o entidad, bajo su responsabilidad podrá suspender la prestación del servicio, en cuyo caso únicamente se pagarán aquellos que hubiesen sido efectivamente prestados y en su caso, se reintegrarán los anticipos no amortizados.

N. DE E. EN RELACIÓN CON LA ENTRADA EN VIGOR DEL PRESENTE PÁRRAFO, VER ARTÍCULO PRIMERO TRANSITORIO DEL DECRETO QUE MODIFICA LA LEY.

(REFORMADO, D.O.F. 28 DE MAYO DE 2009)

Cuando la suspensión obedezca a causas imputables a la dependencia o entidad, previa petición y justificación del proveedor, ésta reembolsará al proveedor los gastos no recuperables que se originen durante el tiempo que dure esta suspensión, siempre que éstos sean razonables, estén debidamente comprobados y se relacionen directamente con el contrato.

(ADICIONADO, D.O.F. 7 DE JULIO DE 2005)

En cualquiera de los casos previstos en este artículo, se pactará por las partes el plazo de suspensión, a cuyo término podrá iniciarse la terminación anticipada del contrato.

N. DE E. EN RELACIÓN CON LA ENTRADA EN VIGOR DEL PRESENTE TÍTULO, VER ARTÍCULO PRIMERO TRANSITORIO DEL DECRETO QUE MODIFICA LA LEY.

(REUBICADO [N. DE E. ANTES TÍTULO QUINTO], D.O.F. 28 DE MAYO DE 2009)

TÍTULO CUARTO
DE LA INFORMACIÓN Y VERIFICACIÓN

CAPÍTULO ÚNICO

N. DE E. EN RELACIÓN CON LA ENTRADA EN VIGOR DEL PRESENTE ARTÍCULO, VER ARTÍCULOS PRIMERO Y DÉCIMO TRANSITORIOS DEL DECRETO QUE MODIFICA LA LEY.

(REFORMADO, D.O.F. 28 DE MAYO DE 2009)

Artículo 56. La forma y términos en que las dependencias y entidades deberán remitir a la Secretaría de la Función Pública, a la Secretaría y a la Secretaría de Economía, la información relativa a los actos y los contratos materia de esta Ley, serán establecidos por dichas Secretarías, en el ámbito de sus respectivas atribuciones.

La administración del sistema electrónico de información pública gubernamental sobre adquisiciones, arrendamientos y servicios, estará a cargo de la Secretaría de la Función Pública, a través de la unidad administrativa que determine su Reglamento, en el cual las dependencias, entidades y los demás sujetos de esta Ley, deberán incorporar la información que ésta les requiera.

El sistema a que se refiere el párrafo anterior, tendrá los siguientes fines:

I. Contribuir a la generación de una política general en la Administración Pública Federal en materia de contrataciones;

II. Propiciar la transparencia y seguimiento de las adquisiciones, arrendamientos y servicios del sector público, y

III. Generar la información necesaria que permita la adecuada planeación, programación y presupuestación de las contrataciones públicas, así como su evaluación integral.

Dicho sistema contendrá por lo menos, la siguiente información, la cual deberá verificarse que se encuentra actualizada por lo menos cada tres meses:

a) Los programas anuales de adquisiciones, arrendamientos y servicios de las dependencias y entidades;

b) El registro único de proveedores;

c) El padrón de testigos sociales;

d) La información derivada de los procedimientos de contratación, en los términos de esta Ley;

e) Las notificaciones y avisos relativos a los procedimientos de contratación y de la instancia de inconformidades;

f) Los datos de los contratos suscritos, a que se refiere el artículo 7 fracción XIII, de la Ley Federal de Transparencia y Acceso a la Información Pública Gubernamental;

g) El registro de proveedores sancionados, y

h) Las resoluciones de la instancia de inconformidad que hayan causado estado.

Las dependencias y entidades conservarán en forma ordenada y sistemática toda la documentación e información electrónica comprobatoria de los actos y contratos materia de dicho ordenamiento cuando menos por un lapso de tres años, contados a partir de la fecha de su recepción; excepto la documentación contable, en cuyo caso se estará en lo previsto por las disposiciones aplicables.

Las proposiciones desechadas durante la licitación pública o invitación a cuando menos tres personas, podrán ser devueltas a los licitantes que lo soliciten, una vez transcurridos sesenta días naturales contados a partir de la fecha en que se dé a conocer el fallo respectivo, salvo que exista alguna inconformidad en trámite, en cuyo caso las proposiciones deberán conservarse hasta la total conclusión de la inconformidad e instancias subsecuentes; agotados dichos términos la convocante podrá proceder a su devolución o destrucción.

N. DE E. EN RELACIÓN CON LA ENTRADA EN VIGOR DEL PRESENTE ARTÍCULO, VER ARTÍCULO PRIMERO TRANSITORIO DEL DECRETO QUE MODIFICA LA LEY.

(ADICIONADO, D.O.F. 28 DE MAYO DE 2009)

Artículo 56 Bis. El sistema integral de información contará, en los términos del Reglamento de esta Ley, con un registro único de proveedores, el cual los clasificará de acuerdo, entre otros aspectos, por su actividad, datos generales, nacionalidad e historial en materia de contrataciones y su cumplimiento.

Este registro deberá ser permanente y estar a disposición de cualquier interesado, salvo en aquellos casos que se trate de información de naturaleza reservada, en los términos establecidos en la Ley Federal de Transparencia y Acceso a la Información Pública Gubernamental.

Dicho registro tendrá únicamente efectos declarativos respecto de la inscripción de proveedores, sin que dé lugar a efectos constitutivos de derechos u obligaciones.

N. DE E. EN RELACIÓN CON LA ENTRADA EN VIGOR DEL PRESENTE ARTÍCULO, VER ARTÍCULO PRIMERO TRANSITORIO DEL DECRETO QUE MODIFICA LA LEY.

(REFORMADO, D.O.F. 28 DE MAYO DE 2009)

Artículo 57. La Secretaría de la Función Pública, en el ejercicio de sus facultades, podrá verificar, en cualquier tiempo, que las adquisiciones, arrendamientos y servicios se realicen conforme a lo establecido en esta Ley o en otras disposiciones aplicables.

La Secretaría de Economía, atento a sus facultades y atribuciones podrá verificar que los bienes cumplan con los requisitos relativos al grado de contenido nacional o a las reglas de origen o mercado y, en caso de que éstos no cumplan con dichos requisitos, informará a la Secretaría de la Función Pública.

La Secretaría de la Función Pública podrá realizar las visitas e inspecciones que estime pertinentes a las dependencias y entidades que realicen adquisiciones, arrendamientos y servicios, e igualmente podrá solicitar a los servidores públicos y a los proveedores que participen en ellas todos los datos e informes relacionados con los actos de que se trate.

(REFORMADO PRIMER PÁRRAFO, D.O.F. 7 DE JULIO DE 2005)

Artículo 58. La Secretaría de la Función Pública podrá verificar la calidad de los bienes muebles a través de la propia dependencia o entidad de que se trate, o mediante las personas acreditadas en los términos que establece la Ley Federal sobre Metrología y Normalización.

El resultado de las comprobaciones se hará constar en un dictamen que será firmado por quien haya hecho la comprobación, así como por el proveedor y el representante de la dependencia o entidad respectiva, si hubieren intervenido. La falta de firma del proveedor no invalidará dicho dictamen.

N. DE E. EN RELACIÓN CON LA ENTRADA EN VIGOR DEL PRESENTE TÍTULO, VER ARTÍCULO PRIMERO TRANSITORIO DEL DECRETO QUE MODIFICA LA LEY.

(REUBICADO [N. DE E. ANTES TÍTULO SEXTO], D.O.F. 28 DE MAYO DE 2009)

TÍTULO QUINTO
DE LAS INFRACCIONES Y SANCIONES

CAPÍTULO ÚNICO

N. DE E. EN RELACIÓN CON LA ENTRADA EN VIGOR DEL PRESENTE ARTÍCULO, VER ARTÍCULO PRIMERO TRANSITORIO DEL DECRETO QUE MODIFICA LA LEY.

(REFORMADO, D.O.F. 28 DE MAYO DE 2009)

Artículo 59. Los licitantes o proveedores que infrinjan las disposiciones de esta Ley, serán sancionados por la Secretaría de la Función Pública con multa equivalente a la cantidad de cincuenta hasta mil veces el salario mínimo general vigente en el Distrito Federal elevado al mes, en la fecha de la infracción.

Cuando los licitantes, injustificadamente y por causas imputables a los mismos, no formalicen contratos cuyo monto no exceda de cincuenta veces el salario mínimo general vigente en el Distrito Federal elevado al mes, serán sancionados con multa equivalente a la cantidad de diez hasta cuarenta y cinco veces el salario mínimo general vigente en el Distrito Federal elevado al mes, en la fecha de la infracción.

N. DE E. EN RELACIÓN CON LA ENTRADA EN VIGOR DEL PRESENTE ARTÍCULO, VER ARTÍCULO PRIMERO TRANSITORIO DEL DECRETO QUE MODIFICA LA LEY.

(REFORMADO, D.O.F. 28 DE MAYO DE 2009)

Artículo 60. La Secretaría de la Función Pública, además de la sanción a que se refiere el primer párrafo del artículo anterior, inhabilitará temporalmente para participar de manera directa o por interpósita persona en procedimientos de contratación o celebrar contratos regulados por esta Ley, a las personas que se encuentren en alguno de los supuestos siguientes:

I. Los licitantes que injustificadamente y por causas imputables a los mismos no formalicen dos o más contratos que les haya adjudicado cualquier dependencia o entidad en el plazo de dos años calendario, contados a partir del día en que haya fenecido el término para la formalización del primer contrato no formalizado;

II. Los proveedores a los que se les haya rescindido administrativamente un contrato en dos o más dependencias o entidades en un plazo de tres años;

III. Los proveedores que no cumplan con sus obligaciones contractuales por causas imputables a ellos y que, como consecuencia, causen daños o perjuicios graves a la dependencia o entidad de que se trate; así como, aquellos que entreguen bienes o servicios con especificaciones distintas de las convenidas;

IV. Las que proporcionen información falsa o que actúen con dolo o mala fe en algún procedimiento de contratación, en la celebración del contrato o durante su vigencia, o bien, en la presentación o desahogo de una solicitud de conciliación o de una inconformidad;

V. Las que se encuentren en el supuesto de la fracción XII del artículo 50 de este ordenamiento, y

VI. Aquéllas que se encuentren en el supuesto del segundo párrafo del artículo 74 de esta Ley.

La inhabilitación que se imponga no será menor de tres meses ni mayor de cinco años, plazo que comenzará a contarse a partir del día siguiente a la fecha en que la Secretaría de la Función Pública la haga del conocimiento de las dependencias y entidades, mediante la publicación de la circular respectiva en el Diario Oficial de la Federación y en CompraNet.

Si al día en que se cumpla el plazo de inhabilitación a que se refiere el párrafo que antecede el sancionado no ha pagado la multa que hubiere sido impuesta en términos del artículo anterior, la mencionada inhabilitación subsistirá hasta que se realice el pago correspondiente.

Las dependencias y entidades dentro de los quince días naturales siguientes a la fecha en que tengan conocimiento de alguna infracción a las disposiciones de esta Ley, remitirán a la Secretaría de la Función Pública la documentación comprobatoria de los hechos presumiblemente constitutivos de la infracción.

En casos excepcionales, previa autorización de la Secretaría de la Función Pública, las dependencias y entidades podrán aceptar proposiciones de proveedores inhabilitados cuando resulte indispensable por ser éstos los únicos posibles oferentes en el mercado.

N. DE E. EN RELACIÓN CON LA ENTRADA EN VIGOR DEL PRESENTE PÁRRAFO, VER ARTÍCULO PRIMERO TRANSITORIO DEL DECRETO QUE MODIFICA LA LEY.

(REFORMADO PRIMER PÁRRAFO, D.O.F. 28 DE MAYO DE 2009)

Artículo 61. La Secretaría de la Función Pública impondrá las sanciones considerando:

N. DE E. EN RELACIÓN CON LA ENTRADA EN VIGOR DEL PRESENTE FRACCIÓN, VER ARTÍCULO PRIMERO TRANSITORIO DEL DECRETO QUE MODIFICA LA LEY.

(REFORMADA, D.O.F. 28 DE MAYO DE 2009)

I. Los daños o perjuicios que se hubieren producido con motivo de la infracción;

II. El carácter intencional o no de la acción u omisión constitutiva de la infracción;

III. La gravedad de la infracción, y

IV. Las condiciones del infractor.

N. DE E. EN RELACIÓN CON LA ENTRADA EN VIGOR DEL PRESENTE PÁRRAFO, VER ARTÍCULO PRIMERO TRANSITORIO DEL DECRETO QUE MODIFICA LA LEY.

(REFORMADO, D.O.F. 28 DE MAYO DE 2009)

En la tramitación del procedimiento para imponer las sanciones a que se refiere este Título, la Secretaría de la Función Pública deberá observar lo dispuesto por el Título Cuarto y demás aplicables de la Ley Federal de Procedimiento Administrativo, aplicando supletoriamente tanto el Código Civil Federal, como el Código Federal de Procedimientos Civiles.

N. DE E. EN RELACIÓN CON LA ENTRADA EN VIGOR DEL PRESENTE ARTÍCULO, VER ARTÍCULO PRIMERO TRANSITORIO DEL DECRETO QUE MODIFICA LA LEY.

(REFORMADO, D.O.F. 28 DE MAYO DE 2009)

Artículo 62. La Secretaría de la Función Pública aplicará las sanciones que procedan a quienes infrinjan las disposiciones de este ordenamiento, conforme a lo dispuesto por la Ley Federal de Responsabilidades Administrativas de los Servidores Públicos.

La Secretaría de la Función Pública, en uso de las atribuciones que le confiere la Ley citada en el párrafo anterior, podrá abstenerse de iniciar los procedimientos previstos en ella, cuando de las investigaciones o revisiones practicadas se advierta que el acto u omisión no es grave, o no implica la probable comisión de algún delito o perjuicio patrimonial a la dependencia o entidad, o que el acto u omisión fue corregido o subsanado de manera espontánea por el servidor público o implique error manifiesto y en cualquiera de estos supuestos, los efectos que, en su caso, hubieren producido, desaparecieron o se hayan resarcido.

N. DE E. EN RELACIÓN CON LA ENTRADA EN VIGOR DEL PRESENTE ARTÍCULO, VER ARTÍCULO PRIMERO TRANSITORIO DEL DECRETO QUE MODIFICA LA LEY.

(REFORMADO, D.O.F. 28 DE MAYO DE 2009)

Artículo 63. Las responsabilidades y las sanciones a que se refiere la presente Ley serán independientes de las de orden civil, penal o de cualquier otra índole que puedan derivar de la comisión de los mismos hechos.

N. DE E. EN RELACIÓN CON LA ENTRADA EN VIGOR DEL PRESENTE ARTÍCULO, VER ARTÍCULO PRIMERO TRANSITORIO DEL DECRETO QUE MODIFICA LA LEY.

(REFORMADO, D.O.F. 28 DE MAYO DE 2009)

Artículo 64. No se impondrán sanciones cuando se haya incurrido en la infracción por causa de fuerza mayor o de caso fortuito, o cuando se observe en forma espontánea el precepto que se hubiese dejado de cumplir. No se considerará que el cumplimiento es espontáneo cuando la omisión sea descubierta por las autoridades o medie requerimiento, visita, excitativa o cualquier otra gestión efectuada por las mismas, así como en el supuesto de la fracción IV del artículo 60 de esta Ley.

N. DE E. EN RELACIÓN CON LA ENTRADA EN VIGOR DEL PRESENTE TÍTULO, VER ARTÍCULO PRIMERO TRANSITORIO DEL DECRETO QUE MODIFICA LA LEY.

(REFORMADO Y REUBICADO [N. DE E. ANTES TÍTULO SÉPTIMO], D.O.F. 28 DE MAYO DE 2009)

TÍTULO SEXTO
DE LA SOLUCIÓN DE LAS CONTROVERSIAS

N. DE E. EN RELACIÓN CON LA ENTRADA EN VIGOR DEL PRESENTE CAPÍTULO, VER ARTÍCULO PRIMERO TRANSITORIO DEL DECRETO QUE MODIFICA LA LEY.

(REFORMADA SU DENOMINACIÓN, D.O.F. 28 DE MAYO DE 2009)

CAPÍTULO PRIMERO
DE LA INSTANCIA DE INCONFORMIDAD

N. DE E. EN RELACIÓN CON LA ENTRADA EN VIGOR DEL PRESENTE ARTÍCULO, VER ARTÍCULO PRIMERO TRANSITORIO DEL DECRETO QUE MODIFICA LA LEY.

(REFORMADO, D.O.F. 28 DE MAYO DE 2009)

Artículo 65. La Secretaría de la Función Pública conocerá de las inconformidades que se promuevan contra los actos de los procedimientos de licitación pública o invitación a cuando menos tres personas que se indican a continuación:

I. La convocatoria a la licitación, y las juntas de aclaraciones.

En este supuesto, la inconformidad sólo podrá presentarse por el interesado que haya manifestado su interés por participar en el procedimiento según lo establecido en el artículo 33 Bis de esta Ley, dentro de los seis días hábiles siguientes a la celebración de la última junta de aclaraciones;

II. La invitación a cuando menos tres personas.

Sólo estará legitimado para inconformarse quien haya recibido invitación, dentro de los seis días hábiles siguientes;

III. El acto de presentación y apertura de proposiciones, y el fallo.

En este caso, la inconformidad sólo podrá presentarse por quien hubiere presentado proposición, dentro de los seis días hábiles siguientes a la celebración de la junta pública en la que se dé a conocer el fallo, o de que se le haya notificado al licitante en los casos en que no se celebre junta pública;

IV. La cancelación de la licitación.

En este supuesto, la inconformidad sólo podrá presentarse por el licitante que hubiere presentado proposición, dentro de los seis días hábiles siguientes a su notificación, y

V. Los actos y omisiones por parte de la convocante que impidan la formalización del contrato en los términos establecidos en la convocatoria a la licitación o en esta Ley.

En esta hipótesis, la inconformidad sólo podrá presentarse por quien haya resultado adjudicado, dentro de los seis días hábiles posteriores a aquél en que hubiere vencido el plazo establecido en el fallo para la formalización del contrato o, en su defecto, el plazo legal.

En todos los casos en que se trate de licitantes que hayan presentado proposición conjunta, la inconformidad sólo será procedente si se promueve conjuntamente por todos los integrantes de la misma.

N. DE E. EN RELACIÓN CON LA ENTRADA EN VIGOR DEL PRESENTE ARTÍCULO, VER ARTÍCULO PRIMERO TRANSITORIO DEL DECRETO QUE MODIFICA LA LEY.

(REFORMADO, D.O.F. 28 DE MAYO DE 2009)

Artículo 66. La inconformidad deberá presentarse por escrito, directamente en las oficinas de la Secretaría de la Función Pública o a través de CompraNet.

La Secretaría de la Función Pública podrá celebrar convenios de coordinación con las entidades federativas, a fin de que éstas conozcan y resuelvan, en los términos previstos por la presente Ley, de las inconformidades que se deriven de los procedimientos de contratación que se convoquen en los términos previstos por el artículo 1 fracción VI de esta Ley. En este supuesto, la convocatoria a la licitación indicará las oficinas en que deberán presentarse las inconformidades, haciendo referencia a la disposición del convenio que en cada caso se tenga celebrado; de lo contrario, se estará a lo previsto en el párrafo anterior.

La interposición de la inconformidad en forma o ante autoridad diversa a las señaladas en los párrafos anteriores, según cada caso, no interrumpirá el plazo para su oportuna presentación.

El escrito inicial contendrá:

I. El nombre del inconforme y del que promueve en su nombre, quien deberá acreditar su representación mediante instrumento público.

Cuando se trate de licitantes que hayan presentado propuesta conjunta, en el escrito inicial deberán designar un representante común, de lo contrario, se entenderá que fungirá como tal la persona nombrada en primer término;

II. Domicilio para recibir notificaciones personales, que deberá estar ubicado en el lugar en que resida la autoridad que conoce de la inconformidad. Para el caso de que no se señale domicilio procesal en estos términos, se le practicarán las notificaciones por rotulón;

III. El acto que se impugna, fecha de su emisión o notificación o, en su defecto, en que tuvo conocimiento del mismo;

IV. Las pruebas que ofrece y que guarden relación directa e inmediata con los actos que impugna. Tratándose de documentales que formen parte del procedimiento de contratación que obren en poder de la convocante, bastará que se ofrezcan para que ésta deba remitirlas en copia autorizada al momento de rendir su informe circunstanciado, y

V. Los hechos o abstenciones que constituyan los antecedentes del acto impugnado y los motivos de inconformidad. La manifestación de hechos falsos se sancionará conforme a las disposiciones de esta Ley y a las demás que resulten aplicables.

Al escrito de inconformidad deberá acompañarse el documento que acredite la personalidad del promovente y las pruebas que ofrezca, así como sendas copias del escrito inicial y anexos para la convocante y el tercero interesado, teniendo tal carácter el licitante a quien se haya adjudicado el contrato.

En las inconformidades que se presenten a través de CompraNet, deberán utilizarse medios de identificación electrónica en sustitución de la firma autógrafa.

En las inconformidades, la documentación que las acompañe y la manera de acreditar la personalidad del promovente, se sujetarán a las disposiciones técnicas que para tales efectos expida la Secretaría de la Función Pública, en cuyo caso producirán los mismos efectos que las leyes otorgan a los medios de identificación y documentos correspondientes.

La autoridad que conozca de la inconformidad prevendrá al promovente cuando hubiere omitido alguno de los requisitos señalados en las fracciones I, III, IV y V de este artículo, a fin de que subsane dichas omisiones, apercibiéndole que en caso de no hacerlo en el plazo de tres días hábiles se desechará su inconformidad, salvo el caso de las pruebas, cuya omisión tendrá como consecuencia que se tengan por no ofrecidas.

En tratándose de la fracción I de este artículo, no será necesario formular prevención alguna respecto de la omisión de designar representante común. De igual manera, no será necesario prevenir cuando se omita señalar domicilio para recibir notificaciones personales, en términos de la fracción II.

N. DE E. EN RELACIÓN CON LA ENTRADA EN VIGOR DEL PRESENTE ARTÍCULO, VER ARTÍCULO PRIMERO TRANSITORIO DEL DECRETO QUE MODIFICA LA LEY.

(REFORMADO, D.O.F. 28 DE MAYO DE 2009)

Artículo 67. La instancia de inconformidad es improcedente:

I. Contra actos diversos a los establecidos en el artículo 65 de esta Ley;

II. Contra actos consentidos expresa o tácitamente;

III. Cuando el acto impugnado no pueda surtir efecto legal o material alguno por haber dejado de existir el objeto o la materia del procedimiento de contratación del cual deriva, y

IV. Cuando se promueva por un licitante en forma individual y su participación en el procedimiento de contratación se hubiera realizado en forma conjunta.

N. DE E. EN RELACIÓN CON LA ENTRADA EN VIGOR DEL PRESENTE ARTÍCULO, VER ARTÍCULO PRIMERO TRANSITORIO DEL DECRETO QUE MODIFICA LA LEY.

(REFORMADO, D.O.F. 28 DE MAYO DE 2009)

Artículo 68. El sobreseimiento en la instancia de inconformidad procede cuando:

I. El inconforme desista expresamente;

II. La convocante firme el contrato, en el caso de que el acto impugnado sea de aquéllos a los que se refiere la fracción V del artículo 65 de esta Ley, y

III. Durante la sustanciación de la instancia se advierta o sobrevenga alguna de las causas de improcedencia que establece el artículo anterior.

N. DE E. EN RELACIÓN CON LA ENTRADA EN VIGOR DEL PRESENTE ARTÍCULO, VER ARTÍCULOS PRIMERO Y DÉCIMO TRANSITORIOS DEL DECRETO QUE MODIFICA LA LEY.

(REFORMADO, D.O.F. 28 DE MAYO DE 2009)

Artículo 69. Las notificaciones se harán:

I. En forma personal, para el inconforme y el tercero interesado:

a) La primera notificación y las prevenciones;

b) Las resoluciones relativas a la suspensión del acto impugnado;

c) La que admita la ampliación de la inconformidad;

d) La resolución definitiva, y

e) Los demás acuerdos o resoluciones que lo ameriten, a juicio de la autoridad instructora de la inconformidad;

II. Por rotulón, que se fijará en lugar visible y de fácil acceso al público en general, en los casos no previstos en la fracción anterior, o bien, cuando no se haya señalado por el inconforme o tercero interesado domicilio ubicado en el lugar donde resida la autoridad que conoce de la inconformidad, y

III. Por oficio, aquéllas dirigidas a la convocante.

Las notificaciones a que se refiere este artículo podrán realizarse a través de CompraNet, conforme a las reglas que al efecto establezca la Secretaría de la Función Pública. Adicionalmente, para el caso de las notificaciones personales se dará aviso por correo electrónico.

N. DE E. EN RELACIÓN CON LA ENTRADA EN VIGOR DEL PRESENTE ARTÍCULO, VER ARTÍCULO PRIMERO TRANSITORIO DEL DECRETO QUE MODIFICA LA LEY.

(REFORMADO, D.O.F. 28 DE MAYO DE 2009)

Artículo 70. Se decretará la suspensión de los actos del procedimiento de contratación y los que de éste deriven, siempre que lo solicite el inconforme en su escrito inicial y se advierta que existan o pudieren existir actos contrarios a las disposiciones de esta Ley o a las que de ella deriven y, además, no se siga perjuicio al interés social ni se contravengan disposiciones de orden público.

En su solicitud el inconforme deberá expresar las razones por las cuales estima procedente la suspensión, así como la afectación que resentiría en caso de que continúen los actos del procedimiento de contratación.

Solicitada la suspensión correspondiente, la autoridad que conozca de la inconformidad deberá acordar lo siguiente:

I. Concederá o negará provisionalmente la suspensión; en el primer caso, fijará las condiciones y efectos de la medida, y

II. Dentro de los tres días hábiles siguientes a que se haya recibido el informe previo de la convocante, se pronunciará respecto de la suspensión definitiva.

El acuerdo relativo a la suspensión contendrá las consideraciones y fundamentos legales en que se apoye para concederla o negarla.

En caso de resultar procedente la suspensión definitiva, se deberá precisar la situación en que habrán de quedar las cosas y se tomarán las medidas pertinentes para conservar la materia del asunto hasta el dictado de la resolución que ponga fin a la inconformidad.

En todo caso, la suspensión definitiva quedará sujeta a que el solicitante, dentro de los tres días hábiles siguientes a la notificación del acuerdo relativo, garantice los daños y perjuicios que pudiera ocasionar, según los términos que se señalen en el Reglamento.

La garantía no deberá ser menor al diez ni mayor al treinta por ciento del monto de la propuesta económica del inconforme, y cuando no sea posible determinar dicho monto, del presupuesto autorizado para la contratación de que se trate, según las partidas que, en su caso, correspondan. De no exhibirse en sus términos la garantía requerida, dejará de surtir efectos dicha medida cautelar.

La suspensión decretada quedará sin efectos si el tercero interesado otorga una contragarantía equivalente a la exhibida por el inconforme, en los términos que señale el Reglamento.

A partir de que haya causado estado la resolución que ponga fin a la instancia de inconformidad, podrá iniciarse incidente de ejecución de garantía, que se tramitará por escrito en el que se señalará el daño o perjuicio que produjo la suspensión de los actos, así como las pruebas que estime pertinentes.

Con el escrito incidental se dará vista al interesado que hubiere otorgado la garantía de que se trate, para efecto de que, dentro del plazo de diez días, manifieste lo que a su derecho convenga.

Una vez desahogadas las pruebas, en el término de diez días, la autoridad resolverá el incidente planteado, en el que se decretará la procedencia de cancelar, o bien, de hacer efectiva la garantía o contragarantía de que se trate según se hubiere acreditado el daño o perjuicio causado por la suspensión de los actos, o por la continuación de los mismos, según corresponda.

Si la autoridad que conoce de la inconformidad advierte manifiestas irregularidades en el procedimiento de contratación impugnado, podrá decretar de oficio la suspensión sin necesidad de solicitud ni garantía del inconforme, siempre que con ello no se siga perjuicio al interés social ni se contravengan disposiciones de orden público. El acuerdo relativo contendrá las consideraciones y fundamentos legales en que se apoye para decretarla.

N. DE E. EN RELACIÓN CON LA ENTRADA EN VIGOR DEL PRESENTE ARTÍCULO, VER ARTÍCULO PRIMERO TRANSITORIO DEL DECRETO QUE MODIFICA LA LEY.

(REFORMADO Y REUBICADO, D.O.F. 28 DE MAYO DE 2009)

Artículo 71. La autoridad que conozca de la inconformidad la examinará y si encontrare motivo manifiesto de improcedencia, la desechará de plano.

Recibida la inconformidad, se requerirá a la convocante que rinda en el plazo de dos días hábiles un informe previo en el que manifieste los datos generales del procedimiento de contratación y del tercero interesado, y pronuncie las razones por las que estime que la suspensión resulta o no procedente.

Se requerirá también a la convocante que rinda en el plazo de seis días hábiles un informe circunstanciado, en el que se expondrán las razones y fundamentos para sostener la improcedencia de la inconformidad así como la validez o legalidad del acto impugnado y se acompañará, en su caso, copia autorizada de las constancias necesarias para apoyarlo, así como aquéllas a que se refiere la fracción IV del artículo 66.

Se considerarán rendidos los informes aún recibidos en forma extemporánea, sin perjuicio de las posibles responsabilidades en que incurran los servidores públicos por dicha dilación.

Una vez conocidos los datos del tercero interesado, se le correrá traslado con copia del escrito inicial y sus anexos, a efecto de que, dentro de los seis días hábiles siguientes, comparezca al procedimiento a manifestar lo que a su interés convenga, resultándole aplicable, en lo conducente, lo dispuesto por el artículo 66.

El inconforme, dentro de los tres días hábiles siguientes a aquel en que se tenga por recibido el informe circunstanciado, tendrá derecho de ampliar sus motivos de impugnación, cuando del mismo aparezcan elementos que no conocía.

La autoridad que conozca de la inconformidad, en caso de estimar procedente la ampliación, requerirá a la convocante para que en el plazo de tres días hábiles rinda el informe circunstanciado correspondiente, y dará vista al tercero interesado para que en el mismo plazo manifieste lo que a su interés convenga.

N. DE E. EN RELACIÓN CON LA ENTRADA EN VIGOR DEL PRESENTE ARTÍCULO, VER ARTÍCULO PRIMERO TRANSITORIO DEL DECRETO QUE MODIFICA LA LEY.

(REFORMADO Y REUBICADO, D.O.F. 28 DE MAYO DE 2009)

Artículo 72. Desahogadas las pruebas, se pondrán las actuaciones a disposición del inconforme y tercero interesado a efecto de que dentro del plazo de tres días hábiles formulen sus alegatos por escrito. Cerrada la instrucción, la autoridad que conozca de la inconformidad dictará la resolución en un término de quince días hábiles.

N. DE E. EN RELACIÓN CON LA ENTRADA EN VIGOR DEL PRESENTE ARTÍCULO, VER ARTÍCULO PRIMERO TRANSITORIO DEL DECRETO QUE MODIFICA LA LEY.

(REFORMADO Y REUBICADO, D.O.F. 28 DE MAYO DE 2009)

Artículo 73. La resolución contendrá:

I. Los preceptos legales en que funde su competencia para resolver el asunto;

II. La fijación clara y precisa del acto impugnado;

III. El análisis de los motivos de inconformidad, para lo cual podrá corregir errores u omisiones del inconforme en la cita de los preceptos que estime violados, así como examinar en su conjunto los motivos de impugnación y demás razonamientos expresados por la convocante y el tercero interesado, a fin de resolver la controversia efectivamente planteada, pero no podrá pronunciarse sobre cuestiones que no hayan sido expuestas por el promovente;

IV. La valoración de las pruebas admitidas y desahogadas en el procedimiento;

V. Las consideraciones y fundamentos legales en que se apoye, y

VI. Los puntos resolutivos que expresen claramente sus alcances y efectos, en congruencia con la parte considerativa, fijando cuando proceda las directrices para la reposición de actos decretados nulos o para la firma del contrato.

Una vez que cause estado la resolución que ponga fin a la inconformidad, ésta será publicada en CompraNet.

N. DE E. EN RELACIÓN CON LA ENTRADA EN VIGOR DEL PRESENTE ARTÍCULO, VER ARTÍCULO PRIMERO TRANSITORIO DEL DECRETO QUE MODIFICA LA LEY.

(ADICIONADO, D.O.F. 28 DE MAYO DE 2009)

Artículo 74. La resolución que emita la autoridad podrá:

I. Sobreseer en la instancia;

II. Declarar infundada la inconformidad;

III. Declarar que los motivos de inconformidad resultan inoperantes para decretar la nulidad del acto impugnado, cuando las violaciones alegadas no resulten suficientes para afectar su contenido;

IV. Decretar la nulidad total del procedimiento de contratación;

V. Decretar la nulidad del acto impugnado, para efectos de su reposición, subsistiendo la validez del procedimiento o acto en la parte que no fue materia de la declaratoria de nulidad, y

VI. Ordenar la firma del contrato, cuando haya resultado fundada la inconformidad promovida en términos del artículo 65, fracción V de esta Ley.

En los casos de las fracciones I y II, cuando se determine que la inconformidad se promovió con el propósito de retrasar o entorpecer la contratación, se sancionará al inconforme, previo procedimiento, con multa en términos del artículo 59 de la presente Ley. Para ese efecto, podrá tomarse en consideración la conducta de los licitantes en anteriores procedimientos de contratación o de inconformidad.

La resolución que ponga fin a la instancia de inconformidad o, en su caso, a la intervención de oficio podrá impugnarse por el inconforme o tercero interesado mediante el recurso de revisión previsto en la Ley Federal de Procedimiento Administrativo, o bien, cuando proceda, ante las instancias jurisdiccionales competentes.

N. DE E. EN RELACIÓN CON LA ENTRADA EN VIGOR DEL PRESENTE ARTÍCULO, VER ARTÍCULO PRIMERO TRANSITORIO DEL DECRETO QUE MODIFICA LA LEY.

(ADICIONADO, D.O.F. 28 DE MAYO DE 2009)

Artículo 75. La convocante acatará la resolución que ponga fin a la inconformidad en un plazo no mayor de seis días hábiles. Sólo podrá suspenderse la ejecución de las resoluciones mediante determinación de autoridad administrativa o judicial competente.

El inconforme y el tercero interesado, dentro de los tres días hábiles posteriores a que tengan conocimiento del cumplimiento que haya dado la convocante a la resolución, o bien que haya transcurrido el plazo legal para tal efecto y no se haya acatado, podrán hacer del conocimiento de la autoridad resolutora, en vía incidental, la repetición, defectos, excesos u omisiones en que haya incurrido la convocante.

Con el escrito que se presente en los términos del párrafo anterior, se requerirá a la convocante para que rinda un informe en el plazo de tres días hábiles y dará vista al tercero interesado o al inconforme, según corresponda, para que en el mismo plazo manifieste lo que a su interés convenga.

Si se acredita que la resolución no fue cumplimentada según las directrices fijadas, la autoridad resolutora dejará insubsistente el acto respectivo, y ordenará a la convocante su reposición en un plazo de tres días hábiles, de acuerdo a lo ordenado en la resolución que puso fin a la inconformidad. Si resultare que hubo una omisión total, requerirá a la convocante el acatamiento inmediato.

La resolución que ponga fin al incidente previsto en este artículo podrá impugnarse por el inconforme o tercero interesado mediante el recurso de revisión previsto en la Ley Federal de Procedimiento Administrativo, o bien, cuando proceda, ante las instancias jurisdiccionales competentes.

El desacato de las convocantes a las resoluciones y acuerdos que emita la Secretaría de la Función Pública en los procedimientos de inconformidad será sancionado de acuerdo a lo previsto en la Ley Federal de Responsabilidades Administrativas de los Servidores Públicos.

En los casos en que existan contratos derivados de los actos declarados nulos, dichos acuerdos serán válidos y exigibles hasta en tanto se da cumplimiento a la resolución, pero será necesario terminarlos anticipadamente cuando la reposición de actos implique que debe adjudicarse a un licitante diverso, deba declararse desierto el procedimiento o se haya decretado su nulidad total.

N. DE E. EN RELACIÓN CON LA ENTRADA EN VIGOR DEL PRESENTE ARTÍCULO, VER ARTÍCULO PRIMERO TRANSITORIO DEL DECRETO QUE MODIFICA LA LEY.

(ADICIONADO, D.O.F. 28 DE MAYO DE 2009)

Artículo 76. A partir de la información que conozca la Secretaría de la Función Pública derivada del ejercicio de sus facultades de verificación podrá realizar intervenciones de oficio a fin de revisar la legalidad de los actos a que se refiere el artículo 65 de esta Ley.

El inicio del procedimiento de intervención de oficio será mediante el pliego de observaciones, en el que la Secretaría de la Función Pública señalará con precisión las posibles irregularidades que se adviertan en el acto motivo de intervención.

De estimarlo procedente, podrá decretarse la suspensión de los actos del procedimiento de contratación y los que de éste deriven, en términos de lo dispuesto en el último párrafo del artículo 70 de esta Ley.

Resulta aplicable al procedimiento de intervención de oficio, en lo conducente, las disposiciones previstas en esta Ley para el trámite y resolución de inconformidades.

N. DE E. EN RELACIÓN CON LA ENTRADA EN VIGOR DEL PRESENTE CAPÍTULO, VER ARTÍCULO PRIMERO TRANSITORIO DEL DECRETO QUE MODIFICA LA LEY.

(ADICIONADO [N. DE E. REPUBLICADO], D.O.F. 28 DE MAYO DE 2009)

CAPÍTULO SEGUNDO
DEL PROCEDIMIENTO DE CONCILIACIÓN

N. DE E. EN RELACIÓN CON LA ENTRADA EN VIGOR DEL PRESENTE ARTÍCULO, VER ARTÍCULO PRIMERO TRANSITORIO DEL DECRETO QUE MODIFICA LA LEY.

(ADICIONADO, D.O.F. 28 DE MAYO DE 2009)

Artículo 77. En cualquier momento los proveedores o las dependencias y entidades podrán presentar ante la Secretaría de la Función Pública solicitud de conciliación, por desavenencias derivadas del cumplimiento de los contratos o pedidos.

Una vez recibida la solicitud respectiva, la Secretaría de la Función Pública señalará día y hora para que tenga verificativo la audiencia de conciliación y citará a las partes. Dicha audiencia se deberá iniciar dentro de los quince días hábiles siguientes a la fecha de recepción de la solicitud.

La asistencia a la audiencia de conciliación será obligatoria para ambas partes, por lo que la inasistencia por parte del proveedor traerá como consecuencia tener por no presentada su solicitud.

N. DE E. EN RELACIÓN CON LA ENTRADA EN VIGOR DEL PRESENTE ARTÍCULO, VER ARTÍCULO PRIMERO TRANSITORIO DEL DECRETO QUE MODIFICA LA LEY.

(ADICIONADO, D.O.F. 28 DE MAYO DE 2009)

Artículo 78. En la audiencia de conciliación, la Secretaría de la Función Pública, tomando en cuenta los hechos manifestados en la solicitud y los argumentos que hiciere valer la dependencia o entidad respectiva, determinará los elementos comunes y los puntos de controversia y exhortará a las partes para conciliar sus intereses, conforme a las disposiciones de esta Ley, sin prejuzgar sobre el conflicto planteado.

N. DE E. EN RELACIÓN CON LA ENTRADA EN VIGOR DEL PRESENTE ARTÍCULO, VER ARTÍCULO PRIMERO TRANSITORIO DEL DECRETO QUE MODIFICA LA LEY.

(ADICIONADO, D.O.F. 28 DE MAYO DE 2009)

Artículo 79. En el supuesto de que las partes lleguen a un acuerdo durante la conciliación, el convenio respectivo obligará a las mismas, y su cumplimiento podrá ser demandado por la vía judicial correspondiente. La Secretaría de la Función Pública dará seguimiento a los acuerdos de voluntades, para lo cual las dependencias y entidades deberán remitir un informe sobre el avance de cumplimiento del mismo, en términos del Reglamento de esta Ley.

En caso de no existir acuerdo de voluntades, las partes podrán optar por cualquier vía de solución a su controversia.

N. DE E. EN RELACIÓN CON LA ENTRADA EN VIGOR DEL PRESENTE CAPÍTULO, VER ARTÍCULO PRIMERO TRANSITORIO DEL DECRETO QUE MODIFICA LA LEY.

(ADICIONADO CON LOS ARTÍCULOS QUE LO INTEGRAN, D.O.F. 28 DE MAYO DE 2009)

CAPÍTULO TERCERO
DEL ARBITRAJE, OTROS MECANISMOS DE SOLUCIÓN DE CONTROVERSIAS Y COMPETENCIA JUDICIAL

(REFORMADO PRIMER PÁRRAFO, D.O.F. 16 DE ENERO DE 2012)

Artículo 80. Podrá convenirse compromiso arbitral respecto de aquellas controversias que surjan entre las partes por interpretación a las cláusulas de los contratos o por cuestiones derivadas de su ejecución, en términos de lo dispuesto en el Título Cuarto del Libro Quinto del Código de Comercio.

N. DE E. EN RELACIÓN CON LA ENTRADA EN VIGOR DEL PRESENTE ARTÍCULO, VER ARTÍCULO PRIMERO TRANSITORIO DEL DECRETO QUE MODIFICA LA LEY.

(ADICIONADO, D.O.F. 28 DE MAYO DE 2009)

No será materia de arbitraje la rescisión administrativa, la terminación anticipada de los contratos, así como aquellos casos que disponga el Reglamento de esta Ley.

N. DE E. EN RELACIÓN CON LA ENTRADA EN VIGOR DEL PRESENTE ARTÍCULO, VER ARTÍCULO PRIMERO TRANSITORIO DEL DECRETO QUE MODIFICA LA LEY.

(ADICIONADO, D.O.F. 28 DE MAYO DE 2009)

Artículo 81. El arbitraje podrá preverse en cláusula expresa en el contrato o por convenio escrito posterior a su celebración. En las políticas, bases y lineamientos deberá establecerse el área o servidor público responsable para determinar la conveniencia de incluir dicha cláusula o firmar el convenio correspondiente.

N. DE E. EN RELACIÓN CON LA ENTRADA EN VIGOR DEL PRESENTE ARTÍCULO, VER ARTÍCULO PRIMERO TRANSITORIO DEL DECRETO QUE MODIFICA LA LEY.

(ADICIONADO, D.O.F. 28 DE MAYO DE 2009)

Artículo 82. El pago de los servicios a la persona que funja como árbitro no será materia de la presente Ley.

Los costos y honorarios del arbitraje correrán por cuenta de las partes contratantes, salvo determinación en contrario en el laudo arbitral.

N. DE E. EN RELACIÓN CON LA ENTRADA EN VIGOR DEL PRESENTE ARTÍCULO, VER ARTÍCULO PRIMERO TRANSITORIO DEL DECRETO QUE MODIFICA LA LEY.

(ADICIONADO, D.O.F. 28 DE MAYO DE 2009)

Artículo 83. El procedimiento arbitral culminará con el laudo arbitral, y podrá considerarse para efectos de solventar observaciones formuladas por quienes tengan facultades para efectuarlas, sobre las materias objeto de dicho laudo.

(REFORMADO, D.O.F. 16 DE ENERO DE 2012)

Artículo 84. Las partes podrán convenir otros mecanismos de solución de controversias para resolver sus discrepancias sobre la interpretación o ejecución de los contratos.

N. DE E. EN RELACIÓN CON LA ENTRADA EN VIGOR DEL PRESENTE ARTÍCULO, VER ARTÍCULO PRIMERO TRANSITORIO DEL DECRETO QUE MODIFICA LA LEY.

(ADICIONADO, D.O.F. 28 DE MAYO DE 2009)

Artículo 85. Las controversias que se susciten con motivo de la interpretación o aplicación de los contratos celebrados con base en esta Ley, serán resueltas por los tribunales federales, en los casos en que no se haya pactado cláusula arbitral o medio alterno de solución de controversias, o éstas no resulten aplicables.

N. DE E. EN RELACIÓN CON LA ENTRADA EN VIGOR DEL PRESENTE ARTÍCULO, VER ARTÍCULO PRIMERO TRANSITORIO DEL DECRETO QUE MODIFICA LA LEY.

(ADICIONADO, D.O.F. 28 DE MAYO DE 2009)

Artículo 86. Lo dispuesto por este Capítulo se aplicará a las entidades sólo cuando sus leyes no regulen de manera expresa la forma en que podrán resolver sus controversias.

TRANSITORIOS

Primero. La presente Ley entrará en vigor a los sesenta días siguientes al de su publicación en el Diario Oficial de la Federación.

Segundo. Se abroga la Ley de Adquisiciones y Obras Públicas.

Tercero. Las disposiciones administrativas expedidas en esta materia, vigentes al momento de la publicación de este ordenamiento, se seguirán aplicando en todo lo que no se opongan a la presente Ley, en tanto se expiden las que deban sustituirlas.

Cuarto. El Ejecutivo Federal expedirá el Reglamento de esta Ley en un plazo no mayor a 120 días naturales, contados a partir del día siguiente en que entre en vigor el presente ordenamiento.

Quinto. Los procedimientos de contratación, de aplicación de sanciones, y de inconformidades, así como los demás asuntos que se encuentren en trámite o pendientes de resolución se tramitarán y resolverán conforme a las disposiciones vigentes al momento en el que se iniciaron.

Los contratos de adquisiciones, arrendamientos y prestación de servicios de cualquier naturaleza que se encuentren vigentes al entrar en vigor esta Ley, continuarán rigiéndose por las disposiciones vigentes en el momento en que se celebraron. Las rescisiones administrativas que por causas imputables al proveedor se hayan determinado de acuerdo con lo dispuesto en la Ley de Adquisiciones y Obras Públicas, se continuarán considerando para los efectos de los artículos 50, fracción III, y 60 de esta Ley.

México, D.F., a 30 de noviembre de 1999. Sen. Dionisio Pérez Jácome, Vicepresidente en funciones. Dip. Francisco José Paoli Bolio, Presidente. Sen. Raúl Juárez Valencia, Secretario. Dip. Francisco J. Loyo Ramos, Secretario. Rúbricas".

En cumplimiento de lo dispuesto por la fracción I del Artículo 89 de la Constitución Política de los Estados Unidos Mexicanos, y para su debida publicación y observancia, expido el presente Decreto en la residencia del Poder Ejecutivo Federal, en la Ciudad de México, Distrito Federal, a los veintinueve días del mes de diciembre de mil novecientos noventa y nueve. Ernesto Zedillo Ponce de León. Rúbrica. El Secretario de Gobernación, Diódoro Carrasco Altamirano. Rúbrica.

Ley General de Bienes Nacionales

ÚLTIMA REFORMA PUBLICADA EN EL DIARIO OFICIAL DE LA FEDERACIÓN: 3 DE MAYO DE 2023.

Ley publicada la Primera Sección del Diario Oficial de la Federación, el jueves 20 de mayo de 2004.

Al margen un sello con el Escudo Nacional, que dice: Estados Unidos Mexicanos. Presidencia de la República.

VICENTE FOX QUESADA, Presidente de los Estados Unidos Mexicanos, a sus habitantes sabed:

Que el Honorable Congreso de la Unión, se ha servido dirigirme el siguiente

DECRETO

"EL CONGRESO GENERAL DE LOS ESTADOS UNIDOS MEXICANOS, D E C R E T A:

SE EXPIDE LA LEY GENERAL DE BIENES NACIONALES

Artículo Único. Se expide la Ley General de Bienes Nacionales, para quedar como sigue:

N. DE E. DE CONFORMIDAD CON LO DISPUESTO EN EL TRANSITORIO SEGUNDO DEL DECRETO PUBLICADO EN LA PRIMERA SECCIÓN DEL D.O.F. DE 17 DE DICIEMBRE DE 2015, LAS MENCIONES CONTENIDAS EN LEYES, REGLAMENTOS Y DISPOSICIONES DE CUALQUIER NATURALEZA, RESPECTO DEL CONSEJO NACIONAL PARA LA CULTURA Y LAS ARTES, SE ENTENDERÁN REFERIDAS A LA SECRETARÍA DE CULTURA.

LEY GENERAL DE BIENES NACIONALES

TÍTULO PRIMERO
DISPOSICIONES GENERALES

CAPÍTULO ÚNICO

Artículo 1. La presente Ley es de orden público e interés general y tiene por objeto establecer:

I. Los bienes que constituyen el patrimonio de la Nación;

II. El régimen de dominio público de los bienes de la Federación y de los inmuebles de los organismos descentralizados de carácter federal;

III. La distribución de competencias entre las dependencias administradoras de inmuebles;

IV. Las bases para la integración y operación del Sistema de Administración Inmobiliaria Federal y Paraestatal y del Sistema de Información Inmobiliaria Federal y Paraestatal, incluyendo la operación del Registro Público de la Propiedad Federal;

V. Las normas para la adquisición, titulación, administración, control, vigilancia y enajenación de los inmuebles federales y los de propiedad de las entidades, con excepción de aquéllos regulados por leyes especiales;

VI. Las bases para la regulación de los bienes muebles propiedad de las entidades, y

VII. La normatividad para regular la realización de avalúos sobre bienes nacionales.

Artículo 2. Para los efectos de esta Ley, se entiende por:

I. Dependencias: aquéllas que la Ley Orgánica de la Administración Pública Federal determina como tales incluyendo, en su caso, a sus órganos desconcentrados;

(REFORMADA, D.O.F. 3 DE MAYO DE 2023)

II. Dependencias administradoras de inmuebles: la Secretaría y las secretarías de Gobernación; Medio Ambiente y Recursos Naturales; Infraestructura, Comunicaciones y Transportes; Cultura, y Desarrollo Agrario, Territorial y Urbano, mismas que, en relación a los inmuebles federales de su competencia, ejercerán las facultades que esta Ley y las demás leyes les confieran. Las dependencias que tengan destinados a su servicio inmuebles federales no se considerarán como dependencias administradoras de inmuebles;

III. Entidades: las entidades paraestatales que con tal carácter determina la Ley Orgánica de la Administración Pública Federal;

IV. Federación: el orden de gobierno que en los términos de esta Ley ejerce sus facultades en materia de bienes nacionales, a través de los poderes Legislativo, Ejecutivo o Judicial;

(REFORMADA, D.O.F. 20 DE MAYO DE 2021)

V. Instituciones públicas: los órganos de los Poderes Legislativo y Judicial de la Federación y de las entidades federativas; las dependencias y entidades de las administraciones públicas Federal, de las entidades federativas y municipales; las unidades administrativas de la Presidencia de la República y las instituciones de carácter federal o local con autonomía otorgada por la Constitución Política de los Estados Unidos Mexicanos o por las Constituciones de las entidades federativas;

VI. Instituciones destinatarias: las instituciones públicas que tienen destinados a su servicio inmuebles federales;

VII. Inmueble federal: el terreno con o sin construcciones de la Federación, así como aquéllos en que ejerza la posesión, control o administración a título de dueño. No se considerarán inmuebles federales aquellos terrenos o construcciones propiedad de terceros que por virtud de algún acto jurídico posea, controle o administre la Federación;

VIII. Patrimonio inmobiliario federal y paraestatal: el conjunto de inmuebles federales y aquellos propiedad de las entidades, y

(REFORMADA, D.O.F. 3 DE MAYO DE 2023)

IX. Secretaría: a la Secretaría de Hacienda y Crédito Público.

Artículo 3. Son bienes nacionales:

I. Los señalados en los artículos 27, párrafos cuarto, quinto y octavo; 42, fracción IV, y 132 de la Constitución Política de los Estados Unidos Mexicanos;

II. Los bienes de uso común a que se refiere el artículo 7 de esta Ley;

III. Los bienes muebles e inmuebles de la Federación;

IV. Los bienes muebles e inmuebles propiedad de las entidades;

V. Los bienes muebles e inmuebles propiedad de las instituciones de carácter federal con personalidad jurídica y patrimonio propios a las que la Constitución Política de los Estados Unidos Mexicanos les otorga autonomía, y

VI. Los demás bienes considerados por otras leyes como nacionales.

Artículo 4. Los bienes nacionales estarán sujetos al régimen de dominio público o a la regulación específica que señalen las leyes respectivas.

Esta Ley se aplicará a todos los bienes nacionales, excepto a los bienes regulados por leyes específicas. Respecto a estos últimos, se aplicará la presente Ley en lo no previsto por dichos ordenamientos y sólo en aquello que no se oponga a éstos.

Se consideran bienes regulados por leyes específicas, entre otros, los que sean transferidos al Servicio de Administración y Enajenación de Bienes de conformidad con la Ley Federal para la Administración y Enajenación de Bienes del Sector Público. Para los efectos del penúltimo párrafo del artículo 1 de la citada Ley, se entenderá que los bienes sujetos al régimen de dominio público que establece este ordenamiento y que sean transferidos al Servicio de Administración y Enajenación de Bienes, continuarán en el referido régimen hasta que los mismos sean desincorporados en términos de esta Ley.

Los bienes muebles e inmuebles propiedad de las instituciones de carácter federal con personalidad jurídica y patrimonio propios a las que la Constitución Política de los Estados Unidos Mexicanos les otorga autonomía, son inembargables e imprescriptibles. Estas instituciones establecerán, de conformidad con sus leyes específicas, las disposiciones que regularán los actos de adquisición, administración, control y enajenación de los bienes mencionados. En todo caso, dichas instituciones deberán tramitar la inscripción de los títulos a que se refiere la fracción I del artículo 42 de esta Ley, en el Registro Público de la Propiedad Federal.

Los monumentos arqueológicos y los monumentos históricos y artísticos propiedad de la Federación, se regularán por esta Ley y la Ley Federal sobre Monumentos y Zonas Arqueológicos, Artísticos e Históricos.

Artículo 5. A falta de disposición expresa en esta Ley o en las demás disposiciones que de ella deriven, se aplicarán, en lo conducente, el Código Civil Federal, la Ley Federal de Procedimiento Administrativo y el Código Federal de Procedimientos Civiles.

Artículo 6. Están sujetos al régimen de dominio público de la Federación:

I. Los bienes señalados en los artículos 27, párrafos cuarto, quinto y octavo; 42, fracción IV, y 132 de la Constitución Política de los Estados Unidos Mexicanos;

II. Los bienes de uso común a que se refiere el artículo 7 de esta Ley;

III. Las plataformas insulares en los términos de la Ley Federal del Mar y, en su caso, de los tratados y acuerdos internacionales de los que México sea parte;

IV. El lecho y el subsuelo del mar territorial y de las aguas marinas interiores;

V. Los inmuebles nacionalizados a que se refiere el Artículo Decimoséptimo Transitorio de la Constitución Política de los Estados Unidos Mexicanos;

VI. Los inmuebles federales que estén destinados de hecho o mediante un ordenamiento jurídico a un servicio público y los inmuebles equiparados a éstos conforme a esta Ley;

VII. Los terrenos baldíos, nacionales y los demás bienes inmuebles declarados por la ley inalienables e imprescriptibles;

VIII. Los inmuebles federales considerados como monumentos arqueológicos, históricos o artísticos conforme a la ley de la materia o la declaratoria correspondiente;

IX. Los terrenos ganados natural o artificialmente al mar, ríos, corrientes, lagos, lagunas o esteros de propiedad nacional;

X. Los inmuebles federales que constituyan reservas territoriales, independientemente de la forma de su adquisición;

XI. Los inmuebles que formen parte del patrimonio de los organismos descentralizados de carácter federal;

XII. Los bienes que hayan formado parte del patrimonio de las entidades que se extingan, disuelvan o liquiden, en la proporción que corresponda a la Federación;

XIII. Las servidumbres, cuando el predio dominante sea alguno de los anteriores;

XIV. Las pinturas murales, las esculturas y cualquier obra artística incorporada o adherida permanentemente a los inmuebles sujetos al régimen de dominio público de la Federación;

XV. Los bienes muebles de la Federación considerados como monumentos históricos o artísticos conforme a la ley de la materia o la declaratoria correspondiente;

XVI. Los bienes muebles determinados por ley o decreto como monumentos arqueológicos;

(REFORMADA, D.O.F. 20 DE MAYO DE 2021)

XVII. Los bienes muebles de la Federación al servicio de las dependencias y las unidades administrativas de la Presidencia de la República, así como de los órganos de los Poderes Legislativo y Judicial de la Federación;

(ADICIONADA [N. DE E. REFORMADA], D.O.F. 20 DE MAYO DE 2021)

XVIII. Los bienes muebles e inmuebles de la Federación al servicio de los órganos constitucionales autónomos;

XIX. Los meteoritos o aerolitos y todos los objetos minerales, metálicos pétreos o de naturaleza mixta procedentes del espacio exterior caídos y recuperados en el territorio mexicano en términos del reglamento respectivo;

XX. Cualesquiera otros bienes muebles e inmuebles que por cualquier vía pasen a formar parte del patrimonio de la Federación, con excepción de los que estén sujetos a la regulación específica de las leyes aplicables, y

XXI. Los demás bienes considerados del dominio público o como inalienables e imprescriptibles por otras leyes especiales que regulen bienes nacionales.

Artículo 7. Son bienes de uso común:

I. El espacio aéreo situado sobre el territorio nacional, con la extensión y modalidades que establezca el derecho internacional;

II. Las aguas marinas interiores, conforme a la Ley Federal del Mar;

III. El mar territorial en la anchura que fije la Ley Federal del Mar;

IV. Las playas marítimas, entendiéndose por tales las partes de tierra que por virtud de la marea cubre y descubre el agua, desde los límites de mayor reflujo hasta los límites de mayor flujo anuales;

V. La zona federal marítimo terrestre;

VI. Los puertos, bahías, radas y ensenadas;

VII. Los diques, muelles, escolleras, malecones y demás obras de los puertos, cuando sean de uso público;

VIII. Los cauces de las corrientes y los vasos de los lagos, lagunas y esteros de propiedad nacional;

IX. Las riberas y zonas federales de las corrientes;

X. Las presas, diques y sus vasos, canales, bordos y zanjas, construidos para la irrigación, navegación y otros usos de utilidad pública, con sus zonas de protección y derechos de vía, o riberas en la extensión que, en cada caso, fije la dependencia competente en la materia, de acuerdo con las disposiciones legales aplicables;

XI. Los caminos, carreteras, puentes y vías férreas que constituyen vías generales de comunicación, con sus servicios auxiliares y demás partes integrantes establecidas en la ley federal de la materia;

XII. Los inmuebles considerados como monumentos arqueológicos conforme a la ley de la materia;

XIII. Las plazas, paseos y parques públicos cuya construcción o conservación esté a cargo del Gobierno Federal y las construcciones levantadas por el Gobierno Federal en lugares públicos para ornato o comodidad de quienes los visiten, y

XIV. Los demás bienes considerados de uso común por otras leyes que regulen bienes nacionales.

Artículo 8. Todos los habitantes de la República pueden usar los bienes de uso común, sin más restricciones que las establecidas por las leyes y reglamentos administrativos.

Para aprovechamientos especiales sobre los bienes de uso común, se requiere concesión, autorización o permiso otorgados con las condiciones y requisitos que establezcan las leyes.

(ADICIONADO, D.O.F. 21 DE OCTUBRE DE 2020)

El acceso a las playas marítimas y la zona federal marítimo terrestre contigua a ellas no podrá ser inhibido, restringido, obstaculizado ni condicionado salvo en los casos que establezca el reglamento.

Artículo 9. Los bienes sujetos al régimen de dominio público de la Federación estarán exclusivamente bajo la jurisdicción de los poderes federales, en los términos prescritos por esta Ley, excepto aquellos inmuebles que la Federación haya adquirido con posterioridad al 1o. de mayo de 1917 y que se ubiquen en el territorio de algún Estado, en cuyo caso se requerirá el consentimiento de la legislatura local respectiva.

El decreto o acuerdo mediante el cual la Federación adquiera, afecte o destine un inmueble para un servicio público o para el uso común, deberá comunicarse a la legislatura local correspondiente. Surtirá efectos de notificación a la propia legislatura del Estado, la publicación en el Diario Oficial de la Federación del decreto o acuerdo correspondiente, a partir de la fecha de la misma publicación.

Se presumirá que la legislatura local de que se trate ha dado su consentimiento, cuando no dicte resolución alguna dentro de los cuarenta y cinco días naturales posteriores al de la publicación en el Diario Oficial de la Federación, excepto cuando esté en receso, caso en el cual el término se computará a partir del día en que inaugure su periodo inmediato de sesiones. La negativa expresa de la legislatura correspondiente, dejará al inmueble sujeto a la jurisdicción local.

Una vez obtenido el consentimiento, en cualquiera de los supuestos señalados en los párrafos primero y tercero de este artículo, será irrevocable.

(ADICIONADO, D.O.F. 1 DE JUNIO DE 2016)

Los inmuebles federales en los que se establezcan Zonas Económicas Especiales en los términos de la ley en la materia, se considerarán comprendidos en el supuesto a que se refiere el artículo 6, fracción VI, de esta Ley y se sujetarán a lo previsto en el presente artículo.

Artículo 10. Sólo los tribunales federales serán competentes para conocer de los juicios civiles, mercantiles, penales o administrativos, así como de los procedimientos judiciales no contenciosos que se relacionen con los bienes sujetos al régimen de dominio público de la Federación, incluso cuando las controversias versen sobre derechos de uso sobre los mismos.

Artículo 11. Quedan sujetos a las disposiciones de esta Ley y sus reglamentos:

(REFORMADA, D.O.F. 20 DE MAYO DE 2021)

I. Los actos de adquisición, administración, control, uso, vigilancia, protección jurídica, valuación y enajenación de inmuebles federales, así como de bienes muebles propiedad federal al servicio de las dependencias y las unidades administrativas de la Presidencia de la República, sin perjuicio de la aplicación en lo que corresponda, en el caso de los bienes muebles, de las disposiciones de la Ley de Adquisiciones, Arrendamientos y Servicios del Sector Público, y

II. La asignación de responsabilidades institucionales en cuanto a la realización de las obras de construcción, reconstrucción, modificación, adaptación, conservación, mantenimiento, reparación y demolición en inmuebles federales, sin perjuicio de las disposiciones establecidas en la Ley de Obras Públicas y Servicios Relacionados con las Mismas.

(REFORMADO, D.O.F. 20 DE MAYO DE 2021)

Artículo 12. Las Secretarías de Seguridad y Protección Ciudadana, de la Defensa Nacional y de Marina, así como la Consejería Jurídica del Ejecutivo Federal, prestarán el auxilio necesario cuando formalmente se les requiera, con el fin de salvaguardar los intereses patrimoniales de la Nación.

Artículo 13. Los bienes sujetos al régimen de dominio público de la Federación son inalienables, imprescriptibles e inembargables y no estarán sujetos a acción reivindicatoria o de posesión definitiva o provisional, o alguna otra por parte de terceros.

Artículo 14. Las entidades o los particulares que, bajo cualquier título, utilicen inmuebles sujetos al régimen de dominio público de la Federación en fines administrativos o con propósitos distintos a los de su objeto público, estarán obligados a pagar las contribuciones sobre la propiedad inmobiliaria.

Artículo 15. Los particulares y las instituciones públicas sólo podrán adquirir sobre el uso, aprovechamiento y explotación de los bienes sujetos al régimen de dominio público de la Federación, los derechos regulados en esta Ley y en las demás que dicte el Congreso de la Unión.

Se regirán, sin embargo, por el Código Civil Federal, los aprovechamientos accidentales o accesorios compatibles o complementarios con la naturaleza de estos bienes, como la venta de frutos, materiales o desperdicios.

Los derechos de tránsito, de vista, de luz, de derrames y otros semejantes sobre dichos bienes, se rigen exclusivamente por las leyes, reglamentos y demás disposiciones administrativas de carácter federal.

Artículo 16. Las concesiones, permisos y autorizaciones sobre bienes sujetos al régimen de dominio público de la Federación no crean derechos reales; otorgan simplemente frente a la administración y sin perjuicio de terceros, el derecho a realizar los usos, aprovechamientos o explotaciones, de acuerdo con las reglas y condiciones que establezcan las leyes y el título de la concesión, el permiso o la autorización correspondiente.

Artículo 17. Las concesiones sobre bienes de dominio directo de la Nación cuyo otorgamiento autoriza el párrafo sexto del artículo 27 de la Constitución Política de los Estados Unidos Mexicanos, se regirán por lo dispuesto en las leyes reglamentarias respectivas.

El Ejecutivo Federal podrá negar la concesión en los siguientes casos:

I. Si el solicitante no cumple con los requisitos establecidos en dichas leyes;

II. Si se crea con la concesión un acaparamiento contrario al interés social;

III. Si se decide emprender, a través de la Federación o de las entidades, una explotación directa de los recursos de que se trate;

IV. Si los bienes de que se trate están programados para la creación de reservas nacionales;

V. Cuando se afecte la seguridad nacional, o

VI. Si existe algún motivo fundado de interés público.

Artículo 18. La revocación y la caducidad de las concesiones sobre bienes sujetos al régimen de dominio público de la Federación, cuando proceda conforme a la ley, se dictarán por las dependencias u organismos descentralizados que las hubieren otorgado, previa audiencia que se conceda a los interesados para que rindan pruebas y aleguen lo que a su derecho convenga.

En el caso de que la declaratoria quede firme, los bienes materia de la concesión, sus mejoras y accesiones pasarán de pleno derecho al control y administración del concesionante, sin pago de indemnización alguna al concesionario.

Artículo 19. Las dependencias administradoras de inmuebles y los organismos descentralizados podrán rescatar las concesiones que otorguen sobre bienes sujetos al régimen de dominio público de la Federación, mediante indemnización, por causas de utilidad, de interés público o de seguridad nacional.

La declaratoria de rescate hará que los bienes materia de la concesión vuelvan, de pleno derecho, desde la fecha de la declaratoria, a la posesión, control y administración del concesionante y que ingresen a su patrimonio los bienes, equipos e instalaciones destinados directamente a los fines de la concesión. Podrá autorizarse al concesionario a retirar y a disponer de los bienes, equipo e instalaciones de su propiedad afectos a la concesión, cuando los mismos no fueren útiles al concesionante y puedan ser aprovechados por el concesionario; pero, en este caso, su valor no se incluirá en el monto de la indemnización.

En la declaratoria de rescate se establecerán las bases generales que servirán para fijar el monto de la indemnización que haya de cubrirse al concesionario, tomando en cuenta la inversión efectuada y debidamente comprobada, así como la depreciación de los bienes, equipos e instalaciones destinados directamente a los fines de la concesión, pero en ningún caso podrá tomarse como base para fijarlo, el valor de los bienes concesionados.

Si el afectado estuviese conforme con el monto de la indemnización, la cantidad que se señale por este concepto tendrá carácter definitivo. Si no estuviere conforme, el importe de la indemnización se determinará por la autoridad judicial, a petición del interesado, quien deberá formularla dentro del plazo de quince días hábiles contados a partir de la fecha en que se le notifique la resolución que determine el monto de la indemnización.

Artículo 20. Los actos jurídicos mediante los cuales se enajenen los inmuebles federales o los pertenecientes a las entidades, en contravención a lo dispuesto en esta Ley, serán nulos.

Artículo 21. Las dependencias competentes del Ejecutivo Federal, con la participación que, en su caso, corresponda al Instituto Nacional de Estadística, Geografía e Informática, determinarán las normas y procedimientos para la elaboración y actualización de los catálogos e inventarios de los recursos naturales propiedad de la Nación.

Las dependencias y entidades que por cualquier concepto usen, administren o tengan a su cuidado dichos recursos naturales, tendrán a su cargo la elaboración y actualización de los catálogos e inventarios respectivos.

Artículo 22. En caso de duda sobre la interpretación de las disposiciones de esta Ley, se estará a lo que resuelva, para efectos administrativos, la Secretaría.

TÍTULO SEGUNDO
DE LOS BIENES DE LOS PODERES LEGISLATIVO Y JUDICIAL DE LA FEDERACIÓN

CAPÍTULO ÚNICO

Artículo 23. Las atribuciones que en este Título se otorgan al Poder Legislativo, serán ejercidas de forma independiente por conducto de la Cámara de Diputados y de la Cámara de Senadores.

El Poder Legislativo y el Poder Judicial de la Federación, a nombre de la propia Federación, podrán:

I. Adquirir inmuebles con cargo al presupuesto de egresos que tuvieren autorizado o recibirlos en donación, asignarlos al servicio de sus órganos y administrarlos;

II. Enajenar los inmuebles a que se refiere la fracción anterior conforme a lo previsto en el artículo 84 de esta Ley, previa su desincorporación del régimen de dominio público de la Federación, mediante el acuerdo que para tal efecto emitan;

III. Emitir su respectiva normatividad para la realización de las operaciones a que se refieren las fracciones I y II este artículo;

IV. Implementar un sistema de administración inmobiliaria que permita la administración eficaz y el óptimo aprovechamiento de los inmuebles que conforme al presente artículo adquieran, así como designar a los responsables inmobiliarios correspondientes, quienes tendrán las funciones previstas en la normatividad que emitan en materia de administración de inmuebles, y

V. Emitir los lineamientos correspondientes para la construcción, reconstrucción, adaptación, conservación, mantenimiento y aprovechamiento de dichos inmuebles.

(REFORMADO, D.O.F. 17 DE DICIEMBRE DE 2015)

Tratándose de inmuebles considerados como monumentos históricos o artísticos conforme a la ley de la materia o la declaratoria correspondiente, darán la intervención que corresponda conforme a la legislación aplicable, a la Secretaría de Cultura.

Artículo 24. El Poder Legislativo y el Poder Judicial de la Federación deberán conformar su respectivo inventario, catastro y centro de documentación e información relativos a los inmuebles federales a que se refiere el artículo anterior, y deberán tramitar la inscripción en el Registro Público de la Propiedad Federal de los títulos previstos en la fracción I del artículo 42 de la presente Ley.

Para tal efecto, emitirán las normas y procedimientos para que sus responsables inmobiliarios realicen el acopio y actualización de la información y documentación necesaria.

Además, proporcionarán a la Secretaría la información relativa a dichos inmuebles, a efecto de que sea incorporada al Sistema de Información Inmobiliaria Federal y Paraestatal.

Artículo 25. Los bienes muebles al servicio de los órganos de los Poderes Legislativo y Judicial de la Federación, se regirán por las leyes correspondientes y por las normas que los mismos emitan. En todo caso, podrán desincorporar del régimen de dominio público de la Federación los bienes muebles que estén a su servicio y que por su uso, aprovechamiento o estado de conservación no sean ya adecuados o resulte inconveniente su utilización en el mismo, a fin de proceder a su enajenación.

TÍTULO TERCERO
DE LOS INMUEBLES DE LA ADMINISTRACIÓN PÚBLICA FEDERAL

CAPÍTULO I
DISPOSICIONES COMUNES

SECCIÓN PRIMERA
DEL SISTEMA DE ADMINISTRACIÓN INMOBILIARIA FEDERAL Y PARAESTATAL

Artículo 26. El Sistema de Administración Inmobiliaria Federal y Paraestatal constituye un conjunto de políticas, criterios y mecanismos de coordinación de acciones tendientes a:

I. Lograr la administración eficaz y el óptimo aprovechamiento del patrimonio inmobiliario federal y paraestatal, en beneficio de los servicios públicos y funciones a cargo de la Administración Pública Federal;

II. Promover la seguridad jurídica del patrimonio inmobiliario federal y paraestatal, y

III. Coadyuvar a que los recursos presupuestarios destinados a la adquisición, administración, conservación y mantenimiento de los inmuebles necesarios para el funcionamiento de la Administración Pública Federal, sean aplicados con eficiencia y eficacia.

(REFORMADO PRIMER PÁRRAFO, D.O.F. 3 DE MAYO DE 2023)

Artículo 27. Para la operación del Sistema de Administración Inmobiliaria Federal y Paraestatal, se establece un Comité del Patrimonio Inmobiliario Federal y Paraestatal, que se integrará con las dependencias administradoras de inmuebles y las cinco entidades que cuenten con mayor número de inmuebles dentro de su patrimonio, cuyos titulares designarán al representante correspondiente. El Comité será presidido por la Secretaría y operará de acuerdo con las normas que para su organización y funcionamiento emita.

El Comité será un foro para el análisis, discusión y adopción de criterios comunes y de medidas eficaces y oportunas para lograr los fines del Sistema de Administración Inmobiliaria Federal y Paraestatal, que tendrá por objeto:

I. Coadyuvar a la integración y actualización permanente del Sistema de Información Inmobiliaria Federal y Paraestatal;

II. Identificar, analizar y evaluar la problemática que afecta al patrimonio inmobiliario federal y paraestatal, así como proponer las medidas tendientes a solucionarla;

III. Analizar el marco jurídico aplicable al patrimonio inmobiliario federal y paraestatal, así como cuando sea conveniente para alcanzar los objetivos del Sistema de Administración Inmobiliaria Federal y Paraestatal, promover la adopción de un programa de control y aprovechamiento inmobiliario federal, así como la expedición de las leyes, reglamentos y disposiciones administrativas conducentes, y

IV. Promover la adopción de criterios uniformes para la adquisición, uso, aprovechamiento, administración, conservación, mantenimiento, aseguramiento, control, vigilancia, valuación y, en su caso, recuperación y enajenación de los bienes integrantes del patrimonio inmobiliario federal y paraestatal.

El Comité podrá invitar a sus sesiones a instituciones destinatarias, cuando con ello se coadyuve a resolver problemáticas específicas en materia inmobiliaria.

Artículo 28. La Secretaría y las demás dependencias administradoras de inmuebles tendrán en el ámbito de sus respectivas competencias, las facultades siguientes:

I. Poseer, vigilar, conservar, administrar y controlar por sí mismas o con el apoyo de las instituciones destinatarias que correspondan, los inmuebles federales;

II. Dictar las reglas a que deberá sujetarse la vigilancia y aprovechamiento de los inmuebles federales;

III. Controlar y verificar el uso y aprovechamiento de los inmuebles federales;

IV. Expedir la declaratoria por la que se determine que un inmueble forma parte del patrimonio de la Federación;

V. Otorgar concesiones y, en su caso, permisos o autorizaciones para el uso y aprovechamiento de inmuebles federales;

VI. Instaurar los procedimientos administrativos encaminados a obtener, retener o recuperar la posesión de los inmuebles federales, así como procurar la remoción de cualquier obstáculo creado natural o artificialmente para su uso y destino. Con esta finalidad, también podrán declarar la revocación y caducidad de las concesiones, permisos o autorizaciones, previa audiencia que se conceda a los interesados para que rindan pruebas y aleguen lo que a su derecho convenga, en los casos y términos previstos por la Sección Octava del Capítulo II del Título Tercero de esta Ley;

VII. Promover el óptimo aprovechamiento y preservación del patrimonio inmobiliario federal y paraestatal;

(REFORMADA, D.O.F. 20 DE MAYO DE 2021)

VIII. Solicitar a la Secretaría que intervenga en las diligencias judiciales que deban seguirse respecto de los inmuebles federales;

IX. Presentar y ratificar denuncias y querellas en el orden penal relativas a los inmuebles federales, así como respecto de estas últimas otorgar el perdón del ofendido en los casos en que sea procedente;

X. Prestar asesoría a las dependencias y entidades que lo soliciten, en la materia inmobiliaria propia de su competencia;

(REFORMADA, D.O.F. 19 DE ENERO DE 2018)

XI. Suscribir bases de colaboración y convenios con las demás dependencias y con las entidades; convenios de colaboración con los Poderes Legislativo y Judicial de la Federación y con los órganos de carácter federal con autonomía otorgada por la Constitución Política de los Estados Unidos Mexicanos; acuerdos de coordinación con los gobiernos de las entidades federativas y de los municipios, y convenios de concertación con personas físicas o morales de los sectores privado y social, a fin de conjuntar recursos y esfuerzos para la eficaz realización de las acciones que en materia inmobiliaria están a su cargo;

XII. Dictar las disposiciones necesarias para el cumplimiento de esta Ley, y

XIII. Las demás que les confieran esta Ley u otras disposiciones aplicables.

Cuando a juicio de la Secretaría o de la dependencia administradora de inmuebles competente exista motivo fundado que lo amerite, podrán abstenerse de seguir los procedimientos o de dictar las resoluciones a que se refiere la fracción VI de este artículo, y solicitarán al Ministerio Público de la Federación que someta el asunto al conocimiento de los tribunales federales. Dentro del procedimiento podrá solicitarse la ocupación administrativa de los bienes, de conformidad con lo establecido por el artículo 27 de la Constitución Política de los Estados Unidos Mexicanos. Por orden de los tribunales las autoridades administrativas procederán a la ocupación.

Artículo 29. Corresponden a la Secretaría, además de las atribuciones que le confiere el artículo anterior, las siguientes:

I. Determinar y conducir la política inmobiliaria de la Administración Pública Federal;

II. Ejercer en el ámbito del Poder Ejecutivo Federal los actos de adquisición, enajenación o afectación de los inmuebles federales, incluida la opción a compra a que se refiere el último párrafo del artículo 50 de esta Ley, siempre que tales actos no estén expresamente atribuidos a otra dependencia por la propia Ley, así como suscribir los acuerdos de coordinación a que se refiere el párrafo segundo del artículo 48 de la misma;

III. Realizar las acciones necesarias a efecto de obtener la resolución judicial o la declaratoria administrativa correspondiente, respecto de los inmuebles nacionalizados;

IV. Declarar, cuando ello sea preciso, que un bien determinado está sujeto al régimen de dominio público de la Federación, por estar comprendido en algunas de las disposiciones de esta Ley;

V. Emitir el acuerdo administrativo de destino de inmuebles federales, con excepción de las playas marítimas, la zona federal marítimo terrestre y los terrenos ganados al mar;

VI. Emitir el acuerdo administrativo por el que se desincorporen del régimen de dominio público de la Federación y se autorice la enajenación de inmuebles federales, con excepción de los terrenos nacionales y demasías, así como los terrenos ganados al mar;

VII. Emitir el acuerdo administrativo por el que se desincorporen del régimen de dominio público de la Federación los inmuebles propiedad de los organismos descentralizados, para su enajenación;

VIII. Nombrar a los Notarios del Patrimonio Inmobiliario Federal que tendrán a su cargo la formalización de los actos jurídicos cuando así se requiera y, en su caso, revocar dicho nombramiento;

IX. Autorizar los protocolos especiales en los que se consignarán los actos jurídicos relativos al patrimonio inmobiliario federal;

X. Llevar el Registro Público de la Propiedad Federal;

XI. Expedir las normas y procedimientos para la integración y actualización del Sistema de Información Inmobiliaria Federal y Paraestatal;

XII. Registrar a los peritos que en materia de bienes nacionales se requieran, en el Padrón Nacional de Peritos; designar de entre ellos a los que deberán realizar los trabajos técnicos específicos y, en su caso, suspender y revocar su registro;

XIII. Emitir la declaratoria por la que la Federación adquiera el dominio de los bienes afectos a las concesiones, permisos o autorizaciones que así lo establezcan;

(REFORMADA, D.O.F. 20 DE MAYO DE 2021)

XIV. Llevar el registro de los responsables inmobiliarios de las dependencias, las unidades administrativas de la Presidencia de la República y las entidades, así como de los servidores públicos equivalentes en las demás instituciones destinatarias;

XV. Vigilar el uso y aprovechamiento de los inmuebles donados por la Federación y, en caso procedente, ejercer el derecho de reversión sobre los bienes donados;

(REFORMADA, D.O.F. 20 DE MAYO DE 2021)

XVI. Examinar en las auditorías y revisiones que practique, la información y documentación jurídica y contable relacionada con las operaciones inmobiliarias que realicen las dependencias, las unidades administrativas de la Presidencia de la República y las entidades, a fin de verificar el cumplimiento de esta Ley y de las disposiciones que de ella emanen.

XVII. Emitir los criterios para determinar los valores aplicables a cada tipo de operación a que se refieren los artículos 143 y 144 de esta Ley, entre los que las dependencias y entidades podrán elegir el que consideren conveniente;

XVIII. Emitir las normas técnicas relativas a la imagen institucional, señalización, distribución de espacios e instalaciones, tipo de acabados y en general para el óptimo aprovechamiento, funcionalidad y racionalidad de los inmuebles federales utilizados como oficinas administrativas, atendiendo a los distintos tipos de edificios y su ubicación geográfica;

(REFORMADA, D.O.F. 19 DE ENERO DE 2018)

XIX. Planear y ejecutar las obras de construcción, reconstrucción, rehabilitación, conservación y demolición de los inmuebles federales compartidos por varias instituciones públicas y utilizados como oficinas administrativas, y las demás que realice en dichos bienes el Gobierno Federal por sí o en cooperación con otros países, con los gobiernos de las entidades federativas y los municipios, así como con entidades o con los particulares;

XX. Aprobar los proyectos de obras de construcción, reconstrucción, reparación, adaptación, ampliación o demolición de los inmuebles federales utilizados para fines religiosos, con excepción de los determinados por ley o decreto como monumentos históricos o artísticos;

XXI. Fijar la política de la Administración Pública Federal en materia de arrendamiento de inmuebles, cuando la Federación o las entidades tengan el carácter de arrendatarias, y

XXII. Las demás que le confieran esta Ley u otras disposiciones aplicables.

(REFORMADO PRIMER PÁRRAFO, D.O.F. 17 DE DICIEMBRE DE 2015)

Artículo 30. La Secretaría de Cultura será competente para poseer, vigilar, conservar, administrar y controlar los inmuebles federales considerados como monumentos arqueológicos conforme a la ley de la materia, así como las zonas de monumentos arqueológicos.

Los inmuebles federales considerados como monumentos arqueológicos conforme a la ley de la materia, no podrán ser objeto de concesión, permiso o autorización.

(REFORMADO, D.O.F. 17 DE DICIEMBRE DE 2015)

En las zonas de monumentos arqueológicos, la Secretaría de Cultura a través del Instituto Nacional de Antropología e Historia podrá otorgar permisos o autorizaciones únicamente para la realización de actividades cívicas y culturales, conforme a lo que disponga el reglamento que para tal efecto se expida, siempre y cuando no se afecte la integridad, estructura y dignidad cultural de dichas zonas y monumentos, ni se contravenga su uso común.

Cuando los inmuebles federales considerados como monumentos arqueológicos, históricos o artísticos conforme a la ley de la materia o la declaratoria correspondiente, se encuentren dentro de la zona federal marítimo terrestre, de los terrenos ganados al mar, de las áreas naturales protegidas o de cualquiera otra sobre la cual, conforme a las disposiciones legales aplicables, corresponda a la Secretaría de Medio Ambiente y Recursos Naturales ejercer sus atribuciones, ambas dependencias deberán establecer conjuntamente los mecanismos de coordinación que correspondan.

Artículo 31. Los inmuebles adquiridos por la Federación en el extranjero, no estarán sujetos al régimen de dominio público y se regirán por los tratados internacionales correspondientes o, en su defecto, por la legislación del lugar en que se ubiquen.

La Secretaría de Relaciones Exteriores, en el ámbito del Poder Ejecutivo Federal, será competente para llevar a cabo los actos de adquisición, posesión, vigilancia, conservación, administración, control y enajenación de los inmuebles a que se refiere el párrafo anterior, debiendo únicamente informar a la Secretaría sobre las operaciones de adquisición y enajenación que realice. Para llevar a cabo las adquisiciones de derechos de uso o de dominio de inmuebles ubicados en el extranjero, esa Dependencia se sujetará a la disponibilidad presupuestaria con la que cuente.

Cuando los inmuebles adquiridos en el extranjero sean utilizados por dependencias distintas a la Secretaría de Relaciones Exteriores o por entidades, la vigilancia y conservación de dichos bienes estará a cargo de las mismas.

Los ingresos que se obtengan por la venta de los inmuebles a que se refiere este artículo, deberán concentrarse en la Tesorería de la Federación.

(REFORMADO PRIMER PÁRRAFO, D.O.F. 20 DE MAYO DE 2021)

Artículo 32. Las dependencias, las unidades administrativas de la Presidencia de la República y las entidades que tengan destinados inmuebles federales o que, en el caso de estas últimas, cuenten con inmuebles dentro de su patrimonio, tendrán un responsable inmobiliario. Dicho responsable inmobiliario será el servidor público encargado de la administración de los recursos materiales de las mismas, quien deberá contar, por lo menos, con nivel de Director General o su equivalente, y tendrá las funciones siguientes:

I. Investigar y determinar la situación física, jurídica y administrativa de los inmuebles, así como efectuar los levantamientos topográficos y elaborar los respectivos planos, para efectos del inventario, catastro y registro de dichos inmuebles;

II. Tomar las medidas necesarias para compilar, organizar, vincular y operar los acervos documentales e informativos de los inmuebles, así como recibir e integrar en sus respectivos acervos la información y documentación que le proporcione la Secretaría;

III. Programar, ejecutar, evaluar y controlar la realización de acciones y gestiones con el fin de coadyuvar a la regularización jurídica y administrativa de los inmuebles, a la formalización de operaciones, al óptimo aprovechamiento de dichos bienes y a la recuperación de los ocupados ilegalmente;

IV. Adoptar las medidas conducentes para la adecuada conservación, mantenimiento, vigilancia y, en su caso, aseguramiento contra daños de los inmuebles;

(REFORMADA, D.O.F. 20 DE MAYO DE 2021)

V. Constituirse como coordinador de las unidades administrativas de las dependencias, la Presidencia de la República o las entidades de que se trate, así como enlace institucional con la Secretaría, para los efectos de la administración de los inmuebles;

VI. Coadyuvar con la Secretaría en la inspección y vigilancia de los inmuebles destinados, así como realizar estas acciones en el caso de los que son propiedad de las entidades;

VII. Dar aviso en forma inmediata a la Secretaría de cualquier hecho o acto jurídico que se realice con violación a esta Ley, respecto de los inmuebles destinados;

VIII. Comunicar a la Secretaría los casos en que se utilicen inmuebles federales sin que medie acuerdo de destino;

IX. Presentar denuncias de carácter penal por ocupaciones ilegales de los inmuebles federales, debiendo avisar a la Secretaría de las gestiones realizadas;

X. Entregar, en su caso, a la Secretaría los inmuebles federales o áreas no utilizadas dentro de los cuatro meses siguientes a su desocupación. En caso de omisión, será responsable en los términos de las disposiciones legales aplicables;

XI. Obtener y conservar el aviso del contratista y el acta de terminación de las obras públicas que se lleven a cabo en los inmuebles, y los planos respectivos, así como remitir a la Secretaría original o copia certificada de estos documentos tratándose de inmuebles destinados, y

XII. Gestionar los recursos necesarios para el cabal cumplimiento de las responsabilidades a su cargo.

(REFORMADO, D.O.F. 20 DE MAYO DE 2021)

Los órganos internos de control de las dependencias, las unidades administrativas de la Presidencia de la República y las entidades vigilarán que el responsable inmobiliario cumpla con las funciones a que se refiere este artículo.

Artículo 33. Se constituirá un Fondo que tendrá por objeto coadyuvar a sufragar los gastos que genere la administración, valuación y enajenación de inmuebles federales a cargo de la Secretaría.

Para la integración del Fondo, se aportarán los siguientes recursos:

I. El importe del uno al millar a que se refiere el artículo 53 de esta Ley, y

II. El importe de los derechos y aprovechamientos por los servicios prestados por la Secretaría en materia inmobiliaria y valuatoria.

(REFORMADO, D.O.F. 3 DE MAYO DE 2023)

La Secretaría establecerá las bases para la operación del Fondo.

SECCIÓN SEGUNDA
DEL SISTEMA DE INFORMACIÓN INMOBILIARIA FEDERAL Y PARAESTATAL

Artículo 34. El Sistema de Información Inmobiliaria Federal y Paraestatal es la integración sistematizada de documentación e información que contiene el registro de la situación física, jurídica y administrativa de los inmuebles del patrimonio inmobiliario federal y paraestatal, así como de su evolución.

Artículo 35. El Sistema de Información Inmobiliaria Federal y Paraestatal tiene por objeto constituir un instrumento de apoyo para alcanzar los fines del Sistema de Administración Inmobiliaria Federal y Paraestatal.

(REFORMADO, D.O.F. 20 DE MAYO DE 2021)

Artículo 36. La Secretaría, en coordinación con las demás dependencias administradoras de inmuebles y con la participación que, en su caso, corresponda al Instituto Nacional de Estadística, Geografía e Informática, emitirá las normas y procedimientos para que los responsables inmobiliarios de las dependencias, las unidades administrativas de la Presidencia de la República y las entidades realicen el acopio y actualización de la información y documentación necesaria para conformar el inventario, el catastro y el centro de documentación e información del patrimonio inmobiliario federal y paraestatal.

Artículo 37. La Secretaría solicitará, recibirá, compilará y concentrará la información y documentación relativas al patrimonio inmobiliario federal y paraestatal. Para ello, integrará lo siguiente:

I. Inventario del Patrimonio Inmobiliario Federal y Paraestatal, que estará constituido por una base de datos relativos a los inmuebles, especificando aquéllos utilizados para fines religiosos;

II. Catastro del Patrimonio Inmobiliario Federal y Paraestatal, que estará constituido por los medios gráficos para la plena identificación física de los inmuebles, incluyendo planos, fotografías, videograbaciones y cualquier otro que permita su identificación;

III. Registro Público de la Propiedad Federal, que estará constituido por el conjunto de libros, folios reales u otros medios de captura, almacenamiento y procesamiento de los datos relativos a los documentos que acrediten derechos reales y personales sobre los inmuebles, así como por el primer testimonio u original de los mencionados documentos, y

IV. Centro de Documentación e Información del Patrimonio Inmobiliario Federal y Paraestatal, que estará constituido por el conjunto de expedientes que contienen los documentos e información relativos a inmuebles.

Artículo 38. Las dependencias administradoras de inmuebles, deberán conformar un inventario, un catastro y un centro de documentación e información relativos a los inmuebles federales de su respectiva competencia.

Las entidades deberán conformar un inventario, un catastro y un centro de documentación e información, respecto de los inmuebles que formen parte de su patrimonio.

Artículo 39. No formará parte del Sistema de Información Inmobiliaria Federal y Paraestatal, aquella información relativa a los inmuebles del patrimonio inmobiliario federal y paraestatal que se clasifique como reservada o confidencial en términos de lo dispuesto por la Ley Federal de Transparencia y Acceso a la Información Pública Gubernamental.

Artículo 40. La Secretaría estará facultada para fusionar o subdividir los inmuebles federales, mediante acuerdo administrativo, con la autorización que corresponda a las autoridades locales competentes, las que procederán a efectuar las anotaciones respectivas en sus registros.

Los inmuebles federales considerados como monumentos históricos o artísticos conforme a la ley de la materia o la declaratoria correspondiente, no podrán ser objeto de fusión o subdivisión.

Las memorias técnicas, los planos, las descripciones analítico topográficas y demás medios gráficos aprobados por la Secretaría, en los que se determine la ubicación, superficie y medidas de los linderos de los inmuebles federales, así como, en su caso, las construcciones existentes, producirán los mismos efectos que las leyes otorgan a los documentos públicos y, en consecuencia, tendrán el mismo valor probatorio.

La Secretaría podrá intervenir en los deslindes sobre inmuebles federales, en los procedimientos judiciales y administrativos, como tercero interesado con la facultad para ofrecer pruebas.

Artículo 41. Está a cargo de la Secretaría el Registro Público de la Propiedad Federal, en el que se inscribirán los actos jurídicos y administrativos que acrediten la situación jurídica y administrativa de cada inmueble de la Federación, las entidades y las instituciones de carácter federal con personalidad jurídica y patrimonio propios a las que la Constitución Política de los Estados Unidos Mexicanos les otorga autonomía.

Artículo 42. Se inscribirán en el Registro Público de la Propiedad Federal:

I. Los títulos por los cuales se adquiera, transmita, modifique o extinga el dominio, la posesión y los demás derechos reales pertenecientes a la Federación, a las entidades y a las instituciones de carácter federal con personalidad jurídica y patrimonio propios a las que la Constitución Política de los Estados Unidos Mexicanos les otorga autonomía, incluyendo los contratos de arrendamiento financiero, así como los actos por los que se autoricen dichas operaciones;

II. Los decretos presidenciales expropiatorios de inmuebles de propiedad privada y de bienes ejidales y comunales;

III. Las declaratorias por las que se determine que un inmueble forma parte del patrimonio de la Federación;

IV. Las declaratorias y resoluciones judiciales relativas a los inmuebles nacionalizados;

V. Las declaratorias por las que se determine que un bien está sujeto al régimen de dominio público de la Federación;

VI. Las concesiones sobre inmuebles federales;

VII. Las resoluciones judiciales o administrativas relativas a deslindes de inmuebles federales;

VIII. Las concesiones, permisos o autorizaciones que establezcan que los bienes afectos a las mismas, ingresarán al patrimonio de la Federación;

IX. Las declaratorias por las que la Federación adquiere el dominio de los bienes afectos a las concesiones, permisos o autorizaciones que así lo establezcan;

X. Las declaratorias de reversión sobre inmuebles donados;

XI. Las resoluciones de reversión sobre inmuebles expropiados a favor de la Federación y de las entidades;

XII. Las declaratorias de supresión de zonas federales y los acuerdos administrativos que desincorporen inmuebles sujetos al régimen de dominio público de la Federación y autoricen la enajenación de las zonas federales suprimidas y de los terrenos ganados al mar, a los ríos, lagos, lagunas, esteros y demás corrientes de aguas nacionales;

XIII. Los acuerdos que destinen al servicio público o al uso común los terrenos ganados al mar, a los ríos, lagos, lagunas, esteros y demás corrientes de aguas nacionales;

XIV. Los acuerdos administrativos que destinen inmuebles federales;

XV. Los acuerdos administrativos por los que los inmuebles federales se fusionen o subdividan;

XVI. La constitución del régimen de propiedad en condominio en los inmuebles federales;

XVII. Los acuerdos administrativos que desincorporen inmuebles del régimen de dominio público de la Federación y autoricen su enajenación;

XVIII. Las resoluciones de ocupación y sentencias que pronuncie la autoridad judicial relacionadas con inmuebles federales o de las entidades;

XIX. Las informaciones ad-perpetuam promovidas por el Ministerio Público de la Federación, para acreditar la posesión y el dominio del Gobierno Federal o de las entidades sobre bienes inmuebles;

XX. Las resoluciones judiciales que produzcan alguno de los efectos mencionados en la fracción I de este artículo;

XXI. Los contratos de arrendamiento y de comodato sobre inmuebles federales;

XXII. Los actos jurídicos que no requieren intervención de notario previstos en el artículo 99 de esta Ley;

XXIII. Las actas de entrega recepción de inmuebles federales;

XXIV. Las actas de entrega recepción de obras públicas relativas a la construcción y demolición en inmuebles federales;

XXV. Las actas levantadas por la Secretaría en las que se identifique y describa la situación física que guarden los inmuebles federales, y

XXVI. Los demás actos jurídicos relativos a los inmuebles federales y a los que sean propiedad de las entidades que, conforme a las disposiciones legales aplicables, deban ser registrados.

Los planos, memorias técnicas, descripciones analítico topográficas y demás documentos, formarán parte del anexo del acto jurídico o administrativo objeto de la inscripción, debiéndose hacer referencia en la misma a dichos documentos.

Las entidades que tengan por objeto la adquisición, desarrollo, fraccionamiento o comercialización de inmuebles, así como la regularización de la tenencia de tierra y el desarrollo urbano y habitacional, únicamente deberán solicitar la inscripción en el Registro Público de la Propiedad Federal de los títulos por los que se adquiera o, en su caso, se fraccionen dichos bienes.

Las inscripciones de actos jurídicos y administrativos ante el Registro Público de la Propiedad Federal surtirán efectos contra terceros, aun cuando no estén inscritos en el Registro Público de la Propiedad de la ubicación de los inmuebles, quedando a salvo los derechos de aquéllos para hacerlos valer en la vía legal procedente.

En caso de oposición entre los asientos registrales del Registro Público de la Propiedad Federal y los del Registro Público de la Propiedad de la localidad en que se ubiquen los bienes, se dará preferencia a los del primero en las relaciones con terceros, quedando a salvo los derechos de éstos para hacerlos valer en la vía legal procedente.

Artículo 43. Para la inscripción de los títulos y documentos a que se refiere el artículo anterior, relativos a cada inmueble, se dedicará un solo folio real, en el cual se consignarán la procedencia de los bienes, su naturaleza, sus características de identificación, su ubicación, su superficie, sus linderos y, cuando proceda, su valor, así como los datos relativos a los mencionados títulos y documentos. Los anteriores datos se capturarán, almacenarán, procesarán e imprimirán mediante un sistema de cómputo.

Artículo 44. La cancelación de las inscripciones del Registro Público de la Propiedad Federal sólo operará:

I. Como consecuencia del mutuo consentimiento de las partes formalizado conforme a la ley, o por decisión judicial o administrativa que ordene su cancelación;

II. Cuando se declare la nulidad del título en cuya virtud se haya hecho la inscripción, y

III. Cuando se destruya o desaparezca por completo el inmueble objeto de la inscripción.

Artículo 45. En la cancelación de las inscripciones se asentarán los datos necesarios a fin de que se conozca con toda exactitud cuál es la inscripción que se cancela y las causas por las que se hace la cancelación.

Artículo 46. Las constancias del Registro Público de la Propiedad Federal probarán la existencia de la inscripción de los actos a que se refieran, las cuales podrán consistir en:

I. La impresión del folio real respectivo, o

II. La utilización de un medio de comunicación electrónica, en los términos que establezca el Reglamento de dicho Registro.

En el caso de que la constancia expedida en los términos de la fracción II de este artículo fuere objetada por alguna de las partes en juicio, o que el juzgador, el Ministerio Público o cualquier autoridad que conozca del procedimiento no tuviera certeza de su autenticidad, deberán solicitar al Registro Público de la Propiedad Federal que expida la constancia en los términos previstos por la fracción I del presente precepto.

Artículo 47. El Registro Público de la Propiedad Federal permitirá a las personas que lo soliciten, la consulta de las inscripciones de los bienes respectivos y los documentos que con ellas se relacionan, y expedirá, cuando sean solicitadas de acuerdo con las leyes, copias certificadas de las inscripciones y de los documentos relativos.

Artículo 48. En el Registro Público de la Propiedad correspondiente al lugar de ubicación de los inmuebles de que se trate, a solicitud de la Secretaría, deberán inscribirse los documentos a que se refiere el artículo 42, fracciones I a V, VII a XII, XV a XX, XXII y XXVI de esta Ley, así como los documentos en que consten los actos por los que se cancelen las inscripciones correspondientes, en términos de lo previsto por el artículo 44 de la presente Ley.

(REFORMADO, D.O.F. 19 DE ENERO DE 2018)

La Secretaría en los acuerdos de coordinación que celebre de manera general o especial con los gobiernos de las entidades federativas, instrumentará los mecanismos de comunicación entre el Registro Público de la Propiedad Federal a su cargo y los registros públicos de la propiedad de las entidades federativas para que agilicen la inscripción y la expedición de constancias respecto de los actos jurídicos a que se refiere el párrafo anterior.

CAPÍTULO II
DE LOS INMUEBLES DE LA ADMINISTRACIÓN PÚBLICA FEDERAL CENTRALIZADA

SECCIÓN PRIMERA
DE LA ADQUISICIÓN

(REFORMADO PRIMER PÁRRAFO, D.O.F. 20 DE MAYO DE 2021)

Artículo 49. Para satisfacer las solicitudes de inmuebles federales de dependencias, de las unidades administrativas de la Presidencia de la República y de las entidades, la Secretaría deberá:

I. Revisar el Sistema de Información Inmobiliaria Federal y Paraestatal, para determinar la existencia de inmuebles federales disponibles parcial o totalmente;

(REFORMADA, D.O.F. 20 DE MAYO DE 2021)

II. Difundir a las dependencias, las unidades administrativas de la Presidencia de la República y las entidades, la información relativa a los inmuebles federales que se encuentren disponibles;

(REFORMADA, D.O.F. 20 DE MAYO DE 2021)

III. Establecer el plazo para que las dependencias, las unidades administrativas de la Presidencia de la República y las entidades manifiesten por escrito, su interés a fin de que se les destine alguno de dichos bienes;

(REFORMADA, D.O.F. 20 DE MAYO DE 2021)

IV. Fijar el plazo para que las dependencias, las unidades administrativas de la Presidencia de la República y las entidades solicitantes de un inmueble federal disponible justifiquen su necesidad y acrediten la viabilidad de su proyecto;

V. Cuantificar y calificar las solicitudes, atendiendo a las características de los inmuebles solicitados y a la localización pretendida;

VI. Verificar respecto de los inmuebles federales disponibles el cumplimiento de los aspectos que señala el artículo 62 de esta Ley, y

(REFORMADA, D.O.F. 20 DE MAYO DE 2021)

VII. Destinar a la dependencia, las unidades administrativas de la Presidencia de la República o la entidad interesada los inmuebles federales disponibles para el uso requerido.

De no ser posible o conveniente destinar un inmueble federal a la entidad interesada, se podrá transmitir el dominio del inmueble en su favor mediante alguno de los actos jurídicos de disposición previstos por el artículo 84 de esta Ley.

(REFORMADO PRIMER PÁRRAFO, D.O.F. 20 DE MAYO DE 2021)

Artículo 50. La adquisición de derechos de dominio o de uso a título oneroso sobre inmuebles ubicados en territorio nacional para el servicio de las dependencias o las unidades administrativas de la Presidencia de la República, sólo procederá cuando no existan inmuebles federales disponibles o existiendo, éstos no fueran adecuados o convenientes para el fin que se requieran.

N. DE E. EN RELACIÓN CON LA ENTRADA EN VIGOR DEL PRESENTE PÁRRAFO, VÉASE TRANSITORIO QUINTO DEL DECRETO QUE MODIFICA LA LEY.

(ADICIONADO, D.O.F. 16 DE ENERO DE 2012)

Para efectos de lo dispuesto en el párrafo anterior, los responsables inmobiliarios de las dependencias, bajo su responsabilidad, harán constar que no existen inmuebles federales disponibles o que los existentes no son adecuados o convenientes para los fines requeridos, mediante consulta electrónica del Inventario del Patrimonio Inmobiliario Federal y Paraestatal.

(REFORMADO [N. DE E. ESTE PÁRRAFO], D.O.F. 20 DE MAYO DE 2021)

Para adquirir derechos de dominio sobre inmuebles, las dependencias o las unidades administrativas de la Presidencia de la República, deberán realizar las siguientes acciones:

I. Localizar el inmueble más adecuado a sus necesidades, considerando las características del bien;

II. Obtener de la autoridad competente la respectiva constancia de uso del suelo;

(REFORMADA, D.O.F. 3 DE MAYO DE 2023)

III. Contar con la disponibilidad presupuestaria y la autorización de inversión que, en su caso, emita la Secretaría, previamente a la celebración del contrato correspondiente;

IV. Obtener el plano topográfico del inmueble o, en su defecto, efectuar el levantamiento topográfico y el correspondiente plano;

V. Tratándose de construcciones, obtener el respectivo dictamen de seguridad estructural, y

VI. Obtener la documentación legal necesaria para la adquisición del inmueble.

(REFORMADO, D.O.F. 20 DE MAYO DE 2021)

Las dependencias o las unidades administrativas de la Presidencia de la República, sólo podrán arrendar bienes inmuebles para su servicio, cuando no sea posible o conveniente su adquisición. En el caso de inmuebles considerados como monumentos históricos o artísticos conforme a la ley de la materia o la declaratoria correspondiente, éstos se sujetarán a la Ley Federal sobre Monumentos y Zonas Arqueológicos, Artísticos e Históricos.

(REFORMADO, D.O.F. 3 DE MAYO DE 2023)

La Secretaría emitirá los lineamientos sobre el arrendamiento de inmuebles, para establecer, entre otros aspectos, el procedimiento de contratación, la justipreciación de rentas, la forma y términos en que deberá efectuarse el pago de las mismas y las obras, mejoras, adaptaciones e instalaciones de equipos especiales que podrán realizarse en los inmuebles, así como los procedimientos para desocuparlos o continuar su ocupación.

(REFORMADO, D.O.F. 3 DE MAYO DE 2023)

Las dependencias o las unidades administrativas de la Presidencia de la República podrán celebrar, como arrendatarias, contratos de arrendamiento financiero con opción a compra. El ejercicio de esta opción será obligatorio, salvo que a juicio de la Secretaría no sea favorable a los intereses de la Federación. Para la celebración de estos contratos, se deberán atender las disposiciones presupuestarias aplicables y obtener la autorización previa de la Secretaría.

(REFORMADO PRIMER PÁRRAFO, D.O.F. 20 DE MAYO DE 2021)

Artículo 51. Cuando se pretenda adquirir el dominio de un inmueble, incluyendo los casos a que se refiere el último párrafo del artículo 50 de esta Ley, una vez seleccionado el más apropiado y siempre que exista previsión y suficiencia presupuestaria en la partida correspondiente, las dependencias o la unidad administrativa de la Presidencia de la República, según sea el caso, procederán a firmar, en nombre y representación de la Federación, la escritura pública correspondiente, quedando a cargo de éstas realizar el pago del precio y demás gastos que origine la adquisición. En este caso se considerará que el inmueble ha quedado destinado a la institución que realizó la adquisición, sin que se requiera acuerdo de destino.

(REFORMADO, D.O.F. 16 DE ENERO DE 2012)

La institución destinataria del inmueble tramitará la inscripción de la escritura en los registros correspondientes y remitirá ésta a la Secretaría para su custodia.

(REFORMADO, D.O.F. 20 DE MAYO DE 2021)

Artículo 52. Cuando las dependencias o las unidades administrativas de la Presidencia de la República, a nombre de la Federación, adquieran en los términos del derecho privado un inmueble para cumplir con finalidades de orden público, podrán convenir con los poseedores derivados, la forma y términos conforme a los cuales se darán por terminados los contratos de arrendamiento, comodato o cualquier otro tipo de relación jurídica que les otorgue la posesión derivada del bien, pudiendo cubrirse en cada caso una compensación, tomando en cuenta la naturaleza y vigencia de los derechos derivados de los actos jurídicos correspondientes a favor de los poseedores, así como los gastos de mudanza que tengan que erogar. El término para la desocupación y entrega del inmueble no deberá exceder de un año.

(REFORMADO, D.O.F. 20 DE MAYO DE 2021)

Artículo 53. Las dependencias y las unidades administrativas de la Presidencia de la República, aportarán el uno al millar sobre el monto de los precios por las adquisiciones onerosas de inmuebles que se realicen a favor de la Federación para el servicio de dichas instituciones públicas. Tal aportación se realizará al Fondo a que se refiere el artículo 33 de esta Ley.

(REFORMADO, D.O.F. 16 DE ENERO DE 2012)

Artículo 54. Las dependencias y entidades podrán adquirir los inmuebles, bienes y derechos necesarios para la ejecución de los proyectos y programas que tengan a su cargo mediante negociación con los titulares legítimos de los mismos.

Las negociaciones podrán incluir, con estricta responsabilidad de los servidores públicos que las lleven a cabo y previo acuerdo de su superior jerárquico, a titulares de otros derechos reales, arrendatarios, derechos posesorios, derechos litigiosos o a quienes demuestren fehacientemente tener un interés económico legítimo y directo.

(REFORMADO PRIMER PÁRRAFO, D.O.F. 3 DE MAYO DE 2023)

Artículo 54 Bis. Para efecto de determinar el valor de los inmuebles respecto de los cuales las dependencias y entidades pretendan adquirir la propiedad por cualquier medio, dichas dependencias y entidades podrán solicitar los avalúos correspondientes a la Secretaría, a las instituciones de crédito o a corredores públicos.

(ADICIONADO, D.O.F. 16 DE ENERO DE 2012)

Dicha Secretaría emitirá las normas, procedimientos, criterios y metodologías de carácter técnico, conforme a los cuales se realizarán los avalúos, considerando la diversidad de bienes y derechos objeto de valuación, así como sus posibles usos y demás características particulares.

(ADICIONADO, D.O.F. 16 DE ENERO DE 2012)

Artículo 54 Ter. Si las negociaciones se realizan con distintas contrapartes, los montos que se cubran en cada negociación no podrán exceder, en su conjunto, de la suma a que se refiere el artículo anterior.

Las dependencias y entidades podrán utilizar cualquier forma o esquema de pago, compensación o permuta en términos de la legislación civil.

(ADICIONADO, D.O.F. 16 DE ENERO DE 2012)

Artículo 54 Quater. En las negociaciones, las dependencias o entidades podrán cubrir, contra la posesión del inmueble, bien o derecho, anticipos hasta por el equivalente a un cincuenta por ciento del precio acordado.

Asimismo, una vez en posesión, podrán cubrir anticipos adicionales con cargo al precio pactado, para pagar por cuenta del enajenante los costos generados por la enajenación.

(ADICIONADO, D.O.F. 16 DE ENERO DE 2012)

Artículo 54 Quintus. Las dependencias y entidades integrarán un expediente de las negociaciones que realicen para la adquisición de inmuebles, bienes y derechos, en el que constarán los avalúos y documentos relativos a las mismas que el Reglamento señale.

(REFORMADO PRIMER PÁRRAFO, D.O.F. 20 DE MAYO DE 2021)

Artículo 55. Cuando alguna dependencia o una de las unidades administrativas de la Presidencia de la República ejerza la posesión, control o administración a título de dueño, sobre un inmueble del que no exista inscripción en el Registro Público de la Propiedad que corresponda al lugar de su ubicación, el Ejecutivo Federal, por conducto de la Secretaría o la dependencia administradora de inmuebles de que se trate, podrá substanciar el siguiente procedimiento para expedir la declaratoria de que dicho bien forma parte del patrimonio de la Federación:

I. Se publicará en uno de los periódicos locales de mayor circulación del lugar donde se ubique el bien un aviso sobre el inicio del procedimiento, a fin de que los propietarios o poseedores de los predios colindantes del inmueble y, en general, las personas que tengan interés jurídico manifiesten lo que a su derecho convenga y aporten las pruebas pertinentes dentro de un plazo de quince días hábiles, contados a partir de la fecha de su publicación;

II. Se notificará por escrito el inicio del procedimiento a los propietarios o poseedores de los predios colindantes del inmueble objeto del mismo, para que expresen lo que a su derecho convenga dentro de un plazo de quince días hábiles, contados a partir del día de su notificación.

En el caso de que dichas personas se nieguen a recibir la notificación o de que el inmueble se encuentre abandonado, la razón respectiva se integrará al expediente y se hará una segunda publicación del aviso a que se refiere la fracción anterior, la cual surtirá efectos de notificación personal;

(REFORMADA, D.O.F. 20 DE MAYO DE 2021)

III. Tanto el aviso como la notificación a que aluden las fracciones anteriores, además deberán contener los siguientes datos del inmueble: ubicación, denominación si la tuviere, uso actual, superficie, medidas y colindancias. De igual manera, deberán expresar que el expediente queda a disposición de los interesados en la oficina que determine la Secretaría o la dependencia administradora de inmuebles correspondiente. Dicho expediente contendrá los datos y pruebas que acrediten la posesión, control o administración del inmueble por parte de alguna dependencia o una de las unidades administrativas de la Presidencia de la República, así como el plano o carta catastral respectiva, y

IV. Transcurridos los plazos a que se refieren las fracciones I y II de este artículo, sin que se hubiere presentado oposición de parte interesada, la Secretaría o la dependencia administradora de inmuebles que corresponda, procederá a expedir la declaratoria de que el inmueble de que se trate forma parte del patrimonio de la Federación. Dicha declaratoria deberá contener:

a) Los datos de identificación y localización del inmueble;

b) Antecedentes jurídicos y administrativos del inmueble;

c) Mención de haberse obtenido certificado o constancia de no inscripción del inmueble en el Registro Público de la Propiedad que corresponda a su ubicación;

d) Expresión de haberse publicado el aviso a que se refiere la fracción I de este artículo;

e) Expresión de haberse hecho las notificaciones a que alude la fracción II de este artículo;

f) Expresión de haber transcurrido los plazos señalados en las fracciones I y II de este artículo, sin haberse presentado oposiciones de parte legítimamente interesada;

(REFORMADO, D.O.F. 20 DE MAYO DE 2021)

g) Expresión de los datos y pruebas que acreditan la posesión, control o administración del inmueble por parte de alguna dependencia o una de las unidades administrativas de la Presidencia de la República;

h) Declaratoria de que el inmueble forma parte del patrimonio de la Federación y de que la declaratoria constituye el título de propiedad, e

i) La previsión de que la declaratoria se publique en el Diario Oficial de la Federación, de que se inscriba en el Registro Público de la Propiedad Federal y en el Registro Público de la Propiedad que corresponda al lugar de ubicación del bien.

Artículo 56. En caso de que dentro del plazo señalado en las fracciones I y II del artículo anterior, alguna persona presentare oposición al procedimiento administrativo que regula el mismo precepto, la Secretaría o la dependencia administradora de inmuebles de que se trate, dentro de los quince días hábiles siguientes, valorará las pruebas aportadas y determinará si el opositor acredita su interés jurídico.

(REFORMADO, D.O.F. 20 DE MAYO DE 2021)

En caso afirmativo, la Secretaría o la dependencia administradora de inmuebles que corresponda, se abstendrá de continuar con dicho procedimiento y tomará razón de tal situación, dando por terminado el mismo.

En caso de que el opositor no haya acreditado su interés jurídico, la Secretaría o la dependencia administradora de inmuebles de que se trate, lo hará de su conocimiento y continuará con el procedimiento de expedición de la declaratoria correspondiente.

Artículo 57. Tratándose de los inmuebles que con motivo del desempeño de sus atribuciones se adjudiquen a la Federación, por conducto de las dependencias, el responsable inmobiliario respectivo deberá poner cada inmueble a disposición de la Secretaría tan pronto como lo reciba, con excepción de los bienes sujetos a una regulación específica establecida por las leyes aplicables.

Tales inmuebles se entenderán incorporados al régimen de dominio público de la Federación a partir de la fecha en que se pongan a disposición de la Secretaría.

La administración de los inmuebles a que se refieren los párrafos anteriores continuará a cargo de las dependencias, hasta en tanto se lleve a cabo la entrega física del inmueble a la Secretaría.

La dependencia de que se trate, proporcionará a la Secretaría la información y documentación necesaria para acreditar los derechos de la Federación sobre el bien y, en general, para determinar su situación física, jurídica y administrativa. La Secretaría escuchará las propuestas que formule la dependencia que ponga a su disposición el bien, acerca del uso o aprovechamiento del mismo, pero esta última no podrá conferir o comprometer derechos de uso o de dominio sobre el inmueble respectivo.

Lo dispuesto en el párrafo anterior no será aplicable a los bienes que ingresan al patrimonio inmobiliario federal al término de la vigencia de las concesiones, permisos o autorizaciones otorgadas para la prestación de servicios públicos.

Artículo 58. En los casos de las concesiones, permisos o autorizaciones que competa otorgar a las dependencias, en las que se establezca que a su término pasarán al dominio de la Federación los inmuebles afectos a dichos actos, corresponderá a la Secretaría lo siguiente:

I. Inscribir en el Registro Público de la Propiedad Federal la concesión, permiso o autorización, así como gestionar ante el Registro Público de la Propiedad que corresponda a la ubicación del inmueble, la inscripción de los mismos y las anotaciones marginales necesarias;

II. Autorizar al titular de la concesión, permiso o autorización, previa opinión favorable de la dependencia otorgante, la enajenación parcial de los inmuebles, cuando ello sea procedente. En este caso, el plazo de vigencia de las concesiones, permisos o autorizaciones respectivas, se deberá reducir en proporción al valor de los inmuebles cuya enajenación parcial se autorice;

III. Autorizar en coordinación con la dependencia competente, la imposición de gravámenes sobre los inmuebles afectos a los fines de la concesión, permiso o autorización. En este caso los interesados deberán otorgar fianza a favor de la Tesorería de la Federación por una cantidad igual a la del gravamen, y

IV. Declarar que la Federación adquiere el dominio de los bienes afectos a las concesiones, permisos o autorizaciones.

En los casos de nulidad, modificación, revocación o caducidad de las concesiones, permisos o autorizaciones a que se refiere el primer párrafo de este artículo, el derecho de adquirir los inmuebles afectos se ejercerá en la parte proporcional al tiempo transcurrido de la propia concesión, permiso o autorización, excepto cuando la ley de la materia disponga la adquisición de todos los bienes afectos a la misma.

SECCIÓN SEGUNDA
DEL DESTINO DE LOS INMUEBLES

Artículo 59. Están destinados a un servicio público, los siguientes inmuebles federales:

I. Los recintos permanentes de los Poderes Legislativo, Ejecutivo y Judicial de la Federación;

II. Los destinados al servicio de los Poderes Legislativo y Judicial de la Federación;

III. Los destinados al servicio de las dependencias y entidades;

(REFORMADA, D.O.F. 19 DE ENERO DE 2018)

IV. Los destinados al servicio de los gobiernos de las entidades federativas y de los municipios o de sus respectivas entidades paraestatales;

(REFORMADA, D.O.F. 20 DE MAYO DE 2021)

V. Los destinados al servicio de las unidades administrativas de la Presidencia de la República, y de las instituciones de carácter federal o local con autonomía derivada de la Constitución Política de los Estados Unidos Mexicanos o de las Constituciones de los Estados;

VI. Los que se adquieran mediante actos jurídicos en cuya formalización intervenga la Secretaría, en los términos de esta Ley, siempre y cuando en los mismos se determine la dependencia o entidad a la que se destinará el inmueble y el uso al que estará dedicado, y

VII. Los que se adquieran por expropiación en los que se determine como destinataria a una dependencia, con excepción de aquéllos que se adquieran con fines de regularización de la tenencia de la tierra o en materia de vivienda y desarrollo urbano.

Artículo 60. Quedarán sujetos al régimen jurídico de los bienes destinados a un servicio público los siguientes inmuebles:

I. Los inmuebles federales que de hecho se utilicen en la prestación de servicios públicos por las instituciones públicas, y

II. Los inmuebles federales que mediante convenio se utilicen en actividades de organizaciones internacionales de las que México sea miembro.

Artículo 61. Los inmuebles federales prioritariamente se destinarán al servicio de las instituciones públicas, mediante acuerdo administrativo, en el que se especificará la institución destinataria y el uso autorizado. Se podrá destinar un mismo inmueble federal para el servicio de distintas instituciones públicas, siempre que con ello se cumplan los requerimientos de dichas instituciones y se permita un uso adecuado del bien por parte de las mismas.

Corresponde a la Secretaría emitir el acuerdo administrativo de destino de inmuebles federales con excepción de las áreas de la zona federal marítimo terrestre y de los terrenos ganados al mar, en cuyo caso la emisión del acuerdo respectivo corresponderá a la Secretaría de Medio Ambiente y Recursos Naturales.

Los usos que se den a los inmuebles federales y de las entidades, deberán ser compatibles con los previstos en las disposiciones en materia de desarrollo urbano de la localidad en que se ubiquen, así como con el valor artístico o histórico que en su caso posean.

Artículo 62. Para resolver sobre el destino de un inmueble federal, la Secretaría y la Secretaría de Medio Ambiente y Recursos Naturales, en el ámbito de sus respectivas competencias, deberán tomar en cuenta por lo menos:

I. Las características del bien;

II. El plano topográfico correspondiente;

III. La constancia de uso de suelo;

IV. El uso para el que se requiere, y

(REFORMADA, D.O.F. 17 DE DICIEMBRE DE 2015)

V. El dictamen de la Secretaría de Cultura que emita, a través del Instituto Nacional de Antropología e Historia o del Instituto Nacional de Bellas Artes y Literatura, según corresponda, tratándose de inmuebles federales considerados Monumentos históricos o artísticos conforme a la ley de la materia o la declaratoria correspondiente.

La Secretaría y la Secretaría de Medio Ambiente y Recursos Naturales, emitirán los lineamientos correspondientes que establecerán los requisitos, plazos, catálogo de usos, densidad de ocupación y demás especificaciones para el destino de los inmuebles federales que sean de su competencia.

Artículo 63. Las instituciones destinatarias podrán asignar y reasignar entre sus unidades administrativas y órganos desconcentrados, los espacios de los inmuebles que le hubiesen sido destinados, siempre y cuando no se les dé un uso distinto al autorizado en el acuerdo de destino.

Las instituciones destinatarias deberán utilizar los inmuebles en forma óptima y comunicar oportunamente a la Secretaría o a la Secretaría de Medio Ambiente y Recursos Naturales, según sea el caso, las asignaciones y reasignaciones de espacios que realicen.

Las instituciones destinatarias deberán iniciar la utilización de cada inmueble que se destine a su servicio, dentro de un plazo de seis meses contados a partir del momento en que se ponga a su disposición.

Las instituciones destinatarias podrán asignar y reasignar a título gratuito espacios de los inmuebles que tengan destinados, a favor de particulares con los que hayan celebrado contratos de obras públicas o de prestación de servicios, incluyendo aquéllos que impliquen servicios que sus servidores públicos requieran para el cumplimiento de sus funciones, siempre que dichos espacios sean necesarios para la prestación de los servicios o la realización de las obras correspondientes y así se establezca en los contratos respectivos. Igual tratamiento se podrá otorgar a las arrendadoras financieras cuando se convenga la realización de obras en una parte o en la totalidad de los inmuebles federales.

Artículo 64. La Secretaría o la Secretaría de Medio Ambiente y Recursos Naturales, según corresponda, podrán autorizar a las instituciones destinatarias, a solicitud de éstas, a concesionar o arrendar a particulares el uso de espacios en los inmuebles destinados a su servicio, debiendo tomar en cuenta lo dispuesto por el artículo 62 de esta Ley.

La Secretaría de Medio Ambiente y Recursos Naturales respecto de los inmuebles federales de su competencia, podrá autorizar a las instituciones destinatarias a asignar el uso de espacios a otras instituciones públicas, así como autorizar a las dependencias destinatarias que celebren acuerdos de coordinación con los gobiernos estatales para que, en el marco de la descentralización de funciones a favor de los gobiernos de los estados, transfieran a éstos el uso de inmuebles federales con fines de promoción del desarrollo estatal o regional. En estos casos, los beneficiarios del uso de los inmuebles federales asumirán los costos inherentes al uso y conservación del bien de que se trate.

(REFORMADO, D.O.F. 17 DE DICIEMBRE DE 2015)

La Secretaría de Cultura, a través del Instituto Nacional de Antropología e Historia o del Instituto Nacional de Bellas Artes y Literatura, según corresponda de acuerdo a la materia, podrá asignar o reasignar a título gratuito a favor de particulares, espacios de inmuebles federales considerados monumentos históricos o artísticos conforme a la ley de la materia o la declaratoria correspondiente, que tenga destinados a su servicio, únicamente cuando se trate de cumplir convenios de colaboración institucional relacionados con actividades académicas y de investigación.

(REFORMADO PRIMER PÁRRAFO, D.O.F. 20 DE MAYO DE 2021)

Artículo 65. Las dependencias y las unidades administrativas de la Presidencia de la República que tengan destinados a su servicio inmuebles federales de la competencia de la Secretaría, bajo su estricta responsabilidad y sin que se les dé un uso distinto al autorizado en el acuerdo de destino correspondiente, podrán realizar los siguientes actos respecto de dichos inmuebles, debiendo tomar en cuenta lo dispuesto por el artículo 62 de esta Ley:

I. Asignar el uso de espacios a otras instituciones públicas o para el cumplimiento de los fines de fideicomisos públicos no considerados como entidades o de fideicomisos privados constituidos para coadyuvar con las instituciones destinatarias en el cumplimiento de los programas a su cargo, siempre que éstas registren previamente dichos fideicomisos privados ante la Secretaría como susceptibles de recibir en uso inmuebles federales, en el entendido de que dichas asignaciones no constituirán aportación al patrimonio fideicomitido;

II. Celebrar acuerdos de coordinación con los gobiernos estatales para que, en el marco de la descentralización de funciones a favor de los gobiernos de los estados, transfieran a éstos el uso de los inmuebles federales con fines de promoción del desarrollo estatal o regional;

III. Celebrar convenios de colaboración con las asociaciones de productores para que usen los inmuebles federales;

IV. Asignar el uso de espacios a favor de los sindicatos constituidos legalmente para representar a los servidores públicos de la institución destinataria de que se trate, siempre que se acredite que dichas organizaciones requieren de tales espacios para el debido cumplimiento de sus funciones y no cuenten con inmuebles para tal efecto, en la inteligencia de que dichas asignaciones no implican la transmisión de la propiedad, y

V. Asignar en forma total o parcial el uso de inmuebles federales, a favor de los trabajadores, asociaciones de trabajadores o sindicatos constituidos legalmente de la institución destinataria de que se trate, con el objeto de otorgar prestaciones laborales derivadas de las condiciones generales de trabajo que correspondan. Estas asignaciones no implican la transmisión de la propiedad.

En los casos a que se refiere este artículo, los beneficiarios del uso de inmuebles federales deberán asumir los costos inherentes al uso y conservación del bien de que se trate, así como cumplir las demás obligaciones a cargo de la institución destinataria correspondiente, para lo cual deberán otorgar garantía conforme a los lineamientos que emita la Secretaría. Si los beneficiarios incumplen estas obligaciones, deberán poner el inmueble o espacio de que se trate a disposición de la institución destinataria correspondiente.

Los beneficiarios del uso de inmuebles federales que no requieran utilizar la totalidad del inmueble o espacio asignado, lo dejen de utilizar o de necesitar o le den un uso distinto al autorizado, lo pondrán de inmediato a disposición de la institución destinataria de que se trate.

De los actos señalados en el presente artículo, las destinatarias deberán dar aviso a la Secretaría, dentro de los treinta días siguientes a la realización de cada acto.

Artículo 66. La conservación, mantenimiento y vigilancia de los inmuebles federales destinados, quedará a cargo de las instituciones destinatarias, las cuales deberán atender las disposiciones legales y reglamentarias que resulten aplicables.

La Secretaría o la Secretaría de Medio Ambiente y Recursos Naturales, según sea el caso, fomentarán el aseguramiento por parte de las destinatarias de los inmuebles federales destinados contra los daños a los que puedan estar sujetos dichos bienes. Para tal efecto, ambas dependencias emitirán los lineamientos correspondientes respecto de los inmuebles federales que sean de su competencia.

Artículo 67. Para cambiar el uso de los inmuebles destinados, las instituciones destinatarias deberán solicitarlo a la Secretaría o a la Secretaría de Medio Ambiente y Recursos Naturales, según corresponda, las que podrán en el ámbito de sus respectivas competencias, autorizar el cambio de uso, considerando las razones que para ello se le expongan, así como los aspectos señalados en el artículo 62 de esta Ley.

Para el caso de los inmuebles destinados a la Secretaría de Medio Ambiente y Recursos Naturales que formen parte de las áreas naturales protegidas federales, esa dependencia podrá cambiar el uso de los inmuebles destinados sin que se necesite autorización de la Secretaría. En este supuesto, la Secretaría de Medio Ambiente y Recursos Naturales deberá informar a la Secretaría de los cambios de uso que realice.

Artículo 68. En caso de que las instituciones destinatarias no requieran usar la totalidad del inmueble, lo dejen de utilizar o de necesitar o le den un uso distinto al autorizado, el responsable inmobiliario respectivo deberá poner el mismo a disposición de la Secretaría o de la Secretaría de Medio Ambiente y Recursos Naturales, según corresponda, con todas sus mejoras y accesiones sin que tengan derecho a compensación alguna, dentro de los cuatro meses siguientes a la fecha en que ya no sean útiles para su servicio.

En este supuesto, la institución destinataria respectiva proporcionará a la Secretaría o a la Secretaría de Medio Ambiente y Recursos Naturales, según corresponda, la información de que se disponga respecto del inmueble, conforme a los lineamientos que esas dependencias emitan. En todo caso, dicha información será la necesaria para determinar la situación física, jurídica y administrativa del bien.

La Secretaría o, en su caso, la Secretaría de Medio Ambiente y Recursos Naturales, dentro de los quince días siguientes a la fecha en que se ponga a disposición el inmueble de que se trate, podrá solicitar a la institución destinataria correspondiente cualquier otra información que razonablemente pudiera obtener.

Si no hubiere requerimiento de información adicional, vencido el plazo señalado en el párrafo anterior, se entenderá que la Secretaría o la Secretaría de Medio Ambiente y Recursos Naturales, según sea el caso, han recibido de conformidad el inmueble puesto a su disposición.

Artículo 69. Si la Secretaría o la Secretaría de Medio Ambiente y Recursos Naturales, según sea el caso, con base en los estudios y evaluaciones que efectúen, detectan que los inmuebles federales destinados no están siendo usados o aprovechados de forma óptima, requerirán a las instituciones destinatarias los informes o aclaraciones que éstas estimen procedentes.

En caso de que las instituciones destinatarias no justifiquen de manera suficiente lo detectado en dichos estudios y evaluaciones, la Secretaría o la Secretaría de Medio Ambiente y Recursos Naturales, según corresponda, podrán:

I. Determinar la redistribución o reasignación de espacios entre las unidades administrativas y órganos desconcentrados de las instituciones destinatarias, o

II. Proceder a requerir la entrega total o parcial del bien dentro de los treinta días siguientes a la fecha de notificación del requerimiento y, en su defecto, a tomar posesión del mismo para destinar el inmueble o las áreas excedentes a otras instituciones públicas o para otros fines que resulten más convenientes al Gobierno Federal.

Artículo 70. El destino únicamente confiere a la institución destinataria el derecho de usar el inmueble destinado en el uso autorizado, pero no transmite la propiedad del mismo, ni otorga derecho real alguno sobre él.

Las instituciones destinatarias no podrán realizar ningún acto de enajenación sobre los inmuebles destinados. La inobservancia de esta disposición producirá la nulidad del acto relativo y la Secretaría o la Secretaría de Medio Ambiente y Recursos Naturales, según corresponda, procederán a la ocupación administrativa del inmueble.

Artículo 71. No se permitirá a servidores públicos, ni a particulares, que habiten los inmuebles destinados al servicio de instituciones públicas, excepto en los siguientes casos:

I. Cuando quienes habiten los inmuebles federales sean beneficiarios de instituciones que presten un servicio social;

II. Cuando se trate de servidores públicos que, por razón de la función del inmueble federal, deban habitarlo;

III. Cuando se trate de servidores públicos que con motivo de su empleo, cargo o comisión en el servicio público, sea necesario que habiten en los inmuebles federales respectivos, y

IV. En los demás casos previstos por leyes que regulen materias específicas.

(REFORMADO, D.O.F. 20 DE MAYO DE 2021)

Estará a cargo de los responsables inmobiliarios de las dependencias, las unidades administrativas de la Presidencia de la República o de las entidades que tengan destinados a su servicio los inmuebles federales, la observancia y aplicación de lo dispuesto en el párrafo anterior. En caso de incumplimiento, serán responsables solidarios con las personas que habiten indebidamente dichos bienes por los daños y perjuicios causados, independientemente de las responsabilidades en que incurran en los términos de las disposiciones legales aplicables.

SECCIÓN TERCERA
DE LAS CONCESIONES

Artículo 72. Las dependencias administradoras de inmuebles podrán otorgar a los particulares derechos de uso o aprovechamiento sobre los inmuebles federales, mediante concesión, para la realización de actividades económicas, sociales o culturales, sin perjuicio de leyes específicas que regulen el otorgamiento de concesiones, permisos o autorizaciones sobre inmuebles federales.

Para el otorgamiento de concesiones, las dependencias administradoras de inmuebles deberán atender lo siguiente:

I. Que el solicitante cumpla con los requisitos establecidos en las leyes específicas que regulen inmuebles federales;

II. Evitar el acaparamiento o concentración de concesiones en una sola persona;

III. Que no sea posible o conveniente que la Federación emprenda la explotación directa de los inmuebles de que se trate;

IV. No podrán otorgarlas a favor de los servidores públicos que en cualquier forma intervengan en el trámite de las concesiones, ni de sus cónyuges o parientes consanguíneos y por afinidad hasta el cuarto grado o civiles, o de terceros con los que dichos servidores tengan vínculos privados o de negocios. Las concesiones que se otorguen en contravención a lo dispuesto en esta fracción serán causa de responsabilidades y de nulidad;

V. Que no se afecte el interés público;

VI. La información relativa a los inmuebles que serán objeto de concesión, será publicada con dos meses de anticipación al inicio de la vigencia de la concesión respectiva, en un diario de circulación nacional y en internet, y

VII. En el caso de concesiones de espacios sobre inmuebles federales que ocupen las dependencias administradoras de inmuebles, que la actividad a desarrollar por el concesionario sea compatible y no interfiera con las actividades propias de dichas dependencias, sujetándose a las disposiciones que las mismas expidan para tal efecto.

Las dependencias administradoras de inmuebles, en el ámbito de sus respectivas atribuciones, conforme a las condiciones a que se refiere el artículo siguiente, emitirán los lineamientos para el otorgamiento o prórroga de las concesiones sobre los inmuebles federales de su competencia, sin perjuicio de las disposiciones legales aplicables. Asimismo, presentarán un informe anual a la Cámara de Diputados del H. Congreso de la Unión sobre las concesiones otorgadas en el periodo correspondiente.

Artículo 73. Las concesiones sobre inmuebles federales, salvo excepciones previstas en otras leyes, podrán otorgarse por un plazo de hasta cincuenta años, el cual podrá ser prorrogado una o varias veces sin exceder el citado plazo, a juicio de la dependencia concesionante, atendiendo tanto para su otorgamiento como para sus prórrogas, a lo siguiente:

I. El monto de la inversión que el concesionario pretenda aplicar;

II. El plazo de amortización de la inversión realizada;

III. El beneficio social y económico que signifique para la región o localidad;

IV. La necesidad de la actividad o del servicio que se preste;

V. El cumplimiento por parte del concesionario de las obligaciones a su cargo y de lo dispuesto por las leyes específicas mediante las cuales se otorgó la concesión;

VI. El valor que al término del plazo de la concesión, tengan las obras e instalaciones realizadas al inmueble por el concesionario, y

VII. El monto de la reinversión que se haga para el mejoramiento de las instalaciones o del servicio prestado.

El titular de una concesión gozará de un término equivalente al diez por ciento del plazo de la concesión, previo al vencimiento del mismo, para solicitar la prórroga correspondiente, respecto de la cual tendrá preferencia sobre cualquier solicitante. Al término del plazo de la concesión, o de la última prórroga en su caso, las obras e instalaciones adheridas de manera permanente al inmueble concesionado pasarán al dominio de la Federación.

Artículo 74. Las concesiones sobre inmuebles federales se extinguen por cualquiera de las causas siguientes:

I. Vencimiento del plazo por el que se haya otorgado;

II. Renuncia del concesionario ratificada ante la autoridad;

III. Desaparición de su finalidad o del bien objeto de la concesión;

IV. Nulidad, revocación y caducidad;

V. Declaratoria de rescate;

VI. Cuando se afecte la seguridad nacional, o

VII. Cualquiera otra prevista en las leyes, reglamentos, disposiciones administrativas o en la concesión misma, que a juicio de la dependencia concesionante haga imposible o inconveniente su continuación.

Artículo 75. Es causa de caducidad de las concesiones, no iniciar el uso o aprovechamiento del inmueble concesionado dentro del plazo señalado en las mismas.

Artículo 76. Las concesiones sobre inmuebles federales, podrán ser revocadas por cualquiera de estas causas:

I. Dejar de cumplir con el fin para el que fue otorgada la concesión, dar al bien objeto de la misma un uso distinto al autorizado o no usar el bien de acuerdo con lo dispuesto en esta Ley, sus reglamentos y el título de concesión;

II. Dejar de cumplir con las condiciones a que se sujete el otorgamiento de la concesión o infringir lo dispuesto en esta Ley y sus reglamentos, salvo que otra disposición jurídica establezca una sanción diferente;

III. Dejar de pagar en forma oportuna los derechos fijados en el título de concesión o las demás contribuciones fiscales aplicables;

IV. Ceder los derechos u obligaciones derivadas del título de concesión o dar en arrendamiento o comodato fracciones del inmueble concesionado, sin contar con la autorización respectiva;

V. Realizar obras no autorizadas;

VI. Dañar ecosistemas como consecuencia del uso, aprovechamiento o explotación, y

VII. Las demás previstas en esta Ley, en sus reglamentos o en el título de concesión.

Declarada la revocación, el concesionario perderá en favor de la Federación los bienes afectos a la concesión, sin tener derecho a indemnización alguna.

En los títulos de concesión se podrán establecer las sanciones económicas a las que se harán acreedores los concesionarios, para cuya aplicación se tomará en cuenta el lucro obtenido, los daños causados o el monto de los derechos omitidos. En el caso de la fracción IV de este precepto, se atenderá a lo dispuesto por el siguiente artículo.

Artículo 77. Las dependencias que otorguen concesiones, podrán autorizar a los concesionarios para:

I. Dar en arrendamiento o comodato fracciones de los inmuebles federales concesionados, siempre que tales fracciones se vayan a utilizar en las actividades relacionadas directamente con las que son materia de las propias concesiones, en cuyo caso el arrendatario o comodatario será responsable solidario. En este caso, el concesionario mantendrá todas las obligaciones derivadas de la concesión, y

II. Ceder los derechos y obligaciones derivados de las concesiones, siempre que el cesionario reúna los mismos requisitos y condiciones que se hubieren tomado en cuenta para su otorgamiento.

La autorización a que se refiere este artículo deberá obtenerse por el concesionario, previamente a la realización de los actos jurídicos a que se refieren las fracciones anteriores.

Cualquier operación que se realice en contravención de este artículo será nula y la dependencia que hubiere otorgado la concesión podrá hacer efectivas las sanciones económicas previstas en la concesión respectiva o, en su caso, revocar la misma, conforme a los lineamientos que para tal efecto emita la Secretaría.

Para aplicar las sanciones económicas a que se hagan acreedores los concesionarios por permitir, sin la autorización respectiva, que un tercero use, aproveche o explote inmuebles sujetos al régimen de dominio público de la Federación, se deberán tomar en consideración las cantidades que aquellos hayan obtenido como contraprestación.

SECCIÓN CUARTA
DE LOS INMUEBLES UTILIZADOS PARA FINES RELIGIOSOS

Artículo 78. Los inmuebles federales utilizados para fines religiosos y sus anexidades, así como los muebles ubicados en los mismos que se consideren inmovilizados o guarden conexión con el uso o destino religioso, se regirán en cuanto a su uso, administración, conservación y vigilancia, por lo que disponen los artículos 130 y Decimoséptimo Transitorio de la Constitución Política de los Estados Unidos Mexicanos y su ley reglamentaria; así como, en su caso, la Ley Federal sobre Monumentos y Zonas Arqueológicos, Artísticos e Históricos y su reglamento; la presente Ley, y las demás disposiciones aplicables.

Los muebles e inmuebles federales y sus anexidades utilizados para fines religiosos, son aquéllos nacionalizados a que se refiere el Artículo Decimoséptimo Transitorio de la Constitución Política de los Estados Unidos Mexicanos. Estos bienes no podrán ser objeto de desincorporación del régimen de dominio público de la Federación, de concesión, permiso o autorización, ni de arrendamiento, comodato o usufructo.

Los inmuebles federales utilizados para actos religiosos de culto público, se consideran destinados a un objeto público.

Artículo 79. Respecto de los muebles e inmuebles federales utilizados para fines religiosos y sus anexidades, a la Secretaría le corresponderá:

I. Resolver administrativamente todas las cuestiones que se susciten sobre la extensión y deslinde de los inmuebles federales utilizados para fines religiosos y sus anexidades, así como sobre los derechos y obligaciones de las asociaciones religiosas y los responsables de los templos respecto de la administración, cuidado y vigilancia de dichos bienes;

II. Integrar la información y documentación para obtener la resolución judicial o la declaración administrativa correspondiente respecto de los inmuebles nacionalizados;

III. Revisar y, en su caso, aprobar los proyectos de obras que le presente la asociación religiosa usuaria de cada inmueble, para su mantenimiento, conservación y óptimo aprovechamiento, con excepción de aquéllos considerados como monumentos históricos o artísticos conforme a la ley de la materia o la declaratoria correspondiente;

IV. Vigilar la construcción, reconstrucción, ampliación y mantenimiento de los inmuebles federales utilizados para fines religiosos, con excepción de aquéllos considerados como monumentos históricos o artísticos conforme a la ley de la materia o la declaratoria correspondiente;

V. Requerir a los representantes de las asociaciones religiosas o a los responsables de los templos, la realización de obras de mantenimiento y conservación, así como tomar las medidas necesarias para tal efecto;

VI. Suspender las obras u ordenar su modificación o demolición, cuando se ejecuten sin su aprobación o sin ajustarse a los términos de ésta;

VII. Determinar los derechos y obligaciones de las asociaciones religiosas y de los responsables de los templos, en cuanto a la conservación y cuidado de los inmuebles federales utilizados para fines religiosos y de los muebles ubicados en los mismos que se consideren inmovilizados o guarden conexión con el uso o destino religioso, y

(REFORMADA, D.O.F. 17 DE DICIEMBRE DE 2015)

VIII. Comunicar a la Secretaría de Gobernación las personas nombradas y registradas por las asociaciones religiosas como responsables de los templos y de los bienes que estén considerados como monumentos históricos o artísticos conforme a la ley de la materia o la declaratoria correspondiente, así como a la Secretaría de Cultura respecto de los responsables de estos últimos.

Artículo 80. Respecto de los inmuebles federales utilizados para fines religiosos y sus anexidades, a la Secretaría de Gobernación, sin perjuicio de las atribuciones que le confieran otras leyes, le corresponderá:

I. Resolver administrativamente y en definitiva todas las cuestiones que se susciten sobre el destino, uso o cualquier tipo de afectación de inmuebles federales utilizados para fines religiosos y sus anexidades;

II. Conocer y resolver en definitiva, cualquier diferencia que se suscite entre las dependencias de los tres órdenes de gobierno y las asociaciones religiosas y ministros de cultos, en relación a los inmuebles federales utilizados para fines religiosos y sus anexidades;

III. Determinar la asociación religiosa a la que corresponda el derecho de usar y custodiar un inmueble federal, en caso de duda o conflicto;

IV. Iniciar en forma coordinada con la Secretaría o directamente, las denuncias y procedimientos judiciales tendientes a preservar los derechos patrimoniales de la Nación respecto de los inmuebles federales utilizados para fines religiosos y de los muebles ubicados en los mismos que se consideren inmovilizados o guarden conexión con el uso o destino religioso;

V. Ordenar la suspensión temporal del uso del inmueble o la clausura, en el caso de que se realicen en el interior del mismo actos contrarios a las leyes, y

VI. Coordinarse con la Secretaría para el otorgamiento, cuando proceda en términos de la Ley de Asociaciones Religiosas y Culto Público, de la constancia en la que se reconozca el uso a favor de las asociaciones religiosas, respecto de los inmuebles federales utilizados para fines religiosos y sus anexidades.

(REFORMADO PRIMER PÁRRAFO, D.O.F. 17 DE DICIEMBRE DE 2015)

Artículo 81. Si los muebles e inmuebles federales utilizados para fines religiosos y sus anexidades están considerados como monumentos históricos o artísticos conforme a la ley de la materia o la declaratoria correspondiente, a la Secretaría de Cultura le corresponderá respecto de estos bienes:

I. Resolver administrativamente todas las cuestiones que se susciten sobre la conservación, restauración y mantenimiento de los muebles e inmuebles, por conducto del Instituto Nacional de Antropología e Historia y del Instituto Nacional de Bellas Artes y Literatura, según corresponda;

II. Colaborar con la Secretaría y, en su caso, ejercer las acciones legales y administrativas para la preservación y defensa de dichos bienes;

III. Presentar en forma coordinada con la Secretaría o directamente, las denuncias en el orden penal a que haya lugar para salvaguardar los inmuebles federales a que se refiere este artículo;

(REFORMADA, D.O.F. 10 DE ENERO DE 2012)

IV. Revisar, aprobar y, en su caso, ejecutar los proyectos de obra que le presente la asociación religiosa usuaria de cada inmueble, para su mantenimiento, conservación y óptimo aprovechamiento, así como vigilar y supervisar la ejecución de dichas obras;

V. Requerir a los representantes de las asociaciones religiosas o a los responsables de los templos, la realización de obras de mantenimiento y conservación, así como tomar las medidas necesarias para tal efecto;

VI. Suspender las obras u ordenar su modificación o demolición, cuando se ejecuten sin su aprobación o sin ajustarse a los términos de ésta;

VII. Determinar la zona de protección que le corresponda a cada inmueble, a efecto de que, sin afectar los derechos patrimoniales de terceros colindantes, se proteja la estabilidad del bien y se preserve su valor histórico o artístico;

VIII. Dictaminar si una modificación en el uso o aprovechamiento que se le pretenda dar a los inmuebles nacionalizados, es compatible con su vocación y características;

IX. Definir los criterios y normas técnicas a que deberán sujetarse los usuarios de los inmuebles, para la elaboración del inventario y catálogo de los muebles propiedad federal ubicados en los mismos, y para su custodia, mantenimiento y restauración, así como coordinar el levantamiento del citado inventario y catálogo, y

X. Autorizar el traslado temporal de los bienes muebles considerados como monumentos históricos o artísticos conforme a la ley de la materia o la declaratoria correspondiente, para fines de difusión de la cultura, conforme al convenio que para tal efecto se celebre, así como verificar que se tomen las medidas de seguridad necesarias para salvaguardar estos bienes.

(REFORMADO [N. DE E. ESTE PÁRRAFO], D.O.F. 19 DE ENERO DE 2018)

Artículo 82. Los gobiernos de las entidades federativas, en auxilio de la Secretaría de Gobernación y de la Secretaría, podrán en los términos de los convenios de colaboración o coordinación que celebren, ejercer las siguientes facultades en relación con los inmuebles federales utilizados para fines religiosos y sus anexidades, con excepción de aquellos considerados como monumentos históricos o artísticos conforme a la ley de la materia o la declaratoria correspondiente:

I. Vigilar su conservación y preservación, así como la de los muebles ubicados en dichos inmuebles que se consideren inmovilizados o guarden conexión con el uso o destino religioso;

II. Vigilar y supervisar que en los inmuebles federales utilizados para fines religiosos no se realicen actos contrarios a las leyes;

III. Requerir a las asociaciones religiosas o a los responsables de los templos, la realización de obras de mantenimiento y conservación;

IV. Revisar y, en su caso, aprobar los proyectos de obras que le presente la asociación religiosa usuaria de cada inmueble, para su mantenimiento, conservación y óptimo aprovechamiento;

V. Vigilar la construcción, reconstrucción, ampliación, conservación, mantenimiento y óptimo aprovechamiento de los inmuebles federales utilizados para fines religiosos;

VI. Revisar que las obras que se realicen en dichos inmuebles, cumplan con las normas y especificaciones técnicas de seguridad que establezcan las leyes locales;

VII. Suspender las obras u ordenar su modificación o demolición, cuando se ejecuten sin aprobación o sin ajustarse a los términos de ésta;

VIII. Suspender el uso de los inmuebles cuando presenten daños estructurales que pongan en riesgo su estabilidad o la integridad física de las personas;

IX. Coadyuvar con la Secretaría en la integración de la información y documentación que permita la obtención de la resolución judicial o la declaración administrativa correspondiente, respecto de los inmuebles nacionalizados;

X. Inventariar y catalogar los inmuebles federales utilizados para fines religiosos y sus anexidades, que se ubiquen en su respectiva entidad federativa, y

XI. Dar a conocer a las autoridades locales correspondientes, el régimen jurídico a que están sujetos los inmuebles federales utilizados para fines religiosos y sus anexidades.

Artículo 83. Las asociaciones religiosas tendrán sobre los inmuebles federales utilizados para fines religiosos y sus anexidades, los siguientes derechos y obligaciones:

I. Distribuir los espacios de los inmuebles de la manera más conveniente para la realización de sus actividades religiosas;

II. Evitar e impedir actos que atenten contra la salvaguarda y preservación de los inmuebles, así como de los muebles que deban considerarse inmovilizados o que guarden conexión con el uso o destino religioso;

(REFORMADA, D.O.F. 17 DE DICIEMBRE DE 2015)

III. Presentar las denuncias que correspondan e informar de ello inmediatamente a la Secretaría y, tratándose de inmuebles federales considerados como monumentos históricos o artísticos conforme a la ley de la materia o la declaratoria correspondiente, a la Secretaría de Cultura;

IV. Coadyuvar con la Secretaría en la integración de la información y documentación necesarias para obtener la resolución judicial o la declaración administrativa correspondiente respecto de los inmuebles nacionalizados, así como presentarlos a la propia Secretaría, la que determinará la vía procedente para tal efecto;

V. Entregar a la Secretaría los inmuebles cuando dejen de utilizarse para fines religiosos, se disuelva o liquide la asociación religiosa usuaria, o sean clausurados en los términos de la Ley de Asociaciones Religiosas y Culto Público, debiendo dar aviso a la Secretaría de Gobernación de dicha entrega;

VI. Realizar a su costa las obras de construcción, reparación, restauración, ampliación, remodelación, conservación, mantenimiento y demolición de dichos bienes, debiendo obtener las licencias y permisos correspondientes.

(REFORMADO, D.O.F. 17 DE DICIEMBRE DE 2015)

En el caso de inmuebles federales considerados monumentos históricos o artísticos conforme a la ley de la materia o la declaratoria correspondiente, las asociaciones religiosas deberán obtener las autorizaciones procedentes de la Secretaría de Cultura, por conducto del Instituto Nacional de Antropología e Historia o del Instituto Nacional de Bellas Artes y Literatura, según corresponda, así como sujetarse a los requisitos que éstos señalen para la conservación y protección del valor artístico o histórico del inmueble de que se trate, atendiendo a lo que se refiere la fracción IV del artículo 81, así como al artículo 105 de esta Ley;

(REFORMADA, D.O.F. 17 DE DICIEMBRE DE 2015)

VII. Construir con sus propios recursos, cuando las características del inmueble lo permitan, columbarios para el depósito de restos humanos áridos y cenizas, debiendo obtener previamente la autorización de la Secretaría y, en su caso, de la Secretaría de Cultura, así como cubrir los derechos que por este concepto establece la Ley Federal de Derechos;

VIII. Permitir el depósito de restos humanos áridos y cenizas en los templos y sus anexidades que tengan autorizados columbarios, con sujeción a las disposiciones sanitarias y municipales correspondientes, previo acreditamiento del pago de los derechos respectivos por parte de los interesados. No podrán otorgarse concesiones para que particulares comercialicen u operen los columbarios;

IX. Solicitar ante la Secretaría, para efectos de inventario, el registro de los inmuebles federales utilizados para fines religiosos, y

X. Nombrar y registrar ante la Secretaría a los representantes de las asociaciones religiosas que funjan como responsables de los templos y de los bienes que estén considerados como monumentos históricos o artísticos conforme a la ley de la materia o la declaratoria correspondiente.

SECCIÓN QUINTA
DE LOS ACTOS DE ADMINISTRACIÓN Y DISPOSICIÓN

Artículo 84. Los inmuebles federales que no sean útiles para destinarlos al servicio público o que no sean de uso común, podrán ser objeto de los siguientes actos de administración y disposición:

I. Enajenación a título oneroso;

(REFORMADA, D.O.F. 19 DE ENERO DE 2018)

II. Permuta con las entidades; los gobiernos de las entidades federativas y de los municipios o con sus respectivas entidades paraestatales, o con los particulares, respecto de inmuebles que por su ubicación, características y aptitudes satisfagan necesidades de las partes;

III. Enajenación a título oneroso o gratuito, de conformidad con los criterios que determine la Secretaría, atendiendo la opinión de la Secretaría de Desarrollo Social, a favor de instituciones públicas que tengan a su cargo resolver problemas de habitación popular para atender necesidades colectivas;

IV. Venta a los propietarios de los predios colindantes, de los terrenos que habiendo constituido vías públicas hubiesen sido retirados de dicho servicio, o los bordos, zanjas, setos, vallados u otros elementos divisorios que les hayan servido de límite. Si fueren varios los colindantes y desearen ejercer este derecho, la venta se hará a prorrata;

V. Donación a favor de organismos descentralizados de carácter federal cuyo objeto sea educativo o de salud;

(REFORMADA, D.O.F. 20 DE MAYO DE 2021)

VI. Enajenación onerosa o aportación al patrimonio de entidades e instituciones públicas;

VII. Afectación a fondos de fideicomisos públicos en los que el Gobierno Federal sea fideicomitente o fideicomisario;

(REFORMADA, D.O.F. 16 DE ENERO DE 2012)

VIII. Indemnización como pago en especie por las expropiaciones y afectaciones;

IX. Enajenación al último propietario del inmueble que se hubiere adquirido por vías de derecho público, cuando vaya a ser vendido;

(REFORMADA, D.O.F. 19 DE ENERO DE 2018)

X. Donación a favor de los gobiernos de las entidades federativas y de los municipios, o de sus respectivas entidades paraestatales, a fin de que utilicen los inmuebles en servicios públicos locales, fines educativos o de asistencia social; para obtener fondos a efecto de aplicarlos en el financiamiento, amortización o construcción de obras públicas, o para promover acciones de interés general o de beneficio colectivo;

XI. Enajenación a título oneroso a favor de personas de derecho privado que requieran disponer de dichos inmuebles para la creación, fomento o conservación de una empresa que beneficie a la colectividad, o para la realización de programas de vivienda y desarrollo urbano;

XII. Arrendamiento, comodato o usufructo a favor de instituciones que realicen actividades de asistencia social o labores de investigación científica, siempre que no persigan fines de lucro;

XIII. Enajenación a título oneroso o gratuito, arrendamiento o comodato a favor de organizaciones sindicales constituidas y reconocidas por la legislación laboral, para el cumplimiento de sus fines;

XIV. Arrendamiento en forma total o parcial, y

XV. Los demás actos de carácter oneroso que se justifiquen en términos de esta Ley o de las leyes aplicables.

Los inmuebles federales considerados como monumentos históricos o artísticos conforme a la ley de la materia o la declaratoria correspondiente, no podrán ser objeto de desincorporación del régimen de dominio público de la Federación.

Los inmuebles federales señalados en el párrafo anterior, con excepción de aquéllos nacionalizados a que se refiere el artículo Decimoséptimo Transitorio de la Constitución Política de los Estados Unidos Mexicanos, antes o después de su promulgación, podrán ser otorgados en comodato a favor de personas de derecho privado que no tengan fines de lucro, siempre y cuando garanticen su uso social, y se comprometan a absorber los costos de restauración, conservación y mantenimiento necesarios y a dar a los inmuebles un uso compatible con su naturaleza.

En los casos en que la Federación ejerza la posesión, control o administración de un inmueble a título de dueño, sin contar con el instrumento de propiedad correspondiente, podrá ceder los derechos posesorios a título oneroso o gratuito en los supuestos establecidos en este artículo relativos a la enajenación de inmuebles en que sea procedente la desincorporación del régimen de dominio público de la Federación.

Para llevar a cabo los actos de disposición que tengan el carácter de gratuitos a que se refiere este artículo, deberá contarse con el respectivo dictamen que justifique la operación.

(REFORMADO, D.O.F. 3 DE MAYO DE 2023)

Los ingresos que se obtengan por la venta de inmuebles federales deberán concentrarse en la Tesorería de la Federación. Las contribuciones y demás gastos que cubra la Secretaría para efectuar la venta de los inmuebles federales, serán con cargo al producto de la venta. Para recuperar dichos gastos, la Secretaría efectuará los trámites presupuestarios procedentes, conforme a lo que dispongan los ordenamientos en materia presupuestaria y fiscal que resulten aplicables.

Cuando las dependencias pongan a disposición de la Secretaría para su venta los inmuebles federales que estén a su servicio, o la propia Secretaría proceda a su enajenación, se les podrá otorgar un porcentaje de los ingresos que se obtengan por su venta para que el monto correspondiente lo apliquen al mejoramiento de las áreas en las que se presten servicios a la ciudadanía en términos de lo que disponga el Presupuesto de Egresos de la Federación.

Artículo 85. La venta de inmuebles federales que no sean útiles para destinarlos al servicio público o que no sean de uso común, se realizará mediante licitación pública, con excepción de los casos previstos en las fracciones III, IV, VI, VII, IX y XIII del artículo 84 de esta Ley, en los cuales la venta se realizará a través de adjudicación directa, previa acreditación de los supuestos a que se refieren dichas fracciones.

El valor base de venta será el que determine el avalúo que practique la Secretaría.

Si realizada una licitación pública, el inmueble federal de que se trate no se vende, la Secretaría podrá optar, en función de asegurar al Gobierno Federal las mejores condiciones en cuanto a precio, oportunidad y demás circunstancias pertinentes, por alguna de las siguientes alternativas para venderlo:

(REFORMADA, D.O.F. 3 DE MAYO DE 2023)

I. Celebrar una segunda licitación pública, señalando como postura legal el noventa y cinco por ciento del valor base. De no venderse el inmueble, se procederá a celebrar una tercera licitación pública, estableciéndose como postura legal el noventa por ciento del valor base;

II. Adjudicar el inmueble a la persona que llegare a cubrir el valor base, o

III. Adjudicar el inmueble, en caso de haberse efectuado la segunda o tercera licitaciones públicas sin venderse el bien y no existir propuesta para cubrir el valor base, a la persona que cubra la postura legal de la última licitación que se hubiere realizado.

En los casos enunciados en las fracciones precedentes, sólo se mantendrá el valor base utilizado para la licitación anterior, si el respectivo dictamen valuatorio continúa vigente. Si fenece la vigencia del dictamen, deberá practicarse un nuevo avalúo.

Artículo 86. La Secretaría emitirá las normas para la venta de inmuebles federales.

La Secretaría podrá encomendar la promoción de la venta de inmuebles federales a personas especializadas en la materia, cuando cuente con elementos de juicio suficientes para considerar que con ello se pueden aumentar las alternativas de compradores potenciales y la posibilidad de lograr precios más altos. Para tal efecto, la Secretaría podrá encomendar dicha promoción a distintos corredores públicos u otros agentes inmobiliarios en función de la distribución geográfica de los inmuebles federales de que se trate, debiendo atender lo dispuesto por la Ley de Adquisiciones, Arrendamientos y Servicios del Sector Público.

La Secretaría integrará un padrón de promotores inmobiliarios, en el cual deberán inscribirse los corredores públicos y agentes inmobiliarios que deseen contratar con la Secretaría, para lo cual deberán cubrir los requisitos que se señalen en las disposiciones que emita la propia Secretaría.

Artículo 87. Los inmuebles federales que por su superficie y ubicación sean adecuados para su aplicación a programas de vivienda, salvo aquellos que sean útiles para destinarlos al servicio público, de uso común, los utilizados para fines religiosos y los considerados monumentos históricos o artísticos conforme a la ley de la materia o la declaratoria correspondiente, podrán afectarse al desarrollo de dichas acciones, a través de las instituciones públicas o privadas que lleven a cabo actividades de tal naturaleza, en los términos y condiciones establecidos en esta Ley, en la Ley General de Asentamientos Humanos y en las demás correlativas.

Artículo 88. Toda enajenación onerosa de inmuebles federales deberá ser de contado, a excepción de las enajenaciones que tengan como finalidad resolver necesidades de vivienda de interés social y se efectúen directamente a favor de grupos o personas que, conforme a los criterios establecidos por la

Secretaría de Desarrollo Social, puedan considerarse de escasos recursos. Los adquirentes disfrutarán de un plazo hasta de veinte años, para pagar el precio del inmueble y los intereses correspondientes, siempre y cuando entreguen en efectivo, como primera exhibición, cuando menos el diez por ciento de dicho precio. De estos beneficios no gozarán las personas que adquieran inmuebles cuya extensión exceda la superficie máxima que se establezca como lote tipo en cada zona, atendiendo a las disposiciones vigentes en materia de desarrollo urbano.

La Secretaría podrá extender los beneficios a que alude el párrafo anterior, sin que el plazo para pagar el precio del inmueble exceda de dos años, a las personas físicas o morales que pretendan llevar a cabo proyectos habitacionales de interés social, resolver las necesidades de vivienda a las personas de escasos recursos económicos en una zona o área determinada o regularizar la tenencia de la tierra. Dicha dependencia en todo caso se deberá asegurar del cumplimiento de los objetivos señalados.

Artículo 89. En las enajenaciones a plazo, la Federación se reservará el dominio de los inmuebles federales hasta el pago total del precio, de los intereses pactados y de los moratorios, en su caso, y los compradores no tendrán facultad para derribar o modificar las construcciones sin permiso expreso de la Secretaría.

En el caso a que se refiere el párrafo segundo del artículo 88 de esta Ley, la reserva de dominio se podrá liberar parcialmente en forma proporcional a los pagos realizados, cuando el adquirente hubiere fraccionado o subdividido el inmueble de que se trate, quedando plenamente identificadas las fracciones con sus medidas y colindancias y siendo posible determinar el valor de cada una. La Secretaría cuidará que las fracciones de terreno cuyo dominio quede en reserva garanticen, a su juicio, el pago del precio, de los intereses pactados y los moratorios que, en su caso, se hubieren convenido.

En los contratos respectivos deberá estipularse que la falta de pago de tres mensualidades a cuenta del precio y de sus intereses en los términos convenidos, así como la violación de las prohibiciones que contiene este artículo, darán origen a la rescisión del contrato.

Artículo 90. (DEROGADO, D.O.F. 16 DE ENERO DE 2012)

(REFORMADO, D.O.F. 19 DE ENERO DE 2018)

Artículo 91. En los casos en que el Gobierno Federal descentralice funciones o servicios a favor de los gobiernos de las entidades federativas o de los municipios, y determine la transmisión del dominio de los inmuebles federales utilizados en la prestación de dichas funciones o servicios, la Secretaría procederá a celebrar los contratos de donación o, en su caso, de cesión gratuita de derechos posesorios.

Artículo 92. La enajenación a título gratuito de inmuebles federales a que se refiere el artículo 84 de esta Ley, sólo procederá mediante la presentación de proyectos que señalen el uso principal del inmueble y, en su caso, el tiempo previsto para la iniciación y conclusión de las obras, y los planes de financiamiento. En el caso de incumplimiento de los proyectos dentro de los plazos previstos, tanto el bien donado como sus mejoras revertirán a favor de la Federación.

Artículo 93. El acuerdo administrativo que autorice la enajenación a título gratuito de inmuebles federales en los casos previstos por esta Ley, podrá fijar el plazo máximo dentro del cual deberá iniciarse la utilización del bien en el objeto solicitado; en caso de omisión, se entenderá que el plazo será de un año, contado a partir de la fecha en que se celebre el contrato respectivo.

Si el donatario no iniciare la utilización del inmueble en el fin señalado dentro del plazo previsto, o si habiéndolo hecho le diere un uso distinto, sin contar con la previa autorización de la Secretaría, tanto éste como sus mejoras revertirán a favor de la Federación. Cuando la donataria sea una asociación o institución privada, también procederá la reversión del inmueble y sus mejoras a favor de la Federación, si la donataria desvirtúa la naturaleza o el carácter no lucrativo de sus fines, si deja de cumplir con su objeto o si se extingue. Las condiciones a que se refiere este artículo se insertarán en la escritura de enajenación respectiva.

Artículo 94. Cuando se den los supuestos para la reversión de los inmuebles enajenados a título gratuito, a que se refieren los artículos 92 y 93 de esta Ley, la Secretaría substanciará el procedimiento administrativo tendiente a recuperar la propiedad y posesión del inmueble de que se trate, en los términos señalados en los artículos 108 a 112 de la presente Ley.

En el caso de que la reversión sea procedente, la Secretaría procederá a expedir la declaratoria de que el inmueble revierte al patrimonio de la Federación y de que ésta constituye el título de propiedad sobre el bien, la cual deberá ser publicada en el Diario Oficial de la Federación e inscrita en el Registro Público de la Propiedad Federal y en el Registro Público de la Propiedad que corresponda al lugar de ubicación del bien.

SECCIÓN SEXTA
DE LA FORMALIZACIÓN DE LOS ACTOS ADQUISITIVOS Y TRASLATIVOS DE DOMINIO

Artículo 95. Cuando se determine realizar los actos de enajenación a que se refiere el artículo 84 de esta Ley, se requerirá de la emisión del acuerdo administrativo que desincorpore del régimen de dominio público de la Federación a los inmuebles de que se trate, y autorice la operación respectiva.

Los inmuebles federales que conforme al párrafo anterior se desincorporen del régimen de dominio público de la Federación, perderán únicamente su carácter de inalienables. Asimismo, para los efectos del segundo párrafo de la fracción IV del artículo 115 de la Constitución Política de los Estados Unidos Mexicanos, dichos inmuebles no se considerarán bienes sujetos al régimen de dominio público de la Federación.

Artículo 96. Los actos jurídicos relacionados con inmuebles en los que sean parte la Federación y que en los términos de esta Ley requieran la intervención de notario, se celebrarán ante los Notarios del Patrimonio Inmobiliario Federal que nombrará la Secretaría, entre los autorizados legalmente para ejercer el notariado, cuya lista hará pública.

Los Notarios del Patrimonio Inmobiliario Federal llevarán protocolo especial para los actos jurídicos de este ramo, y sus respectivos apéndices e índices de instrumentos y con los demás requisitos que la ley exija para la validez de los actos notariales. Estos protocolos especiales serán autorizados por las autoridades competentes de las entidades federativas, cuando así lo exijan las leyes locales aplicables, y por la Secretaría. Los notarios deberán dar aviso del cierre y apertura de cada protocolo especial a la Secretaría y remitirle un ejemplar del índice de instrumentos cada vez que se cierre un protocolo especial. Esta dependencia podrá realizar revisiones o requerir información periódica sobre los protocolos especiales, para verificar el cumplimiento de las disposiciones legales aplicables.

En el caso de ausencia de los Notarios del Patrimonio Inmobiliario Federal, quienes los suplan en términos de la legislación local respectiva, sean o no Notarios del Patrimonio Inmobiliario Federal, podrán autorizar, tanto preventiva como definitivamente, un instrumento que se encuentre asentado en el protocolo respectivo, así como expedir testimonios de los que estén asentados dentro del protocolo, pero no podrán asentar nuevos instrumentos. Si el suplente ejerciere las facultades de autorización que este párrafo le concede, de manera previa deberá informar a la Secretaría que se encuentra a cargo de la suplencia, fundando y motivando la misma en los términos de su respectiva legislación.

La Secretaría emitirá los lineamientos que regulen aspectos específicos respecto del otorgamiento de actos relacionados con inmuebles federales, que deberán atender los Notarios del Patrimonio Inmobiliario Federal.

Artículo 97. Las entidades podrán elegir libremente al notario público con residencia en la entidad federativa en que se ubique el inmueble de que se trate, para formalizar cada uno de los actos adquisitivos o traslativos de dominio de inmuebles que celebren.

(REFORMADO, D.O.F. 20 DE MAYO DE 2021)

Las dependencias y las unidades administrativas de la Presidencia de la República, podrán elegir libremente al Notario del Patrimonio Inmobiliario Federal con residencia en la entidad federativa en que se ubique el inmueble de que se trate, para formalizar los actos adquisitivos de dominio de inmuebles a favor de la Federación.

(REFORMADO, D.O.F. 20 DE MAYO DE 2021)

A solicitud de la dependencia, una de las unidades administrativas de la Presidencia de la República o la entidad interesada, la Secretaría excepcionalmente y si lo considera procedente, podrá habilitar a un Notario del Patrimonio Inmobiliario Federal o, en el caso de entidades, a cualquier otro notario público de diferente circunscripción territorial, sin perjuicio de las leyes locales en materia del notariado.

(REFORMADO PRIMER PÁRRAFO, D.O.F. 16 DE ENERO DE 2012)

Artículo 98. Los Notarios del Patrimonio Inmobiliario Federal formalizarán los actos adquisitivos o traslativos de dominio de inmuebles que otorguen la Federación o las entidades, y tanto ellos como los notarios públicos que formalicen actos otorgados por las entidades, serán responsables de que los actos que se celebren ante su fe cumplan con lo dispuesto en esta Ley y las demás disposiciones jurídicas aplicables.

Los Notarios del Patrimonio Inmobiliario Federal y los notarios públicos estarán obligados a hacer las gestiones correspondientes para obtener la inscripción de las escrituras relativas en el Registro Público de la Propiedad Federal y en el Registro Público de la Propiedad que corresponda a la ubicación del bien, y a remitir a la Secretaría el testimonio respectivo debidamente inscrito, en un plazo no mayor de seis meses contados a partir de la fecha en la que hayan autorizado cada escritura, salvo en casos debidamente justificados. En caso de incumplimiento, incurrirán en responsabilidad y serán sancionados en los términos de esta Ley.

En los casos en que intervengan Notarios del Patrimonio Inmobiliario Federal, los honorarios que les correspondan conforme al arancel que establezca los honorarios de los notarios, se reducirán el cincuenta por ciento. Cuando se otorguen instrumentos dentro de programas de regularización de la propiedad inmueble o promoción de la vivienda, las dependencias administradoras de inmuebles podrán convenir con los Colegios de Notarios respectivos, tarifas y cuotas especiales para el otorgamiento de dichos instrumentos.

Artículo 99. No se requerirá intervención de notario en los casos siguientes:

I. Donaciones a favor de la Federación;

(REFORMADA, D.O.F. 19 DE ENERO DE 2018)

II. Donaciones de la Federación a favor de los gobiernos de las entidades federativas y de los municipios, y de sus respectivas entidades;

III. Adquisiciones y enajenaciones a título gratuito u oneroso que realice la Federación con las entidades;

IV. Declaratorias por las que se determine que un inmueble forma parte del patrimonio de la Federación, a las que se refiere el artículo 55 de esta Ley;

V. Transmisiones de propiedad a favor de la Federación de los inmuebles que hubiesen formado parte del patrimonio de las entidades, en los casos en que se extingan, disuelvan o liquiden;

VI. Adjudicaciones a favor de la Federación en los casos previstos por el artículo 57 de esta Ley;

(REFORMADA, D.O.F. 19 DE ENERO DE 2018)

VII. Donaciones que realicen los gobiernos de las entidades federativas o de los municipios, o sus respectivas entidades paraestatales, a favor de entidades, para la realización de las actividades propias de su objeto;

VIII. Enajenaciones de inmuebles federales a favor de personas de escasos recursos, para satisfacer necesidades habitacionales, cuando el valor de cada inmueble no exceda de la suma que resulte de multiplicar por diez el salario mínimo general elevado al año que corresponda al Distrito Federal;

IX. Enajenaciones que realicen las entidades a personas de escasos recursos para resolver necesidades de vivienda de interés social, y

X. Las resoluciones judiciales en los casos a que se refieren las fracciones IV, XVIII, XIX y XX del artículo 42 de esta Ley.

En los casos a que se refieren las fracciones I, II, III, IV, V, VI y VIII de este artículo, el documento que consigne el acto o contrato respectivo tendrá el carácter de instrumento público. En las hipótesis previstas por las fracciones VII y IX, se requerirá que la Secretaría autorice los contratos respectivos, para que éstos adquieran el carácter de instrumento público.

Artículo 100. En caso de que los actos de adquisición de inmuebles a favor de la Federación estén afectados de nulidad, éstos podrán ser convalidados en términos de lo dispuesto por el Código Civil Federal, sin perjuicio de las responsabilidades en que incurra el servidor público de que se trate, en los términos de las disposiciones legales aplicables.

Artículo 101. Se deberán publicar en el Diario Oficial de la Federación:

I. Los ordenamientos cuya expedición prevé la presente Ley;

II. Los decretos presidenciales expropiatorios;

III. Las declaratorias que determinen que un bien está sujeto al régimen de dominio público de la Federación;

IV. Las declaratorias por las que se determine que un bien forma parte del patrimonio de la Federación;

V. Los acuerdos administrativos que destinen inmuebles federales salvo aquéllos que contengan información reservada en los términos de la ley de la materia;

VI. Los acuerdos administrativos que desincorporen inmuebles del régimen de dominio público de la Federación y autoricen su enajenación;

VII. Los convenios por los que se afecten inmuebles federales a actividades de organizaciones internacionales de las que México sea miembro;

VIII. Las convocatorias para la celebración de licitaciones públicas para la venta de inmuebles federales;

IX. Las declaratorias administrativas sobre inmuebles nacionalizados, y

X. Los demás actos jurídicos que ordene esta Ley u otras disposiciones legales aplicables.

Sección Séptima

De la Realización de Obras y de la Conservación y Mantenimiento

Artículo 102. La Secretaría determinará las normas y criterios técnicos para la construcción, reconstrucción, adaptación, conservación, mantenimiento y aprovechamiento de los inmuebles federales que haya destinado para ser utilizados como oficinas administrativas, puertos fronterizos, bodegas y almacenes. Estas normas y criterios no serán aplicables a las obras de ingeniería militar y a las que se realicen para la seguridad nacional.

(REFORMADO, D.O.F. 17 DE DICIEMBRE DE 2015)

Artículo 103. La Secretaría de Cultura, a través del Instituto Nacional de Antropología e Historia y del Instituto Nacional de Bellas Artes y Literatura, según corresponda, determinará las normas y criterios técnicos para la restauración, reconstrucción, adaptación, conservación, preservación, mantenimiento y aprovechamiento de los inmuebles federales considerados como monumentos históricos o artísticos conforme a la ley de la materia o la declaratoria correspondiente, que estén destinados al servicio de las instituciones públicas.

(REFORMADO PRIMER PÁRRAFO, D.O.F. 3 DE MAYO DE 2023)

Artículo 104. La Secretaría intervendrá en los términos de la Ley de Obras Públicas y Servicios Relacionados con las Mismas y de la Ley Federal de Presupuesto y Responsabilidad Hacendaria, de acuerdo con su competencia en la materia, cuando se requieran ejecutar obras de construcción, reconstrucción, modificación, adaptación, conservación y mantenimiento de inmuebles federales, así como para el óptimo aprovechamiento de espacios.

(REFORMADO, D.O.F. 17 DE DICIEMBRE DE 2015)

Para la realización de obras en inmuebles federales considerados como monumentos históricos o artísticos conforme a la ley de la materia o la declaratoria correspondiente, que estén destinados al servicio de las instituciones públicas, se requerirá de la autorización previa de la Secretaría de Cultura.

(REFORMADO, D.O.F. 17 DE DICIEMBRE DE 2015)

Artículo 105. Las instituciones destinatarias realizarán las obras de construcción, reconstrucción, restauración, modificación, adaptación y de aprovechamiento de espacios de los inmuebles destinados, de acuerdo con los proyectos que formulen y, en su caso, las normas y criterios técnicos que emita la Secretaría o la Secretaría de Cultura, según corresponda. La institución destinataria interesada, podrá tramitar la adecuación presupuestaria respectiva para que, en su caso, la Secretaría o la Secretaría de Cultura en el caso de los monumentos históricos o artísticos, a través de sus órganos competentes, realicen tales obras, conforme al convenio que al efecto suscriban con sujeción a las disposiciones jurídicas aplicables.

Artículo 106. Si estuvieran alojadas en un mismo inmueble federal oficinas administrativas de diferentes instituciones públicas y se hubiere programado la realización de obras, así como previsto los recursos presupuestarios necesarios, dichas instituciones públicas se sujetarán a las normas siguientes:

I. La Secretaría realizará las obras de construcción, reconstrucción o modificación o, en su caso, restauración de dichos bienes, de acuerdo con los proyectos que para tal efecto formule en términos del convenio respectivo;

II. Tratándose de obras de adaptación y de aprovechamiento de los espacios asignados a las instituciones públicas ocupantes de un inmueble federal, los proyectos correspondientes deberán ser aprobados por la Secretaría, y su ejecución supervisada por la misma;

III. La conservación y mantenimiento de las áreas de uso común de los inmuebles a que se refiere este artículo, se ejecutarán de acuerdo con un programa que para cada caso concreto formule la Secretaría con la participación de las instituciones públicas ocupantes, y

IV. La conservación y mantenimiento de los locales interiores del inmueble que sirvan para el uso exclusivo de alguna institución pública, quedarán a cargo de la misma.

(REFORMADO, D.O.F. 20 DE MAYO DE 2021)

Para los efectos previstos en las fracciones I y III de este artículo, tratándose de las dependencias, las unidades administrativas de la Presidencia de la República y las entidades, éstas podrán tramitar las adecuaciones presupuestarias respectivas para que, en su caso, la Secretaría realice tales acciones, conforme al convenio que al efecto suscriban con sujeción a las disposiciones aplicables.

(REFORMADO, D.O.F. 19 DE ENERO DE 2018)

En el caso de que sean ocupantes los Poderes Legislativo y Judicial de la Federación, las dependencias y entidades de las administraciones públicas de las entidades federativas y municipales o las instituciones de carácter federal o local con autonomía otorgada por la Constitución Política de los Estados Unidos Mexicanos o por las Constituciones de los Estados, para los efectos previstos en las fracciones I y III del presente artículo, dichas instituciones participarán con los recursos necesarios en relación directa con el espacio que ocupen de manera exclusiva en el inmueble de que se trate.

SECCIÓN OCTAVA
DE LA RECUPERACIÓN DE INMUEBLES POR LA VÍA ADMINISTRATIVA

Artículo 107. Independientemente de las acciones en la vía judicial, la dependencia administradora de inmuebles de que se trate podrá llevar a cabo el procedimiento administrativo tendiente a recuperar la posesión de un inmueble federal de su competencia, en los siguientes casos:

I. Cuando un particular explote, use o aproveche un inmueble federal, sin haber obtenido previamente concesión, permiso o autorización, o celebrado contrato con la autoridad competente;

II. Cuando el particular haya tenido concesión, permiso, autorización o contrato y no devolviere el bien a la dependencia administradora de inmuebles al concluir el plazo establecido o le dé un uso distinto al autorizado o convenido, sin contar con la autorización previa de la dependencia administradora de inmuebles competente, o

III. Cuando el particular no cumpla cualquier otra obligación consignada en la concesión, permiso o autorización respectivo.

Artículo 108. En cualquiera de los supuestos señalados en el artículo anterior, la dependencia administradora de inmuebles dictará un acuerdo de inicio del procedimiento, el que deberá estar fundado y motivado, indicando el nombre de las personas en contra de quienes se inicia.

Al acuerdo a que se refiere el párrafo anterior se agregarán los documentos en que la dependencia administradora de inmuebles sustente el inicio del procedimiento administrativo correspondiente.

Artículo 109. La dependencia administradora de inmuebles al día hábil siguiente a aquél en que se acuerde el inicio del procedimiento administrativo, les notificará a las personas en contra de quienes se inicia, mediante un servidor público acreditado para ello. En la notificación se indicará que dispone de quince días hábiles, para ocurrir ante la propia dependencia, a fin de hacer valer los derechos que, en su caso, tuviere y acompañar los documentos en que funde sus excepciones y defensas.

Artículo 110. El procedimiento se sujetará a las siguientes reglas:

I. En la notificación se expresará:

a) El nombre de la persona a la que se dirige;

b) El motivo de la diligencia;

c) Las disposiciones legales en que se sustente;

d) El lugar, fecha y hora en la que tendrá verificativo la audiencia;

e) El derecho del interesado a aportar pruebas y alegar en la audiencia por sí o por medio de su representante legal;

f) El apercibimiento de que en caso de no presentarse a la audiencia, se le tendrá por contestado en sentido afirmativo, así como por precluido su derecho para hacerlo posteriormente;

g) El nombre, cargo y firma autógrafa del servidor público de la dependencia administradora de inmuebles competente que la emite, y

h) El señalamiento de que el respectivo expediente queda a su disposición para su consulta en el lugar en el que tendrá verificativo la audiencia.

II. La audiencia se desahogará en la siguiente forma:

a) Se recibirán las pruebas que se ofrezcan, y se admitirán y desahogarán las procedentes en la fecha que se señale;

b) El compareciente formulará los alegatos que considere pertinentes, y

c) Se levantará acta administrativa en la que consten las circunstancias anteriores.

Artículo 111. Las notificaciones se harán conforme a lo dispuesto en la Ley Federal de Procedimiento Administrativo.

Artículo 112. La dependencia administradora de inmuebles competente recibirá y, en su caso, admitirá y desahogará las pruebas a que se refiere la fracción II, inciso a) del artículo 110 de esta Ley en un plazo no mayor de treinta días hábiles.

Desahogadas las pruebas admitidas y, en su caso, habiéndose formulado los alegatos, la autoridad emitirá la resolución correspondiente.

Artículo 113. La resolución deberá contener lo siguiente:

I. Nombre de las personas sujetas al procedimiento;

II. El análisis de las cuestiones planteadas por los interesados, en su caso;

III. La valoración de las pruebas aportadas;

IV. Los fundamentos y motivos que sustenten la resolución;

V. La declaración sobre la procedencia de la terminación, revocación o caducidad de las concesiones, permisos o autorizaciones;

VI. Los términos, en su caso, para llevar a cabo la recuperación del inmueble de que se trate, y

VII. El nombre, cargo y firma autógrafa del servidor público de la dependencia administradora de inmuebles competente que la emite.

Dicha resolución será notificada al interesado dentro de los cinco días hábiles siguientes a su emisión, haciéndole saber el derecho que tiene para interponer el recurso de revisión previsto en la Ley Federal de Procedimiento Administrativo.

Artículo 114. Una vez que quede firme la resolución pronunciada, la dependencia administradora de inmuebles que dictó la misma, procederá a ejecutarla, estando facultada para que, en caso de ser necesario, aplique las medidas de apremio previstas en el Código Federal de Procedimientos Civiles.

Artículo 115. La dependencia administradora de inmuebles podrá celebrar con los particulares acuerdos o convenios de carácter conciliatorio en cualquier momento, siempre que no sean contrarios a las disposiciones legales aplicables.

CAPÍTULO III
DE LOS INMUEBLES DE LA ADMINISTRACIÓN PÚBLICA FEDERAL PARAESTATAL

Artículo 116. Los inmuebles propiedad de las entidades no se encuentran sujetos al régimen de dominio público de la Federación que establece esta Ley, salvo aquellos inmuebles propiedad de los organismos descentralizados.

Las entidades podrán adquirir por sí mismas el dominio o el uso de los inmuebles necesarios para la realización de su objeto o fines, así como realizar cualquier acto jurídico sobre inmuebles de su propiedad, sujetándose a las normas y bases que establezcan sus órganos de gobierno, en los términos de la Ley Federal de las Entidades Paraestatales, sin requerir autorización de la Secretaría. Tratándose de la enajenación de inmuebles propiedad de organismos descentralizados, se estará a lo dispuesto en el artículo 117 de la presente Ley.

Los inmuebles propiedad de las entidades, pueden ser objeto de todos los contratos que regula el derecho común.

Artículo 117. Los inmuebles propiedad de los organismos descentralizados, con excepción de los casos previstos en los párrafos siguientes de este artículo, sólo podrán ser desincorporados del régimen de dominio público de la Federación para su enajenación, mediante acuerdo administrativo de la Secretaría que así lo determine.

Para la enajenación de aquellos inmuebles propiedad de los organismos descentralizados que no vengan utilizando directamente en el cumplimiento de su objeto, no se requerirá acuerdo administrativo de la Secretaría, siempre que previamente el organismo de que se trate, dictamine la no utilidad del bien para el cumplimiento de su objeto y cuente con la autorización de su órgano de gobierno para llevar a cabo la enajenación.

Los organismos descentralizados que tengan por objeto la adquisición, desarrollo, fraccionamiento o comercialización de inmuebles, así como la regularización de la tenencia de la tierra y el desarrollo urbano y habitacional, podrán enajenar los que sean de su propiedad sin requerir previamente del acuerdo administrativo a que se refiere el primer párrafo de este artículo.

(REFORMADO, D.O.F. 3 DE MAYO DE 2023)

Artículo 118. Los inmuebles propiedad de los organismos descentralizados, excepto los que por disposición constitucional sean inalienables, sólo podrán gravarse con autorización expresa del Ejecutivo Federal, que se dictará por conducto de la Secretaría cuando a juicio de ésta, así convenga para el mejor financiamiento de las obras o servicios a cargo del organismo descentralizado de que se trate.

TÍTULO CUARTO
DE LA ZONA FEDERAL MARÍTIMO TERRESTRE Y TERRENOS GANADOS AL MAR

CAPÍTULO ÚNICO

Artículo 119. Tanto en el macizo continental como en las islas que integran el territorio nacional, la zona federal marítimo terrestre se determinará:

I. Cuando la costa presente playas, la zona federal marítimo terrestre estará constituida por la faja de veinte metros de ancho de tierra firme, transitable y contigua a dichas playas o, en su caso, a las riberas de los ríos, desde la desembocadura de éstos en el mar, hasta cien metros río arriba;

II. La totalidad de la superficie de los cayos y arrecifes ubicados en el mar territorial, constituirá zona federal marítimo terrestre;

III. En el caso de lagos, lagunas, esteros o depósitos naturales de agua marina que se comuniquen directa o indirectamente con el mar, la faja de veinte metros de zona federal marítimo terrestre se contará a partir del punto a donde llegue el mayor embalse anual o límite de la pleamar, en los términos que determine el reglamento, y

IV. En el caso de marinas artificiales o esteros dedicados a la acuacultura, no se delimitará zona federal marítimo terrestre, cuando entre dichas marinas o esteros y el mar medie una zona federal marítimo terrestre. La zona federal marítimo terrestre correspondiente a las marinas que no se encuentren en este supuesto, no excederá de tres metros de ancho y se delimitará procurando que no interfiera con el uso o destino de sus instalaciones.

Cuando un particular cuente con una concesión para la construcción y operación de una marina o de una granja acuícola y solicite a la Secretaría de Medio Ambiente y Recursos Naturales la enajenación de los terrenos ganados al mar, antes o durante la construcción u operación de la marina o granja de que se trate, dicha Dependencia podrá desincorporar del régimen de dominio público de la Federación los terrenos respectivos y autorizar la enajenación a título oneroso a favor del solicitante, en los términos que se establezcan en el acuerdo administrativo correspondiente, mismo que deberá publicarse en el Diario Oficial de la Federación.

A la Secretaría de Medio Ambiente y Recursos Naturales corresponderá el deslinde y delimitación de la zona federal marítimo terrestre.

Artículo 120. El Ejecutivo Federal, a través de la Secretaría de Medio Ambiente y Recursos Naturales, promoverá el uso y aprovechamiento sustentables de la zona federal marítimo terrestre y los terrenos ganados al mar. Con este objetivo, dicha dependencia, previamente, en coordinación con las demás que conforme a la materia deban intervenir, establecerá las normas y políticas aplicables, considerando los planes y programas de desarrollo urbano, el ordenamiento ecológico, la satisfacción de los requerimientos de la navegación y el comercio marítimo, la defensa del país, el impulso a las actividades de pesca y acuacultura, así como el fomento de las actividades turísticas y recreativas.

El Ejecutivo Federal, a través de la Secretaría de Medio Ambiente y Recursos Naturales, podrá celebrar convenios o acuerdos de coordinación con el objeto de que los gobiernos de los estados y los municipios, en su caso, administren, conserven y vigilen dichos bienes.

Dichas facultades serán ejercidas conforme a lo dispuesto en esta Ley y demás disposiciones federales y locales aplicables, así como en aquéllas que de las mismas deriven.

En contra de los actos que emitan los gobiernos de los estados y, en su caso, de sus municipios, en ejercicio de las facultades que asuman de conformidad con este precepto respecto de los particulares, procederán los recursos y medios de defensa establecidos en la Ley Federal de Procedimiento Administrativo.

Artículo 121. Para los efectos del artículo anterior, los convenios o acuerdos de coordinación que celebre la Federación, por conducto de la Secretaría de Medio Ambiente y Recursos Naturales, con los gobiernos de los estados, con la participación, en su caso, de sus municipios, deberán sujetarse a las siguientes bases:

I. Se celebrarán a propuesta del Ejecutivo Federal o a petición de una entidad federativa, cuando ésta considere que cuenta con los medios necesarios, el personal capacitado, los recursos materiales y financieros, así como la estructura institucional específica para el desarrollo de las facultades que asumiría;

II. Establecerán con precisión su objeto, así como las materias y facultades que se asumirán, debiendo ser congruente con los objetivos de los instrumentos de planeación nacional de desarrollo y con la política ambiental nacional;

III. Determinarán la participación y responsabilidad que corresponda a cada una de las partes, así como los bienes y recursos aportados por las mismas, especificando su destino y forma de administración;

IV. Establecerán el órgano u órganos que llevarán a cabo las acciones que resulten de los convenios o acuerdos de coordinación, incluyendo las de evaluación, así como el cronograma de las actividades a realizar;

V. Definirán los mecanismos de información que se requieran, a fin de que las partes suscriptoras puedan asegurar el cumplimiento de su objeto;

VI. Precisarán la vigencia del instrumento, sus formas de modificación y terminación y, en su caso, el número y duración de sus prórrogas;

VII. Contendrán, en su caso, los anexos técnicos necesarios para detallar los compromisos adquiridos, y

VIII. Las demás estipulaciones que las partes consideren necesarias para el correcto cumplimiento del convenio o acuerdo de coordinación.

Corresponde a la Secretaría de Medio Ambiente y Recursos Naturales evaluar el cumplimiento de los compromisos que se asuman en los convenios o acuerdos de coordinación a que se refiere este artículo. Dicha evaluación se realizará trimestralmente, debiendo publicarse el resultado en la Gaceta de esa Dependencia. En caso de incumplimiento, esa Dependencia podrá dar por terminados anticipadamente dichos convenios.

Los convenios o acuerdos de coordinación a que se refiere el presente artículo, sus modificaciones, así como su acuerdo de terminación, deberán publicarse en el Diario Oficial de la Federación y en la gaceta o periódico oficial de la respectiva entidad federativa.

Artículo 122. En el caso de que la zona federal marítimo terrestre sea invadida total o parcialmente por las aguas, o de que éstas lleguen inclusive a invadir terrenos de propiedad particular colindantes con la zona federal marítimo terrestre, ésta se delimitará nuevamente en los términos de esta Ley y sus reglamentos. Las áreas de los terrenos que pasen a formar parte de la nueva zona federal marítimo terrestre perderán su carácter de propiedad privada, pero sus legítimos propietarios tendrán derecho de preferencia para que se les concesione, conforme a lo establecido por esta Ley.

Artículo 123. Cuando el aprovechamiento o explotación de materiales existentes en la zona federal marítimo terrestre se rija por leyes especiales, para que la autoridad competente otorgue la concesión, permiso o autorización respectiva, se requerirá previamente de la opinión favorable de la Secretaría de Medio Ambiente y Recursos Naturales.

Cuando se cuente con concesión, permiso o autorización de autoridad competente para el aprovechamiento, explotación o realización de actividades reguladas por otras leyes, incluidas las relacionadas con marinas, instalaciones marítimo-portuarias, pesqueras o acuícolas y se requiera del aprovechamiento de la zona federal marítimo terrestre, la Secretaría de Medio Ambiente y Recursos Naturales otorgará de inmediato la concesión respectiva, excepto cuando se afecten derechos de preferencia de los colindantes o de otros concesionarios, sin perjuicio de que se cumpla la normatividad general que para cada aprovechamiento, explotación o actividad expida previamente dicha Dependencia en lo tocante a la zona federal marítimo terrestre.

Artículo 124. Sólo podrán realizarse obras para ganar artificialmente terrenos al mar, con la previa autorización de la Secretaría de Medio Ambiente y Recursos Naturales y con la intervención de la Secretaría de Comunicaciones y Transportes, las cuales determinarán la forma y términos para ejecutar dichas obras.

A la Secretaría de Medio Ambiente y Recursos Naturales corresponderá la posesión, delimitación, control y administración de los terrenos ganados al mar, debiendo destinarlos preferentemente para servicios públicos, atendiendo a las disposiciones de esta Ley y sus reglamentos. Sin embargo, cuando sea previsible que no se requieran para la prestación de servicios públicos, podrán desincorporarse del régimen de dominio público de la Federación para disponer de ellos, conforme a lo señalado en los artículos 84 y 95 de esta Ley.

En las autorizaciones que la Secretaría de Medio Ambiente y Recursos Naturales otorgue a particulares para realizar obras tendientes a ganar terrenos al mar se establecerán los requisitos, condiciones técnicas y plazo para su realización, el monto de la inversión que se efectuará, el uso o aprovechamiento que se les dará, así como las condiciones de venta de la superficie total o parcial susceptible de enajenarse, en las que se considerarán, en su caso, las inversiones realizadas por el particular en las obras.

Las Secretarías de Medio Ambiente y Recursos Naturales, de Comunicaciones y Transportes y de Turismo, en el ámbito de sus atribuciones legales, se coordinarán para fomentar la construcción y operación de infraestructura especializada en los litorales.

Artículo 125. Cuando por causas naturales o artificiales, se ganen terrenos al mar, los límites de la zona federal marítimo terrestre se establecerán de acuerdo con la nueva configuración física del terreno, de tal manera que se entenderá ganada al mar la superficie de tierra que quede entre el límite de la nueva zona federal marítimo terrestre y el límite de la zona federal marítimo terrestre original.

Cuando por causas naturales o artificiales, una porción de terreno deje de formar parte de la zona federal marítimo terrestre, los particulares que la tuviesen concesionada tendrán derecho de preferencia para adquirir los terrenos ganados al mar, previa su desincorporación del régimen de dominio público de la Federación, o para que se les concesionen, siempre que se cumplan las condiciones y requisitos que establezca la Secretaría de Medio Ambiente y Recursos Naturales.

Artículo 126. La zona federal marítimo terrestre y los terrenos ganados al mar no podrán ser objeto de afectaciones agrarias y, en consecuencia, no podrán estar comprendidos en las resoluciones presidenciales o jurisdiccionales de dotación, ampliación y restitución de tierras. Los ejidos o comunidades colindantes tendrán preferencia para que se les otorgue concesión para el aprovechamiento de dichos bienes.

Artículo 127. Los concesionarios y permisionarios que aprovechen y exploten la zona federal marítimo terrestre, pagarán los derechos correspondientes, conforme a lo dispuesto en la legislación fiscal aplicable.

(ADICIONADO, D.O.F. 21 DE OCTUBRE DE 2020)

En el caso de que no existan vías públicas o accesos desde la vía pública, los propietarios de terrenos colindantes con la zona federal marítimo terrestre deberán permitir el libre acceso a la misma, así como a las playas marítimas, a través de los accesos que para el efecto convenga la Secretaría de Medio

Ambiente y Recursos Naturales con los propietarios, mediando compensación en los términos que fije el reglamento. Dichos accesos serán considerados servidumbre, en términos de la fracción VIII del artículo 143 de esta Ley.

TÍTULO QUINTO
DE LOS BIENES MUEBLES DE LA ADMINISTRACIÓN PÚBLICA FEDERAL

CAPÍTULO ÚNICO

(REFORMADO PRIMER PÁRRAFO, D.O.F. 20 DE MAYO DE 2021)

Artículo 128. Las disposiciones de este Título serán aplicables a los bienes muebles de propiedad federal que estén al servicio de las dependencias y las unidades administrativas de la Presidencia de la República.

Las atribuciones que en el presente Capítulo se confieren a los Oficiales Mayores o equivalentes de las dependencias, se entenderán conferidas a los titulares de los órganos desconcentrados.

(REFORMADO PRIMER PÁRRAFO, D.O.F. 20 DE MAYO DE 2021)

Artículo 129. La Secretaría expedirá las normas generales a que se sujetará el registro, afectación, disposición final y baja de los bienes muebles al servicio de las dependencias y las unidades administrativas de la Presidencia de la República.

La Secretaría podrá practicar visitas de inspección a dichas instituciones y a las entidades, para verificar el control y existencia en almacenes e inventarios de bienes muebles, así como la afectación de los mismos.

(REFORMADO, D.O.F. 20 DE MAYO DE 2021)

Corresponderá a los Oficiales Mayores o equivalentes de las dependencias y las unidades administrativas de la Presidencia de la República, emitir los lineamientos y procedimientos específicos, manuales, formatos e instructivos necesarios para la adecuada administración de los bienes muebles y el manejo de los almacenes.

(REFORMADO PRIMER PÁRRAFO, D.O.F. 20 DE MAYO DE 2021)

Artículo 130. A los Oficiales Mayores o equivalentes de las dependencias y las unidades administrativas de la Presidencia de la República les corresponderá, bajo su estricta responsabilidad, lo siguiente:

I. Autorizar el programa anual de disposición final de los bienes muebles;

II. Desincorporar del régimen de dominio público de la Federación los bienes muebles, mediante acuerdo administrativo, y

III. Autorizar la celebración de operaciones de permuta, dación en pago, transferencia, comodato o destrucción de bienes muebles.

El acuerdo administrativo de desincorporación a que se refiere la fracción II de este artículo, tendrá únicamente el efecto de que los bienes pierdan su carácter de inalienables. Dicho acuerdo podrá referirse a uno o más bienes debidamente identificados de manera individual.

(REFORMADO PRIMER PÁRRAFO, D.O.F. 20 DE MAYO DE 2021)

Artículo 131. Será responsabilidad de las dependencias y las unidades administrativas de la Presidencia de la República, la enajenación, transferencia o destrucción de los bienes muebles de propiedad federal que estén a su servicio y que por su uso, aprovechamiento o estado de conservación no sean ya adecuados o resulte inconveniente su utilización en el mismo, así como la enajenación o destrucción de los desechos respectivos.

La enajenación de los bienes podrá llevarse a cabo mediante cualquier acto previsto al efecto por las leyes y el procedimiento se ajustará a lo dispuesto en éstas, en todo aquello que no se oponga a la presente Ley.

Los ingresos que se obtengan por las enajenaciones a que se refiere este artículo, deberán concentrarse en la Tesorería de la Federación.

Cuando se trate de armamento, municiones, explosivos, agresivos químicos y artificios, así como de materiales contaminantes o radioactivos u otros objetos cuya posesión o uso puedan ser peligrosos o causar riesgos graves, su enajenación, manejo o destrucción se hará de acuerdo con los ordenamientos legales aplicables.

Las enajenaciones a que se refiere este artículo no podrán realizarse a favor de los servidores públicos que en cualquier forma intervengan en los actos relativos a dichas enajenaciones, ni de sus cónyuges o parientes consanguíneos y por afinidad hasta el cuarto grado o civiles, o de terceros con los que dichos servidores tengan vínculos privados o de negocios. Las enajenaciones que se realicen en contravención a lo dispuesto en este párrafo serán nulas y causa de responsabilidad.

(REFORMADO, D.O.F. 20 DE MAYO DE 2021)

Los servidores públicos que no se encuentren en los supuestos señalados en el párrafo anterior, podrán participar en las licitaciones públicas de los bienes muebles al servicio de las dependencias o las unidades administrativas de la Presidencia de la República, que éstas determinen enajenar.

(REFORMADO PRIMER PÁRRAFO, D.O.F. 14 DE SEPTIEMBRE DE 2021)

Artículo 132. Salvo los casos comprendidos en los párrafos tercero y cuarto de este artículo, la venta se hará mediante licitación pública. De no lograrse la venta de los bienes a través del procedimiento de licitación pública, se procederá a su subasta en el mismo evento, en los términos que señalen las normas generales que emita la Secretaría. También se podrá enajenar bienes por sorteo.

Para efectos de la subasta se considerará postura legal la que cubra las dos terceras partes del valor base fijado para la licitación. Si en la primera almoneda no hubiere postura legal, se realizará una segunda, deduciendo en ésta un diez por ciento del importe que en la anterior hubiere constituido la postura legal. Si no se lograse la venta en la segunda almoneda, se podrán emplear los procedimientos a que se refiere el párrafo siguiente, considerando para tal efecto como valor base la postura legal de esta última almoneda.

(REFORMADO, D.O.F. 20 DE MAYO DE 2021)

Las dependencias y las unidades administrativas de la Presidencia de la República, podrán vender bienes muebles sin sujetarse a licitación pública, mediante invitación a cuando menos tres personas o adjudicación directa, previa autorización de la Secretaría, cuando se presenten condiciones o circunstancias extraordinarias o imprevisibles o situaciones de emergencia, o no existan por lo menos tres posibles interesados capacitados legalmente para presentar ofertas. En estos casos, la selección del procedimiento de enajenación se hará en función de obtener las mejores condiciones para el Gobierno Federal, en cuanto a precio, oportunidad y demás circunstancias pertinentes.

(REFORMADO, D.O.F. 20 DE MAYO DE 2021)

También podrán las dependencias y las unidades administrativas de la Presidencia de la República, vender bienes sin sujetarse a licitación pública, cuando el valor de éstos en su conjunto no exceda del equivalente a mil días de salario mínimo general vigente en la Ciudad de México.

El monto de la enajenación no podrá ser inferior a los valores mínimos de los bienes que, en su caso, determine la Secretaría con base en el avalúo que para tal efecto practique o mediante el procedimiento que con ese objeto establezca. La Secretaría emitirá, conforme a las disposiciones aplicables, los instrumentos administrativos que contengan los referidos valores.

La enajenación de bienes muebles cuyo valor mínimo no hubiere fijado la Secretaría, en los términos a que se refiere el párrafo anterior, no podrá pactarse por debajo del que se determine mediante avalúo sobre los bienes específicos que practicarán la propia Secretaría, las instituciones de crédito, los corredores públicos o los especialistas en materia de valuación con cédula profesional expedida por autoridad competente.

(REFORMADO, D.O.F. 14 DE SEPTIEMBRE DE 2021)

Lo dispuesto en los párrafos anteriores respecto al valor mínimo de venta no será aplicable a los casos de sorteo y de subasta a que se refieren los párrafos primero y segundo de este artículo.

(REFORMADO PRIMER PÁRRAFO, D.O.F. 20 DE MAYO DE 2021)

Artículo 133. Las dependencias y las unidades administrativas de la Presidencia de la República, con aprobación expresa de su Oficial Mayor o equivalente, o del Comité de Bienes Muebles, en su caso, podrán donar bienes muebles de propiedad federal que estén a su servicio, cuando ya no les sean útiles, a las entidades federativas, municipios, instituciones de salud, beneficencia o asistencia, educativas o culturales, a quienes atiendan la prestación de servicios sociales por encargo de las propias dependencias, a beneficiarios de algún servicio asistencial público, a las comunidades agrarias y ejidos y a entidades que los necesiten para sus fines, siempre que el valor de los bienes objeto de la donación, conforme al último párrafo de este artículo, no exceda del equivalente a diez mil Unidades de Medida y Actualización. Dicha donación se realizará conforme al procedimiento establecido en este Capítulo.

Si el valor de los bienes excede de la cantidad mencionada, se requerirá de la previa autorización de la Secretaría.

En el caso de ayuda humanitaria o de investigación científica, la Federación podrá donar bienes muebles a gobiernos e instituciones extranjeras, o a organizaciones internacionales, mediante acuerdo presidencial refrendado por los titulares de la Secretaría de Relaciones Exteriores, de la Secretaría y de la dependencia en cuyos inventarios figure el bien.

En todo caso, la donación de bienes deberá realizarse a valor de adquisición o de inventario.

(REFORMADO, D.O.F. 20 DE MAYO DE 2021)

Artículo 134. La transferencia de bienes muebles podrá realizarse exclusivamente entre dependencias y las unidades administrativas de la Presidencia de la República; para ello, deberá contarse con la autorización previa del Oficial Mayor o equivalente de la institución a cuyo servicio estén los bienes, la que no requerirá de la obtención de avalúo, sino que deberá formalizarse a valor de adquisición o de inventario, mediante acta de entrega recepción.

Artículo 135. Efectuada la enajenación, transferencia o destrucción, se procederá a la cancelación de registros en inventarios y se dará aviso a la Secretaría de la baja respectiva en los términos que ésta establezca.

(REFORMADO, D.O.F. 20 DE MAYO DE 2021)

Artículo 136. Los actos de disposición final que respecto de los bienes muebles a su servicio, realicen en sus representaciones en el extranjero las dependencias, se regirán en lo procedente por este Capítulo, sin perjuicio de lo dispuesto por la legislación del lugar donde se lleven a cabo.

(REFORMADO, D.O.F. 20 DE MAYO DE 2021)

Artículo 137. Las dependencias y las unidades administrativas de la Presidencia de la República, podrán otorgar bienes muebles en comodato a entidades, a los gobiernos de las entidades federativas y de los municipios, así como a instituciones de educación superior y asociaciones que no persigan fines de lucro, siempre y cuando con ello se contribuya al cumplimiento de programas del Gobierno Federal, lo que deberá ser objeto de acreditación y seguimiento por parte de la institución de que se trate.

(REFORMADO, D.O.F. 20 DE MAYO DE 2021)

Artículo 138. La Secretaría llevará y mantendrá permanentemente actualizado un catálogo o registro clasificatorio de los bienes muebles de las dependencias y las unidades administrativas de la Presidencia de la República, las que deberán remitirle la información necesaria para tales efectos, así como aquélla que les solicite.

Artículo 139. Con excepción de la transferencia y del aviso de baja a que se refieren los artículos 134 y 135 de la presente Ley, respectivamente, las disposiciones sobre bienes muebles a que se contrae el presente Título regirán para los actos de disposición final y baja de bienes muebles que realicen las entidades, siempre que dichos bienes estén a su servicio o formen parte de sus activos fijos.

Los órganos de gobierno de las entidades, de conformidad con la legislación aplicable, dictarán las bases generales conducentes a la debida observancia de lo dispuesto por este artículo.

Las bases que dicten los órganos de gobierno guardarán la debida congruencia con las normas a que se refiere el artículo 129 de esta Ley.

Las facultades a que se refieren los artículos 130 y 131 de esta Ley, corresponderán, en lo aplicable, al órgano de gobierno de la entidad, el que podrá delegarlas en el titular de la propia entidad.

(REFORMADO PRIMER PÁRRAFO, D.O.F. 20 DE MAYO DE 2021)

Artículo 140. Los titulares de las dependencias y de las unidades administrativas de la Presidencia de la República, así como los órganos de gobierno de las entidades deberán establecer comités de bienes muebles para la autorización, control y seguimiento de las operaciones respectivas, según corresponda.

La integración y funcionamiento de estos comités se sujetarán a las normas que emita la Secretaría y a las bases generales que dicten dichos órganos, en los términos de los artículos 129 y 139 de esta Ley, respectivamente.

Artículo 141. Las funciones de los comités de bienes muebles serán las siguientes:

I. Elaborar y autorizar el manual de integración y funcionamiento respectivo;

II. Aprobar el calendario de reuniones ordinarias;

III. Llevar a cabo el seguimiento del programa anual de disposición final de bienes muebles;

IV. Analizar los casos de excepción al procedimiento de licitación pública previstos en el tercer párrafo del artículo 132 de esta Ley y proponerlos para su autorización a la Secretaría;

(REFORMADA, D.O.F. 20 DE MAYO DE 2021)

V. Autorizar la constitución de subcomités en órganos desconcentrados, delegaciones o representaciones, determinando su integración y funciones específicas, así como la forma y términos en que deberán informar al comité de la dependencia o las unidades administrativas de la Presidencia de la República, según corresponda, sobre su actuación;

VI. Autorizar los actos para la desincorporación patrimonial de desechos, con vigencia mayor a un año;

VII. Autorizar la donación de bienes cuyo valor no exceda del equivalente a quinientos días de salario mínimo general vigente en el Distrito Federal;

VIII. Cuando le sea solicitado por el Oficial Mayor o equivalente, analizar la conveniencia de celebrar operaciones de donación, permuta, dación en pago, transferencia o comodato de bienes muebles;

IX. Nombrar a los servidores públicos encargados de presidir los actos de apertura de ofertas y de fallo;

(REFORMADA, D.O.F. 20 DE MAYO DE 2021)

X. Analizar los informes trimestrales de conclusión o trámite de los asuntos sometidos al comité, así como de todas las enajenaciones efectuadas en el periodo por la dependencia y las unidades administrativas de la Presidencia de la República, a fin de, en su caso, disponer de las medidas de mejora o correctivas necesarias, y

(REFORMADA, D.O.F. 20 DE MAYO DE 2021)

XI. Aprobar el informe anual respecto de los resultados obtenidos de su actuación, en la primera sesión del ejercicio fiscal inmediato posterior, así como someterlo a la consideración del titular de la dependencia y las unidades administrativas de la Presidencia de la República correspondiente.

En ningún caso podrán los comités emitir las autorizaciones o aprobaciones a que se refiere este artículo, cuando falte el cumplimiento de algún requisito o no se cuente con los documentos esenciales exigidos por las disposiciones aplicables. En consecuencia, no producirán efecto alguno los acuerdos condicionados en cualquier sentido.

Las normas a que se refiere el artículo 129 de esta Ley, precisarán cuáles son los documentos esenciales referidos.

TÍTULO SEXTO
DEL AVALÚO DE BIENES NACIONALES

CAPÍTULO ÚNICO

Artículo 142. La Secretaría emitirá las normas, procedimientos, criterios y metodologías de carácter técnico, conforme a los cuales se llevarán a cabo los avalúos y justipreciaciones de rentas a que se refieren los artículos 143 y 144 de esta Ley.

(REFORMADO PRIMER PÁRRAFO, D.O.F. 20 DE MAYO DE 2021)

Artículo 143. Previamente a la celebración de los actos jurídicos a que se refiere el presente artículo en los que intervengan las dependencias, las unidades administrativas de la Presidencia de la República y, en su caso, las entidades, corresponderá a la Secretaría dictaminar:

I. El valor de los inmuebles respecto de los que la Federación pretenda adquirir derechos de propiedad, posesión o cualquier otro derecho real, mediante contratos de compraventa, permuta, arrendamiento financiero o cualquier otro de derecho común cuando se requiera el avalúo;

(REFORMADA, D.O.F. 19 DE ENERO DE 2018)

II. El valor de los inmuebles respecto de los que la Federación pretenda transmitir derechos de propiedad, posesión o cualquier otro derecho real, mediante contratos de compraventa, permuta, aportación, afectación o cualquier otro autorizado por esta Ley, salvo los casos de donaciones a título gratuito de inmuebles a favor de los gobiernos de las entidades federativas y de los municipios, así como de sus respectivas entidades paraestatales;

III. El valor del patrimonio de las unidades económicas agropecuarias, industriales, comerciales o de servicios que por cualquier concepto adquiera, o enajene la Federación;

IV. El valor de los terrenos ganados al mar, a los vasos de los lagos, lagunas, esteros y presas y a los cauces de las corrientes de propiedad nacional, así como de sus zonas federales suprimidas, cuando se vayan a enajenar por primera vez;

V. El valor comercial de los terrenos nacionales con potencial turístico, urbano, industrial o de otra índole no agropecuaria, para su enajenación;

(REFORMADA, D.O.F. 19 DE ENERO DE 2018)

VI. El valor de los inmuebles donados por la Federación a los gobiernos de las entidades federativas y de los municipios, o a sus respectivas entidades paraestatales, cuando aquéllos se vayan a enajenar a título oneroso, salvo el caso de que la enajenación tenga por objeto la regularización de la tenencia de la tierra a favor de sus poseedores;

VII. El monto de la indemnización por la expropiación, ocupación temporal o limitación de derechos de dominio sobre bienes inmuebles, muebles, acciones, partes sociales o derechos que decrete el Ejecutivo Federal, tratándose tanto de propiedades privadas como de inmuebles sujetos al régimen ejidal o comunal;

VIII. El monto de la compensación o indemnización que, para la constitución de servidumbres, voluntarias o legales, habrá de pagarse a los propietarios de los terrenos colindantes con los inmuebles federales, si éstos son los dominantes;

IX. El monto de la indemnización en los casos en que la Federación rescate concesiones sobre bienes sujetos al régimen de dominio público de la Federación;

X. El valor de los inmuebles federales materia de concesión para el efecto de determinar el monto de los derechos que deberá pagar el concesionario, de conformidad con las prescripciones de la Ley Federal de Derechos;

XI. El monto de las rentas que la Federación y las entidades deban cobrar cuando tengan el carácter de arrendadoras;

(REFORMADA, D.O.F. 20 DE MAYO DE 2021)

XII. El monto de las rentas que las dependencias, las unidades administrativas de la Presidencia de la República y las entidades deban pagar cuando tengan el carácter de arrendatarias, salvo en los casos a que se refiere el último párrafo del artículo 50 de esta Ley;

XIII. El valor de los inmuebles afectos a los fines de las concesiones, permisos o autorizaciones a que se refiere el artículo 58 de esta Ley, en los casos en que se autorice su enajenación parcial, así como cuando se resuelva la nulidad, modificación, revocación o caducidad de dichos actos, para los efectos que señala el mismo precepto;

XIV. El valor de los bienes que formen parte del patrimonio de la beneficencia pública, cuando se pretendan enajenar;

XV. El monto de la indemnización por concepto de reparación de los daños y perjuicios causados al erario federal por el responsable inmobiliario que no entregue a la Secretaría en el plazo que señala esta Ley, los inmuebles o áreas destinadas que se desocupen;

XVI. El valor de los bienes o monto de las contraprestaciones por su uso, aprovechamiento o explotación, cuando la Secretaría sea designada como perito en las diligencias judiciales que versen sobre bienes nacionales;

(REFORMADA, D.O.F. 19 DE ENERO DE 2018)

XVII. El valor de los inmuebles o el monto de la renta cuando los pretendan adquirir o tomar en arrendamiento los gobiernos de las entidades federativas y de los municipios con cargo a recursos federales, con excepción de las participaciones en impuestos federales, y

XVIII. Los demás valores que las leyes, reglamentos y demás disposiciones aplicables señalen que deben ser determinados por la Secretaría.

Asimismo, la Secretaría podrá practicar todo tipo de trabajos valuatorios a nivel de consultoría, cuando se lo soliciten las instituciones públicas.

(REFORMADO PRIMER PÁRRAFO, D.O.F. 20 DE MAYO DE 2021)

Artículo 144. Previamente a la celebración de los actos jurídicos a que se refiere el presente artículo en los que intervengan las dependencias, las unidades administrativas de la Presidencia de la República y las entidades, éstas podrán solicitar a la Secretaría, a las instituciones de crédito o a los especialistas en materia de valuación con cédula profesional expedida por autoridad competente, que determinen:

I. El valor de los inmuebles respecto de los que las entidades pretendan adquirir derechos de propiedad, posesión o cualquier otro derecho real, mediante contratos de compraventa, permuta, arrendamiento financiero o cualquier otro de derecho común cuando se requiera el avalúo;

II. El valor de los inmuebles respecto de los que las entidades pretendan transmitir derechos de propiedad, posesión o cualquier otro derecho real, mediante contratos de compraventa, permuta, aportación, afectación o cualquier otro autorizado por esta Ley;

III. El valor del patrimonio de las unidades económicas agropecuarias, industriales, comerciales o de servicios que por cualquier concepto adquieran o enajenen las entidades;

(REFORMADA, D.O.F. 20 DE MAYO DE 2021)

IV. El valor de los bienes objeto de dación en pago de créditos fiscales, de cuotas obrero-patronales y de adeudos de carácter mercantil o civil, así como de los bienes que las dependencias, las unidades administrativas de la Presidencia de la República y las entidades pretendan enajenar para cobrar dichos créditos;

(REFORMADA, D.O.F. 20 DE MAYO DE 2021)

V. El valor de los inmuebles que sean objeto de aseguramiento contra daños por parte de las dependencias, las unidades administrativas de la Presidencia de la República y las entidades;

VI. El valor de los bienes inmuebles y demás activos de las entidades, cuando éstas lo soliciten para efectos de actualización de valores de sus inventarios con fines contables o para la reexpresión de sus estados financieros;

VII. El valor de los bienes que sean objeto de aseguramiento o decomiso por haber sido instrumento, medio, objeto o producto de un delito, cuando se vayan a enajenar;

(REFORMADA, D.O.F. 20 DE MAYO DE 2021)

VIII. El valor de los bienes muebles usados que las dependencias, las unidades administrativas de la Presidencia de la República y las entidades pretendan adquirir mediante el procedimiento de invitación a cuando menos tres proveedores o de adjudicación directa;

(REFORMADA, D.O.F. 20 DE MAYO DE 2021)

IX. El valor de los bienes muebles de propiedad federal al servicio de las dependencias y las unidades administrativas de la Presidencia de la República, así como de los muebles que formen parte de los activos o se encuentren al servicio de las entidades, cuando se pretendan enajenar, sin perjuicio de lo dispuesto por el artículo 132, párrafo quinto, de esta Ley;

X. El valor de los bienes muebles faltantes en el inventario, a fin de tomarlo como base para la cuantificación de los pliegos preventivos de responsabilidades calificados como definitivos por la autoridad competente;

XI. El monto de la indemnización por concepto de reparación del daño cuando en un procedimiento administrativo disciplinario se haya determinado la responsabilidad de un servidor público y su falta administrativa haya causado daños y perjuicios a particulares;

XII. El monto de la indemnización que se deba cubrir en concepto de daños y perjuicios a las personas afectadas en sus bienes, propiedades, posesiones y derechos por actos de autoridad, cuando medie resolución que ordene la restitución en su favor y ésta sea física o jurídicamente imposible, y

XIII. Los demás valores cuya determinación no esté encomendada exclusivamente a la Secretaría por esta Ley u otros ordenamientos jurídicos.

(REFORMADO, D.O.F. 20 DE MAYO DE 2021)

Artículo 145. Cuando con motivo de la celebración de los actos jurídicos a que se refieren los artículos 143 y 144, las dependencias, las unidades administrativas de la Presidencia de la República o las entidades deban cubrir una prestación pecuniaria, ésta no podrá ser superior al valor dictaminado. Si le corresponde a la contraparte el pago de la prestación pecuniaria, ésta no podrá ser inferior al valor dictaminado, salvo las excepciones que esta Ley establece.

(REFORMADO PRIMER PÁRRAFO, D.O.F. 20 DE MAYO DE 2021)

Artículo 146. En el caso de que las dependencias, las unidades administrativas de la Presidencia de la República o las entidades, pretendan continuar la ocupación de un inmueble arrendado, la Secretaría podrá fijar el porcentaje máximo de incremento al monto de las rentas pactadas en los contratos de arrendamiento correspondientes, sin que sea necesario justipreciar las rentas.

Las instituciones mencionadas no requerirán obtener justipreciaciones de rentas, cuando el monto de las mismas no rebase el importe máximo de rentas que fije anualmente la Secretaría.

Artículo 147. La Secretaría tendrá facultades para definir los criterios que habrán de atenderse en la determinación de los porcentajes y montos de incremento o reducción a los valores comerciales, con el fin de apoyar la regularización de la tenencia de la tierra, el desarrollo urbano, la vivienda popular y de interés social, el reacomodo de personas afectadas por la realización de obras públicas o por desastres naturales, la constitución de reservas territoriales y de distritos de riego, el desarrollo turístico y las actividades de evidente interés general y de beneficio colectivo. Para estos efectos, la Secretaría podrá pedir opinión a las dependencias y entidades involucradas.

Artículo 148. La vigencia de los dictámenes valuatorios y de justipreciaciones de rentas, no excederá de un año contado a partir de la fecha de su emisión, salvo lo que dispongan otros ordenamientos jurídicos en materias específicas.

TÍTULO SÉPTIMO
DE LAS SANCIONES

CAPÍTULO ÚNICO

Artículo 149. Se sancionará con prisión de dos a doce años y multa de trescientas a mil veces el salario mínimo general diario vigente para el Distrito Federal a quien, vencido el término señalado en la concesión, permiso o autorización que se haya otorgado para la explotación, uso o aprovechamiento de un bien sujeto al régimen de dominio público de la Federación, no lo devolviere a la autoridad correspondiente dentro del término de treinta días naturales siguientes a la fecha de notificación del requerimiento administrativo que le sea formulado.

Artículo 150. La pena señalada en el artículo anterior se impondrá a quien use, aproveche o explote un bien que pertenece a la Nación, sin haber obtenido previamente concesión, permiso o autorización, o celebrado contrato con la autoridad competente.

Artículo 151. Las obras e instalaciones que sin concesión, permiso, autorización o contrato se realicen en inmuebles federales, se perderán en beneficio de la Federación. En su caso, la Secretaría ordenará que las obras o instalaciones sean demolidas por cuenta del infractor, sin que proceda indemnización o compensación alguna.

Artículo 152. A los notarios públicos y a los Notarios del Patrimonio Inmobiliario Federal, que autoricen actos jurídicos en contravención de las disposiciones de esta Ley o sus reglamentos, o no cumplan con las mismas, independientemente de la responsabilidad civil o penal en que incurran, la Secretaría podrá sancionarlos con multa de veinte a cinco mil veces el salario mínimo general diario vigente para el Distrito Federal.

Respecto de los Notarios del Patrimonio Inmobiliario Federal, la Secretaría podrá además revocarles el nombramiento que les hubiere otorgado para actuar con tal carácter.

N. DE E. EN RELACIÓN CON LA ENTRADA EN VIGOR DEL PRESENTE ARTÍCULO, VÉASE TRANSITORIO PRIMERO DEL DECRETO DE MODIFICA LA LEY.

(ADICIONADO, D.O.F. 7 DE JUNIO DE 2013)

Artículo 153. Quienes realicen el uso o aprovechamiento de la zona federal marítimo terrestre y los terrenos ganados al mar, sin contar con concesión permiso o autorización de la autoridad competente, ocasionando directa o indirectamente un daño a los ecosistemas o sus componentes, estarán obligados a la reparación de los daños al ambiente, o bien, a la compensación ambiental que proceda de conformidad con lo dispuesto en la Ley Federal de Responsabilidad Ambiental.

(ADICIONADO, D.O.F. 21 DE OCTUBRE DE 2020)

Artículo 154. Se sancionará con multa de entre tres mil y hasta doce mil veces la Unidad de Medida y Actualización vigente a los propietarios de terrenos colindantes con la zona federal marítimo terrestre o los titulares de concesiones, permisos, autorizaciones y acuerdos de destino respecto del aprovechamiento de la zona federal marítimo terrestre que por cualquier medio o acto impidan, inhiban, restrinjan, obstaculicen o condicionen el acceso a la zona federal marítimo terrestre y a las playas marítimas.

Para el caso de titulares de concesiones, permisos, autorizaciones y acuerdos de destino respecto del aprovechamiento de la zona federal marítimo terrestre, en caso de reincidencia, además de la sanción señalada en el párrafo anterior, se revocará la concesión, autorización o permiso, observando en lo conducente, lo dispuesto en el artículo 18 de esta Ley.

TRANSITORIOS

Primero. La presente Ley entrará en vigor al día siguiente de su publicación en el Diario Oficial de la Federación.

Segundo. Se abroga la Ley General de Bienes Nacionales, publicada en el Diario Oficial de la Federación el 8 de enero de 1982.

Tercero. Se derogan todas aquellas disposiciones que se opongan a lo establecido en la presente Ley.

Cuarto. Los inmuebles a que se refiere la fracción V del artículo 6 de esta Ley, son los nacionalizados a que se refiere el Artículo Decimoséptimo Transitorio de la Constitución Política de los Estados Unidos Mexicanos, que las iglesias y agrupaciones religiosas hubiesen administrado o utilizado con anterioridad al 29 de enero de 1992, incluyendo aquéllos respecto de los cuales, a la fecha de entrada en vigor del presente ordenamiento, aún no se hubiere expedido la resolución judicial o la declaración administrativa correspondiente.

Quinto. Las entidades y los gobiernos del Distrito Federal, estatales y municipales que antes de la entrada en vigor de la presente Ley, hubieren adquirido de la Federación, mediante enajenación a título gratuito, inmuebles considerados monumentos históricos o artísticos conforme a la ley de la materia o la declaratoria correspondiente, están obligados a absorber los costos de reparación, conservación y mantenimiento y a dar a los inmuebles un uso compatible con su naturaleza.

Sexto. En el caso de los bienes que a la fecha de entrada en vigor de esta Ley, se hayan desincorporado del régimen de dominio público de la Federación o autorizado su enajenación a través del Decreto respectivo, sin haberse enajenado, se entenderá que dicha desincorporación tiene el efecto a que se refiere el artículo 95 de la presente Ley.

Séptimo. Los asuntos que se encuentren en trámite a la fecha de entrada en vigor de esta Ley, serán resueltos conforme a lo dispuesto por la Ley General de Bienes Nacionales abrogada.

Los trámites pendientes sobre la desincorporación del régimen de dominio público de la Federación y la autorización para la enajenación de inmuebles federales o propiedad de organismos descentralizados, se resolverán conforme a lo dispuesto por la presente Ley.

Octavo. El Ejecutivo Federal deberá expedir, en un plazo no mayor a noventa días naturales fatales, contados a partir de la entrada en vigor de esta Ley, el reglamento en el que se determine la integración y funcionamiento del nuevo órgano administrativo desconcentrado de la Secretaría que, en sustitución de la Comisión de Avalúos de Bienes Nacionales, se hará cargo de las atribuciones que esta Ley le confiere a dicha dependencia en materia de administración de inmuebles federales y de valuación de bienes nacionales.

La creación del nuevo órgano desconcentrado a que se refiere el párrafo anterior, deberá sujetarse a los recursos humanos, financieros y materiales con los que cuenta actualmente la Comisión de Avalúos de Bienes Nacionales. En caso de que para dicho efecto se requieran de mayores recursos, éstos tendrán que provenir del presupuesto de la Secretaría.

En tanto se constituya el nuevo órgano desconcentrado a que se refiere este transitorio, la Comisión de Avalúos de Bienes Nacionales ejercerá las atribuciones que esta Ley le confiere a la Secretaría en materia de administración de inmuebles federales y de valuación de bienes nacionales.

Noveno. La Secretaría de Educación Pública deberá elaborar, a través del Instituto Nacional de Antropología e Historia, y proponer al Ejecutivo Federal el reglamento para el otorgamiento de permisos y autorizaciones para la realización de actividades cívicas y culturales en las zonas de monumentos arqueológicos, a que se refiere el artículo 30 de esta Ley, dentro de los siguientes seis meses contados a partir de la entrada en vigor de la presente Ley.

Décimo. Las dependencias administradoras de inmuebles para el ejercicio de las facultades que les confiere esta Ley, promoverán las medidas necesarias ante las instancias correspondientes, sujetándose a los recursos humanos, financieros y materiales con los que disponen actualmente.

Décimo Primero. La Secretaría, dentro de los sesenta días naturales siguientes a la entrada en vigor de la presente Ley, deberá formular un programa a efecto de que las dependencias, la Procuraduría General de la República, las unidades administrativas de la Presidencia de la República y entidades efectúen los trámites necesarios para destinar formalmente a su servicio los inmuebles federales que vienen utilizando sin contar con el correspondiente acuerdo secretarial o, en su caso, decreto presidencial de destino.

Décimo Segundo. Las dependencias, la Procuraduría General de la República, las unidades administrativas de la Presidencia de la República y entidades que no cuenten con responsable inmobiliario, comunicarán a la Secretaría, en un plazo no mayor a treinta días naturales contados a partir de la entrada en vigor del presente ordenamiento, los datos del servidor público que fungirá con tal carácter.

Décimo Tercero. Los Poderes Legislativo y Judicial de la Federación, las entidades y las instituciones de carácter federal con personalidad jurídica y patrimonio propios a las que la Constitución Política de los Estados Unidos Mexicanos les otorga autonomía, contarán con un plazo de ciento veinte días naturales contados a partir de la fecha de publicación de la presente Ley, para promover la inscripción en el Registro Público de la Propiedad Federal de los títulos que acrediten la propiedad de los inmuebles que hayan adquirido y no se encuentren registrados.

(ADICIONADO, D.O.F. 31 DE AGOSTO DE 2007)

En el caso de aquellos Decretos Presidenciales que asignaron bienes inmuebles a los Poderes Legislativo y sus dos Cámaras, y Judicial de la Federación, se determina que dichos Decretos constituyen, en cada caso, los títulos que acreditan la propiedad de los inmuebles a favor de dichos Poderes, los que contarán con un plazo de ciento veinte días naturales, contados a partir de la fecha de la publicación del presente Decreto, para promover su inscripción en el Registro Público de la Propiedad Federal y su incorporación al Sistema de Información Inmobiliaria Federal y Paraestatal.

Décimo Cuarto. En tanto se expiden los reglamentos, normas, bases, lineamientos y demás disposiciones derivadas de la presente Ley, se continuarán aplicando las disposiciones reglamentarias y administrativas vigentes en lo que no se opongan a este ordenamiento, independientemente de que respecto de los inmuebles sujetos al régimen de dominio público de la Federación que formen parte del patrimonio de los organismos descentralizados, sus respectivos órganos de gobierno podrán aprobar en cada caso específico la realización de los actos jurídicos a que se refieren los artículos 65 y 84 de la presente Ley.

Décimo Quinto. Las dependencias administradoras de inmuebles deberán establecer un programa para integrar en el registro de la contabilidad gubernamental el valor de los inmuebles de su competencia.

Décimo Sexto. Para dar cumplimiento a lo establecido en la fracción IV, del artículo 2 del Decreto que extingue el organismo público descentralizado, Ferrocarriles Nacionales de México y abroga su Ley Orgánica, la Secretaría de Comunicaciones y Transportes como responsable del proceso de liquidación de dicho organismo, procederá a regularizar la propiedad de las casas habitación y terrenos en posesión legítima de jubilados y pensionados ferrocarrileros o, en su caso, sus sucesores, mediante las donaciones correspondientes.

México, D.F., a 23 de marzo de 2004. Sen. Enrique Jackson Ramírez, Presidente. Dip. Juan de Dios Castro Lozano, Presidente. Sen. Rafael Melgoza Radillo, Secretario. Dip. Marcos Morales Torres, Secretario. Rúbricas."

En cumplimiento de lo dispuesto por la fracción I del Artículo 89 de la Constitución Política de los Estados Unidos Mexicanos, y para su debida publicación y observancia, expido el presente Decreto en la Residencia del Poder Ejecutivo Federal, en la Ciudad de México, Distrito Federal, a los dieciocho días del mes de mayo de dos mil cuatro. Vicente Fox Quesada. Rúbrica. El Secretario de Gobernación, Santiago Creel Miranda. Rúbrica.

Ley Federal para la Administración y Enajenación de Bienes del Sector Público

ÚLTIMA REFORMA PUBLICADA EN EL DIARIO OFICIAL DE LA FEDERACIÓN: 30 DE ABRIL DE 2024.

Ley publicada en la Primera Sección del Diario Oficial de la Federación, el jueves 19 de diciembre de 2002.

DECRETO por el que se expide la Ley Federal para la Administración y Enajenación de Bienes del Sector Público y se adiciona el Código Federal de Procedimientos Penales.

Al margen un sello con el Escudo Nacional, que dice: Estados Unidos Mexicanos. Presidencia de la República.

VICENTE FOX QUESADA, Presidente de los Estados Unidos Mexicanos, a sus habitantes sabed:

Que el Honorable Congreso de la Unión, se ha servido dirigirme el siguiente

DECRETO

"EL CONGRESO GENERAL DE LOS ESTADOS UNIDOS MEXICANOS, DECRETA:

SE EXPIDE LA LEY FEDERAL PARA LA ADMINISTRACIÓN Y ENAJENACIÓN DE BIENES DEL SECTOR PÚBLICO Y SE ADICIONA EL CÓDIGO FEDERAL DE PROCEDIMIENTOS PENALES

Artículo Primero. Se expide la siguiente:

"LEY FEDERAL PARA LA ADMINISTRACIÓN Y ENAJENACIÓN DE BIENES DEL SECTOR PÚBLICO

TÍTULO PRIMERO
DISPOSICIONES GENERALES

(REFORMADO PRIMER PÁRRAFO, D.O.F. 30 DE ABRIL DE 2024)

Artículo 1. La presente Ley es de orden e interés público y social, de observancia general en toda la República y tiene por objeto regular la administración y destino, por parte del Instituto para Devolver al Pueblo lo Robado, de los Bienes, activos y empresas siguientes:

I. Los asegurados y decomisados en los procedimientos penales federales;

II. Los recibidos en dación en pago para cubrir toda clase de créditos a favor del Gobierno Federal, de sus entidades o dependencias, incluyendo los puestos a disposición de la Tesorería de la Federación o de sus auxiliares legalmente facultados para ello;

III. Los que habiendo sido embargados por autoridades federales, hayan sido adjudicados a las entidades transferentes conforme a las leyes aplicables;

IV. Los que sean abandonados a favor del Gobierno Federal;

(REFORMADA, D.O.F. 9 DE AGOSTO DE 2019)

V. Los que estando sujetos a uno de los procedimientos establecidos en la legislación aduanera, en la legislación fiscal federal o en otros ordenamientos jurídicos aplicables a las Entidades Transferentes, deban ser vendidos, destruidos, donados o asignados, en virtud de ser inflamables, fungibles, perecederos, de fácil descomposición o deterioro, de mantenimiento o conservación de alta especialización, se trate de animales vivos y vehículos, o bien, cuya administración resulte incosteable para la Federación. En estos casos, se estará a la disponibilidad de recursos para su administración;

VI. Los que pasen a ser propiedad del Fisco Federal;

VII. Los títulos, valores, activos y demás derechos que sean susceptibles de enajenación, cuando así se disponga por las autoridades competentes;

(REFORMADA, D.O.F. 9 DE AGOSTO DE 2019)

VIII. Los Bienes desincorporados del régimen de dominio público de la Federación y los que constituyan el patrimonio de las entidades paraestatales;

(REFORMADA, D.O.F. 9 DE AGOSTO DE 2019)

IX. Cualquier bien que, sin ser propiedad de la Federación, en términos de la legislación aplicable, el Gobierno Federal, sus entidades o dependencias puedan disponer de él;

(ADICIONADA, D.O.F. 9 DE AGOSTO DE 2019)

X. Los Bienes, activos o empresas sobre los cuales se haya declarado la extinción de dominio, mediante sentencia firme, o bien, sobre los cuales se hayan decretado medidas cautelares;

(REFORMADA, D.O.F. 22 DE ENERO DE 2020)

XI. Las empresas que hayan sido transferidas al Instituto para Devolver al Pueblo lo Robado, y éste haya aceptado el cargo de liquidador o responsable del proceso de desincorporación, liquidación o extinción y reciba recursos para la consecución de su encargo;

(ADICIONADA, D.O.F. 9 DE AGOSTO DE 2019)

XII. Cualquier bien que reciban las personas servidoras públicas de manera gratuita, de un particular, con motivo del ejercicio de sus funciones, y

(REFORMADA, D.O.F. 9 DE AGOSTO DE 2019)

XIII. Los demás que determinen la Secretaría de Hacienda y Crédito Público y la Secretaría de la Función Pública dentro del ámbito de sus atribuciones y conforme a las disposiciones legales aplicables; así como aquellos que reciba en encargo por parte de la Federación, estados y municipios.

(REFORMADO, D.O.F. 22 DE ENERO DE 2020)

Los Bienes, activos o empresas a que se refiere este artículo, deberán ser transferidos al Instituto para Devolver al Pueblo lo Robado, cuando así lo determinen las leyes o cuando así lo ordenen las autoridades judiciales. En los demás casos, las Entidades Transferentes determinarán, de conformidad con las disposiciones aplicables para tal efecto, la conveniencia de transferir los Bienes al Instituto para Devolver al Pueblo lo Robado, o bien, de llevar a cabo por sí mismas la administración, destrucción o enajenación correspondientes, en cuyo caso aplicarán la normativa que corresponda de acuerdo a los Bienes de que se trate.

(REFORMADO, D.O.F. 22 DE ENERO DE 2020)

El Instituto para Devolver al Pueblo lo Robado, podrá administrar, enajenar, usar, usufructuar, monetizar, dar destino o destruir directamente los Bienes, activos o empresas que le sean transferidos o nombrar depositarios, liquidadores, interventores o administradores de los mismos, así como encomendar a terceros la enajenación y destrucción de éstos.

Los depositarios, liquidadores, interventores o administradores, así como los terceros a que hace referencia el párrafo anterior, serán preferentemente las dependencias o entidades de la Administración Pública Federal, o las autoridades estatales y municipales, previa solicitud o acuerdo correspondiente, sin perjuicio de que puedan ser designadas otras personas profesionalmente idóneas.

(REFORMADO, D.O.F. 22 DE ENERO DE 2020)

Hasta que se realice la Transferencia de los Bienes al Instituto para Devolver al Pueblo lo Robado, éstos se regirán por las disposiciones aplicables de acuerdo a su naturaleza.

(REFORMADO, D.O.F. 22 DE ENERO DE 2020)

Los Bienes provenientes de las entidades en desincorporación, liquidación o extinción a cargo del Instituto para Devolver al Pueblo lo Robado, se entenderán transferidos a partir de la designación del cargo correspondiente.

(REFORMADO, D.O.F. 22 DE ENERO DE 2020)

La presente Ley será aplicable a los Bienes, activos o empresas desde que éstos sean formal y materialmente transferidos al Instituto para Devolver al Pueblo lo Robado y hasta que éste determine su destino, realice la destrucción, enajenación, Monetización o termine su administración, inclusive tratándose de Bienes de Entidades Transferentes cuyo marco legal aplicable establezca requisitos o procedimientos de administración, enajenación y control especiales o particulares, en las materias que regula esta Ley. Habiéndose presentado cualquiera de estos supuestos, se estará a las disposiciones aplicables para el entero, destino y determinación de la naturaleza de los ingresos correspondientes.

(REFORMADO, D.O.F. 22 DE ENERO DE 2020)

Los bienes inmuebles del Gobierno Federal que se transfieran al Instituto para Devolver al Pueblo lo Robado, continuarán sujetos al régimen jurídico que establece la Ley General de Bienes Nacionales; con excepción de los que correspondan a empresas en proceso de desincorporación, los cuales se entenderán desincorporados desde el momento en que se publique el acuerdo por el que se autorice la desincorporación del ente correspondiente, los que se regirán por lo dispuesto en el propio acuerdo, las disposiciones de esta Ley y demás normativa aplicable.

(REFORMADO, D.O.F. 9 DE AGOSTO DE 2019)

La interpretación de los preceptos de esta Ley, para efectos administrativos, corresponderá a la Secretaría de Hacienda y Crédito Público y a la Secretaría de la Función Pública, en el ámbito de sus respectivas competencias.

Artículo 2. Para los efectos de esta Ley, se entiende por:

I. Autoridades Aduaneras: Las que de acuerdo con el Reglamento Interior de la Secretaría, el Reglamento Interior del Servicio de Administración Tributaria y demás disposiciones aplicables tienen competencia para ejercer las facultades que la Ley Aduanera establece;

(REFORMADA, D.O.F. 9 DE AGOSTO DE 2019)

II. Bienes: Todas las cosas materiales que no estén excluidas del comercio, ya sean muebles o inmuebles y todo aquel derecho real o personal, sus objetos, productos, rendimientos y frutos, susceptibles de apropiación; de manera enunciativa a los señalados en el artículo 1o. de esta Ley;

(REFORMADA, D.O.F. 9 DE AGOSTO DE 2019)

III. Bienes incosteables: Aquellos cuyo valor sea menor al equivalente a seis meses de Unidades de Medida y Actualización, así como aquellos que, de conformidad con lo que al respecto disponga el Reglamento, tengan un valor comercial inferior a sus costos de administración;

(REFORMADA, D.O.F. 9 DE AGOSTO DE 2019)

IV. Empresa: A las entidades paraestatales, las sociedades mercantiles, sociedades o asociaciones civiles, fideicomisos públicos y aquellos fideicomisos públicos que sean análogos a entidad paraestatal, fideicomisos privados que cuenten con estructura propia en proceso de desincorporación, liquidación o extinción, según sea el caso, que hayan sido transferidos al Instituto, salvo aquellas sujetas a un procedimiento penal federal;

(REFORMADO [N. DE E. ESTE PÁRRAFO], D.O.F. 22 DE ENERO DE 2020)

V. Entidades Transferentes: Las Autoridades Aduaneras; la Tesorería de la Federación; la Fiscalía General de la República, o bien las fiscalías generales de las entidades federativas; las dependencias y entidades de las administraciones públicas Federal, del Gobierno de la Ciudad de México, Estatales y Municipales; las unidades administrativas de la Presidencia de la República; los órganos reguladores coordinados en materia energética; las empresas productivas del Estado y sus empresas productivas subsidiarias y empresas filiales; la Cámara de Diputados y la Cámara de Senadores del Poder Legislativo; los órganos del Poder Judicial de la Federación, de la Ciudad de México y de los Estados; las instituciones de carácter federal o local con autonomía otorgada por la Constitución Política de los Estados Unidos Mexicanos o por las Constituciones de los Estados; los fideicomisos en los que alguna de las anteriores instituciones sea fideicomitente o fideicomisaria; y cualquier otra institución que llegase a tener el carácter de pública en términos de disposición constitucional o legal; que en términos de las disposiciones aplicables transfieran para su administración, enajenación o destrucción los Bienes a que se refiere el artículo 1o. de esta Ley al Instituto para Devolver al Pueblo lo Robado.

(REFORMADO, D.O.F. 9 DE AGOSTO DE 2019)

Tratándose de inmuebles cuya administración competa a la Secretaría de la Función Pública, se entenderá como Entidad Transferente, exclusivamente a esa dependencia;

(REFORMADA, D.O.F. 22 DE ENERO DE 2020)

VI. Instituto: Al organismo descentralizado de la Administración Pública Federal, denominado Instituto para Devolver al Pueblo lo Robado, previsto en el Título Sexto de la presente Ley;

(REFORMADA, D.O.F. 9 DE AGOSTO DE 2019)

VII. Interesado: La persona que acredite ser titular de un derecho subjetivo o de un interés legítimo sobre los Bienes, activos o empresas a que se refiere el artículo 1o. de esta Ley;

(REFORMADA, D.O.F. 22 DE ENERO DE 2020)

VIII. Junta de Gobierno: La Junta de Gobierno del Instituto para Devolver al Pueblo lo Robado;

(REFORMADA, D.O.F. 9 DE AGOSTO DE 2019)

IX. Ministerio Público: El Ministerio Público de la Federación o de la entidad federativa de que se trate, conforme a su competencia y que comprende a los órganos que ejercen la función fiscal;

(REFORMADA, D.O.F. 9 DE AGOSTO DE 2019)

X. Monetización: El producto de la conversión de un bien o activo, en su valor en dinero;

(REFORMADA, D.O.F. 9 DE AGOSTO DE 2019)

XI. Reglamento: El Reglamento de esta Ley;

(REFORMADA, D.O.F. 23 DE FEBRERO DE 2005)

XII. Secretaría: La Secretaría de Hacienda y Crédito Público, y

(REFORMADA, D.O.F. 9 DE AGOSTO DE 2019)

XIII. Transferencia: El procedimiento por el cual una Entidad Transferente entrega uno o más Bienes, activos o empresas al Instituto, para su administración, enajenación, destino o destrucción, sin que dicha entrega implique transmisión de propiedad alguna ni genere el pago de impuestos.

(REFORMADO PRIMER PÁRRAFO, D.O.F. 9 DE AGOSTO DE 2019)

Artículo 3. Para la Transferencia de los Bienes, activos o empresas al Instituto, las Entidades Transferentes deberán:

(REFORMADA, D.O.F. 9 DE AGOSTO DE 2019)

I. Entregar acta que incluya inventario con la descripción y el estado en que se encuentren los Bienes, activos o empresas, señalando si se trata de Bienes propiedad o al cuidado de la Entidad Transferente, agregando original o copia certificada del documento en el que conste el título de propiedad o del que acredite la legítima posesión y la posibilidad de disponer de los Bienes. La Junta de Gobierno determinará los documentos adicionales que permitan realizar una Transferencia ordenada y transparente de los Bienes;

II. Identificar los bienes con sellos, marcas, cuños, fierros, señales u otros medios adecuados;

(REFORMADA, D.O.F. 9 DE AGOSTO DE 2019)

III. Señalar si los Bienes, activos o empresas se entregan para su administración, venta, donación y/o destrucción, solicitando, en su caso, al Instituto, que ordene la práctica del avalúo correspondiente, y

(REFORMADA, D.O.F. 9 DE AGOSTO DE 2019)

IV. Poner los Bienes, activos y empresas a disposición del Instituto, en la fecha y lugares que previamente se acuerden con éste.

(REFORMADO, D.O.F. 9 DE AGOSTO DE 2019)

Artículo 4. El Instituto, diseñará e implementará los sistemas de información que le permitan gestionar estratégicamente los Bienes, activos y empresas, los cuales podrán ser consultados por la autoridad judicial federal, la Fiscalía General de la República, las dependencias y entidades de la Administración Pública Federal, las autoridades del fuero común encargadas de la procuración e impartición de justicia y las personas que acrediten un interés legítimo para ello.

El diseño considerará la infraestructura de información que le permita rendir cuentas del cumplimiento de sus objetivos y de los resultados obtenidos.

Toda la información que se genere, administre u obtenga con motivo de la observancia y cumplimiento del presente ordenamiento, se regirá en términos de las leyes generales y federales aplicables en materia de transparencia y acceso a la información pública, y de protección de datos personales.

TÍTULO SEGUNDO
DE LA ADMINISTRACIÓN DE BIENES

(REFORMADO, D.O.F. 9 DE AGOSTO DE 2019)

Artículo 5. El Instituto, administrará los Bienes, activos y empresas que para tales efectos le entreguen las Entidades Transferentes, y que tengan un valor mayor al equivalente a seis meses de Unidades de Medida y Actualización.

En tanto no exista resolución definitiva emitida por autoridad administrativa o judicial competente que determine el destino de los Bienes, activos y empresas asegurados, la administración a cargo del Instituto, se realizará conforme a las disposiciones aplicables de la presente Ley, salvo que se trate de los señalados en la fracción V, del artículo 1o.

Se encuentran exceptuados de la administración a que se refiere el párrafo anterior, los billetes y monedas de curso legal, divisas, metales preciosos, los bienes numismáticos o filatélicos, y los Bienes con valor artístico o histórico, los cuales serán administrados conforme a las disposiciones aplicables por la entidad que corresponda, según el caso, salvo que la autoridad competente determine lo contrario, según la naturaleza del bien.

Respecto de los Bienes que no son susceptibles de administración en los términos de este artículo, las Entidades Transferentes, de conformidad con las disposiciones aplicables, procederán a ordenar su asignación, destrucción, enajenación, de conformidad con los ordenamientos aplicables para cada tipo de bien, o donación a instituciones autorizadas para recibir donativos deducibles en los términos de la Ley del Impuesto Sobre la Renta, que lo requieran para el desarrollo de sus actividades; o bien a determinar un fin específico que ofrezca la mayor utilidad para el Gobierno Federal.

Los bienes muebles e inmuebles que se encuentren al servicio de las Entidades Transferentes, no podrán ser transferidos para su administración al Instituto, en los términos del presente Título, hasta en tanto se emita el acuerdo de desincorporación correspondiente.

(REFORMADO, D.O.F. 9 DE AGOSTO DE 2019)

Artículo 6. Todos los Bienes, activos y empresas asegurados, incluyendo los billetes y monedas de curso legal, divisas, metales preciosos, los bienes numismáticos o filatélicos y los Bienes con valor artístico o histórico, serán administrados por el Instituto.

La autoridad competente depositará el numerario asegurado, decomisado, abandonado y el que esté sujeto al procedimiento de extinción de dominio en las cuentas que para tal efecto el Instituto determine.

El Instituto podrá enajenar, convertir en numerario o liquidar los Bienes a que se refiere el primer párrafo, a fin de que, una vez que se levante el aseguramiento, se decrete su abandono o el decomiso, disponga del numerario conforme corresponda, sin perjuicio de que, en tanto ello sucede, administre y disponga de los recursos en los términos de esta Ley. Lo anterior, salvo cuando se trate de Bienes respecto de los cuales exista resolución de autoridad competente o disposición legal que ordene su conservación.

(REFORMADO PRIMER PÁRRAFO, D.O.F. 9 DE AGOSTO DE 2019)

Artículo 6 Bis. Todos los Bienes provenientes de comercio exterior, incluidos los sujetos a un procedimiento establecido en la legislación aduanera, los recibidos por cualquier título por la Tesorería de la Federación, incluidas las daciones en pago y los sujetos a un procedimiento establecido en la legislación fiscal federal, los abandonados a favor del Gobierno Federal, excepto los previstos en el tercer párrafo del artículo 5o. de esta Ley, así como los Bienes que estén sujetos a un proceso de extinción de dominio o respecto de los cuales se haya declarado la extinción de dominio, deberán ser transferidos al Instituto para su administración y destino en términos de esta Ley.

(ADICIONADO, D.O.F. 23 DE FEBRERO DE 2005)

Quedan exceptuados de lo previsto en el párrafo anterior, los bienes perecederos provenientes de comercio exterior, que vayan a ser donados o destruidos directamente por la autoridad aduanera competente.

(REFORMADO, D.O.F. 9 DE AGOSTO DE 2019)

Artículo 6 Ter. Las Entidades Transferentes contarán con un plazo de 30 días naturales, contados a partir de la fecha de adjudicación o de que legalmente puedan disponer de los Bienes a que se refiere el artículo anterior, para llevar a cabo la Transferencia de los mismos al Instituto.

Una vez concluido el plazo a que se refiere al párrafo anterior, el Instituto, contará con un plazo de 540 días naturales, contados a partir de la primera publicación del evento comercial, para enajenar los Bienes o los derechos litigiosos sobre los mismos, de acuerdo con los procedimientos de enajenación establecidos en el Título Cuarto de la presente Ley.

Si el Instituto excede los plazos establecidos en el presente artículo, deberá exponer las razones en los informes correspondientes.

(REFORMADO, D.O.F. 9 DE AGOSTO DE 2019)

Artículo 6 Quater. Los Bienes provenientes de comercio exterior que sean puestos a disposición del Instituto, para su Transferencia, deberán ser retirados del lugar en que se ubiquen dentro de los 60 días naturales siguientes a la recepción de la solicitud de entrega que efectúe la Entidad Transferente, debidamente acompañada de la documentación complementaria.

El plazo a que se refiere el párrafo anterior, empezará a correr siempre y cuando, la solicitud de entrega y la documentación complementaria que reciba el Instituto, cumplan con todos los requisitos que para tal efecto establecen esta Ley, el Reglamento y los lineamientos que expida la Junta de Gobierno.

En caso de que el Instituto no efectúe el retiro de los Bienes dentro del plazo a que se refiere el primer párrafo del presente artículo sin causa justificada, éstos podrán ser donados o destruidos directamente por la autoridad aduanera competente.

En ningún caso, el Instituto podrá realizar gastos de administración respecto de Bienes que no hayan sido transferidos.

(REFORMADO, D.O.F. 9 DE AGOSTO DE 2019)

Artículo 7. La administración de los Bienes, activos o empresas comprende su recepción, registro, custodia, conservación, supervisión y depósito de numerario. Serán conservados en el estado en que se hayan recibido por el Instituto, para que, en caso de ser devueltos en las mismas condiciones, salvo el deterioro normal que se les cause por el transcurso del tiempo. Dichos Bienes, activos o empresas podrán ser utilizados, destruidos, enajenados o monetizados en los casos y conforme a los requisitos establecidos en esta Ley y en el Reglamento, para lo cual, en su caso, el Instituto podrá llevar a cabo los actos conducentes para la regularización de dichos Bienes, activos o empresas de conformidad con las disposiciones aplicables para tal efecto.

(REFORMADO, D.O.F. 9 DE AGOSTO DE 2019)

Artículo 8. Los depositarios, liquidadores, interventores o administradores, que reciban Bienes en depósito, intervención, liquidación o administración, están obligados a rendir al Instituto un informe mensual sobre los mismos y a darle todas las facilidades para su supervisión, vigilancia y evaluación del desempeño.

Artículo 9. Las armas de fuego, municiones y explosivos serán administradas por la Secretaría de la Defensa Nacional. En todo caso deberá observarse, además, lo dispuesto en la Ley Federal de Armas de Fuego y Explosivos.

(REFORMADO, D.O.F. 9 DE AGOSTO DE 2019)

Tratándose de substancias psicotrópicas, estupefacientes, psicoactivas, drogas, narcóticos, flora y fauna protegidos o en peligro de extinción, materiales o substancias peligrosos y demás Bienes cuya propiedad o posesión se encuentre prohibida, restringida o especialmente regulada, se procederá en los términos de la legislación federal aplicable.

(REFORMADO, D.O.F. 9 DE AGOSTO DE 2019)

Los Bienes que resulten del dominio público de la Federación, de las entidades federativas o de los municipios, se restituirán a la dependencia o entidad correspondiente, de acuerdo con su naturaleza y a lo que dispongan las normas aplicables, por la autoridad que los tenga en administración o bajo resguardo.

(REFORMADO, D.O.F. 9 DE AGOSTO DE 2019)

Artículo 10. La autoridad competente o, en su caso, el Instituto hará constar en los registros públicos que correspondan, de conformidad con las disposiciones aplicables, el nombramiento del depositario, interventor, liquidador o administrador de los Bienes, activos o empresas.

(REFORMADO PRIMER PÁRRAFO, D.O.F. 9 DE AGOSTO DE 2019)

Artículo 11. El Instituto, o el depositario, comodatario, interventor, liquidador o administrador de los Bienes, contratarán seguros para el caso de pérdida o daño de los mismos.

(ADICIONADO, D.O.F. 23 DE FEBRERO DE 2005)

Lo dispuesto en el párrafo anterior, no será aplicable cuando por razón de la naturaleza jurídica, características o el tipo de riesgos a los que están expuestos los bienes, el costo de aseguramiento no guarde relación directa con el beneficio que pudiera obtenerse.

(REFORMADO, D.O.F. 9 DE AGOSTO DE 2019)

Artículo 12. A los frutos o rendimientos de los Bienes, activos o empresas durante el tiempo que dure la administración, se les dará el mismo tratamiento que a los Bienes que los generen.

En todo caso, los recursos que se obtengan de la administración de los Bienes, activos o empresas, se destinarán a resarcir el costo de mantenimiento y administración de los mismos y el remanente, si lo hubiera, se depositará en el fondo a que se refiere el artículo 89 del presente ordenamiento y se entregará a quien en su momento acredite tener derecho, en términos de las disposiciones aplicables.

(REFORMADO PRIMER PÁRRAFO, D.O.F. 9 DE AGOSTO DE 2019)

Artículo 13. Respecto de los Bienes, activos o empresas, el Instituto y, en su caso, los depositarios, comodatarios, interventores, liquidadores o administradores que hayan designado tendrán, además de las obligaciones previstas en esta Ley, las que señala el Código Civil Federal para el depositario, comodatario y, en general, para los usufructuarios.

(REFORMADO, D.O.F. 9 DE AGOSTO DE 2019)

Para la debida conservación y, en su caso, buen funcionamiento de los Bienes, activos o empresas, incluyendo el de los inmuebles destinados a actividades agropecuarias, empresas, negociaciones o establecimientos, el Instituto tendrá todas las facultades y obligaciones de un mandatario para pleitos y cobranzas, actos de administración, para otorgar y suscribir títulos de crédito y, en los casos previstos en esta Ley, actos de dominio.

(REFORMADO [N. DE E. ESTE PÁRRAFO], D.O.F. 9 DE AGOSTO DE 2019)

Los depositarios, interventores, liquidadores o administradores que el Instituto designe, tendrán, dentro de las siguientes, sólo las facultades que éste les otorgue:

I. Poder general para pleitos y cobranzas y actos de administración en los términos del artículo 2554, primero y segundo párrafos, del Código Civil Federal.

II. Poder especial para pleitos y cobranzas, con las cláusulas especiales a que se refiere el artículo 2587 del Código Civil Federal.

III. Poder para actos de administración en materia laboral con facultades expresas para articular y absolver posiciones de acuerdo con lo dispuesto en el artículo 786 de la Ley Federal del Trabajo, con facultades para administrar las relaciones laborales y conciliar de acuerdo con lo dispuesto en los artículos 11 y 876, fracciones I y VI de la misma Ley, así como comparecer en juicio en los términos de los artículos 692, fracciones I, II y III, y el 878 de la Ley referida.

IV. Poder para otorgar y suscribir títulos de crédito, en los términos del artículo 9o. de la Ley General de Títulos y Operaciones de Crédito.

Las facultades a que se refiere este artículo se podrán ejercitar ante cualquier autoridad jurisdiccional, sea civil, penal, administrativa, laboral, militar, federal, estatal o municipal.

(REFORMADO, D.O.F. 9 DE AGOSTO DE 2019)

Las facultades previstas en este artículo se otorgarán a los depositarios, interventores, liquidadores o administradores, por parte del Instituto, de acuerdo a lo que éstos requieran para el adecuado ejercicio de sus atribuciones.

(REFORMADO, D.O.F. 9 DE AGOSTO DE 2019)

Artículo 14. El Instituto, así como los depositarios, liquidadores, administradores o interventores de los Bienes, activos o empresas, darán todas las facilidades para que las autoridades competentes que así lo requieran, practiquen con dichos Bienes todas las diligencias que resulten necesarias.

(REFORMADO, D.O.F. 9 DE AGOSTO DE 2019)

Artículo 15. Los Bienes, activos o empresas serán recibidos, custodiados y conservados en los lugares que determine el Instituto.

(REFORMADO, D.O.F. 9 DE AGOSTO DE 2019)

Artículo 16. Los Bienes, activos o empresas a que se refiere la fracción V del artículo 1o. de esta Ley y los que sean incosteables, serán destruidos o enajenados por el Instituto, a través de los procedimientos previstos en el Título Cuarto de esta Ley.

(REFORMADO, D.O.F. 9 DE AGOSTO DE 2019)

Artículo 17. Los depositarios, liquidadores, interventores y administradores designados por el Instituto, no podrán enajenar o gravar los inmuebles a su cargo. En todo caso, se respetarán los derechos de terceros.

(REFORMADO, D.O.F. 9 DE AGOSTO DE 2019)

Artículo 18. Los bienes inmuebles susceptibles de destinarse a actividades lícitas que sean entregados al Instituto, serán administrados a fin de mantenerlos productivos o, en su caso, hacerlos productivos.

(REFORMADO, D.O.F. 9 DE AGOSTO DE 2019)

Artículo 19. El Instituto nombrará un administrador para las empresas objeto de esta Ley.

El administrador de las empresas a que se refiere el párrafo anterior, tendrá las facultades necesarias, en términos de las disposiciones aplicables, para mantenerlos en operación y buena marcha, pero no podrá enajenar ni gravar los Bienes que constituyan parte del activo fijo de la Empresa.

La Junta de Gobierno podrá autorizar al administrador que proceda a la suspensión o cierre definitivo de las empresas, cuando las actividades de éstos resulten incosteables y, por consecuencia, se procederá a la disolución, liquidación, concurso mercantil, quiebra, fusión, escisión o venta, según sea el caso.

(REFORMADO, D.O.F. 9 DE AGOSTO DE 2019)

Artículo 20. Tratándose de empresas que no cuenten con las licencias, autorizaciones, permisos, concesiones o cualquier otro tipo de requisito necesario para operar lícitamente, el administrador procederá a su regularización. Si ello no fuere posible, procederá a la suspensión, cancelación y liquidación de dichas actividades en cuyo caso tendrá, únicamente para tales efectos, las facultades necesarias para la enajenación de activos, la que realizará de acuerdo con los procedimientos previstos en el Título Cuarto de esta Ley.

(REFORMADO, D.O.F. 9 DE AGOSTO DE 2019)

Artículo 21. El administrador tendrá independencia respecto del propietario, los órganos de administración, asambleas de accionistas, de socios o partícipes, así como de cualquier otro órgano de las empresas que se le otorguen en administración. El administrador responderá de su actuación únicamente ante el Instituto y, en el caso de que incurra en responsabilidad penal, se estará a las disposiciones aplicables.

(REFORMADO, D.O.F. 9 DE AGOSTO DE 2019)

Artículo 22. La Junta de Gobierno podrá autorizar a los depositarios, administradores o interventores a que se refiere el artículo 8o. de esta Ley para que éstos utilicen los Bienes, activos o empresas que hayan recibido, lo que en su caso harán de conformidad con lo que al respecto establezca el Reglamento, así como los lineamientos que expida dicha Junta.

La Junta de Gobierno fijará el monto de la contraprestación que los depositarios, administradores o interventores deban cubrir por el uso que se otorgue de acuerdo con el párrafo anterior. Dicha contraprestación se considerará como fruto de los Bienes, activos o empresas. El uso de flora, fauna, piezas de arte, piezas arqueológicas e inmuebles con alguna limitación de dominio, que sea otorgado a depositarios, administradores o interventores, no generará el pago de contraprestación alguna.

El Instituto podrá otorgar, previa autorización de la Junta de Gobierno, los Bienes en depósito a las dependencias, entidades paraestatales o a la Fiscalía General de la República, cuando así lo solicite por escrito el titular de dichas instancias, o el servidor público en quien delegue esta función y, en su caso, les autorizará mediante comodato la utilización de dichos Bienes para el desarrollo de sus funciones.

Los depositarios, administradores o interventores rendirán al Instituto un informe mensual pormenorizado sobre la utilización de los Bienes, en los términos que al efecto establezca.

(REFORMADO, D.O.F. 9 DE AGOSTO DE 2019)

Artículo 23. Cuando proceda la devolución de los Bienes, activos o empresas que se hayan utilizado conforme al artículo anterior, el depositario, administrador o interventor cubrirá los daños ocasionados por su uso.

El seguro correspondiente a estos Bienes, activos o empresas, deberá cubrir la pérdida y los daños que se originen por el uso de los mismos.

(REFORMADO PRIMER PÁRRAFO, D.O.F. 9 DE AGOSTO DE 2019)

Artículo 23 Bis. En caso de que una Empresa en liquidación tenga pasivos fiscales de carácter federal, y el accionista único sea el Gobierno Federal, o bien, se trate de una entidad paraestatal en proceso de desincorporación, operará de pleno derecho la cancelación de dichos créditos fiscales, sin necesidad de autorización alguna, siempre y cuando se cumplan los siguientes requisitos:

(ADICIONADA, D.O.F. 23 DE FEBRERO DE 2005)

I. Que exista previo dictamen de auditor externo, y

(ADICIONADA, D.O.F. 23 DE FEBRERO DE 2005)

II. Que sea la última actividad pendiente para concluir el proceso de liquidación.

(REFORMADO, D.O.F. 9 DE AGOSTO DE 2019)

En estos casos se deberá remitir la documentación respectiva al Servicio de Administración Tributaria, incluyendo el acta de la última sesión del órgano de gobierno de la Empresa en la que se concluya el proceso de liquidación para la cancelación de su registro, de conformidad con las disposiciones aplicables.

(ADICIONADO, D.O.F. 9 DE AGOSTO DE 2019)

Los créditos transferidos al Instituto podrán condonarse en atención al monto, fecha de su otorgamiento, prescripción, costeabilidad, incobrabilidad y condiciones de bienestar social, en los términos de los lineamientos que al efecto emita la Junta de Gobierno.

TÍTULO TERCERO
DE LA DEVOLUCIÓN DE BIENES EN ADMINISTRACIÓN

(REFORMADO, D.O.F. 9 DE AGOSTO DE 2019)

Artículo 24. Cuando proceda la devolución de los Bienes, activos o empresas, la autoridad competente notificará personalmente tal situación al Instituto, a efecto de que queden a disposición de quien determine dicha autoridad. La autoridad competente notificará su resolución al Interesado o al representante legal, de conformidad con lo previsto por las disposiciones aplicables, para que, en el plazo señalado en las mismas a partir de la notificación, se presente a recibirlo, bajo apercibimiento que de no hacerlo, los Bienes causarán abandono a favor del Gobierno Federal.

(REFORMADO PRIMER PÁRRAFO, D.O.F. 9 DE AGOSTO DE 2019)

Artículo 25. El Instituto, al momento en que el Interesado o su representante legal se presenten a recibir los Bienes, activos y empresas, deberá:

I. Levantar acta en la que se haga constar el derecho del interesado o de su representante legal a recibir los bienes;

II. Realizar un inventario de los bienes, y

(REFORMADA, D.O.F. 9 DE AGOSTO DE 2019)

III. Entregar los Bienes, activos o empresas al Interesado o a su representante legal.

(ADICIONADO, D.O.F. 9 DE AGOSTO DE 2019)

En caso de oposición del Interesado o su representante legal, serán puestos a disposición de la autoridad competente.

(REFORMADO PRIMER PÁRRAFO, D.O.F. 9 DE AGOSTO DE 2019)

Artículo 26. La devolución de los Bienes, activos o empresas incluirá la entrega de los frutos que, en su caso, hubieren generado.

La devolución de numerario comprenderá la entrega del principal y de sus rendimientos durante el tiempo en que haya sido administrado, conforme a los términos y condiciones que corresponda de conformidad con las disposiciones aplicables.

(REFORMADO, D.O.F. 9 DE AGOSTO DE 2019)

El Instituto, al devolver empresas, rendirá cuentas de la administración que hubiere realizado a la persona que tenga derecho a ello, y le entregará los documentos, objetos, numerario y, en general, todo aquello que haya comprendido la administración.

Previo a la recepción de los bienes por parte del interesado, se dará oportunidad a éste para que revise e inspeccione las condiciones en que se encuentren los mismos, a efecto de que verifique el inventario a que se refiere el artículo 25 de esta Ley y, en su caso, se proceda conforme a lo establecido por el artículo 28 de la misma.

(REFORMADO, D.O.F. 9 DE AGOSTO DE 2019)

Artículo 27. Cuando conforme a lo previsto en el artículo 24 de esta Ley, se determine por la autoridad competente la devolución de los Bienes, activos o empresas que hubieren sido enajenados por el Instituto, o haya imposibilidad para devolverlos, siempre que los mismos hayan sido transferidos al Instituto, deberá cubrirse con cargo al fondo previsto en el artículo 89 de esta Ley, a la persona que tenga la titularidad del derecho de devolución, el valor de los mismos de conformidad con las disposiciones aplicables.

Para efectos del pago de resarcimiento de Bienes provenientes de comercio exterior, de los Bienes a los que se refiere el artículo 22 de la Constitución, así como los Bienes asegurados y decomisados en los procesos penales federales, el Instituto solo podrá pagar hasta la cantidad del valor de los Bienes que hayan sido vendidos, previa Transferencia, descontando los costos, honorarios y pagos a que se refiere el primer párrafo del artículo 89 de la presente Ley.

Los costos, honorarios y pagos antes referidos, no serán descontados cuando la devolución proceda de una determinación donde se declare la nulidad lisa y llana o ilegalidad del procedimiento origen de la Transferencia al Instituto de los Bienes descritos en el artículo 1o. de la presente Ley; en cuyo caso, serán cubiertos al Instituto por la entidad transferente que sustanció el procedimiento respectivo.

Los Bienes destruidos o donados serán resarcidos de conformidad con la legislación correspondiente.

(REFORMADO, D.O.F. 9 DE AGOSTO DE 2019)

Artículo 28. El Instituto será responsable de los daños derivados de la pérdida, extravío o deterioro inusual de los Bienes que administre. Quien tenga derecho a la devolución de Bienes que se hubieran perdido, extraviado o deteriorado, podrá reclamar su pago al Instituto.

(REFORMADO, D.O.F. 9 DE AGOSTO DE 2019)

Artículo 29. Los frutos y productos de los Bienes, activos o empresas serán enajenados por el Instituto, de conformidad con los procedimientos previstos en el Título Cuarto de esta Ley, con excepción de lo dispuesto por el tercer párrafo, del artículo 39 de esta Ley.

Artículo 30. (DEROGADO, D.O.F. 23 DE FEBRERO DE 2005)

TÍTULO CUARTO
DE LOS PROCEDIMIENTOS DE ENAJENACIÓN

CAPÍTULO I
GENERALIDADES

(REFORMADO PRIMER PÁRRAFO, D.O.F. 9 DE AGOSTO DE 2019)

Artículo 31. Los procedimientos de enajenación previstos en esta Ley son de orden público y tienen por objeto enajenar de forma económica, eficaz, imparcial y transparente los Bienes que sean transferidos al Instituto; asegurar las mejores condiciones en la enajenación de los Bienes; obtener el mayor valor de recuperación posible y las mejores condiciones de oportunidad, así como la reducción de los costos de administración y custodia a cargo de las Entidades Transferentes.

Los procedimientos de enajenación serán los siguientes:

(REFORMADA, D.O.F. 9 DE AGOSTO DE 2019)

I. Donación,

(REFORMADA, D.O.F. 14 DE SEPTIEMBRE DE 2021)

II. Compraventa, que incluye la permuta y cualesquiera otras formas jurídicas de transmisión de la propiedad, a través de licitación pública, subasta, remate, sorteo o adjudicación directa.

(REFORMADO, D.O.F. 9 DE AGOSTO DE 2019)

Para la realización de las enajenaciones a que se refieren las fracciones anteriores, el Instituto tendrá todas las facultades y obligaciones de un mandatario para pleitos y cobranzas, actos de administración, actos de dominio y para otorgar y suscribir títulos de crédito.

(REFORMADO, D.O.F. 9 DE AGOSTO DE 2019)

Los terceros a que se refiere el artículo 38 de esta Ley, a quienes el Instituto encomiende la enajenación de los Bienes, tendrán las facultades que el Instituto expresamente les otorgue.

(REFORMADO, D.O.F. 9 DE AGOSTO DE 2019)

Aquellos Bienes que la Tesorería de la Federación o sus auxiliares legalmente facultados, obtengan en dación en pago y se transfieran al Instituto para su enajenación, se regirán por las disposiciones de esta Ley.

Artículo 32. Estarán impedidas para participar en los procedimientos de enajenación regulados por esta Ley, las personas que se encuentren en los supuestos siguientes:

I. Las inhabilitadas para desempeñar un empleo, cargo o comisión en el servicio público;

II. Las que no hubieren cumplido con cualquiera de las obligaciones derivadas de los procedimientos previstos en esta Ley, por causas imputables a ellas;

III. Aquéllas que hubieren proporcionado información que resulte falsa o que hayan actuado con dolo o mala fe, en algún procedimiento realizado por la Administración Pública Federal para la adjudicación de un bien;

(REFORMADA, D.O.F. 23 DE FEBRERO DE 2005)

IV. Aquéllas que hubieren participado en procedimientos similares con el Gobierno Federal y se encuentren en situación de atraso en el pago de los bienes por causas imputables a ellos mismos, salvo los casos previstos en los lineamientos que para tal efecto expida la Junta de Gobierno;

V. Aquéllas a las que se les declare en concurso civil o mercantil;

VI. Los terceros a que se refiere el artículo 38 de esta Ley, respecto de los bienes cuya enajenación se les encomiende;

VII. Los agentes aduanales y dictaminadores aduaneros, respecto de los bienes de procedencia extranjera;

(REFORMADA, D.O.F. 9 DE AGOSTO DE 2019)

VIII. Los servidores públicos y terceros especializados que por sus funciones hayan tenido acceso a información privilegiada, o bien, tengan un conflicto de intereses, y

IX. Las demás que por cualquier causa se encuentren impedidas para ello por disposición de Ley.

(REFORMADO, D.O.F. 9 DE AGOSTO DE 2019)

Para los efectos de las fracciones III y IV, el Instituto llevará un registro de las personas que se ubiquen en los supuestos previstos por las mismas.

Artículo 33. Cualquier procedimiento de enajenación o acto que se realice en contra de lo dispuesto en este Título será nulo de pleno derecho.

(REFORMADO, D.O.F. 9 DE AGOSTO DE 2019)

Las personas servidoras públicas y terceros especializados que participen en la realización de los procedimientos de enajenación previstos en esta Ley, serán responsables por la inobservancia de las disposiciones establecidas en la misma, en términos de la Ley General de Responsabilidades Administrativas, sin perjuicio de la responsabilidad penal que corresponda conforme a las leyes.

(REFORMADA SU DENOMINACION, D.O.F. 23 DE FEBRERO DE 2005)

CAPÍTULO II
DE LA ASIGNACIÓN Y DONACIÓN

(REFORMADO, D.O.F. 9 DE AGOSTO DE 2019)

Artículo 34. En casos excepcionales, de conformidad con lo que establezcan para tal efecto las disposiciones aplicables y previo cumplimiento de los requisitos que, en su caso, prevean las mismas, tales como los relativos al monto, plazo o tipo de Bienes, éstos podrán ser donados o asignados, según corresponda, a favor de las dependencias y entidades paraestatales de la Administración Pública Federal, así como de los gobiernos de las entidades federativas y municipios, para que los utilicen en los servicios públicos locales, en fines educativos o de asistencia social, u otras políticas públicas prioritarias, o a instituciones autorizadas para recibir donativos deducibles, en los términos de la Ley del Impuesto Sobre la Renta, que lo requieran para el desarrollo de sus actividades.

Tratándose de Bienes provenientes de comercio exterior, sólo podrán donarse aquellos que se utilicen para la prevención o atención de los efectos derivados de desastres naturales y los destinados para la atención de zonas determinadas de alta marginalidad.

(REFORMADO, D.O.F. 9 DE AGOSTO DE 2019)

Artículo 35. Para la donación de los Bienes, el Instituto, se apoyará del Comité de Donaciones, el cual se integrará y regirá de acuerdo con lo que al respecto se establezca en el Reglamento.

CAPÍTULO III
DE LA VENTA

(REFORMADO, D.O.F. 9 DE AGOSTO DE 2019)

Artículo 36. El Instituto podrá vender los Bienes que le sean transferidos, a excepción de aquellos Bienes que deban conservarse por determinación judicial, cuando el precio sea igual o superior al determinado por un avalúo vigente, o bien sea el ofrecido por el mercado, siempre y cuando, en este último supuesto, la venta se realice mediante los procedimientos de licitación pública o subasta. Tratándose del procedimiento de remate, se estará a lo dispuesto por los artículos 57, 59 y 60 de este ordenamiento.

Cuando se requieran avalúos, éstos serán practicados por el Instituto o por peritos, instituciones de crédito, agentes especializados o corredores públicos y deberán consignar al menos el valor comercial y el de realización inmediata, en los términos que determine la Junta de Gobierno.

El Instituto estará facultado para mantener en reserva el precio base de venta hasta el acto de presentación de ofertas de compra, en aquellos casos en que se considere que dicha reserva coadyuvará a estimular la competitividad entre los interesados y a maximizar el precio de venta.

Las personas servidoras públicas que intervengan en el proceso deberán guardar absoluta secrecía de la información que con motivo de su empleo, cargo o comisión tengan acceso. Su incumplimiento será motivo de responsabilidad en los términos que disponga la legislación general en la materia.

En caso de ser utilizado el valor de mercado, se deberá incorporar a las bases de la licitación pública o subasta, que el Instituto podrá declarar desierto, parcial o totalmente, el procedimiento de venta, sin necesidad de justificación alguna. La Junta de Gobierno podrá emitir lineamientos para regular esta facultad.

Artículo 37. (DEROGADO, D.O.F. 23 DE FEBRERO DE 2005)

(REFORMADO PRIMER PÁRRAFO, D.O.F. 9 DE AGOSTO DE 2019)

Artículo 38. El Instituto, podrá vender los Bienes a través de los siguientes procedimientos:

I. Licitación Pública;

II. Subasta;

(REFORMADA, D.O.F. 14 DE SEPTIEMBRE DE 2021)

III. Remate;

(REFORMADA, D.O.F. 14 DE SEPTIEMBRE DE 2021)

IV. Adjudicación directa, o

(ADICIONADA, D.O.F. 14 DE SEPTIEMBRE DE 2021)

V. Sorteo.

(REFORMADO, D.O.F. 9 DE AGOSTO DE 2019)

El Instituto podrá encomendar la enajenación de los Bienes a que se refiere este Capítulo, a las dependencias o entidades de la Administración Pública Federal, a las autoridades estatales o municipales o a personas, empresas o instituciones especializadas u organismos internacionales, en la promoción y venta de los mismos, cuando estime que su intervención, por la infraestructura tecnológica de que disponen, canales de venta y operación logística, entre otros, permitirá eficientar el procedimiento de venta, así como aumentar las alternativas de compradores potenciales y maximizar los precios.

(REFORMADO, D.O.F. 9 DE AGOSTO DE 2019)

Los terceros a que se refiere el párrafo anterior, al concluir la enajenación que se les encomiende, están obligados a rendir al Instituto un informe sobre la misma y a darle todas las facilidades para su supervisión y vigilancia.

(REFORMADO, D.O.F. 9 DE AGOSTO DE 2019)

En la venta de los Bienes que se realice conforme a los procedimientos referidos, el Instituto, así como los terceros señalados en los párrafos anteriores, deberán atender a las características comerciales de las operaciones, las sanas prácticas y usos bancarios y mercantiles.

(REFORMADO, D.O.F. 9 DE AGOSTO DE 2019)

Artículo 38 Bis. Tratándose de la enajenación a través del procedimiento de licitación pública, los participantes deberán entregar al Instituto su postura en sobre cerrado y la postura más alta determinará el ganador y el precio de la transacción.

(ADICIONADO, D.O.F. 23 DE FEBRERO DE 2005)

Artículo 38 Ter. Tratándose de la enajenación a través del procedimiento de subasta, los participantes ajustarán sus posturas en función de la de los competidores hasta llegar a un nivel donde ningún postor está dispuesto a ofrecer más. La última postura determina al ganador y el precio de transacción.

(REFORMADO PRIMER PÁRRAFO, D.O.F. 23 DE FEBRERO DE 2005)

Artículo 39. La venta de los bienes se realizará preferentemente a través del procedimiento de subasta.

(REFORMADO, D.O.F. 23 DE FEBRERO DE 2005)

El procedimiento de remate se podrá llevar a cabo en los siguientes casos:
I. Cuando así lo establezcan otras disposiciones legales;

(REFORMADA, D.O.F. 9 DE AGOSTO DE 2019)

II. Cuando el valor de enajenación de los Bienes no exceda de los valores que se establezcan para tal efecto en el Reglamento;

(REFORMADA, D.O.F. 9 DE AGOSTO DE 2019)

III. Cuando, a juicio del Instituto, estos procedimientos aseguren las mejores condiciones al Estado, o

IV. En los demás casos que se prevean en el Reglamento.

(REFORMADO, D.O.F. 9 DE AGOSTO DE 2019)

En estos casos y en el procedimiento de adjudicación directa a que se refiere el artículo 68 de esta Ley, el Instituto deberá acreditar, bajo su responsabilidad, que dichos procedimientos aseguran las mejores condiciones para el Estado, conforme a lo previsto en el artículo 31 de este ordenamiento.

Tratándose de los frutos que se generen por la administración de empresas o propiedades en producción, la enajenación se realizará mediante adjudicación directa, conforme a lo dispuesto por la Sección IV del presente Capítulo.

(REFORMADO, D.O.F. 9 DE AGOSTO DE 2019)

Artículo 40. El Instituto se abstendrá de formalizar alguna venta, cuando de la información proporcionada por autoridad competente se tengan elementos para presumir que los recursos con los que se pagará el bien correspondiente, no tienen un origen lícito.

Al efecto, el Instituto incorporará los mecanismos de prevención e identificación de operaciones con recursos de procedencia ilícita en los procedimientos de venta, de conformidad con las disposiciones aplicables.

(REFORMADO, D.O.F. 9 DE AGOSTO DE 2019)

Artículo 41. En las ventas que realice el Instituto, debe pactarse preferentemente el pago en una sola exhibición. La Junta de Gobierno emitirá los lineamientos para la venta en varias exhibiciones, las que considerarán las condiciones de mercado en operaciones similares, así como las garantías que en su caso procedan.

(ADICIONADO, D.O.F. 23 DE FEBRERO DE 2005)

Artículo 41 Bis. Una vez que la venta ha sido realizada y pagada la totalidad del precio, en caso de que el valor de venta sea menor al valor de registro contable, se considerará como minusvalía, la cual opera de manera automática y sin necesidad de procedimiento alguno, debiendo registrarse en la contabilidad respectiva.

(REFORMADO, D.O.F. 9 DE AGOSTO DE 2019)

Tratándose de activos financieros incosteables e incobrables, el Instituto deberá evaluar el costo beneficio de venderlos mediante el procedimiento de licitación pública, subasta o remate. En caso de que dicha evaluación sea positiva, procederá a su venta a través del procedimiento que se haya determinado y en caso de que éste resultare desierto o la evaluación negativa, el Instituto los dará de baja de la contabilidad respectiva, debiendo mantener dichos activos en cuentas de orden únicamente para efectos de liberación de garantías, posibles pagos y afrontar contingencias.

(REFORMADO, D.O.F. 9 DE AGOSTO DE 2019)

Para determinar si un activo financiero es incosteable, se estará a los valores a que se refiere la fracción III, del artículo 2o. del presente ordenamiento, en relación con la fracción II, del artículo 17 del Reglamento de esta Ley.

Los activos financieros incobrables, son aquellos que por falta de documentación o defectos en ésta; por falta de garantías; por prescripción o por carecer de información acerca del domicilio del deudor, no puedan recuperarse.

(REFORMADO, D.O.F. 9 DE AGOSTO DE 2019)

Artículo 42. El Instituto determinará las penas convencionales a cargo del adjudicatario por atraso en el cumplimiento de sus obligaciones de pago.

(REFORMADO PRIMER PÁRRAFO, D.O.F. 9 DE AGOSTO DE 2019)

Artículo 43. El pago de los Bienes deberá realizarse en la forma y plazos que se establezcan en las bases de licitación o avisos respectivos, a partir del día siguiente a aquél en que se dé a conocer la adjudicación.

(REFORMADO, D.O.F. 9 DE AGOSTO DE 2019)

Tratándose de bienes inmuebles, el primer pago deberá cubrirse en el plazo de cinco días hábiles contados a partir del día en que se dé a conocer la adjudicación y representar, por lo menos, el 25% del valor de la operación, más el Impuesto al Valor Agregado que, en su caso, se genere, y el resto deberá quedar cubierto a la firma de la escritura pública correspondiente, o bien, en el plazo previsto en las bases de licitación para la venta de Bienes. Tratándose de adjudicaciones directas, el primer pago deberá representar, cuando menos, el 40% del valor de la operación.

(REFORMADO, D.O.F. 9 DE AGOSTO DE 2019)

La entrega y recepción física de los bienes muebles deberá realizarse con posterioridad a la fecha en que se cubra la totalidad de su importe. Tratándose de activos financieros, la Junta de Gobierno determinará los términos y plazos para el pago, la entrega y la recepción de los mismos.

(REFORMADO, D.O.F. 23 DE FEBRERO DE 2005)

Se dará posesión de los bienes inmuebles dentro de los 30 días hábiles siguientes a la fecha en que sea cubierta la totalidad del precio de los mismos, salvo que se trate de operaciones a plazo, en cuyo caso la posesión será otorgada dentro de los 30 días hábiles siguientes al momento de cubrir el primer pago.

(REFORMADO, D.O.F. 23 DE FEBRERO DE 2005)

El envío de las instrucciones para la escrituración correspondiente no podrá exceder de un plazo superior a treinta días naturales contados a partir del día siguiente de la fecha de adjudicación, salvo causa debidamente justificada.

(REFORMADO, D.O.F. 23 DE FEBRERO DE 2005)

Durante dicho plazo el comprobante de pago, así como el instrumento en el que conste la adjudicación del bien, serán los documentos que acrediten los derechos del adquirente.

(REFORMADO, D.O.F. 9 DE AGOSTO DE 2019)

En caso de que la entrega recepción de los Bienes y la escrituración en el caso de inmuebles no se efectúe por causas imputables al comprador, éste asumirá cualquier tipo de riesgo inherente a los mismos, salvo que obedezca a causas atribuibles al Instituto.

SECCIÓN I
LICITACIÓN PÚBLICA

(REFORMADO PRIMER PÁRRAFO, D.O.F. 9 DE AGOSTO DE 2019)

Artículo 44. La licitación pública se realizará a través de convocatoria en la que se establecerá, en su caso, el precio o precios y la forma de pago de las bases, mismo que será fijado en atención a la recuperación de las erogaciones por publicación de la convocatoria y por los documentos que al efecto se entreguen, así como de las circunstancias del procedimiento y bien o Bienes a licitar. Los interesados podrán revisar las bases, en su caso, previo pago de las mismas.

(REFORMADO, D.O.F. 9 DE AGOSTO DE 2019)

La publicación de un extracto de la convocatoria, así como sus modificaciones, podrán hacerse en el Diario Oficial de la Federación, en al menos un diario de circulación nacional y deberá divulgarse íntegramente a través de medios electrónicos, ópticos o de cualquier otra tecnología de la información y de la comunicación que permitan la difusión de la oferta.

Tratándose de títulos valor, créditos o cualquier bien comerciable en bolsas, mercados de valores o esquemas similares, podrá utilizarse un medio de difusión distinto a los señalados en el párrafo anterior, sujeto a que los valores respectivos se encuentren inscritos en el Registro Nacional de Valores en los términos de la Ley del Mercado de Valores.

Artículo 45. En las convocatorias se incluirá cuando menos:

(REFORMADA, D.O.F. 9 DE AGOSTO DE 2019)

I. El nombre, denominación o razón social de la Entidad Transferente;

(REFORMADA, D.O.F. 9 DE AGOSTO DE 2019)

II. La descripción, condición física y ubicación de los Bienes. En caso de bienes muebles, adicionalmente, se señalarán sus características, cantidad y unidad de medida; y tratándose de bienes inmuebles, la superficie total, linderos y colindancias, mismos que podrán difundirse entre los interesados mediante el uso de las tecnologías de la información;

III. (DEROGADA, D.O.F. 23 DE FEBRERO DE 2005)

IV. El precio base del bien, salvo en los casos a que se refiere el último párrafo del artículo 37;

V. La forma en que se deberá realizar el pago por el adquirente;

VI. (DEROGADA, D.O.F. 23 DE FEBRERO DE 2005)

VII. Lugar, fecha, horarios y condiciones requeridas para mostrar fotografías, catálogos, planos o para que los interesados tengan acceso a los sitios en que se encuentren los bienes para su inspección física, cuando proceda;

VIII. Lugar, fecha y hora en que los interesados podrán obtener las bases de licitación, y en su caso, el costo y forma de pago de la misma;

IX. Fecha límite para que los interesados se inscriban a la licitación;

X. Forma y monto de la garantía de seriedad de ofertas y de cumplimiento de las obligaciones que se deriven de los contratos de compraventa que, en su caso, deberán otorgar los interesados, de conformidad con las disposiciones establecidas por la Ley del Servicio de la Tesorería de la Federación;

XI. La existencia, en su caso, de gravámenes, limitaciones de dominio, o cualquier otra carga que recaiga sobre los bienes;

XII. La fecha, hora y lugar, o en su caso, plazo para la celebración del acto del fallo;

XIII. Criterios para la evaluación de las ofertas de compra y para la adjudicación;

(REFORMADA, D.O.F. 23 DE FEBRERO DE 2005)

XIV. La fecha hora y lugar del acto de presentación de propuestas, y

XV. (DEROGADA, D.O.F. 23 DE FEBRERO DE 2005)

(REFORMADA, D.O.F. 23 DE FEBRERO DE 2005)

XVI. La indicación de que no podrán participar las personas que se encuentren en los supuestos previstos en el artículo 32 de la Ley.

XVII. (DEROGADA, D.O.F. 23 DE FEBRERO DE 2005)

XVIII. (DEROGADA, D.O.F. 23 DE FEBRERO DE 2005)

Artículo 46. Se considerará desierta la licitación cuando se cumpla cualquiera de los siguientes supuestos:

I. Ninguna persona adquiera las bases;

II. Nadie se registre para participar en el acto de apertura de ofertas, o

III. Que las ofertas de compra que se presenten no sean aceptables.

Se considera que las ofertas de compra no son aceptables cuando no cubran el precio base de venta del bien o no cumplan con la totalidad de los requisitos establecidos en la convocatoria y en las bases.

(REFORMADO PRIMER PÁRRAFO, D.O.F. 9 DE AGOSTO DE 2019)

Artículo 47. Las bases estarán a disposición de los interesados a partir de la fecha de publicación de la convocatoria y hasta antes del acto de presentación de ofertas de compra y contendrán, como mínimo, lo siguiente:

I. La referencia exacta de la convocatoria a la cual corresponden las mismas;

(REFORMADA, D.O.F. 9 DE AGOSTO DE 2019)

II. Los elementos a que se refieren las fracciones II, VII, X y XIII, del artículo 45 de esta Ley;

III. Los documentos por los cuales el interesado acreditará su personalidad jurídica;

IV. Instrucciones para elaborar y entregar o presentar ofertas de compra, haciendo mención de que dichas ofertas deberán ser en firme;

V. Lugar, fecha y hora en que los interesados podrán obtener las bases de licitación, y en su caso, el costo y forma de pago de la (sic) mismas;

VI. Los criterios claros y detallados para la adjudicación del bien;

VII. Forma y términos para la formalización de la operación y entrega física del bien. En el caso de inmuebles, los gastos, incluyendo los de escrituración, serán por cuenta y responsabilidad absoluta del adquirente. Tratándose de contribuciones, éstas se enterarán por cada una de las partes que las causen;

VIII. El señalamiento de las causas de descalificación de la licitación;

IX. La indicación de que ninguna de las condiciones de las bases de licitación, así como las proposiciones presentadas por los licitantes, podrán ser negociadas;

X. La indicación de que no podrán participar las personas que se encuentren en los supuestos previstos en el artículo 32 de la Ley;

(REFORMADA, D.O.F. 9 DE AGOSTO DE 2019)

XI. La indicación de que el fallo se dará a conocer por el mismo medio en que se hubiera hecho la convocatoria en junta pública, o mediante el uso de las tecnologías de la información y comunicación, según se determine;

(REFORMADA, D.O.F. 9 DE AGOSTO DE 2019)

XII. Cualquier otra que de acuerdo a la naturaleza de los Bienes o su condición de venta señale el Instituto;

(ADICIONADA, D.O.F. 9 DE AGOSTO DE 2019)

XIII. Forma y monto de la garantía de seriedad de ofertas y de cumplimiento de las obligaciones que se deriven de los contratos de compraventa que, en su caso, deberán otorgar los interesados, de conformidad con las disposiciones establecidas por la Ley de Tesorería de la Federación, y

(ADICIONADA, D.O.F. 9 DE AGOSTO DE 2019)

XIV. Criterios para la evaluación de las ofertas de compra y para la adjudicación.

(REFORMADO, D.O.F. 9 DE AGOSTO DE 2019)

Artículo 48. El plazo para la presentación de las ofertas de compra no podrá ser mayor a diez días hábiles contados a partir de la fecha de publicación de la convocatoria de la licitación, salvo que, por la naturaleza de los Bienes, el Instituto considere conveniente establecer un plazo mayor.

El Instituto retendrá las garantías que se hubieren presentado, de conformidad con las disposiciones establecidas por la Ley de Tesorería de la Federación, hasta que se emita el fallo. A partir de esa fecha, procederá a la devolución de las garantías a cada uno de los interesados, salvo la de aquél a quien se hubiere adjudicado el bien, misma que se retendrá como garantía de cumplimiento de la obligación y podrá aplicarse como parte del precio de venta.

Artículo 49. Los actos de presentación y de apertura de ofertas de compra se llevarán a cabo conforme a lo siguiente:

I. Los licitantes entregarán sus ofertas de compra en sobre cerrado en forma inviolable, o por los medios electrónicos, ópticos o de cualquier otra tecnología que garanticen la confidencialidad de las ofertas hasta el acto de apertura;

(REFORMADA, D.O.F. 23 DE FEBRERO DE 2005)

II. La apertura de las ofertas de compra se realizará en junta pública a más tardar, al segundo día hábil siguiente a aquél en que venza el plazo de presentación de ofertas de compra;

III. La convocante en un plazo no mayor de tres días hábiles, contados a partir del acto de apertura de ofertas de compra, procederá a la evaluación de las mismas, con pleno apego a lo dispuesto por el artículo 31 de esta Ley.

Concluido el análisis de las ofertas de compra, se procederá de inmediato a emitir el fallo;

(REFORMADA, D.O.F. 9 DE AGOSTO DE 2019)

IV. El fallo se dará a conocer por el mismo medio en que se hubiera hecho la convocatoria, en junta pública o mediante el uso de las tecnologías de la información y comunicación, según se determine en las bases, haciendo del conocimiento público el nombre del ganador y el monto de la oferta de compra ganadora. Asimismo, en su caso, se deberá informar a la dirección electrónica de las personas interesadas, por correo certificado con acuse de recibo u otros medios que determine para tal efecto el Instituto, que sus propuestas fueron desechadas y las causas que motivaron tal determinación, y

(REFORMADA, D.O.F. 9 DE AGOSTO DE 2019)

V. El Instituto levantará acta en la que se dejará constancia de la participación de los licitantes, del monto de sus ofertas de compra, de las ofertas aceptadas o desechadas, de las razones por las que en su caso fueron desechadas, del precio base de venta, del nombre del ganador por cada bien, del importe obtenido por cada venta, así como de aquellos aspectos que, en su caso, sean relevantes y dignos de consignar en dicha acta.

Artículo 50. En caso de empate en el procedimiento de licitación pública, el bien se adjudicará al licitante que primero haya presentado su oferta.

(REFORMADO, D.O.F. 9 DE AGOSTO DE 2019)

Artículo 51. El adjudicatario perderá, en favor del Instituto, la garantía que hubiere otorgado si, por causas imputables a él, la operación no se formaliza dentro del plazo a que se refiere el artículo 43, quedando el Instituto en posibilidad de adjudicar el bien al participante que haya presentado la segunda oferta de compra más alta que no hubiere sido descalificada, y así sucesivamente, en caso de que no se acepte la adjudicación, siempre que su postura sea mayor o igual al precio base de venta fijado.

En el supuesto de que la falta de formalización de la adjudicación sea imputable al Instituto, el licitante ganador podrá solicitar que le sean reembolsados los gastos no recuperables en que hubiera incurrido, derivados del procedimiento de licitación pública, siempre que éstos sean razonables, estén debidamente comprobados y se relacionen directamente con la licitación de que se trate.

En el caso de enajenaciones no concretadas por causas atribuibles al Instituto, los compradores podrán solicitar que dichas operaciones queden sin efecto, y solicitar la devolución del importe pagado, observando las disposiciones emitidas para su enajenación.

El atraso del Instituto en la formalización de la operación de compraventa, prorrogará en igual plazo la fecha de cumplimiento de las obligaciones asumidas por ambas partes.

SECCIÓN II
DE LA SUBASTA

(REFORMADO, D.O.F. 9 DE AGOSTO DE 2019)

Artículo 52. El Instituto, de acuerdo con lo dispuesto por el artículo 39 de esta Ley, llevará a cabo el procedimiento de subasta pública, electrónica o presencial, el cual deberá efectuarse dentro de los diez días hábiles siguientes a la publicación de la convocatoria.

(REFORMADO, D.O.F. 23 DE FEBRERO DE 2005)

Artículo 53. El procedimiento se desarrollará en los siguientes términos:

(REFORMADA, D.O.F. 9 DE AGOSTO DE 2019)

I. El Instituto deberá mostrar a través de medios electrónicos el bien objeto de la subasta debiendo proporcionar una descripción del mismo;

(REFORMADA, D.O.F. 9 DE AGOSTO DE 2019)

II. El Instituto establecerá un período de al menos 240 horas para que los postores realicen sus ofertas a través de los medios electrónicos y de acuerdo con el formato que para tal efecto determine el Instituto;

(REFORMADA, D.O.F. 9 DE AGOSTO DE 2019)

III. Los interesados podrán mejorar sus ofertas durante la celebración de la subasta, para lo cual deberán manifestarlo en forma escrita a través de los medios electrónicos autentificados mediante controles de seguridad, y

(REFORMADA, D.O.F. 9 DE AGOSTO DE 2019)

IV. Transcurrido el período que el Instituto determine para la realización de la subasta, el bien se adjudicará a la oferta que signifique las mejores condiciones de precio y oportunidad, atendiendo al tipo de subasta que se haya seguido.

(REFORMADO, D.O.F. 9 DE AGOSTO DE 2019)

En las bases de la subasta se establecerá su tipo, las instrucciones para presentar ofertas de compra, así como la documentación y requisitos necesarios que el Instituto podrá exigir a los postores que hayan de participar en la subasta, a fin de garantizar el cumplimiento de sus ofertas.

Artículo 54. Sin perjuicio de la aplicación de las disposiciones previstas en los Capítulos I y III del presente Título, serán aplicables a la subasta las disposiciones que correspondan a la licitación pública, en lo que no contravengan a su regulación específica.

SECCIÓN III
DEL REMATE

(REFORMADO, D.O.F. 23 DE FEBRERO DE 2005)

Artículo 55. El procedimiento de remate se realizará de acuerdo con lo dispuesto por el artículo 39 de esta Ley. Todo remate de bienes será público y deberá efectuarse dentro de los diez días hábiles siguientes a la publicación del aviso a que se refiere el artículo siguiente.

(REFORMADO, D.O.F. 9 DE AGOSTO DE 2019)

Artículo 56. Para la realización del remate de Bienes se anunciará su venta mediante la publicación de un aviso, indistintamente, en el Diario Oficial de la Federación, en al menos un diario de circulación nacional o a través de medios electrónicos, ópticos o de cualquier otra tecnología de la información y comunicación.

Artículo 57. Postura legal es la que cubre, al menos, las dos terceras partes del precio base de venta del bien.

Artículo 58. Las posturas se formularán por escrito o por cualquier otro medio electrónico, óptico o de cualquier otra tecnología que permita la expresión de la oferta, manifestando, el mismo postor o su representante con facultades suficientes:

I. El nombre, capacidad legal y domicilio del postor, y

II. La cantidad que se ofrezca por los bienes.

(REFORMADO, D.O.F. 9 DE AGOSTO DE 2019)

El oferente, al formular su postura, deberá entregar como garantía al Instituto en el acto del remate, el porcentaje de la cantidad ofertada que el Instituto fije en el aviso correspondiente, el cual no podrá ser inferior al diez por ciento de dicha cantidad, en cheque certificado o efectivo. Dicho organismo descentralizado retendrá el importe referido hasta que se declare fincado el remate y después de esa fecha lo regresará a los oferentes que no hayan resultado ganadores. El porcentaje otorgado en garantía de la postura ganadora se aplicará al pago del bien adjudicado.

(REFORMADO, D.O.F. 9 DE AGOSTO DE 2019)

Artículo 59. Si en la primera almoneda no hubiere postura legal, se citará a otra, para lo cual se publicará un nuevo aviso. En la almoneda se tendrá como precio inicial el precio base de venta del bien, con deducción de un veinte por ciento.

Artículo 60. Si en la segunda almoneda no hubiere postura legal, se citará a la tercera en la forma que dispone el artículo anterior, y de igual manera se procederá para las ulteriores, cuando obrare la misma causa, hasta efectuar legalmente el remate. En cada una de las almonedas se deducirá un cinco por ciento del precio que, en la anterior, haya servido de base.

(REFORMADO, D.O.F. 9 DE AGOSTO DE 2019)

Artículo 61. Si el postor ganador no cumpliere sus obligaciones, el Instituto declarará sin efecto el remate y podrá convocar a un nuevo remate. El postor perderá la garantía exhibida, la cual se aplicará, como pena, a favor del Instituto.

Artículo 62. El postor no puede rematar para un tercero, sino con poder bastante, quedando prohibido hacer postura sin declarar, el nombre de la persona para quien se hace.

Artículo 63. Los postores tendrán la mayor libertad para hacer sus propuestas.

(REFORMADO, D.O.F. 9 DE AGOSTO DE 2019)

Artículo 64. El Instituto decidirá de plano conforme a las disposiciones aplicables, bajo su responsabilidad, cualquier asunto que se suscite, relativo al remate.

Artículo 65. El día del remate, a la hora señalada, se pasará lista a los postores iniciándose el remate. A partir de ese momento, no se admitirán nuevos postores. Acto seguido, se revisarán las propuestas, desechando, las que no contengan postura legal y las que no estuvieren debidamente garantizadas.

(REFORMADO, D.O.F. 9 DE AGOSTO DE 2019)

Artículo 66. Calificadas de legales las posturas, se dará lectura de ellas, para que los postores presentes puedan mejorarlas. Si hay varias posturas legales, se declarará preferente la que importe mayor cantidad y si varias se encontraren exactamente en las mismas condiciones, la preferencia se establecerá por sorteo, que se realizará en presencia de los postores asistentes al remate.

(REFORMADO PRIMER PÁRRAFO, D.O.F. 9 DE AGOSTO DE 2019)

Artículo 67. Declarada preferente una postura, el servidor público del Instituto preguntará si alguno de los postores la mejora. En caso de que alguno la mejore antes de transcurrir cinco minutos de hecha la pregunta, interrogará si algún postor puja la mejora, y así sucesivamente, se procederá con respecto a las pujas que se hagan. En cualquier momento en que, pasados cinco minutos de hecha cualquiera de las mencionadas preguntas, no se mejorare la última postura o puja, se declarará fincado el remate en favor del postor que hubiere hecho aquélla.

No procederá recurso ni medio de impugnación alguno contra la resolución que finque el remate.

SECCIÓN IV
ADJUDICACIÓN DIRECTA

(REFORMADO PRIMER PÁRRAFO, D.O.F. 9 DE AGOSTO DE 2019)

Artículo 68. Los Bienes podrán enajenarse mediante adjudicación directa, previo dictamen del Instituto, el cual se emitirá de acuerdo con lo que al respecto disponga el Reglamento, que deberá constar por escrito, en los siguientes casos:

I. Se trate de bienes de fácil descomposición o deterioro, o de materiales inflamables, o no fungibles, siempre que en la localidad no se puedan guardar o depositar en lugares apropiados para su conservación;

(REFORMADA, D.O.F. 9 DE AGOSTO DE 2019)

II. Se trate de Bienes cuya conservación resulte incosteable para el Instituto;

(REFORMADA, D.O.F. 9 DE AGOSTO DE 2019)

III. El valor de los Bienes sea menor al equivalente a 150,000 Unidades de Medida y Actualización;

(REFORMADA, D.O.F. 23 DE FEBRERO DE 2005)

IV. Se trate de bienes que habiendo salido a subasta pública, remate en primera almoneda o a licitación pública, no se hayan vendido;

(REFORMADA, D.O.F. 23 DE FEBRERO DE 2005)

V. Se trate de los frutos a que se refiere el último párrafo del artículo 39 de la Ley;

(REFORMADA, D.O.F. 9 DE AGOSTO DE 2019)

VI. Se trate créditos administrados o propiedad del Instituto, cuya propuesta de pago individualizada sea hecha por un tercero distinto al acreditado;

(REFORMADA, D.O.F. 9 DE AGOSTO DE 2019)

VII. Se trate de Bienes sobre los que exista oferta de compra presentada por alguna dependencia, entidad paraestatal u órgano de la Administración Pública Federal, de las entidades federativas o municipios, así como cualquier otro órgano de gobierno, constitucional autónomo o con autonomía derivada de los órdenes constitucionales Federal o de alguna entidad federativa o municipio, y

(REFORMADA, D.O.F. 9 DE AGOSTO DE 2019)

VIII. Se trate de Bienes provenientes de procesos de desincorporación, liquidación o extinción de empresas, así como de aquellos que determine la Junta de Gobierno.

(ADICIONADO, D.O.F. 23 DE FEBRERO DE 2005)

A la propuesta de pago a que se refiere la fracción VI de este artículo, se le dará el mismo tratamiento que se daría si la hubiera presentado el propio acreditado.

TÍTULO QUINTO
DE LA DESTRUCCIÓN DE BIENES

(REFORMADO PRIMER PÁRRAFO, D.O.F. 9 DE AGOSTO DE 2019)

Artículo 69. El Instituto podrá llevar a cabo la destrucción de los Bienes en los casos que establezca el Reglamento y las disposiciones que regulen los Bienes de que se trate.

En toda destrucción se deberán observar las disposiciones de seguridad, salud, protección al medio ambiente y demás que resulten aplicables.

(REFORMADO, D.O.F. 9 DE AGOSTO DE 2019)

La destrucción de las substancias psicotrópicas, psicoactivas, estupefacientes, drogas, narcóticos y precursores químicos, se sujetará a lo dispuesto en el Código Penal Federal y el Código Nacional de Procedimientos Penales.

(REFORMADO, D.O.F. 9 DE AGOSTO DE 2019)

En todas las destrucciones, el Instituto deberá seleccionar el método o la forma de destrucción menos contaminante, a fin de minimizar los riesgos que pudieren ocasionar emisiones dañinas para el ser humano, así como para su entorno. Asimismo, el método de destrucción que se seleccione no deberá oponerse a las normas oficiales expedidas por los Gobiernos Federal, estatales y municipales.

(REFORMADO PRIMER PÁRRAFO, D.O.F. 9 DE AGOSTO DE 2019)

Artículo 70. Sin perjuicio de lo dispuesto en el artículo anterior, se consideran como Bienes respecto de los cuales el Instituto podrá proceder a su destrucción los siguientes:

(REFORMADA, D.O.F. 9 DE AGOSTO DE 2019)

I. Bienes asegurados, decomisados o abandonados relacionados con la comisión de delitos de propiedad industrial o derechos de autor;

(REFORMADA, D.O.F. 9 DE AGOSTO DE 2019)

II. Bienes que por su estado de conservación no se les pueda dar otro destino, así como aquellos de uso personal que sean usados o que exista el riesgo de daños a la salud pública;

III. Objetos, productos o sustancias que se encuentren en evidente estado de descomposición, adulteración o contaminación que no los hagan aptos para ser consumidos o que puedan resultar nocivos para la salud de las personas. En estos casos, deberá darse intervención inmediata a las autoridades sanitarias para que, dentro del ámbito de sus atribuciones, autoricen la destrucción de este tipo de bienes;

IV. Productos o subproductos de flora y fauna silvestre o productos forestales, plagados o que tengan alguna enfermedad que impida su aprovechamiento, así como bienes o residuos peligrosos, cuando exista riesgo inminente de desequilibrio ecológico o casos de contaminación con repercusiones peligrosas para los ecosistemas o la salud pública. En estos casos, deberá solicitarse la intervención de la autoridad competente, y

V. Todos aquellos bienes, que las entidades transferentes pongan a su disposición para su destrucción.

(REFORMADO, D.O.F. 9 DE AGOSTO DE 2019)

Artículo 71. Para la destrucción de Bienes se estará a lo dispuesto por la Ley de Tesorería de la Federación y su reglamento, requiriéndose adicionalmente la autorización previa del Director General del Instituto.

(REFORMADO PRIMER PÁRRAFO, D.O.F. 9 DE AGOSTO DE 2019)

Artículo 72. Con independencia de lo que al respecto dispone la Ley de Tesorería de la Federación y su reglamento, el Instituto deberá integrar un expediente para proceder a la destrucción de los Bienes correspondientes, el cual deberá contener la siguiente documentación:

I. Oficio de la dependencia o entidad facultada para autorizar la destrucción de los bienes, en los casos en que sea necesario obtenerla.

(REFORMADA, D.O.F. 9 DE AGOSTO DE 2019)

II. Oficio de autorización del Director General del Instituto;

(REFORMADA, D.O.F. 9 DE AGOSTO DE 2019)

III. Notificación a la Fiscalía General de la República y/o a la autoridad judicial que conozca del procedimiento o, en su caso, a las Autoridades Aduaneras, de la destrucción de Bienes, para que los agentes del Ministerio Público o la autoridad judicial recaben, cuando sea factible, las muestras necesarias para que obren en la carpeta de investigación o expediente correspondiente, y

(REFORMADA, D.O.F. 9 DE AGOSTO DE 2019)

IV. Acta de la destrucción del bien, que deberán suscribir los servidores públicos facultados del Instituto, así como otras autoridades que deban participar y un representante del órgano interno de control del Instituto, quien en ejercicio de sus atribuciones, se cerciorará de que se observen estrictamente las disposiciones legales aplicables al caso.

(REFORMADO, D.O.F. 9 DE AGOSTO DE 2019)

Artículo 73. El Instituto llevará el registro y control de todos los Bienes que haya destruido, así como de aquéllos que hayan sido destruidos por otras autoridades a petición suya en el ámbito de sus respectivas atribuciones; el Director General del Instituto, deberá informar a la Junta de Gobierno sobre cualquier operación de destrucción de Bienes que se haya llevado a cabo en estos términos.

(REFORMADO, D.O.F. 9 DE AGOSTO DE 2019)

Artículo 74. Los gastos en que incurra el Instituto derivados de los procedimientos de destrucción, se considerarán como costos de administración de los Bienes.

En caso de que del producto de la destrucción se obtengan recursos a favor, el Instituto podrá destinarlos para gastos de administración y destino de los Bienes.

(REFORMADO, D.O.F. 9 DE AGOSTO DE 2019)

Artículo 75. Tratándose de Bienes relacionados con la comisión de delitos o infracciones relativos a propiedad industrial o derechos de autor, el Instituto procederá a su destrucción, una vez que le sea notificada o se haga de su conocimiento la resolución definitiva firme que declare que se ha cometido una infracción administrativa o un delito, en términos de la Ley de la Propiedad Industrial y la Ley Federal del Derecho de Autor, y que el Instituto Mexicano de la Propiedad Industrial o, en su caso, el Instituto Nacional del Derecho de Autor hayan decidido poner los Bienes a disposición de la autoridad judicial competente.

Tratándose de los Bienes cuya importación esté prohibida o sean objeto de ilícitos, el Instituto, antes de proceder a su destrucción, deberá verificar con las Autoridades Aduaneras la resolución definitiva que declare que se ha cometido una infracción o delito, en términos de la Ley Aduanera y de las leyes en materia penal que correspondan.

(REFORMADA SU DENOMINACIÓN, D.O.F. 9 DE AGOSTO DE 2019)

TÍTULO SEXTO
DEL INSTITUTO

(REFORMADO, D.O.F. 9 DE AGOSTO DE 2019)

Artículo 76. El Instituto es un organismo descentralizado de la Administración Pública Federal, con personalidad jurídica y patrimonio propios, con domicilio en la Ciudad de México, el cual tendrá por objeto la administración, enajenación, destrucción y destino de los Bienes, activos o empresas, señalados en el artículo 1o. de esta Ley, así como el cumplimiento de las atribuciones establecidas en el presente ordenamiento.

El Instituto estará agrupado en el sector coordinado por la Secretaría.

(REFORMADO, D.O.F. 9 DE AGOSTO DE 2019)

Artículo 77. El patrimonio del Instituto está integrado por:

I. Los bienes muebles, inmuebles y demás derechos que le sean asignados o que por cualquier título adquiera para sí;

II. Los recursos que le sean asignados en el Decreto de Presupuesto de Egresos de la Federación, así como los que obtenga en cumplimiento de su objeto público, y

III. Cualquier otro ingreso que la autoridad competente o las disposiciones aplicables destinen al Instituto.

(REFORMADO PRIMER PÁRRAFO, D.O.F. 9 DE AGOSTO DE 2019)

Artículo 78. Para el cumplimiento de su objeto, el Instituto contará con las siguientes atribuciones:

(REFORMADA, D.O.F. 9 DE AGOSTO DE 2019)

I. Recibir, administrar, enajenar, monetizar, y destruir los Bienes de las Entidades Transferentes conforme a lo previsto en la presente Ley, así como realizar todos los actos de administración, pleitos y cobranzas y de dominio respecto de los Bienes, activos o empresas, aun y cuando se trate de entidades paraestatales en proceso de desincorporación, en aquellos casos en que así lo determine la Secretaría;

(REFORMADO [N. DE E. ESTE PÁRRAFO], D.O.F. 9 DE AGOSTO DE 2019)

II. Administrar, enajenar y monetizar los Bienes, activos o empresas, que previa instrucción de autoridad competente, se le encomienden por la naturaleza especial que guardan los mismos.

(ADICIONADO, D.O.F. 9 DE AGOSTO DE 2019)

Tratándose de numerario asegurado, decomisado, abandonado o sujeto a extinción de dominio, será captado y administrado en las cuentas que determine el Instituto;

III. Optimizar los bienes para darles un destino, de conformidad con las disposiciones contenidas en el Reglamento;

(REFORMADA, D.O.F. 9 DE AGOSTO DE 2019)

IV. Fungir como visitador, conciliador y síndico en concursos mercantiles y quiebras, de conformidad con las disposiciones aplicables y, supletoriamente, con lo dispuesto en el presente ordenamiento en materia de enajenación de Bienes que conformen la masa concursal, debiendo recaer tales designaciones en el Instituto, invariablemente, tratándose de empresas aseguradas;

(REFORMADA, D.O.F. 9 DE AGOSTO DE 2019)

V. Fungir como liquidador único del Gobierno Federal de las empresas de participación estatal mayoritaria, sociedades nacionales de crédito y organismos descentralizados de la Administración Pública Federal, organismos autónomos, entidades de interés público, empresas productivas del estado, así como toda clase de sociedades mercantiles, sociedades o asociaciones civiles;

(REFORMADA, D.O.F. 9 DE AGOSTO DE 2019)

VI. Ejecutar los mandatos y encargos en nombre y representación del Gobierno Federal, incluyendo todos los actos jurídicos que les sean inherentes;

VII. Manejar los créditos que el Gobierno Federal destine o haya destinado para otorgar su apoyo financiero a las instituciones de crédito y organizaciones auxiliares del crédito, así como la celebración de todos los actos necesarios para la recuperación de tales créditos, bien sea que las instituciones se rehabiliten o liquiden;

(REFORMADA, D.O.F. 23 DE FEBRERO DE 2005)

VIII. Celebrar convenios de coordinación y colaboración con los gobiernos de las entidades federativas, así como con organizaciones de productores deudores, sociedades de ahorro y préstamo y entidades de fomento en las que participen los gobiernos estatales y municipales, con el objeto de que coadyuven en la recuperación de la cartera vencida, pudiendo estipularse la cesión gratuita u onerosa de créditos, de conformidad con lo que establezcan los lineamientos que al efecto expida la Junta de Gobierno;

(REFORMADA, D.O.F. 23 DE FEBRERO DE 2005)

IX. Extinguir los fideicomisos públicos y privados;

(REFORMADA, D.O.F. 9 DE AGOSTO DE 2019)

X. Fungir como fiduciario sustituto en los fideicomisos constituidos en instituciones de crédito, instituciones de seguros, instituciones de fianzas, sociedades financieras de objeto limitado y almacenes generales de depósito, cuya liquidación sea encomendada al Instituto, así como, en aquellos en los que actúe con el carácter de fideicomitente o fideicomisario el Gobierno Federal o alguna entidad paraestatal de la Administración Pública Federal;

(REFORMADA, D.O.F. 9 DE AGOSTO DE 2019)

XI. Celebrar contratos de prestación de servicios necesarios para la atención de los Encargos que le sean conferidos cuyo cumplimiento de pago sea con cargo a recursos de los mismos; su duración podrá ser superior al ejercicio fiscal de que se trate, por lo que en caso de que el ingreso neto sea insuficiente, la diferencia se cubrirá con cargo a la cuenta específica destinada a financiar las operaciones del Instituto, a que se refiere el artículo 89 de esta Ley, en los términos que para tal efecto determine la Junta de Gobierno, de acuerdo con los esquemas autorizados por la Secretaría;

(ADICIONADA, D.O.F. 30 DE ABRIL DE 2024)

XII. Concentrar, en su caso, en los términos que precisa la normatividad aplicable, recursos a la Tesorería de la Federación para destinarlos al Fondo de Pensiones para el Bienestar, y

(ADICIONADA, D.O.F. 23 DE FEBRERO DE 2005)

XIII. Realizar todos los actos, contratos y convenios necesarios para llevar a cabo las atribuciones anteriores.

(REFORMADO PRIMER PÁRRAFO, D.O.F. 9 DE AGOSTO DE 2019)

Artículo 79. La administración del Instituto estará a cargo de:

I. La Junta de Gobierno, y

(REFORMADA, D.O.F. 9 DE AGOSTO DE 2019)

II. La persona Titular de la Dirección General.

Artículo 80. La Junta de Gobierno se integrará de la siguiente manera:

(REFORMADA, D.O.F. 9 DE AGOSTO DE 2019)

I. La persona servidora pública Titular de la Secretaría de Hacienda y Crédito Público, quien la presidirá;

(REFORMADA, D.O.F. 9 DE AGOSTO DE 2019)

II. Las personas servidoras públicas titulares de dos Subsecretarías de la Secretaría;

(REFORMADA, D.O.F. 9 DE AGOSTO DE 2019)

III. La persona servidora pública Titular de la Tesorería de la Federación, y

(REFORMADA, D.O.F. 9 DE AGOSTO DE 2019)

IV. La persona servidora pública que ocupe la Presidencia de la Comisión Nacional Bancaria y de Valores.

(REFORMADO, D.O.F. 9 DE AGOSTO DE 2019)

Las personas servidoras públicas integrantes de la Junta de Gobierno designarán y acreditarán a su respectivo suplente.

(REFORMADO, D.O.F. 11 DE MAYO DE 2022)

La Junta de Gobierno contará con una Secretaría Técnica y una Prosecretaría. La Secretaría Técnica, tendrá la representación de la misma para todos sus efectos legales, rendirá los informes previos y justificados en los juicios de amparo en que la propia Junta sea señalada como autoridad responsable.

(REFORMADO, D.O.F. 9 DE AGOSTO DE 2019)

Las personas servidoras públicas a cargo de la Secretaría Técnica y la Prosecretaría de la Junta de Gobierno, asistirán indistintamente a las sesiones con voz, pero sin voto.

(REFORMADO, D.O.F. 11 DE MAYO DE 2022)

La Junta de Gobierno se reunirá, de manera ordinaria, cuando menos cuatro veces al año, de acuerdo con el calendario que apruebe en la última sesión ordinaria del ejercicio anterior, pudiéndose además celebrar reuniones extraordinarias, conforme a lo previsto en el Estatuto Orgánico del Instituto. Sus reuniones podrán ser presenciales o mediante el auxilio de las tecnologías de la información y comunicación, conforme lo disponga el Estatuto Orgánico; serán válidas con la asistencia de por lo menos la mitad de sus miembros con la asistencia de la persona titular de la Presidencia. Las resoluciones se tomarán por mayoría de los votos, teniendo la Presidencia voto de calidad para el caso de empate.

Artículo 81. La Junta de Gobierno tendrá las facultades siguientes:

(REFORMADA, D.O.F. 9 DE AGOSTO DE 2019)

I. Establecer, en congruencia con los programas sectoriales, las políticas generales y definir las prioridades a las que deberá sujetarse el Instituto;

(REFORMADA, D.O.F. 9 DE AGOSTO DE 2019)

II. Aprobar con sujeción a las disposiciones aplicables, las políticas, bases y programas generales, que regulen los convenios, contratos, o acuerdos que deba celebrar el Instituto con terceros para obras públicas, adquisiciones, arrendamientos y prestación de servicios. El Director General y, en su caso, los servidores públicos que sean competentes en términos de la legislación de la materia, realizarán tales actos bajo su responsabilidad y con sujeción a las directrices que les hayan sido fijadas por la Junta de Gobierno;

III. Analizar y aprobar en su caso, los informes periódicos que rinda el Director General con la intervención que corresponda a los Comisarios;

IV. Determinar los lineamientos generales para la debida administración y enajenación de los bienes señalados en el artículo 1 de la presente Ley, así como para evitar que se alteren, deterioren, desaparezcan o destruyan;

V. Determinar los lineamientos generales a los que deberán ajustarse los depositarios; administradores, liquidadores o interventores en la utilización de los bienes; así como los terceros a que se refiere el artículo 1 de esta Ley;

VI. Dictar los lineamientos relativos a la supervisión de la base de datos a que se refiere el artículo 4 de esta Ley;

(REFORMADA, D.O.F. 9 DE AGOSTO DE 2019)

VII. Aprobar los programas y presupuestos del Instituto, propuestos por el Director General, así como sus modificaciones, en términos de la legislación aplicable;

(REFORMADA, D.O.F. 9 DE AGOSTO DE 2019)

VIII. Aprobar anualmente, previo informe de los comisarios y dictamen de los auditores externos, los estados financieros del Instituto y autorizar la publicación de los mismos;

(REFORMADA, D.O.F. 9 DE AGOSTO DE 2019)

IX. Aprobar el Estatuto Orgánico del Instituto y la estructura orgánica básica del mismo, así como las modificaciones que procedan a éstos;

(REFORMADA, D.O.F. 9 DE AGOSTO DE 2019)

X. Nombrar y remover, a propuesta del Director General, a los servidores públicos del Instituto que ocupen cargos con las dos jerarquías administrativas inferiores a la de aquél, con excepción de aquellos servidores públicos cuyo nombramiento corresponda a otra dependencia o entidad en términos de las disposiciones legales, reglamentarias y administrativas aplicables, así como aprobar la fijación de sus sueldos y prestaciones, y a los demás que señale el Estatuto Orgánico, conforme a las disposiciones que emita la Secretaría para tal efecto;

XI. Nombrar y remover al Secretario Técnico y Prosecretario de la propia Junta de Gobierno;

XII. Autorizar los diferentes procedimientos de venta de conformidad con el Reglamento de la presente Ley;

(REFORMADA, D.O.F. 9 DE AGOSTO DE 2019)

XIII. Emitir los lineamientos necesarios para la destrucción de los Bienes en los términos de la presente Ley y el Reglamento, así como para las demás actividades relacionadas con el objeto del Instituto;

XIV. Emitir los lineamientos para la venta en varias exhibiciones, para lo cual considerará las condiciones de mercado en operaciones similares;

(REFORMADA, D.O.F. 9 DE AGOSTO DE 2019)

XV. Designar y facultar a las personas que realizarán las notificaciones respectivas en representación del Instituto, en términos de la legislación penal aplicable;

(REFORMADA, D.O.F. 9 DE AGOSTO DE 2019)

XVI. Dictar los lineamientos a fin de que la estructura administrativa del Instituto opere con los recursos estrictamente necesarios para la realización de sus funciones en un principio de austeridad y eficiencia;

(ADICIONADA, D.O.F. 9 DE AGOSTO DE 2019)

XVII. Aprobar los lineamientos para la condonación, por parte del Instituto, de créditos transferidos, y

(REFORMADA, D.O.F. 9 DE AGOSTO DE 2019)

XVIII. Las demás que se señalen en esta Ley, la Ley Federal de las Entidades Paraestatales y otras disposiciones jurídicas aplicables.

(REFORMADO, D.O.F. 9 DE AGOSTO DE 2019)

Artículo 82. El Director General del Instituto deberá remitir semestralmente a la Secretaría y a la Secretaría de la Función Pública, un informe en donde se detalle su operación, avances en los procedimientos a que se refiere esta Ley, así como respecto de la enajenación de los Bienes que fueron puestos a su disposición.

(REFORMADO, D.O.F. 9 DE AGOSTO DE 2019)

Artículo 83. El Instituto rendirá un informe anual detallado a las Entidades Transferentes, respecto de los Bienes, activos o empresas que cada una le haya transferido.

(REFORMADO, D.O.F. 9 DE AGOSTO DE 2019)

Artículo 84. El Instituto contará con un órgano de vigilancia integrado por un Comisario Público y un Suplente, designados por la Secretaría de la Función Pública, quienes tendrán a su cargo las atribuciones que les confieren la Ley Federal de las Entidades Paraestatales, su reglamento y demás disposiciones aplicables.

El Comisario asistirá, con voz, pero sin voto, a las sesiones de la Junta de Gobierno del Instituto.

(REFORMADO, D.O.F. 9 DE AGOSTO DE 2019)

Artículo 85. El Instituto contará con una Contraloría Interna, denominada Órgano Interno de Control, al frente de la cual estará el Contralor Interno, Titular de dicho órgano, mismo que será designado en los términos del artículo 37, fracción XII, de la Ley Orgánica de la Administración Pública Federal y que, en el ejercicio de sus facultades, se auxiliará por los titulares de las áreas de responsabilidades, auditoría y quejas, designados en los mismos términos.

El Titular del órgano de control interno, así como los de sus áreas de auditoría, quejas y responsabilidades, dependerán de la Secretaría de la Función Pública. Dicho órgano desarrollará sus funciones conforme a los lineamientos que emita esta última.

Los servidores públicos a que se refiere el párrafo anterior, en el ámbito de sus respectivas competencias, ejercerán las facultades previstas en la Ley Orgánica de la Administración Pública Federal, la Ley Federal de las Entidades Paraestatales, la Ley General de Responsabilidades Administrativas, el Reglamento Interior de la Secretaría de la Función Pública, y en los demás ordenamientos legales y administrativos aplicables.

(REFORMADO PRIMER PÁRRAFO, D.O.F. 9 DE AGOSTO DE 2019)

Artículo 86. El Director General del Instituto será designado por el titular de la Secretaría, previo acuerdo del Ejecutivo Federal, debiendo recaer en la persona que cumpla con los siguientes requisitos:

I. Ser ciudadano mexicano por nacimiento, que no adquiera otra nacionalidad y esté en pleno goce y ejercicio de sus derechos civiles y políticos;

II. Haber desempeñado cargos de alto nivel decisorio, cuyo ejercicio requiera conocimientos y experiencia en materia administrativa;

(REFORMADA, D.O.F. 9 DE AGOSTO DE 2019)

III. No encontrarse en alguno de los impedimentos que para ser miembro del Órgano de Gobierno que señalan las fracciones II, III, IV y V, del artículo 19 de la Ley Federal de las Entidades Paraestatales, y

IV. No formar parte de las instituciones autorizadas para recibir donativos deducibles en los términos de la Ley del Impuesto sobre la Renta.

(REFORMADO PRIMER PÁRRAFO, D.O.F. 9 DE AGOSTO DE 2019)

Artículo 87. El Director General del Instituto tendrá las facultades siguientes:

(REFORMADA, D.O.F. 9 DE AGOSTO DE 2019)

I. Representar al Instituto, para todos los efectos legales, incluyendo los laborales y delegar esa representación en los términos que señale su Estatuto Orgánico;

II. Rendir los informes previos y justificados en los juicios de amparo cuando sea señalado como autoridad responsable;

(REFORMADA, D.O.F. 9 DE AGOSTO DE 2019)

III. Administrar el presupuesto del Instituto, de conformidad con las disposiciones aplicables. En caso de ser necesarias erogaciones de partidas no previstas en el presupuesto, el Director General deberá previamente obtener la aprobación de la Junta de Gobierno;

(REFORMADA, D.O.F. 9 DE AGOSTO DE 2019)

IV. Dirigir y coordinar las actividades del Instituto, de conformidad con lo dispuesto en esta Ley, en el Reglamento y en los acuerdos que al efecto apruebe la Junta de Gobierno;

V. Asistir, con voz pero sin voto, a las sesiones de la Junta de Gobierno;

(REFORMADA, D.O.F. 23 DE FEBRERO DE 2005)

VI. Nombrar y remover depositarios, interventores o administradores de los bienes de manera provisional y someter consideración de la Junta de Gobierno el nombramiento definitivo; así como removerlos del cargo de manera definitiva cuando medie orden de autoridad judicial o administrativa competente;

VII. Ejecutar los acuerdos de la Junta de Gobierno;

(REFORMADA, D.O.F. 9 DE AGOSTO DE 2019)

VIII. Presentar a la Junta de Gobierno para su aprobación, los programas y presupuestos del Instituto;

(REFORMADA, D.O.F. 9 DE AGOSTO DE 2019)

IX. Proponer a la Junta de Gobierno el nombramiento o remoción de los servidores públicos de las dos jerarquías administrativas inferiores a la del propio Director General, con excepción de aquellos servidores públicos cuyo nombramiento corresponda a otra dependencia o entidad en términos de las disposiciones legales, reglamentarias o administrativas aplicables, así como nombrar y contratar a los demás empleados del Instituto;

X. Rendir los informes a la Junta de Gobierno relacionados con la administración y manejo de los bienes; respecto de la administración, enajenación o destino, así como del desempeño de los depositarios, liquidadores, interventores o administradores designados y de los terceros a que se refiere el artículo 1 de esta Ley;

(REFORMADA, D.O.F. 9 DE AGOSTO DE 2019)

XI. Establecer los métodos que permitan el óptimo aprovechamiento de los Bienes del Instituto;

(REFORMADA, D.O.F. 9 DE AGOSTO DE 2019)

XII. Recabar información y elementos estadísticos que reflejen el estado de las funciones del Instituto, para así poder mejorar su gestión;

XIII. Establecer los sistemas de control necesarios para alcanzar las metas u objetivos propuestos;

XIV. Establecer los mecanismos de evaluación que destaquen la eficiencia y la eficacia con que se desempeñe la entidad y presentar a la Junta de Gobierno por lo menos dos veces al año la evaluación de gestión con el detalle que previamente se acuerde con la Junta de Gobierno y escuchando al Comisario Público, y

XV. Las demás que señalen esta Ley u otras disposiciones aplicables, o las que mediante acuerdo de la Junta de Gobierno, le sean otorgadas.

(REFORMADO, D.O.F. 9 DE AGOSTO DE 2019)

Artículo 88. Las relaciones de trabajo entre el Instituto y sus servidores públicos se regularán por la Ley Federal del Trabajo, Reglamentaria del Apartado A del Artículo 123 Constitucional y las condiciones de trabajo que al efecto se establezcan. Los trabajadores del Instituto quedan incorporados al régimen del Instituto Mexicano del Seguro Social.

(REFORMADO PRIMER PÁRRAFO, D.O.F. 9 DE AGOSTO DE 2019)

Artículo 89. A los recursos obtenidos por los procedimientos de venta a que se refiere el artículo 38 de esta Ley, así como a los frutos que generen los Bienes que administre el Instituto, se descontarán los costos de administración, gastos de mantenimiento y conservación de los Bienes, honorarios de comisionados especiales que no sean servidores públicos encargados de dichos procedimientos, así como los pagos de las reclamaciones procedentes que presenten los adquirentes o terceros, por pasivos ocultos, fiscales o de otra índole, activos inexistentes, asuntos en litigio y demás erogaciones análogas a las antes mencionadas o aquellas que determine la Ley de Ingresos de la Federación del ejercicio correspondiente u otro ordenamiento aplicable.

(REFORMADO, D.O.F. 9 DE AGOSTO DE 2019)

Los recursos derivados por los procedimientos de venta junto con los frutos que generen los Bienes administrados por el Instituto, se destinarán a un fondo, el cual contará con dos subcuentas generales, una correspondiente a los frutos y otra a las ventas.

(REFORMADO, D.O.F. 23 DE FEBRERO DE 2005)

Cada subcuenta general contará con subcuentas específicas correspondientes a cada bien o conjunto de bienes entregados en administración o a cada uno de los procedimientos de venta indicados en el párrafo anterior, por lo que se podrá realizar el traspaso de los recursos obtenidos de la subcuenta general a las diferentes subcuentas.

(REFORMADO, D.O.F. 9 DE AGOSTO DE 2019)

Los recursos de las subcuentas específicas, serán entregados por el Instituto, a quien tenga derecho a recibirlos, en los plazos que al efecto convenga con la Entidad Transferente o con la Tesorería de la Federación y de conformidad con las disposiciones aplicables. Una vez entregados tales recursos, el Instituto no tendrá responsabilidad alguna en caso de reclamaciones.

(ADICIONADO, D.O.F. 9 DE AGOSTO DE 2019)

Para efectos de la captación y administración de activos, Bienes y empresas, así como numerario asegurado, decomisado, abandonado o afecto a un procedimiento de extinción de dominio, el Instituto establecerá las cuentas necesarias para tal efecto.

(REFORMADO PRIMER PÁRRAFO, D.O.F. 9 DE AGOSTO DE 2019)

Artículo 90. Para efectos de lo dispuesto en el penúltimo párrafo del artículo anterior, y tratándose de los Bienes propiedad o al cuidado del Gobierno Federal, los recursos correspondientes serán depositados, hasta por la cantidad que determine la Junta de Gobierno, en un fondo destinado a financiar, junto con los recursos fiscales del ejercicio de que se trate y los patrimoniales del Instituto, las operaciones de este organismo, y el remanente será concentrado en la Cuenta General Moneda Nacional de la Tesorería de la Federación, en los términos acordados con esta última.

(ADICIONADO, D.O.F. 23 DE FEBRERO DE 2005)

Semestralmente será revisado el saldo del fondo a que se refiere el párrafo anterior, a efecto de que, en caso de ser necesario, se depositen los recursos necesarios para alcanzar la cantidad fijada por la Junta de Gobierno.

(ADICIONADO, D.O.F. 9 DE AGOSTO DE 2019)

En el caso de extinción de dominio, los remanentes del valor de los Bienes que resulten una vez aplicados los recursos federales correspondientes en términos de la legislación única en materia de extinción de dominio, se depositarán en una cuenta especial administrada por el Instituto.

(REFORMADO, D.O.F. 9 DE AGOSTO DE 2019)

En el caso de bienes abandonados, una vez obtenidos los recursos por su venta, se descontarán los costos de administración, gastos de mantenimiento y conservación de los Bienes, honorarios de comisionados especiales que no sean servidores públicos encargados de dichos procedimientos, así como los pagos de las reclamaciones procedentes que presenten los adquirentes o terceros, por pasivos ocultos, fiscales o de otra índole, activos inexistentes, asuntos en litigio y demás erogaciones análogas a las antes mencionadas o aquellas que determine la Ley de Ingresos de la Federación para el ejercicio correspondiente u otro ordenamiento aplicable, y el producto obtenido se destinará a financiar las operaciones del Instituto.

(ADICIONADO, D.O.F. 9 DE AGOSTO DE 2019)

El Instituto, por sus actividades de administración, particularmente en el caso de procedimientos de desincorporación, liquidación, aseguramiento o análogos a éstos, no asumirá sustitución patronal alguna, no será garante, ni dispondrá de recursos públicos de su patrimonio para cubrir cualquier obligación.

(REFORMADO, D.O.F. 9 DE AGOSTO DE 2019)

Los recursos del fondo a que se refiere el primer párrafo de este artículo, así como los derivados de la venta de bienes abandonados, no podrán utilizarse para financiar transferencias deficitarias, a excepción de aquellos mandatos y demás operaciones que recibió el Instituto del Fideicomiso Liquidador de Instituciones y Organizaciones Auxiliares de Crédito, con base en el artículo octavo transitorio del Decreto por el que se expide la Ley Federal para la Administración y Enajenación de Bienes del Sector Público y se adiciona el Código Nacional de Procedimientos Penales.

(ADICIONADO, D.O.F. 9 DE AGOSTO DE 2019)

Artículo 91. Los recursos obtenidos por la venta de los Bienes y activos decomisados serán depositados en una cuenta específica de conformidad a lo establecido en el artículo 89 de esta Ley.

(ADICIONADO, D.O.F. 9 DE AGOSTO DE 2019)

Artículo 92. Corresponde al Gabinete Social de la Presidencia de la República la asignación y Transferencia de los Bienes a los que se refiere el párrafo cuarto del artículo 22 de la Constitución Política de los Estados Unidos Mexicanos, así como de los Bienes asegurados, abandonados y decomisados en los procedimientos penales federales, en los términos que disponga la legislación única en materia de extinción de dominio. Respecto de los Bienes decomisados, se deberá observar, además, lo previsto en el artículo 250 del Código Nacional de Procedimientos Penales.

Los recursos obtenidos de la venta de los Bienes y activos respecto de los cuales se haya dictado la extinción de dominio o la Venta Anticipada, serán depositados, previo descuento de los gastos de administración y operación, en una cuenta específica de conformidad a lo establecido en el artículo 89 de esta Ley.

(ADICIONADO, D.O.F. 9 DE AGOSTO DE 2019)

Artículo 93. De los recursos obtenidos de la venta de Bienes, activos o empresas, el Instituto deberá prever un Fondo de Reserva para restituir aquellos que ordene la autoridad judicial mediante sentencia firme, los cuales no podrán ser menores al diez por ciento del producto de la venta. En el caso de Bienes en proceso de extinción conforme a la Ley Nacional de Extinción de Dominio, la reserva no podrá ser menor al treinta por ciento del producto de la venta.

TRANSITORIOS

Primero. El presente Decreto entrará en vigor a los 180 días naturales contados a partir del día siguiente al de su publicación en el Diario Oficial de la Federación.

Segundo. Se abroga la Ley Federal para la Administración de Bienes Asegurados, Decomisados y Abandonados.

Tercero. Se derogan todas las disposiciones legales, reglamentarias y administrativas, que se opongan a lo dispuesto en el presente Decreto.

Cuarto. Los asuntos iniciados ante el Servicio de Administración de Bienes Asegurados, que a la fecha de entrada en vigor de este Decreto se encuentren en trámite, se seguirán tramitando hasta su conclusión por el SAE.

Los recursos que deriven de los asuntos a que se refiere el párrafo anterior, recibirán el tratamiento previsto en este Decreto.

Quinto. Las referencias al Servicio de Administración de Bienes Asegurados que hagan las leyes y demás disposiciones, se entenderán hechas al SAE.

Sexto. El Reglamento de la Ley Federal para la Administración y Enajenación de Bienes del Sector Público, así como el Estatuto Orgánico del SAE, deberán ser emitidos con la debida oportunidad para que entren en vigor el mismo día que el presente Decreto.

El Director General del SAE deberá ser nombrado, a más tardar, a los 10 días hábiles siguientes al de la entrada en vigor del presente Decreto.

Séptimo. Los recursos financieros y materiales asignados al Servicio de Administración de Bienes Asegurados, pasarán a formar parte del patrimonio del SAE.

Octavo. Los mandatos y demás operaciones que hasta antes de la fecha de entrada en vigor del presente Decreto, tenga encomendados el Fideicomiso Liquidador de Instituciones y Organizaciones Auxiliares de Crédito, se entenderán conferidos al SAE, salvo que dentro de los treinta días naturales siguientes a la fecha indicada, el mandante o quien haya girado las instrucciones correspondientes manifieste por escrito ante el SAE su voluntad de dar por concluido el mandato. Así mismo, los recursos financieros, humanos y materiales asignados al citado Fideicomiso, pasarán a formar parte del patrimonio del SAE.

Dentro del plazo a que se refiere el Transitorio Primero de este Decreto, se deberán realizar todas las acciones conducentes a efecto de extinguir el Fideicomiso Liquidador de Instituciones y Organizaciones Auxiliares de Crédito.

Noveno. Las referencias a la Ley Federal para la Administración de Bienes Asegurados, Decomisados y Abandonados que hagan las leyes y demás disposiciones, se entenderán hechas a la Ley Federal para la Administración y Enajenación de Bienes del Sector Público.

México, D.F., a 31 de octubre de 2002. Sen. Enrique Jackson Ramírez, Presidente. Dip. Beatriz Elena Paredes Rangel, Presidenta. Sen. Yolanda E. González Hernández, Secretario. Dip. Rodolfo Dorador Pérez Gavilán, Secretario. Rúbricas".

En cumplimiento de lo dispuesto por la fracción I del Articulo 89 de la Constitución Política de los Estados Unidos Mexicanos, y para su debida publicación y observancia, expido el presente Decreto en la Residencia del Poder Ejecutivo Federal, en la Ciudad de México, Distrito Federal, a los once días del mes de diciembre de dos mil dos. Vicente Fox Quesada. Rúbrica. El Secretario de Gobernación, Santiago Creel Miranda. Rúbrica.